中华文化走向世界策略研究

基于文化软实力建设的视角

张骥 等著

中国社会科学出版社

图书在版编目（CIP）数据

中华文化走向世界策略研究：基于文化软实力建设的视角/张骥等著.
—北京：中国社会科学出版社，2019.11
ISBN 978-7-5203-5705-0

Ⅰ.①中… Ⅱ.①张… Ⅲ.①文化事业—建设—研究—中国
Ⅳ.①G12

中国版本图书馆 CIP 数据核字（2019）第 270952 号

出 版 人	赵剑英
责任编辑	郭 枭
责任校对	冯英爽
责任印制	王 超

出　　版	中国社会科学出版社
社　　址	北京鼓楼西大街甲 158 号
邮　　编	100720
网　　址	http://www.csspw.cn
发 行 部	010-84083685
门 市 部	010-84029450
经　　销	新华书店及其他书店
印　　刷	北京君升印刷有限公司
装　　订	廊坊市广阳区广增装订厂
版　　次	2019 年 11 月第 1 版
印　　次	2019 年 11 月第 1 次印刷
开　　本	710×1000　1/16
印　　张	39
插　　页	2
字　　数	604 千字
定　　价	186.00 元

凡购买中国社会科学出版社图书，如有质量问题请与本社营销中心联系调换
电话：010-84083683
版权所有　侵权必究

目　　录

绪　论 ………………………………………………………………（1）
  第一节　研究背景 ………………………………………………（1）
  第二节　研究重点 ………………………………………………（5）
  第三节　研究框架 ………………………………………………（6）
  第四节　创新之处 ………………………………………………（8）

上篇　理论篇

第一章　文化软实力与中华文化走向世界战略的相关理论分析 ……（13）
  第一节　马克思主义经典作家文化理论分析 …………………（13）
  第二节　中国化马克思主义文化建设与文化软实力思想 ……（21）
  第三节　国内外学者有关文化软实力基本理论分析 …………（27）
  第四节　中华文化走向世界战略的理论分析 …………………（50）

第二章　文化软实力建设对推动中华文化走向世界战略的
        价值分析 …………………………………………………（75）
  第一节　文化软实力建设是中华文化走向世界的基础和前提 ……（76）
  第二节　文化软实力建设对中华文化走向世界具有建构作用 ……（90）
  第三节　文化软实力建设是中华文化走向世界的强大
          力量支撑 ……………………………………………（106）

第三章　我国文化软实力建设对中华文化走向世界战略实施的优势 …… (118)

第一节　中华优秀传统文化具有丰富的人类共同价值内涵 …… (119)
第二节　中华文化具有独特的传播魅力 …… (131)
第三节　新时代中国特色社会主义的国际影响力日益彰显 …… (140)
第四节　新时代中国的国际形象日益优化 …… (150)
第五节　新时代中国引领世界文明的能力不断增强 …… (154)

第四章　我国文化软实力建设的自身制约对中华文化走向世界战略实施的影响 …… (163)

第一节　民众对中华文化的认同和认知仍需进一步增强 …… (163)
第二节　我国文化领域的发展还存在一定程度不平衡、不充分 …… (170)
第三节　我国文化产业整体实力较弱 …… (179)
第四节　文化管理体制改革和文化法制建设仍需加快 …… (186)
第五节　文化传播力有待进一步提高 …… (193)
第六节　文化领域专业人才队伍建设需进一步加强 …… (199)

第五章　我国文化软实力建设面临的外部挑战对中华文化走向世界战略实施的影响 …… (205)

第一节　西强东弱的文化格局,制约中华文化走向世界 …… (205)
第二节　西方不断炮制花样翻新的文化理论,遏制中华文化走向世界 …… (214)
第三节　西方采取保护与渗透的文化策略,遏制中华文化走向世界 …… (224)
第四节　对外交流中的文化误读,制约中华文化走向世界 …… (234)

第六章　加强文化软实力建设推动中华文化走向世界的战略分析 …… (246)

第一节　在对外文化传播中坚定文化自信战略 …… (246)

第二节　发展式传承中华优秀传统文化战略 …………………… (253)
第三节　凝练和传播中华文化价值理念战略 …………………… (258)
第四节　融汇和提升中华民族文化凝聚力战略 ………………… (263)
第五节　积极推进和适时引领国际文化新秩序建设战略 ……… (266)
第六节　在共建"一带一路"中联通中外文化战略 …………… (272)
第七节　提升文化产业国际竞争力战略 ………………………… (280)
第八节　塑造中国的良好国家形象战略 ………………………… (285)

第七章　加强文化软实力建设推动中华文化走向世界的策略分析 ………………………………………………………… (289)

第一节　提升人文社会科学的思想引领能力 …………………… (289)
第二节　加强国际传播能力建设 ………………………………… (293)
第三节　注重文化传播的系统性和层次性 ……………………… (295)
第四节　以多渠道高质量的人文交流促进"文化摆渡" ……… (298)
第五节　积极推进汉语的国际化传播 …………………………… (303)
第六节　充分发挥华人华侨和华文媒体的重要作用 …………… (307)
第七节　完善中华文化走向世界的法律体系和管理体制 ……… (311)
第八节　打造中华文化走向世界的专业人才队伍 ……………… (313)

下篇　实例篇

第八章　文化软实力视角下中华文化在德国的传播研究 ………… (321)

第一节　中华文化在德国传播的历史脉络 ……………………… (322)
第二节　21世纪中华文化在德国传播的现状及存在的问题 …… (328)
第三节　中华文化在德国传播困境的原因分析 ………………… (346)
第四节　中华文化在德国传播的战略重构 ……………………… (359)
第五节　结语 ……………………………………………………… (377)

第九章　文化软实力视角下中华文化在法国的传播研究 ………… (378)

第一节　中华文化在法国传播的意义 …………………………… (378)

第二节　中华文化在法国传播的现状与特点 …………………… (383)
第三节　中华文化在法国传播所面临的困境 …………………… (391)
第四节　促进中华文化在法国传播的对策 ……………………… (396)
第五节　结语 ……………………………………………………… (400)

第十章　文化软实力视角下中国文化在俄罗斯的传播研究 ……… (402)
第一节　中国文化在俄罗斯传播的价值界定 …………………… (402)
第二节　中国文化在俄罗斯传播的推动因素及传播成效 ……… (407)
第三节　影响中国文化在俄罗斯传播的障碍性因素 …………… (414)
第四节　促进中国文化在俄罗斯传播的应对举措 ……………… (423)
第五节　结语 ……………………………………………………… (434)

**第十一章　文化软实力视角下中华文化在印度尼西亚的
传播研究** ……………………………………………… (436)
第一节　中华文化在印度尼西亚的发展传播历程 ……………… (436)
第二节　中华文化在印度尼西亚的发展传播途径 ……………… (444)
第三节　中华文化在印度尼西亚传播中存在的问题与完善
措施 ……………………………………………………… (458)
第四节　结语 ……………………………………………………… (464)

第十二章　文化软实力视角下中华文化在土耳其的传播研究 …… (465)
第一节　土耳其文化发展现状分析 ……………………………… (465)
第二节　21世纪中华文化在土耳其传播的成就、特点及意义 …… (468)
第三节　中华文化在土耳其传播的困境及原因 ………………… (479)
第四节　推动中华文化在土耳其传播的策略分析 ……………… (483)
第五节　结语 ……………………………………………………… (492)

第十三章　文化软实力视角下中华文化在泰国的传播研究 ……… (493)
第一节　发展中泰文化交往对我国的重要意义 ………………… (494)
第二节　冷战后中泰两国文化交往的成就与特点 ……………… (497)

第三节　冷战后中泰两国文化交往存在的问题及原因分析 …… (510)
　　第四节　提升中国文化软实力增进中泰关系的对策分析 ……… (519)
　　第五节　结语 ………………………………………………………… (528)

第十四章　文化软实力视角下中华文化在中亚国家的传播研究 … (530)
　　第一节　中华文化在中亚国家传播的总体状况 ………………… (531)
　　第二节　中华文化在中亚国家传播的影响和效果 ……………… (538)
　　第三节　冷战结束以来中华文化在中亚国家传播中存在的
　　　　　　问题 ……………………………………………………… (541)
　　第四节　如何推进中华文化在中亚国家的传播 ………………… (544)
　　第五节　结语 ……………………………………………………… (554)

第十五章　文化软实力视角下中华文化在拉美地区的
　　　　　　传播研究 ……………………………………………… (555)
　　第一节　中华文化在拉美地区传播的意义 ……………………… (555)
　　第二节　中华文化在拉美地区传播的方式和特点 ……………… (568)
　　第三节　21世纪中华文化在拉美地区传播存在的问题与原因 … (581)
　　第四节　中华文化在拉美地区传播的对策和建议 ……………… (587)
　　第五节　结语 ……………………………………………………… (599)

结　论 …………………………………………………………………… (601)

参考文献 ………………………………………………………………… (604)

后　记 …………………………………………………………………… (615)

绪　　论

第一节　研究背景

当今世界正处在大发展、大变革、大调整时期，世界多极化、经济全球化、文化多元化深入发展，科学技术日新月异，各种思想文化交流、交融、交锋更加频繁，文化在综合国力竞争中的地位和作用更加凸显，提升中华文化国际影响力的要求更加紧迫。进入21世纪以来，中国综合国力迅速提升，经济社会发展正处于重大的转型期，建设社会主义文化强国成为时代主题之一。当前，世界文化软实力竞争日趋激烈，在这一背景下推动中华文化走向世界成为重要的研究主题。

中华文化源远流长、历史悠久，在长期的历史发展中形成了海纳百川、包容创新的良好品质，对人类文明的进步曾经作出过重大的贡献。所以，在相当长的历史时期中华文化与世界文化一直相互影响、相互交融。在古代，中华文化走向世界是一个自发的过程；在今天，中华文化走向世界已经成为一项国家战略，由政府和其他有关主体积极推动和实施。

当前，从整体上来看，中华文化的对外影响力不强，中华文化在国际竞争中还处于弱势地位，走出去的文化内容还较为缺少吸引力，新型媒介、文化贸易和文化交流等多渠道推动文化走向世界的力量还比较弱，话语权缺失、文化误读等因素带来的中西文化交流失衡、文化产业较弱、体制机制落后等问题引致文化贸易逆差严重以及国际文化人才严重缺乏等，这些都严重制约了中华文化走向世界战略的实施步伐和效果。由此，推动中华文化走向世界是当前以及今后相当长一段时期内，我国所面临的一项重大战略任务，意义深远，使命艰巨。

一 研究缘起

（一）中华文化走向世界战略的提出背景

中华文化走向世界战略最早是在2000年10月11日中国共产党第十五届中央委员会第五次全体会议通过的《中共中央关于制定国民经济和社会发展第十个五年计划的建议》中提出来的，文件中的表述为："实施'走出去'战略，努力在利用国内外两种资源、两个市场方面有新的突破。""走出去"战略首先在经济贸易活动、企业商业竞争中实施。我国政府在思考如何扩大和巩固经济成果时意识到实施"走出去"战略只是依靠经贸活动，在力量上远远不够，且后劲不足，缺乏可持续性。文化部在2004年6月就文化产业"走出去"举行全国研讨会。这次研讨会不仅关注"产业"走出去，而且注重"文化"走出去，学会专家一致认为将中华民族悠久、灿烂的历史和丰富的优秀传统文化艺术资源作为开发和创造新型文化产业的内容纳入"走出去"的认识框架当中，在对外交流活动中与国内建设"两个文明一起抓、两手都要硬"的方略高度吻合。由此，中华文化"走出去"从经济层面扩展到文化艺术层面，这被认为是文化"走出去"政策形成的标志。

截至2018年，我国已与157个国家签署了文化合作协定，初步形成了覆盖世界主要国家和地区的政府间文化交流与合作网络。"欢乐春节""中国文化年（节）"等各种文化品牌活动遍及全球，成为向世界各国展示中华文化魅力的重要平台。截至2018年12月，全球154个国家（地区）共建立了548所孔子学院和1193个孔子课堂。我国在驻80多个国家使领馆设有95个文化处、组，在法国、韩国、埃及等多个国家建有中国文化中心。根据国务院批复的《海外中国文化中心发展规划（2012—2020年）》，到2020年，我国将在海外建成50个文化中心。近年来，我国政府举办了一系列的、各种层次的对外文化交流活动，在多种国际场合、文化论坛、文化交流对话平台上，推介中华优秀传统文化、中国文化核心价值观、中国当代文化建设的基本情况，提倡世界文化多元化，倡导世界文化多样性，在世界上产生了重大影响，形成了示范效应。现在，"中国文化热"正在许多国家逐渐形成，"一带一路"倡议得到越来越广泛的参与和支持，构建人类命运共同体已成为国际社会的广泛共识。在这种背景下，中华文化如何更好走向世界已成为一个时代课题。

（二）推动中华文化走向世界的必要性

经济全球化和文化全球化是世界经济发展的趋势和必然结果。就文化全球化而言，世界各国不同文化类型之间的相互交流、冲击、渗透与融合，构成了生机勃勃的国际文化发展态势，为中华文化走向现代化、走向世界提供了一个大有作为的广阔舞台。

首先，文化对经济发展的推动作用，要求中华文化走向世界。当前，国家之间的文化交往、文化融合越来越频繁。文化间的交流、融合也促进了经济关系的发展，文化成为促进经济繁荣的主要推动力，已是国际社会公认的事实。近年来，在全球经济下行趋势持续蔓延和中国经济发展出现新常态的背景下，文化产业逆势而上的特殊优势，成为经济增长的新的支撑点。世界主要国家，比如日本、韩国、美国、欧洲等发达国家大多采取支持或推动文化产业发展的做法，把文化产业的发展当作国家经济发展的重要支柱，推动本国文化走向世界，并且取得了良好的效果。在中国，文化走向世界战略也开始上升为国家层面的战略。

其次，文化全球化深入发展，要求中国文化走向世界。当今世界是一个全球化的时代，经济全球化、文化全球化是21世纪国际社会发展的主流趋势。在经济全球化的推动下，文化全球化已经越来越深入人类社会生活的各个层面。在文化全球化的时代背景下，经济间的交往日益变成文化间的交往，一个国家对世界所产生的影响，也越来越体现为文化力量的影响。因此，世界各国普遍认识到，要在相互作用、相互影响、相互交流的文化竞争中突围而出，就必须深入挖掘自己文化中的优秀成果，提高本国文化对外传播的影响力、吸引力、亲和力，并推动本国的文化"走出去"以影响其他文化，以形成更加广泛的文化认同，增强本国文化的国际影响力。在这样一个背景下，我国文化走向世界战略是顺应世界发展形势、符合国家利益、遵循文化发展规律而提出来的，关系着我国国际地位和国际影响力。同时，中华文化走向世界，着眼于促进人类进步与文明，为世界文化的繁荣做出中华文化的贡献。

本书选择了从文化软实力建设的角度研究我国文化走向世界战略，意在解决这样一个问题，即通过文化软实力建设为从理论和现实基础上探索中华文化走向世界的支撑体制构建，在21世纪世界文化新样态背景下促进中华文化屹立于世界民族文化之林。

二 研究价值

中华文化走向世界战略是以中国的国家利益和人类的共同利益为最高原则的文化发展战略，是一项国家综合发展战略。其具体内涵包括：着力于中华优秀传统文化的保护传承和现代转化，着力于现代核心价值和文化精神的建构，以文化内容建设为根本和灵魂，尊重差异，多渠道、多层次、多形式推动中华文化走向世界，增强中华文化国际影响力，从而实现维护国家文化安全、树立国家良好形象、提升国家软实力、赢得国际话语权、为世界文化繁荣和人类文明进步贡献智慧等目标。

当前，随着全球化的发展，文化的相互交流和相互渗透不可避免，冲突与碰撞也同样存在。中华文化走向世界面临着机遇与挑战并存的局面。如何抓住机遇应对挑战，如何构建全球化形势下的文化走向世界战略，与这些问题相关的任何形式的理论分析和实践探索都具有重大的理论意义和现实意义。

第一，系统分析和整理文化软实力和中华文化走向世界战略的基础理论，可以为文化软实力建设和中华文化走向世界提供科学有效的理论指导。

第二，研究中华文化走向世界的传播机制，有助于我们了解和掌握中华文化走向世界的现实情况，做到深刻理解中华文化走向世界是国家总体发展战略的重要组成部分。

第三，研究中华文化走向世界是提升中华文化国际影响力的现实需要。当今世界正处在大发展、大变革、大调整时期，文化多元化深入发展，文化在综合国力竞争中的地位和作用更加凸显，提升中华文化国际影响力的要求更加紧迫。

第四，研究中华文化走向世界是塑造当代中国文明新形象的有效方式。中华文化走向世界，着眼于促进人类进步与文明，根本目的在于让世界更好地了解中国，体现中华文化高度自觉、自信、自强的时代风貌，向世界展示我国文明、民主、开放、进步的形象。为世界文化的繁荣和人类文明的进步贡献中华文化的智慧。

第五，研究中华文化走向世界是占据国际文化竞争制高点的必然选择。推动中华文化走向世界，可以增强我国文化软实力和国际竞争力，提升我国综合国力，占据国际文化竞争制高点，赢得先机和主动。

第六，研究中华文化走向世界是创造有利国际环境的战略需要。推动中华文化走向世界，弘扬中华民族亲仁善邻、讲信修睦等优良传统，向世界介绍中国和平发展道路、和谐世界的理念、人类命运共同体的理念，争取获得更多的国际认同和支持，树立中国的良好国际形象，破除影响我国发展的"中国威胁论""中国责任论"等妖魔化中国的论调，创造有利于我国和平发展的国际环境。

第七，研究中华文化走向世界是调整我国经济结构的内在要求。当前，我国经济社会发展进入关键转型时期，在经济结构调整战略的实施过程中，文化产业乘势而上的独特优势更加显现，文化产业越来越成为国民经济不可或缺的支柱性产业，文化发展战略、文化走向世界战略已经上升为国家战略。

第二节 研究重点

所谓文化走向世界，就是通过文化交流活动以及文化产品和服务的出口，向其他国家传播本国的文化理念与文化形态。本书在研究过程中，形成了一系列重要理论观点：马克思主义中国化的文化理论和文化战略思想是中华文化走向世界战略的理论基础；文化软实力建设通过传播中华优秀传统文化，提升对中华文化认同、推动中华文化产业的对外发展、塑造中国积极文化外交形象这些途径有利于推动中华文化走向世界战略的实施；中华优秀传统文化具有丰富的人类共同价值内涵，中华灿烂文化独具传播魅力，中国的国际形象日益优化，中国引领世界文明的能力不断增强是我国文化软实力建设对推动中华文化走向世界战略实施的优势；我国文化软实力建设既有自身的不足，同时也面临着外部的挑战；创新中华文化的价值形态，积极探索提炼能够为国际社会所普遍接受的价值观和价值理念；加强中华民族凝聚力建设；坚持文化自主，抵制文化霸权等，是中华文化走向世界的战略选择；树立文化自信，构建人文交流机制，推进话语权转换和对外话语技巧创新，加强国际传播能力建设，推进文化内容形式和传播手段创新等，是中华文化走向世界的策略基础。

在上述理论观点的基础上，本书着重关注了以下几个领域。

第一，梳理文化软实力建设思想的中外理论源流。尽管软实力概念来自外国，并有其悠久的历史渊源，但中国也有久远的软实力思想传统，两者可以相互借鉴，在文化软实力建设背景下推动中华文化走向世界的过程中起到积极作用。

第二，全球化趋势下，世界范围内的各种思想文化交流、交融、交锋更加明显，发展中国家的文化安全面临着严峻形势，中华文化走向世界成为我国维护文化安全的积极应对方式，中华文化走向世界能够通过增强文化软实力，提升国家形象，来抵消"中国威胁论"。所以，应首先辨清我国文化软实力建设的自身制约因素和外部挑战因素。

第三，在国际舞台上，民族国家的文化一旦落后，就意味着其综合国力中的精神性要素的缺失和不足。中华文化走向世界有助于中国赢得国际话语权和提高中国参与国际体系的能力。所以，应构建完整有效的中华文化走向世界的战略与策略。

第四，中华文化作为与西方文化不同的东方文化形态的代表，可以弥补西方文化思维之不足。中华文化走向世界可以提供一种观察世界的东方视角，贡献东方文化智慧，促进世界文化繁荣和人类文明进步。

第三节　研究框架

文化走向世界战略是我国根据国家发展的整体利益、顺应全球经济和文化发展规律而提出的一项综合性的国家战略，关系着我国在当今世界的地位和国际影响力。同时，中华文化走向世界，着眼于促进人类进步与文明，为世界文化的繁荣和人类文明的进步贡献了中华文化的智慧。

本书的研究分两条路径来进行，一是理论支撑路径。从理论上探索、梳理了马克思主义的文化理论以及中国共产党领导人的文化思想，分析了文化全球化理论和跨文化传播理论，分析了国内外学者关于文化软实力的理论论述，分析了文化走向世界的理论探索，以期构建中华文化走向世界的理论支撑基础。二是实践研究路径。从整体上分析了中华文化走向世界的问题挑战和战略对策。针对文化走向世界的复杂性，本书梳理了这样一个研究思路，以分析文化软实力和中华文化走向世界的相关理论为切入点，深入阐述了文化软实力建设对中华文化走向世界战略的推动作用，联系当前我国文化软实力及其建设对中华文化走向世界战略实施的优势，重点分析中华文化走向世界战略实施过程中文化软实力建设面临的外在挑战和自身制约，在此基础上，系统论证了加强我国文化软实力建设以促进中华文化走向世界的战略与策略的指导思路。

本书的总体架构设计为：绪论部分、正文部分与结语部分，其中，正文分上篇（理论篇）和下篇（实例篇）共十五章展开论述。绪论作为全书的导引与研究概述，详细阐述了本书的研究缘起与研究价值、研究重点、研究框架、创新之处。上篇（理论篇），由第一章至第七章组成。主要阐述了马克思主义相关文化理论、文化软实力基本理论和中华文化走向世界的基础理论；分析了文化软实力建设对推动中华文化走向世界战略的价值，对中华文化走向世界战略实施的优势，文化软实力建设的自身制约对中华文化走向世界战略实施的影响，文化软实力建设面临的外部挑战对中华文化走向世界战略实施的影响以及加强文化软实力建设推动中华文化走向世界的战略与策略。下篇（实例篇），由第八章至第十五章组成。主要分析了文化软实力视角下中华文化在德国、法国、俄罗斯、印度尼西亚、土耳其、泰国、中亚以及拉美国家的传播现状、传播障碍和传播策略。中国在走向全球化的过程中缩小了与发达国家的经济差距，在"一带一路"建设过程中加强了与沿线国的合作，却也在某种程度上扩大了文化冲突。中国如何与他者交流，如何理解他者又如何被他者所理解，如何与他者进行价值观对话，如何与他者建立信任关系，如何增强跨文化传播能力，如何解决"中华文化走向世界"效果之惑？

本书以期从理论阐释的方向和实例分析的视角中找到这些问题的答案。

推动中华文化走向世界，不仅需要我们具备国际视野、全局站位、宽广的胸怀、夯实的理论基础、大胆而审慎的宏观战略，还需要有指向明确、精准发力、周全完备的策略和战术。主要包括：提升人文社会科学的思想引领能力，加强国际传播能力建设，注重中华文化对外传播的系统性和层次性，以多渠道、高质量的人文交流促进"文化摆渡"，创新性推进汉语的国际化传播，充分发挥华人华侨和华文媒体的重要作用，完善中华文化走向世界的法律体系和管理体制，打造中华文化走向世界的专业化人才队伍。

第四节　创新之处

本书有以下创新之处。

第一，新的研究视角。本书基于文化软实力建设的视角对中华文化走向世界展开思考，运用文化软实力理论去考察中华文化如何更加有效地走向世界。面对文化全球化与文化霸权主义的挑战，本书针对如何运用提升文化软实力的方式增强文化走向世界的效果提出了自己的意见和建议。

第二，新的理论阐述。本书对西方学者文化软实力的学术渊源和中国学者文化软实力相关理论论述做了较为详细的梳理和分析，综合内外两个维度的思想资源来探讨文化软实力建设，具有一定的理论创新性。本书对马克思、恩格斯、列宁的文化软实力思想资源和中国共产党领导人的文化建设与文化软实力思想做了较为详细的阐述和分析，具有一定的理论创新性和现实指导意义。我们提出的文化软实力理论适合中国的国情，符合马克思主义、中国特色社会主义理论的规范，是指导和促进中华文化走向世界的基本理论。

第三，新的方案探索。本书客观地认识了当前中华文化软实力及中华文化走向世界过程中存在问题的症结，辩证地分析战略实施中的方法和策略。本书认为，对中华文化走向世界应以传播效果为主要评判依据，所以，中华文化走向世界的逻辑起点在于内部，应先致力于文化软实力的自身建设，从考察传播逻辑和文化落地实践上进行关注和论证，从而形成了较全面的中华文化走向世界的战略与策略。

第四，新的目标立意。本书立足于中华文化走向世界战略，着眼于促进世界文化繁荣和人类文明进步，积极推动构建人类命运共同体，使中华文化走向世界在立意和境界上超越了西方国家霸权式的文化输出。中华文化走向世界符合马克思主义的立场和观点，符合党的十九大提出的要广泛参与世界文明对话，促进对外文化交流，提升文化对外传播能力，推动中华文化走向世界的战略部署。

第五，新的研究方法。本书运用历史分析、比较分析、跨学科、理论分析和实证分析相结合的方法，针对不同的研究内容采取相应的研究方法。如理论分析和实证分析相结合的方法，既有文化软实力作为理论分析的框架，又有对文化走向世界案例的具体剖析。同时注意从现实要求出发，针对实际中存在的问题进行理论分析和经验总结，以期为实际问题的解决提供理论参考。再如跨学科综合分析方法，从跨学科、多维度着手，综合利用哲学、政治学、社会学、文化学、传播学、历史学、外交学等学科的理论与成果，探讨中华文化走向世界的具体问题。

上 篇
理 论 篇

第一章

文化软实力与中华文化走向世界战略的相关理论分析

20世纪90年代,约瑟夫·奈的"软实力"概念一经提出就获得了较高的关注度,大多数国家把"软实力"作为提升国家综合国力的主要内容进行研究,所以,在"软实力"研究领域聚集了众多的专家学者,投入了大量的精力和资源,各国学者从理念层面、战略层面等不同的角度,对"软实力"展开探讨、解释、界定及应用研究。"文化软实力"概念,是在软实力理论的引进过程中发展起来的,党的十七大报告提出"提高国家文化软实力"战略之后,"文化软实力"概念作为一个促进当代国家发展的全新政治学理念得到确立。马克斯·韦伯曾指出:文化是人类社会发展的深层原因,文化体现国家的文明程度,在国家发展中发挥着举足轻重的作用。发展文化软实力,是当代国家综合国力竞争的主题。为此,研究文化软实力自身发展规律与发展战略,研究文化软实力建设对国家综合发展和提升国家影响力的作用,构成了研究文化软实力的重要内容。

第一节 马克思主义经典作家文化理论分析

促进中华文化走向世界是中国当代文化建设的重要任务,把握文化建设任务的方向、促进文化事业的壮大,需要依托科学、有效的理论指导。马克思主义经典作家的思想中包含着丰厚的文化软实力思想资源,这些思想资源是我们实施文化走向世界战略的根本理论渊源。

一 马克思、恩格斯的"文化是社会有机体重要组成部分"的思想

马克思把整个社会视为一个有机的整体,社会的经济结构与文化结构都是其基本构成要素,经济是社会有机体的发展轴心,文化也是社会有机体的重要组成部分。"不应当忽视:政治、法、哲学、宗教、文学、艺术等等的发展是以经济发展为基础的。但是,它们又都互相作用并对经济基础发生作用。并非只有经济状况才是原因,才是积极的,其余一切都不过是消极的结果。"[①] 恩格斯在致布洛赫的信中也强调马克思从来没有把经济因素作为唯一的决定因素,"经济状况是基础,但是对历史斗争的进程发生影响并且在许多情况下主要是决定着这一斗争的形式的,还有上层建筑的各种因素:阶级斗争的政治形式及其成果——由胜利了的阶级在获胜以后确立的宪法等等,各种法的形式以及所在这些实际斗争在参加者头脑中的反映,政治的、法律的和哲学的理论……"[②] 马克思、恩格斯的观点充分说明,文化一经产生,就形成了一种"相对独立的形式",以观念、制度及其他形态成为塑造社会生活的重要力量。

二 马克思、恩格斯的"精神生产"理论

马克思认为文化本身也是一种生产力。马克思提出了作为唯物史观和政治经济学重要组成部分的"精神生产"理论,在《1844年经济学哲学手稿》、《神圣家族》、《德意志意识形态》、《经济学手稿》(1857—1858)、《剩余价值论》等著作中,对这一理论进行了详细的论述。马克思认为,人类的物质生产、精神生产、个人生命的生产和再生产,是人类生存和发展的基本形式、普遍形式,"从历史的最初时期起,从第一批人出现时,这三个方面就同时存在着,而且现在也还在历史上起着作用"。[③] 马克思明确指出:"宗教、家庭、国家、法、道德、科学、艺术等

[①] 《马克思恩格斯选集》(第4卷),人民出版社1995年版,第732页。
[②] 同上书,第696页。
[③] 《马克思恩格斯选集》(第1卷),人民出版社1995年版,第80页。

等,都不过是生产的一些特殊的方式,并且受生产的普遍规律的支配。"①马克思在《德意志意识形态》中更是直接提出了"表现在某一民族的政治、法律、道德、宗教、形而上学等"的"精神生产"概念,认为精神生产是人类全部社会生产的重要组成部分。"精神生产"在一般意义上是指"思想、观念、意识的生产","观念、思维、人们的精神交往"的生产以及"表现在某一民族的政治、法律、道德、宗教、形而上学等的语言中的精神生产"。②

三 马克思、恩格斯的"世界文化"思想

马克思在《人类学笔记》中较早地分析了与世界文化有关的论述。马克思通过对世界不同地区、不同民族、不同文化的基本状况和发展演变做了分门别类的研究、分析,提出了人类文化发展多样性的观点。他通过对美国摩尔根的《古代社会》笔记,俄国柯瓦列夫斯基的《公社土地占有制:其解体的原因、进程和结果》笔记,英国梅恩的《古代法制史讲演录》笔记和拉伯克的《文明的起源和人的原始状态》笔记,印度菲尔的《印度和锡兰的雅利安人村社》笔记的摘录和分析,提出了人类文化发展是多样的,文明的形式也是多样的,这表明了马克思在文化观上的新认识,预示着马克思世界文化思想的萌芽。

马克思、恩格斯在《共产党宣言》中指出:"过去那种地方的和民族的自给自足和闭关自守状态,被各民族的各方面的互相往来和各方面的互相依赖所代替了。物质的生产是如此,精神的生产也是如此。各民族的精神产品成了公共的财产。民族的片面性和局限性日益成为不可能,于是由许多种民族的和地方的文学形成了一种世界的文学。""世界文化的到来打破了民族性和地域性文化的狭隘性,使得各民族的文化成为世界的精神财富。"③ 马克思、恩格斯在《德意志意识形态》中认为:"每一个单个人的解放的程度是与历史完全转变为世界历史的程度一致的。

---

① 《马克思恩格斯全集》(第3卷),人民出版社2002年版,第298页。
② 《马克思恩格斯选集》(第4卷),人民出版社1995年版,第72页。
③ 《马克思恩格斯选集》(第1卷),人民出版社1995年版,第276页。

至于个人的真正的精神财富完全取决于他的现实关系的财富,……单个人才能摆脱种种民族局限和地域局限而同整个世界的生产（也同精神的生产）发生实际联系，才能获得利用全球的这种全面的生产（人们的创造）的能力。"[1] 马克思、恩格斯高度概括了这种"世界的文学"（全球化）的产生过程，给各个民族所带来的积极影响，同时也肯定了这种交往给个体带来的机遇。总之，马克思、恩格斯在其经典著作中对世界文化已经有了详细的描述和分析，马克思、恩格斯从整体上认识世界文化，认为文明是多样的，文化是多元的，多样文明和多元文化之间是相互交流、借鉴的。

四 马克思、恩格斯的"世界交往"理论

在整个关于交往的理论体系中，马克思主义的世界交往理论占有重要地位，马克思主义的世界交往观，深刻揭示了交往的本质，马克思交往观将交往的普遍性的空间延展至全球，形成世界交往理论。[2] 交往是马克思历史唯物主义中的一个整体性范畴，是对人的生存状态的深刻描述。马克思认为，"交往是人类第一个历史活动——物质生活资料生产的前提，是历史转变为世界历史和人类历史前后相继的不可或缺的根本条件。"马克思认为，"交往世界化是生产方式扩张的结果，不断扩大产品销路的需要，资本家奔走于全球各地，建立世界化的产销链条，生产的发展驱动资本家到处建立联系，交往就内含在这种联系之中，随着生产方式的世界化带动了其他交往形式出现"，"随着生产交往的世界化必然带来文化的世界化，这是一种必然的附带结果"。[3]

首先，从交往的内容来看，马克思将社会交往分为物质交往和精神交往。物质交往是从本质上分析的，是指人与人之间的物质资料的交换关系，这种物质资料的交换关系是建立在物质生活资料的生产基础上的，物质交往是人们之间的一切交往关系的基础。它既指人与自然之间的物

---

[1] 《马克思恩格斯选集》（第1卷），人民出版社1995年版，第89页。
[2] 李栋材：《交往的普遍性蔓延：世界历史的发端——马克思交往理论剖析》，《中共四川省委省级机关党校学报》2013年第2期。
[3] 《马克思恩格斯选集》（第1卷），人民出版社1995年版，第276—277页。

质交换关系，也指人与人之间的社会变换关系。精神交往则是指在物质活动和物质交往的基础上，对人们之间物质交往关系的观念反映，是借助于语言符号所实现的思想交流、沟通或争论等。马克思指出，人们的想象、思维和精神交往在这里还是人们物质行动的直接产物。①

其次，从交往的范围来看，马克思将社会交往分为内部交往和外部交往。内部交往是指一个民族、国家内部人与人之间的相互联系、相互作用的方式、过程及其结果，具体表现为一个民族、国家内部的经济基础、政治制度、文化形态、体制机制、文明习惯、风俗民规、社会心理和社会意识形态等。外部交往是指民族、国家之间的相互联系、相互作用的方式、过程及其结果，具体表现为民族、国家之间在经济、政治、文化、军事等方面的交流、沟通、合作、竞争乃至对抗。马克思指出："各民族之间的相互关系取决于每一个民族的生产力、分工和内部交往的发展程度。"② 在这里，马克思从分析商业交往入手研究社会交往，商业交往是内部交往和外部交往的实质，商业交往促进了生产的社会化，生产的社会化促进了人的社会化，人的内部社会化和外部社会化的过程体现了不同文化间交流、互动的过程，体现了交往的世界化过程。

再次，从交往的空间来看，马克思将社会交往分为地域性交往和世界历史性交往。地域性交往是指人们之间以地域为媒介而进行的交往。在地域性交往中，人们生活在以血缘、地域联系起来的群体之中，人的自身的特征为地域和血缘特征所取代，表现为地域和血缘关系共同体的一个部件和附属物。世界历史性交往是指在分工和商品交换日益扩大、机器大工业的出现和新航路开辟结果——世界市场形成的情况下，各民族突破最初的地域性交往的限制，由地域性的存在转变为世界历史性的存在，成为世界交往。马克思认为，交往普遍性的世界蔓延过程就是交往世界化的过程，这促进了世界历史的展开。

最后，从交往的结果来看，马克思认为交往推动历史走向世界历史。

---

① 《马克思恩格斯选集》（第1卷），人民出版社1995年版，第72页。
② 同上书，第68页。

根据马克思主义历史观的观点,世界历史的形成是人类交往范围扩大的结果,人类的交往逐渐从区域层面扩大到世界层面,促使世界历史的形成,在世界历史的形成过程中,交往起着任何其他因素都不能替代的作用。交往使各民族国家打破地域性的存在状态,在政治、经济、文化方面的联系日益密切和加强,本民族的发展越来越融入世界历史的发展轨道中。马克思指出:"过去的那种地方的和民族的自给自足和闭关自守状态,被各民族的各方面的相互往来和各方面的相互依赖所代替了。物质的生产是如此,精神的生产也是如此。"[1]

分析马克思主义的交往理论,可以帮助我们认清交往的本质,中华文化走向世界的过程其实就是与世界其他民族文化交往的过程。熟悉交往的规律,掌握交往的方法,是文化走向世界成功的前提条件,马克思主义的文化交往理论为中华文化走向世界提供了科学的理论指导和坚实的理论基础。

五　列宁的社会主义文化建设思想

列宁的文化建设思想是其整体社会主义建设思想的重要组成部分,内容极为丰富。其中,许多内容都是有关国家文化软实力重要地位的论述,以及对社会主义国家建设其文化软实力的基本力量、方向和战略的论述。

列宁在1923年《论合作社》中首次提出文化革命概念:"要是完全实现了合作化,我们也就在社会主义基地上站稳了脚跟。但完全合作化这一条件本身就包含有农民(正是人数众多的农民)的文化水平的问题。"[2] 列宁曾经说过:"必须取得资本主义遗留下来的全部文化,并且用它来建设社会主义。必须取得全部科学、技术、知识和艺术。否则,我们就不可能建设共产主义的生活。"[3]

在1922年初召开的俄共(布)十一大上,列宁在政治报告中以相当

---

[1] 《马克思恩格斯选集》(第1卷),人民出版社1995年版,第275—276页。
[2] 《列宁全集》(第43卷),人民出版社1987年版,第367页。
[3] 《列宁全集》(第36卷),人民出版社1959年版,第48页。

多的篇幅阐述文化落后可能产生的严重政治后果。他指出：人类历史上有许多民族一度是军事上的"征服者"，但因自身文化落后最终又成为"被征服者"。列宁引用这类教训警示全党："如不注意努力提高自身的文化水平，就有可能导致执政的失败。"① 列宁也曾强调，无产阶级文化不是从天上掉下来的，也不是什么人杜撰出来的。"但仅靠摧毁资本主义，还不能填饱肚子。必须取得资本主义遗留下来的全部文化，并且用它来建设社会主义。"②

列宁在这里提出的文化建设思想，科学地揭示了东方落后国家进行社会主义建设的规律，即社会主义的真谛不仅在于建立一种新型的社会关系，而且意味着要创造出高于资本主义社会的新型文明，社会主义不能仅仅停留在政治革命、经济制度建设上，它还需要有深入人心、深入人们日常生活的新型文明。列宁指出："在伟大的政治变革和军事变革以后，要用很长时间在文化上和经济上消化它们。我们已经面临这项任务了。"③ "在解决了世界上最伟大的政治变革的任务以后，摆在我们面前的已是另一类任务，即可称为'小事情'的文化任务。"④ 这里的文化任务指的就是文化建设。

同时，列宁提出了关于继承人类社会一切优秀文明成果的思想，主张正确处理不同文明之间的关系，注重不同文明之间的交流与互鉴。列宁认为，文化建设离不开对人类历史上一切有价值的优秀文化成果的继承、学习和借鉴。这是建设社会主义文化不可或缺的重要基础。然而，无产阶级文化派却宣称，为了建设无产阶级文化，要抛弃过去一切文化。针对这种对人类文化遗产采取虚无主义和全盘否定的态度，列宁提出了严肃的批评。他指出："无产阶级文化并不是从天下掉下来的，也不是那些自命为无产阶级文化专家的人杜撰出来的……，无产阶级文化应当是人类在资本主义社会、地主社会和官僚社会压迫下创造出来的全部知识

---

① 《列宁全集》（第33卷），人民出版社1957年版，第254页。
② 《列宁全集》（第36卷），人民出版社1985年版，第48页。
③ 《列宁专题文集·论社会主义》，人民出版社2009年版，第167页。
④ 同上书，第162页。

合乎规律的发展。"① 列宁以马克思主义形成为例对此进行了说明。他指出,"马克思主义这一革命无产阶级的思想体系赢得了世界历史性的意义,是因为它并没有抛弃资产阶级时代最宝贵的成就,相反地却吸收和改造了两千多年来人类思想和文化发展中一切有价值的东西。只有在这个基础上,按照这个方向……,才能认为是发展真正的无产阶级的文化"。

诚然,马克思主义是科学的世界观和方法论,"马克思的整个世界观不是教义,而是方法。它提供的不是现成的教条,而是进一步研究的出发点和供这种研究使用的方法"。② 因此,马克思主义给予我们的不是有关问题的具体答案,而是一种思维方式和解释问题的方法。对文化的深入理解,需要科学有效的思想武器,对文化走向世界的目标、性质、条件、意义的科学把握,只有借助于马克思主义的世界观和方法论,才能基于自身文化现实,规范面向世界,在实践中推动中华文化走向世界。马克思曾经说过:"在任何社会的发展阶段,都离不开人的物质生产活动,物质生活的生产方式制约着整个社会生活、政治生活和精神生活的过程。"③ 中华文化走向世界作为扩大对外开放,加强对外文化交流的重要内容,必须分清现实的人与文化传播之间的关系,把握现实的人在社会现实中的物质生活规律。中华文化走向世界是面对人(传播受众)的传播,搞清楚人所处的物质生活环境和文化接受规律,才能从根本上推动中华文化走向世界战略的实施。

马克思主义文化观拥有开放的包容心态,中华文化走向世界,本质就是中华文化的对外开放,是中华文化"引进来"与"走出去"的结合,所以,马克思主义文化思想的内在特征与中华文化走向世界的本质内涵是统一的。中华文化在走向世界的过程中,也需要树立对外开放的包容心态,学习西方的先进文化,学习其他文化形态的优点,汲取人类文化发展历史上一切进步的文明成果。"马克思主义这一革命无产阶级的思想

---

① 《列宁专题文集·论无产阶级政党》,人民出版社2009年版,第281页。
② 《马克思恩格斯全集》(第39卷),人民出版社1995年版,第406页。
③ 《马克思恩格斯全集》(第2卷),人民出版社1995年版,第32页。

体系赢得了世界历史性的意义，是因为它并没有抛弃资产阶级时代最宝贵的成就，相反却吸收和改造了两千多年来人类思想和文化发展中一切有价值的东西。"① 由此可见，马克思主义文化观主张借鉴其他文化在其发展过程中积累的文化经验，借鉴和吸收这些经验，与本民族文化相融合，促进本民族文化建设，为本民族文化走向世界奠定基础。

第二节　中国化马克思主义文化建设与文化软实力思想

中国共产党历来重视文化建设。在党的领导下，中华文化从传统形态逐步转变为现代形态，取得了巨大的成就。中国化马克思主义文化软实力理论不是简单地重述或停留于马克思主义文化思想，而是在新的社会主义时期，总结社会主义新鲜经验，发展了马克思、恩格斯、列宁的文化思想。中国化马克思主义文化软实力理论是对马克思、恩格斯及党的几代领导集体文化思想的继承和发展。

一　毛泽东关于文化建设的思想

毛泽东同志 1940 年在《新民主主义论》中，集中论述了新民主主义的文化，并提出要建设"新的文化力量"，首次把新的文化力量纳入国家的力量层面。他明确指出："新的政治力量，新的经济力量，新的文化力量，都是中国的革命力量"，② 揭示了政治力、经济力、文化力共同形成人类社会发展的三种基本力量。1942 年，《在延安文艺座谈会上的讲话》中，他进一步回答和解决了关于文艺和文化工作的一系列重大理论和实践问题。新中国成立后，毛泽东提出的"向科学进军"的口号、社会主义教育方针、社会主义文化的"双百"和"两为"方针，深刻揭示出新的文化力量及其在社会主义革命和建设道路上的重要地位，为以后社会主义文化建设奠定了坚实的基础。

---

① 《列宁选集》（第 4 卷），人民出版社 1995 年版，第 29 页。
② 《毛泽东选集》（第 2 卷），人民出版社 1991 年版，第 663 页。

毛泽东也非常重视中外文化交流，主张向外国学习。这一思想，是在探索中国革命道路、领导中国革命和建设的实践中，逐步形成、丰富和发展起来的。关于中西文化交流的论述，是他文化思想的重要内容和组成部分，是其在文化领域成功地运用马克思主义唯物辩证法的体现。毛泽东认为：我国的社会主义文化建设应该依托优秀的传统文化，并借鉴、汲取世界其他民族优秀文化的营养。中国作为一个新兴的社会主义国家，其文化上的建设也需要结合新时期的时代特点，做到"古为今用""洋为中用"。世界各国劳动人民都创造了灿烂的民族文化，在这些优秀的世界文化遗产中，有很多值得我们学习、借鉴的内容。我们要从我国社会主义文化建设的大局和出发，对世界优秀文化加以借鉴、吸收，为我所用。在毛泽东看来，"近代文化，外国要比我们要高，要承认这一点"。[①] 因此，"我们的方针是，一切民族、一切国家的长处都要学，政治、经济、科学、技术、文学、艺术的一切真正好的东西都要学"。[②] "中国应该大量吸收外国的进步文化，作为自己文化食粮的原料，这种工作过去还做得很不够。"[③]

二 邓小平文化建设思想

改革开放以来，以邓小平为代表的中国共产党人，进一步推动中国特色社会主义文化建设，提出"四有"新人、"三个面向"以及社会主义精神文明建设等思想。突出强调了文化的地位和作用，强调要物质文明和精神文明两手抓，两手都要硬。

邓小平在1980年的中央工作会议上指出："我们要想实现国家的强盛，不仅要建设物质文明，而且要建设精神文明，所谓精神文明，包括教育、科学、文化、共产主义的思想、理想、信念等等。"[④] 此后，邓小平在党的十二大上明确地指出了社会主义精神建设的战略地位，并在党的十二届六中全会上通过了《中共中央关于社会主义精神文明建设指导

---

① 《毛泽东著作选读》（下卷），人民出版社1986年版，第751页。
② 同上书，第740页。
③ 《毛泽东选集》（第2卷），人民出版社1991年版，第706—707页。
④ 《邓小平文选》（第2卷），人民出版社1994年版，第367页。

方针的决议》。《决议》中明确指出:"精神文明建设最重要的作用是为物质文明的发展提供精神动力,为社会主义的发展方向提供有力的思想保证。"①"邓小平还突出地把科技和教育作为举足轻重的国家实力,并创造性地提出了'科学技术是第一生产力'的光辉判断,把科技力作为具有决定意义的文化实力。"②

邓小平是党的第二代领导集体的领导核心,邓小平理论在改革开放的过程中,创造性地阐述了社会主义文化建设的思想。我国的对外开放从范围上讲包括对所有国家开放,从内容上讲包括经济、政治和文化的开放。邓小平对时代主题和世界形势的新判断,不仅是他的经济、政治开放理论创立的前提,也是其文化开放思想的逻辑起点。邓小平同样提出了"向外国学习"的思想,在强调改革开放的重大意义的同时,就明确社会主义文化发展也要借鉴经济上的开放政策。"对外开放适用于精神文明建设"这一论断可以看作邓小平对中华文化对外开放的有益探索。邓小平强调,"要善于从其他国家和民族的文化中汲取营养,发展自己。我们讲借鉴,目的是通过经验和借鉴,使外来文化的精华,同我党的优良传统和革命精神有机地结合在一起,并在新的实践基础上不断创新,建设和发展有中国特色的社会主义文化"。邓小平提出,在对外文化交流中,"引进来"和"走出去"是文化开放相辅相成的两个方面,两者缺一不可。邓小平认为,对外开放(包括文化开放)的过程,是学习、吸收、借鉴别国成功经验的过程,这个过程是必要的;同时又必须把我们好的东西,优秀的东西推向世界,为世界人民作贡献。

三 江泽民关于文化的重要论述

在20世纪90年代,随着国际形势的变化,文化在国家综合国力体系中的分量越发突出,江泽民审时度势,提出一系列新时期中国文化建设的新论断,深化了党对社会主义文化建设规律的认知。江泽民认为,中国特色的社会主义文化应代表中国先进文化的发展方向,这是在新的历

---

① 《十二大以来重要文献选编(下)》,人民出版社1986年版,第1174页。
② 周正刚:《文化国力引论》,湖南人民出版社2002年版,第28页。

史时期，对文化建设提出的基本目标和根本要求。"我们能不能继承和发扬中华民族的优秀文化传统，吸收世界各国的优秀文化成果，建设有中国特色社会主义的文化，这是事关中华民族振兴的大问题，事关建设有中国特色社会主义事业取得全面胜利的大问题。"① 江泽民反复强调，建设中国特色社会主义的文化，必须牢牢把握先进文化的前进方向，积极发展文化事业和文化产业，深化文化体制改革。"在新的形势下，我们更加重视利用有利的国际条件，坚持对外开放，以加速我国的社会主义现代化建设"，强调实行文化对外开放"是改革和建设必不可少的，应当吸收和利用世界各国包括资本主义发达国家所创造的一切先进文明成果来发展社会主义，封闭只能导致落后"。② 以江泽民为核心的党的第三代领导集体强化了"引进来""走出去"的文化发展战略。"我国文化的发展，不能离开人类文明的共同成果。要坚持以我为主、为我所用的原则，开展多种形式的对外文化交流。"③

四　胡锦涛文化软实力思想

胡锦涛在党的十七大报告中提出了加强文化软实力建设的思想，党的十七大后把"提高国家文化软实力"提高到国家战略的高度，表明中国共产党对文化的重要地位和作用的认识提升到了一个新的境界和新的水平。胡锦涛在党的十七大上将民族复兴与文化繁荣联系起来，首次明确将文化作为国家的"软实力"提出来，从全局战略的高度出发把文化建设提高到了空前重要的位置。④ 胡锦涛在庆祝中国共产党成立90周年大会上郑重指出："要着眼推动中华文化走向世界，形成与我国国际地位相对称的文化软实力，开展各种形式的对外文化交流活动，提高中华文化国际影响力。"胡锦涛强调，我国是一个文化资源极其丰富的大国。在经济全球化背景下，提高我国文化的国际影响力，创新文化体制机制，

---

① 《江泽民文选》（第1卷），人民出版社2006年版，第507页。
② 同上书，第220页。
③ 《江泽民文选》（第2卷），人民出版社2006年版，第35页。
④ 廖子君：《中共领导核心对马克思主义文化理论中国化贡献研究》，硕士学位论文，南昌大学，2010年，第31页。

深化文化体制改革,要将推动中华文化走向世界、增强中华文化国际影响力作为一个重要的文化建设内容,同时提出了要"构建和发展现代传播体系,提高传播能力"的战略要求。

五 习近平关于文化软实力的重要论述

党的十八大以来,习近平总书记高度重视国家文化软实力建设,从世界文化格局与中国国际地位和影响力的新变化,从实现"两个一百年"奋斗目标和中华民族伟大复兴中国梦的战略出发,深刻论述了当代中华文化软实力建设的重大意义、基本内涵、基本要求。

党的十八大报告也明确指出:"文化是一个民族的血脉,是人民的精神家园。全面建成小康社会,实现中华民族伟大复兴,必须推动社会主义文化大发展大繁荣,兴起社会主义文化建设新高潮,提高国家文化软实力。"[①]

2013年12月30日,习近平总书记在中央政治局集体学习会上发表了关于"建设社会主义文化强国,提高国家文化软实力"的重要讲话。[②] 集中体现了习近平总书记的文化软实力观。他强调,提高国家文化软实力,关系到"两个一百年"奋斗目标和中华民族伟大复兴中国梦的实现。要弘扬社会主义先进文化,深化文化体制改革,推动社会主义文化大发展、大繁荣,增强全民族文化创造活力,推动文化事业全面繁荣、文化产业快速发展,不断丰富人民精神世界、增强人民精神力量,不断增强文化整体实力和竞争力,朝着建设社会主义文化强国的目标不断前进。

他指出,提高国家文化软实力,要努力夯实国家文化软实力的根基。要坚持走中国特色社会主义文化发展道路,深化文化体制改革,深入开展社会主义核心价值体系学习教育,广泛开展理想信念教育,大力弘扬民族精神和时代精神,推动文化事业全面繁荣、文化产业快速发展。夯

---

① 《习近平关于实现中华民族伟大复兴中国梦的论述》,中央文献出版社2013年版,第64页。

② 习近平:《建设社会主义文化强国着力提高国家文化软实力》,新华网,http://www.xinhuanet.com/politics/2013-12/31/c_118788013.htm。

实国内文化建设根基,一个很重要的工作就是从思想道德抓起,从社会风气抓起,从每一个人抓起。要继承和弘扬我国人民在长期实践中培育和形成的传统美德,坚持马克思主义道德观、坚持社会主义道德观,在去粗取精、去伪存真的基础上,坚持古为今用、推陈出新,努力实现中华传统美德的创造性转化、创新性发展,引导人们向往和追求讲道德、遵道德、守道德的生活,让13亿人的每一份子都成为传播中华美德、中华文化的主体。并重点强调,要传播好当代中国价值观念,要宣传和阐释好中国梦,要展示好中华文化的独特魅力,要塑造好中国国家形象,要努力提高中国国际话语权。①

习近平关于文化软实力的重要论述有着重要的理论价值和应用价值。具体来说,它的主要内容包括:社会主义核心价值体系是文化软实力的灵魂,也是社会主义先进文化的精髓和集中体现;"中国梦"是文化软实力的宏远目标,文化软实力是实现"中国梦"的重要推动力;优秀传统文化是文化软实力的根基,它是中华文明的宝贵精神财富,使中华文明至今得以保存、延续;文化软实力增强的重要保证在于提升中国的国民素质,要充分保障人民群众的基本文化权益,保证人民群众的昂扬精神状态;更要将意识形态工作作为文化软实力的工作重点,牢牢把握意识形态工作的领导权、管理权和话语权;加强新闻出版、广播影视、文学艺术等多种文化形态建设;有计划、有组织地完善基层文化建设;积极拓展文化产业,不断扩大中华文化的国际影响力。

另外,提升文化软实力,习近平总书记特别强调要加强对外文化交流。习近平对外文化交流的主要观点概括为两个层次。一是积极创新对外传播理念,更新对外传播形式。要努力传播当代中国价值观念;当代中国价值观念,就是中国特色社会主义价值观念,要加强提炼和阐释,拓展对外传播平台和载体,把当代中国价值观念融汇于对外文化交流和传播的整个过程中;与当代中国价值观念结合起来宣传和阐释中国梦。二是加强传播能力建设,重塑中国大国形象。增强对外话语的创造力,

---

① 习近平:《建设社会主义文化强国着力提高国家文化软实力》,新华网,http://www.xinhuanet.com/politics/2013-12/31/c_118788013.htm。

加强传播能力建设，对外努力展示中华文化独特魅力。要使中华民族最基本的文化基因与当代世界文化相适应、相协调，提高对外文化交流水平，完善人文交流机制，创新人文交流方式，综合运用大众传播、群体传播、人际传播等多种方式展示中华文化的魅力①。

习总书记在党的十九大报告中强调："要深化文化体制改革，完善文化管理体制，加快构建把社会效益放在首位、社会效益和经济效益相统一的体制机制。完善公共文化服务体系，深入实施文化惠民工程，丰富群众性文化活动。加强文物保护利用和文化遗产保护传承。健全现代文化产业体系和市场体系，创新生产经营机制，完善文化经济政策，培育新型文化业态。广泛开展全民健身活动，加快推进体育强国建设，筹办好北京冬奥会、冬残奥会。加强中外人文交流，以我为主、兼收并蓄。推进国际传播能力建设，讲好中国故事，展现真实、立体、全面的中国，提高国家文化软实力。"②

第三节　国内外学者有关文化软实力基本理论分析

历史经验告诉我们，无论中外，抑或古今，能在国与国的竞争中占据主动、纵横捭阖的国家，一直都是硬实力和软实力兼备的国家。进入21世纪，文化软实力正日益成为衡量国家或地区发展和影响力的重要指标。文化软实力的提升成为国家发展、国际体系变革的必然趋向。在国际竞争越来越激烈的背景下，提升国家文化软实力，强化国家文化对外传播能力已经成为我国扩大开放、提升国际影响力、捍卫国家利益的必然选择。

一　文化软实力理论的学术梳理

关于文化软实力问题的研究是当前国内外学术界重点研究的问题。

---

① 习近平：《建设社会主义文化强国　着力提高国家文化软实力》，新华网，http://www.xinhuanet.com/politics/2013-12/31/c_118788013.htm。

② 《习近平在中国共产党第十九次全国代表大会上的报告》，人民网，http://cpc.people.com.cn/n1/2017/1028/c64094-29663160.html。

各国学者根据自身的学术背景和研究目的，多层次、多维度对文化软实力展开了研究。

（一）西方学者的文化软实力学术渊源

关于"软实力"的研究，不同学科背景的学者从不同的视角做了大量的分析，这些分析构成了文化软实力的学术渊源。首先，软实力思想的初期探讨阶段。主要代表人物及观点有：美国政治学家丹尼斯·朗（Dennis H. Wrong），朗在分析政治权力的形式时，把政治权力划分为武力、操纵、说服和权威四种形式。说服形式是指政治权力主体以特定的理论、方案实现与政治权力客体的思想和心理的沟通，进而贯彻自己的意图。另外，英国著名的现实主义学者卡尔（E. H. Carr）在其著作《20年危机（1919—1939）：国际关系研究导论》中也把国际权力划分为三种类型：军事权、经济权和话语权（舆论控制权）。美国政治学家彼得·巴克莱奇（Peter Bachrach）和摩尔顿·拜拉茨（Morton Baratz）在美国的《政治学评论》（Political Science Review）杂志上发表的《权力的两张面孔》中，提出了权力的"第二张面孔"（Second Face of Power）的思想，紧接着又在同一本杂志上发表了《决定与非决定：一种分析框架》，对权力的属性与同化（co-optive）问题进行了分析。[①] 现实主义国际政治理论大师汉斯·摩根索在其著作《国际纵横策论：争强权，求和平》中也明确指出："文化帝国主义在现代所起的典型作用，是辅助其他方法。它软化敌人，为军事征服或经济渗透做准备。"文化常常隐身于政治、军事力量的背后，为国家"硬实力"起着呐喊助威的作用。[②] "如果一个政府的外交政策对它的人民的知识信念和道德价值观念有吸引力，而其对手却没有成功地选定具有这种吸引力的目标，或者没能成功使其选择的目标显得具有这种吸引力，那么，这个政府便会对其他对手取得一种无法估量的优势，一种意识形态是一种武器，它可以提高国民士气，并随之增

[①] 张小明：《约瑟夫·奈的"软权力"思想分析》，《美国研究》2005年第1期。

[②] ［美］汉斯·摩根索：《国际纵横策论：争强权，求和平》，卢明华等译，上海译文出版社1995年版，第90页。

强国家的实力,且正是在这样做的过程中,它会瓦解对手的士气。"① 这表明文化影响力的大小还取决于文化的传播力。美国学者约瑟夫·拉彼德等主编的《文化和认同:国际关系回归理论》一书中也大篇幅强调文化对于国际关系、国际政治、国家民族认同的重要作用。这些观点都已经包含了丰富的软实力思想。

其次,软实力思想的深入探讨阶段。主要代表人物和观点有:美国学者塞缪尔·亨廷顿,在其两篇重要学术成果《文化的重要作用——价值观如何影响人类进步》和《文明的冲突与世界秩序的重建》中,对文化促进国家发展、提升国际影响力的功能做了详细的分析,并进一步阐述了未来国际冲突的根源是文化的因素,经济和意识形态的因素将退居幕后。亨廷顿把文化因素确定为国际力量冲突、变化的主要影响。美国著名政治学家兹比格涅夫·布热津斯基(Zbigniew Brzezinski)在《大棋局——美国的首要地位及其地缘战略》一书中也明确指出,国际格局中对国际事务发挥主导作用的力量核心通常具备四个方面的突出特点,包括军事强大、经济发达、技术雄厚和文化富有吸引力。其中文化富有吸引力主要指的是软实力。另外一位研究和平理论的著名学者约翰·加尔顿(Johan Galtung)则提出了"文化暴力"理论。加尔顿认为"文化暴力"是西方在后现代时期代替对第三世界经济和政治的直接控制的新的统治形式。"文化暴力"是指文化中那些能被用来为直接性或结构性的暴力辩护,使之合理化的方面。无论是"直接暴力"还是"结构性暴力",都必须依靠"文化暴力"来获得合理性和道义辩护。他指出,"帝国主义包括了文化暴力的所有,或者至少大部分结构成分,经济的、政治的、军事的、社会文化的和传媒的。就资本性帝国主义而言,经济因素是基本的,就社会性的帝国主义而言,社会因素是基本的。"②

最后,软实力思想的成熟推进阶段。主要代表人物和观点:加拿大

---

① [美]汉斯·摩根索:《国际纵横策论:争强权,求和平》,卢明华等译,上海译文出版社1995年版,第125—126页。

② Galtung, J., "Peace Problem: Some Case Studies," *Peace Research*, Vol. 5, 1980.

学者马修·弗雷泽在其学术著作《软实力：美国电影、流行乐、电视和快餐的全球统治》中，从历史和现实的角度，详尽地分析软实力在美利坚帝国的崛起中所扮演的复杂角色，并将美国（文化）软实力分为电影、电视、流行音乐和快餐四大主要部分。弗雷泽认为，美国流行文化软实力发挥着如下作用：创造经济收入，将软实力转化为硬实力；宣扬美国生活方式，向全世界输出其价值观；推行外交政策，塑造美国政府形象；维护全球稳定，重塑世界文明。美国流行文化软实力在美国外交政策中一直扮演的重要角色，是硬实力所无法取代的。在美国的成长过程中，其迅速建构起来的软实力体系为其成为世界超级大国发挥了巨大作用。

（二）文化软实力概念的界定

美国著名学者保罗·肯尼迪（Paul Kennedy）在 1987 年出版了《大国的兴衰》一书，保罗·肯尼迪在其著作中阐述了"相对衰落的头号大国美国及其问题"，他认为"美国衰落"已成不可逆转的历史趋势，这种观点在美国引起了不小的轰动。而约瑟夫·奈则认为美国的力量并没有衰落，他在 1990 年出版的《美国定能领导世界吗》（*Bound to Lead：The Changing Nature of American Power*）中提出："美国人对美国在国际政治中地位变化感到担心是不无道理的，但是将这种变化描述为美国衰落则会把人们引入歧途。……正如过去多次发生的那样，造成国际强国的力量资源结构正在发生变化。"[①]

约瑟夫·奈是最早提出"软实力"概念的人，他从 20 世纪 80 年代末以来撰写了一系列关于软实力问题的著作，这其中包括《注定领导：美国权力性质的变迁》《软实力》《软实力：世界政坛成功之道》《权力与相互依赖》《硬权力与软权力》等，在这些著作中，约瑟夫·奈明确地提出了"软实力"的概念，约瑟夫·奈谈到了软实力中文化因素对一国经济与社会发展所起的重要作用。约瑟夫·奈认为，权力是影响他者从而获得期望结果的能力，可以通过胁迫、收买或吸引力来实现。军事权

---

① ［美］约瑟夫·奈：《美国定能领导世界吗》，何小东、盖玉云等译，军事译文出版 1992 年版，第 215 页。

体现胁迫力，经济权体现收买力，这两者都是硬实力，而话语权则体现一种吸引力。所以他就把通过吸引和说服获得更优结果的能力概括为"软实力"，认为"软实力资源"主要包括"文化吸引力、意识形态和国际机构"。①

1999 年，约瑟夫·奈在《软实力的挑战》(The Challenge of Soft Power) 一文中对其做出了较为完整、系统的定义："软实力是一个国家的文化与意识形态吸引力，它通过吸引力而非强制力获得理想的结果，它能够让其他人信服地跟随你或让他们遵循你所制定的行为标准或制度，以按照你的设想行事。软实力在很大程度上依赖信息的说服力。如果一个国家可以使它的立场在其他人眼里具有吸引力，并且鼓励其他国家依照寻求共存的方式加强界定它们利益的国际制度，那么，它无须扩展那些传统的经济和军事实力。"② 在这个复杂的定义中，其核心的语义是吸引力：软实力就是指国家对外的吸引力。2004 年 3 月，约瑟夫·奈在新著《软实力——国际政治中的制胜之道》(Soft Powe-The Means to Success in World Politics) 中对"软实力"予以了再定义，其简略表述是："软实力是一种能力，它能通过吸引力而非威逼或利诱达到目的。这种吸引力来自一国的文化、政治价值观和外交政策。当在别人的眼里我们的政策合法、正当时，软实力就获得了提升。"③ 由此，软实力是"一个国家使得其他国家以其预期目标为目标时的同化权力"④。可见，软实力"是一种更高远的控制与影响力，它源于文化（在能对他国产生吸引力的地方起作用）、政治价值观（当它在海内外都能真正实现这些价值时）及外交政策（当政策被视为合法）"。⑤

概括来说，文化软实力就是依靠文化的影响、交流、传播所形成的

---

① [美] 约瑟夫·奈：《注定领导世界：美国权力性质的变迁》，刘华译，中国人民大学出版社 2012 年版，第 159 页。

② Nye, J. S., "The Challenge of Soft Power," Time, February 22, 1999, p. 21.

③ Nye, J. S., Soft Power: The Means to Success in World Politics, Public Affairs, 2004, p. 25.

④ [美] 约瑟夫·奈：《硬权力与软权力》，门洪华编译，北京大学出版社 2005 年版，第 97—111 页。

⑤ Nye, J. S., Soft Power: The Means to Success in World Politics, Public Affairs, 2004, p. 2, p. 11.

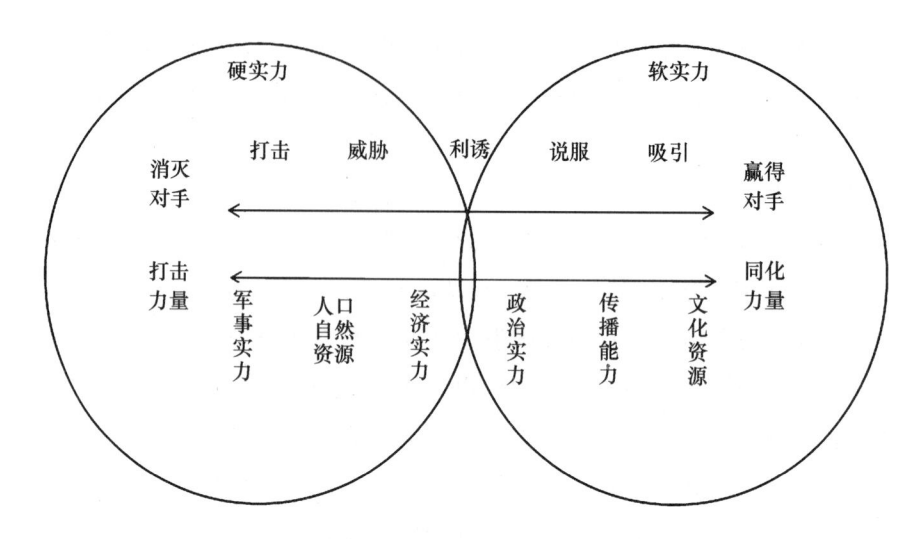

图1—1 硬实力、软实力定义示意

凝聚力、渗透力、影响力、持续力,它主要包括国家制度、历史文化传统、意识形态、科学文化、商业文化等,并从文化本身向政治、外交、经济等领域拓展影响。从本质上讲,文化软实力是指从文化本身所弘扬出来的创造生存的力量。具体理解文化软实力的内涵,可以分为这样几个层次。第一,文化意味着一种力量,这种力量既可以成为一种柔性力量,也可构成一种刚性力量。第二,文化一旦成为一种柔性的力量,它就可用来创造生存,包括自我凝聚其外来文化信息、智慧与方法,也包括对外的竞争力、协调力、融合力、扩张渗透力等。第三,文化虽可以成为一种柔性的力量,但并不意味着凡文化都是软实力,只有当那种拥有实际的生存创造力(即内在凝聚力和对外竞争力、协调力、融合力、扩张力)的文化,才可构成文化软实力。①

所以,从广义上理解文化软实力,就是指一个国家的文化价值观、意识形态、社会制度、文化模式、对外交往所表现出来的凝聚力、吸引力、影响力和竞争力。对外包括国家的创造力、思想的影响力、观念文化的亲和力以及文化产品传播力和辐射力;对内包括民族团结精神、核

---

① 唐代兴:《文化软实力战略研究》,人民出版社2008年版,第6页。

心价值观的认同、民族文化的继承与创新等。文化软实力的核心是思想、观念、原则等价值观念。它的载体是文化产品、文化交流活动、文化教育和信息传播媒介；从狭义上理解文化软实力，一般是指文化影响力、文化凝聚力和文化感召力。

(三) 中国学者的文化"软实力"相关理论论述

20世纪90年代，"软实力"概念一经提出，就得到了我国学者的关注，几乎是在约瑟夫·奈提出"软实力"概念的同时，我国学者就开始了对"文化力"概念的研究。中国语境下的"软实力"研究和约瑟夫·奈是同步的，而且，我国学者比约瑟夫·奈更突出强调文化力的作用。

国内早期学者代表是黄硕风，1992年在其著作《综合国力论》中黄硕风就提出了文教力的思想。这是我国学者较早提出的类"软实力"概念。该书对综合国力的评价标准更加丰富。黄硕风把国家综合国力分为两大类和七要素，两大类是指物质力和精神力，七要素是指政治力、资源力、经济力、科技力、国防力、文教力、外交力。其中，资源力、经济力、科技力、国防力四大要素主要表现为物质形态的"硬国力"，而政治力、文教力、外交力则表现为精神形态的"软国力"。这里提出的"文教力"概念，本质已是把文化因素作为综合国力的重要组成部分了，从内涵上讲，已属于文化软实力的范畴。

著名学者贾春峰首次明确提出"文化力"的概念，1993年在其发表的文章《加强市场经济发展中的"文化力"研究》中，他也提出综合国力应当包括精神文化的内容，"文化力"是综合国力的重要组成部分。他认为"文化力"包括四个重要组成部分：智力因素（教育、科技）、精神力量（道德、价值观、理想等）、文化网络（图书馆、电影厅、体育馆等文化娱乐设施）和传统文化。

王沪宁是中国国内较早真正把文化和软权力结合起来做系统分析的学者，1993年在其代表作《作为国家实力的文化：软权力》一文中阐述了文化是一种软权力，是国家实力的组成部分的重要思想，这一思想既是对约瑟夫·奈提出的"软实力"概念的回应，内涵上又与约瑟夫·奈的"软实力"有所不同。约瑟夫·奈是把文化等同于软实力，而不是作为软权力的一部分。文化力概念的出现，丰富了国内学者在综合国力、国家实力、文化生产力等概念上的研究视角，为中华文化软实力理论的完善奠定了基础。

"文化软实力"一词的完整表述最早出现在2005年2月27日的《光明日报》上，是以"文化软实力成为浙江综合竞争力的重要组成部分"为题的专题报道。文中提出"文化生产力是文化软实力的基础，竞争力是文化软实力的关键"的观点。从此文化软实力概念频繁出现在地方文化体制改革的语境中，且对文化软实力内涵的认识也主要定位为文化产业和文化事业的发展程度。

2007年以后，学界对文化软实力的研究开始深入，研究内涵更加丰富，文化软实力的研究开始和国家实力层面相联系。特别是在党的十七大报告中明确提出要"提高国家文化软实力"之后，国家文化软实力成为最热门的显学，众多学者立足自身学科，纷纷对文化软实力的内涵进行解析，对文化软实力的重要性进行论述，剖析我国文化软实力的发展现状，提出提升文化软实力的路径建议。近年来，在文化软实力研究领域，又有诸多研究者提出了新的见解。在他们的研究成果中，也折射出各自在文化研究、国际政治、国际交往、社会学、哲学、历史学、传播学和管理学研究等方面的积累和特色。目前，国内学术界对文化软实力的不同理解表现在以下几个方面。

第一，从与软实力的关系角度，对文化软实力的界定存在多种认识。我国学者对文化软实力的界定主要有以下几种。一种观点认为，文化软实力等同于软实力。魏恩政等著名学者就明确指出，软实力在很大程度上就是文化软实力。文化软实力是指该国传统文化、价值观念、意识形态等文化因素对内发挥的凝聚力、动员力、精神动力及对外产生的渗透力、吸引力、说服力；[①] 一种观点认为，文化软实力是对文化力与软实力的延伸。著名学者贾海涛认为文化软实力是一个系统因素的整体体现，取决于政治制度和价值体系、科技与教育的实力、文化遗产和文化产品、国民素质和道德水准，也包括知识、体制的创造力及决策、外交等方面

[①] 魏恩政、张锦：《关于文化软实力的几点认识和思考》，《理论学刊》2009年第3期。

的智慧与实践等因素①；一种观点认为，文化软实力是软实力的重要组成部分。著名学者龚政文指出，所谓文化软实力是指软实力中与文化相关的部分，即核心价值观念的吸引力和凝聚力、文化品牌的影响力、文化形象的亲和力、文化环境的美誉度等。②

第二，从国家软实力研究角度出发，认为文化软实力就是以文化为基础的国家软实力。比如，童世骏在《文化软实力》中指出：国家软实力包括若干个方面，即文化、政治价值观、外交政策，"所谓'文化软实力'，就是以文化为基础的国家软宴"。③ 赵磊也认为，文化软实力是综合国力中的文化、精神力量，它是与经济力、军事力等硬实力相对而言的，表现为一个国家或地区文化发展状况和建设成果，蕴含着推动经济与社会全面发展的精神力量和智力因素。④ 这些研究不但指出了文化与政治价值观和外交政策的区别，而且认为文化作为国家软实力具有更为基本的意义。从这个意义上说，一个民族的文化创造能力，体现了这个民族的内在素质的组成部分和文明的发达程度。一个民族的文化创造能力比较强，就意味着它有能力为本民族和其他民族的更好生活作出贡献，也就比较容易获得其他民族的观念上的尊重、情感上的亲近和行动上的支持。

第三，从软实力作用方式的角度，对软实力的构成进行界定。比如，韩勃、江庆勇在《软实力：中国视角》中提出："所谓软实力，就是通过诉诸情感、理性和信仰，促使客体按照主体期望的方式行动，从而帮助主体得偿夙愿的能力。"⑤ 文化软实力是相对于硬实力来说的，是指一国的传统文化、价值观念、意识形态等文化因素对内发挥的凝聚力、动员力、精神动力以及对外产生的渗透力、吸引力和说服力，是该国发展和施加对外影响的重要力量，也是综合国力的重要内容和发挥作用的重要

---

① 贾海涛：《"文化软实力"理论的演进与新突破》，《社会科学》2011 年第 5 期。
② 龚政文：《提升文化软实力　建设魅力新湖南》，《新湘评论》2008 年第 3 期。
③ 童世骏：《文化软实力》，重庆出版社 2008 年版，第 15—18 页。
④ 赵磊：《当前提升我国文化软实力面临的机遇和挑战》，《新远见》2008 年第 5 期。
⑤ 韩勃、江庆勇：《软实力：中国视角》，人民出版社 2009 年版，第 9—12 页。

动力。① 文化软实力是"一个国家的文化和智慧的集中体现；知识体系、价值体系、战略决策、外交手段、教育体系的资源、能力和创造都属于文化软实力。'文化力'不仅是所谓'软实力'，而且是综合国力的源泉和发展动力，是将综合国力所有因素有机地结合在一起并使之充分体现的关键；制度的优劣和效率、科技与教育的发展、人才战略、文化产业、文化与价值的传播、国民素质与道德水准、战略决策、外交智慧等因素都应归结到这一范畴。'文化软实力'或'文化力'的资源或体现不只是传统文化或文艺产品，而是一种能够改变社会和世界的制度和知识、价值的创造力与影响力，是赢得社会和世界支持和认可的魅力，也是一种赢得拥护和认同的内部凝聚力。"② 认为软实力应该包括信仰和价值观的感召力、情感感召力、理性说服力和价值创造力，实际上就包括了理性和非理性的力量。这一研究指出，中国友善的情感在世界上建构了良好的国际氛围，使得自己的文化价值观念获得广泛的传递，通过情感感召体现了国家的亲和力，正是文化软实力的重要体现。

第四，从创造力的角度，提出文化软实力实质上就是文化创造力。唐代兴指出："客观地看，文化软实力就是文化本身所表现出来的生存创造力量，简称为文化创造力。因而，文化软实力就是文化创造力。"该项研究从创造能力的角度入手，提出文化软实力作为一种生存创造力，是一种柔性的生存创造力，对内，表现为对外来文化信息能量的个性化吸纳和自我集聚；对外，表现为与他者的竞争力、协调力、融合力、扩张渗透力等。③

第五，从资源的角度，认为文化软实力是一种文化资源。例如，贾磊磊认为，"我们所强调的国家文化软实力，主要是指那些在社会文化领域中具有精神的感召力、社会的凝聚力、市场的吸引力、思想的影响力与心理驱动力的文化资源。"④ 此观点忽视了文化资源和文化实力是有区别的，资源变为实力还需要创新和转化的过程。

---

① 魏恩政、张锦：《关于文化软实力的几点认识和思考》，《理论学刊》2009年第3期。
② 韩勃、江庆勇：《软实力：中国视角》，人民出版社2009年版，第9—12页。
③ 唐代兴：《文化软实力战略研究》，人民出版社2008年版，第2—3页。
④ 贾磊磊：《国家文化软实力的主要构成》，《光明日报》2007年12月7日。

综上所述，当前我国的文化软实力的相关研究已取得了丰硕成果，概括起来具备以下特点。首先，从学术研究的历史沿革与趋势来看，国内学界开始高度重视文化软实力建设研究，体现了文化软实力建设的重要性和前沿性，文化软实力建设视角会成为我国学术界新的热点问题和重大关切。其次，从学术研究的思路变化来看，文化软实力建设研究正向多学科交叉研究、专项和具体性研究转变，并通过开拓研究思路形成更加全面的研究格局。最后，文化软实力建设相关研究的某些基础性问题还没解决。比如，系统、科学的文化软实力发展对策研究；从中国的实际出发去研究我国的文化软实力具体需要的研究；文化软实力资源、文化软实力本质相关研究，等等。

二 文化软实力的内容关涉

（一）文化软实力的构成要素

文化软实力是软实力的核心。美国著名学者约瑟夫·奈对软实力的构成要素做出过不同的界定，最初在1990年，奈归纳了软实力构成的"五要素说"，到1999年又把其简化为"二要素说"，再到2004年奈又认为软实力由"三要素"构成。考察奈对软实力构成要素认识的变化，可以发现无论哪一次要素构成的改变，文化始终是不变的要素之一，由此可以看出，文化要素一直都是软实力要素构成中的重要维度。

关于软实力构成要素问题，中国学术界也曾出现过激烈的争论。例如，清华大学著名国际问题专家阎学通教授的文章《软实力的核心是政治实力》和上海国际问题研究所俄罗斯中亚室主任陆钢教授的文章《文化软实力弱让中国失分——与阎学通教授商榷》，两位学者同在《环球时报》发表文章，对这一问题展开争论，两位学者在各自的文章中鲜明地亮出自己的思想观点，并且都给予了积极论证。阎学通认为软实力的核心是政治实力，而政治实力的核心是政治信誉，同时认为"文化实力的增强并不必然增强一国的软实力，文化实力的削弱并不必然削弱一国的软实力"，同时指出"政治实力的增长会带动文化实力的发展，但文化实力的发展则不必然带动政治实力的发展。这就是为什么历史上文化实力发展的大国也会走向衰败"。① 陆钢教授提出了与之不同的反驳观点，他认为文化实力的作用不可替代，文化实力渗透于硬实力中，同时还认为只有战略信誉而缺乏文化实力对一个国家的发展是致命的，因此"我们要重视软实力特别是文化实力的建设，加强自身文化素质的提高，扩大中国传统文化的对外影响力，让世界感到出现在它面前的，不是一个时刻摆弄肌肉和意志的巨人，而是一个充满仁爱、智慧、礼貌、豁达、和平以及有着理想追求和崇高境界的文明大国"。②

两位学者的争论也引起了国内其他学者的关注和参与，李智在撰文《软实力的实现与中国对外传播战略——兼与阎学通先生商榷》中指出："政治不属于实力，不是软实力的构成要素，软实力的唯一构成要素是文化"，③ 实际上是赞同陆钢教授的观点。

从整体上讲，软实力的核心要素应该是文化，在中国的话语体系中将 Soft Power 翻译为"软实力"，实际上已经是从资源的角度来考量的，而文化是最具这种资源属性的要素。考察约瑟夫·奈对软实力（Soft Power）构成要素的分析，奈已经将文化定位为软实力的核心要素，从某种程度上讲，奈是接受文化软实力概念的，因为"奈所说的文化包括两个层面和两种形态：一个是内隐的观念层面，它包括价值观念、思维方式、思想观念、精神或原则等形态，可称之为观念性文化；一个是外显的制度层面，该层面属于一种社会性的文化约定，或者说是文化的社会化实现，它表现为战略、政策或规范、规则等形态，可称之为制度性文化"。④ 由此可见，基于政治衍生出来的制度，其吸引力并非完全来自政治本身，而是基于政治制度背后文化理念的吸纳力和说服力。著名学者周正刚教授把文化上升到国力层面加以研究，认为文化国力系统分为三个层面："一是基础层面，即科技和教育是构成文化国力的两大基本要素；二是精

---

① 阎学通：《软实力的核心是政治实力》，《环球时报》2007 年 5 月 22 日。
② 陆钢：《文化软实力弱让中国失分——与阎学通教授商榷》，《环球时报》2007 年 6 月 19 日。
③ 李智：《软实力的实现与中国对外传播战略——兼与阎学通先生商榷》，《现代国际关系》2008 年第 7 期。
④ 魏恩政、张锦：《关于文化软实力的几点认识和思考》，《理论学刊》2009 年第 3 期。

神层面,即文化精神、文化心理、文化传统的力量是构成文化国力的精神性因素;三是实体层面,即文化业、文化网络、文化设施的力量是构成文化国力的物质性因素。"①

综上所述,文化软实力是由各种基本要素组成的有机体。其构成要素包括这样几个层面:深层的价值观念、浅层的理想信仰和语言文字、表层的文化产品和国家政策。

1. 价值观念

"价值观念是指人们在社会实践过程中经过长期的熏陶、教育所形成的对于周围客观事物(包括人、事、物)的意义、重要性的评价和看法。价值观念直接决定着人们在处理各种问题、关系时所持有的基本价值立场。人们在接触任何事物时都会下意识地运用已有的价值观念对新事物进行评价,然后指导自己的下一步认识和行为。拥有不同价值观的人对于相同的事物会作出不同的价值判断,并产生不同的认知行为。"②

"价值观念作为文化软实力的深层要素,在文化软实力的发展过程中发挥着重要作用。一方面在文化软实力的发展过程中,作为深层构成要素的价值观念可以为文化软实力的发展提供一套具有导向性、规范性的价值体系支撑。一个社会良好的价值体系不但能够在社会中形成巨大的感召力和凝聚力,从而使人们产生价值认同和归属感,还能使文化软实力的各个组成部分之间的发展因为有了价值的引导而形成强大的聚合力。"③ 另外,价值观念自身的特点,为国家文化软实力的对外传播提供了广泛的可能性。国家文化软实力在其对外传播过程中可以通过推广共同的价值观念和理念,提高本国在国际社会的认同度,提升本国文化在世界范围的影响力。习近平总书记在2013年12月30日主持十八届中央政治局第十二次集体学习时,首次明确提出"提高国家文化软实力,要

---

① 周正刚:《论文化是综合国力的重要标志》,《求索》1999年第2期。
② 沈宇红:《当代中国文化软实力问题研究》,博士学位论文,中共中央党校,2013年,第36页。
③ 同上。

努力传播当代中国价值观念"这一战略任务。① 对外传播中国价值观念，提升我国文化软实力，应立足于把中华文化价值观中兼具民族特色和时代精神的价值观念传播出去，积极参与文化全球化进程中不同价值体系之间的交流、交融与交锋，努力提高中华文化价值观的国际影响力；传播中国"平等互信、包容互鉴、和平发展、合作共赢"的外交理念，以负责任大国的身份和独特的外交智慧积极参与国际热点、难点问题的和平、妥善解决；把中国特色的国家治理理念、国家治理经验及全球治理理念传播出去，积极参与国际体系的改革和调整，积极参与国际意识形态领域的融合与交锋，影响和引导涉华国际舆论，影响和引领世界主要思潮的发展走向。

2. 理想信仰

在一定意义上讲，理想是一种精神现象，是人们世界观、价值观和人生观在奋斗目标上的集中体现。理想的追求和实现的过程就是人们从事社会实践的过程。人们在改造客观世界和主观世界的实践活动中，既追求眼前的生产生活目标，渴望满足眼前的物质和精神需求，又憧憬未来的生产生活目标，期盼满足未来的物质和精神需求，这是理想形成的动力源泉。理想激励人们对未来社会和自身发展充满积极的向往与追求，拥有理想就拥有了强大的精神动力，就拥有了积极、主动、顽强的精神，从而以高度的热情投身于生活和工作中。

"信仰是人们在一定的认识基础上对社会准则、理论、主张、思想、主义的坚信不疑的看法，并将其作为自己的榜样或行动指南的精神状态。信仰是一个人依据自己在长期的社会实践活动中所积累的知识，经过自己深思熟虑后所决定的努力方向和奋斗目标。信仰比一般思想更能使人们的行为坚定持久。"② 杨成武在《忆长征》中就写到"我们坚信一定会胜利！坚信党中央、毛主席、周副主席和张闻天总书记一定会带着我们冲破困难，走向胜利。这个信念鼓舞着我们咽苦如饴，鼓舞我们忍受着

---

① 习近平：《建设社会主义文化强国　着力提高国家文化软实力》，新华网，http://www.xinhuanet.com/politics/2013-12/31/c_118788013.htm。

② 沈宇红：《当代中国文化软实力问题研究》，博士学位论文，中共中央党校，2013年，第37页。

一切难以想象的困难……"① 这个例子充分说明了信仰在人的行为中所发挥的巨大作用。

理想信仰是文化软实力的重要组成部分,在文化软实力的发展过程中发挥着重要作用。理想信仰是文化软实力的精神核心和向导,"它作为社会发展总目标在精神领域的体现,为文化软实力其他诸要素的发展设定了基本原则,不断地纠正文化软实力发展过程中的既定体制和现实实践的失衡,指引着文化软实力发展的方向"②。回顾历史,不同国家、不同时期,理想信仰都是以不同的形式出现,但理想信仰总是处在国家文化软实力体系的核心位置,并引导着国家文化软实力的持续发展。

美国学者塞缪尔·亨廷顿曾用"美国精神""信仰"等概念来阐述美国社会共同的理想信仰。他指出:"18 世纪末 19 世纪初以来,美国一直存在着一些基本的政治价值或理念,可称之为'美国信念(仰)'。……尽管这些信念(仰)不时发生着某些变化,但其核心要素历经两百年相对未变。……这种信念(仰)在界定美国国民认同方面一直发挥且仍在发挥着核心的作用。"③ 由此,这些理想、信仰成为美国自建国以来的文化软实力发展的精神向导。

另外,国家文化软实力是凝聚力和吸引力的重要来源。中华人民共和国成立以来的历史充分说明:没有共同的理想和信仰,就等于没有精神支柱,就会失去凝聚力。共同的理想信仰支撑着新中国成立初期的一穷二白到现在世界第二大经济实体。当前,建设中国特色社会主义和实现中华民族伟大复兴的中国梦,同样需要共同理想信仰,凝聚全国人民的思想和力量。

3. 语言文字

语言文字包括口头语和书面文字两类。口头语在人们的日常生活中充当着重要的文化、信息传递载体,其主要依靠世代口口相传的方式传

---

① 杨成武:《忆长征》,解放军文艺社 1982 年版,第 190 页。
② 陈华:《共同理想信念的培育与国家文化软实力的提升》,《社会主义研究》2012 年第 3 期。
③ [美] 塞缪尔·亨廷顿:《失衡的承诺》,周瑞译,东方出版社 2005 年版,第 14、18、19 页。

递下来。文字是以书写的方式传递下来的，便于传承。语言是人类心灵沟通的桥梁。通晓对方的语言，是读懂对方心灵、相互理解信任的基础，也是实现国家对外政治、经济、文化利益的手段①。萨丕尔强调说："人的独特性正在于，人能通过语言的传播建构自己与世界的一体化关系——人类不只是生活在客观世界之中，也不仅仅是生活在社会行为的世界之中，还受制于特定的语言环境。在这个意义上，语言就成为人们在社会生活中表达自己的媒介。"② 主要发达国家都十分重视本国语言的国际推广来提高自己的软实力，并把语言输出作为传播自己的文化和价值观的方式，使本国的文化在世界多语言和多文化的格局中占据重要地位。美国一直重视英语的推广，并把语言和文化的国际推广提升到国家安全的高度。美国国际外交咨询委员会指出："对外交流和培训对美国的对外关系有着直接的和多重的影响，是其最有价值的工具之一。""对世界文明以及语言的忽视将导致我们作为世界领导人的地位受到威胁。"③

语言既是文化的载体，也是文化形态的典型代表，根据文化发达国家的经验，语言的国际化是提高文化国际影响力的主要手段，所以，汉语的国际化有利于中国国家文化软实力的增强。应该说，近些年来，中国在积极推广汉语国际化方面取得了重大突破。早在1987年，我国就成立了由多个国家部委联合组成的"中国国家汉语国际推广领导小组"，并设立了专门汉语推广机构——"国家汉语推广办公室"。1990年中国国家汉语水平考试（HSK）也正式开始实施，大大推动了汉语在世界上的传播。2004年11月，中国又在海外成立了以教授汉语和传播中华文化为宗旨的非营利性公益机构——孔子学院（Confucius Institute）。此外，中国政府还在海外设立了中国文化中心等机构。

4. 文化产品

一般意义上讲，文化产品也有广义和狭义两种界定。广义的文化产

---

① 张帆、王红梅：《文化的力量：德国歌德学院的历史和启示》，《比较教育研究》2006年第11期。

② Payne, R. J., *The Clash With Distant Cultures: Values, Interests, and Force in American Foreign Policy*, State University of New York Press, 1995, p. 134.

③ Ibid., p. 78.

品是指人们在社会实践过程中生产出来的一切可见的产品，根据产品存在形态的不同可分为物质文化产品和精神文化产品。精神文化产品，即我们通常所说的狭义的文化产品。所谓的精神文化产品就是人们在实践过程中生产出来的以观念形态存在并以一定物质为载体的产品。文化软实力视域中的文化产品，偏向于精神文化产品。

根据联合国教科文组织公布的《1994—2003年文化商品和文化服务的国际流动》，"对本质上无形并具有文化含量的创意内容进行创作、生产，并使之商业化的产业称为文化产业。文化产业活动所提供的产品称为文化产品，文化产品包括文化商品和文化服务"。[①]

文化产品对提升文化软实力有着重要的推动作用。首先，文化产品可以满足人民群众物质和精神文化需求，可以教化和培育大众，提升国民的整体素养。其次，具有丰富文化内涵的文化产品的对外传播可以吸引其他国家民众，对本国文化产生认同，从而提升国家文化软实力的国际影响力。所以，"我们应该学会统筹国际国内两个市场、两种资源，统筹政府推动与市场运作，扩大文化领域对外开放，突出文化产品和服务的思想内涵和文化内核，真正把那些思想深刻、艺术性强，具有中国特色、中国风格、中国气派的优秀文化产品推向世界，不断增强中华文化的国际影响力，提升国家文化软实力。"[②]

当前，中国应尽快提升自己的文化产业整体实力，通过不断生产出具有全球竞争力的文化产品，将博大精深的中华文化推广到世界各地，不断扩大中华文化在国际文化市场的份额和世界影响力。

5. 国家政策

国家政策分为国内政策和对外政策，国家政策是文化软实力的能动

[①] 李本乾、牛盼强：《文化产品国际竞争力研究综述》，《今传媒》2012年第3期。文化商品一般是指那些传递思想、符号和生活方式的生活消费品。它们是知会性的或娱乐性的，有助于构建集体身份和影响文化习惯。作为个人或集体创意的结果，文化商品通过工业化过程和世界范围内的分配得以复制和推进。包括书籍、杂志、多媒体产品、软件、唱片、影片、录像、视听节目、工艺品等；文化服务主要包括传统的艺术表演、文化经纪、设计策划、广告代理等。它既可以满足直接的文化需求，也可以通过有形的文化服务将无形的文化内涵、文化构思、文化形象和文化象征等文化因素渗透到其他产业及产品中去，从而实现普通商品的文化增值。

[②] 《进一步深化文化体制改革》，《人民日报》2013年12月3日。

要素，具有灵活、多变的特性，并且对国家文化软实力建设具有调控统摄作用。"国内政策的价值直接体现在内政治理成效方面，即进行高效的社会动员，为国家治理和社会运行确立规范，促进经济社会全面发展，最终实现人的全面发展。外交政策是国家文化软实力的重要体现，其功能主要在于协调国际关系，树立良好的国际形象，切实维护国家利益。"[1]

（二）文化软实力的表现形式

1. 文化凝聚力

所谓凝聚力是指把分散之力、零乱之力、细微之力融合在一起，汇聚成推动社会进步的力量。文化（精神）具有凝聚功能，作为社会成员的思想行为的黏合剂，文化（精神）通过情感、规范和目标的提供，形成了同类价值意识，使社会成员和社会群体之间产生认同感、亲和力、吸引力，符合社会成员内部凝聚力提升和团结力增强的心理依据和思想基础。

文化凝聚力主要包括文化对社会成员的吸引力、社会成员对社会的向心力及社会成员之间的亲和力。文化凝聚力是在文化（精神）进一步内化的基础上形成的，是文化（精神）的更深层次的体验。具体来说，文化凝聚力是具有共同社会特征的社会成员为了国家的共同利益而产生的内聚力，是指一个国家或一个民族的文化所拥有的把自己的社会成员团结到一起，为实现全民族的共同理想和目标而共同奋斗的精神力量。文化软实力就是在此过程中形成的。

2. 文化生产力

文化生产力即生产文化产品、提供文化服务的能力，文化生产力主要通过文化事业和文化产业这两种文化生产方式来实现。"文化事业和文化产业的发展都对文化生产力的发展产生积极影响。文化事业是中国特有的一个词语。所谓文化事业是指在文化领域中从事文化研究创作、生产非盈利性精神产品及提供文化公共服务的行业。文化事业在本质上是非盈利性、公益性的。因此，文化事业单位基本是需要政府扶持的。文化事业的发展主要是满足广大人民群众最基本的文化需求。因此政府提

---

[1] 郭现军：《论文化软实力的四个要素》，《许昌学院学报》2013年第6期。

供的文化一般是免费的或收费很少的，从而保证无论贫富、男女、老幼都能享受到基本的文化服务。文化产业是指从事文化产品生产和提供文化服务的经营性行业。"①"文化产业"一词，最早产生于20世纪初德国学者马克斯·霍克海默和西奥多·阿道尔诺所合著的《启蒙辩证法》一书中的"Culture – Industry"一词，在当时我们把之译为"文化工业"。文中指出："在今天，文化给一切事物都贴上了同样的标签，电影、广播和杂志制造了一个系统，不仅各个部分之间能够取得一致，各个部分在整体上也能够取向一致。在垄断下，所有大众文化都是一致的。"② 文化生产力集中表现为文化产业竞争能力。文化产业竞争力是国家文化软实力的重要组成部分，是一个国家通过产业化方式，开发各类文化资源，提供大规模文化产品和文化服务，开展国际文化贸易的综合能力，包括总体创新能力、市场拓展能力、综合管理能力等。它不但体现了一个国家在文化和经济交叉领域的产业化运作能力，可以产生巨大的经济效益，而且可以通过文化产业链的运作和延伸，通过文化产品、文化服务、文化贸易的载体，在全国和世界范围内传播自己的价值观念和人文理想，动员自己的国民和团结自己的盟友，形成自己在全球文化竞争中的优势。③

3. 文化辐射力

所谓文化辐射力就是"一个国家整体的、综合的、全面的国家文化精神、品行、成果和形象总和而成的文化力量。文化辐射力有历史元素的延续效应，是深远而持续和不断丰富着的文化实力的表现，也反映着当代人们的劳动创造成就，它向世界展示了一个国家的整体形象，不断地向世界宣示着自身的文化价值理念，并以文化成果的形式传达其文化理念"④。托夫勒认为："明天在所有人类领域出现的全球性的权力之争的

---

① 沈宇红：《当代中国文化软实力问题研究》，博士学位论文，中共中央党校，2013年，第42页。
② [德] 马克斯·霍克海默、西奥多·阿道尔诺：《启蒙辩证法》，渠敬东、曹卫东译，上海人民出版社2006年版，第107页。
③ 花建：《文化软实力——全球化背景下的强国之道》，上海人民出版社2013年版，第208页。
④ 洪晓楠：《提高国家文化文化软实力的哲学研究》，人民出版社2013年版，第114页。

核心，就是如何控制知识。"① 托夫勒所讲的知识是文化的组成部分，而文化因素是世界性流动的因素，由文化因素所构成的"软实力"整体上是难以垄断的，是当代国际政治变革的主要推动因素之一。当一国国民接受了一定的文化，就会引起心理和感情的向往和理性的认同。那么，该文化的影响力潜移默化地就显现出来，随着认同范围和群体的扩大，该文化发展成为其他国家和国际社会的基本价值或主流文化时，这种文化自然就获得了理想中更大的"软实力"，也就产生了所谓的文化竞争力。

4. 文化吸引力

一国的文化资源越丰富，其可能对国外受众产生的吸引力就越大，但这只是一种可能。文化资源为文化软实力传播提供了内容，是文化软实力的重要组成部分，但它是否能产生吸引力，既依赖于文化的传播力，还要看传播受众的接受情况，并且会受到其他干扰因素的影响。要考察文化的吸引力，可以考察文化的不同层次（要素）的吸引力。如何划分文化的不同层次，不同学者也有不同的观点。参照霍夫斯泰德的"洋葱模型"的划分，霍夫斯泰德把文化从外向内分为四个层次。第一个层次是符号，"指的是承载着特定含义且仅仅能被这种文化的共享者们理解的词汇、手势、图画或者物体"。② 符号是文化里最容易变动、复制的部分，因此处于文化的最外层。第二个层次是英雄，"是一些人物，无论他们是在世的还是故去的，无论他们是真实的还是虚构的，他们都具有某一文化高度赞扬的品格，因此被视为行为的楷模"。③ 第三个层次是仪式，"是一些集体活动，虽然从技术层面看，这些行为对达到预期结果而言是多余的，但在一种文化当中，这些仪式被视为具有重要的社会意义"。④ 第四个层次是价值观，"文化的核心由价值观构成。价值观是一种普遍性的倾向，表现为更喜欢事物的某些特定状态而非其他状态"。⑤ 文化吸引力

---

① ［美］阿尔温·托夫勒：《权力的转移》，中信出版社2006年版，第28页。
② ［荷兰］吉尔特·霍夫斯泰德、格特·扬·霍夫斯泰德：《文化与组织：心理软件的力量》，李原等译，中国人民大学出版社2010年版，第6—7页。
③ 同上书，第7页。
④ 同上。
⑤ 同上书，第8页。

可以划分为文化符号吸引力、文化人物吸引力、文化价值观吸引力和思维方式吸引力。

三 对外传播视角下的文化软实力

传播包括大众传播、人际传播等传播活动，软实力影响的发挥是靠传播实现的。

（一）软实力的核心过程就是传播

约瑟夫·奈把传播作为软实力的资源或来源，"尽管武力有时也起作用，传统的权力工具已经不足以应对世界政治的变化中的争端。新的权力资源，比如有效传播的能力和设计、利用多边机构的能力，也许更加重要"。① 奈认为公共外交是政府运用软实力的主要手段，讨论了公共外交的三个维度：其一是日常传播，包括解释国际和国内政策的背景；其二是战略传播，就某一主题或某一特定政策进行的集中的可能长达一年之久的传播；其三是可能持续许多年的与关键人物的关系培养，包括奖学金、交流、培训、讲座、会议、提供对媒介的接触等方式。②

1993年，作为在中国最早引进软权力概念的学者之一，王沪宁对美国学者约瑟夫·奈的思想有两个发展：一个是把文化作为软权力的核心；另一个是强调传播的作用。"'软权力'的力量来自其扩散性，只有当一种文化广泛传播时，'软权力'才会产生越来越强大的力量。"③

李智认为："一国文化只有在国际社会广为传播并得到普遍认同后才能成为一种软权力。因此，传播是文化由（软）实力转化为（软）权力即文化软实力的实现的关键所在。文化是通过传播而获得影响力，获得对象认同的。被对象认同乃至于进而同化对象的程度是文化软权力化的唯一表征。就一国而言，文化软实力的权力化过程就是文化的对外传播

---

① Nye, J. S., *Bound to Lead: The Changing Nature of American Power*, Basic Books, 1990, pp. 183, 187.
② Nye, J. S., *Soft Power: The Means to Success in World Politics*, Public Affairs, 2004, pp. 107–109.
③ 王沪宁：《作为国家实力的文化：软权力》，《复旦学报》（社会科学版）1993年第3期。

过程。"①

由此，软实力的核心过程就是传播。软实力的实现要经过两次权力转化：第一步是从甲国的软实力资源到在乙国受众心目中的吸引力的转化，也是从潜在的软实力资源到真正的软实力资源的转化；第二步是从乙国受众心目中的甲国的吸引力，到乙国采取对甲国有利的政策和行动的转化。第一步转化过程的核心是传播，即甲国通过传播活动，使其资源在乙国受众心目中产生吸引力。

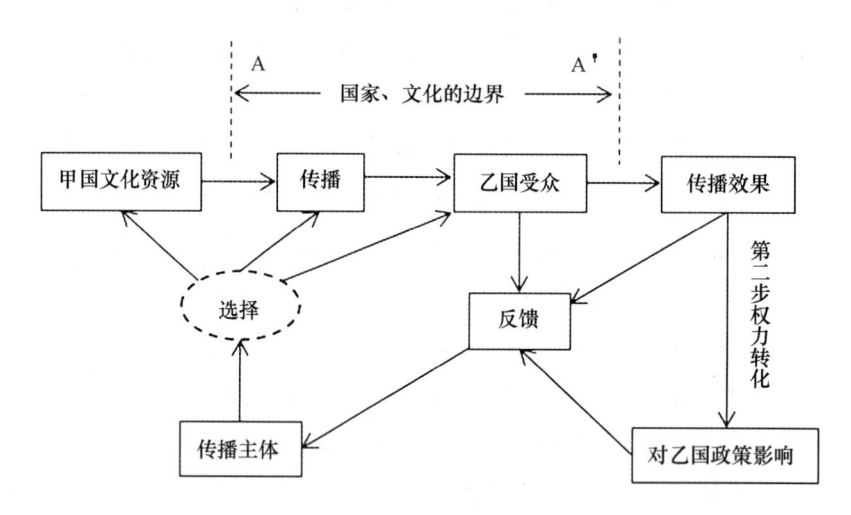

图1—2 软实力传播过程

（二）文化软实力的传播过程

文化软实力传播是文化传播，文化传播是文化要素（即一个社会特定的价值观、思维方式和行为方式及其外在表现形式）在不同文化的社会之间或者同一文化内部进行传播的现象。

第一，文化软实力的传播主体是多元的。其传播主体既包括一国的政府（当一国政府针对他国民众进行文化软实力传播时，往往被称为"文化外交"，即以文化为传播内容的"公共外交"），也包括一国的非政

---

① 李智：《软实力的实现与中国对外传播战略——兼与阎学通先生商榷》，《现代国际关系》2008年第7期。

府组织（企业等），甚至个人。第二，文化软实力的传播内容是可能对受众产生吸引力的文化资源，在传播内容上，以文化为资源的软实力传播，相比其他软实力资源（不管是外交、政治，还是经济模式、军事实力）的传播，更具亲和力，具备更丰富多彩的形式，更容易产生吸引力。第三，文化软实力的传播渠道是多元的。与其他软实力传播一样，包括大众传播、人际传播、群体和组织传播。第四，文化软实力面对传播受众，也需要采取"广播"和"窄播"相结合的原则。第五，对文化软实力的传播效果，同样可以从注意、兴趣、喜欢、行动四个方面来评估。第六，文化软实力传播是国际传播。站在一国的角度，是文化对外传播，在中国也被称作文化外宣。第七，文化软实力传播往往是跨文化传播。[①]

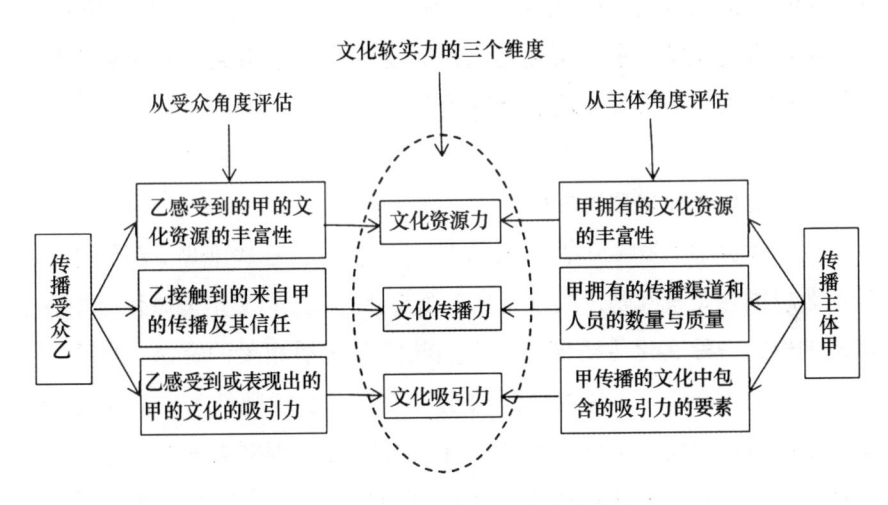

图 1—3　从传播角度分析文化软实力

一个国家文化对外影响力的大小，需要国家文化的内容具有独特的魅力，更需要国家文化对外传播中具有先进的传播手段和强大的传播能力。在文化全球化、社会信息化的今天，传播手段的先进和传播能力的强大，决定了一国文化理念和价值观念对外传播的广度以及国际话语权的大小，显然，一个国家的文化传播越广，其潜在的"软权力"就可能

---

① 刘澜：《中国文化软实力有多大》，机械工业出版社2015年版，第60页。

越大。文化的传播能力已经成为国家文化软实力的决定性因素。文化软实力的对外传播有赖于信息的扩散和文化的广泛交流，只有当自己的文化与价值观念在国际社会广为流行并得到普遍认同时，本国的文化软实力才能真正得到提升。中华文化走向世界是中华文化对外交流的过程，在这个过程中，中华文化的认同程度，决定了对外文化软实力的影响力大小。

第四节　中华文化走向世界战略的理论分析

中华文化亦即中华民族文化，是指中国各族人民在几千年文明发展史中凝结成的稳定的生存方式、民族情感、民族意识的积淀和民族精神、价值取向等的凝结。中华文化走向世界是在马克思主义世界观和方法论为基础的马克思主义文化理论指导下实施的。

一　文化全球化理论分析

美国社会学家罗兰·罗伯逊认为，全球化不是单纯的经济问题、政治问题或国际关系问题，而首先是一个文化问题。[①] 文化全球化是指在全球范围内的一种文化传播模式，它是与文化传播相关的资源、资金、生产、人才、产品以及市场等的流动全球性。有学者就认为，从文化和文明的角度看，文化全球化是人类文化、文明交流程度加深的标志，是人类社会未来的趋势和存在状态；从社会的角度看，全球化是地方社会政治控制程度的削弱，是文化集体成就的贬值。[②] 全球性的文化交流与融合已经形成不可阻挡之势，文化全球化作为人类文化发展的一种新趋势已经成为一种事实性存在。从另一个角度来说，文化全球化是一个不容忽视的客观存在或发展趋势，我们应积极应对并参与其中。正如在"经济全球化"中我们应该积极参与制定"游戏规则"那样，在"文化全球化"中我们也要积极参与全球文化体系的构建和流通规则的制定。实际

[①] 汪田霖、吴忠：《全球化与文化价值观》，《学术研究》2002年第6期。

[②] Mittenman, J. H., *The Globalization Syndrome*, Princeton University Press, 2000, p. 85.

上,"文化全球化"所反映、所承认的唯一事实是多元文化共在、共构,相互交流、渗透、沟通和融合,由此达到世界"和谐文化"的"和合"共存。

(一) 文化全球化的传播学内涵

文化全球化是一个充满悖论、各种矛盾相互交织的过程,我们不能回避,文化全球化已经表现出繁杂的发展态势。在国际社会,不同的学者用不同的观察角度来分析文化全球化,所以,产生了许多争论和分歧,关于文化全球化传播学的内涵是近年来争论的新焦点。

日本学者星野昭吉在其《全球政治学》中认为"文化全球化意即全球文化的相互依存、相互作用以及文化角色之间的相互交流,它允许分离化同质化并存"。[1] 戴维·赫尔德在《全球大变革》中把文化全球化看作"文化关系和文化实践的延伸与深化,即人和物的运动有助于在广泛的范围内建立一种共享的文化信息模式,从而有助于在不同地方之间建立一个地方的文化思想影响另一个地方的思想"。[2] 所以,文化全球化是一个矛盾冲突和开放的过程,它不可能是民族文化的趋同化,相反,它是一种跨文化对话和交流的机制。当前,全球化以经济为中心,逐渐向政治、文化、意识形态等领域扩散,在文化全球化成了当前国际社会的现实语境下,文化的全球化要求国家的对外文化传播在文化资源开发、文化产品出口、文化传播方式培育上符合全球化的特点。在文化全球化背景下如何保护国家文化安全、搞好文化对外传播、提高国家文化地位成为关注的重点。

为此,基于对文化全球化传播学内涵的理解,我们可以明确以下几个层次。

首先,文化全球化就是文化向全球传播的过程,这是文化发展的必然历史进程,文化全球化是在经济全球化的带动之下产生、发展起来的,在特征上具备经济全球化的特征,在表现形式上体现为全球层面的交流

---

[1] [日]星野昭吉:《全球政治学》,刘小林等译,新华出版社2000年版,第191页。
[2] [英]戴维·赫尔德:《全球大变革》,杨雪冬译,社会科学文献出版社2001年版,第60页。

与传播。在全球化背景下,各民族、国家民众的生活方式、消费方式日趋接近,在文化认知上形成了相似的文化价值观念,这就为他们之间的交流、沟通奠定了内在的文化价值基础;另外,随着世界交通设施和手段的进步、通信方式和互联网等新通信媒体的发展又为世界各国人民创造了加深交往的客观条件,于是,符合人类社会发展需要的现代文化在全球确立并传播开来,开启了人类文化全球化时代,文化全球化已经成为客观存在的事实。一方面,文化的全球化形成了人类交往的世界化,文化产品的生产和消费在世界范围内扩展开来,世界各国民众的文化消费趋向、喜好,甚至现代的日常生活方式都越来越趋同;另一方面,21世纪的今天,全球公共问题(例如,人口问题、生态问题、能源问题、反恐问题、民族宗教问题等)的出现,客观上要求各国加强沟通与合作。文化间的交往与传播是这种沟通与合作的副产品,两者间互为促进,催生出世界各国国民的"全球意识",推进了文化全球化的进程。

其次,文化全球化是各国、各民族文化在全球范围内的交流。工业革命的深入发展,催生了现代交通技术的进步,现代化的通信手段也应运而生,世界各国间的交流也越来越频繁,世界性交往的形成带动了文化上的全球化,马克思、恩格斯论述过"世界的文学"的概念,其实就是指经历了高度整合过程的"全球文化"。所以,文化全球化的本质内涵就是指世界各国、各民族文化克服地域空间的阻隔和文化认同方面的障碍,在全球范围内实现文化交流、文化渗透、认同和共享的过程,这个过程造就了"全球文化"的形成,并使文化交流成为文化全球化的主流形式。

最后,文化的全球化结果和全球传播的目标是实现世界文化的"多样化统一""多元化发展"和"和谐共生"。罗伯森强调:"充分发展的多元主义,将不得不以实现文化多样性这种价值观在全球的普遍化为轴心。"[1] 在文化全球化的格局中,各国家、民族文化形态都是格局的重要组成部分,各国家、民族文化形态在交流中成长和丰富,文化全球化不

---

[1] [美]罗伯森:《全球化:社会理论和全球文化》,梁光严译,上海人民出版社2000年版,第102页。

是全球文化单一化，各种文明制度、意识形态、文化形态将长期共存，相互交融，形成"多样化统一""多元化发展"和"和谐共生"的发展局面。"在可以预见的将来，不会有普世文明，有的只是一个包容不同文明的世界，而其中的每一个文明都得学会与其他文明共存。"[1] 因此，文化全球化的最终归宿是世界文化发展的多元化统一、包容性差异与和谐共生。

（二）文化全球化的传播方式

文化全球化的本质就是文化在全球范围内的传播，是全球文化间的交流、互鉴、碰撞、融合。一般意义上讲，这种文化上的传播有两种形式：一种是纵向的文化传播，文化人类学家们把这种文化传播、传递方式叫作"濡化"；另一种是横向的文化传播，同样，文化人类学家们把这种文化传播、传递方式叫作"涵化"。

具体来说："濡化"是指两个或两个以上不同文化体系间由于持续接触和影响而造成的文化变迁。是两个不同文化体系间思想和标准融合成一个新的文化体系，但很多情况下一个文化体系通过筛选的过程完全吸取另一个文化特征。起主导作用的文化体系能迫使其他文化体系改变。正因为这样，濡化作用可能促使思想和社会的变化。一种文化自身内部会产生一种接受主流文化方式的新的需求。因为这种需求，我们自然就放弃了对原有文化的需求，而用新的文化需求取而代之。这种改变过程就是同化，在这个过程中，原有文化显得不那么重要了。这个过程也是跨文化适应的一部分，不同的文化需要不同的适应，同移居到一个陌生的文化环境里相比，移居到一个和自己原来居住环境相似的新地区所需要的文化适应就会少一些。

"涵化"通常指由不同文化个人组成的群体，因持久的相互集中的接触，两者相互适应、借用，造成一方或双方原有的文化模式发生了大规模的文化变迁。[2] 涵化的传播方式有：直接传播、载体传播和刺激传播。[3]

---

[1] 云德：《全球化语境中的文化选择》，人民文学出版社2008年版，第10页。
[2] 郑金州：《教育文化学》，人民教育出版社2000年版，第124页。
[3] 同上书，第115页。

直接传播比较简单，载体传播是通过媒介文化在群体间传递；刺激传播是受某一文化的影响，如科技、发明，而刺激一国的特定文化发展。在文化的"涵化"过程中，因不同文化在接触中的状态和接触程度的不同，表现出不同的涵化结果，我们所研究的文化全球化是文化涵化引发的结果。

总之，通常我们认为，文化的"濡化"主要体现在文化形态的内部代际传递上，或一种文化形态完全吸收另一种文化形态的特征，被对方同化的过程；而文化的"涵化"则主要体现在不同文化形态之间交流、渗透、认同、共享的传播过程。但是，在文化全球化背景下，文化的"濡化"过程与"涵化"过程越来越界限不清，两种方式交叉出现，"濡化"中有"涵化"，"涵化"中有"濡化"，文化全球化的传播过程是"濡化"与"涵化"共同作用的结果，但在具体过程中"涵化"体现的稍多一些。

二　跨文化传播理论分析

跨文化传播实践的历史非常悠久，从广义上来说，跨文化传播的实践是伴随着人类社会的产生而产生的。从学理上来说，跨文化传播指属于不同文化体系的个人、组织、国家之间所进行的信息传播与文化交流活动。跨文化传播的核心是它的"跨文化"。[1]

（一）跨文化传播的学术探源

在整个传播学领域，跨文化传播学算是一门年轻的学科。跨文化传播学源自跨文化交流学，而跨文化交流学又起源于文化人类学等学科。在20世纪70年代，跨文化传播作为一门学科逐渐被人们接纳。跨文化传播先驱约翰·康登与尤瑟夫于1975年合著了《跨文化传播学导论》（Introduction Intercultural Communication）一书，从人类学、语言学、国际关系学和修辞学等方面综合探讨了跨文化传播问题。此书与Samovar和Porter在1972年合著的《跨文化传播学读本》（Intercultural Communication: A Reader）被认为是70年代跨文化传播研究的突出贡献。到20世纪70年

---

[1] 单波：《跨文化传播新论》，武汉大学出版社2005年版，第379页。

代末,《国际和跨文化传播年鉴》等专业性跨文化传播的出版物出现,到20世纪80年代初,有关跨文化传播的课程不断增加,其中本科课程数目达到200门,硕士课程数目超过50门,博士课程数目超过20门。跨文化传播学作为一门学科在美国文化学者的推动下,在传播学领域得以形成,并得到学术界的认可。[1]

中国的跨文化交流学起步于20世纪80年代。1982年,汪琪在我国台湾出版了《文化与传播》,这是我国第一本跨文化交际学的教科书,其后有黄葳威在1999年出版的《文化传播》等著作。在大陆,北京大学的关世杰教授于1995年出版了《跨文化交流学》,其后在2004年出版了《国际传播学》,把跨文化交际学延伸到国际传播领域。随后在1997年,哈尔滨工业大学贾玉新出版了《跨文化交际学》,北京外国语大学胡文仲在1999年出版了《跨文化交际学概论》,华中科技大学陈俊森、樊葳葳在2000年出版了《外国文化与跨文化交际》等。[2]

随着跨文化交流学在大众传播领域的应用与发展,跨文化传播学随之诞生。在我国对外传播事业长足发展的背景下,学界对于对外传播中的跨文化特点也越来越关注。1988年,著名学者段连城出版了《对外传播学初探》,这是我国首部具有开创意义的跨文化传播学著作,作者特别强调对外传播要注重"文化差别",应遵循"内外有别"的传播原则。我国著名的文化传播学者沈苏儒先生在2004年出版的《对外传播的理论与实践》一书中则强调:"对外传播是跨文化的传播"。2010年单波出版了《跨文化传播的问题与可能性》一书,2011年程曼丽、王维佳出版了《对外传播及其效果研究》一书,2015年中国传媒大学孙英春教授出版了《跨文化传播学》一书。在对外传播的实践中,以这些学者为代表的我国学界对于对外传播与跨文化交流两个学科的交叉性有了日益明晰的认识,并注重在理论和实践中对这两个学科加以融合,促进了跨文化传播学科的发展和成熟。虽然中国学界对跨文化传播学的学术边界还没有统一的定论,但这并没有妨碍跨文化传播研究的理论与话语在中国学术和社会

---

[1] 姜飞:《跨文化传播学的渊源和研究视角》,《中国社会科学院院报》2007年5月31日。
[2] 陈国明:《跨文化交际学》,华东师范大学出版社2009年版,第1、6、10页。

实践中的渗透及体现其重要的参考价值。当前，中国对外、对内的跨文化传播实践日益广泛深入，中国社会文化迅速发展变迁的现实，为跨文化传播研究在中国的拓展提供了绝好的"问题场域"与实践途径，跨文化传播视域下中华文化走向世界的研究在这一背景下应运而生。

（二）跨文化传播的理论之思

跨文化传播学是文化传播活动的一个重要知识系统，跨文化传播学理论研究的核心问题是学科构建的基础，跨文化传播的主题、话语、概念、理论、范式等都是需要建设的内容。

20世纪50年代至今，跨文化传播研究使用的理论颇为庞杂，大致有三个来源：第一，把传播学的理论加以扩展，形成跨文化传播理论，这是比较多见的；第二，直接援引其他学科的理论作为跨文化传播理论；第三，在对跨文化传播现象研究后单独发展的理论，主要是在20世纪80年代前后陆续出现并逐步得到应用。本书为了研究和借鉴的便利，把有关的跨文化传播理论分为两大类：一类是文化传播与文化差异理论，另一类是跨文化调整理论与跨文化适应理论。

文化传播与文化差异理论。在文化与传播的关系的理论中，较有代表性的有传播与文化的建构理论（constructivist theory of communication and culture）、意义的协同管理理论（coordinated management of meaning）等。有关解释传播过程中文化差异的理论，主要包括面子——协商理论（face-negotiation theory）、会话制约理论（conversational constraints theory）和预期违背理论（expectancy violation theory）等。

1988年，詹姆斯·阿普尔盖特等开始用建构主义理论研究文化与传播，开拓了研究传播与文化之间关系的新的理论视角，在文化的建构主义理论中，阿普尔盖特重点研究文化与传播的相互关系。他认为传播就是"一种通过分享、交换信息进行相互识别的互动过程"，这一过程是目标驱动的，个体会根据其所思所想来完成他们的目标。[①] 另外一些著名学者，如巴尼特·皮尔斯（Barnett Pearce）等通过考察文化在意义的协同

[①] Kim, Y. Y. and W. Gudykunst, eda., Theories Intercultural Commution, Beverly Hills, CA: Sage, 1988, pp. 41 – 65.

管理中扮演的角色，提出了意义的协同管理理论，这一理论的核心观点在于：所有的传播都是各不相同的，也是社会的；社会的道德秩序是传播的组成部分；多样性对于传播过程中的信息传递和信息解释来说尤为重要。

面子——协商理论对由东西方文化造成的传播差异提供了独特的解释，核心研究内容是：文化价值观影响文化成员如何管理自己的面子，文化成员面对冲突时如何处理，价值观影响了不同文化成员对面子和冲突情景的处置方式。会话制约理论则解释了不同文化在传播策略选择上的差异：在追求目标的过程中，集体主义文化的成员常常认为维护面子的行为（比如，避免伤及听者感情、避免强加于人、避免听者的负面评价等）更为重要；相比之下，个体主义文化的成员更加重视透明度。预期违背理论主要关注的是传播过程中信息接受与处理的冲突。

高语境文化理论（high context culture）与低语境文化（low context cultur）理论，也是理解文化差异的很好的方式。爱德华·霍尔将文化语境分为高语境与低语境，高语境文化中的语言本身的所指并不能代表其全部意义，而是需要语境，即这个文化群体的习惯、思维、潜意识中去寻找背景、解释意义，因此处于高语境文化中的语言意义是相对模糊的。而低语境文化则是语言本身能够指明其意义，这个意义与文化群体的整体思维、习惯、潜意识保持一定的距离，语言意义相对明确。霍尔将中国、日本等国含蓄的文化形态指称为高语境文化，表明文化语境对语言的强大解释作用。而美欧等国直白的文化形态被称为低语境文化，语言表达本身直来直去。高语境文化与低语境文化的区分，为跨越文化形态的传播行为提供了一个参照视角，当长期生活在某种文化语境的人们进入另一种文化语境时，他们将面临思维和行动的障碍，难以理解传播中的意义并可能造成行为的失误。

跨文化调整与适应理论。关于跨文化调整或适应的理论，主要观点是文化传播的参与主体之间的相互适应。主要理论形态包括跨文化适应理论（intercultural adaptation theory）、传播调整理论（communication accommodation theory）。跨文化适应理论是休伯·埃林斯沃斯（Huber Ellingsworth）在1983年提出的，主要目标是阐释传播主体在遇到受体时如何适应的问题。埃林斯沃斯认为，所有的传播活动都会涉及不同程度的文化差异，为此，对跨文化传播活动的解释应从人际传播入手，同时要纳入相关的文化要素来进行考察。基于这一理解，跨文化适应理论提出了相关假设。通过对这些假设的论证，埃林斯沃斯指出，功能性的适应传播（adaptating communication）以及适应过程中的公平（equity），有利于传播过程的完成；非功能性的适应传播，则会激发文化差异并延缓任务的完成时间；在适应传播的过程中，当传播者之间不得不相互合作时，公平就实现了。他还指出，适当地运用一些说服策略有利于适应传播，再者，传播者的适应性行为越多，其文化信仰的变化也就越大。

在跨文化传播调整理论中，传播调整理论所关注的重点是特定社会语境中传播主体传播行为的变化及变化的出发点。20世纪70年代，为揭示社会语境中语言的变化特别是口音易变性（accent mobility），霍华德、贾尔斯（Howard Giles）等提出了会话调整理论（speech accommodation theory），用于考察人们在交往过程中使用"趋同"（convergence）、"分化"（divergence）等会话策略的心理动机。根据这一理论，在与他人进行互动的过程中，说话者会运用"趋同"或"分化"的语言策略，用以缩小或拉大传播的距离。1987年，在会话调整理论的基础上，贾尔斯提出了传播调整理论，立足于语言、认同和语境之间的关系，通过评价语言、非语言等行为来理解不同群体和人之间的互动。核心观点是：互动中的人们通过使用不同的会话和行为策略来显示自己的态度，还会运用这些策略来获取听话人的赞同、好感，或用以彰显认同的独特性。此外，这些会话和行为策略的使用与变化，不仅与传播者的动机有关，还会受到传播者的认同以及传播所处的社会历史语境（sociohis torical context）的影响。传播调整理论认为：第一，传播活动在宏观上受社会历史语境的影响，在微观上则受到参与者的初始取向（initial orientations）的影响，而后者的影响更为直接；第二，传播策略始终受到初始取向和人际互动的具体特征的影响，其中包括：被接纳和彼此熟悉的需要，被他人理解和理解他人的需要，以及保持面子、维持关系、保持人际控制的需要等；第三，传播调整是语境、社会规范和特定行为的综合作用的结果，随着语境和行为的变化，人们的动机和调整策略也会处于动态变化之中。①

（三）跨文化传播的内涵界定

古迪孔斯特有句名言：跨文化传播涉及有关文化与传播研究的方方面面。② 跨文化，简而言之，就是两种不同文化之间的交流或传播，主要有跨文化交流和跨文化传播两种形式。跨文化交流主要指人际传播层面的跨文化，它是指来自不同文化背景的人们相互交流的一种情境。③ 而研究语境中跨文化传播多指大众传播层面的跨文化，即处于一种文化中的媒体向另一种文化中的受众进行传播。

"跨文化传播"这一术语在汉语中有多种表述方式，有"跨文化交流""跨文化交际""跨文化传播"，等等。这是由于跨文化传播学的研究在我国起步较晚，学术界还没有形成统一的学科研究体系；另外，研究跨文化传播的学者的知识背景和研究目的也不尽相同，一般都是按照本人研究的需要，去选择翻译的方式，所以造成了这一研究范畴称谓的差别。譬如，具有传播学学术背景的学者一般选择"跨文化传播"的译法；从事语言学和外语教学与研究的人员大都使用"跨文化交际"，主要侧重人际交往的研究，在对外交往过程中提高跨文化交际的技巧；而在国际关系、外交、其他层次的对外文化交往等领域，则更多的是使用"跨文化交流"。当前，学界对跨文化传播内涵的界定有多重形式，其研究的视角也不尽相同，大致可以梳理归纳为如下类型。④

第一，不同文化背景的人际交往与互动。即不同文化背景的人之间通过合作和协商来建构意义的象征性过程；第二，信息的编码、译码由来自不同语境的个体或群体进行的传播。在这类定义中，文化是通过象征符号的编码来传播的，传播双方信息编码一致时，称同文化传播，相

---

① Gallois, C. et al., "Communication Accommodation Theory," in William Gudykunst, ed., *Theorizing about Intercultural Communication*, Sage, 2005, pp. 136 – 138.

② Gudykunst, W. ed., *Cross-cultural and Intercultural Communication*, Sage, 2003, Forward, p. 1.

③ ［美］拉里·A. 萨默瓦、理查德·E. 波特：《跨文化传播》，闵惠泉、王纬、徐培喜等译，中国人民大学出版社2004年版，第4页。

④ 孙春英：《跨文化传播学》，北京大学出版社2015年版，第14页。

反,传播双方的信息编码不同时,称为跨文化传播;第三,由于参与传播的双方符号系统存在差异,传播因而成为一种符号的交换过程。[①] 根据这一定义,不同的文化形态在交流过程中,因为符号系统的差异,导致文化交流效果受到影响。特别是在跨文化传播过程中,差异化的文化形态或文化群体的文化差异变大时,双方的文化交流容易产生疑虑或误解;相反,差异化的文化形态或文化群体的文化差异变小,且文化共性增多时,则在双方文化交流的过程中产生的文化挫折或误解会减少。

因此,一般意义上讲,跨文化传播就是指不同的文化形态之间,以及处在不同文化背景下的传播受体之间的文化交流与文化交际活动,这个交流与互动的过程体现除了不同文化传播受体之间的文化信息互通与文化交往行为,跨文化的传播就是不同文化形态之中的文化要素在全球范围内的交流、渗透、碰撞、转换、共享的过程,这些行为和过程对世界上不同的国家、民族、群体乃至整个人类社会都产生了文化上的影响。

就对外文化传播而言,跨文化传播方式对中华文化走向世界最大的意义就是其传播模式的可操作性,即在传统的传播模式及其相关因素中增加了跨文化的内容,大大拓展了该领域的广度和深度。布雷多克根据同一文化中的拉斯韦尔5W传播模式,提出了跨文化传播的7W模式(见图1—4)。5W模式的具体内容是:谁(Who)→说什么(Says What)→通过什么方式(In Which Channel)→对谁(To Whom)→有何效果(With What Effects) 见图1—5。

本书的写作思路受到两种模式的启发。

(四)跨文化传播的路径方式

传播的路径研究是跨文化传播理论研究的重点问题,目前,学术界关于这一研究话题的学术观点较多,对跨文化传播的路径和方式做了大量的归纳分析。在已有理论成果的基础上,本书主要分析跨文化传播的媒介、方式和途径。跨文化传播是不同文化形态之间文化信息的交流、

[①] Stella Ting-Toomey, *Communicating across Culture*, New York, NY: The Guilford Press, 1998, p. 21.

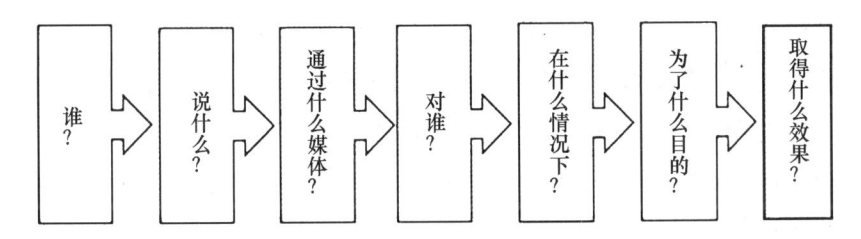

第一章　文化软实力与中华文化走向世界战略的相关理论分析　　61

谁？ → 说什么？ → 通过什么媒体？ → 对谁？ → 在什么情况下？ → 为了什么目的？ → 取得什么效果？

图1—4　跨文化传播的7W模式

谁　　　说什么　　通过什么渠道　　对谁说　　　有何效果

Who → Says What → In Which Channel → To Whom → With What Effects

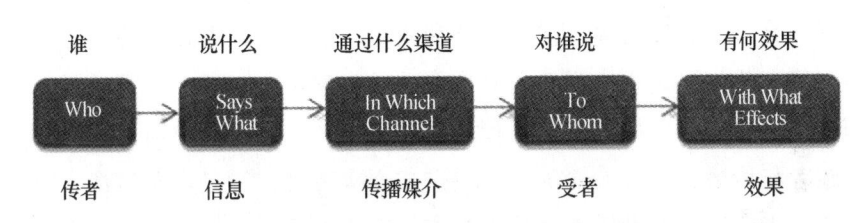

传者　　信息　　　传播媒介　　　受者　　　效果

图1—5　拉斯韦尔5W传播模式

沟通与融汇的过程。在常规条件下，跨文化传播的过程是传播主体与传播客体互动的过程，即传播主体不是一味输出信息，传播客体也不是完全被动地接受信息，两者之间是动态的、互动的和相互影响、交互作用的。传播主体与传播受众之间的互动和相互影响是靠媒介传递信息来完成的。

跨文化传播的媒介。媒介是跨文化传播的方式、手段和工具的具体化。在跨文化传播的过程中，所有文化信息都要通过传播媒介来进行传递，根据所传播文化信息的要求，需要一种或几种媒介作为传播载体。随着科学技术的发展，人可以利用的传播文化信息的媒介越来越多，在当前，跨文化传播研究的重点，除了传统的传播内容以外，还有各种文化形态的传输媒介形态研究，以及不同文化、国家对媒介的运用方式和偏好。一般来说，媒介可分为印刷媒介和电子媒介。印刷媒介主要指报纸、杂志、图书及其他图文印刷制品等，在人类文化传播史上，印刷媒介出现较早，它使语言、文字由声音交际变成印刷品，从而使传播范围更加广阔、传播的时间更加持久；电子媒介是近代科学技术诞生后的产物，传输的方式基于电子信息的转化，主要包括电话、电报、广播、电影、电视、传真等，随着互联网技术的成熟和普及，又把传播媒介推向更高层次的新媒体阶段。而广义上的传播媒介也可以是传播工具和传播手段。比如，多媒体终端设备（或称智能手机）等即为传播工具；如教育、交流平台、文化中介、文化营销方式、学术交流机制、国外非政府组织、国际友人、海外留学生、外籍华人等都可以作为跨文化传播的载体和媒介手段。

跨文化传播的方式。跨文化传播理论表明，依据跨文化传播不同的过程，跨文化传播的表现方式也不尽相同。通常主要有三种典型的传播方式，分别是直接传播、媒介传播和激起传播。一是直接传播，直接传播在跨文化传播过程中居于基础地位，是出现最早、存在时间最长、使用最普遍的文化传播形式。直接传播的典型特征是它的单向性，即传播实施者与传播接受者按着顺序，递进式逐次传播；二是媒介传播，媒介传播是指两种或两种以上文化不是直接交往，而是通过第三方媒介交流文化信息和文化要素的传播方式；三是激起传播。激起传播是指一方的传播主体所拥有的某项文化知识或掌握的某种文化技能，刺激了另一传播主体的灵感，从而使对方在研究此主体知识和技能中得到启发，相应地发明了相同或相近的文化实物，或者拓展了自己已有的与前者相似的文化因素，激发了新的文化成分的产生，比如中国陶瓷技术的传播，体现了刺激传播的特点。早从16世纪开始，欧洲国家就从中国进口瓷器，在18世纪，德国人在不掌握制造瓷器技术的情况下，发现了制造瓷器的原材料，进而发明了不同于传统中国的制造陶瓷的技术。

跨文化传播的途径。跨文化传播的途径多种多样，我国学者金鸣娟的观点最具代表性，她把跨文化传播的途径概括为三种，分别是自然式跨文化传播、强迫式跨文化传播和交流式跨文化传播。自然式跨文化传播是指由于自然和生存环境的变化，引起了人类向新的地方迁徙和流动而形成的一种文化传播方式；强迫式跨文化传播，主要是指用武力手段和强制政策，强迫一些国家和地区接受自己的文化。比如，历史上的侵略、殖民统治体现了强迫式跨文化传播的特点；交流式跨文化传播，主要是指不同国家和地区在加强理解、共同促进发展的前提下，彼此之间互相介绍和推广自己的文化。交流式跨文化传播是人类文明发展到一定阶段的产物，是一种积极、主动、文明的跨文化传播方式，也是传播样式和种类最多的跨文化传播方式。其中最为典型的方式有：对外贸易传播（如中国历史上的"丝绸之路""香料之路"等）、宗教传播（如早期佛教在中国的传播）、学术传播（国际上的学术论坛、学术交流会、学术研讨会等），另外，还有体育传播、旅游传播、文化艺术传播等。

（五）跨文化传播的功能分析

跨文化传播是人类社会整体传播活动的重要组成部分，是人与人之间、群体与群体之间、民族与民族之间、国家与国家之间必不可少的交流活动。跨文化传播维系了社会结构和社会系统的动态平衡，把处在不同地区、不同群体、不同民族、不同国家的人"联结"起来，促进了世界文化的发展，从而使人类文化具有了"世界性"的特征。可以说，跨文化传播促进了人类文化的进化和世界文明的形成。

首先，跨文化传播增进不同文化背景主体间的交流与沟通。著名传播学理论的先驱哈罗德·拉斯韦尔曾经较早地对传播的功能进行概括，他认为传播的功能主要表现在三个方面：一是监视或者提供与环境相关的信息，即准确、客观地反映现实社会的真实情况，重现周围世界的本来面目，以及有关事实的重要发展；第二，协调社会各部分的关系，把各个社会环节、社会因素整合为有机整体，以应付环境、条件的变化和挑战；第三，稳定社会文化遗产的代际传播。由此，我们研究的跨文化的传播功能也与这三个方面相似。结合上述分析，所谓跨文化传播的功能主要就是协调各部分之间的关系，传递文化，直接表现为不同文化背景主体间的交流与沟通。世界上，任何一个文化主体或个体都不是游离于社会体系之外的，相互之间都保有一定程度的联系，而这种联系又需要一些中介沟通的桥梁，跨文化传播就是这个沟通的平台。跨文化传播能够为不同文化背景的文化主体或个体实现文化上的融通需求，扮演了不可替代的桥梁与纽带作用，这也是跨文化传播社会功能的体现。

其次，跨文化传播是文化成为对外软实力的必经过程。文化是我国对外传播的重要内容，也是争取国际话语权、维护我国文化安全的重要资源。文化与传播之间有着密切的联系。一定意义上讲，传播促成文化整合、文化增殖、文化积淀、文化分层和文化变迁，传播对文化的影响不仅是持续而深远的，而且是广泛而普遍的。① 在当今的国际形势之下，中国积淀的几千年文化精华不仅是中国发展的内在动力，也是中国走向世界的重要路径选择。如何让中国的优势文化资源转化为文化的影响力和吸引力，对外文化传播是最为便捷的途径，对外文化传播是以海外民众为传播对象、以文化为主要传播内容的一种传播活动。对外文化传播既是我国对外传播的重要组成部分，也是我国对外体现软实力、提升国际影响力的重要方式。

随着国际形势的变化，文化和政治、军事以及经济等一样，成为世界主要国家角逐的领域。与此同时，国际文化传播对于一国在政治、军事和经济领域的竞争起到补充和支撑的作用。明安香认为，文化或者准确地说是文化传播，既是一种软实力，也是一种硬实力。② 因此，如何更好地开发利用中华文化并有效地对外传播具有重要的意义。我国对于文化在对外传播中的作用也有一个逐渐深化和清晰的认知过程。改革开放以来，我国在坚持以我为主的同时，加强了中华文化对海外的传播，让受众在了解中华文化中接受和平崛起的中国形象。③

最后，跨文化传播推动世界文化的交流和人类文明的进步。跨文化传播的产生过程是和人类社会的发展过程相伴随的，人类社会文化的发展、文明的进步得到了跨文化传播的促进。自人类早期社会之始，不同文化就走上了一个传播、交融的聚合历程，经由跨文化传播的滋养，世界文化史成为不同文化之间传播、碰撞、融合的历史。罗素指出："不同文明的接触，常常是人类进步的里程碑。希腊学习埃及，罗马学习希腊，阿拉伯学习罗马，文艺复兴时期的欧洲学习东罗马帝国。"④ 当代阿拉伯文化与中东文化都在不同程度上受到了来自古希腊与罗马的文化、拜占庭与波斯萨珊王朝的文化、中世纪以及现代欧洲文化和当代美国文化的影响。中华文化的历史发展过程也是如此。中国自汉代起就保持着与印度、阿拉伯乃至欧洲文化的频繁对话，尤其是中印之间的佛教文化交流，

---

① 庄晓东：《传播与文化概论》，人民出版社2008年版，第3页。
② 明安香：《传媒全球化与中国崛起》，社会科学文献出版社2008年版，第208页。
③ 祝东颖：《充满潜力的中国文化外宣》，《对外传播》2009年第7期。
④ ［英］伯特兰·罗素：《中国问题》，秦悦译，学林出版社1996年版，第114页。

深刻影响了中华文化的深层结构和文化传统的演进。杜维明就此指出："如果没有印度文化和中华文化的沟通,儒学就不可能发展成宋明理学。没有希腊文明和印度文明的沟通,也不会发展出多元多样的中世纪文明。"① 跨文化传播把人类文明的基因传播到世界各地,将生活在不同文化背景下的国家、民族和地区的民众通过文化纽带联结起来,在文化上互相学习、取长补短,在相互交融中得到发展和提高,人类社会的文明从低级到高级的发展,跨文化传播功不可没。所以,人类文明的进化高度和跨文化传播直接相关,跨文化传播是推动世界文明共同体构建的动力。

总之,在当前文化全球化背景下,中华文化走向世界与世界其他国家民族文化展开交流与对话,已成为时代发展的新要求、新趋势,"不同文明的接触,以往常常成为人类进步的里程碑,② 这对于当代中国来讲更是如此。面对时代发展带来的全新且严峻的挑战,我们唯有选择积极应对。在保护民族文化以及增强中华文化主体性意识的基础上,以从容开放的心态迎接曲折复杂的对外文化交往新局势。在世界文化纷纷走进中国的同时,中华文化也要满怀自信、大踏步地走向世界。在此意义上,人类文化交往应当是在逐步文明化的现实进程中走向最终成熟,跨文化传播的实践活动正在人类社会生活的现实中演绎着,并在不断地变动与深入,正如庄子在《秋水》中所说,"计人之所知,不若其所不知;其生之时,不若其未生之时,以其至小,求穷其至大之域,是顾迷乱而不能自得也!"对人类文化传播实践的把握相对于其不断变动的未来来讲,还远不足以解除复杂现实中的种种困惑,在中华文化走向世界的实践活动中,我们难以把握的未知领域和困惑还有很多,所以,本书选择跨文化传播研究视角,提供了一种研究文化走向世界的思路。

三 中华文化走向世界战略的内容界定

拿破仑说过:"世上只有两种力量:利剑和思想。从长远看,利剑总

---

① 关世杰:《世界文化的东亚视角》,北京大学出版社2007年版,第5页。
② 罗索:《中西文明的对比》,学林出版社1996年版,第146页。

是败给思想。"富有感召力的文化价值观念往往能触及人的灵魂，因此，要在世界文化交流中不断提高、扩大中华民族的世界文化影响力，就必须大力挖掘中国传统文化，发挥文化优势。一个国家的文化体系，取决于这个国家传统文化的积淀与传承，也决定于文化时代精神的丰富与补充。传统思想是一种反映民族特质和风貌的民族文化思想，是民族历史上各种文化、观念形态的总体表征。民族的传统文化不仅在历史上形成和文化，同时还作为民族文化的基础不断影响民族文化的发展走向。就如马克思主义创始人所言："人们自己创造自己的历史，他们并不是随心所欲地创造，并不是在他们自己选定的条件下创造，而在直接碰到的、既定的、从过去承继下来的条件下创造。"[①] 中华文化走向世界的文化内容选择，首先应立足于传统文化，挖掘传统文化资源，在此基础上，再选择社会主义现代化新文化。

（一）中华文化走向世界的基本内涵

战略是一国发展的核心问题，文化发展战略是国家发展战略的关键组成部分，中华文化走向世界战略就是我国整体发展战略的重要组成部分，文化走向世界战略的基本形式是通过与国外文化上的传播、交流、贸易等方式，把中华文化传播出去，在国际上提高中华文化的认同度和知名度，增强文化的国际影响力，进一步提升当代中国的文化软实力。关于中华文化走向世界战略的基本内涵，可以从内容与形式两个基本维度上加以概括。

就内容而言，文化可分为物质文化、制度行为文化和精神心理文化三个层面，其具体内容又可概括为三个方面：中国优秀的传统文化和先进的现代文化、当代中国社会建设经验，以及中国社会主义核心价值体系。内涵丰富、品类众多的中华文化是中国人民智慧与汗水的结晶，是全人类的财富，是当今多元世界不可或缺的重要组成，当代中国人有责任也有义务以符合时代要求的方式与世界人民分享中华文化，并在此过程中将之传承光大。

就形式而言，文化走向世界包括文化宣传、文化交流、文化贸易和

[①]《马克思恩格斯全集》第8卷，人民出版社1979年版，第121页。

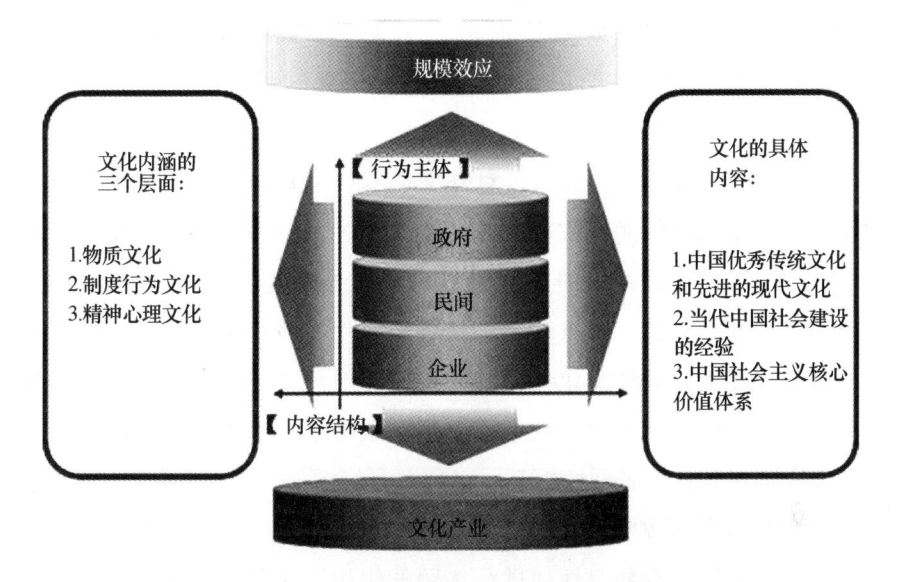

图1—6 中华文化走向世界内涵结构分析图

文化外交,所以,中国对外文化工作已形成文化外交、文化交流、文化宣传和文化贸易四大工作领域,构建起了全方位、多层次、宽领域、多渠道的工作格局。①

首先,关于文化宣传。从文化走向世界的角度分析,文化宣传是一个内涵丰富,具有极大的包容度与吸纳力的概念,包括对外文化宣传和对外文化报道,对外文化宣传主要指的是中国官方对其他国家和地区开展的信息传播交流或思想信仰的阐释说服;对外文化报道特指通过大众传播媒介传播新闻、思想、观点等信息。传播学奠基人拉斯韦尔对宣传的看法是:"宣传关注的是通过直接操纵社会暗示,而不是通过社会环境中或有机体中的其他条件,来控制公众舆论和态度。"② 这表明宣传的本质在于使受众的包括思想、信仰在内的态度向传播者的立场转化。我国著名学者赵启正认为,在中国基本情况的对外宣传方面,要精选我们最

---

① 《蔡武谈新中国六十年我国对外文化工作发展历程》,中国政府网,http://www.gov.cn/gzdt/2009-07/30/content_1379485.htm。

② [美]哈罗德.D.拉斯韦尔:《世界大战中的宣传技巧》,张洁、田青译,中国人民大学出版社2003年版,第22页。

想告诉外国人和外国人最关心的内容；在时政新闻的对外报道方面要提高时效，尤其是对突发事件的报道；在热点问题的对外介绍和解释方面，要加强针对性和说理性。①

对于我国的文化宣传而言，对外文化宣传和对外文化传播经常是重叠的，是一个问题的两个方面，或者合二为一的一个大领域，如果一定要加以区分，两者之间的唯一区别就是：对外文化宣传强调以我为主，强调旗帜鲜明的立场、观点和看法，对外文化传播则强调信息与服务的客观性与中立性。对外文化传播表明的是传受双方平等共享，对外文化宣传的根本目的是要说服受众改变立场。从中华文化走向世界的整体上看，不应简单地把两者硬性拆开，宣传中有传播，传播中也有宣传。"中国目前应更多强调按照国际惯例和对象国受众习惯，尽可能地遵循国际惯例和观众习惯，有针对性地进行选题的组织，尤其是报道方法的贴近性与亲切感，提升中国对外报道的公信力和权威度。"②

其次，关于文化交流。文化交流是指行为主体之间的文化来往活动，典型的文化交流发生在文化源差异显著的行为体，特别是处在不同文化圈的国家和地区之间。文化交流促进不同文化类型之间的相互借鉴、吸收、互通有无，促进彼此的丰富和发展。在文化交流方面，21世纪以来，除了双边合作机制，还出现了中欧、中阿、中非、上合等多边人文合作机制。政府支持的交流项目也突破了传统的政府团、演出团和展览团这"老三样"，出现了部长论坛、文化政策圆桌会议、艺术家作家客座创作等形式，丰富了文化交流的形式和内涵。

第三，关于文化贸易。在全球贸易格局中，文化贸易的比例和影响越来越突出，特别是在全球服务贸易竞争中，文化贸易已成为最重要的竞争领域之一。一般意义上讲，文化贸易是指在国际上，国与国之间文化产品和文化服务的进口和出口的贸易方式，即是贸易的双方之间一方向另一方提供文化产品和文化服务并获得收入的过程。对双方来说，就

---

① 赵启正：《努力向世界说明中国》，《人民日报》（海外版）2005年3月25日。
② 《电视节目如何向海外传播中国（之四）》，央视网，http://www.cctv.com/tvguide/tv-comment/wtjj/xzlz/10038_5.shtml。

是对其中一方称文化产品和文化服务的出口或文化产品和文化服务输出，对另外一方就是文化产品和文化服务进口或文化产品和文化服务输入。现在，文化贸易已成为文化传播的主要形式之一。

最后，关于文化外交。文化外交是一国政府所从事的对外文化关系的总和，是以主权国家为主体的对外行使主权的官方文化关系。具体来说，文化外交就是以文化传播、文化交流与文化沟通为主要内容所展开的外交，是主权国家利用文化手段达到特定政治目的或对外战略意图的一种外交活动。文化外交的最大特点是使用"和平手段"实施对外交往，最能体现"使用交涉、谈判和其他和平方式对外行使主权的外交特点，这些和平之上的"和平方式"使文化外交成为"外交中的外交"。[①]

综上所述，文化外交、文化交流、文化宣传和文化贸易的目的都是在国际舞台上塑造和提升本国的正面形象、维护国家利益、宣扬国家立场、传播本国意识形态、介绍本国历史文化传统和社会进步，争取和扩大外部世界对本国的认识、友谊、理解、同情与支持。

另外，按文化走向世界的实施主体来分，可以将文化走向世界概括为政府主导行为、市场主导行为以及民间组织行为。政府主导的文化走向世界行为，一般具有强大的文化影响力即体现为"规模效应"。例如，由我国党和国家领导人亲自确定和支持的"文化年""中国文化节"和国际文化高层论坛等文化外宣交流活动，均以用国家大文化的视角诠释中国为特点，反映中华民族精神，其在决策层次高、时间跨度大、交流领域广、覆盖面积大、内容主题突出、合作程度深等方面都集中体现了政府主导的规模效应。而企业主导的文化走向世界行为，是以市场为基础的对外文化贸易，即今天我们逐步熟识的文化产业国际推广形态，就是中华文化商品的出口和对外输出。最后，民间组织的对外文化交流活动，是政府主导和企业市场行为之外的中华文化全球推广的重要形式。随着文化走向世界战略的实施与深化，在政府的积极支持下此类形式也在日渐增多与丰富。一些旅居海外且热心推介中华民族文化的华人、华侨、留学生组织心系祖国，积极为民间文化交流活动牵线搭桥、出资出力。

---

① 鲁毅等：《外交学概论》，世界知识出版社1997年版，第4—5页。

(二) 具有丰富内涵的中华优秀传统文化

中华传统文化具有自身特定的价值系统、思维方式、社会心理和审美情趣,很多学者对此进行过概括、归纳,包括天人合一的整体观念、刚健有为的自强精神、止于至善的崇高追求、内圣外王的人格理想、民唯邦本的民本思想、贵和尚中的和谐追求、天下大同的人类理想等。中华文化最大的特质是其浓郁的人文精神。西方文化总体上是建立在犹太教、基督教、伊斯兰教等宗教信仰基础上,具有浓厚的神学色彩,而中华传统文化主要建立在对现实世界和人生思考的基础上,是一种理性文化,致力于从哲学的高度揭示宇宙、社会、人生的本质和规律,也就是历来讲的格物、穷理、致知。

中国传统文化在人类理想的追求上有着极其丰富的内容和高超的智慧,"它以'观乎人文以化成天下'的把握世界的方式,突出了中华文化所特有的天人合一的宇宙观,知行合一的实用理性,直观体验式的思维方式,非功利性的价值尺度,从容中道的人生态度,尽善尽美的理想追求,贵合持中的人际关系,充满人性的人文关怀,重视天人关系和谐与现世人间和人间秩序等重要内涵"。[1] 这些从长期历史发展传承下来的中国丰富的传统民族文化具有强大的生命力,它不仅从深层次上构成了中华民族心理发展和历史传承的要素和共有的精神家园,使我们民族在思维方式、价值取向、伦理观念、审美情趣等方面渐趋认同,成为中华民族强大的向心力和凝聚力所在,而且对维护世界和平,创造共同繁荣的世界文明秩序也有着极为重要的借鉴意义。另外,中国古代社会健全的人格规范可以概括为"仁、义、礼、智、信"五个字,所以中国古代社会处理人际关系、治理国家的基本理念即为"仁义"的观念。

(三) 新时代中国特色社会主义文化

从保存和保护文化多样性角度看,"越是民族的就越是世界的"。但从文化的国际竞争来说,除了考虑民族性外,更应考虑文化承载的价值观的先进性和时代性,毕竟,文化的输出不等于一般的商品出口。当前我国正在大力提倡和践行建设中国特色社会主义的共同理想、以爱国主

---

[1] 王东莉:《德育人文关怀论》,中国社会科学出版社2005年版,第237页。

义为核心的民族精神和以改革创新为特征的时代精神、社会主义荣辱观为主要内容的社会主义当代文化和以富强、民主、文明、和谐;自由、平等、公正、法治;爱国、敬业、诚信、友善为基本价值的核心价值观,其中不乏人类共同价值的内容,且具有天然的优越性,我们必须大力提倡和传播。新中国成立特别是改革开放以来,中国共产党领导中国人民进行社会主义革命和建设的伟大实践中,积淀下了许多具有世界意义的思想文化理论和价值观念。比如,自力更生、艰苦奋斗的思想;和谐思想和和平外交政策;改革开放的思想理论;反贫困理论与实践等。进入新时代,具有当代世界共性的思想文化理论更加丰富,比如,以贯彻落实创新、协调、绿色、开放、共享五大发展理念的新发展理念;以人民为中心的发展思想;以互联互通、开放包容、合作共赢为理念的全球治理思想、"一带一路"倡议、人类命运共同体思想等。

四 中华文化走向世界的基本价值

当前,国际上综合国力竞争日趋激烈,文化在综合国力竞争中扮演着越来越重要的角色。我国要在激烈的国际竞争中立于不败之地,实现中华民族的伟大复兴,必须把提升对外文化交流能力作为一项重要战略任务。对外文化交流能力的提升还可以激发全民族的文化自信,提高我国的国际文化软实力,促进国外民众更全面、客观地理解中华文化,推动中华文化走向世界战略目标的实现,这对我国经济社会发展创造良好的外部环境有着积极的现实意义

(一) 中华文化走向世界有助于激发我国民众的文化自信

"交流是对自身的了解过程。"① 因此,在文化的交流过程中,"一些文化更为关注自身,花更多的精力去观察自身"②。对外文化交流可以激起国内民众对中华文化的自信。

首先,在对外文化交流过程中,不同层次的对外文化交流工作者都

---

① [美]拉里·A. 萨默瓦、理查德·L. 波特:《跨文化传播》,中国人民大学出版社2004年版,第27、28页。

② 同上。

有广泛学习和深入研究中华文化的需要，因为在国际层面要增强我国文化的传播效果，对外文化交流工作者必须深入地认识与理解中华文化，选择符合现代社会需要的文化内容。同时，对外文化传播效果的提升，会促使中华文化在国际上的影响力大大提高，国际上的"中国文化热"必将带动国内民众对本民族文化的自信心和自豪感，这种动力会激发国民内心深处的对本民族文化的热爱，赞美中华文化、宣传中华文化将成为国内民众的自发行为，其在文化传播上的意义和价值是不言而喻的。其次，在文化全球化发展进程中，优秀民族文化受到西方强势文化的侵蚀，引发一系列的民族文化危机，这种西方"强势文化""霸权文化"会给我国文化产生一系列的挑战和侵蚀，增加我国文化事业发展壮大以及向外传播的障碍和难度，对引起国民对本国文化的忧患意识起到重要的警醒作用，对本民族文化的忧患意识会自发转换成参与国家文化建设的社会责任感，推动中华文化走向世界的发展。

（二）中华文化走向世界有助于国外更全面地理解中华文化

跨文化交流理论表明，双向交流、互动借鉴是世界不同文化之间融合共生的有效途径。中国欲走向世界，首先得让文化走向世界，让世界更好地理解中华文化，积极参与国际文化交流，利用国际舞台传播中华文化。尤其是在西方国家大肆传播"中国威胁论"的背景下，我们更需要将中华文化传向世界，让世界知道中华民族是一个"以和为贵"的民族。中华民族在处理与外界的关系上，始终体现"和"的思想宗旨，"家和万事兴""和平共处""和谐""和谐社会""和谐世界"，在这些概念中，找不到半点对他者的威胁。展示自身文化的博大精深，宣传中华文化的"和合"本质，向世界说明中华民族是一个"以和为贵"的民族。以"和"的思想，消除西方世界对中国的误解。德国著名哲学家哈贝马斯认为："不同文化类型应当超越各自传统的生活形式的基本价值局限，作为平等的对话伙伴相互尊重，并在一种和谐友好的气氛中消除误解，摒弃成见，以便共同探讨对于人类和世纪的未来有关的重大问题，寻找解决问题的途径。"[①] 中国一贯坚持走和平发展的道路，中华文化能够走

[①] ［德］哈贝马斯：《从感性印象到象征表现》，中国社会科学出版社1999年版，第57页。

和平共处，共同发展之道，对世界文明的多元发展颇有贡献。当今世界要维护持久和平，必须强化文明交流互鉴的意识，倡导"和而不同"的交流互鉴理念，建立遵从文明的多彩、以平等的态度交流、以包容的胸怀互鉴的文明对话模式。对话的目的是缓解冲突点，缩小分歧点，扩大共同点。交流互鉴是东西方文明兼容共生的有效途径，不同文明间的对话是帮助彼此消除误解的有力工具。

通过对外文化交流，向国际社会展示我国的文化精神，努力搭建以中华文化语境为背景的国际文化交流平台，改变西方对中国的文化印象，消除文化理解偏差。并依托自己民族的历史文化传统，通过各种渠道向国际社会传播中国文化，使中华文化为国际社会所了解、所认同、所向往。①

（三）中华文化走向世界有助于提升中华文化的外部影响力

一个国家的文化影响力主要表现在他国民众对本国文化的认知和评价上。跨文化交流学的观点认为，客观评价产生的前提是获取充分信息。世界文化多元化背景下，不同国家和民族文化只有在交流中增进了解，在合作中不断融合，才能实现创新发展。实质上，一国的对外文化交流就是让其他国家人民加深对本国认知的过程，并使他国人民对本国做出客观、合理，进而对本国有利的心理评价。对外文化交流能力也是一国文化软实力的具体表现之一。对外文化交流可以将我国优秀文化信息及时、形象地传向世界，从而在时间和空间上拉近我国和其他国家的文化距离，有助于其他国家民众熟知和接受中华文化。提高中华文化的世界影响力。

英国安东尼·帕伦斯爵士（Anthony Parons）曾指出：如果你十分熟悉别国的语言、文学，如果你了解和喜爱其国家、城市、艺术、人民，在其他因素相同或接近相同的情况下，你会本能地买她生产的产品，而不是买你不了解和喜欢的国家的产品；当认为她做得对时，你会积极地

---

① 袁婷：《以文明交流互鉴为动力树立文化强国形象——学习习近平访欧期间系列讲话演讲》，《理论学习》2014年第9期。

支持她；当她犯错误时，你会赞成尽量避免给予她过重的处罚。①"一个民族和国家文化的进步，离不开本民族和国家文化的健康传播。没有交流的文化系统是没有生命力的静态系统；断绝与外来文化信息交流的民族不可能是朝气蓬勃的民族。"②

中华文明是世界最古老的文明，加强对外文化交流，对外弘扬传播中华文化，提升中华文化实力，不仅可以扩大中华文化在世界的影响力，也可以提高中国在世界上的地位。中华文化走向世界扩大了中华文化传播层面，在世界范围内倡导维护和平、倡导共享发展，这样可以消除某些国家对中国崛起的抗拒和猜测，使我国获得在世界范围内应有的理解和信任。

---

① Mitchell, J. M., *International Cultural Relations*, London: Allen & Unwin, 1986, pp. 19 – 20.

② 冯天瑜等：《中华文化史》，上海人民出版社1990年版，第77页。

第二章

文化软实力建设对推动中华文化走向世界战略的价值分析

本章分析了文化软实力建设对于推动中华文化走向世界战略的价值。文化软实力建设是中华文化走向世界的基础和前提，文化软实力建设有利于提升世界对中华文化的认同，有利于推动中华文化产业的发展，有利于实现中华民族伟大复兴中国梦。文化软实力建设能够提升我国的文化自信，增强我国的国际话语权，展示我国积极的文化外交形象，展现我国国民的文明形象以及塑造我国良好的国际大国形象，从而在世界上构建起走得出、站得住、传得广的中华文化。文化软实力建设，增强了中华文化的传播力、吸引力、亲和力、凝聚力和竞争力，从而为中华文化走向世界提供了强大的力量支撑。

习近平总书记指出："中华文化积淀着中华民族最根本的精神基因，代表着中华民族独特的精神标识，是中华民族生生不息、发展壮大的丰厚滋养。"[1] 中华文化要想走向世界，首先必须提高自身的文化软实力，这关系到我国在世界文化格局中的定位和国际影响力，关系到中华文化的长远发展和未来走向，也关系到中华民族伟大复兴中国梦的实现。因此，我们要从战略和全局的高度，充分认识文化软实力建设对推动中华文化走向世界的重要价值所在，从而切实增强做好这项工作的紧迫感、责任感和使命感。

---

[1] 中共中央宣传部编：《习近平总书记系列重要讲话读本》，学习出版社、人民出版社2014年版，第100页。

第一节 文化软实力建设是中华文化
走向世界的基础和前提

党的十七大报告提出:"要坚持社会主义先进文化前进方向,兴起社会主义文化建设新高潮,激发全民族文化创造活力,提高国家文化软实力。"[①] 党的十八大报告指出:"提高国家文化软实力,发挥文化引领风尚、教育人民、服务社会、推动发展的作用。"[②] 党的十九大报告提到:"推进国际传播能力建设,讲好中国故事,展现真实、立体、全面的中国,提高国家文化软实力。"[③] 从党的十七大提出推动"文化大发展大繁荣"到党的十八大明确"建设文化强国",再到党的十九大强调要"坚定文化自信",文化在国民经济、社会发展和国际交流中的重要性日益提升。随着我国的文化建设策略不断落到实处,我国的文化自信得到彰显,国家文化软实力和中华文化影响力大幅提升。

当今世界,以经济实力、科技实力和军事力量等为主的"硬实力"固然重要,但是以外交政策、文化创造和价值观等为主体现的"国家文化软实力"也不可小觑,它是精神力量和物质力量的统一。文化软实力建设在中华文化走向世界的过程中起着国家硬实力所不可替代的重要作用,是中华文化走向世界的基础和前提。

一 文化软实力建设有利于提升世界对中华文化的认同

中华文化要想走出去,并且迈出坚实的步伐,就要不断地加强文化软实力建设,让世界对中华优秀传统文化、核心价值和"人类命运共同体"理念等产生心理和情感上的认同。文化认同度的提高才能使中华文

[①] 中共中央文献研究室编:《十七大以来重要文献选编(上)》,中央文献出版社2009年版,第26页。
[②] 中共中央文献研究室编:《十八大以来重要文献选编(上)》,中央文献出版社2014年版,第24页。
[③] 习近平:《决胜全面建成小康社会 夺取新时代中国特色社会主义伟大胜利》,《人民日报》2017年10月28日。

化"走得出",并使"走出去"的中华文化"站得住"。

(一)提升对中华优秀传统文化的认同

中华文化具有五千年的文明发展史,不仅源远流长、博大精深,而且历久弥坚,在世界文明史上独具特色、自成体系。中华民族悠久灿烂的文化,曾使中国一度成为世界性的文明古国,为世界经济、文化等各个方面的发展作出了不可磨灭的贡献,这成为中华民族文化自信和文化认同的价值源泉。美国著名汉学家德克·卜德说过:"中国对西方世界作出了很多贡献,这些贡献极大地影响了西方文明的发展。从公元前200年到公元1800年的这两千年间,中国给予西方的东西,超过她从西方所得到的东西。"[①] "还有些东西则完全改变了我们的生活方式,成为我们整个现代文明的基础。"[②] 因此,从一定意义上来讲,不管是炎黄子孙对自身传统文化的心理认同,还是中华文化在走向世界过程中别国对中华文化的价值认同,都是建立在中国优秀传统文化的根基之上的。离开中国优秀传统文化,中华文化就成了无源之水、无本之木,就失去了自身存在的根本,就会演变成"文化虚无主义",这是极为要不得的,必须加以摒弃。

中华文化既是民族的,又是世界的。文化全球化背景下,我国文化软实力建设面临复杂的文化环境和挑战,其中既有文化对外传播中我们文化自身的水土不服,也有西方对我们的文化抵触和文化入侵。加强文化软实力建设,一方面可以增强中华文化的吸引力和传播力,实现中华文化与国外文化良好的交流融合,另一方面可以抵御西方国家文化侵略,增强自身抵抗能力和生存力。当前我们进行文化软实力建设,要用历史唯物主义的态度对待中华传统文化,既不能忽视中华传统优秀文化对当今社会发展的促进作用以及对人的塑造作用,又不能自高自大,无故"捧杀"和恶意攻击中国传统文化。在继承和发展中华传统文化的时候,一要正确处理中华传统文化与现代文化的关系,着眼于当代人民大

[①] 转引自孙西摘译《中国物品西传考》,载《中国文化研究集刊(第二辑)》,复旦大学出版社1985年版,第353页。

[②] 同上书,第365页。

众的需要实现文化创新。二要正确处理中华文化与外国文化的关系,在和外国文化交流的过程中不断展示和提升中华民族的传统文化特色,吸收健康有益的外来文化因素,使中华文化体系更加完善,使中华文化更好地融入国外不同的文化环境中,实现国外对中华文化的了解、理解和认同。

(二) 提升对中国核心价值的认同

社会主义核心价值观体现了中国的核心价值。习近平总书记在中央政治局第十三次集体学习时,就弘扬社会主义核心价值观和中华传统美德发表重要讲话,他强调:"核心价值观是文化软实力的灵魂、文化软实力建设的重点。这是决定文化性质和方向的最深层次要素。一个国家的文化软实力,从根本上说,取决于其核心价值观的生命力、凝聚力、感召力。"① 社会主义核心价值是兴国之魂,决定着社会主义先进文化和中国特色社会主义的前进方向。"文化并不必然成为软实力,文化要转化为软实力,首先得塑造文化的核心价值,以核心价值来固铸软实力。"②

从这个层面出发,加强软实力建设就必须提高国内外对中国核心价值的理解和认同。仔细梳理核心价值观对外传播的相关理论资源,虚心吸收国外尤其是西方发达国家价值观传播的有益经验,厘清社会主义核心价值观与全人类其他价值观的关系,根据实际情况实现社会主义核心价值观的话语转化,提升汉语对外传播能力和国际表达。促进中国核心价值对外传播,不仅要清楚谁来说、说什么,更重要的是要研究怎么说、通过什么有效的方法表达我们的意思。之前我们在对外宣传方面,有一个很大的不足就是不善于把中国的故事用国际化的语言传达给世界,从而使我们的对外宣传信息失真、信息错位,甚至引起别人的误解,这是我们之前文化对外传播的经验教训。这就要求我们在强化核心价值观的国际表达上多下功夫。社会主义核心价值观是中华民族文化精髓的高度凝练,展现了当代中华文化的内涵。应当在中华文化走出去的过程中把

---

① 习近平:《把培育和弘扬社会主义核心价值观作为凝魂聚气强基固本的基础工程》,《人民日报》2014 年 2 月 26 日。

② 沈壮海、佟袤:《吸引力、影响力、文化软实力》,武汉大学出版社 2014 年版,第 59 页。

一些既体现中国核心价值又体现全人类共同文明成果的价值观通过中华文化表现出来,如"文明""和谐""平等""诚信"等价值观,并把这些核心价值观贯穿到文艺创作、文化产品、文化交流、外交政策等方方面面。从而让世界感受到中国的核心价值观是推崇和平发展与合作共赢的,中华文化展现的是中国为和谐世界而努力的大国形象,展现的是当代中国人诚信友善的文明风貌。通过不断积极地参与国际活动,以实际行动展现我们的价值观,提高国际社会对我们大国形象的认可,取得道义上的支持,从而增强我国在整个国际社会的地位和话语权。

我们在世界舞台上始终遵循和平共处五项原则,坚决捍卫平等正义原则。以习近平总书记为核心的党中央提出的"中国梦"意味深远。实际上,中国梦就是实现中华民族的伟大复兴,是全国各族人民的共同理想。中国梦体现了我们的核心价值理念,它是和谐之梦、和平之梦、发展之梦。中国人民在实现梦想的过程中不会对世界其他国家造成威胁,只会给各国人民带来福祉,中国愿意世界各国搭乘中国发展的便车。习近平总书记在不同场合多次强调欢迎各国搭乘中国发展"顺风车",实现共同发展。在论述中国崛起的时候,习近平强调中国的崛起是和平的崛起,不是对其他国家的威胁。他在2014年3月底4月初访问欧洲的一场公共外交活动,给欧洲、给世界留下了深刻的印象。在巴黎出席中法建交50周年纪念大会发表的重要讲话中,习近平总书记指出:"实现中国梦,给世界带来的是机遇不是威胁,是和平不是动荡,是进步不是倒退。拿破仑说过,中国是一头沉睡的狮子,当这头睡狮醒来时,世界都会为之发抖。中国这头狮子已经醒了,但这是一只和平的、可亲的、文明的狮子。"① 德国《每日镜报》称习近平用"生动的演讲"和人格魅力努力消除人们对中国崛起的担忧,欧洲应当陪伴一个强大的中国前行。2014年3月28日下午,习近平总书记在德国柏林科尔伯基金会演讲时,引用了歌德的名篇《浮士德》,指出中国不是可怕的"墨菲斯托"(其意是破坏者、骗子、魔鬼)。同时,他还提到,他非常怀念南京大屠杀"拉贝日

---

① 《习近平在中法建交50周年纪念大会上的讲话(全文)》,新华网,http://www.xinhuanet.com/politics/2014 - 03/28/c_119982956_3.htm。

记"的主角拉贝,称"中国人民纪念拉贝,是因为他对生命有大爱、对和平有追求"。在联合国教科文组织总部演讲时,习近平引用雨果的名言"比天空更宽阔的是人的胸怀"来说明如何对待不同文明。在比利时布鲁日的欧洲学院,他用布鲁日的"桥"的含义比喻其欧洲之行就是"在亚欧大陆架起一座友谊和合作之桥……"习近平总书记的一次次外交活动,用魅力打动人、用思想感化人、用哲理说服人、用故事感染人,向欧洲、向全世界阐述了中国的历史观、发展观、欧洲观和世界观。习近平总书记其清新自信的外交风格让欧洲、让世界津津乐道,有外媒称之为"一场对欧洲人民成功的公关活动",从而树立了我国"兼济天下"、可亲可敬的大国形象。这些外交政策和活动,真正体现出我国核心价值理念的独特魅力,加强了国际社会对中国核心价值的认可。

(三)提升对人类命运共同体理念的认同

人类命运共同体理念是当今中国"和"文化、中国"和谐共赢"价值观在国际舞台上的深刻体现。2012年12月5日,习近平总书记与在华工作的外国专家座谈时指出:"我们的事业是同世界各国合作共赢的事业。国际社会日益成为一个你中有我、我中有你的命运共同体。"[①] 2013年3月23日,习近平总书记在莫斯科国际关系学院发表演讲,首次在国际场合向世界提出"命运共同体"这一概念,它是以习近平为总书记的中共中央就人类未来发展提出的"中国方略"。[②] 习近平总书记在国内谈话、双边会谈、多边会谈、全球会议等各种不同的国内外场合都提到过"命运共同体"。人类命运共同体理念内涵丰富、层次分明,具体可以概括为四个基本层次,即中华民族命运共同体、区域命运共同体、国与国之间的命运共同体和人类命运共同体。

习近平总书记从我国基本国情和外交工作实际出发,统筹国内国际两个大局,提出了人类命运共同体理念。它既是对中国发展变化的深刻认识,又是对世界发展变化的深刻认识。从中国的发展变化来说,经过

---

① 《习近平同外国专家代表座谈》,新华网,http://news.xinhuanet.com/politics/2012-12/05/c_113922453_2.htm。

② 《中国方略世界共赢》,《人民日报》(海外版)2016年7月8日。

四十年改革开放，中华民族各族人民理应共享改革发展成果。与此同时，中国的发展离不开世界，世界的发展需要中国。中国作为最大的发展中国家，作为当前第二大经济实体，有责任为世界贡献出自己的力量，并影响更多的国家参与世界建设。"要把中国人民的利益同世界各国人民的共同利益结合起来，全方位地扩大各方利益的汇合点，同一切相关国家和地区建立并发展不同领域、不同层次、不同内涵的'利益共同体'，推动实现中国和世界各国的共同和平发展。"① 从世界的变化发展来说，当今世界发展呈现多极化、经济全球化、网络全球化的特点，国家之间的联系越来越密切。此外，全球性问题日益突出，需要国家间加强共同治理的能力。"今天，人类生活在同一个地球村，各国相互联系、相互依存、相互合作、相互促进的程度空前加深，国际社会日益成为一个你中有我、我中有你的命运共同体。"② 在这个背景下，各国普遍认识到合作的重要性，只有坚持共同发展，才能保证持续发展，符合各国人民长远利益和根本利益。只有各方同舟共济，协同合作，才能有效地应对处理诸如生态安全、网络安全、恐怖主义等各种国际问题。

从实质上来说，第一，人类命运共同体理念是一种共同利益观。共同利益即共同体利益。不同层次的共同体如一个组织、一个地区、一个国家甚至是整个人类社会，都存在着自身的利益，个体在共同体当中可以获得比个体活动更多的利益。对中国来讲，首先，这种共同利益观体现在中华民族命运共同体利益，即民族利益上。民族利益是人们在历史发展中形成的具有共同语言、共同地域、共同经济生活以及表现于共同文化之上的共同心理素质等特质的稳定的共同体利益。只有民族利益一致，才能得到广泛的公民认同，才能促进中华民族大团结。其次，这种共同利益观体现在世界共同利益上。当今国家之间的利益不仅体现在政治、经济、外交方面，还有在文化、生态、互联网治理领域的共同利益。在应对全球问题上，又形成了人类命运共同体。和平发展与合作共赢是

---

① 郑必坚：《世界热议中国：寻求共同繁荣之路》，中信出版社 2013 版，第 11 页。
② 习近平：《让工程科技造福人类、创造未来——在 2014 年国际工程科技大会上的主旨演讲》，《人民日报》2014 年 6 月 4 日。

世界发展的历史潮流和规律,当今世界发展正呈现一体化的趋势,一个国家、一个区域的发展再也不可能像之前那样可以独立存在、自给自足,取而代之的是一种安危与共的关系。比如,全世界都感受到了国际合作给全人类带来的利益、创造的价值;也都感受到了战争和冲突对一些区域乃至全球的破坏和影响。随着经济全球化的深入发展,资本、技术、信息、人员跨国流动,国与国之间相互依存的程度越来越高,一国经济利益的实现与他国经济的发展与否有重大的关系,各国在这种依存关系中形成了共同的利益。要实现自身发展就要关注并帮助别国发展,要实现自身利益就要维护共同利益。每个国家或地区都成为这个大系统当中不可缺少的部分,甚至起着牵一发而动全身的作用。第二,人类命运共同体理念是一种全球治理观。"当今世界正在发生深刻复杂的变化,和平、发展、合作、共赢的时代潮流更加强劲,国际社会日益成为你中有我、我中有你的命运共同体。"[1] 全球治理理论的核心观点是,由于全球化导致国际行为主体多元化,全球性问题的解决成为一个由政府、政府间组织、非政府组织、跨国公司等共同参与和互动的过程,这一过程的重要途径是强化国际规范和国际机制,以形成一个具有机制约束力和道德规范力的、能够解决全球问题的"全球机制"[2]。推动我国积极参与全球治理,既体现了大国的责任与担当,又提高了在国际事务中的话语权。第三,人类命运共同体理念是一种和平发展观。各国、各民族基于共同的利益,只有通过和平发展的道路,合作共赢的方式才能实现共同的价值目标。不同的文化、价值观之间要求同存异,有矛盾和冲突的双方要化干戈为玉帛。国与国之间的依存与合作有效缓和了国际形势,通过不断规范国际规则,逐步建立起公正的国际政治经济新秩序,维护全人类的利益。

人类命运共同体理念表明了中国的国际战略不以扩张为目的,而是从全人类长远利益出发来考虑问题。在处理国际关系时,中国以共享、

---

[1] 习近平:《弘扬和平共处五项原则建设合作共赢美好世界——在和平共处五项原则发表60周年纪念大会上的讲话》,《人民日报》2014年6月29日。

[2] 曲星:《人类命运共同体的价值观基础》,《求实》2013年第4期。

共赢为目的,实现全球共同发展、世界和平。"中国始终是世界和平的建设者、全球发展的贡献者、国际秩序的维护者。中国愿扩大同各国的利益交汇点,推动构建以合作共赢为核心的新型国际关系,推动形成人类命运共同体和利益共同体。"① 外交部长王毅曾在"两会"记者会上针对外媒提问中国是否会承担起全球领导角色时强调,中国一贯主张大小国家一律平等,不应该把国家分为领导和被领导,与其说"领导",不如讲"责任"。② 中国作为负责任、爱和平的大国,具有资源、技术、文化等方面的优势。与借助国家实力推行霸权强权主义不同,中国会把大国优势运用到促进世界经济增长,维护广大发展中国家正当权益和维护国际和平安全等积极方面。中国是负责任的大国,但并不意味着世界上所有的问题都是中国造成的,并不是所有的问题都要强加给中国承担。中国的发展需要和平的环境,中国的和平发展也会为世界提供更大的和平环境。世界越和平,越有利于中国的发展;中国越发展,对世界做的贡献就越大。人类命运共同体这一和平发展的理念,必然会得到世界上大部分国家的认同和支持。

应该注意的是,由于不同社会制度、不同意识形态的客观存在,中国在发展过程中与以美国为首的西方国家会存在一些历史和现实的矛盾和斗争,有些矛盾甚至是不可调和的。这一方面说明了就目前而言不是所有国家都能成为命运共同体,但各国至少可以在充分尊重各方意愿的前提下求同存异,成为"利益合作伙伴"。另一方面则说明了人类命运共同体的发展是一个曲折长久的过程,需要各方积极贡献自己的力量。

二 文化软实力建设有利于推动中华文化产业的发展

文化产业是指为社会公众提供文化产品和文化相关产品的生产活动的集合。它以文化为核心内容,通过进行文化产品的制作、创新、传播等生产活动满足广大群众的精神需要。大力发展文化产业是社会生产力

---

① 《中国方略世界共赢》,《人民日报》(海外版) 2016 年 7 月 8 日。
② 《王毅谈中国国际作用:与其说"领导",不如讲"责任"》,外交部,https://www.fmprc.gov.cn/web/zyxw/t1444005.shtml。

发展的必然要求，也是文化软实力建设的重要组成部分。随着社会主义市场经济体制的逐步完善、生产力的提高以及现代生产方式的不断进步，我国的文化产业发展也在不断地取得成绩。

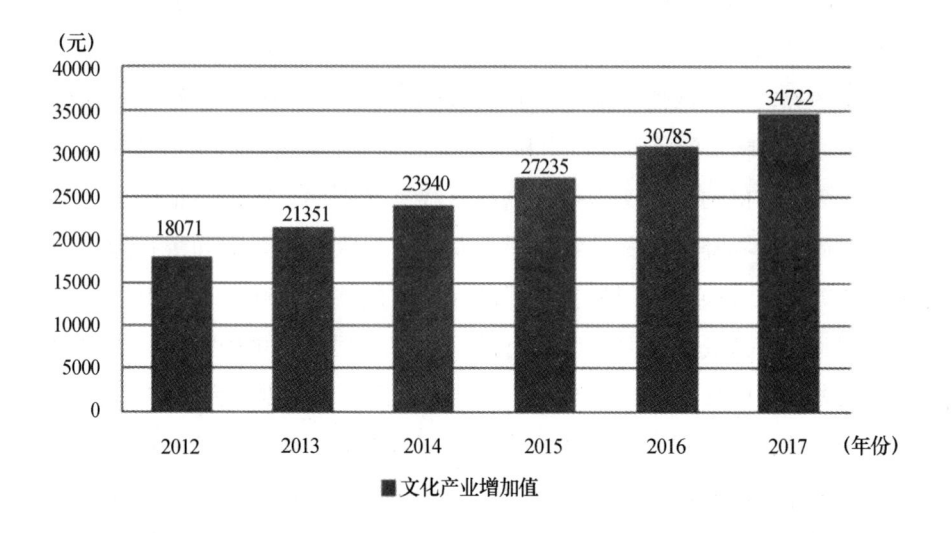

图2—1　2012—2017年中国文化产业增加值走势情况

说明：2017年全国文化及相关产业增加值为34722亿元，占GDP的比重为4.2%，比上年提高0.06个百分点；按现价计算，比上年增长12.8%，比同期GDP名义增速高1.6个百分点。2017年文化及相关产业增加值保持平稳快速增长，占GDP比重稳步上升，在加快新旧动能转换、推动经济高质量发展中发挥了积极作用。①

　　文化软实力不是一种现成的国家实力，它生成于国家的文化建设和发展。文化产业是文化软实力形成的重要资源和基础。当今国际社会在衡量一个国家文化软实力强弱的时候，往往把文化产业尤其是新兴文化产业作为一个重要的参考指标。新兴文化产业代表着文化在发展过程中由原生形态到经济形态和技术形态的转变。文化全球化的今天，经济的发展中越来越多地融入了文化元素，文化已成为推动经济社会发展的重要力量。一方面，文化经济化的趋势越来越明显，文化产业贸易额的逐

---

① 《2017年全国文化及相关产业增加值为34722亿元，占GDP的比重为4.2%，文化产业规模不断扩大》，中国产业信息网，https：//www.chyxx.com/industry/201810/684175.html。

年攀升对国家经济发展的贡献越来越大。西方发达国家如美国当前最主要的出口已经不再是农作物和低级工业产品，取而代之的是带有文化和科技标签的文化产品，如软件、计算机服务、电影、音乐等。另一方面，文化产业的发展也不断地推动国家文化软实力建设，扩大国家在全球的影响。一个国家、民族的文化特质、价值理念、行为方式等要向全世界传播和扩散，融入其他国家人们的日常生活，必须依靠大规模的文化产业运作。从全球经济发展的基本趋势来看，文化产业发达的国家，其经济发展就有着较大的优势和很好的前景；文化产业发展得较为成熟的国家，其文化软实力的扩张力和渗透力都较强。这是因为发达国家通过大力发展文化产业提升了文化软实力，文化软实力又反过来推动和指导文化产业的进一步发展，形成了良性互动。两者是相辅相成、互相促进的关系。文化产业的发展必须依赖于文化。我国丰富的文化资源是文化软实力建设的潜在资源，充分利用这些资源可以增强我们的文化软实力。文化已经成为世界各国财富增长的新源泉、社会发展的新动力，文化产业的发展正是基于文化资源的输送。优秀文化产品的产生，离不开国家的悠久历史和民族的深厚文化底蕴。先进、优秀、适应性强的文化往往能够打造出经典的文化产品，这些文化产品为民族文化走向世界提供了雄厚的基础和保障。总之，文化产业的发展是文化软实力建设的重要内容，大力发展文化产业可以提高国家文化软实力。文化软实力的强大又使文化产业所生产的文化产品更具吸引力和竞争力，获得外界的好感和认同，从而赢得更多的国际市场，助推中华文化走向世界。

提高国家文化软实力是推动我国文化产业发展的必由之路。中华文化要想成功地走向世界，就必须顺应传媒国际化、科技现代化、思想多元化的趋势，以其他国家可接受的形式，推动经典中华文化产品进入国际市场，在国际市场打造中国名牌文化，让中国品牌为中华文化和中国价值观代言。

三 文化软实力建设有利于实现中华民族伟大复兴中国梦

近代以来，炎黄子孙一直在为实现中华民族伟大复兴而奋斗。经过中国人民的艰苦奋斗，经过历代仁人志士的开拓探索，经过新中国成立以来的长期建设,当前我们比历史上任何时期都更接近中华民族伟大复兴的目标。习近平总书记将我们的奋斗目标用大众化的语言加以概括,提出了"中国梦"的新命题。习总书记把中国梦定义为"实现中华民族伟大复兴,就是中华民族近代以来最伟大梦想",并且表示这个梦"一定能实现"。中国梦的核心目标可以概括为"两个一百年"的目标:到2021年中国共产党成立100周年和2049年中华人民共和国成立100周年时,逐步并最终顺利实现中华民族的伟大复兴,实现国家富强、民族振兴和人民幸福。文化软实力不仅是中国梦内在的重要内容,也是实现中国梦的重要途径。只有实现中华文化的伟大复兴,才会有中华民族的伟大复兴,中国梦才能真正实现。

(一)"中国梦"是强国梦,文化软实力建设有利于极大地提高我国的综合国力

所谓综合国力,是指一个主权国家所拥有的赖以生存和发展的全部实力的总和,是一个国家的资源、经济、政治、军事、文化、外交等和民族的意志力、凝聚力等各种要素组成的综合体。[①] 一个国家的复兴或是崛起,取决于综合国力的提升和强大。综合国力既包括硬实力又包括软实力,它是一个包含政治、经济、文化、军事等各方面因素在内的综合评价体系。当今时代,软实力的提升已经日益成为一个国家崛起的重要标志,通过提升文化软实力增强国家的综合实力已经成为各国共识。[②]

文化软实力建设可以提升我国的经济实力。国家文化软实力可以为一国经济的发展贡献软件和智力支持。文化资源与实体资源不同,自然资源可以用尽,而文化资源只要引起重视并获得持续性的发展,就会是一种永生资源,为经济发展提供源源不断的动力。当前社会,文化的进步往往和经济的发展成正相关。国家文化软实力的经济影响力主要表现在其对人的积极性和主动性的激发上,人的因素是经济发展中最活跃的因素,生产力的发展最终取决于人。文化软实力可以激发人的主体意识、创造意识、效益意识、竞争意识,帮助人们形成一定的经济文化、经济

[①] 项久雨:《论国家文化软实力建设的时代价值意蕴》,《学习与实践》2008年第12期。
[②] 刘德定:《当代中国文化软实力研究》,人民出版社2013年版,第109页。

思想和经济道德，从而使人们用正确科学的观念去发展经济，充分发挥人在生产中的主导作用。文化软实力体现为一定的文化生产力，文化产品与服务已成为独立产业，成为综合国力竞争的重要方面。文化产业代表了新的经济发展方向，成为当今经济发展的新形态和新源泉。

文化软实力建设可以提升我国的政治实力。文化软实力概念提出的一个重要原因就是为了增强对政治资源的支配、稳定内部政治、增强政治形象的吸引力和认同度。当今，文化软实力的强弱成为政治实力提升与否的重要标准。而政治实力表现为一定的政治决策力、凝聚力和在国际事务中的影响力。"政治实力提高与否，关键还是看文化软实力发挥的程度。"[①] 国家文化软实力对一国政治的影响力主要通过政治文化建设实现。"政治文化的作用主要表现在三方面：一是促使个人形成现代化所需要的政治人格和政治能力；二是促进社会政治稳定和政治发展；三是促进社会经济稳定和经济发展。"[②] 不同的国家都有自己独特的政治文化系统，不同特色的政治文化系统对国家的政策、路线的政治影响力也不相同。美国作为当今世界唯一的超级大国与发达资本主义国家的代表，它的政治文化就决定了其对外政策带有强烈的霸权主义和强权政治特色。比如，针对某些国家进行军事行为，经常性违反国际法和国际准则，宣扬"普世价值"，强行推广美国模式等，并依靠自己的强大国力在很大程度上实现了预期目的。但这些成功很多都是基于强迫力和欺骗性，不能实现其他国家和地区的长久认同。而中国作为社会主义国家和最大的发展中国家，我们的政治文化决定了中国的发展和崛起不以牺牲别国利益为代价，中华文化"走出去"也不带有损害他国利益的性质。

（二）"中国梦"也是世界梦，文化软实力建设有利于实现中国的世界梦

"中国梦"并不是一种狭隘的民族主义，它有着广泛的世界意义："中国梦"与世界各国人民的美好梦想是相通相连的；"中国梦"对于世界特别是广大发展中国家的建设具有重要的精神价值和参考价值；"中国

---

① 刘德定：《当代中国文化软实力研究》，人民出版社2013年版，第112页。
② 吴力勤：《中国社会主义现代化中政治文化的作用及其现代化》，《广州大学学报》（综合版）2000年第6期。

梦"为维护人类文明多样性贡献中国智慧;"中国梦"是世界和平发展的重要保障力量。"中国梦"是世界梦极其重要的一部分,"中国梦"既属于中国,又属于世界;既造福中国人民,又造福世界人民。"中国梦"将中国的发展与世界的发展紧密地联系在一起,中国自身的良好发展就是对世界的责任和贡献。"中国梦"给世界带来的是和平,不是动荡;是机遇,不是威胁。在推进新一轮经济全球化进程中构建共赢共享的人类命运共同体,就是中国和世界的相通之道,就是中国的"世界梦"。

文化软实力建设有利于构建人类命运共同体。世界各民族历史各异、环境多样,形成的文化、价值观念和人文景观就不同。文化之间的差异在客观上要求不同的文化之间必须进行交流,这样才能促进不同文化之间相互了解,缩小文化差异,实现文化的互通有无和共同发展。不同的文化主体通过文化交流互动与融合发展,了解彼此的文化差异,吸收对方文化的优点,借鉴对方文化的特色,从而使文化主体能够更好地包容不同的文化,在文化发展中增添新的活力和动力。不同文化相互依存、和谐共生,就构成了世界文化共同体和人类和谐的精神家园。构建人类命运共同体需要文化来搭建沟通的桥梁,世界各国在不同领域中的合作需要文化交流的助推,不同民族的民众之间的情感交流也需要文化纽带的连接。人们日常生活的正常进行离不开语言文化交流,同样,国际事务和活动的正常开展也需要语言文化交流来增进理解和互信。无论是政治交流、经济合作还是民间往来,都要以语言文化交流为基础,并通过语言文化交流得到进一步发展。语言文化交流具有"五通"的作用:通言、通讯、通识、通情、通心。[①] 人类社会的多样性决定了在构建人类命运共同体的过程中,各国对人类命运共同体理念的理解方式和践行路径是广泛和多样的,不可能千篇一律。但通过语言文化交流,可以求同存异、增强互信、消除疑虑,从而使各国齐心协力、坚定信念朝着能实现大家共同利益的伟大目标前行。全球化和信息化时代为不同国家之间的跨文化交流提供了便利条件。在进行经济、文化和社会建设方面,文化交流可以为双方提供各自的成功经验;在应对全球共同问题和挑战方面,

---

① 王辉:《以语言文化交流推动构建人类命运共同体》,《光明日报》2017年12月17日。

文化交流寻求各方利益的最大公约数,为制定共同的利益目标提供了价值基础,从而拓展了全球治理的深度和广度,推动了人类命运共同体协调发展。

党的十八大以来,以习近平同志为核心的党中央仔细洞察中国和世界发展形势,深刻思考人类前途命运,紧紧围绕实现"两个一百年"奋斗目标和实现中华民族伟大复兴中国梦,统筹国内、国际两个大局,统筹发展、安全两件大事,提出了一系列既具有中国特色又符合世界发展潮流、符合人类共同利益的新理念、新思想和新战略。今天,"一带一路"作为连接中国梦与世界梦的桥梁和纽带,作为中国进行全球治理、推动构建人类命运共同体的重要平台,不仅是经贸之路,也是文化交流之路。习近平总书记指出,"'一带一路'是和平之路、繁荣之路、开放之路、创新之路、文明之路,在共享发展理念下,通过务实合作必将推动亚洲、欧洲、非洲、美洲之间的国际合作,造福世界,造福人民。"[①] 所以,文化软实力建设要充分利用和发挥"一带一路"的桥梁和平台作用,继续加强"一带一路"上的文化交流,发挥企业、民间文化组织和孔子学院的文化传播功能,提升中华文化的亲和力、凝聚力和传播力;创新文化交流的内容和方式使之不断适应和满足"一带一路"沿线国家的风土人情与当地需求,展示中华文化外交的魅力,提升中国国家形象,为新时代构建和而不同、兼收并蓄的人类命运共同体贡献中国力量。

国家文化软实力建设,提高了我国经济、政治、文化、军事、外交等方面的影响力,从整体上提升了国家的综合实力;使中国"和平、发展、合作、共赢"的理念深入人心,提升了中国的国际影响力,从而为中华文化"走出去"打下坚定的基础,推动中华民族伟大复兴中国梦的实现。

---

① 《习近平在"一带一路"国际合作高峰论坛开幕式上的演讲》,新华网,http://www.xinhuanet.com/2017-05/14/c_1120969677.htm。

第二节　文化软实力建设对中华文化走向世界具有建构作用

当今世界，国际交流、国际话语权的制定、国际议程的设置等除了需要国家硬实力之外，文化软实力的作用也日益凸显。可以说想成功地走向国际舞台，必须要有文化软实力的助力。因为文化软实力建设能够不断提升我国的文化自信，增强我国的国际话语权特别是增强文化话语权，展示我国积极的文化外交形象，塑造我国国民的文明形象和我国良好的大国形象。通过文化软实力建设，中国能在国际舞台上充分展示风采，中华文化能在世界之林绽放光芒。

一　文化软实力建设能够提升我国的文化自信

"文化自信"是习近平总书记提出的时代课题。党的十八大以来，在以习近平同志为核心的党中央坚强领导下，我国文化建设取得了长足发展，文化自信显著增强。文化是一个国家、一个民族的灵魂，它反映了一个民族特定的物质文明和精神文明，是一个民族最基本的象征。中国特色社会主义文化为我们的治国理政、经济建设、道德建设、生态文明建设提供了源源不断的精神动力和有益启示。今天，我们比历史上任何时期都更接近、更有信心和能力实现中华民族伟大复兴的目标。但我们也要清楚地意识到，当前国内外形势正在发生深刻复杂的变化，我国发展仍处于重要战略机遇期，前景十分光明，挑战也十分严峻。在文化领域同样存在矛盾，需要进行伟大斗争。在新时代，我们要抓住机遇，迎接挑战，坚定文化自信，提升文化自信，继续弘扬和繁荣中国特色社会主义文化，实现中华民族伟大复兴的中国梦。[①]

文化自信，指的是文化主体对本民族文化的无比热爱，对本民族文化价值的充分肯定，对本民族文化精神的自觉实践，对本民族文化生命

[①] 杜成斌、崔利宏：《新时代提升文化自信的重要意义和必要路径——解读十九大报告中的文化自信》，《辽宁省社会主义学院学报》2018年第2期。

力的坚定信心。① 其中，文化的生命力既指民族文化能经得起历史的检验传承至今，又指它有着光明的发展前景。文化自信不是自恋，不是自傲，也不是自负，而是在十分了解本民族文化的历史、价值和意义基础之上对民族文化的理性判断和深刻把握。文化自信是文化建设过程中逐渐形成的良好状态，是国家文化软实力的重要组成部分。缺乏文化自信的民族相应地也没有发展的动力与后劲。文化自信对内关乎中华民族的精神家园，可以加强炎黄子孙对中华民族的认同；对外关乎中国的文化安全和话语权，可以使中华文化"走出去"更具内在的动力。习近平总书记强调："要从建设社会主义文化强国的高度，增强文化自觉和文化自信。"② "我们说要坚定中国特色社会主义道路自信、理论自信、制度自信，说到底是要坚定文化自信。文化自信是更基本、更深沉、更持久的力量。"③

（一）中华文化自信源自于中华文化突出的资源优势

第一，中华文明的辉煌历史积淀。中华民族五千年灿烂文化在促进中华民族大团结，塑造中华民族精神风貌，延续中华文明方面功不可没。同时，中华文化在世界历史长河中，加强了世界各国的沟通、交流以及世界对中国的了解。第二，中国红色文化的深刻影响。中国红色文化属于无产阶级文化范畴，它以马克思主义文化理论为指导，为人民群众提供了崇高的文化理想、坚定的革命信念和精神、破旧立新的伦理道德观念、为人民服务的文化价值取向等，是新形势下主流文化价值观、精神文明建设和经济建设的重要精神支撑。第三，当代中国社会主义先进文化蓬勃发展。社会主义先进文化继承了中华优秀传统文化和中国红色文化的优质基因，并立足当代中国实际，实现了创新发展，为富强、民主、文明、和谐的中国发展注入了新的动力，为解决中国发展中遇到的各种问题提供了有益思路和方法。第四，中华文化对世界持续性的贡献力。随着中国国际地位的提高，中国对世界的贡献不仅体现在经济支持上，还体现在中国特色文化和价值理念对世界的影响上。一个民族要赢得其

---

① 陈曙光、杨洁：《论文化自信》，《文化软实力研究》2016 年第 3 期。
② 习近平：《在文艺工作座谈会上的讲话》，人民出版社 2015 年版，第 25 页。
③ 习近平：《在哲学社会科学工作座谈会上的讲话》，《人民日报》2016 年 5 月 19 日。

他民族的认同和尊重,不是看它向世界索取了多少,而是看它对世界贡献了多少有意义、有价值的东西。中华文化创造力的增强,既提升了国内成员的生活水平,又促进了其他民族人民的幸福。以上四个方面,既属于中华文化软实力的资源,也是新时代中国特色社会主义先进文化建设的重要内容。①

(二) 文化自信形成于文化建设的过程

一方面,先进的文化必须通过高水平的文化建设来实现。因为文化不是凭空产生的,而是依靠文化主体艰苦奋斗的建设取得的。可以说,文化主体在文化建设上付出的努力程度,势必会影响到产出文化的质量和品质。在文化建设过程中,文化主体也体验到了高水平、高质量文化成果产出后的成就感,从而收获了文化自信。另一方面,文化自信需要持续的文化建设来保持。文化自信是一种持续不断的状态,只有让这种自信的状态保持下去,才能发挥文化的巨大作用。中华文化建设在近代历史当中遭遇过挫折,那个时期人们不再以中华文化为傲,对自己的民族文化失去了信心。而文化自信重建则又是一个漫长的历史过程,付出的代价过大,这是我们深刻的历史教训。所以,持续性的文化建设才能保证人们对民族文化持久的热情。②

文化自信形成于文化建设的过程,又进一步推动了文化建设。一方面,文化自信为文化建设提供思想准备。③ 文化自信展现了文化主体对自己创造的先进文化的热情,意味着文化主体已经对民族文化的历史发展、涵盖内容、当代价值、未来趋势等都有了清楚的认识和积极的评价。文化主体感到其从事的文化建设事业是有意义的,就会更加积极主动地力争上游,这便为新一轮的文化建设打下了良好的开端。另一方面,文

---

① 杜成斌、崔利宏:《新时代提升文化自信的重要意义和必要路径——解读十九大报告中的文化自信》,《辽宁省社会主义学院学报》2018年第2期。

② 同上。

③ 常宴会、宋健林:《论人民的文化自信来源于文化建设》,《学校党建与思想教育》2016年第13期。

自信为文化建设提供持久的精神动力。① 文化建设是一项长期性的工程，是一项艰巨的任务。没有持久的精神动力和良好的建设状态就不能很好地完成这项工程，而自信就是一种持久的精神动力。总之，文化建设产生了文化自信，文化自信又反作用于文化建设。在这个良性循环的状态中，实现了中华文化软实力的增强和中华文化自信的提升。②

二　文化软实力建设能够增强我国的国际话语权

国际话语权是指以国家利益为核心，就国家事务和相关国际事务发表意见的权利。它对国家合理权益的获得、国际活动的参与以及国际形势的走向都有重大影响。在全球化的进程中，国际政治经济新秩序依然没有完全建立，以经济、科技为基础的综合国力的竞争日益激烈。在当前国际关系中，掌握了话语权，就可以在国际竞争中处于主动地位；提高自身的话语权，就可以最大可能地保证国家政治利益、经济利益和文化利益，维护国家安全和持续发展。而失去了国际话语权或话语权不强，就会削弱自己的文化软实力，降低自己的国际竞争力，损害本国的国家利益。因此，我国必须加强文化软实力建设，提高在国际舞台上的话语主导权，让中华文化更好地走向世界。

话语权建立在硬实力和软实力的基础之上。物质硬实力与文化软实力在话语权的建构中，其作用已随着时代的变化而呈现出不同以往的发展态势。在当代国际关系中，话语权既关系到世界各国利益的分量和分配，也影响着一个国家文化价值观在国际社会的影响力。硬实力和软实力对国际话语权的构建作用不同。在物质硬实力主导国际关系格局的时代，强权即真理，强权就是话语权。在和平与发展仍然作为当今时代两大主题的背景下，在文化软实力作用日益凸显的今天，文化软实力建设对话语权的构建作用则越来越明显，甚至在某些方面超过硬实力的影响。如果一味强调硬实力的作用，就容易引起其他国家的反感和抵触。因为

---

① 常宴会、宋健林：《论人民的文化自信来源于文化建设》，《学校党建与思想教育》2016年第13期。

② 杜成斌、崔利宏：《新时代提升文化自信的重要意义和必要路径——解读十九大报告中的文化自信》，《辽宁省社会主义学院学报》2018年第2期。

霸权主义和强权政治严重违背国际关系中公平化、民主化的发展潮流，其给世界带来的伤害人人皆知。所以，国家要通过文化软实力建设来增强自己在国际社会的话语权。可以说，谁掌握了先进文化，并且充分发挥先进文化的作用，加大对世界文化的贡献力，谁就拥有了话语权。

文化软实力建设可以增强我国的国际话语权，特别是文化话语权。如同文化软实力是软实力的核心一样，文化话语权则是国际话语权中的核心。所谓文化话语权就是国家主权在文化领域里的集中体现，是一个国家出于经济、政治、文化发展和国家安全的需要，自主地提出、表达、传播、交流文化话语、维护国家文化安全和文化权益的权利，它包括文化话语的创造权、文化话语的表达权、文化话语的传播权、文化议题的设置权和文化发展的自主权，本质上是一个国家的文化主导权[①]。文化软实力越强，文化话语权也就越强。因为首先，话语的本质是文化。人们在长期的社会物质生产实践当中创造出了反映客观物质世界的文化，也创造出了用于反映文化现象和文化交流的语言。其中，文化精神决定了语言的特征，文化的性质决定了话语的价值意义和表达方式。文化要表现出去，就得通过话语。对于一个国家来说，话语就是它展示自己文化价值观的最好也是最有效的工具。其次，文化影响甚至决定着话语主体的素养。话语是通过话语主体（既指国家，也指个人）来表达的，人在创造文化的同时，文化也在塑造人。人在文化氛围当中，会不自觉地受到文化当中蕴含的价值观、信仰和风俗习惯的影响。文化影响人的思维方式、制约着人的行为举止。不同的文化塑造了不同的话语主体，一个民族的文化甚至决定了本民族人的处世行为和态度，这就是我们常说的民族性格。话语主体在良好文化环境的熏陶下，可以极大地提高自己的话语影响力和感染力，从而让更多的人认同自己的话语和文化。最后，话语权的作用效果取决于文化的先进性。话语权是在不同的文化碰撞和较量中产生的，它通过各种引导力量使他人的价值偏好趋向于它背后的文化。如果世界上只有一种文化，那么，这种文化影响下的不同国家的话语是一样的，就不会有冲突，就无所谓话语权了。事实上，不同话语

[①] 骆郁廷：《提升国家文化话语权》，《人民日报》2012年2月23日。

主体的话语权作用效果不一样，有的作用范围广、影响力强、持续时间长，有的就相反。这和话语主体文化软实力的强弱息息相关。文化是话语权的战略依托，文化有深度、有品质，话语权才有力度、有生命力，才能在国际社会上站得住脚。

中国要获得更多的话语权，增强话语权的影响力，就必须提高自身文化的吸引力与感染力，大力建设和发展中国特色社会主义文化事业，努力向世界展示中华文化独特魅力。一方面，促使中国话语体系与不同领域的世界话语体系接轨，注意在与世界接轨的同时保持自身鲜明特色，实现立足本国和面向世界的统一；另一方面，开发本土话语体系，推广带有中国独特魅力的话语体系，努力使之转变成世界话语体系。加强汉语的国际影响力，提高汉语在世界的用途与影响，不能在国际事务上都是"英语说了算"，如多设置相关的汉语活动和会议，在国际事务中不再总是用西方的思维和标准去评判事物，而是要多表明中国的立场和观点，及时反驳歪曲中国事实的报道。广大理论工作者应尽快摆脱盲目照搬西方哲学社会科学的词语、概念、逻辑来分析中国现状的状态，坚持立足基本国情，敏锐把握时代特征，推动话语创新，切实承担起用中国话语解释中国乃至世界的责任。[①]

因为我国走的是和平发展道路，所以提升话语权的目的是更好地为国家和世界的建设、发展提供有利条件。这与某些西方国家通过提升话语权服务霸权主义和强权政治截然不同。最初，西方国家赢得世界并不是因为其思想、价值观、文化多有吸引力，而是经常把坚船利炮停放在别国的家门口耀武扬威，把飞机坦克开进别国领土肆意践踏，通过制造恐惧心理强迫别国认同它们建立起来的有利于自身利益的国际关系秩序。除此之外，为了巩固它们取得的"成果"，掩饰、粉饰霸权强权行为的本质，西方国家还要提出一套蕴含自身价值理念的话语体系来为自己开脱，并逐步强化这种话语体系在全世界的存在使之成为"真理"。中国提高话语权的目的与一些推崇霸权主义和强权政治的国家有着本质上的不同。我们的话语权与我们和平发展的一系列具有建设性的活动相适应，如打

---

① 李韬、林经纬：《中国软实力提升：问题与出路》，《红旗文稿》2013 年第 13 期。

造"人类命运共同体"、"一带一路"倡议、建设"和谐世界"等,强调的是通过自身的发展带动世界的发展,为世界的发展贡献能量,而不是制造麻烦,不是通过损害他国的利益来满足自己的利益。"软力量使用的是不同的手段(既非武力,亦非金钱)来促进合作,即由共同的价值观产生的吸引力,及为实现这些价值观做贡献的正义感和责任心。"①

三 文化软实力建设能够展示我国积极的文化外交形象

党的十九大报告指出中国特色大国外交要推动构建新型国际关系,推动构建人类命运共同体。中国将高举和平、发展、合作、共赢的旗帜,恪守维护世界和平、促进共同发展的外交政策宗旨,坚定不移在和平共处五项原则基础上发展同各国的友好合作,推动建设相互尊重、公平正义、合作共赢的新型国际关系。② 积极的文化外交形象,顾名思义,就是要通过发挥文化在国际交流中的作用展示正面的、值得国际社会肯定的国家形象。因为文化影响一个国家表述自己、参与国际事务和解决国际问题的方式;文化影响一个国家的国际视野、外交原则和对外政策。一个国家的对外政策总是和它的文化背景和文化底蕴相关。当今我国所面临的国际环境既不同于殖民强权政治,也不同于意识形态对立的冷战政治,而是一个强调和平、发展和合作共赢的时代③。新的时代背景下,文化软实力在当今国际关系中的作用越来越凸显。

(一)文化软实力建设有利于化解现有国际格局的压力,适应和建设国际新秩序

一直以来,西方国家都是带着傲慢、偏见和警惕的态度看待中国综合国力快速增长的事实。它们不把中国的逐步富强看成有利于世界发展的积极因素,而是将"中国崛起""中国复兴"当作威胁他们制定的现有国际规则及霸占国际话语权的阻碍和挑战。西方某些国家甚至用"中国

---

① [美]约瑟夫·奈:《软力量——世界政坛成功之道》,吴晓辉、钱程译,东方出版社2005年版,第7页。
② 习近平:《决胜全面建成小康社会 夺取新时代中国特色社会主义伟大胜利》,《人民日报》2017年10月28日。
③ 刘德定:《当代中国文化软实力研究》,博士学位论文,河南大学,2012年,第115页。

威胁论""中国崩溃论""中国责任论"等这些包含着抹黑、嫉妒、猜忌情绪的词语来描述中国的正常发展和走向世界大国舞台的事实。此外，我国周边国家对中国的日益壮大也抱有复杂的情绪和诸多疑虑。

所以，我国必须更加积极有效地融入并改造当前的国际体系，化解由于自身实力增长所引发的现有国际格局对我国的巨大压力。在这个过程中，如何提高我国的外交水平，如何丰富我国的文化外交内涵，如何有效地化解其他国家对我们的疑虑，如何正确地宣传我国的发展情况，我国应当呈现什么样的大国形象，应当扮演什么样的国际角色。这些问题的解决都要发挥文化软实力的关键性作用，需要文化软实力建设。

（二）文化软实力是建构中国积极文化外交形象的重要资源和手段

日本作为我们的近邻，其成功的文化外交经验值得我们借鉴。第二次世界大战之后，日本通过积极推动日本文化（如日本动漫、日语教育）"走出去"，极大地提升了本国的文化软实力，一跃成了仅次于美国的文化软实力强国。与美国强势的文化输出、文化渗透相比，日本的文化外交方式及内容显得更加隐蔽和含蓄，也更容易感染其他国家的民众并使他们乐于接受。不得不说，日本文化软实力建设对于日本文化走出去，改善日本之前的不良形象和建构当代日本积极的文化外交形象功不可没。对于我们这样一个文化资源大国和世界性大国来说，更应该利用好我们的文化资源优势提升文化软实力，进行文化外交。历史上大国的崛起必然会对国际格局形成一定的影响，尤其对周边地区的影响最为深刻。大国崛起是否顺利和成功，与其自身能否妥善处理国际关系有很大关系。从经济上来说，我国作为目前世界上第二大经济体，强劲的经济发展态势对世界经济的发展趋势有着重大影响；从政治上来说，随着我国综合国力的大大增强，我们在国际事务上的话语权也越来越强；从文化上来说，我国的"人类命运共同体"理念和"一带一路"倡议，对国际社会具有很强的吸引力。再加上中西方在文化和意识形态中存在的差异，中国的崛起必然会引起世界的强烈聚焦。

国际社会上的一些国家对我国快速发展感到紧张和不适，产生了对我国的结构性压力。要化解这些压力，必须在充分发挥自身经济优势、政治优势、文化优势的基础上，广泛地调动一切文化因素，增强文化软实力,将提升我国文化外交形象融入外交策略和内容当中。加强我国对外文化交流,增进与外界的了解和互动,通过积极地化解纠纷,构建共同的利益认同和战略认知;通过释放善意与平等协商争取信任和支持,最终消除外界疑虑,融入国际政治体系,成为"建设性的合作者"。[1] 总之,国家强大之后更要注重外交策略和智慧。

国家文化软实力建设提升了我国在国际上的积极文化外交形象,为推动中国特色大国外交、构建人类命运共同体创造了条件;为在和平共处五项原则基础上发展同各国的友好合作,推动建设相互尊重、公平正义、合作共赢的新型国际关系打下了基础;为我国现代化建设赢得稳定的国际环境与和平发展的历史机遇。

四 文化软实力建设能够展现我国国民的文明形象

中华文化软实力建设有着强大的人力资源保障,这既是文化建设的人力资源基础,也是中华文化走出去的人力资源保障。首先来说,中国庞大的出国人口数量可以成为我们宣传中华文化的优势。教育部数据显示,从1978年到2018年底,各类出国留学人员累计达585.71万人,其中,2018年度我国出国留学人员总数为66.21万人。[2] 留学出国人员一般都是具有较高文化素养的知识分子,是在海外进行文化交流、传播中华文化的重要力量。除了留学生,每年还有大量的出境旅游的中国公民,(如图2—2所示)2018年全国出境旅游人数为14972万人次,同比增长达14.7%,与2017年7%的增速相比大幅提升。数量如此庞大的中国出境消费群体,是中国形象的最直接宣传者。某种程度上来讲,国家形象其实就是无数公民个体形象的总和。中国境内庞大的国外游客,则是感受中国文明风貌的直接见证者,2017年外国人入境游客量为2916.53万人次,同比增长64.15%。前者中国人是外地的客人,后者中国人是本地的主人,但无论作为主人还是客人,中国公民都是中国形象的宣传者,

---

[1] 刘德定:《当代中国文化软实力研究》,博士学位论文,河南大学,2012年,第121页。
[2] 《教育部:2018年度我国出国留学人员总数达66.21万人》,教育部,http://www.moe.gov.cn/jyb_xwfb/gzdt_gzdt/s5987/201903/t20190327_375704.html。

都应该表现出中国的亲和力。此外,海外华人华侨也是中华文化软实力建设不可忽视的重要组成部分。据《海外华侨华人专业人士报告(2014)》蓝皮书显示,"在海外的华侨华人总体数量已经超过5000万人,其中改革开放以来从中国大陆出去的华侨华人接近1000万。截至2014年,在海外的华侨华人专业人士群体接近400万人规模,其中超过一半出生于中国大陆。华侨华人专业人士的分布地主要在发达国家,行业分布以高新技术、教育、金融等领域为主。很大一部分海外华侨华人具有较高层次的知识结构和技能水平,较强的经济实力和较深厚的文化底蕴"。[①]我们知道,西方发达国家在国际话语权上有传统优势。如今,越来越多的海外华人专业人士集中在发达国家且发挥着重要作用。以前对华人的形容是"三刀"(菜刀、剪刀、剃头刀),是典型的为西方社会打工的下层劳动者。现在越来越多的华人成了"三师"(工程师、医师、会计师)"和"三家"(科学家、企业家、发明家),甚至在一些发达国家的政坛上都有华人的身影。这些转变表明华侨华人的形象越来越好,社会地位逐步提高。他们既是国家"硬实力"的载体,如进行投资经商、创新创业等经济活动,也是国家"软实力"的载体,如传承和传播中华文化。海外华侨华人专业人士发挥作用表现在经济、政治、文化等各个层面:经济上,他们通过开展多种形式的经济活动如进出口贸易、投资生产等,密切了与中国经济发展的联系;政治上,华侨华人具有华夏民族的血脉,他们身在海外,心忧祖国。无论是在政坛上发出呼声维护华人利益,还是在民间组织活动加强中外沟通,都表明了华侨华人这个庞大群体能够在关乎中国荣誉和中华民族利益的事情上提供有力的支持;文化上,他们在国外长期生活并传播中华文化。华侨华人保持着中国特有的文化生活和传统习俗,在和当地人的长期交流和生活中,以自己独特的文化吸引着当地人,如每年都有大量的外国人和当地的华侨华人共同庆祝中国春节。华侨华人通过中华文化加深当地人对中国的了解,进而

[①] 《国内首部〈海外华侨华人专业人士报告(2014)〉蓝皮书在京发布》,全球化智库,http://www.ccg.org.cn/Research/View.aspx?Id=1310。

影响当地的社会文化①。

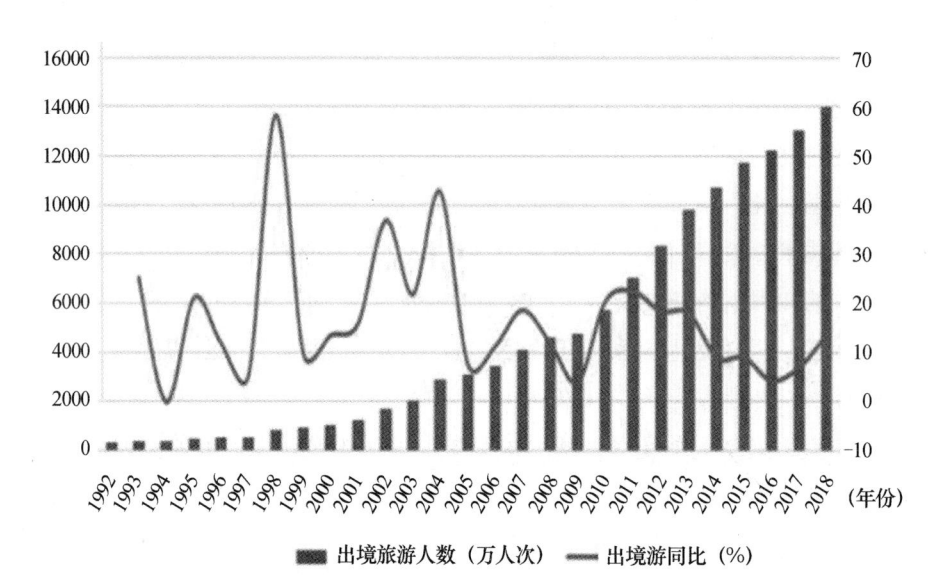

图 2—2　1992—2018 年出境游人数及同比②

在实现中华文化走向世界战略的过程中，文化软实力建设对于公民个体来说就是提高个人软实力，具体来说就是提高公民文化修养、学习能力、沟通交流能力、传播民族文化的能力等。在文化全球化的今天，文化交流的话语主体已突破了过往单一的国家主体，人人都有成为文化交流使者的机会，因而作为一个国家话语承载者的个人，都有可能成为国家话语权的争夺者，这些个体言行举止的集合就会影响到一个国家整体的话语权和国家形象。文化素养不仅影响着话语主体，也再造文化受体。通过文化的教育，提高话语主体的文化素质以适应话语权争夺对人才提出的更高要求，成为全球化时代背景下国家间文化交流的一个重要

---

①《国内首部〈海外华侨华人专业人士报告（2014）〉蓝皮书在京发布》，全球化智库，http：//www.ccg.org.cn/Research/View.aspx? Id=1310。

②《2018 年中国出境游行业市场格局分析及 2019 年行业市场前景展望》，中国产业信息网，https：//www.chyxx.com/industry/201903/725115.html。

问题。①

公民个体文化软实力建设是国家文化软实力建设的微观基础，公民个体文化软实力的普遍提高意味着国家整体文化软实力的提高，而部分公民文化水平的下降和道德素养的欠缺则会削弱国家文化软实力的微观基础。因此，在新时代加强公民道德教育，切实提高公民文明素养是为国家整体文化软实力提升打下坚实基础的应然之举。要长期在全社会开展社会公德、职业道德、家庭美德和个人品德教育，使之融入公民社会生活的方方面面，真正地实现以德育人和以文化人。通过培育和践行社会主义核心价值观，使我国公民具备与大国地位相匹配的文化与教养、责任与义务。努力铲除拜金主义、享乐主义、极端个人主义等不正之风滋生的土壤，为公民提升个体文化软实力提供健康可靠的社会环境。

五　文化软实力建设能够塑造我国良好的国际大国形象

文化和国家形象都属于国家软实力的重要组成部分。一个国家的文化作为一种民族精神和内涵的体现，在国际上是否被其他国家接受，被接受程度的大小，都能体现其国家形象在世界上的被认可度。国家形象是一个国家在国际上获得的道德评价和情感认知的总和，是一国在政治、经济、文化等方面对其他国家在心理上产生的影响。良好的国家形象往往代表着一国在国际上遵守国际规则、维护公正秩序、促进世界和平繁荣发展等，因此能够在国际上获得更多的朋友和支持，从而在国际事务中获得主动，提升国际话语权和国际影响力，最终维护了国际利益。所谓"得道者多助"就是这个道理。中国作为世界上最大的发展中国家，在自身发展和崛起的同时，也带动了世界经济的发展，为推动地区稳定和世界和平做出了巨大的贡献。我们在日益走向国际舞台中心的同时，既取得了一系列伟大的成绩，同时也面临很多质疑、风险和挑战。只有大力建设文化软实力，增强中华文化的影响力，以社会主义新时代优秀

---

① 张殿军:《硬实力、软实力与中国话语权的建构》,《中共福建省委党校学报》2011年第7期。

民族文化为底蕴，建构起"爱和平""有实力""有担当"的国际大国形象，才能回应这些现实问题。

　　文化软实力是提升国家形象的重要力量。国家形象在本质上也是一种软实力，这种软实力的基础主要是获得国际社会的道德评价和情感认知。良好国家形象的获得靠的不是基于物质性实力强制、压迫或威胁对方使其屈服，而是依靠国格魅力对他国产生感染力和吸引力，从而获得对方主动积极的认同。这种认同基于道义而不是强力。国家是文化性的组织，国家文化软实力越强，国家形象越好。因为，首先文化蕴含着一国的优秀品质，能向国际社会展示国家最内在的东西。国家是国际社会的单位和组成部分，国与国之间的交往往往是基于国家利益的实现。国家在实现自身利益的过程中，不能只靠硬实力，还要靠软实力，而且要多发挥自身的感召力和吸引力。从发挥文化软实力作用的角度来讲，中华文化"走出去"的目的就是通过我们文化的内涵和魅力来扩大中华文化在国际社会的影响力，增强中华文化的感召力和吸引力。通过优秀先进文化润物细无声的影响，使国际社会在潜移默化中实现对中华文化的积极认可以及对中国形象的正面评价。其次，文化展示了一国的价值观。文化全球化背景下，文化与经济、政治互相交融，在国际综合国力竞争中的地位愈加突出。世界上的很多国家尤其是发达国家都在加强自身文化软实力建设，利用文化来宣传推广自己的价值观、展示国家形象，占据国际文化市场，从而扩大国家影响力。例如，美、日、韩三国通过推广文化提升国家影响力的经验就值得我们参考。美国作为当今世界第一大文化产业强国，它的好莱坞文化在世界上都有着广泛的影响，在其大量的影视作品中都可以感觉到美国"民主""自由""博爱"等价值观和"强大""富有""正义"的正面形象，让其他国家的很大一部分人心存向往。而日韩两国的"文化立国"战略则把文化摆在了一个极其重要的地位，它们大力发展文化产业振兴本国经济，提升国家形象，尤其是借助地缘优势，可以把自己的文化快速传到中国。日韩文化影响了一大批中国人，如昔日疯狂的"哈韩"和"哈日"一族。所以，我们要实现中国梦，不仅要打造硬实力，还必须建设文化软实力，充分展示中华文化的独特魅力，形成强大的感召力和影响力，塑造我国在全球化背景中的文化身份。建构以民族文化为底蕴的国际大国形象，提高国家文化的国际影响力，是实现中国梦的重要前提。

国家形象是国际公众对一个国家的整体认知与综合评价。国家形象是相对于国际社会或他国民众而言的，在一定程度上主要表现为"他形象"。虽然作为认识客体的国家具有客观性，但国家形象既然是国际公众对某国的一种主观认知，那么，受社会制度、国家利益、价值观念、文化背景、思维定式等因素的影响，感知主体对客体的反映始终贯穿着对客体信息的选择、建构等机制，这种反映可能是正确的，也可能是歪曲地反映客体，因而国家形象不完全等同于国家的真实状况[1]。近年来，随着经济社会发展和国际地位提高，国际社会对我国的关注度越来越高。为什么中国的经济能够持续保持高速度增长？为什么中国发展模式能够不断创造一个又一个的中国奇迹？中国成功的秘诀是什么？很多国家都对中国持有浓厚的兴趣，想深入了解全新面貌的中国。但随着中国的崛起，"中国威胁论""中国崩溃论""中国责任论"等充满敌视味道的偏见也愈演愈烈，一些西方主流媒体唱衰中国的论调不绝于耳。这其中既有由文化差异带来的误解，也有一些别有用心、居心叵测的论调。在这种复杂的形势下，我们一要坚决同这些抹黑歪曲中国的谣言和观点作斗争，及时辟谣；二要讲好中国故事，传播好中国声音，向世界展现一个真实、全面、自信的中国。无论是讲好中国故事，还是传递中国声音，其意图都是向世界宣介中国、展示中国。最终目的就是让世界尊重中国、认同中国，从而构建中国良好的国际大国形象[2]。近几年，随着中国智慧和中国方案为外部世界所了解，海外对中国的认知更加符合实际（见图2—3和图2—4）。

---

[1] 彭慧、潘国政：《文化软实力与国家形象》，《江苏省社会主义学院学报》2013年第2期。

[2] 沈壮海、佟袤：《吸引力、影响力、文化软实力》，武汉大学出版社2014年版，第160页。

得分(1—10分)

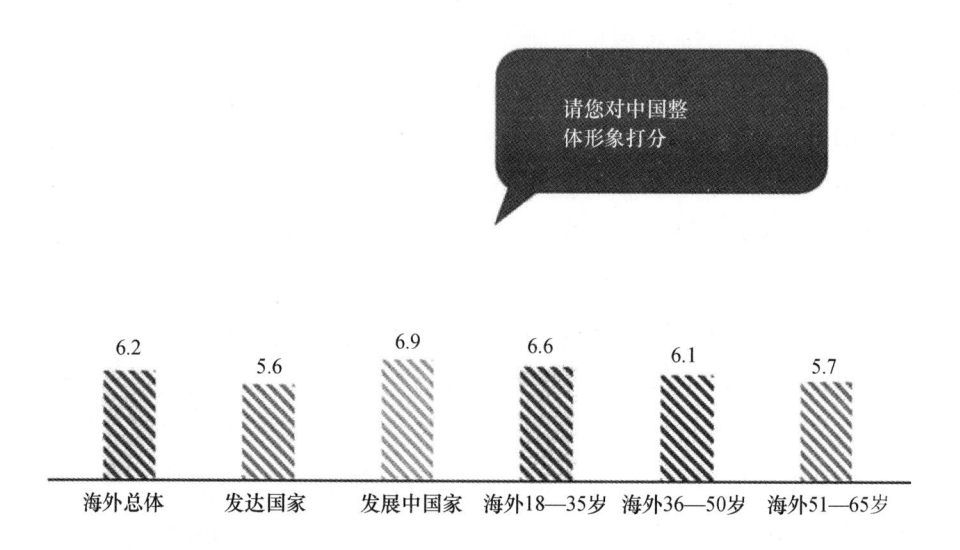

请您对中国整体形象打分

海外总体	发达国家	发展中国家	海外18—35岁	海外36—50岁	海外51—65岁
6.2	5.6	6.9	6.6	6.1	5.7

样本量：10500个海外样本

图 2—3　中国海外形象整体得分（2016—2017 年）

说明：近年来，中国国家形象好感度稳中有升。与 2015 年相比，对中国形象打分涨幅最大的三个国家均为发达国家：意大利（上升 0.5 分）、加拿大（上升 0.4 分）、英国（上升 0.4 分）。但与此同时，发展中国家对中国的印象总体好于发达国家。①

我们都知道，一个国家在国际上的国家形象是否良好，最终还是取决于它在国际上的实际表现、具体实践和取得的成绩。特别是该国的真实行为与它宣扬的价值观和道德观是否一致。但国家的表现、贡献和成就的对外展示需要好的方法和技巧，科学的方法不仅可以客观地描述国家形象，还能有效地打破流言蜚语，消除化解不同文化主体的误解。所

---

① 《2016—2017 中国国家形象全球调查报告》，中文互联网数据资讯中心，http://www.199it.com/archives/673248.html。

第二章　文化软实力建设对推动中华文化走向世界战略的价值分析　／　105

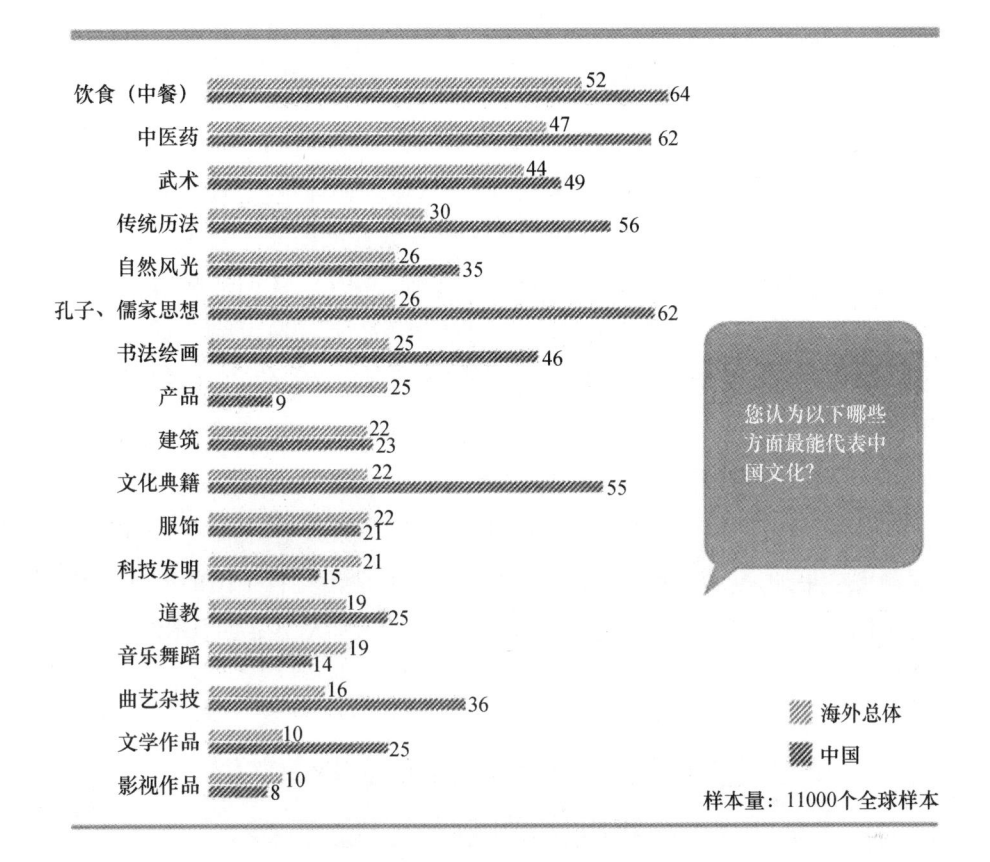

元素	海外总体	中国
饮食（中餐）	52	64
中医药	47	62
武术	44	49
传统历法	30	56
自然风光	26	35
孔子、儒家思想	26	62
书法绘画	25	46
产品	25	9
建筑	22	23
文化典籍	22	55
服饰	21	22
科技发明	21	15
道教	19	25
音乐舞蹈	19	14
曲艺杂技	16	36
文学作品	10	25
影视作品	10	8

您认为以下哪些方面最能代表中国文化？

样本量：11000个全球样本

图 2—4　中国文化代表元素（单位%）

说明：谈及中国文化的代表元素，海外受访者首选中餐（52%），其次是中医药（47%）和武术（44%）。国内外民众对中国文化代表元素的看法存在一定差异。在孔儒思想、文化典籍、曲艺杂技等传统文化方面，海外受访者对其作为中国文化代表元素的认可度明显低于国内受访者，而在中国产品、科技发明等元素方面则要高于国内受访者。①

以，我们要考虑如何更好地将中国的文化、中国的声音传达出去。习近平强调："要注重塑造我国的国家形象，重点展示中国历史底蕴深厚、各民族多元一体、文化多样和谐的文明大国形象，政治清明、经济发展、文化繁荣、社会稳定、人民团结、山河秀美的东方大国形象，坚持和平

---

① 《2016—2017 中国国家形象全球调查报告》，中文互联网数据资讯中心，http://www.199it.com/archives/673248.html。

发展、促进共同发展、维护国际公平正义、为人类作出贡献的负责任大国形象，对外更加开放、更加具有亲和力、充满希望、充满活力的社会主义大国形象。"[①] 中国国家形象的塑造绝不能是自圆其说和自说自话，更不能依赖西方的评判甚至屈从于西方社会的话语体系。我们需要在中国五千年的文化传承和人类共同价值中寻找到自己的文化立足点和价值理念，向世界展示社会主义新时期中国富强、民主、文明、和谐的积极形象与中国人爱国、敬业、诚信、友善的健康形象，把中国一直致力于国内健康发展和推动世界和平稳定的丰富内容准确有效地传递给外部世界。要让尽可能多的人们理解，中国的发展绝不是世界的威胁，而是对世界的贡献。中国作为世界的一部分，与其他国家同属于"人类命运共同体"，中国越发展，世界就越发展。中国的发展意味着中国的各方面制度会更加完善，社会越来越自由、公正和法治化；中国的发展意味着中国今后会更加开放、更加具有亲和力，会为人类文明作出更大的贡献。

第三节　文化软实力建设是中华文化走向世界的强大力量支撑

作为综合国力的重要组成部分，文化软实力是以文化为基础的软实力，强大的文化软实力可以提升中华文化的传播力、凝聚力、亲和力、吸引力和竞争力等。中华文化要想"走得出""站得稳"，必须要有"打铁还需自身硬"的精神，不断进行文化软实力建设。

博大精深的中华文化是提升软实力的不竭源泉。中国五千年的历史文化积淀和中华民族的文化精华，为当今中国的治国理政、社会建设、外交活动等提供了深厚可靠的中华智慧。人类文化的繁荣需要所有民族贡献智慧，不同民族文化的多样互补、异彩纷呈才成就了多彩世界。中华文化是人类智慧的结晶，是人类文明的宝贵财富，是维护世界文化多

[①] 《习近平：建设社会主义文化强国　着力提高国家文化软实力》，新华网，http://www.xinhuanet.com//politics/2013-12/31/c_118788013.htm。

样性不可或缺的重要资源。个性独具的文化容易吸引他人的目光,是形成竞争力和影响力的重要源泉①。中华民族之所以能够屹立于世界民族之林,离不开中华文化这一精神支柱。中华优秀文化底蕴深厚、博大精深、兼收并蓄、推陈出新……是中华民族的血脉、灵魂和根基。中华优秀文化的传承、发展和创新,中国特色社会主义文化的持续性建设,无论是现在还是将来,都应是我国文化软实力建设的重要内容,是中华文化走向世界的强大力量支撑。

一 文化软实力建设可以加强中华文化的传播力

提高国家文化软实力,有利于我们在国际交往中展现自身的文化魅力。中国的良好国家形象、优秀先进的文化、和平的国家发展理念等,在信息全球化的时代会通过各种途径对外传播和辐射。文化具有宣传教育功能,可以在传播的过程中体现内含的价值理念;文化也具有产业属性,具有传播和输出的巨大潜力。目前,中国在对外文化交往方面是进多出少的,对世界文化的贡献和影响还与我们的经济地位不相匹配。所以我们要借助经济优势,开拓国际文化市场,让中国独特的文化产品和文化服务进入国际市场。

文化总是在潜移默化中影响人。当前西方发达国家的文化之所以在世界各地大范围、长时间地流行,就是因为发达国家的文化具有"流行""时尚""新颖"的特征,能够最快地抓住人的注意力,并让人保持持久性的关注。流行文化中往往包含着关乎个人偏好和消费选择的潜在信息,包含着能对政治产生重要影响的价值观,而人们在短期之内很难察觉到这些文化当中的深层次信息。一直以来,美国以电影和音乐为代表的流行文化在全世界范围内都具有广泛而深刻的影响。由于发达国家流行文化自身的优势以及它们的文化保护政策,发展中国家与西方发达国家的流行文化输出情况相比,明显处于被动和落后的地位,很少或很难让自己的相关文化走出去。约瑟夫·奈就柏林墙倒塌感慨:"早在柏林墙倒塌之前,西方的影视就已经'穿墙而过'影响了一大批人。如果没有西

---

① 王克修:《中华文化是最深厚的国家文化软实力》,《学习时报》2014 年 9 月 15 日。

方流行文化经年累月传递的那些影像,光凭锤子和压路机是难以推倒柏林墙的。"由此可见西方发达国家的文化软实力具有强大的传播渗透力。

与美国等发达国家相比,我国在文化方面的辐射力、传播力仍显落后。特别值得注意的是,当前中华文化呈现给世界的多是中华美食、功夫、中国传统服饰等浅层文化符号。这些无疑是中华文化魅力的独到之处,然而如果不能把简单的表层文化符号传递过渡到深层精神文化理念的推广,就很难深入持久地使中华文化走向世界。西方国家不仅对外输出自己的文化,还吸引其他民族的文化为自己所用。尤其是美国和日本从 20 世纪开始就有意识地利用中华文化资源,在影视、动漫等产品中将中国历史和文化典故改头换面,植入西方思想价值内核,为传播其价值观念服务,如美国电影《花木兰》和《功夫熊猫》等。日本除了在文艺、影视、动漫作品上利用中华文化资源(如《三国演义》《西游记》等),还在游戏产业中大量加入中国元素。借助"一带一路"的推动,我国文化贸易发展也取得了积极成效。"2018 年,我国文化产品和服务进出口总额为 1370.1 亿美元,较上年增长 8.3%。文化产品贸易结构不断优化。文化产品出口总额 925.3 亿美元,进口总额 98.5 亿美元,顺差 826.8 亿美元,规模较去年同期扩大 4.3%。其中,中华传统文化内涵较为丰富的工艺美术品及收藏品、出版物出口增幅较高,较去年分别增长 9.9% 与 5.9%。"[1] 同时,"贸易伙伴更加多元。美国、中国香港、荷兰、英国、日本为我国文化产品出口前五大市场,合计占比 59.6%。"[2] 虽然当今中国是世界最大的文化产品出口国,但是我们也要清楚地认识到自身的不足。我国文化产品出口既有量的优势,又有质的不足:占比较高的是珠宝、塑料装饰品等,而书籍、设计和创意产业等领域具有浓厚思想价值内涵的文化产品和服务的出口仍须加强。"不能使外国人停留在对中华文化表象的猎奇式偏好,而要向其展示中华文化中具有普遍意义、反映时代精神的核心理念,使其了解中华文化的深层次精神内涵,充分展示五千年中华文明的厚重底蕴以及当代中国的生机活力,为国际社会认知中

---

[1] 《2018 年我国对外文化贸易实现快速增长》,《中国文化报》2019 年 3 月 17 日。

[2] 同上。

国提供新的视角。"①

首先,我们要顺应信息全球化的趋势,抓住传播技术和手段快速更新的机遇,利用新兴媒体等现代信息技术条件提高中华文化的国际传播能力。努力研究文化国际传播艺术,增强中华文化国际传播的针对性、有效性。利用国家主流媒体的力量向国际社会积极陈述宣传客观事实,及时回应国际上抹黑、歪曲和误解我国的消极言论,抢占国际舆论制高点,使中国媒体成为国外民众普遍重视和信赖的信息源,打破西方的话语垄断。其次,坚持高雅文化和流行文化并重。把中华文化内涵巧妙融入影视、动漫、图书、软件服务等文化产品和文化服务,推动这些产品进入国际市场和国外百姓日常生活。在对外汉语教学和国际文化交流中发挥好汉语在文化传播中的基础性作用。最后,"大力开展公共外交和跨文化交流,有意识地借助高等院校、科研机构和民间学术文化艺术机构的力量,通过更紧密更深层的国际学术文化交流与合作,积极培养西方本土的中华文化研究者、宣介者。"②

二 文化软实力建设可以提高中华文化的吸引力

核心价值观是文化软实力的灵魂。一个国家的吸引力可以是经济的繁荣发展,可能是强大的国力,也可能是优美的环境,但只有富有感召力的思想文化和价值观念才能触及人的灵魂,才能长久地让别人关注和向往。新中国成立到改革开放前,我国综合国力并不强,传播能力也有限,但当时富有感召力的革命精神和奋斗精神超越了国界,不仅鼓舞了广大第三世界国家的人民反帝反殖民主义的斗争,甚至还影响了一些发达国家的国内政治气候。直到今天,我国走合作共赢、和平发展的道路依然对世界上向往追求和平发展、繁荣富强的国家具有很强的吸引力。

当前国内外形势正在发生深刻复杂变化,我国发展仍处于重要战略机遇期,前景十分光明,挑战也十分严峻。在文化领域同样存在矛盾,需要进行伟大斗争。虽然我国已经成为世界第二大经济体,在经济建

---

① 李韬、林经纬:《中国软实力提升:问题与出路》,《红旗文稿》2013年第13期。
② 同上。

设、提高社会生产力等方面取得了举世瞩目的成绩,但要在同西方发达国家的竞争中赢得优势,就不仅须在硬实力方面超越他们,还要在文化领域更胜一筹。在文化全球化时代,多元文化和思想相互碰撞。西方国家以民主输出为突破口,将自己的文化和价值观精心包装成极具迷惑性和诱惑力的"普世价值",对其他国家进行渗透。他们深知文化的诱惑比武力的强迫更加"合理"和持久,文化的吸引力可以使人仰慕并且自愿追随。"一个国家达到其在世界政治中所期望的结果,可能因为其他国家希望追随它,羡慕其价值观,以其为榜样,渴望达到其繁荣和开放的水平等。"① 美国作为当今全球吸引力排名绝对靠前的国家,对于一些国家以及他国公民的吸引力在于:这些国家也想成为美国那样"自由、民主、富有"的国家,他国的公民也想体验美国人那种"自由、开放、有福利"的生活。我们既要防止西方国家对我们的文化入侵和价值观渗透,又要提升自身的文化软实力,从而在全球思想文化激荡和竞争中体现中华文化、中国价值观的特色和优势,增强中华文化的感召力和吸引力。

近年来,中国的快速发展引发了国际社会越来越多的关注。在提升综合国力的过程中,不仅要依靠经济、技术等硬实力的推动,还需要富有感召力、吸引力的文化软实力的参与支持。随着我国国际地位的不断提高以及在国际舞台活动渐广,中华文化正在受到世界越来越多的关注。每年到中国学习和旅游的外国人逐渐增加,越来越多的外国人开始学习汉语。当前,"汉语热"在全球持续升温,把汉语作为第二语言学习的人数急剧增加,2004 年全球汉语学习者不足 3000 万人,到 2015 年全球汉语学习者已达 1.2 亿人(见图 2—5)。截至 2018 年 12 月 31 日,全球 154 个国家(地区)共建立 548 所孔子学院和 1193 个孔子课堂。②

---

① [美] 约瑟夫·奈:《硬权力与软权力》,门洪华译,北京大学出版社 2005 年版,第 153 页。
② 《孔子学院/课堂·关于孔子学院/课堂》,国家汉办,http://www.hanban.edu.cn/confuciousinstitutes/node_10961.htm。

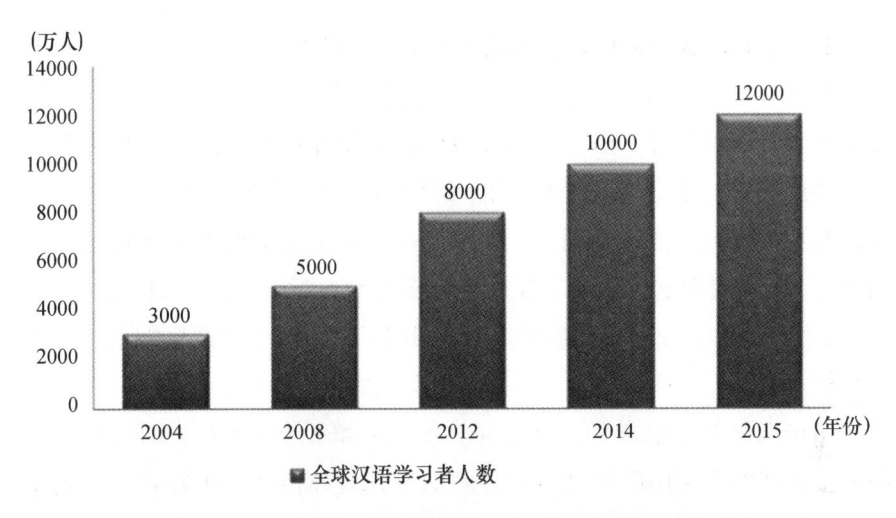

图 2—5　2004—2015 年全球汉语学习者人数增长趋势图①

我们欣喜地看到当今世界学习汉语正在成为一种潮流，越来越多的外国人开始学习汉语，了解中华文化。这些数据表明了中华文化有着足够的吸引力，中华文化在当今文化全球化时代正焕发着勃勃生机。根据教育部数据，各类外国留学人员在 2014 和 2015 年的人数分别为 377054 人、397635 人。到 2016 年共有来自 205 个国家和地区的 442773 名各类外国留学人员在 31 个省、自治区、直辖市的 829 所高等学校、科研院所和其他教学机构中学习，比 2015 年增加 45138 人，增长比例为 11.35%（以上数据均不含港、澳、台地区）。② 约瑟夫·奈曾指出："中国的传统文化一向具有吸引力，如今中国又正迈入全球流行文化的领域，这不仅有助于消解中国持续快速发展引发的某些疑虑，而且赢得了国际社会的广泛赞同。"③

---

① 《2015 年全球汉语学习者已达 1.2 亿人》，中国产业信息网，http：//www.chyxx.com/industry/201606/427133.html。

② 《2016 年度我国来华留学生情况统计》，教育部，http：//www.moe.edu.cn/jyb_xwfb/xw_fbh/moe_2069/xwfbh_2017n/xwfb_170301/170301_sjtj/201703/t20170301_297677.html。

③ ［美］约瑟夫·奈：《中国软实力的崛起："北京共识"更受欢迎》，《经济与社会发展》2005 年第 12 期。

三 文化软实力建设可以提高中华文化的亲和力

只有具备亲和力的文化以及文化传播方式才能打动文化受众的心，才能得到受众的认可。当一国国民被他国文化释放出来的文化魅力和文化精神所吸引，就会对这个国家以及这个国家的其他事物产生亲切感，从而愿意接受、信任这个国家。所以，一个国家的文化在国际传播中的可亲性、开放性和包容性是文化软实力强弱的重要标志。[1] 亲和力是文化"软实力"的重要方面，发展国家"软实力"，关键在于要更加自觉、主动地推动文化大发展大繁荣，不断增强文化的吸引力和亲和力。[2]

中华文化既是民族的，又是全人类的；既是传统的，又是现代的。我们把这些内容用国际社会容易理解的形式对外传播，比较容易得到认同，从而有助于提升中华文化的国际影响力和亲和力，提升我国在国际社会中的软实力。实践也证明，在全球化趋势深入发展的今天，灿烂的中国传统文化正以其独特的魅力为世界上越来越多的国家和民族所感知，众多颇具世界影响的文化符号和元素的存在，使中国作为文明古国的独特魅力得以充分彰显。文化就是这样一种可以作用于人的心灵与情感的强大力量，人们在潜移默化中就能受到文化的滋养。文化还可以突破社会制度和意识形态的差异，增进不同国家和民族间的相互了解与互信，促进国家之间的友谊和团结，建设和谐世界。

中华民族自古就是爱好和平、亲仁善邻的民族，信奉"百姓昭明，协和万邦""知和曰常，知常曰明""畜之以道则民和，养之以德则民合""天时不如地利，地利不如人和""万物各得其和以生""和也者，天下之达道也""己所不欲，勿施于人"等理念。中华民族在悠久的历史当中，通过中华文化的亲和力，吸引了大批的外来人员，影响了许多的国家和民族。因此，要"推动中华优秀传统文化创造性转化、创新性发展，继承革命文化，发展社会主义先进文化，不忘本来、吸收外来、面

---

[1] 花建：《文化软实力：全球化背景下的强国之道》，上海人民出版社2013年版，第235页。
[2] 刁生虎、陈志霞：《中国传统文化的"软实力"价值》，《理论探索》2011年第1期。

向未来,更好构筑中国精神、中国价值、中国力量,为人民提供精神指引"。① 中国传统文化不但具有丰富的内蕴、恒久的价值和极强的再生能力,而且具有与西方现代工业文明和当代信息社会的高度契合性与强大亲和力。面对全球化与本土化、传统伦理与现代文明的冲突,只要我们充分发掘民族文化资源,寻找好与现代文化的契合点,就一定能够创造出具有无穷魅力和人类共同价值的文化精品,从而为世界文明的发展做出独特贡献,亦为中国"软实力"的提升提供有利条件。

在文化全球化趋势日益明显的今天,我们不仅要注意挖掘继承那些符合中国特色社会主义先进文化前进方向的优秀思想资源,而且要注意弘扬和推介那些能够体现人类共通价值的精神智慧,尤其是像"仁爱""和谐""人类命运共同体"等集中体现个人、社会、国家乃至人类社会理想的文化价值观,推进中华文化不断发展、扩大中华文化国际影响力。

四 文化软实力建设可以增强中华文化的凝聚力

中华文化的凝聚力一是指中华文化本身对中华民族的凝聚团结作用;二是指中华文化在国外能够站得住脚,对海外华人具有凝聚作用。国家文化软实力在很大程度上表现为民族文化的凝聚力。民族文化具有整合资源、凝聚意志、达成共识、提振精神的力量,是支撑国家、民族生存和发展的强大精神动力。② 加强我国文化软实力建设,就是在增强中华文化的凝聚力。

(一)文化软实力建设是夯实民族凝聚力的精神基础

民族精神和民族文化是民族凝聚力的核心内容。能够反映时代进步要求的民族精神和增进彼此认同的民族文化是增强民族凝聚力的关键所在。我们加强文化软实力建设就是要提炼出这种民族精神和文化,夯实民族凝聚力的精神基础。一个民族的精神特质是体现在民族文化中的愈

---

① 习近平:《决胜全面建成小康社会 夺取新时代中国特色社会主义伟大胜利》,《人民日报》2017年10月28日。

② 冯霞:《增强中华文化的创造力凝聚力影响力》,《人民日报》2010年11月24日。

久愈醇的精神品质和特征,这种精神特质在民族的历史长河中不断融入新的内容,把每个时代的精华都积淀在民族的精神熔炉中,通过社会教育系统和奖惩系统变为每一个民族成员的内心信念和行为规范,深深烙印在每一个民族成员的精神基因中。中华民族内在的精神品质和优秀民族文化保证了中华民族经历无数苦难和危机依然保持强大的生命力和创新力,凝聚了14亿中国人和无数散居海外的华人。

(二) 文化软实力建设是增强民族凝聚力的必要途径

全球化背景下民族凝聚力的提高面临着更多的问题。从环境上讲,民族问题和经济、政治等多方面关系相互交错,任何一个领域的动荡都会直接影响到民族凝聚力。如国内一些社会问题引发的社会矛盾,中华文化在海外传播遇到的阻挠和破坏都不同程度地影响了中华文化的凝聚力。从个体看,多元价值观影响着社会成员的判断力,个体的文化素质和精神修养高低也影响着民族凝聚力的大小,特别是面对外来文化的冲击,我国的一些人尤其是部分青少年缺乏对自身优秀文化的认识,缺乏民族自信力,丧失文化鉴别力,盲目崇信外国,认为外国的一切都比中国的好,对我们自己的文化持排斥态度。这就导致了中华文化的对外传播没有信心和底气。这些都是值得我们深思的问题,也是我们加强文化软实力建设需要解决的问题。

一方面,通过提高文化软实力,协调各领域关系,可以为中华文化"走出去"创造良好的内部和外部环境。在当今社会中,尽管和平与发展是当今时代的主题,但冷战思维和霸权思维依然影响着国际关系,国际关系当中的文化和意识形态斗争依然存在。发达资本主义国家不仅要在政治和经济上保持霸权,还要在文化价值观领域享有领导权。西方国家对我国的文化价值观输出,威胁着我国的民族团结。我国社会不平衡、不充分的发展也激化了各种社会矛盾,成为影响民族团结的不稳定因素。总之,国内外各种复杂交错的关系影响着民族凝聚力。因此,提高文化软实力,充分发挥文化的协调力和影响力,整合社会资源应对各领域的问题和挑战,从而可以优化增强民族凝聚力的内部环境和外部环境。

另一方面,提高文化软实力可以增强公民的文化道德素质和文化自信。现代社会中,社会成员的文化水平和修养直接影响着民族凝聚力的大小。从一般状态看，文化素养较高和社会阅历较为丰富的人，有着自身稳定的心理结构和认知态度，对纷繁复杂的社会现象的判断和辨别能力较高，也能够较为理性地看待社会转型期的种种矛盾和问题，对民族的认同度也会较高。反之，文化素养较低和社会阅历较少的人，判断能力和辨别能力较差，往往更容易受到蛊惑，陷入偏执。一旦被西方价值观和敌对势力所影响，就很容易失去民族认同感。只有具备了一定的文化道德素质，才能形成较强的社会参与和社会责任意识，增强对民族文化的信心和认同。

五　文化软实力建设可以提高中华文化的竞争力

建设文化软实力，增强文化竞争力，既是文化发展战略，也是经济发展战略。第二次世界大战以来，国际竞争重点领域实现了从军事、经济、科技到文化领域的转换，世界经济逐步完成了从农业经济、工业经济向知识经济的转型。文化竞争已经成为国际竞争的新态势，加强文化创新、发展文化产业、发展知识经济已经成为文化竞争时代的主要内容。文化竞争正在以新的思维方式影响着各国的发展，以新的价值观念影响着人们的生活。发达国家以文化产业为着力点，在其中融入高科技、文化创意和现代管理理念。高科技、高知识含量的文化产业实现了高利润，成为发达国家的支柱产业。面对全球文化竞争的压力和动力，许多国家为了适应国际新形势，主动进行文化贸易，把发展文化产业作为优化产业结构和提高综合国力的战略举措。在此背景下，大力建设我国文化软实力，增强中华文化的世界竞争力，推动中华文化走向世界势在必行。

文化竞争力是中华文化繁荣富强的软实力，是中华文化走出去不可或缺的保证力量。所谓文化竞争力，概括地说，就是各种文化因素在推进经济社会和人的全面发展中所产生的凝聚力、导向力、鼓舞力和推动力，它反映了一个国家、民族文化的生存力和发展力。文化竞争力体现了一个国家文化的生存力和活跃度。文化与经济、政治相互交融，影响着国家的经济与政治的发展。增强中华文化的竞争力，才能成功走向世界，占据国际文化市场，赢得国际消费者的青睐。当今国际市场上那些品牌文化产品必然伴随着文化的因素，绝不只是纯粹的商品输出。

（一）发挥本民族文化特色是提升文化竞争力的根本

中华民族的优秀传统文化是世界多元文化的重要组成部分，推动了世界文明进程。中华文化拥有完整的文化架构，在悠久的文化历史中，不仅不断发展完善着自己的文化体系，还毅然以博大的胸怀接纳了其他文化，无私地将中华文明传播到了世界，在几千年中与其他文化相互磨合、滋养。从这个意义上说，中华文化是一个开放互动的文化体系，是世界多元文化的重要组成部分，不仅海纳百川、历史悠久，而且求同存异、博采众长。无论是过去还是现在，中华文化都对世界文化的发展和文明的进步起着较大的促进作用，中华文化与世界文化一同走向成熟。所以要充分发掘、利用本民族的文化资源，吸收外来先进文化。我们要清楚地认识到，中国特色社会主义文化有着雄厚的文化底蕴和资源，但这些优势条件还需要我们去积极地发掘和利用。认识到文化的价值，利用好文化的优势，才能发挥出文化的实际作用。不仅要对本民族的文化有高度自觉，还要对外来文化有正确判断。除了坚守我们自己的民族特色，保持文化独立，还应该积极地吸收世界上先进的文化和人类共同的文明成果为我所用。一味地固守本地文化而不放眼世界，是封闭自我的态度，这样自己的文化也会慢慢失去远见、竞争力和生命力。西方文化与中华文化不应该是对立冲突的关系，而应该是求同存异的关系，这样才能和而不同。况且在当前世界政治、经济、文化格局中，西方国家依然扮演着重要角色。通过积极的文化交流，知己知彼，在避免西方文化弊端的同时，利用其有益价值来充实和丰富本民族的文化使之不断发展壮大[1]。既要做到兼容并蓄，又要进行去粗取精。新的时代要继续解放思想，通过大力发展本国新兴文化事业和文化产业，改革文化体制，开展多渠道的对外文化交流与合作，营造良好的文化氛围，逐步增强文化软实力。

（二）文化创造力是文化竞争力的核心

文化的竞争力主要表现为文化创造力，因此文化软实力建设要提高

---

[1] 杜成斌、崔利宏：《新时代提升文化自信的重要意义和必要路径——解读十九大报告中的文化自信》，《辽宁省社会主义学院学报》2018年第2期。

中华文化的创造力。在文化建设当中要注重文化创新，彰显文化的创造力。推动中华优秀传统文化创造性转化、创新性发展，就要对本民族文化的历史脉络、优势不足以及未来发展趋势做深刻思考和认识。在文化创新理念上要解放思想、实事求是，从人民群众的实际需求出发，有针对性地进行文化创新，满足人民日益增长的美好生活需要，善于解决不平衡不充分发展的问题。"使中华民族最基本的文化基因与当代文化相适应、与现代社会相协调，以人们喜闻乐见、具有广泛参与性的方式推广开来。"[1] 此外，还要让民族文化适应世界，"把跨越时空、超越国度、富有永恒魅力、具有当代价值的文化精神弘扬起来，把继承传统优秀文化又弘扬时代精神、立足本国又面向世界的当代中华文化创新成果传播出去"。[2] 在文化建设中必须要保持党的文化领导地位和文化创新使命感；做好文化创新动员工作，聚集全社会各行业成员的智慧和力量，充分发挥人民群众的主体作用；培养科技文化人才队伍，提高文化创新主体的道德感、责任感和创新实力，激发全社会的文化创造活力。最终使中华文化"走得出""站得住""传得广"。在经济全球化背景下实现我国文化的大发展、大繁荣，实现中华民族伟大复兴的中国梦，为世界的和平与发展作出更大的贡献。

---

[1] 《完善和发展中国特色社会主义制度　推进国家治理体系和治理能力现代化》，《人民日报》2014年2月18日。

[2] 同上。

第三章

我国文化软实力建设对中华文化走向世界战略实施的优势

文化是民族的血脉，是人民的精神家园。文化自信是中华文化走向世界战略实施最突出的优势。习近平总书记在党的十九大报告中指出："文化是一个国家、一个民族的灵魂。文化兴、国运兴，文化强、民族强。没有高度的文化自信，没有文化的繁荣兴盛，就没有中华民族伟大复兴。要坚持中国特色社会主义文化发展道路，激发全民族文化创新创造活力，建设社会主义文化强国。"① 这一论断，不仅肯定了文化在民族、国家发展中的地位与作用，更重要的是，明确了建设社会主义文化强国，增强文化自信的发展方向，对增强我国文化软实力建设意义重大。

根据约瑟夫·奈关于软实力的核心——来源于"一国文化对他国的吸引力、政治价值观的吸引力以及该国塑造国际规则和决定政治议题的能力"——这一观点，我国文化软实力建设对于推动中华文化走向世界形成了哪些优势资源呢？毫无疑问，我国文化软实力的核心首先源自中华优秀传统文化的共同价值及其独特的传播魅力；其次，中国的现代化建设不仅提升了中国的经济实力和综合国力，更为重要的是，开创了中国特色社会主义建设道路，形成发展了中国特色社会主义制度和中国特色社会主义理论体系。这些成果独具中国特色，被国际社会广泛关注并日益认同。与此同时，新时代中国的国家形象不断优化，中国引领世界文明的能力也日益增强，这些作为中华文化软实力的核心资源，无疑是

---

① 《党的十九大文件汇编》，党建读物出版社2017年版，第28页。

中华文化走向世界战略实施的优势所在。

第一节　中华优秀传统文化具有丰富的人类共同价值内涵

在人类漫长的历史发展过程中，不同民族、不同国家生成、发展了不同的文化体系。不同文化体系各有其独特之处，但也因面对相同的时代背景、基于相同或类似的实践课题，累积了一些可以相互融通的经验或文化因子。这些可以相互融通的、超越民族国家界限、可以适用于全人类的共同的价值观念或共同理想，就是我们所说的人类共同价值。

中华文化历经数千年发展，孕育了丰富的价值理念、文化智慧和精神气度，是中华民族繁衍生息的精神动力，也是中华文化走向世界的突出优势。2017年2月，中共中央办公厅、国务院办公厅印发《关于实施中华优秀传统文化传承发展工程的意见》，该意见指出："中华民族和中国人民在修齐治平、尊时守位、知常达变、开物成务、建功立业过程中培育和形成的讲仁爱、重民本、守诚信、崇正义、尚和合、求大同等核心思想理念，自强不息、敬业乐群、扶危济困、见义勇为、孝老爱亲等中华传统美德，求同存异、和而不同、俭约自守、中和泰和、向上向善的中华人文精神"，[①] 是中华民族珍贵的精神财富，是中华优秀传统文化的丰厚底蕴和集中表达，能够为人们认识世界和改造世界提供借鉴和启迪。

一　天人合一的整体观

"天人合一"是中华优秀传统文化中一个含蕴极为丰富、复杂的思想观念，内含着人们对天人关系、天道与人道、主观与客观的不懈追求与融会贯通，是中华文化对世界文化的重要贡献之一，也是中华文化中最具人类共同性的思想观念。历史上看，天人合一观念最早由庄子阐述，

[①] 《关于实施中华优秀传统文化传承发展工程的意见》，人民网，http：//politics.people.com.cn/n1/2017/0126/c1001-29049653.html。

后经儒释道等各家学说的不同演绎，进而发展成一个意蕴广远的哲学思想体系。

(一) 道家的天人合一观念

在道家的思想体系中，天即自然，人只是自然的一部分，需要效法自然、顺从自然而存在。老子以此创立了以"道"为本源的自然观，宣称"人法地，地法天，天法道，道法自然"①，强调天、地、人各有其道，人作为自然的产物，应遵从于天道法则，以天道、自然为依归，而不是以人为依归。在天人关系中，这实际上是以人来合天的思想。在此基础上，老子的继承者庄子进一步阐发了"天人合一"观念。庄子认为："有人，天也；有天，亦天也"，"天地者，万物之父母也"。② 意思是说，天人本来是合一的，天地乃万物之母，所以，人道应该顺从天道，不要将人力过多强加到天地自然身上，只有这样才能实现"天地与我并生，万物与我为一"③的天人合一之境。在这里，庄子明确阐发了以人合天、顺从自然、回归自然的天人合一思想。

及至汉初黄老道学，老庄的"天人合一"思想被进一步发挥。《淮南子·修务训》曰，真正的无为不是"无为者，寂然无声，漠然不动，引之不来，推之不往"，而是"夫地势，水东流，人必事焉，然后水潦得谷行；禾稼春生，人必加功焉，故五谷得遂长。听其自流，得之其自生，则鲧、禹之功不立，而后稷之智不用也"。④ 也就是说，真正的"无为"，并不是无所作为，而是顺从自然，因势利导。《淮南子·本经训》又云："天地宇宙，一人之身也；六合之内，一人之制也"；"孔窍肢体皆通于天。天有九重，人亦有九窍，……"；"四时者，春生夏长，秋收冬藏，取予有节，出入有时"。⑤ 强调人作为自然的一部分，与自然天道息息相关，人的身体也必须顺应春夏秋冬四时的变化，才不会诱发疾病，保持健康。否则，"过极失当，天将降央（殃）。人强胜天，慎辟勿当。天反

---

① 《老子》。
② 《庄子·达生》。
③ 《庄子·齐物论》。
④ 《淮南子·修务训》。
⑤ 《淮南子·本经训》。

胜人，因与俱行。先屈而信（伸），必尽天极，而勿擅天功"。① 如果人类不顺应自然，行为"过极失当"，必然会"天反胜人"，遭到自然的惩罚。可见，在黄老道学这里，天、地、人是被视为一个整体来考量的，人力不仅要遵从天道，顺势而为、因势利导，更要保持行为适当，否则，人强胜天，易遭天谴。

黄老道学之后，魏晋玄学兴起。魏晋玄学又称新道家，始自魏晋，止于宋朝中叶，是一种崇尚老庄之学，以"三玄"（《老子》《庄子》和《周易》）为主要研究对象的学说。该学派以探究"有、无，何者为世界本体"为基本内容，形成"贵无派"和"崇有派"两大派系。其中，以何晏、王弼为代表的贵无派把"无"当作"有"存在的根据，认为天地万物皆产自无。而崇有派则认为，有是自生的，自生之物不可能以"无"为本体。郭象则主张独化论，宣称"无既无矣，则不能生有，不能生物"，"有"是独自存在的，不需要把"无"作为自己的本体。而且他还认为，不仅"无"不能生"有"，而且"有"也不能生"有"，天地万物是"物各自造，而无所待焉"。简言之，即万物是自生的。这一道理同样适用于社会领域。"生死有命，富贵在天"，"克己复礼天下归仁"，强调一切事物都是"独化而足"的，只要天地万物"各足于其性"，就没有任何实质上的差别了。这是中国哲学史上，第一次用抽象思辨的方法形而上地讨论天地万物的本体问题，尤其是在名教与自然的关系上，坚持自然是体，名教是用，基本秉承了道家天人合一、以人合天的朴素自然观，并对融道合儒做了初步尝试，为隋唐以后儒、道、佛三者合融做出一定贡献。

总体上看，道家的"天人合一、以人配天、道法自然"等思想，与现代生态哲学有异曲同工之妙，都强调了尊重自然、回归自然、与自然和谐相处的重要性，为解决当今世界人类面临的诸多难题，如生态问题、资源问题、人口问题、环境问题、人的可持续发展等问题提供了思想资源和中国智慧。

---

① 《黄老帛书》。

(二) 儒家的天人合一思想

与道家主张的天人合一思想相近，儒家也认为，人与天是相通的，通过仁爱可以实现人与社会、人与自然的和谐统一。孔子主张："仁者爱人"，"仁者以天地万物为一体"，所以，他非常反对滥用资源的行为，提倡"节用而爱人，使民以时"，"伐一木，杀一兽，不以其时，非孝也"，强调对自然也要讲仁爱，要遵守时节，合理开发自然资源。孟子继承了孔子的仁爱思想，主张把仁爱施于万物，强调"亲亲而仁民，仁民而爱物"。正所谓"诚者，天之道也"，认为天是人类道德的本原，人与天又是相通的。所以，人天性就是向善的，是非之心、羞恶之心、辞让之心、恻隐之心等人之善良本性先天地内在于人的本性之中，人只需要通过心性修养把先天固有的善激发出来，就可达到"上下与天同流"的境界，即孟子所言的尽心知性、尽性知天，也就是我们所说的天人合一。这一点在儒家经典著作《易传》中也有所彰显。"夫大人者，与天地合其德，与日月合其名明，与四时合其序，与鬼神合其吉凶。先天而天弗违，后天而奉天时。"意思是说，对于自然，人们既要通晓、尊重其变化规律，又要对其加以限制和合理的引导，以使天地合其德行。这一观点既强调了人与天的和谐统一，又看到了人的作用，肯定了人的德行修养在天人合一中的作用。由此不难看出，与道家相比，儒家的天人合一更强调人的能动性，实际上是以天合于人。

这一思想发展到汉代，经董仲舒改造，形成了历史上影响深远的天人感应论。其实，天人感应之说早在先秦时就已存在，意思是说，天和人是相通的，可以互相感应，人能感应上天的意愿，天也能影响人事。孔子在《春秋》中曾劝国君："邦大旱，毋乃失诸刑与德乎？"，是以"正刑与德，以事上天"。在孔子看来，天灾是国君失德所致，所以，君主要行仁政，上感于天，才能避免灾祸。在此基础上，董仲舒汲取先秦诸家之长，提出气化学说，进一步分析天人感应的成因。他认为，天地宇宙都是由气变化而成，人之气与天地之气是相通的，如果人之气调和顺达，天地之气亦美，则以祥瑞示人；否则，人之气暴戾邪谬，则天地之气必乱，灾异必出。董仲舒用气化天地之说来做天人感应的哲学基础，不仅使天人合一思想进一步系统化、理论化，而且对于确立儒学的统治地位、影响君主施政具有积极意义。

(三) 佛教中的天人合一理念

隋唐时期，我国佛教盛行，天人合一思想自然也受到了佛家理念的影响。佛家讲究缘起论，认为"未曾有一法，不从因缘生，是故一切法，无不是空者。"也就是说，一切事物都是因缘和合而生，凡是因缘聚合，条件具备，事物就出现；条件不具备时，即机缘未到，事物就消失或不存在，这就是"空"。这样看来，佛教虽然主张人世轮回，追求一种超验的现实，但是并不主张世界是由神创造的，也未将希望寄托在来世，而是相信各种因缘、条件聚合的重要性，反对宿命论，鼓励人们因缘生法，创造条件，主宰命运。这样一种世界观和人生观进一步深化了人们对"天人关系"的认识。首先，佛法相信人身难得，譬如"盲龟值木"，一切皆是因缘际会，所以佛法并不主张人们听天由命，而是倡导因缘具备时，天地万物和谐共生，因缘不具备时，可以借种植善因善缘而加以改变。由此不难看出，佛法在天人关系中，很珍视人的性命和价值。不仅如此，佛家还主张"山川草木皆有佛性"，自然万物也都有其自身价值，由此，天地自然的内在价值同样被佛法重视。此外，佛家还坚持"慈悲为怀、不杀生、素食节俭、普度众生、崇尚自然"的生活方式，追求万物一体、人与自然圆融统一的天人合一境界。从中我们不难看出，佛家的"天人合一"，既不同于道家的"以人合天"，也不同于先秦儒家的"以天合人"，其实质是追求人与自然的平等共生、和谐共荣。

(四) 宋明及其后的天人合一观念

北宋著名的教育家、思想家、理学创始人之一的张载总结了儒家、道家、佛家关于天人关系的学说，博采众家之长，提出并系统论证了具有关学特色的"天人合一"观念。张载认为，天地万物的始基是气，天地与人都是气的不同表现形态，都是气化而来的。故而，天地之性与人的本然之性，在本原上是一致的，都统一于气，无所谓善与恶。在此基础上，张载进一步区分了"天地之性"与"气质之性"。在他看来，天地之性即人之性，"性于人无不善"，而气质之性是人后天形成的，受人之欲望、环境的影响，是善恶并存的。是以由"气质之性"到"天地之性"，离不开后天的教育、学习以及人的自我修养，去恶养善，穷理尽性，进而实现人道与天道、气质之性与天地之性的合一。由此不难看出，张载以人性的善恶修养来论证天人关系，实际是一种道德修养意义上的天人合一观念，这相对于儒道佛自然观意义上的天人合一思想无疑是一大贡献和突破。对此，朱熹称赞道："极有功于圣门，有利于后学……，前此未曾有人说到此也。"①

张载的"天人合一"观念基本上得到宋明时期各家各派的认同。无论是二程、朱熹，还是陆王心学都是在其基础上从不同角度加以进一步阐释的。二程学派坚持"心外无物"，心即天，天道即人道；陆王学派主张，心即性，心即理，心是最高的本体，天人合一其实就是心与道的合一。显而易见，无论是程朱理学还是陆王心学，对天人合一的阐释，只是用语有所差异，都看到了外在的天与内在的人心之间有相通之处，沟通两者的方式即内求，内求于心、内求于理，由此达到"心物一体"的天人合一之境。后来，晚清的王夫之、戴震又提出了"尽人道以合天德"的理念。总而言之，宋明以后诸学派的"天人合一"观念皆主张通过人的道德修养来体悟"天道"与"人道"的内在关联，以此实现天内在于人，人可通于天的理想。

至此，中国传统文化中"天人合一"思想的博大精深可见一二，它不仅包含了天人合一的自然观、天人合一的宇宙观，还内涵了天人合一的社会观和修养观。其中蕴含的"人是自然的一部分，人类既要尊重自然、顺应自然，又要有节制地驾驭自然，与自然和谐共生"的理念，无疑为解决当今人类面临的生态困境提供了价值导引，为克服人类中心主义和工具理性的价值观提供了中国智慧。我国现代著名学者钱穆先生对此评价道："我以为天人合一观，是中国古代文化最古老最有贡献的一种主张，……自古以来既能注意到不违背天，不违背自然，且又能与天命自然融合一体。我以为此下世界文化之归趋，恐必将以中国传统文化为宗主。"② 此外，中国古代的天人合一思想还"深深渗透在中国传统文化的各个方面"，不仅"构成中国文化最显著、最本质的特征，成为了中国

---

① 《朱子类语》。
② 钱穆：《中国文化对人类未来可有的贡献》，《联合报》1990 年 9 月 26 日。

文化的最高理想和基本精神",① 而且也为西方社会克服"商品拜物教"的无限扩张,倡导新的人文精神提供了思想资源。

二 贵和尚中的处世观

中国古代天人合一的思想观念表现在人与社会的关系上,集中体现为人在社会中如何安身立命的问题。对这一问题的回答,形成了中国传统文化中贵和尚中的文化精神。

贵和,是中华文化特有的精神追求。早在西周末年,思想家史伯就提出了"和实生物,同则不继"的命题。在他看来,"以他平他谓之和,故能丰长而物归之,以同裨同,尽乃弃矣",② 意思是说,不同的事物相结合才能产生新事物,如果都是相同的事物,不仅不能产生新事物,旧事物的发展也会停滞不前。在这里,史伯第一次区分了"和"与"同"的关系,"和"不等于同,"和"实际是一种多样的统一。后来,孔子将这一区分引入人际关系的思考中,并提出了"君子和而不同,小人同而不和"③ 的观点,认为君子追求和谐但并不同流合污,反而小人只求完全一致,不崇尚和谐。孟子强调:"天时不如地利,地利不如人和",坚持把"人和"放在首位。道家主张,乾为阳,坤为阴,阴阳合德方能刚柔并济。墨家倡导"兼相爱,交相利"。荀子也认为,"天地合而万物生,阴阳接而变化起,性伪合而天下治"。④ 可见,"和"文化在先秦诸学派中备受推崇。之后,"和"文化不断被赋予新的内涵:政治上追求"大一统"的社会和谐;经济上坚持"不患寡而患不均"的理想;文化上倡导"和而不同,以和为美"的情趣;人际关系上推崇"以和为贵"的准则;夫妻关系上主张"琴瑟之和"的观念;家庭关系上倡导"家和万事兴";等等,皆是和文化的融会贯通。

如果说"和"是中华文化追求的一种理想状态的话,那么,通达这一理想的途径又是什么呢?孔子认为,最根本的途径便是保持中道。《中

---

① 姜义华:《中华文化读本》,上海人民出版社2009年版,第88页。
② 《国语·郑语》。
③ 《论语·子路》。
④ 《荀子·礼论》。

庸》对此解释为："喜怒哀乐之未发，谓之中；发而皆中节，谓之和。中也者，天下之大本也；和也者，天下之达道也。致中和，天地位焉，万物育焉。"① 意思是说，喜怒哀乐的情绪没有表露出来，就是"中"；表露出来但合乎法度，即为"和"。"中"是天下最为根本的，"和"是天下共同遵循的法度。达到了"中和"，天地便各归其位，万物便能生长发育了。在此基础上，孔子进一步解释道："隐恶而扬善，执其两端，用其中于民，其斯以为舜乎。"② 朱熹注为：中者，不偏不倚、无过无不及；庸，即平常，既不"狂"，也不"狷"。凡事叩其两端而取其中，便是实现"和"的途径。董仲舒反对孔子的"执中"之说，认为"中者，天地之所终始也；而和者，天地之所生成也。夫德莫大于和，而道莫正于中。中者，天地之美达理也，圣人之所保守也"。③ 自董仲舒始，中和之道被广泛应用于国家治理、人际关系协调以及人们社会生活的方方面面，并逐渐成为中华民族普遍的社会心理和行为准则。

总体上看，中华文化中"贵和尚中"的文化传统，以及避免过激、注重协调的处世态度和行为准则，对于克服西方文化中"崇力尚争"和个人主义价值取向及其带来的一系列现代性问题具有一定的借鉴意义。就连西方学者也承认，中国的贵和尚中原则"定将成为重要的伦理资源，使我们能在第三个千年实现差别共存与互相尊重"。④ 不仅如此，中国传统文化中"贵和尚中"的文化特质，还彰显了中华文化"有容乃大""兼容并包"的精神底蕴，这对于全球化日益深化背景下，中华文化走向世界，以更加开放的姿态、更广阔的包容性，调和异质文化，会通中西文化之长，实现世界文化的多元并存、和谐共生，无疑具有重要的人类共同价值。

三 协和万邦的天下观

历来在处理国与国之间的关系上，历史的经验无非两个：以德服人

---

① 《礼记·中庸》。
② 同上。
③ 《春秋繁露·循天之道》。
④ 乐黛云：《21世纪的新人文精神》，《学术月刊》2008年第1期。

或以力服人。对于我国而言，几千年如一的选择无疑是前者。历史上，中华民族就是反对武力、爱好和平的民族。中国"和"文化的精髓，不仅体现在对内"贵和尚中"，对外同样追求睦邻友好、协和万邦、天下太平的理想。

协和万邦，是中华民族的优良传统。早在上古时期，我国部落众多，号称"诸侯过万""天下万邦"，矛盾冲突自是不可避免。那时的先民们是如何处理这些矛盾冲突的呢？据《尚书》记载："曰若稽古，帝尧曰放勋，钦明文思安安，允恭克让，光被四表，格于上下。克明俊德，以亲九族。九族既睦，平章百姓，百姓昭明，协和万邦，黎民于变时雍。"①大意是说，考察古代之事，堪称德之表率的君主——尧，又名放勋，他不仅严肃恭谨，明察是非，善于治理天下，而且为人宽厚温和，讲求诚信，恪尽职守，又能谦让。他的品行普照天下。他能够明察有才德之人，使家族和睦。家族和睦了，继而又明察和表彰友善行德的百姓，使百姓明白和睦之礼；百姓都明白了和睦之礼，诸侯之间自然友好和睦，天下因此友善太平，亲如一家。这就是上古明君尧所倡导的"协和万邦"思想，一直被后世称颂、传扬，成为我国沿袭至今的处理民族关系、国家关系的基本原则。

春秋战国时期，诸侯争霸，战争频仍，那时的思想家们深知战争之害，尤其是不义之战，均反对用武力来处理诸侯国之间的关系。孔子倡导仁爱，主张仁政，尤其反对战争。孔子的弟子子路曾问政于孔子，孔子答曰："近者说（悦），远者来。"②意思很明显，让近处的人欢欣喜悦，远方之人自然愿意归附。孟子同样支持仁政，反对不义之战。"行一不义、杀一不辜而得天下，皆不为也"③；"争地以战，杀人盈野；争城以战，杀人盈城。此所谓率土地而食人肉，罪不容于死。故善战者服上刑，连诸侯者次之，辟草莱、任土地者次之"。④主张给那些为争夺土地、城池而发动战争之人给以最重的惩罚。同时又指出："得道者多助，失道者

---

① 《尚书·尧典》。
② 《论语·子路》。
③ 《孟子·公孙丑上》。
④ 《孟子·离娄上》。

寡助。寡助之至，亲戚畔之；多助之至，天下顺之。……故君子有不战，战必胜矣。"① 显而易见，孟子反对的是不义之战，如果是为除暴、安民、防御而不得不进行的正义之战，必然会得到人们的拥护。荀子进一步指出："兵者，所以禁暴除害也，非争夺也。"② 管子也强调："外内均和，诸侯臣服。国家安宁，不用兵革。"③ 墨家主张"兼爱、非攻"，同样反对攻伐和战争。由此不难看出，先秦思想家们反对带有侵略性质的不义之战，把"禁暴、除害、安民"视为衡量战争正义与否以及是否发动战争的标准和依据。

这一非攻反战思想对后世影响深远。自秦以后，中国历朝历代的统治者们很少主动发动侵略战争。在处理邻邦关系时，多是主张和平处理，避免武力。就算强盛如唐朝，也没有靠武力侵略他国，反而互通有无，恭迎多方来客，创造了"梦回大唐"的和平盛世。意大利传教士利玛窦对此感慨："如果我们停下来想一想，就会觉得非常值得注意的是，在这样一个几乎具有无数人口和无限幅员的国家，而各种物产又极为丰富，虽然他们有装备精良的陆军和海军，很容易征服邻近的国家，他们的皇上和人民却从未想过要发动侵略战争。他们很满足于自己有的东西，没有征服的野心。在这方面，他们和欧洲人很不相同，欧洲人常常不满足自己的政府，并贪求别人所有的东西。西方国家似乎被最高统治权的念头消耗得筋疲力尽，但他们连老祖宗传给他们的东西都保持不住，而中国人却已经保持了达数千年之久。我仔细研究了中国人长达四千多年的历史，我不得不承认我从未见到有这类征服的记载，也没有听说过他们扩张国界。"④ 英国哲学家罗素来华考察后，也认为："中国人本质上有一种宽容和友好的态度，他们表现出谦恭有礼，并希望别人礼尚往来。假如中国人选择另一种行为方式，他们可能成为世界上最强大的民族。但是，他们仅仅渴望自由，而不期望统治别人。不过，假如其他民族强迫

---

① 《孟子·公孙丑下》。
② 《荀子·议兵》。
③ 《管子·四称》。
④ ［意］利玛窦、［比利时］尼古拉·金尼阁：《中国札记》，何高济等译，中华书局1983年版，第58—59页。

中国人为自己的自由而战，那么，他们完全可能放弃自己的美德，学会做自己命运的主宰。"① 这样的评价出自西方人之口，中华民族爱好和平、协和万邦思想的客观性和人类共同性无疑是显而易见的。

尤其是在全球化的今天，和平与发展时代主题下的世界并不太平，局部冲突时有发生，民族宗教矛盾层出不穷，安全问题仍然是当今世界的一大威胁。习近平总书记多次对外宣称："睦邻友好、协和万邦是我国外交的基本准则。"可以说，这一准则历经几千年的文化积淀，已经融渗到中华民族的血液中，成为中华文化对世界和平的独特贡献。

四　推己及人的道德观

从中西文化对比视角看，中华文化是一种德性文化，注重人伦关系和道德修养，西方文化是一种智性文化，重视理性分析和逻辑力量，这几乎已是不言而喻的共识。尤其是在人与人的关系上，"重道尚德"是中华文化的一大传统。统观中华传统文化中人际交往调节规范，"恕道"最为古人推崇，儒家更是以恕为一贯之道。这里的"恕"，可不是现代意义上"宽恕、原谅"的意思，而是特指儒家的"忠恕"之道，即孔子主张的"己所不欲，勿施于人"的推己及人之道。

对此，《论语》中有两处说明：一是，子贡求教，问曰："有一言而可以终身行之者乎？"子曰："其恕乎！己所不欲，勿施于人。"②《论语·颜渊》篇也有记载，仲弓问仁。子曰："出门如见大宾，使民如承大祭。己所不欲，勿施于人。在邦无怨，在家无怨。"仲弓曰："雍虽不敏，请事斯语矣！"大意是：仲弓问孔子："如何处世才能合乎仁道？"孔子回答道："出门与同仁行礼就像见贵客一般，对待百姓亦如大祭一样凝重，自己不喜欢的事不要强加给别人。如此在朝堂就不会招惹谁，私下交往也不会招谁恨。"另一处是，子贡问："如有博施于民而能济众，何如？可谓仁乎？"子曰："何事于仁，必也圣乎！尧舜其犹病诸！夫仁者，己

---

① [英]伯特兰·罗素：《中国人的性格·中西文明比较》，王正平译，中国工人出版社1993年版，第44页。
② 《论语·卫灵公》。

欲立而立人，己欲达而达人。能近取譬，可谓仁之方也已。"① 意思是说，仁爱之人，你对别人有仁爱之心，别人才会对你仁爱，你对别人豁达，别人才会对你宽容。在这里，孔子实际上是从两个方面来论证推己及人之道：前者是"己所不欲，勿施于人"，后者是"己欲立而立人，己欲达而达人"，一正一反，有机统一，完整阐释了儒家的恕人之道。

需要指出的是，孔子并不是毫无原则地一味强调将心比心，推己及人。孔子说："君子有三恕：有君不能事，有臣而求其使，非恕也；有亲不能孝，有子而求其孝，非恕也；有兄不能敬，有弟而求其听令，非恕也；明于此三恕，则可以端身矣！"② 可见，孔子要求，欲行恕，自己先要为人表率，自己做不到尽忠尽孝、兄友弟恭，就没有资格要求别人。在古代，恕与忠经常连用，称为"忠恕"。古人云："为人谋而不忠乎。"其意为，为人谋事一定要尽己之力，忠于职守。朱熹在四书集注中注曰："尽己之谓忠，推己之谓恕。"③ 是以，唯有尽己，方能及人。同样，唯有及人，始能尽己。尽己推人，忠恕一体，共同构成儒家处理人际关系的首要原则。

及至今天，我们生活于其中的世界常常充斥着狡诈欺骗、巧取豪夺、恐怖暴力、倚强凌弱等，凡此种种无一不是自己不欲，却强加于人的，也正是因此，"己所不欲，勿施于人"才显得弥足珍贵。1993 年世界宗教大会通过了《走向全球伦理宣言》，与会者一致将中国儒家的"己所不欲，勿施于人"奉为道德金律，成为全球不同国家、不同民族以及不同宗教和不同文明背景下的人们都能够认可和接受的伦理标准。

五 自强不息的进取观

自强不息、刚健有为是中华文化中又一具有人类共同价值的精神文化。出自《易传》："天行健，君子以自强不息。"天体运行，刚健有为，周而复始，不知疲倦。君子处世，同样也应该像天体一样，奋发图强，

---

① 《论语·雍也》。
② 《荀子·德行》。
③ 《中庸·章句》。

不断进取,永不放弃。其深层含义表达了中华民族积极进取的人生态度和生生不息的精神特质。

这一观念对后世影响深远。儒家主张积极的人生态度,要求人人要以天下为己任。孔子强调,"发愤忘食,乐以忘忧",[①] "穷则独善其身,达则兼济天下";孟子提出"人皆可以为尧舜",唯有"苦其心志,劳其筋骨,饿其体肤,空乏其身",才能磨炼人的意志,使其成为"富贵不能淫、威武不能屈、贫贱不能移"的大丈夫。这一精神激励了一代又一代中华儿女:史有司马迁受宫刑,仍奋发图强,终成《史记》;屈原流放,仍赋《离骚》;孙子膑脚,修成《兵法》;岳飞劝诫:"莫等闲,白了少年头,空悲切";蒲松龄落第不落志:"有志者,事竟成,破釜沉舟,百二秦关终属楚;苦心人,天不负,卧薪尝胆,三千越甲可吞吴";等等,这样的事例数不胜数。可以说,自强不息是中华民族和中华文化的根底,是支撑一代代中国人自立于世界民族之林的精神脊梁,是中华文明生生不息、代代相传的力量源泉。统观现今之各民族、国家,在其漫长的历史发展过程中,无不内含着这样的精神动力,正因为如此,自强不息、刚健有为的进取精神应该为世界各民族国家所共享。

第二节 中华文化具有独特的传播魅力

中华文化不仅具有丰富的人类共同价值内涵,还具有独特的传播魅力。这一传播魅力主要体现在,在中华文化几千年的历史发展进程中,中华文化向海外的传播与发展,几乎是一个没有间断的过程。从古时的"箕子出走朝鲜""徐福东渡日本"到秦汉时期,大批"秦人""汉人"移居日本,从唐朝出现第一个移民潮到宋元明清多次海外移民浪潮的发生,中华文化随着历代海外华人的移居,在海外获得了广泛传播,从而塑造了中华文化独特的传播魅力。

---

① 《论语·述而》。

一　海外孔子学院的发展方兴未艾

早在 400 多年前，记录孔子言行的书籍《论语》就被意大利传教士利玛窦带到欧洲，孔子作为中国传统文化的代表，便已走出国门，成为中华文化走向世界的标识。1987 年国家为了推广汉语文化，增进世界人民对中国语言文化的了解，专门成立了"国家对外汉语教学领导小组"，简称"汉办"，负责海外孔子学院的组织承建。自此，海外孔子学院便如火如荼地发展起来。

（一）孔子学院的创立及其发展态势

孔子学院（Confucius Institute）是由国家汉办牵头，以推广汉语和传播中华文化为主要活动内容的对外语言文化交流推广机构。孔子学院不同于一般意义上的大学，它是一个非营利性的社会公益机构，一般下设在国外的大学或相关研究机构里。其主要职责包括："面向社会各界人士，开展汉语教学；培训汉语教师；开展汉语考试和汉语教师资格认证业务；提供中国教育、文化、经济及社会等信息咨询；开展当代中国研究等。"[①] 其中，向海外汉语学习者提供规范、权威的现代汉语教材和正规的汉语学习渠道，是孔子学院最主要、最核心的内容。

海外第一所孔子学院于 2004 年 11 月 21 日在韩国成立，后来，国家汉办先后与美国、瑞典等国签署了"孔子学院"建设意向书。2006 年以后，海外孔子学院发展迅猛，最快时甚至达到"平均三天建一所"的速度。"目前我国已在 154 个国家和地区建立了 548 所孔子学院和 1193 个中小学孔子课堂，学员总数达 187 万人。孔子学院现有中外专兼职教师 4.67 万人。"[②] 这些年来，各地孔子学院充分利用自身优势，开展了形式多样的教学和文化活动，创办了孔子学院院刊、网络孔子学院、汉语桥、中学生中文比赛等特色项目，日渐成为世界各国人民学习汉语文化、了解当代中国的重要窗口。

[①] 《孔子学院/课堂·关于孔子学院/课堂》，国家汉办，http：//www.hanban.org/confuciousinstitutes/node_10961.htm。

[②] 《世界各地已有 548 所孔子学院》，新华网，http：//www.xinhuanet.com/2018-12/05/c_1210009045.htm。

(二) 孔子学院在中华文化对外传播中的独特优势

孔子学院作为一个非营利性的语言文化推广机构，适应了世界各国人民对汉语和汉文化的学习需求，促进了全球"汉语热"的持续升温，在推动中华文化走向世界的过程中具有独特的传播优势。

其一，推动了世界范围内汉语学习热潮的兴起。语言是一个国家的名片，也是一国文化和国家影响力的直接反映。要了解一国的文化和国情，首先就要学习该国的语言。孔子学院正是达成这一目的的重要平台。目前，孔子学院的主要工作是汉语教授与传播，通过在世界范围内提高汉语的普及度，不断激发世界各国人民学习汉语的兴趣和热情，使更多的外国人了解汉语、掌握汉语，为世界各国人民学习中华文化、认识了解中国、扫除语言障碍，让更多的人加入汉语学习的热潮中，持续不断地将世界"汉语热"的势头保持并发展下去，最大范围内提高汉语在全世界的普及度和认知度。

其二，为传播中华文化提供了重要机遇和平台。语言是文化的重要组成部分，同时也是文化传播的符号和载体，在文化传承中发挥着桥梁和媒介的作用。所以，语言传播往往同时承载着文化传承的重任。在语言传播的基础上，把中华优秀传统文化和当代中华文化创新的最新成果传播出去，让世界各国人民借此了解和感知中华文化，是孔子学院不可推卸的职责所在。约瑟夫·奈曾指出："中国的传统文化，特别是儒家文化，在世界上一直具有相当的影响。中华文化在很多方面都具有吸引力。中国的传统艺术和文化，例如中国人对人与自然关系的理解、中国的书法、绘画、中国功夫，甚至中国的饮食和传统服饰等，在美国都很受欢迎。"[①] 但是，由于历史、语言、文化独特性等原因，造成中国与世界在文化互通方面存在一定困难和障碍。在此背景下，孔子学院的蓬勃发展以及丰富多彩的文化传播活动，让世界各国人民对中华文化有了更全面、深入的了解，是中华文化走向世界的重要平台和品牌。

其三，为中国和平崛起创造良好的国际环境。随着中国经济的迅猛

[①] 《美著名学者：推广中国软实力应以儒家文化为先》，网易新闻网，http://news.163.com/06/0602/22/2IL56AR70001124J.html。

发展以及中国综合国力的不断提升，有关中国"威胁论""霸权论"的各种污名在国际社会始终不绝于耳。中国和平发展的愿望一直没能得到国际社会的普遍认同和支持，一些国家对中国的敌视、防范和围攻有增无减。面对这种情况，我们需要一个澄清真相、消除误会、让世界逐渐认识和接受中国"崛起而不称霸"的舞台。孔子学院恰恰为我们提供了这样一个舞台。通过语言与文化的传播逐渐向世界传达中国"和为贵""和谐共赢"的文化传统，以及中国走和平发展道路绝不称霸的决心。正如国学大师季羡林所言："不能只让外国人在孔子学院学习我们的汉字，还要让他们领会中国和谐文化的精髓。这是最主要的。"汉办主任许琳也坦承："孔子学院的目标、任务和运作方式，都没有输出价值观的企图，或者将来强大了要压迫人家的意思。"只是这一理念需要时间和实践来证明。而且，借助孔子学院这个语言文化交流平台，我们还可以向世界介绍中国的历史、文化、艺术、政策等内容，让国外公众了解一个真实的中国，尽可能消除国际社会对中国的误解和错解，增进世界各国人民对中国"和平友好、追求和谐、负责任大国"等发展理念的了解和认同。在这些方面，孔子学院具有其独特的优势。

二 庞大的海外华人网络和海外华文媒体独具传播优势

从传播学看，人既是文化的载体，也是文化传播的主要媒介。所谓文化交流与传播，一定意义上，就是文化在人与人之间的交流与传播。综观中华民族几千年的历史发展进程，走出国门的中国人不计其数，他们的世代繁衍和发展形成了庞大的海外华人网络和海外华文媒体。在跨文化传播视域中，庞大的海外华人群体和海外华文媒体是中华文化走向世界的举足轻重的传播媒介，它们生长于多元、异质、多样的文化时空，既了解中华文化又熟悉西方文化，兼具着沟通东西方文化的国际化能力，在传播中华文化、助推中华文化软实力等方面扮演着重要角色。

（一）庞大的海外华人网络是对外传播中华文化的重要力量

顾名思义，华人即拥有中华血统的人。海外华人通常是指那些拥有华人血统，但没有中国国籍，长期定居在国外（中国大陆和港澳台地区之外）的华人及其后裔。现在的海外华人主要是近代以来直到新中国成立后不同时期的海外移民及其后代。历史上看，中国海外移民之发轫与中国古代的海外贸易紧密相关。早在两千多年前的秦汉时期，中国的陆地、海上"丝绸之路"既已开启，其中就有不少人因海外贸易留居他乡，自此拉开了中国海外移民的序幕。

历史上中国人移民海外大致经历了四个时期：第一个时期是唐宋时期，这一时期移民海外的华人大约有10万多人，主要集中在南亚和东南亚一带；第二时期自元朝开始至清中叶，是海外华人大量增加的时期，人口已达100万以上，像日本、朝鲜、马来西亚、泰国等中国周边的许多国家都有华人的存在。这一时期的海外华人以经营商业、手工业、种植业、矿山开采等为主，逐步确立了在海外的经济基础和经济地位；第三时期自清末至新中国成立前，海外华人数量激增，人数高达1200多万人，五大洲均有华人的身影，部分华人企业家经营有方，成为影响当地经济、社会发展的重要力量；第四时期从新中国成立到20纪90年代，是中国人移民海外的另一个高潮时期，这一时期海外华人已增加到3000多万人，留学是这一时期国人移民海外的主要方式。从20世纪90年代开始，随着中国经济的快速发展，华人海外移民进入全新的历史时期，技术移民、投资移民成为21世纪中国人移民海外的新方式。截至2015年，根据《中国国际移民报告（2014）》统计，我国海外华人华侨总数约为5000万人，遍布在世界五大洲的160多个国家，形成了庞大的海外华人网络。[①]尤其是改革开放以后移民海外的"新侨民"以及那些老侨民的后代（在海外出生的华人），普遍受教育程度较高，在海外的经济收入和社会地位也相对较高，他们是我国庞大海外华人网络中的高精尖人才，在世界经济、政治、科技等领域占有一席之地，是中华文化走向世界的先锋队和主力军，在世界文化舞台上亦发挥着不可替代的重要作用。

从区域分布上看，我国海外华人华侨具有"大集中、广分散"的特点。总体上看，主要分布在欧美发达国家和地区。近年来，随着一些新兴国家经济实力的增强，部分华人华侨开始选择流向这些新兴经济体。

---

① 王辉耀、苗绿：《海外华侨华人专业人士报告（2014）》，社会科学文献出版社2014年版，序言。

从行业分布看，传统海外华人华侨主要分布在餐饮、建筑、服务业等收入和社会地位相对较低的行业。进入21世纪以后，随着我国海外留学、技术移民、投资移民数量的不断增多，以及海外华人华侨后代受教育程度的提高，一个具有较高知识水平和技能水平的新一代海外华人华侨专业人士群体不断壮大，这一群体主要从事信息技术、商业、管理、科学与工程、生物技术等知识和科技密集型行业，他们年龄结构相对年轻，知识、技能水平较高，经济实力较强，具有较深厚的文化底蕴，对中华文化和中华民族具有根深蒂固的亲和力，同时在海外又具有较强的融入意识和参与意识，这种兼跨东西方的国际化能力，使海外华人华侨成为中华文化"走出去"的重要载体。

大多数海外华人华侨与国内有着种种联系，不少人的亲属都在国内，对祖国的感情非常深厚，他们愿意以各种形式促进中外文化的交流与合作。与此同时，他们在国外经过艰苦奋斗，大多拥有一定的经济地位或社会地位，在各自的领域做出了一定的贡献，他们本身就是中华文化的代言人。他们一方面坚守着中华文化的特质，另一方面在融入当地社会的同时，又吸收和接纳着当地文化，从而形成具有独特文化特质的新族群。他们熟悉东西方文化，有助于用当地受众易接受、认可的方式、习惯来传播中华文化，增强中华文化的影响力。

（二）蓬勃发展的海外华文媒体是中华文化走向世界的重要渠道

当今世界，谁的传播体系强大、传播手段先进，谁的思想文化和价值观念就能传播得更广、更远。除海外华人群体外，海外华文媒体（主要包括报纸、杂志、网络媒体、广播、电视以及各种新兴媒体）是推动中华文化"走出去"的另一重要媒介。

历史上看，第一个海外华文媒体创刊于1815年的马来西亚，叫《察世俗每月统记传》，内容以传播宗教、新闻等为主。此后200多年间，海外华文媒体潮起潮落，不断推陈出新，展现了其强大的生命力。从媒体类型看，在互联网诞生之前，全球华文媒体主要以报业为主，据不完全统计，我国在海外发行的报刊大约有400多种，主要分布在东南亚和美欧澳等地区。其中，比较知名的媒体有《联合早报》《世界日报》《星岛日报》《明报》《侨报》《欧洲时报》等。最近30多年来，一些区域性的日报、周报周刊等发展迅猛。这些报业媒体历史悠久，大多在海外华人聚集的地区发行，有着较为稳定的读者群，为丰富海外华人文化生活，传播、繁衍中华文化发挥着积极作用。

近年来，随着互联网的推广普及，传统华文媒体日渐式微，以网络、广播电视、移动互联网等为代表的新媒体发展迅猛，逐渐成为海外华人融入当地主流社会的喉舌。一方面，海外华文媒体，应海外华人的精神需求和信息需求而生，服从并服务于当地的法律法规和主导文化；另一方面，又满足了海外华人的思乡之情，能为海外华人提供祖国和居住国的各种信息，是最关注中国发展的海外大众传播媒介，同时也是维护海外华人群体利益，沟通中西方文化、传播中华文化的重要渠道。尤其是在文化竞争日益激烈的当今世界，海外华文媒体不仅充当着中华文化走向世界的先锋，也翔实地记录了近代以来中华文化本土化与全球化互动前行的历史进程，在整合海外华人文化身份、传播中华文化、引导教育华裔后代传承华夏文明等方面发挥着举足轻重的作用。

三 丰富多彩的中华文化艺术在世界上颇具吸引力

文化艺术是一国政治、经济、社会、文化建设的综合表征，也是中华文化走向世界的最佳名片。中华民族以其悠久的历史孕育了丰富灿烂的文化艺术，并在几千年的历史进程中，不断走出国门，受到世界人民的欢迎，成为国际社会了解、认识中国的有力载体。

(一) 中华传统文化艺术备受世界欢迎

历史上看，走向海外的中华文化艺术首先表现为物态文化，如中国古代的四大发明、瓷器、丝绸、中药等。自公元前138年，张骞开辟古丝绸之路，便打开了中华文化艺术对外传播的主要通道。丝绸、养蚕技术、纺织技术等源源不断传往国外，对国外许多地区的服饰文化产生了很大影响。瓷器，作为中华文化的另一重要载体，在世界上享有崇高的声誉，代表着中华文化独特的精神追求和文化意蕴。在西方人眼里，瓷器即"china"，本身就是中国的代名词。自唐代开始，瓷器就已销往海外。宋明时期，是瓷器外销最繁盛的时期。瓷器的大量外销，不仅促进了世界上不同文化的交流与传播，向世界展现了中华文化的独特魅力，而且促进了制瓷技术的海外传播，为世界上其他地区的人民提供了便利的生活工具。

不仅如此，中国古代的科学技术、哲学、政治、文化等在很长一段历史时期内，也一直走在世界前列。英国著名学者 R. G. 坦普尔曾说："为工业革命打下基础的欧洲革命，只是输入中国的思想和发明以后才开始的。"① 马克思也有过同样的论述："火药、指南针、印刷术——这是预告资产阶级社会到来的三大发明。火药把骑士阶层炸得粉碎，指南针打开世界市场并建立殖民地，而印刷术变成新教的工具。总的来说，变成科学复兴的手段，变成对精神发展创造必要前提的最强大的杠杆。"② 这些论述不仅肯定了中国古代四大发明对人类进步的重大影响，而且凸显了中华优秀传统文化的世界历史意义。事实上，在近代以前的漫长历史长河中，中华民族创造的很多文明成果都远播海外、享誉世界，无论是物态文化还是精神文化，都在一定程度上对世界文化的交流与发展产生过重要影响。

（二）当代中华文化艺术在海外大放异彩

近年来，随着经济全球化和社会信息化的纵深发展，世界范围内的海外文化交流活动也日益广泛和多元，除孔子学院外，我国还组织举办了中国文化年、设置了海外中国文化中心，民间团体和个人也组织了形式多样的海外文化艺术传播活动，使中华文化艺术在海外大放异彩，受到世界各地的广泛关注和欢迎。

在海外举办中国文化年。2003 年 10 月到 2004 年 7 月，中国在法国首次举办"中国文化年"。本次活动以"古老、多彩和现代的中国"为主题向法国公众展示了意蕴深厚的中华文化形式，取得了很大的成功。近年来，我国又相继在 50 多个国家举办了不同规模的中国文化年。如，意大利"中国文化年"，从 2010 年 10 月开始，文化年系列活动在意大利 20 多个地区展开，对意大利民众了解中国、正确认识中国、深入体验中华文化发挥了积极作用。"中国文化年"在罗马开幕，是中意文化交流深入

---

① 武斌：《中华文化海外传播的历史规律》，《光明日报》2008 年 8 月 21 日。
② 同上。

的见证。在澳大利亚，则有以"感受中国"为主题的"中国文化年"，自2011年启动以来，各类文化活动在澳展开，丰富多彩、形式多样的文化年活动，为澳大利亚人民了解中华文化提供了一个全景式的窗口，使澳大利亚人民更好地体验、了解和欣赏到了中华文化的博大精深及其独特魅力。2012年中国在德国举办了"中国文化年"活动，德国的40多个城市共举办了500多场活动，用音乐、戏曲、舞蹈、展览、对话、文学、电影等形式，全面展现了中国开放、和谐、富有活力的新气象。很多欧洲人只知道中国的京剧等经典的传统文化，而对中国的现当代的绘画、文学、音乐、电影等艺术了解不够。举办文化活动，可以让德国民众直接接触中国传统与现代文化，与中国的文化艺术进行面对面交流。"中国文化年"不仅在展现我国形象中发挥了积极的作用，同时也成为中华文化在国外传播的重要方式，在促进国家间文化交流的同时，也促进了中国与世界各国的相互了解和友好交往，将中国以及中华文化推向了世界。

成立海外中国文化中心。自20世纪80年代后期，中国根据毛里求斯和贝宁政府的要求，在两个国家的首都路易港和科托努分别设立了占地3600平方米和9600平方米的中国文化中心，并先后于1988年7月和9月对外开放。目前，中国已经在9个国家设立了中国文化中心，与20多个国家签署了设立文化中心的政府文件，更多的文化中心正在加紧筹建。这些文化中心通过举办演出、展览、文化节、影视周、图书节、旅游推介会、体育赛事、产品展示会等专题性或综合性的文化活动，弘扬优秀传统文化，推动中华文化精神和价值观进入他国公众的文化视野和社会生活。比如，埃及中国文化中心有太极拳课、中医讲座、专题研讨、影视放映等文化交流活动，其中"大使杯中文歌曲比赛"和"大使杯汉语比赛"受到当地社会的广泛关注和积极响应。而作为我国在欧洲国家设立的第一个文化中心——法国中国文化中心，则敞开了一扇中国面向西方的文化大门。不论是戏剧节，还是电影节，巴黎中国文化中心不断让中华文化融入法国文化市场，为法国人所接受。韩国中国文化中心有刻着孔、孟、老、庄圣像的院墙和书墨气息浓厚的接待厅，使到这里的人能受到中华文化的强烈感染。曼谷中国文化中心是中国在东南亚地区设立的第一个中国文化中心，通过开展形式多样的文化活动、教学培训和信息服务，成为中泰两国文化交流增进友谊的又一重要平台。如今，中国文化中心已经在海外成为一道独特的风景线。在贝宁首都科托努，一座座典雅的中式牌坊非常醒目，还有飞檐琉璃瓦、具有浓郁古色气息的六角亭。在巴黎市区风景优美的塞纳河畔，中国文化中心左面是著名的荣军院，右面就是埃菲尔铁塔，与河对岸富丽堂皇的大宫和小宫隔河相望。这些海外中国文化中心的设立，不仅大大提高了海外民众对中华文化艺术的兴趣，培养了相当一批中华文化的爱好者和传播者，而且扩大了中华文化在海外的吸引力和感召力。

第三节　新时代中国特色社会主义的国际影响力日益彰显

改革开放四十年来，尤其是党的十八大以来的五年间，中国经济、社会、文化、生态等各方面发展成绩斐然，取得了一系列历史性成就，"解决了许多长期想解决而没有解决的难题，办成了许多过去想办而没有办成的大事，推动党和国家事业发生历史性变革。这些历史性变革，对党和国家事业发展具有重大而深远的影响。"正如习近平总书记在党的十九大报告中指出的："经过长期努力，中国特色社会主义进入了新时代，这是我国发展新的历史方位。中国特色社会主义进入新时代，意味着近代以来久经磨难的中华民族迎来了从站起来、富起来到强起来的伟大飞跃，迎来了实现中华民族伟大复兴的光明前景；意味着科学社会主义在21世纪的中国焕发出强大生机活力，在世界上高高举起了中国特色社会主义伟大旗帜；意味着中国特色社会主义道路、理论、制度、文化不断发展，拓展了发展中国家走向现代化的途径，给世界上那些既希望加快发展又希望保持自身独立性的国家和民族提供了全新选择，为解决人类问题贡献了中国智慧和中国方案。"[①] 这个新时代，是中国日益走近世界舞台中央、不断为人类作出更大贡献的时代，也是中华文化走向世界，

[①] 习近平：《决胜全面建成小康社会夺取新时代中国特色社会主义伟大胜利——在中国共产党第十九次全国代表大会上的报告》，人民出版社2017年版，第10页。

不断对世界产生重大影响的时代。

一 中华文化软实力的基础大大增强

历史经验表明，一国文化的传播力和影响力，很大程度上取决于该国的综合国力。或者说，一国文化软实力的基础源于该国的硬实力。综观中华文化在海外的传播历程，虽然中华文化在海外的传播，是一个没有间断的历史进程，但几次大的传播高峰无不是发生在中国国力强盛、疆域广大的盛世时期。比如汉唐盛世、蒙元时期、康乾盛世等，既是中国封建社会发展的鼎盛时期，同时也是中华文化大发展、大繁荣的对外传播时期。国力强盛的国家在世界上自然会有更大的影响力，更容易吸引世界的关注，激发人们了解学习的兴趣和欲望，从而为其文化传播奠定良好的基础。

当前，中国恰恰处在这样一个历史机遇期。四十年的改革开放使中国发展成为当今世界举足轻重的经济大国、贸易大国、科技大国、军事大国和综合国力大国。尤其是经济实力方面，自2010年开始，我国经济总量稳居世界第二，远超日本，是仅次于美国的世界第二大经济体。党的十八大初期，我国经济总量高于日本22630亿美元，到2015年底已高于日本近60000亿美元，同时与世界第一经济大国美国之间的差距也越来越小；另外，我国经济增长不断获得新的驱动力。新一代技术革命重塑新经济，以"互联网+"《中国制造2025》等为代表的数字、网络、智能产业茁壮成长。新技术、新模式催生新体系、新业态，基因工程、无人机、超材料等大批企业在国际市场崭露头角。开放、自由、共享、便捷的众创空间正在形成，"大众创业、万众创新"在政府和市场的推动下得以结合与实现。① 党的十八大以来的五年间，我国经济建设取得重大成就："经济继续保持中高速增长，国内生产总值从54万亿元增长到80万亿元，稳居世界第二，对世界经济增长贡献率超过30%。供给侧结构性改革深入推进，经济结构不断优化，数字经济等新兴产业蓬勃发展，高

---

① 《十八大以来我国经济发展取得辉煌成就》，环球网，http://finance.huanqiu.com/roll/2016-01/8402809.html。

铁、公路、桥梁、港口、机场等基础设施建设快速推进。农业现代化稳步推进，粮食生产能力达到12000亿斤。城镇化率年均提高1.2个百分点，8000多万农业转移人口成为城镇居民。创新驱动发展战略大力实施，创新型国家建设成果丰硕，天宫、蛟龙、天眼、悟空、墨子、大飞机等重大科技成果相继问世。南海岛礁建设积极推进。开放型经济新体制逐步健全，对外贸易、对外投资、外汇储备稳居世界前列……"①

此外，我国进一步深化改革开放，扩大对外开放水平也取得重大进展。2013年，我国货物贸易总额超过美国、德国，成为全球第一货物贸易大国。党的十八大以来，我国统筹国内、国际两个大局、两个市场和两种资源，打造横贯东中西、连接南北方的对外经济走廊，努力培育国际合作和竞争新优势，把"一带一路"倡议作为对外开放的总抓手和新引擎，助推我国外向型经济水平稳步提升。"截至2015年底，我国与'一带一路'相关国家贸易额约占进出口总额的四分之一，投资建设了50多个境外经贸合作区，承包工程项目突破3000个；货物出口年均增长6.5%，明显快于全球主要经济体。"② 进一步的开放融合，使中国一步步从贸易大国向贸易强国迈进。

与此同时，中国的自主创新能力、军工实力以及中国制造的实力也获得大幅提高。近年来，我国装备制造业持续快速发展，产业规模、技术水平和国际竞争力大幅提升，国际产能和装备制造合作步伐加快，集群式、抱团式"走出去"增多，涌现了一批大型投资合作项目。2015年，中国高铁走出去项目收获颇丰。匈牙利至塞尔维亚铁路塞尔维亚段正式启动，不仅代表着中国国防力量、综合国力的提升，也意味着中国将有更强大的力量为维护世界的和平与发展提供更好的解决方案。

更为重要的是，随着近年来我国在联合国、中非合作论坛、金砖国家峰会、亚太经合组织、二十国集团等一系列国际组织和国际会议中，把脉世界经济、贡献中国智慧、提供中国方案，中国坚定走和平与发

---

① 习近平：《决胜全面建成小康社会夺取新时代中国特色社会主义伟大胜利——在中国共产党第十九次全国代表大会上的报告》，人民出版社2017年版，第3页。
② 《行稳致远，驶向新航程——党的十八大以来我国经济发展成就综述》，《光明日报》2016年1月31日。

道路、不称霸的诚意以及中国经济对世界经济拉动和贡献，让世界对中国经济崛起的态度逐渐发生改变，中国将成为推动全球治理的重要力量，同时，中国对世界的影响力和软实力也会越来越强，这无疑为中华文化走向世界打下良好基础。

二 中国特色社会主义道路被世界认同

党的十八大以来，我国改革开放和社会主义现代化建设取得历史性成就，"解决了许多长期想解决而没有解决的难题，办成了许多过去想办而没有办成的大事"，推动中国特色社会主义进入新的发展阶段。这一成就的取得，大大增进了世界各国对中国特色社会主义道路的认同。

事实上，进入21世纪以来，中国迅速从世界金融危机中脱身、成功举办2008年北京奥运会、成功应对汶川特大地震灾害以及中国经济的持续中高速稳定发展，不可避免地引发了世界对中国特色社会主义道路或中国模式的关注与讨论。"中国模式"最早是由美国《时代》周刊高级编辑、美国著名投资银行高盛公司资深顾问乔舒亚·库珀·雷默首先提出。他在一篇题为《北京共识：提供新模式》的调查报告中将中国经过艰苦努力、大胆实践摸索出适合中国国情的发展道路称为"北京共识"。乔舒亚·库珀·雷默并没有将中国改革开放的发展探索直接定义为"中国模式"，他只是从中国的主动创新、大胆实验、循序渐进的改革等方面对中国的发展模式进行了较为全面的概括和分析，从而为学术界留下了较大的探讨空间。紧随其后，2004年5月20日，美国《国际先驱论坛报》网络版发表文章，称赞中国以自己独特的方式进行改革是明智之举；同年5月24日，墨西哥《每日报》发表题为《中国：亚洲的地平线》的文章，分析中国模式是依据中国国情制定出的正确决策；2004年12月，俄罗斯科学院院士季塔连科发表长文《远东问题》，分析中国现代化道路的国际意义。2005年以后，国际社会各大媒体对中国的关注持续高涨，有增无减。英国《卫报》《泰晤士报》、英国广播公司等媒体先后开辟专栏讨论中国问题，美国《华盛顿邮报》《纽约时报》《华尔街日报》《新闻周刊》，德国《商报》等国际媒体都先后推出中国专题，热议中国的快速发展。① 此后，伴随中国在抗震救灾、北京奥运会等重大事件中展示出的体制优势，国际社会关于中国特色社会主义道路的探讨进一步升温，《当中国改变世界的时候》《中国世纪》等几十种研究中国崛起和中国问题的专著相继问世，一时间，中国特色社会主义道路成为国际社会各种媒体关注度最高的话语之一。

总体上看，国际社会对中国特色社会主义道路的热议，是歧见纷呈。推崇者认为，中国改革开放四十年来，经济、政治、文化、社会建设等各个领域都发生了天翻地覆的变化，实现了从农业大国到工业大国，从计划经济到市场经济，从封闭到开放的跨越式发展，这些成就是值得肯定的。美国学者苏珊·奥格登认为，"中国在社会主义制度下，在解决某些关键性的发展问题方面取得了一些卓越的成就，这种成就绝不因中国还存在着各种各样的问题而失去其光辉，相反，同大多数不发达国家相比，中国在这方面的确做得很出色"。② 大多数极力推崇中国模式的学者都非常肯定中国改革开放所取得的成就，并把中国改革开放的经验称为"中国模式"，一定意义上讲，这也算是对中国改革开放之路的一种理论阐释，对于促进国际社会对中国发展道路的关注以及国内学界对本土文明的自觉，以及中国话语体系和中国价值体系的形成和发展具有积极意义。

当然，也有部分学者极力反对使用"中国模式"这一说法，认为所谓模式就是固定成型的，其内部构型也是相对稳定的。而中国的发展自改革开放以来一直就像邓小平所说的那样，是"摸着石头过河"，从来就没有固定的路子，所以说，中国根本没有形成所谓的固定模式。

还有部分学者主张，谨慎对待"中国模式"或"北京共识"这种观点，"他们承认中国的发展已形成了一种独特的模式，但主张不要直接说出'中国模式'。在他们看来，长期以来，现代化发展模式不只是一种发

---

① 秦宣：《国际视野中的中国模式》，《中国人民大学学报》2008年第4期。
② ［美］苏珊·奥格登：《八十年代社会主义在中国意味着什么——国外中共党史中国革命史研究译文集》，中共党史出版社1999年版，第45页。

展道路，它蕴含着特定的价值取向。中国模式作为与西方模式相对的东西提出来，对世界各国而言，更多的是一种价值，是挑战西方价值的价值。英国诺丁汉大学中国政治研究所所长郑永年多次发文强调，中国方面切不可夸大"北京共识"，甚至也不能接过来使用这个概念，因为如同"华盛顿共识"，"北京共识"也带有很强烈的政治意味。所以，必须区别"中国模式"和"北京共识"这两个概念之间的区别。虽然出发点都是总结中国发展经验，但置于国际政治的背景中，其意义具有本质上的不同，如果把中国的经验像"华盛顿共识"那样向外推广，就是错误的。实际上，中国发展的最主要的经验就是实事求是，不接受任何其他的"共识"，也不根据各种所谓的"共识"来指导自身的改革。在国际政治舞台上，中国领导者现在强调的是"和而不同"，追求发展模式和经验的多元性，而"中国模式"只侧重于总结中国的自身经验，用以解释中国取得改革开放成功的原因；但"北京共识"则更进一步，带有浓重的向其他国家推销中国经验的味道。[①] 由此看来，无论是"中国模式"还是"北京共识"，作为对中国改革开放发展道路及其经验的总结，都未必准确。尤其是对很多西方人来说，他们总是喜欢在二元对立思维框架下来认识中国模式，极易误解中国模式是对西方模式的挑战。

直到今天，国内学界关于"中国模式"或"北京共识"的讨论仍没有形成统一的定论，大多数学者持一种谨慎的肯定态度。本章对这一问题的梳理和研究，重点也不是探讨"中国模式"或"北京共识"恰当与否，而是通过国内外学界对这一问题的分析讨论，向世界提供了一种有别于从前其他所有现代化模式的替代模式，这不仅对中国未来的发展具有深远的意义，而且对世界的发展尤其是对发展中国家的发展提供了直接的经验借鉴和价值导引。

三 中国特色社会主义制度风景独好

当前，世界政治经济局势发生深刻变化，世界各国经济普遍低迷，国际金融危机余波仍在，许多全球性问题日益凸显，在各国制度模式的

[①] 郑永年：《切莫夸大了"北京共识"》，《联合早报》2005年2月15日。

较量竞争中,中国特色社会主义制度优势日益彰显,在世界政治经济格局中,"风景这边独好"。何以如此呢?习近平总书记在庆祝中国共产党成立95周年大会上的讲话中指出:"中国特色社会主义制度是当代中国发展进步的根本制度保障,是具有鲜明中国特色、明显制度优势、强大自我完善能力的先进制度。"① 一句话道出了社会主义制度的先进性和优越性。

中国特色社会主义制度,是中国共产党领导中国人民在总结过去90多年革命、建设以及改革经验,吸收借鉴其他国家发展经验的基础上,立足中国国情,坚持正确的发展方向,既不走封闭僵化的老路,也不走改旗易帜的邪路,不断推进社会主义制度的自我发展与完善,从而形成的一整套相互衔接、相互联系的内含政治、经济、文化、社会、党的建设等各个领域的制度体系。这套制度体系具体包括:人民代表大会制度、中国共产党领导的多党合作和政治协商制度、民族区域自治制度和基层群众自治制度等基本政治制度;以公有制为主体,多种所有制经济共同发展的基本经济制度,中国特色社会主义法律体系,以及建立在基本政治经济制度上的其他政治制度、经济制度、文化制度、社会制度等各种具体制度。

中国特色社会主义制度,是当代中国发展进步的根本制度保障,集中体现了中国特色社会主义的特点和优势。关于如何看待我国社会主义制度的优越性问题,学界意见纷呈。中国人民大学中国特色社会主义理论体系研究中心教授秦宣认为:"要从人类社会发展规律的高度把握中国特色社会主义制度的先进性,要在社会主义发展的实践进程中认识中国特色社会主义制度的先进性,要用发展和动态的眼光看待中国特色社会主义制度的先进性。"② 马福运、徐贵相认为:"中国特色社会主义制度的独特优势在于,既坚持了科学社会主义的基本原则,又结合中国实际发展了社会主义,具有科学的理论基础;既坚持立足于中国特殊国情,又

---

① 《习近平在庆祝中国共产党成立95周年大会上的讲话》,人民网,http://cpc.people.com.cn/n1/2016/0702/c64093-28517655.html。

② 秦宣:《中国特色社会主义制度是具有明显制度优势的先进制度》,《求是》2016年第21期。

在引领中国进步中不断发展，具有充分的现实依据；既坚持了以人为本为核心的立场，又紧紧依靠人民服务人民，具有深厚的群众基础；既坚持理论创新不断丰富社会主义实践，又以理论创新推动社会主义实践，具有丰富的创新特征；既紧紧而准确地顺应时代潮流，又敢于回答时代提出的新问题，具有鲜明的时代特征。"[1] 还有学者从具体的政治制度、经济制度、文化制度等方面解析中国特色社会主义制度的优越性。虽然学者们分析的角度不同，但都强调一点——中国特色社会主义制度既遵循了科学社会主义的基本原则，又立足于中国特色社会主义实践，把马克思主义普遍原理与中国革命、建设、改革的具体实践以及时代特征紧密结合，解放思想、实事求是、与时俱进，逐步探索建立了一整套制度体系。

从实践来看，中国特色社会主义制度的优越性已在实践中得到印证。这主要表现在：改革开放四十多年来，我国生产力快速发展，国家日益强盛，社会全面进步，人民生活越来越好。其一，中国综合国力大大提升。1978 年，我国国内生产总值为 3645 亿元，到 2006 年已经达到 21 万多亿元，增长了 57.5 倍，从 2010 年至今，我国经济总量稳居世界第二；现在中国的粮食、棉花、肉类、钢铁、煤炭、化肥等主要产品的产量在世界上都排在第一位。[2] 此外，中国在航天、高铁、水电站、核电站、运载火箭、核武器、高性能计算机、第三代移动通信、超级杂交水稻等方面也居于世界领先地位。这都充分体现了我国社会生产力和综合国力的极大提升。其二，大大改善了人民群众的生活。改革开放四十多年来，人们生活上的巨大变化是有目共睹的。1978 年，中国仅农村的贫困人口就有 2 亿 5000 万，占总人口的 30%。到 2006 年的时候降至 2148 万人，仅占我们总人口 2.3%。世界银行公布的数字表明："近 25 年来，全人类取得的扶贫事业成就中，67% 的成就应归功于中国。不仅如此，2007 年和 1978 年比，我国城镇居民人均可支配收入增加了几十倍，农民人均纯

---

[1] 马福运、徐贵相：《制度自信：风景这边独好》，北京联合出版公司 2014 年版，第 14—20 页。

[2] 《面对现实，改革开放 30 年取得了巨大成就》，中国共产党新闻网，http://cpc.people.com.cn/GB/64093/64387/7479944.html。

收入也由 133.7 元提高到 4140 元，扣除物价因素以后，二者平均每年都增长 7%。这些充分说明了我们生活水平的明显改善和消费水平的显著提高。"① 其三，教育、医疗、社会保障、文化事业等方面也取得了较大的成就。目前，中国高等教育规模世界第一、大中小学生数量世界第一；政府先后在农村和城市推广了免费义务教育，2007 年又开始实施师范大学生免费教育试点，在实现教育公平上迈出了第一步。中国医疗卫生事业发展迅猛，中国医生数量世界第一；国家还斥巨资改造和新建乡镇和城市基础医疗设施。在社会保障方面，赤贫人口大幅度减少，城市居民和农村居民最低生活保障制度不断完善。其四，民主法治建设取得较大的进步。改革开放之前，中国缺乏基本自由，无论是经济、政治还是社会生活，都被计划经济牢牢束缚着，法治建设停滞不前。改革开放之后，人民逐渐获得了经济自由、政治自由和社会自由，绝大多数国民的公民权利获得保障；中国社会、文化呈现多元化发展的态势；民主政治有所进展，依法治国、建设法治国家的事业在曲折中前行；人大、司法、监察、审计等的独立作用越来越明显。这一系列全方位涉及国计民生的重大突破和成就，充分显示出中国特色社会主义制度的优越性和有效功能，在处理公平与效率、长远与当前、全局与局部的关系上，社会主义制度可以站得更高、看得更远、做得更好。正如习近平总书记所说："中国共产党人和中国人民完全有信心为人类对更好社会制度的探索提供中国方案。"② 我们也坚信，随着中国特色社会主义制度优越性的不断彰显，必将为中华文化走向世界提供强大的制度支撑。

四 中国特色社会主义经验具有世界意义

中国独立自主、改革开放的发展之路以及短时间内所取得的显著成就，为发展中国家探索现代化道路积累了经验，越来越被广大发展中国家称道，同时也引起了国际社会的热议。无论国际社会对中国模式或中

---

① 《面对现实，改革开放 30 年取得了巨大成就》，中国共产党新闻网，http://cpc.people.com.cn/GB/64093/64387/7479944.html。

② 习近平：《习近平谈治国理政》（第二卷），外文出版社 2017 版，第 37 页。

国经验作何评价,这一世界范围内的大讨论,本身就足以彰显中国经验的世界意义。

首先,中国的现代化之路为广大发展中国家探索现代化道路积累了经验。中国的现代化之路所取得的成就向世界昭示:各个国家的现代化道路并非只有西方一条,任何国家都可以从本国国情出发,开创适合本国国情的现代化发展道路。2016年9月3日,来杭州参加二十国集团(G20)领导人峰会的世界银行行长金墉指出:"中国的发展历程证明,正确的改革可以在减贫、就业、收入增长等方面迅速产生成效,因此中国的发展经验对发展中国家具有启迪性。"他还强调:"过去30多年,中国的经济增长无论从速度还是规模上在世界范围内前所未有。2008年国际金融危机以来,中国一直是对世界经济增长贡献最大的国家,对世界经济增长的贡献率达30%。可以预见,中国的经济增长将继续超过世界大多数国家增长,中国在世界经济中的规模和重要性也将继续增加。中国正在转变经济发展方式,把以传统制造业、出口、投资驱动转型升级为创新、服务业和高技术制造业驱动。认识到经济转型的重要性使中国拥有巨大机遇。"[1] 事实胜于雄辩,尽管中国的问题也很多,但中国已经取得的巨大成就说明,现代化之路并非只有西方一条,各国只有找到适合自己的发展道路才能真正实现国家现代化的转型。

其次,中国强有力的政府领导和集中力量办大事的制度优势,也是中国迅速崛起的经验之一。我们有两千多年的统一历史、统一的语言,而且有强有力的政府领导,这一点要比西方的"三权分立"制度在某些重大问题的解决上要优越得多。比如,近年来,在应对重特大灾害过程中,中国在防灾减灾救灾等方面积累了丰富经验,全社会的灾害风险防范意识明显提升。"同时,中国在人道主义援助事务中也积极承担责任,积累了丰富的经验,逐渐获得了国际社会的认可。2015年尼泊尔地震后,中国是最早抵达尼泊尔提供援助的国家之一。此次救援是近年来中国政府采取的最大规模的海外救援行动,不仅提升了中国国际形象,而且与

---

[1] 赵成:《中国经验对发展中国家具有启迪性》,《人民日报》2016年9月6日。

中国'一带一路'倡议具有高度一致性。"① 再比如，自 2008 年金融危机以来，中国相继投资四万亿修建高铁，使中国目前的高铁长度全世界第一，就连英国、美国等国家都要借鉴中国的高铁建设经验。而在美国，德克萨斯州想要在几个城市间修建一条轻轨，论证了 20 年，至今还停留在纸上。为什么呢？因为资本主义制度下的利益冲突太多。航空公司、旅游行业、沿线与其他地区居民的分歧难以协调。在此意义上，中国的制度优势无疑是显而易见的。

最后，中国解放思想、实事求是的思想路线，使我们既能正确认识自己，也能正确认识他人。所谓正确认识自己，就是客观全面地了解本国的基本国情和条件，包括所处的发展阶段，所具有的自然资源、劳动力、资金等禀赋条件；也要了解过去和现在发展面临的主要问题及其产生的主要原因等等。所谓正确认识他人，就是对世界上处于不同发展阶段的不同类型的国家作出系统分析，并对本国与这些国家之间的关系包括可比性、差异性、互补性等作出客观判断。其中，特别重要的是对本国和其他国家的要素禀赋及其结构和相对价格，或者说对不同国家的相对比较优势及其阶段性特征进行深入细致的研究。这是不同国家之间相互学习和借鉴的基本前提。正是在这一正确思想路线的基础上，中国能够正确认识自身的比较优势，制定正确的经济、政治、社会等发展方略。这一点可以说是中国经验的精华所在。

第四节　新时代中国的国际形象日益优化

近年来，随着中国综合国力的不断提升，中国的国际形象不断优化。据《中国国家形象全球调查报告（2015）》显示："中国整体形象稳步提升；中国经济的国际影响力位居世界第二；海外受访者最为期待中国在经济和科技领域的全球治理中发挥更大作用；中国科技创新能力广受好评，高铁被认为是最突出的科技成就；海外受访者来华意愿上升，北京、

---

① 文霭洁：《中国经验值得借鉴》，《人民日报》2016 年 10 月 19 日。

上海、香港成为首选城市。"① 由此可见，中国在各领域的国家形象大大提升。

一　中国的经济形象大为改观

从新中国成立到今天，中国的经济形象经历了颠覆性的改变。新中国成立之初，百业待兴、百废待建，面对的是一个满目疮痍、破败不堪的烂摊子，经济基础非常薄弱，财政经济的情况极其困难。党的十一届三中全会以后，中国有计划、有步骤地实施了改革开放战略，社会生产力得以解放，人民温饱问题得以解决，中国的经济实力和综合国力稳步提升，自此，中国的经济形象开始改观。尤其是党的十八大以来，我国"经济保持中高速增长，在世界主要国家中名列前茅，国内生产总值从54万亿元增长到80万亿元，稳居世界第二，对世界经济增长贡献率超过30%"。供给侧结构性改革深入推进，经济结构不断优化，数字经济等新兴产业蓬勃发展，高铁、公路、桥梁、港口、机场等基础设施建设快速推进。农业现代化稳步推进，粮食生产能力达到12000亿斤。城镇化率年均提高1.2个百分点，8000多万农业转移人口成为城镇居民。②另据《中国国家形象全球调查报告（2015）》显示："中国经济的国际影响力位居世界第二，海外受访者看好中国未来发展形势，受访民众普遍认可中国经济发展的积极作用，并对中国的未来发展形势持乐观态度；近一半的受访者认为中国经济影响力将会持续增长"；"中国产品海外形象有所改善，尤其是售后服务方面进步显著，相比2014年，海外受访者在食品安全、售后服务和价格方面的不满意度分别下降了6%、13%和9%，中国产品在售后服务方面的进步尤为明显"；"中国科技创新能力广受好评，中国高铁被认为是最突出的科技成就。61%的海外受访者对我国的科技创新能力表示认可，甚至超过了中国受访者的评价（57%）。半数的海外受访者对我国2015年科技成就有所了解，其中，认知'中国高铁运营里

---

① 《〈中国国家形象全球调查报告2015〉在京发布》，北京周报网，http://www.beijingreview.com.cn/shishi/201608/t20160829_800065977.html。

② 习近平：《决胜全面建成小康社会夺取新时代中国特色社会主义伟大胜利》，人民出版社2017年版，第40—41页。

程达到1.9万公里,稳居世界高铁里程榜首'的受访者比例最高,达到21%。中国在经济和科技领域全球治理中的作用备受期待。在今后的全球治理中,海外受访者认为中国可以在经济领域发挥出更大的作用(64%),其次是科技领域(58%)"。[1] 可见,相较建国初,中国的经济形象已大为改观,成为中国软实力的重要组成部分,是中华文化走向世界的重要支撑。

二 中国的政治形象不断改善

总体上看,新中国成立以来,中国的政治形象不断改善。党的第一代中央领导集体确立了"独立自主、自力更生"的基本方针,实践证明,这一基本国策捍卫了国家主权独立和领土完整,维护了国家尊严,奠定了中国政治形象的基色。改革开放以后,党的第二代中央领导集体科学判断和把握"和平与发展"的时代主题,坚持以经济建设为中心,实行改革开放,走和平发展的道路,使中国成功实现了从高度集中的计划经济体制向充满生机与活力的社会主义市场经济体制、从封闭半封闭到全方位、多层次、宽领域对外开放的伟大历史转折,中国从此有了一个在西方主流社会被广为接纳的"改革开放"的形象。党的十八大以来,以习近平为总书记的新一届中央领导集体,面对风云变幻的国际战略环境,明确提出了"中国共产党要带领全国各族人民实现中华民族伟大复兴中国梦;中国将继续高举和平、发展、合作、共赢的旗帜,坚定不移地致力于维护世界和平、促进共同发展;坚定不移地推动建设持久和平、共同繁荣的'和谐世界'"等主张。这表明,新一届中央领导集体对国家形象战略的全局把握更加成熟,目标更加明确,战略能力更加自信,中国的政治形象也越来越成熟和完善。

三 中国的外交形象日益提升

一直以来,中国的外交形象有着比较明确的身份定位。在新中国成

---

[1] 《〈中国国家形象全球调查报告2015〉在京发布》,北京周报网,http://www.beijingreview.com.cn/shishi/201608/t20160829_800065977.html。

立前夕，毛泽东曾明确指出："中国必须独立，中国必须解放，中国的事情必须由中国人民自己做主张，自己来处理，不允许任何帝国主义国家再有一丝一毫地干涉。"① 为此，中国不惜抗美援朝，保家卫国。改革开放以来，中国与世界的互动越来越频繁，但中国独立自主、和平发展的外交定位始终没变。党的十六大以来，中国的外交形象得到进一步深化和拓展，确立了"安定和谐、负责任的"大国形象。党的十八大以来，习近平总书记在主持十八届中央政治局第十二次集体学习时明确指出："要注重塑造我国的国家形象，重点展示中国历史底蕴深厚、各民族多元一体、文化多样和谐的文明大国形象，政治清明、经济发展、文化繁荣、社会稳定、人民团结、山河秀美的东方大国形象，坚持和平发展、促进共同发展、为人类作出贡献的负责任大国形象，对外更加开放、更加具有亲和力、充满希望、充满活力的社会主义大国形象。"② 其中，将中国的外交形象明确定位为"坚持和平发展、促进共同发展、为人类作出贡献的负责任大国形象，对外更加开放、更加具有亲和力、充满希望、充满活力的社会主义大国形象"。这一定位使中国的外交形象有了更加清晰的目标指向。

在这一目标指引下，近年来，我国在国际社会通过多边或单边外交机制，积极宣传中国梦与世界人类的梦想是紧密相连的，积极倡导人类命运共同体理念，与美国、俄罗斯、欧盟等西方国家积极构建新型大国关系，与周边国家积极构建睦邻友好关系，与其他发展中国家积极构建战略合作伙伴关系；在对外报道上，中国媒体紧紧围绕"和平、发展、合作、互信、共赢"的时代主题，及时宣传和报道中国形象；在处理国际热点问题，如恐怖主义、地区争端、疾病与自然灾害、伊朗核问题、联合国改革问题，对外援助、派遣维和部队等都发挥了积极作用，这些举措，向世界表明了中国坚持走和平发展道路的诚心和决心，同时也向世界展现了高度负责的大国胸怀。总之，党的十八大以来，中国开创了全新的外交格局，中国"和平发展、合作共赢"的外交理念越来越得到

---

① 《毛泽东选集》（第4卷），人民出版社1991年版，第1465页。
② 《习近平谈治国理政》，外文出版社2014年版，第162页。

国际社会的认同，中国的外交形象也随之不断提升。

第五节　新时代中国引领世界文明的能力不断增强

当前，我国经济已进入新常态，世界经济仍处在深刻调整的格局中，在此背景下，中国提出的一系列主张不断被国际社会接受和认同，中国在国际组织中发挥的作用也日益明显，中国解决国际纠纷的能力也不断提升。总之，一句话，中国在国际社会中引领世界文明的能力不断增强。

一　中国的国际主张被国际社会普遍认同

首先，在经济领域，整个世界经济发展的内在条件和外部环境都在发生着深刻变化，"国际金融危机爆发以来，以欧美发达经济体借贷消费、中国等发展中国家依靠高储蓄和廉价劳动力担当'世界工厂'为特征的世界经济发展模式日渐式微。美国实施再工业化等战略，一些跨国公司回归美国本土。但这些变化并没有彻底改变旧的世界经济发展模式，世界经济依然处于艰难复苏、低迷曲折的状态。当前，受经济全球化趋势推动，世界各国经济发展彼此依赖程度加深。与此同时，世界经济格局发生深刻调整，新兴经济体和发展中国家力量相对上升。在这样的发展背景和格局下，世界经济发展要提升稳定性和弹性，必须突破地域限制、制度差异和政治区隔，重构世界经济生产、消费与分配方式"。[①] 新境遇离不开新理念。在此发展背景下，党的十八届五中全会科学把握当前世界经济发展形势，提出"创新、协调、绿色、开放、共享"的新发展理念，不但为中国经济发展指明了道路，而且为改变世界经济发展模式提出了努力方向，贡献了"中国智慧"，得到国际社会一致好评。

2016年9月4日，国家主席习近平在二十国集团领导人第十一次峰会上，围绕"构建创新、活力、联动、包容的世界经济"这一主题，就应对世界经济当前面临的挑战提出五点主张：第一，面对当前挑战，应该加强宏观经济政策协调，合力促进全球经济增长、维护金融稳定。第

[①] 王战：《引领中国助力世界》，《人民日报》2016年4月11日。

二，面对当前挑战，应该创新发展方式，挖掘增长动能。第三，面对当前挑战，应该完善全球经济治理，夯实机制保障。第四，应该建设开放型世界经济，继续推动贸易和投资自由化便利化。第五，应该落实2030年可持续发展议程，促进包容性发展。这些主张得到了国际社会的普遍认同。加拿大多伦多大学政治学教授约翰·柯顿认为："中国提出并推动G20各成员创新增长方式，这非常重要。实际上，G20成员中的19个国家的研发投入就占全球的87.3%，但是各国的创新国家战略需要交流探讨，才能实现互通有无，创造新的增长潜力。也只有这样，领导人们许下的承诺才能得到切实执行。"[1] 埃及总统新闻办公室主任艾哈迈德·萨拉姆也表示，"中国发起G20成员支持非洲和最不发达国家工业化合作的倡议，非常鼓舞人心。另外，中国正在致力于调整国内经济结构，提出创新和绿色发展等理念，这也为埃及等广大发展中国家的未来发展树立了榜样"。[2] 可以看出，"创新、开放、联动、包容"的"中国主张"不仅是中国站在发展新起点上，作为一个负责任的大国对自身提出的要求，更是给世界经济提供了有针对性、可落地的药方，得到国际社会普遍认可。

其次，在外交领域，自新中国成立以来，提出的一系列主张如"和平共处五项原则、求同存异、和谐世界"等均得到国际社会的一致认同。"和为贵""和而不同"，是中华优秀传统文化的精华，也是中国融入世界，处理国与国之间关系的基本原则，赢得国际社会的广泛赞誉。英国《经济学家》、德国《法兰克福报》等国外主流媒体都给予了积极评价，认为中国通过挖掘传统文化价值，提出了有别于西方价值观的国际关系新理念，向世界展现了独特的文化魅力。

党的十八大以来，习近平提出的一系列外交新主张也得到国际社会的广泛赞同。其一，"人类命运共同体"思想。2015年3月28日，习近平在博鳌亚洲论坛上发表主旨演讲，他指出："人类只有一个地球，各国共处一个世界。世界好，亚洲才能好；亚洲好，世界才能好。面对风云

---

[1] 彭训文：《中国方案将引领世界经济复苏》，《人民日报》（海外版）2016年9月5日。
[2] 同上。

变幻的国际和地区形势，我们要把握世界大势，跟上时代潮流，共同营造对亚洲、对世界都更为有利的地区秩序，通过迈向亚洲命运共同体，推动建设人类命运共同体。"此后，在 2015 年 4 月 22 日亚非领导人会议上、2015 年 9 月 3 日在纪念中国人民抗日战争暨世界反法西斯战争胜利 70 周年大会上、2015 年 9 月 28 日在第 70 届联合国大会一般性辩论会议上等，习近平主席几十次提出并阐述"人类命运共同体"思想，向世界传递中国对人类文明走向的判断，表达中国追求和平发展的立场与愿望。其二，积极倡导总体国家安全观。2014 年 4 月 15 日，习近平主持召开中央国家安全委员会第一次会议时首次提出："要准确把握国家安全形势变化新特点新趋势，坚持总体国家安全观，走出一条中国特色的国家安全道路。"党的十九大报告进一步明确指出："坚持总体国家安全观。统筹发展和安全，增强忧患意识，做到居安思危，是我们党治国理政的一个重大原则。必须坚持国家利益至上，以人民安全为宗旨，以政治安全为根本，统筹外部安全和内部安全、国土安全和国民安全、传统安全和非传统安全、自身安全和共同安全，完善国家安全制度体系，加强国家安全能力建设，坚决维护国家主权、安全、发展利益。"[①] 在总体国家安全观的指导下，中国积极实施和平发展、合作共赢的国家战略，有力回击了各种版本的"中国威胁论"和"中国挑战论"，体现了我国负责任的大国态度，赢得了国际社会尤其是发展中国家的普遍认同。

二 中国在国际组织中发挥的作用日益明显

国际组织通常指两个或两个以上国家为实现共同的政治经济目的，依据其缔结的条约或其他正式法律文件而建立的常设性机构。根据不同国际组织的属性和宗旨，国际组织可以分为政府间国际组织和非政府间国际组织，政府间组织主要以主权国家为主，非政府间组织名目繁多，按照内容主要可以分为：经济类组织、政治类组织以及科技、教育、文化等诸多形式。新中国成立以来，中国从游离在各种国际组织之外，逐

[①] 习近平：《决胜全面建成小康社会夺取新时代中国特色社会主义伟大胜利》，人民出版社 2017 年版，第 24 页。

步向各种国际组织靠拢、参与、融入,进而规范、引领国际组织的发展,无论是政府间组织,还是各种非政府间组织,中国在其中发挥的作用越来越明显。

在国际政治组织中,联合国是当今世界最大的国际组织,中国与其一直保持着良性互动。以联合国维和行动特别委员会为例,自 1990 年参加联合国维和行动以来,中国累计派出维和军事人员 3.7 万余人次。[①] 在人权领域,1981 年中国加入联合国人权委员会,相继提出了一系列有关人权改善的建议,受到国际社会一致好评。[②] 此外,中国也在以实际行动加大对世界的贡献。多年来,中国为一些发展中国家提供力所能及的无私援助,仅 2010—2012 年,中国共向 121 个国家提供了援助,金额高达 893.4 亿元人民币。此外,还通过加强基础设施建设、提高生产能力、给予零关税待遇、支持参与多边贸易体制、培训经贸人才等措施,促进这些国家和地区的经济发展,帮助这些国家不断增强本国的自主研发能力。[③] 2015 年 9 月 26 日,国家主席习近平在纽约联合国总部出席联合国发展峰会并发表题为《谋共同永续发展做合作共赢伙伴》的重要讲话,讲话中提到"60 多年来,中国积极参与国际发展合作,共向 166 个国家和国际组织提供了近 4000 亿元人民币援助,派遣 60 多万援助人员,其中 700 多名中国好儿女为他国发展献出了宝贵生命。"[④] 这一系列行动是中国作为一个负责任大国的庄严承诺,彰显了中国的大国担当与责任意识,不仅为联合国增添力量,而且将在全世界产生深远的示范效应。

在国际经济组织中,中国在保持自身经济持续发展的同时,也一直坚持承担国际责任,为落后国家提供经济援助,分享发展经验,尽快使落后国家摆脱贫困,实现共同发展。一方面,中国政府一直呼吁,世界

---

① 《维护和平的大国担当——中国参与联合国维和行动 28 周年记事》,新华网,http://www.xinhuanet.com/2018-05/30/c_1122914253.htm。

② 孙铁翔:《2014 年中国人权事业的进展——白皮书发表》,《光明日报》2015 年 6 月 9 日。

③ 中华人民共和国国务院新闻办公室:《中国的对外援助(2014)》,《人民日报》(海外版),2014 年 7 月 11 日。

④ 《外媒评习近平联合国讲话:中国对和平的承诺具示范效应》,央视网,http://news.21cn.com/domestic/yaowen/a/2015/1006/16/30121529.shtml。

银行和 IMF 向发展中国家提供更多的贷款和援助，且援助不应附加任何政治条件，以确保国际经济组织能够奉行"中立化"立场；另一方面，近些年，我们在亚洲、非洲、拉美、太平洋等地区近 100 个国家，建立了农业技术示范中心、农业技术试验站和推广站，先后派遣农业专家和技术人员 3 万余人次，同时帮助这些国家培养了一大批农业技术人员。中国的杂交水稻良种已经使很多国家受益。[①] 此外，国际金融危机爆发以来，中国在国际组织中的引领作用更趋明显。在 APEC 中，中国积极主张消除贸易保护主义，将该组织建设成为亚太地区重要的"开放型地区组织"；在金砖五国机制中，中国倡议成立了金砖国家新开发银行，为这些国家复苏经济提供助力；在 G20 组织中，中国积极推动了 G20 的机制化建设。在 2016 年 9 月的 G20 杭州峰会上，中国提出的"创新增长方式、更高效的全球经济金融治理、强劲的国际贸易和投资、包容和联动式发展"四大议题，直接切中世界经济发展命脉。中国希望在 G20 机制内，真正树立起人类命运共同体意识，推进各国经济全方位互联互通和良性互动，完善全球经济金融治理，减少全球发展不平等、不平衡现象，使各国人民公平享有世界经济增长带来的利益。[②] 可见，无论在扶贫开发、危机应对还是推动经济复苏或全球经济治理中，中国一直发挥着重要的作用。

除此之外，中国还积极参加了国际环境组织、国际安全组织以及一系列区域性国际组织，很早就签署了《京都议定书》《核不扩散条约》和《全面禁止核试验条约》等众多国际条约，加入了国际原子能机构等，在融入国际组织的过程中，中国的议题设置能力、话语权、国际游戏规则的重塑能力不断提升，中国在国际组织中的作用和影响力也日益凸显，这一切都为中华文化走向世界开拓了良好的外部环境。

三　中国在国际事务中的引领能力逐渐增强

随着中国国家形象的日益改观以及中国引领世界能力的不断提升，

---

① 《李克强在联合国粮农组织的演讲（全文）》，人民网，http：//politics.people.com.cn/n/2014/1016/c1024-25843345.html。

② 陈凤英：《中国在世界经济中的引领作用日益凸显》，《国际问题研究》2016 年第 4 期。

中国在全球治理问题上发挥的作用也越来越重要，中国引领国际事务的能力也不断增强。在处理国际问题上，中国一直坚持利用多边机制来解决全球性问题。

政治上，中国一直反对单边主义，反对强权政治，积极推动利用各种多边机制来解决全球性的政治问题。党的十九大指出："中国将高举和平、发展、合作、共赢的旗帜，恪守维护世界和平、促进共同发展的外交政策宗旨，坚定不移在和平共处五项原则基础上发展同各国的友好合作，推动建设相互尊重、公平正义、合作共赢的新型国际关系。"[①] 在解决重大国际政治安全问题上，积极倡导通过政治对话建立政治互信解决政治争端。在处理地区和平与稳定问题上，积极推动利用地区安全机制加以解决，例如中国通过参与东盟防长扩大会议、东盟地区论坛、亚信峰会、香格里拉对话等地区安全机制，寻求促进地区安全、化解海洋纠纷、构建地区安全互信的机制和措施。

经济上，中国主张通过多边经济外交推动世界经济增长和区域经济一体化进程。通过加强与国际货币基金组织、世界贸易组织、世界银行的密切合作，为防范金融风险做出了积极贡献。与此同时，中国还积极推动地区经济一体化进程，通过加强对外自贸区筹建和谈判，推进跨地区经贸关系合作与发展，促进世界经济不断增长。通过"一带一路"倡议，建立金砖国家开发银行，筹建亚洲基础设施投资银行，促进南南合作，努力推动发展中国家的经济快速增长。

在全球性气候、反恐等国际机制方面，中国积极参与并发挥着越来越重要的建设性作用。在应对全球气候问题上，中国作为最大发展中国家，一方面采取有效措施推进节能减排，降低二氧化碳排放量。比如，2015年6月，中国向联合国气候变化框架公约秘书处提交了应对气候变化国家自主贡献文件，主动提出"到2030年单位国内生产总值二氧化碳排放比2005年下降60%—65%"的目标。这不仅是中国作为公约缔约方的规定动作，也是为实现公约目标所能做出的最大努力。另一方面作为

[①] 习近平：《决胜全面建成小康社会夺取新时代中国特色社会主义伟大胜利》，人民出版社2017年版，第58页。

发展中国家代表，中国主张按照"共同但有区别的"责任原则、公平原则和各自能力原则，与各方一道积极推动建设性气候谈判进程，构建更加公平合理的国际气候制度。在反恐问题上，中国主张形成合力，充分发挥联合国的主导作用，形成反恐统一战线，标本兼治，不搞双重标准。中国积极推动利用"上合组织"合作机制加强反恐合作，进行陆地实战和网络反恐演习，为维护地区安全做出了贡献。

四 十八大以来中国的新理念新思想新战略被国际社会普遍认同

如前文所述，《中国国家形象全球调查报告（2016）》数据显示，"十八大以来中央新一代领导集体提出的一系列新理念新思想新战略得到越来越多的国际认可。其中，关于'中美新型大国关系'和'依法治国'是海外受访者最为熟知的内容；'和平共处五项原则'和'亲诚惠容'的周边外交理念被海外受访者认可的比例最高"。[①] 说明中国的发展理念和倡议越来越多地得到国际社会的认可，这为中华文化走出去无疑又打开了一扇大门。

其实，自新中国成立以来，我国提出的一系列主张如"和平共处五项原则、求同存异、和谐世界"等思想理念都得到国际社会的一致认同。党的十八大以来，以习近平同志为核心的党中央科学把握世界发展大势以及当前中国所处的历史方位，高瞻远瞩，纵览全局，提出了一系列"富有中国特色、体现时代精神、引领人类发展进步潮流"的新思想新理念新主张，得到国际社会的广泛赞同。

其一，提出了构建"人类命运共同体"的宏伟蓝图。2012年秋，"人类命运共同体"思想首次出现在党的十八大报告中："人类只有一个地球，各国共处一个世界，要倡导'人类命运共同体意识'。"接着，习近平就任总书记后，在首次会见外国人士的谈话中再次表示："国际社会日益成为一个你中有我、我中有你的'命运共同体'，面对世界经济的复杂形势和全球性问题，任何国家都不可能独善其身。"此后，在博鳌亚洲

[①] 《〈中国国家形象全球调查报告 2016—2017〉在京发布》，北京周报网，http://www.beijingreview.com.cn/chinafrica/201803/t20180306_800120091.html。

论坛上、在2015年4月亚非领导人会议上、在纪念中国人民抗日战争暨世界反法西斯战争胜利70周年大会上、在第70届联合国大会一般性辩论会议上等，习近平主席数十次提出并阐述"人类命运共同体"思想，向世界传递中国对人类文明走向的判断，表达中国追求和平发展的立场与愿望。不仅如此，我国还在对外交往实践中积极践行"互利共赢"理念，以实际行动不断推进人类命运共同体思想的宣介和建构，赢得国际社会普遍赞誉。

其二，构建全球伙伴关系网。党的十八大以来，习近平总书记以高瞻远瞩的宏大视野和战略思维，谋筹我国对外工作全局，并身体力行遍访五大洲不同类型的国家和国际组织，初步构建了覆盖全球的伙伴关系网。首先，以大国关系为重点，切实促进大国协调与合作，努力构筑总体稳定的大国关系架构。"在周边，以'亲诚惠容'外交理念为指导，与东盟巩固面向和平与繁荣的战略伙伴关系。与中亚各国全部建立战略伙伴关系或全面战略伙伴关系；与印度、巴基斯坦、阿富汗、斯里兰卡、韩国等结为战略合作伙伴。在非洲，提出'真实亲诚'方针，将中非关系提升为全面战略合作伙伴关系。在欧洲，中欧关系互利共赢的全面战略伙伴关系进一步深化，共同打造和平、增长、改革、文明四大伙伴关系。在拉美，建立平等互利、共同发展的中拉全面合作伙伴关系。在中东，启动全面合作、共同发展的中阿战略合作关系。在大洋洲和南太平洋，同澳大利亚、新西兰关系升格为全面战略伙伴关系，与南太平洋岛国建立了相互尊重、共同发展的战略伙伴关系。"[1] 由此，初步形成了"全方位、多层次、立体化"的全球伙伴关系网络，开创了中国外交工作新局面。

其三，提出"一带一路"倡议。"一带一路"，是"丝绸之路经济带"和"21世纪海上丝绸之路"的简称，它不是一个实体或机制，而是一种发展理念和倡议，是习近平总书记把中国发展和世界共同发展有机结合，从古代丝绸之路汲取营养，创造性地提出来的一种国际合作的

---

[1] 《稳步构建全球伙伴关系网络》，新华网，http：//news.xinhuanet.com/world/2016-07/06/c_129119311.htm。

新模式。"自'一带一路'战略提出4年多来，已经逐渐从倡议变为行动，从理念转化为实践，成为开放包容的国际合作平台和各方普遍欢迎的全球公共产品，100多个国家和国际组织积极支持和参与，一大批有影响力的标志性项目顺利落地，我国与许多国家发展战略顺利对接，基础设施互联互通水平快速提升。"[①] 2017年5月14—15日，首届"一带一路"国际高峰合作论坛在北京召开，来自130多个国家的约1500名贵宾出席这次盛会，取得了丰硕成果，进一步形成了各方携手共建"一带一路"的良好局面。

其四，创新全球治理理念。党的十八大以来，习近平总书记针对全球治理面临的重大问题和挑战，站在中国人民和世界人民"和平、发展、合作、共赢"的制高点上，提出了"总体国家安全观、全球治理观、新安全观、新发展观、正确义利观、全球化观"等一系列新理念新主张，推动建立更加公正合理的全球治理体系。在这些新理念新主张的指导下，中国积极实施和平发展、合作共赢的国家战略，摒弃冷战思维、超越零和博弈，通过主办北京亚太经合组织领导人非正式会议、二十国集团领导人杭州峰会以及出席一系列重大多边外交活动，积极参与和引领全球治理进程，为改革完善全球治理体系、推动建立更加公正合理的国际秩序提出中国方案、贡献中国智慧，赢得了国际社会尤其是发展中国家的普遍认同，为中华文化走向世界创造了有利条件。

[①] 杨洁篪：《深入学习贯彻习近平总书记外交思想不断谱写中国特色大国外交新篇章》，《求是》2017年第14期。

第 四 章

我国文化软实力建设的自身制约对中华文化走向世界战略实施的影响

近年来,我国文化软实力大幅提升,国家的国际影响力、国际形象以及引领世界的能力不断增强。在取得巨大成就的同时我们也要清醒地看到,文化软实力建设的过程中还存在一些内部制约因素,如,国民的文化认同和认知还有待于加强;我国文化领域的发展不平衡、不充分明显;文化产业的创新能力不足,文化传播能力不强等。这些制约因素对中华文化走向世界产生了不同程度的阻力,对此我们既要敢于面对又要善于解决。

第一节 民众对中华文化的认同和认知仍需进一步增强

我国国民对中华文化的认同和认知程度关乎中华文化能否更好地走向世界。因为中华文化成功地走向世界需要官方和民间通力合作,只有那些适应世界发展趋势的优秀中华文化才能真正地立足于世界。习近平总书记指出:"中国特色社会主义文化,源自于中华民族五千多年文明历史所孕育的中华优秀传统文化,熔铸于党领导人民在革命、建设、改革中创造的革命文化和社会主义先进文化,植根于中国特色社会主义伟大实践。"[①] 党的十八大以来,随着国家在文化软实力建设方面取得一系列

[①] 习近平:《决胜全面建成小康社会 夺取新时代中国特色社会主义伟大胜利》,《人民日报》2017年10月28日。

重大成就，我国国民对中华民族文化的认同也在逐步提高。但是，中华文化是一个庞大而又复杂的体系，需要我们深入、细致、长期地去理解和研究。进入新时代，要实现中华民族的伟大复兴，必然对我国国民的文化认同和认知提出更高的要求，但是我国国民对中华传统文化、革命文化和社会主义先进文化的认同和认知仍然需要进一步增强。

一　中华传统文化的认知度还需进一步提高

习近平总书记指出："不忘历史才能开辟未来，善于继承才能善于创新。优秀传统文化是一个国家、一个民族传承和发展的根本，如果丢掉了，就割断了精神命脉。我们要善于把弘扬优秀传统文化和发展现实文化有机统一起来，紧密结合起来，在继承中发展，在发展中继承。"① 首先，究竟弘扬中华传统文化的什么？我们对中国传统文化认识是不是清楚呢？2017年人民论坛问卷调查中心在全国范围进行的"中国公众文化自信指数"调查显示：受访者的传统文化认知得分为80.20（百分制）；传统文化认同得分为83.98（百分制）。

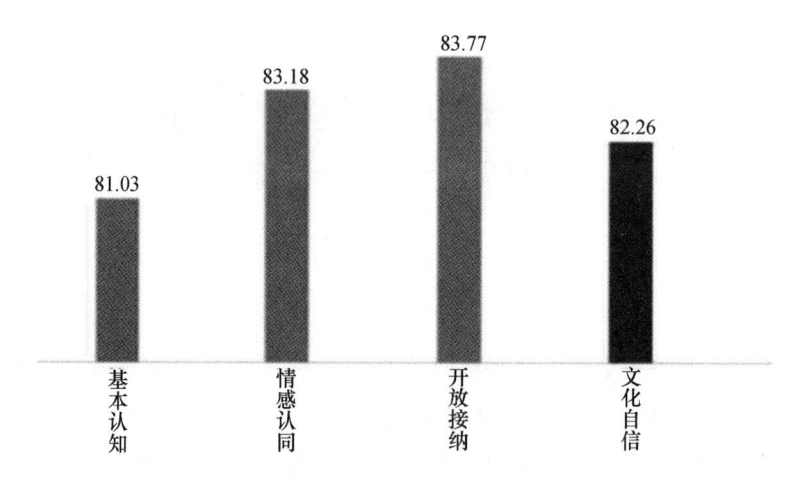

图4—1　公众文化自信指数得分②

---

① 习近平：《在纪念孔子诞辰2565周年国际学术研讨会暨国际儒学联合会第五届会员大会开幕会上的讲话》，《人民日报》，2014年9月25日。

② 人民论坛课题组：《2017中国公众文化自信指数调查》，《人民论坛》2017年第17期。

根据调查可知，公众对于传统文化的理解存在"认同高、认知低"的窘境。众所周知，人们对于事物的理性认同，往往建立在充分的感性认知的基础之上。在调研采访中，只要提及中华优秀传统文化，公众普遍表现出自豪感。然而在提及具体的文化领域或文化精神时，多数受访者则表示对此缺乏更为深入的了解。[①]

当前，公众对中华文化的精华与糟粕的辨别能力依然有待提升。随着世情、国情、社情发生深刻变化，社会进入转型升级期，时代不断发展，有些中华传统文化已失去了现代价值，已失去了吸引力和感召力，丧失了古为今用、推陈出新的能力。"任何传统文化，只有时代化才能真正为今人所用，才能具有不竭活力。否则，只能是堆故纸，束之高阁，一派陈词，无人问津。"[②] "中华优秀传统文化中既有民主性的精华，又有封建性的糟粕；既有积极进步、革新的一面，又有消极、保守、落后的一面。而且在有些情况下，精华和糟粕又互相结合，良莠不齐，瑕瑜互见。"[③] 但是我们有些人对待中华优秀传统文化要么全盘肯定，要么就绝对否定，文化思维走极端。对什么是中华传统文化的糟粕，什么是传统文化的精髓，分不清辨不明。

例如，2017年12月被各大媒体广泛报道和批评的某地"女德班"就是糟粕文化在当代依然残存的具体体现。"女德班"的经典语录如"女人就要少说话，多干活，闭好自己的嘴""女子就应该在最底层""打不还手，骂不还口，逆来顺受，绝不离婚"……这其实是打着传播国学的旗号，对传统文化进行曲解或断章取义，蒙蔽信徒。"女德班"的现象既说明了当今糟粕文化在经过改头换面后仍然会在部分地区和群体中兴风作浪，也说明了部分群体对中华文化的鉴别能力还有待提高。

列宁曾指出："马克思主义这一革命无产阶级的思想体系赢得了世界历史性的意义，是因为它并没有抛弃资产阶级时代最宝贵的成就，相反，

[①] 人民论坛课题组：《2017中国公众文化自信指数调查》，《人民论坛》2017年第17期。
[②] 徐光春：《马克思主义中国化与中华传统文化时代化》，《贵州师范大学学报》2017年第1期。
[③] 罗国杰：《中国传统道德普及本》，中国经济出版社1997年版，第4页。

却吸收和改造了两千多年来人类思想和文化发展中一切有价值的东西。"① 我们反对在实践中对传统文化原封不动地照搬照抄、不加取舍地全盘接受，必须做到认真鉴别，有选择地继承和弘扬传统文化，注重结合新时代的变化和发展，不断对之加以改造、提炼、加工、创新，让中华传统文化既有传承又有创新发展。

二 革命文化的群众认同度仍需进一步提高

革命文化是中华民族优良作风、优秀传统的结晶，它继承和发扬了包含不屈不挠、自强不息、不怕牺牲、艰苦奋斗、勤俭朴素、敢为人先等内容的革命精神，又在新的历史条件下极大地丰富、发展了中华文化的内涵，是党和国家永不枯竭的力量之源。但有些人却认为，革命文化形成于革命时期，在和平与发展成为时代主题的今天是已经过时的文化类型。他们认为，革命文化只能在特定的历史时期内起作用，今天已经不需要经常性地回顾革命年代的红色文化和传统，而应该更多地关注当今的文化和社会发展。2017年人民论坛问卷调查中心在全国范围进行的"中国公众文化自信指数"调查显示：2017年公众对于革命文化的认同度依然相对较低，特别是随着公众年龄的递减而呈现下降趋势，即年龄越小，对革命文化的认同度越低。访谈中，有青年受访者表示："逢年过节，乡风民俗都在我们身边，传统文化对我们而言并不陌生；对于社会主义先进文化，我们也耳濡目染。但革命文化和其中所体现出的革命精神，我们没有经历过，难以感同身受。"② 由此可知，这种对革命文化认知度相对较低的情况不是因为革命文化本身的落后或存在缺陷，而是革命文化源自一个特殊的历史时期，这个时期为我们今天的幸福生活打下了基础，却又远离我们今天的生活，最重要的是与我们今天的生活习惯和日常生活适配度较低，即公众肯定红色文化对历史发展和社会进步的价值，但在和平年代如何践行革命文化精神却成为一个难题。

红色文化或革命文化是中华文化的重要组成部分，红色文化继承了

---

① 列宁：《列宁选集》第4卷，人民出版社1995年版，第299页。
② 人民论坛课题组：《2017中国公众文化自信指数调查》，《人民论坛》2017年第17期。

优秀的中华传统文化，同时又承接着社会主义先进文化，是中华文化承前启后的重要组成部分，也是我国文化自信的坚强后盾。因此，在今后的一个时期，我们必须加强创新革命文化的传播传承方式和途径，提高革命文化认同度。

三 部分民众对社会主义核心价值观的理解不够深入

社会主义先进文化的精髓最集中的体现就是社会主义核心价值观，这也是当代中国精神的集中体现，是凝聚中国力量的思想道德基础，是文化软实力的灵魂，是文化软实力建设的重点。习近平总书记指出："人民有信仰，国家有力量，民族有希望。"① 自党的十八大正式提出在全社会倡导社会主义核心价值观以来，社会主义核心价值观的基本理念逐渐得到人们的认同。但在社会主义核心价值观的认知上还存在一些突出问题。这主要表现在国人对核心价值观的具体内涵的理解存在模糊之处，不利于核心价值的培育和践行。湖北大学高等人文研究院进行的"弘扬社会主义核心价值观与传承传统文化"问卷调查显示：国民对一些社会主义核心价值观理念的理解是存在矛盾之处的。比如，在讨论"民主"时，调查组同时问了两个内涵相反的问题，即民主就是"由民做主"，人民当家作主，和民主的社会是"以民为主"，就是政府"为民做主"。数据统计表明，人们对这两个问题都持有几乎相同的认同率，前者是65.9%，而后者是65%。再比如，在讨论"法治"时，也同时问了两个内涵相反的问题，即"法治的根本在于教化百姓知法、守法"和"法治不是治民工具，法治的重点在于依法治官"。回答结果是：前者的认同率是65.9%，而后者的认同率也有50.5%。② 这些调查结果在某种意义上说明，人们对社会主义核心价值观内涵的理解存在偏差或模糊。

事实上，社会主义核心价值观从国家层面、社会层面和个人层面概括了十二个价值范畴，可以说相当全面，而且核心价值观的思想既来源

---

① 习近平：《决胜全面建成小康社会 夺取新时代中国特色社会主义伟大胜利》，《人民日报》2017年10月28日。

② 江畅、孙伟平、戴茂堂主编：《中国文化发展报告（2017）》，社会科学文献出版社2017年版，第235页。

于马克思主义,又传承传统文化的精髓,同时也吸收了西方文化中的优秀成分;既反映了近百年来中国人民对民族独立和国家富强的不懈追求,也回应了新时代中国改革创新的时代精神。可以说,社会主义核心价值观的内涵和外延十分丰富。当前不论是理论界,还是普通群众,其对社会主义核心价值观十二个主题词内涵的理解都存在着某些含混,甚至是分歧的地方。许多知识层次比较低的人对核心价值观的理解还处于一个非常模糊的状态,更有甚者对社会主义核心价值观根本一无所知,这种状况必然会影响到人们对核心价值观的弘扬。湖北大学的调查结果显示,社会主义核心价值观得到了比较高的认同,但国民对认同的社会主义核心价值观是什么并不是十分清楚。因此,用简单易懂的语言向普通民众宣传社会主义核心价值观,进一步对社会主义核心价值观的内涵明晰化,真正形成对核心价值观各范畴内涵的清晰界定,是当前社会主义核心价值观的培育和践行中要迫切解决的问题。

四 国内历史虚无主义的影响依然存在

近年来一些人对近现代中国的历史采取虚无主义态度,以"重新评价"为名,肆意歪曲历史,否定历史唯物主义与历史决定论。虽然随着我国文化自信的进一步彰显,历史虚无主义的势头得到一定的遏制,但其影响依然存在。

习近平总书记曾指出:"历史虚无主义的要害,是从根本上否定马克思主义的指导地位和中国走向社会主义的历史必然性,否定中国共产党的领导。"[①] 历史虚无主义通过否定历史主体,颠覆唯物史观,通过对个案的片段,历史的某个细节的展示来以偏概全,以某个历史事件来推断整个历史过程,其实质就是历史唯心主义。其在当今的具体表现方式有:通过丑化英雄、解构主流价值,消解民族精神;通过诋毁党的领袖,否定党的优秀政治品格;通过否定革命,抹黑中国革命对历史进步的贡献;通过美化反面人物从反面论证我国革命战争和建设新中国的不合理性;

---

① 《历史是最好的教科书——学习习近平同志关于党的历史的重要论述》,中国共产党新闻网,http://dangshi.people.com.cn/n/2013/0722/c85037-22271795-2.html。

通过美化侵略，妄图为帝国主义的侵略殖民历史翻案；通过用假设否定事实来否认中国道路；通过裁剪事实曲解历史真相来引起社会对民族历史的质疑；通过曲解马克思主义理论体系否定我国的指导思想；通过黑化中国共产党早期领导人否定中国共产党领导的合法性；通过否定新中国建设的历史成就来否认社会主义制度的优越性。历史虚无主义对我国文化软实力建设的危害巨大，它严重阻碍了中华文化的认同和发展，给中华文化走向世界带来一定的阻力。尤其是国内一些具有一定影响力的公众人物，披着学术的外衣谋求政治诉求。如"引用史料"论述民国时期政府为老百姓提供各种福利，进而得出当今社会是历史倒退的结论。他们利用文学艺术否定传统文化和红色文化，他们充分利用影视、小说、讲座、研讨会等形式，借助新媒体平台，为反面人物和帝国主义翻案，抹黑嘲讽革命英雄、爱国人士和道德模范，把证明中华文化落后等奉为解放思想、敢说实话；把赞美民族英雄和历史、坚持党的文艺路线、宣传社会正能量污蔑为被洗脑，进而展开谩骂甚至人身攻击。另一方面他们却对西方文化情有独钟，对中华文化和西方文化在判断上采取双重标准。这就在舆论上对公众正确理解中华文化造成了很大的干扰和误解。

　　正如习近平总书记指出："抛弃传统、丢掉根本，就等于割断了自己的精神命脉。博大精深的中华优秀传统文化是我们在世界文化激荡中站稳脚跟的根基。不忘本来才能开辟未来，善于继承才能更好创新。对历史文化特别是先人传承下来的价值理念和道德规范，要坚持古为今用、推陈出新，有鉴别地加以对待，有扬弃地予以继承，努力用中华民族创造的一切精神财富来以文化人、以文育人。"[①] 我们要敢于、善于在文化和意识形态领域中与历史虚无主义做斗争，增强文化自信，为中华文化走向世界扫除思想上的障碍。

[①] 《习近平主持中共中央政治局第十三次集体学习并讲话》，中国政府网，http://www.gov.cn/ldhd/2014-02/25/content_2621669.htm。

第二节　我国文化领域的发展还存在一定程度不平衡、不充分

习近平总书记在党的十九大报告中指出："我国社会主要矛盾已经转化为人民日益增长的美好生活需要和不平衡不充分的发展之间的矛盾。"[①]这一判断为我国未来长时期内的社会发展规划及国家战略的制定提供了重要理论依据。我国文化领域的发展不平衡、不充分首先体现在我国的区域、城乡之间文化发展不平衡和不同群体之间文化发展的不平衡，其次是文化的供给和文化的消费需求不平衡不充分。

一　区域、城乡之间文化发展不平衡、不充分

从总体来看，我国东中西各个区域的居民生活不断改善，文化事业、文化基础设施建设都稳步推进与提升。但是在实际的发展过程中，东西部地区、城乡之间经济和社会发展水平还有不小的差距。特别是贫困落后地区文化建设的状况，在文化生产力迅速崛起的时代，实现我国东西部、城乡之间文化领域平衡充分发展是十分必要与紧迫的任务。

（一）政府文化建设投入相对不足

党的十八大以来，我国文化建设的经费投入一直处于逐年增长的态势，2017 年全国文化事业费为 855.80 亿元，比上年增加了 85.11 亿元，增长了 11.0%；全国人均文化事业费为 61.57 亿元，比上年增加 5.83 亿元，增长 10.5%。文化事业费占财政总支出的比重为 0.42%，比重比上年提高 0.01 个百分点。[②]

由以上数据可见，2011—2017 年这一时期我国政府在文化投入方面加大了经费支持的力度。但用于专项文化事业资金的比重相对较少。考虑到物价上涨因素，我国目前人均文化事业费份额仍然偏低，2017 年年

[①] 习近平：《决胜全面建成小康社会　夺取新时代中国特色社会主义伟大胜利》，《人民日报》2017 年 10 月 28 日。

[②] 《2017 年中国文化事业费增 11%》，中国政府网，http://www.gov.cn/shuju/2018-06/01/content_5295233.htm。

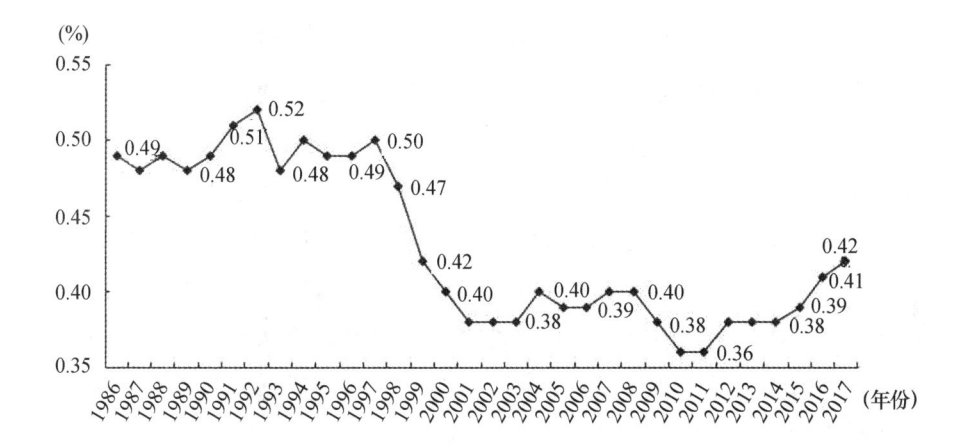

图 4—2 1986—2017 年我国文化事业费发展以及所占比重的情况

资料来源：中国经济网。

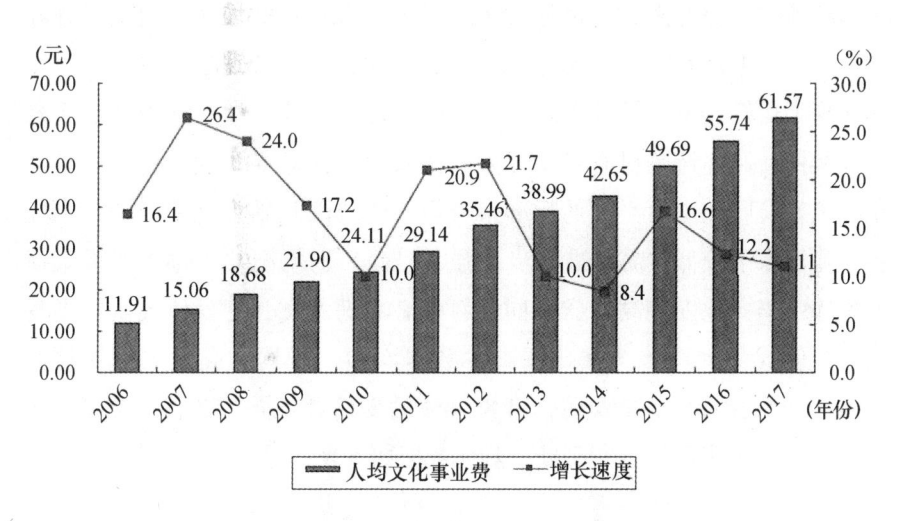

图 4—3 2006—2017 年全国人均文化事业费增长情况

资料来源：中国经济网。

底我国人均文化事业费 61.57 元。与发达国家相比，我国的文化事业投入比例很低，今后发展和增长的空间依然广阔。因此，切实提高人均文化事业费是我国政府继续加大文化投入力度的紧迫任务。

我国目前文化建设领域所面临的经费投入不足不仅表现为人均文化事业费较低，而且表现为中央和地方各级政府对文化事业单位的财政拨款比较有限,这在根本上限制了各文化部门及其单位文化建设职能的有效发挥。从国家对文化行业的拨款来看,财政拨款与国家财政总支出的占比总体来看是呈下降趋势的,国家对文化的投入明显更偏向城市建设,农村文化建设的投入就更低了。一方面,城乡二元社会结构体制的存在,加剧了农村的落后。户籍制度的长期存在制约了贫困人口个人的发展,使贫困人口滞留在农村,局限在相对封闭的文化环境中,不利于接受先进思想和现代文明。另一方面,我国地方政府财政困难难以承担地方教育经费支出的重任,教育经费不足已经成为常态,农村学校教师短缺和学生辍学严重,学校运转困难。

(二)某些地区基层文化基础设施较差

文化基础设施建设是基本民生保障,某些地区文化基础设施建设差是制约地区发展的瓶颈,也是造成不利于丰富群众精神文化生活的外在条件。近年来,我国不断加强文化基础设施建设,特别是对贫困地区全面实现了村村通电、村村通路、村村通电视;医院、学校等硬件也实现升级换代,一些行政村有了幼儿园,群众生活面貌有了较大改善。但从城乡统筹发展和全面小康的标准来看,一些地区基础设施建设依然不完善,建设水平较低,需要进一步加强、提高。根据湖北大学高等人文研究院、中华文化发展湖北省协同创新中心和湖北文化建设研究院"弘扬核心价值观与继承传统文化调查"数据库和"中国文化发展状况调查(2017)"数据库的调查显示,有85.6%的受访者认同"公共文化服务不均等现象十分明显"这一判断,具体数据如下表:

表4—1　　　　　　　　公共文化服务不均等的现象调查　　　　　单位(人,%)

		人数	百分比	有效百分比
有效	非常同意	829	19.74	27.40
	同意	1761	41.94	58.20
	不同意	358	8.53	11.82
	非常不同意	78	1.86	2.58
	总计	3026	72.07	100.00

续表

		人数	百分比	有效百分比
遗漏	不清楚	1086	25.86	
	系统	87	2.07	
	总计	1173	27.93	
总计		4199	100.00	

资料来源：《中国文化发展报告2017》

另外，目前我国公共文化设施落后甚至缺乏的根本局面没有得到有效的扭转，公共图书馆、群众文化活动中心、文化馆站、艺术表演场馆、纪念馆等民众经常参与文化活动的基础设施依然很落后。例如，2017年我国每万人拥有群众文化设施建筑面积仅有295平方米。不仅如此，公共图书馆的人均藏书量也非常有限，截至2017年年底，我国公共图书馆的人均藏书量仅为0.7册，人均拥有图书还不到1册。[1] 这说明，我国目前公共文化服务设施建设任重而道远。根据湖北大学课题组的调查，在对题项"公共文化服务基础设施落后甚至缺乏"的回答中，剔除"不清楚"的人之后，有681人选择"非常同意"，占有效总数的22.79%，选择"同意"的有1668人，占到有效总数的55.80%，两者合计达到78.59%，也就是说超过3/4的受访民众都感觉到目前我国公共文化服务基础设施落后甚至缺乏。

表4—2　　　公共文化服务基础设施落后甚至缺乏的调查

		人数	百分比	有效百分比
有效	非常同意	681	16.22	22.79
	同意	1668	39.72	55.80
	不同意	526	12.53	17.60
	非常不同意	114	2.71	3.81
	总计	2989	71.18	100.00

[1] 《中华人民共和国文化和旅游部2017年文化发展统计公报》，中华人民共和国文化和旅游部，http://zwgk.mct.gov.cn/auto255/201805/t20180531_833078.html。

续表

		人数	百分比	有效百分比
遗漏	不清楚	1125	26.79	
	系统	85	2.03	
	总计	1210	28.82	
总计		4199	100.00	

资料来源：《中国文化发展报告2017》

（三）区域之间的文化产业发展不平衡

2018年上半年，东部地区规模以上文化及相关产业企业实现营业收入32443亿元，占全国的76.8%；中部、西部和东北地区分别为5828亿元、3509亿元和447亿元，占全国比重分别为13.8%、8.3%和1.1%。可见中西部和东北地区的文化产业仍落后于东部发达地区的发展水平，但我们也要注意到，中西部的文化产业高速发展，势头正猛：2018年上半年西部地区增长13.4%，东部地区增长9.7%，中部地区增长9.6%，东北地区增长2.4%。[1] 在精准文化扶贫的思路下，中西部文化产业获得了绝佳的发展机遇。当前，资金仍是文化扶贫的关键。从文化企业的投融资情况看，北京、广东、上海、浙江四大省市是上市文化企业主要分布地，与上市文化企业数量分布类似，北京、上海、广东三省市上市文化企业融资规模居于前三。北京、上海、广东文化产业相对发达，上市文化企业众多，因此吸引资金实力明显强于其他省市，部分省市诸如福建、广西、山东、天津等融资规模有限，部分省市如海南尚未有上市文化企业进行融资。[2] 以上数据说明，我国文化产业地区间发展不平衡是当前我国文化产业的一个基本实情。

二 不同群体之间文化发展不平衡、不充分

社会现阶段在接受教育和文化消费方面，各阶层与各群体之间存在

---

[1] 《2018年上半年全国文化产业运行情况分析：实现营收4万亿增长9.9%》，中商情报网，https://baijiahao.baidu.com/s?id=1607482037976445229&wfr=spider&for=pc。

[2] 叶朗：《中国文化产业发展报告2017》，北京大学出版社2017年版，第14页。

巨大差距，相对贫困落后的地区和部分生活困难的群体，生活方式守旧、文化生活单调、思想观念陈旧、教育上投入不足，极大制约了贫困人口对于社会先进文化的接受力和再创造力。再加上某些贫困地区婚育观的陈旧落后，导致不同群体之间文化发展不平衡不充分。

（一）部分贫困群体的受教育观落后

贫穷导致思想落后，观念落后就没办法实现脱贫。部分贫困地区之所以贫困，与当地的教育资源落后有紧密的联系。一方面，贫困地区基础教育师资队伍奇缺，教师素质低，经常出现几门课由同一名教师授课的情况。在有些县城一级的学校，音、体、美这样的课程从来没有上过，这导致学生享受不到应有的教育培训与素质培养，并造成恶性循环，学校招生率低。另一方面，由于许多小学生毕业后就已经具备基本的劳动能力，在生活压力、金钱诱惑等面前他们选择离开学校去打工，中断了继续受教育的过程。根据贺州学院古伟霞课题组对广西19个少数民族自治县（乡）的农村中小学辍学率的调查显示：初中和小学辍学率分别为1.51%、0.54%；小学辍学率呈下降趋势，初中辍学率呈上升趋势，小学近三年辍学率分别为0.6%、0.53%、0.48%，初中辍学率分别为1.15%、1.6%、1.79%。[1] 初中学生的辍学率有逐年上升的趋势。

经济发达地区与贫困地区之间，最根本的差距不是资源多少的差距，而主要是文化观念的差距。受小农意识、急功近利等意识影响，也因为贫困，教育事业不断低迷；崇文尚贤的人生态度在生存压力下逐步消解，新一轮的"读书无用论"在贫困乡村重新流行，失学率不断上升，不少壮年文盲尚未扫除，新的青少年文盲群体又在涌现。村民教育程度的低下，文化素质退化极大制约了他们接受先进科技的能力，助长了贫困地区巫术迷信泛滥，以致传统文化糟粕重新流行。如果这种状况长时间持续下去，脱贫致富就会变得更加困难，也会造成贫困人口文化素质的进一步下降。

---

[1] 古伟霞：《广西民族地区农村中小学辍学率的调查》，《教育教学论坛》2016年第41期。

（二）某些地区贫困群体的婚育观陈旧

某些贫困地区受传统封建观念的影响，在一些村民头脑中传宗接代、重男轻女、多子多福的陈旧观念依然根深蒂固。生育过多造成家庭人口增多，培养下一代的支出耗费巨大。2013 年微博上的"全国彩礼地图"引起巨大反响，"全国彩礼地图"标注了中国各地的结婚彩礼金额。2018 年，这份"彩礼地图"上绝大多数的省份在单纯的彩礼、电器基础上增加了价值更高的"房产"和"汽车"。比如，贵州省从 2 万元礼金加电器，涨到了 3—15 万元礼金加上房子；陕西省从 3 万元礼金加"三金"，涨到了 3—25 万彩礼、首饰加房子"首付"。[①] 我国省市彩礼数量总体上涨，且趋势是西部地区的礼金高于东部和南部，贫困山区的礼金高于城市。为了完成下一代的抚养任务，沉重的彩礼使贫困地区的村民根本无暇顾及其他事情。

此外，贫困群体的婚育观念落后还主要表现为通婚地域非常有限甚至亲缘之间的通婚，这种情况极易造成下一代的身体畸形、痴呆，一旦这种状况发生，便会极大拖累家庭生活水平提高。近亲结婚、智障人互婚及有限地域范围的长期交错通婚，也是导致贫困人口增加的重要根源。这主要表现在婚姻和生育两个方面。在婚姻方面，由于受传统封建思想的影响，很多人的婚姻大事由父母包办，贫困地区年轻人的婚姻中还存在着"娃娃亲"和"换亲"现象，更有一些地区在择偶时要请人测婚姻的方位，看生辰八字等；在生育方面，有的为了加强家族势力，认为"不孝有三，无后为大"，为了生儿子想尽一切办法，很多贫困人口甘愿冒倾家荡产的危险，陷入"越生越穷，越穷越生"的恶性循环中难以解脱，成为贫困地区脱贫发展的重要障碍。

三　文化需求与文化供给不平衡、不充分

在建设中国特色社会主义的新时代，随着居民人均收入的提高，物质生活满足以后，人民群众对精神文化生活的需求更加旺盛，文化消费层次、消费需求不断提高且日益多样化。从文化产品的消费阶段来看，

[①] 《2018 最新全国各地彩礼地图》，搜狐网，http://www.sohu.com/a/227110982_99990084。

有学者把文化消费分为基本型文化消费、享受型文化消费和发展型文化消费。① 从目前我国的文化消费水平来看,在三种文化消费形式并存的基础上,基本型文化消费已经基本满足,而享受型和发展型文化消费的需求越来越高。总体来看,我国的享受型文化消费品供给过剩且质量不高,发展型文化消费供给数量和质量无法满足需要。

(一) 享受型文化消费品供给过剩且质量不高

比基础型文化消费更高层次的精神文化需要是享受型文化消费。马克思关于人的需要的理论指出:享受需要是人的基本需要,满足人的合理的、正当的需要有利于人的身心健康以及社会文明的进步。因而,人的享受型精神文化有利于人的健康成长,需要得到正当合理的满足,有利于人的精神文化生活质量的提升,也将有利于精神文明的发展。在最现实、最迫切的精神文化需要得到一定满足之后,人类就会积极参与各种娱乐活动,会开始追求更高层次的精神文化生活,以奠定自身发展的基础,追求高雅的审美情趣,实现人的主体性、创造性和价值性,实践人与社会的互动。随着经济的发展,生命周期的延长,社会的进步,休闲时间的增多,人们会从更加高雅的层次中体验生命的快乐,也会更加理性地认识娱乐需要的正当性、合理性和迫切性。

各种形式的文化产品,特别是网络媒介产品,每天都有海量的增长。但基本文化消费领域在内容提供、消费渠道、周边生产等方面,与人民群众日益增长的精神文化需求相比,仍然存在着一些明显的不足。从文化市场的整体来看,"有数量缺质量、有高原缺高峰"的现象仍较为普遍。以影视业为例,2018 年中国电影产量 1082 部,如此多的电影中,能够上映的只有 289 部,这其中还有 176 部是票房不足 500 万元的"一日游"影片,占国产片总数的 61%。上映的影片中实现盈利的影片并不多。② 2017 年备案公示拍摄的电视剧 1180 部,总集数达到 4.65 万集,我国电视剧从制作量到收视人群已多年稳居世界第一。但这些国产的电视

---

① 黄永刚:《从提高供给质量出发 扩大文化产品有效供给》,《光明日报》2016 年 6 月 1 日。

② 《2018 中国电影市场年报 (影片篇)》,搜狐网,http://www.sohu.com/a/287325511_100149208。

剧也不是都能够播出，据统计，2017年我国国产电视剧实际获准发行的只有313部，近75%没有播放平台，[①]而播出的电视剧能产生一定的经济和社会效益的少之又少。可见巨量的文化消费品只有少数能够转化为满足消费需求的产品，其中还存在着大量文化消费品属于无效供给。国人对享受型文化消费品的需求正日益多样化和复杂化，而这种文化渴求的旺盛与文化供给的相对贫乏正形成巨大反差。换言之，享受型文化产品的数量已经足够，但整体质量有待提高。公众不是没有文化追求，而是我们的海量文化消费品中具有高质量的能够打动公众，满足国人文化需要的作品不足。

（二）发展型文化消费供给数量和质量无法满足需要

发展型文化消费是在基础型和享受型精神文化消费得到一定满足的基础上，人类需要的具有长远指导意义的发展型精神文化需要。这种类型的文化产品更加注重在理想、信念、发展层面的长远追求和深层次价值。这种最高层次的精神文化需要，是人的自由全面发展过程中必不可少的，对其他类型的精神文化需要具有指导作用和统领作用。但目前来看，发展型文化产品的创新性明显存在短板，这种能够启迪心智、陶冶心性、满足消费者高层次精神追求和情感体验的发展型文化消费品的供给数量和质量都存在明显不足。文化消费领域的模仿和侵权等非法现象也制约了文化产品的原创性。购买国外版权进行产品的模仿仍然是很多文化发展型产品的主要形式，这种现象充分表明，我国高品质文化产品短缺，纯娱乐的低端文化流行，符合社会需要和民众喜爱的文化产品成为稀缺资源。特别指出的是，符合广大青年人群和未成年人群的优秀文化产品和文化资源，数量和质量都明显无法满足需要，文化产品的生产与消费者的需求之间还存在很多的不平衡。

---

① 《2018中国电视剧产业发展报告》，搜狐网，https：//www.sohu.com/a/226437684_152615。

第三节　我国文化产业整体实力较弱

随着我国改革开放的不断深化和国家文化软实力的增强，文化产业在国际文化交往中的重要性越来越突出。从国际经验来看，一个国家文化产业的"走出去"不仅对于增强本国的国际竞争力，提升本国文化的影响力、辐射力，巩固本国的国际地位具有重要意义，同时可以改善本国的对外贸易结构，促进本国产业结构的转型和升级。但文化产业在我国还是一个弱势产业，中美之间的文化逆差还很大。在全球化背景下如何迎接发达国家的挑战，在国际上传播中华文化、展示中华文化的吸引力、提升文化产业的整体实力，形势依然严峻。

一　文化产业发展的产业结构相对低端

我国文化产业是以经营类文化事业单位转企改制作为条件和基础的，因此，需要在市场化机制中对国有文化资产的存量部分进行盘活，在此过程中，亟待完成事业型思维向市场化思维的转变。应该看到，这些年文化产业的爆发性增长与体制松绑和政策红利所带来的效应有关，但市场自身的活力和文化企业的发展动力并未得到有效激发，市场竞争主体还不够强、市场机制不够完善、文化产业集中度不高、缺乏骨干企业和知名品牌。我国文化产业的主要增长值长期停留在相对低端、容易开发的非核心层文化产业。再如，过度依赖广告的运营模式造成传统媒体收入结构单一，难以应对经济形势波动、新媒体的竞争压力等形势下收入下滑的风险。文化产业从根本上讲是内容产业，这是文化产业健康发展的根脉所在，不注重内容质量提升和创新驱动，长期处在产业链和价值链低端，产品缺乏核心竞争力，无益于产业的长期健康发展。一些文化集团迫于生存压力努力推动业务多元化发展，但这些业务与主业之间关系不大，无法发挥资源集中优势，形成完整产业链。"文化产品市场能否成功运营、能否提升文化产业附加值，关键是看能否形成完整的产业链、价值链、供应链。产业链条不完整、附加值低，文化产品市场就缺乏可持续的增值和开发空间。"①

二　某些文化行业盲目建设、扩张造成新一轮的资源浪费

我国的文化产业从某种程度上说是由政府主导的。由于政策红利刺激及经济结构转型的需要，时代赋予文化产业历史机遇，全国各地都不同程度地显现出一种兴奋、浮躁，文化产业领域出现了"热运行"的状态，资本大量涌入让很多地方领导干部在连什么是文化产业都没搞清楚的情况下就不顾一切地盲目追风、盲目上马了一大批文化项目。文化产业的发展需要有资本、市场、智力、政策的强有力支撑，但很多地区和部门都以为文化产业就是一个摇钱树、聚宝盆，于是，各类影视基地、产业园区，主题公园遍布各地。盲目上马的大批文化项目并未考虑与自身的实际和特点相结合，造成文化项目建设同质现象十分严重，很多产业亏损严重。以动漫产业为例，在国家大力发展动漫产业的号召下，2011年，全国共有23个国家动画产业基地，而很多因为资金、技术、人才的缺乏而凋敝，如，中国电影集团公司、长影集团有限责任公司、上海炫动卡通卫视传媒娱乐有限公司、上海美术电影制片厂、大连高新技术产业园区动画产业园等五家国家动画产业基地动漫产量为零。还有一些地区的动漫产业基地由于创新的困难逐渐演变成为发达地区和企业的代工工厂，完全丧失了动漫基地的功能。2012年，文化部开始清理和规范动漫产业基地和动漫会展活动，这种情况说明社会各界对文化产业有较高的发展预期，政府对发展文化产业也非常支持和重视，大批上马的文化产业营造出大力发展文化产业的社会环境和社会氛围，改变了长期以来人民群众对文化事业的片面认识。但很多项目是文化产业的低水平重复性的盲目追风建设，同质化严重造成了新一轮的资源浪费和人力物力浪费。2014年伴随中国文化部出台的《关于扶持动漫产业发展的若干意见》的政策支持，动画制作逐渐实现了从量向质的转型。最新数据显示，2017年共有62部动画电影上映，国产动画39部（占比62.9%），进口动画23部（占比37.1%）。2017年动画电影票房总量

---

① 张潜：《文化供应链及区域发展》，科学出版社2014年版，第14页。

为47.17亿元，但是国产动画电影综合票房仅为13.29亿元，占总体票房的28%。①

国产动漫创新性不够，体现在内容题材比较老套、主旨创意不足等。此外，国产动漫的人物形象塑造也不够丰满，没能出现鸣人、哆啦A梦、米老鼠、唐老鸭等全球认知度广泛的动漫形象。在漫画方面，国产漫画说教性太强、节奏拖沓的问题也被认为比较严重。我国动画行业还处于发展阶段，市场整体基础比较薄弱，还没有探寻出清晰的商业模式，市场实际产能、营业收入和盈利等都表现一般。根据对39家动画行业企业分析，从盈利上来说，30.77%的动画公司出现亏损，69.23%的企业净利润小于500万元，②其中，还有一些项目并非是市场真正需要而是政府追求政绩而直接扶持，一旦后续资金没有跟上就会处于停滞状态，这对文化产业的健康发展和文化事业的实质性推进不但无益，反而有害。

三 文化产品的原创性仍显不足

"文化产业的基础在于内容，内容的生命在于原创。"③ 中国是举世公认的有着丰富、优秀的历史文化遗产的文化大国，丰富的文化资源是我国发展文化产业的天然条件和现实优势。在文化产业化过程中，如何充分挖掘丰富的文化资源，把这些资源用好，把静态、有限的资源势能转化为鲜活、无限的文化产业动能，把我国发展成为一个文化强国，是摆在我们面前的新课题。我国文化产业经过改革开放四十多年的发展，产业人才和产业原创力不断提升，但是，面对全球化的迅猛发展和国际竞争带来的激烈形势，我国的文化产业的创新力还相对薄弱。以电视节目为例，"早在1998年年底，中央电视台二套就花费400多万元购买了

---

① 《2018我国动漫行业发展现状分析及发展趋势分析》，华经情报网，https：//baijiahao.baidu.com/s? id = 1622445098118940417&wfr = spider&for = pc。

② 《2018我国动漫行业发展现状分析及发展趋势分析》，华经情报网，https：//baijiahao.baidu.com/s? id = 1622445098118940417&wfr = spider&for = pc。

③ 史竞男、王阳、张辛欣《文化产业生命在于原创力》，《人民日报》（海外版）2017年03月14日。

英国一家娱乐节目的版权，推出《幸运52》和《开心辞典》，取得良好效果"。① 近年来高收视率的节目中，据统计90%以上是从美国、韩国、英国等国外购买版权的翻版节目。近年，各地方卫视争相购买国外娱乐节目的版权，如浙江卫视的《奔跑吧兄弟》，其版权购自韩国，《中国好声音》是从荷兰购买的版权，湖南卫视的《爸爸去哪儿》《歌手》引自韩国的娱乐节目；东方卫视的《梦立方》《中国达人秀》引自英国，《花样姐姐》从韩国引进；江苏卫视的《蒙面唱将猜猜猜》从韩国引进。这都是直接购买国外原创和版权的事例，中国文化产业的原创性不足的问题已经是我国文化产业发展过程中最突出的短板，文化产品缺乏原创这一问题深刻反映出中国文化产业在国际市场中的结构性矛盾。

文化资源大国并不等于文化产业强国。我们的文化产业，在产业规模、产品质量、资源绩效、市场竞争力上和美国、日本、韩国等国家相比存在较大的差距。未来文化产业发展的方式是在深刻挖掘我国优秀文化资源的基础上增强文化产品的原创性、创新文化资源观。"如何从消费市场和现代产业角度提炼文化资源的市场价值要素，进行有效的开发和利用，这是我国文化产业发展必须考虑的问题。"② "在文化资源呈散落状分布基础上进行的单一文化产品开发，无法形成产业规模及规模效益。作为现代社会生活的一部分，文化需求和文化消费无论呈现怎样的多样性，它的基本趋向只能是现代生活期望的满足和补充。"③ 我国文化产业必将在对文化资源进行充分深刻挖掘的基础上进行产品原创。

四　文化产业技术力量与国际领先水平还有差距

高科技的广泛应用使文化成为文化产业，文化产业的飞速发展得益于飞速发展的现代科学技术和现代化的传播手段，这是文化产业发展的技术基础。特别是第四次科技革命以来，以数字化、"互联网+"、

---

① 《内地综艺节目引进不能只加"广告"：买名声更买经验》，《文汇报》2012年10月11日。

② 谢晶仁、余洋：《中国文化产业发展问题研究》，中国出版集团2013年版，第112页。

③ 同上。

"AI+"等为代表的新技术革命不仅带来了全新的数字经济和数字时代，也带来了全新的网络文化和数字文化。"互联网+"时代的网络文化在文化产品上的广泛应用，极大地促进了文化产业的质的提升。没有现代化的生产技术，没有大规模生产，就不能称其为产业。发达国家率先通过高科技的手段成功地推动了文化产业的高科技化。20世纪90年代，图书出版公司、音像出版公司率先把互联网技术应用在销售中，给消费者的选购带来了极大的方便，进而使图书业和音像出版业迎来了发展契机。迪士尼公司把高新技术应用于文化娱乐业，迪士尼乐园给观众带来了无与伦比的消费体验和文化享受，也带来了巨大的商业利润，如迪士尼1993年的销售额为85亿美元，而到了2017年营收达551.37亿美元，净利润为89.8亿美元。又如百老汇音乐剧制作中的高科技手段运用，让许多传统表演艺术望尘莫及。反观我国的文化产业，如电影业、动漫业、娱乐业和演出业等，相当多的设计、制作、加工、体验都还停留在传统科学技术的层面上，制作环节的很多技术部门充斥着经验主义者，已经严重落伍。即便少数的国内领头文化企业引进了国际先进技术力量，但其与西方依然存在很大的差距，这一差距体现在设计、制作、加工、体验等各个环节。因此，缺少高科技的应用是制约中国文化产业国际化的瓶颈之一。

五 部分文化产品缺少对世界元素的吸收

文化产业的核心是内容，内容的灵魂是创意和价值。在市场经济的条件下，文化产业导向性、经济性（商业性、娱乐性）应统一于文化性（新闻性、艺术性即欣赏性）的实现，三者统一的程度影响到文化建设、文化产业发展和文化宏观管理（总量和结构的调控）的成效，只有深化这种认知，才能有助于对文化和文化产业特殊性的深刻理解，从而在实践中尊重文化的发展规律和遵循市场经济规律。实践表明，并不是只有"三俗"才会有经济效益，现代人们对毫无文化内涵的快餐文化开始厌恶，那些没有营养的只有简单快乐的娱乐节目已经没有市场，人们开始喜欢新的、有自己文化内涵的节目。如中央电视台的《中国诗词大会》节目的火爆进一步说明，未来的文化产业一定属于有内涵、有内容、有深度、有思考的文化产品。

以当下文化产业中的标志行业影视业为例，这一行业前几年有了井喷式的发展，但经过几年的沉淀后能够真正走向世界的却没有几个。作为我国的文化产业，其缺乏对本民族文化的深刻理解，缺少对世界元素的吸收，而一味在技术上追新，执着于西方的表达，结果有不少应用了高科技技术并在制作上花了大价钱的大片因缺少"文化灵魂"而在市场竞争中惨败。有一组票房数据启人深思：2015年国产动画《大圣归来》《熊出没》的国内票房喜获丰收，但海外票房却惨淡收场，而进口动画电影票房火爆，其中迪士尼《疯狂动物城》的国内票房达到15.3亿元人民币，全球票房更是超过10亿美元。2016年张艺谋导演的巨作《长城》，虽有多家媒体联合造势，但国内票房只有11.7亿元人民币，北美票房更是惨淡，只有1800万美元，而反观好莱坞大片《美国队长3：内战》，全球票房达到了11.5亿美元。①

文化不是只靠"砸钱""烧钱"就能出成功产品，而是要有真正的文化眼光和文化情感、价值的融入，文化产品的消费是情感之间的互动与传递，而不是"被观看"。在对动漫的认知上不能为3D而3D，也不是每部作品都要用3D技术去制造感官刺激，动漫的定位并非仅仅是低幼儿，而是老少皆宜，相比技术创新，观众更期待打动人心的故事情节和人物形象。事实上，我们不仅在终端产品营销上欠缺，还忽视了前端的产品研发。以动漫业为例，我国的动漫企业有的模仿美国、欧洲，有的模仿日本，这样的文化产品最终成了缺少中华文化内核的"四不像"，在市场上既没有成功地"走出去"，也失去了国内的观众。

因此，中国动漫不能只注重形式的表达，而需更加注重文化产品内容的选择以及中国故事在国际市场上的认可度。中外文化产业的较量显示，在讲故事和创意能力上，两者完全不是一个重量级，我国在文化产品最大的软肋是守着丰厚的文化资源却暴露出产品缺少文化内涵，我们在对文化产业发展规律的理解和把握上还有一定的距离，这也体现出中国文化产业的国际化程度与发达国家相比仍有差距。

---

① 中国票房网，http://www.cbooo.cn/。

我们羡慕《哈利·波特》已形成 2000 亿美元的产业链，而不知道凯尔特文化复兴底蕴的力量，仅仅从直觉上欣赏魔法的热闹场景；可能很多人并不了解，成功品牌之一的"耐克"，背后潜伏着古希腊神话的耐克女神；风靡全球的"苹果"手机品牌背后的"伊甸园神话"的营销助推；而开辟电影史上新神话时代的《星球大战》编导者当年如饥似渴地恶补文学史知识的佳话，足以令当下中国那些沾沾自喜于技术模仿的人们汗颜。① 文化产业实践表明，只有金钱投入而缺乏世界元素的深入开掘，根本无法使我国的文化产业走向世界。盲目跟风、模仿、抄袭和只专注于技术或风格创新注定会在文化产业长期竞争中失败。

六 文化产品内在价值观的表达方式仍不清晰

中华文化正在快速地走向世界是一个不争的事实，但国际上对中华文化的理解还不够全面，究其原因，是我国的文化产品内在价值观的表达方式仍不清晰。

在文化产品内在价值观的表达方面，美国的做法最值得借鉴。如迪士尼的《米老鼠和唐老鸭》《狮子王》《玩具总动员》以及《风中奇缘》等卡通片，不仅在电影史上创下一个又一个票房奇迹，同时把价值观、人生观、道德感嵌入其中，使之成为经典桥段为美式文化认同打下基础。《功夫熊猫》《花木兰》《碟中谍3》配置了很多中国文化元素，传播的却是美国的价值观。可见，优秀文化产品在获取经济效益的同时，还输出了价值观和生活梦想。

反观中国文化产品价值观的国际表达，过去我们存在以次充好、片面迎合西方的狭隘需要，贩卖落后形象的现象；文化产品毫无精髓，只表达细枝末节的现象。这些文化产品的输出，不但没有提升我国的文化形象，反而适得其反，在国际上产生误解和歧义。中华文化中有很多优秀的品质，如勤劳、善良、勇敢、节俭、亲和、宽容、包容、克制、忍让、助人为乐、担当、守诺、奉献等，这些价值观在我们的"文化走出

---

① 范玉刚：《"文化强国"视野中的文化产业发展研究》，中国社会科学出版社 2016 年版，第 170 页。

去"进程中表达的远远不够。因此，只有对外传播中国文化精髓，以传统文化为内核，以当代中国精神为要义，才能真正塑造崭新的大国形象。必须用社会主义核心价值体系引领文化生产，注重挖掘文化资源、打造文化品牌、推出更多高品位、高水准的文化精品、提升文化创意，以内容优势赢得产业发展优势。

第四节　文化管理体制改革和文化法制建设仍需加快

我国现行的文化管理体制是各项文化行政规章和文化法律共同管理的体制，党的十八大以来，我国的文化建设过程中文化体制改革和文化法制建设取得重大进展，然而随着改革进入深水区和攻坚期，文化体制和文化法制还存在一些深层次的问题和亟待解决的问题。

一　我国文化管理体制的症结与问题

（一）我国文化管理体制改革落后于我国市场经济发展

党的十八大以来，我国的文化管理体制改革取得重大进步，但我国文化管理体制依旧落后于我国市场经济的发展，与新时代的社会文化发展不适应，主要体现在四个方面。

第一，文化管理体制的管理分类仍不科学。我国政府机构设置是按照文化艺术、广播电影电视和新闻出版来分类管理，分别归属文化旅游部和广电总局，各部门之间的协调合作难度很大。就文化艺术行业来说，实际上又分出文学、艺术、演出业三个部门。文化旅游部主要负责演出业，文学和艺术分别由全国作协、中国文联这两个社会组织代行政府管理职能，除此之外，还有党的机构中宣部。上述政府机构归国务院管理，但实际上是中宣部实施对上述政府机构的管理。分业管理使本来相互联系的文化行业"九龙治水""政出多门"，无法实现文化资源整合利用。网络媒体出现后，不同文化行业之间的界限日益模糊，这对分业管理带来了更大的挑战。

第二，某些领域按照行政设置配置文化资源。如我国电视台、电台就是按照行政级次来设置的，目前我国电视台、电台实行的是四级办台体制，基本上中央、省、市、县都有电视台和电台。再以出版社为例，全国目前共有581家出版社分布在中央部委、各省（区市）、副省级城市和军队、高等院校、科研机构等。每个行政级次的设置基本雷同，这必然带来产业集中度低，资源闲置和浪费等问题。①

第三，一些领域的文化管理部门政事不分和政企不分问题突出。实行管办分离是文化体制改革的一个重要内容，很长时间内我国文化管理部门存在的严重的政事不分、政企不分的问题，如许多地方广电局局长也是电视台的台长，新闻出版局的局长兼任出版社社长。这种既是国家公务员又是企业经营者的情况，给文化经营带来了弊端，也带来了监督缺失。

第四，某些文化行业垄断经营。例如我国广电系统大都有自己的节目制作机构。制播合一，造成节目生产和播出均受内部人限制，不利于文化产品生产的社会化。地区垄断、跨地区经营受到限制，文化市场的条块分割严重使我国至今没有形成统一的充分竞争的文化市场，文化资源和生产要素无法得到优化配置。

（二）我国文化体制改革"上热下冷""外热内冷"和"文件热行动冷"现象依然存在

自上而下的改革路径在具体推行过程中常常遭遇"上有政策、下有对策""为改革而改革"的问题。强制性改革的优势是效率高，但改革中的利益受损者常常采取各种方式抗拒改革。例如，由于各种现实的困难，如人员身份的变化带来的情绪性反应，改制成本高昂带来的资金困境等，产生了实质性的改革阻力。在实际操作时，有的单位仅仅完成了"换牌"动作，通过转换内部机制来代替体制变革，在单位资金来源、人事任免，以及在整个组织管理的机制上并没有任何大的变化。例如，在文艺院团改革中，有些地区通过建立传习所、研究会等模式，建立新的文艺事业单位的壳，变相规避转制，背离了改革的初衷。② 实践证明，仅仅依靠政

---

① 祁述裕：《文化建设九讲》，国家行政学院出版社2014年版，第60页。
② 李媛媛：《深化文化体制改革问题研究》，人民出版社2017年版，第34—36页。

府的行政力量推动,只能形成短期效应,因此,有必要进一步思考在深化改革过程中的动力机制问题。

(三) 文化体制改革中的激励评估机制还有欠缺

文化决策和执行都依赖各个层次文化官员的工作,因此文化体制改革的执行人是文化部门的各级政府官员,激励机制是实现文化事业快速发展的强大动力。北京大学的周黎安教授认为:"对于企业的经理和工人需要给予适当的激励,他们才可能努力工作。对于政府官员,合适的激励同样重要。"[①] 因此,文化事业的发展也必须建立一个合适的激励机制,鼓励官员促进文化体制改革目标的实现。从个人升迁的角度来分析地方官员的激励机制,无疑是有其合理性的,但也有不够周全的地方。因为对于绝大部分的官员来说,不断的升迁显然是不现实的,在政治体制中,职位越高,其职位数也就越少,在很多政府官员的职业规划里,在到达一定职位后,其进一步升迁的预期也就越来越低。就此而言,如何在晋升激励之外,形成其他的微观激励,也就成为完善激励机制的重要方面。[②] 但文化发展本身不容易量化,因而官员文化政绩考评标准体系的建立与完善是个更加复杂、也更为困难的长期过程。在这方面,改变过去单纯向上负责的考评机制,建立在纵向上既向上负责也向下负责,在横向上既接受党委、政府、人大、政协系统监督又接受社会监督的新考评机制,并将这种考评机制制度化、规范化和社会化,在实践中不断加以完善,是我国文化体制改革中欠缺的重要方面。

(四) 国家文化宏观管理和监管体制改革进展缓慢

国家文化管理和监管体制改革与政治体制改革密切相关,涉及党政关系、政事关系、政企关系等诸多方面。我国的一些地方对文化市场经营活动干预过多的问题仍较普遍,政府在管理职能方面的"缺位"和"越位"交叉并存,管办不分、政事不分、政企不分、职能交叉、行政管理成本过高的问题依然存在,从而不仅导致了市场的交

[①] 周黎安:《转型中的地方政府:官员激励与治理》,格致出版社2008年版,第13—18页。

[②] 杨立青:《上下联动与制度变迁——中国文化管理体制创新研究》,广西师范大学出版社2015年版,第263页。

易成本过高,存在着管办不分、资助覆盖面窄、监管缺失等弊端,以专项资金为主要手段和行政推进为主要方式的发展模式在一定程度上强化了政府文化主管部门配置资源的传统体制,抑制了以市场配置资源为主要发展模式的市场微观主体的内生增长动力,影响我国文化竞争力的提高。[①] 党的十九大之后,中国的文化体制改革将进入一个新的时期,解决积压多年的体制问题,需要在总结以往经验的基础之上探索新的改革路径。

二 我国文化法制建设的症结与问题

(一) 文化法律保障体系不平衡,缺少系统性

截至 2018 年 1 月,与文化相关的现行有效法律法规共计 45 部。其中,制定机关为全国人大及其常委会的有 10 部,即《全国人民代表大会常务委员会关于维护互联网安全的决定(2009 年修正本)》《中华人民共和国著作权法(2010 年修正本)》《中华人民共和国非物质文化遗产法》《全国人大常委会关于网络信息保护的决定》《中华人民共和国广告法(2015 年修正本)》《中华人民共和国公共文化服务保障法》《中华人民共和国电影产业促进法》《中华人民共和国档案法(2016 年修正本)》《中华人民共和国文物保护法(2017 年修正本)》和《中华人民共和国公共图书馆法》;剩余 35 部为国务院制定的与文化领域相关的行政法规,包括《互联网站从事登载新闻业务管理暂行规定》《电影管理条例》《公共文化体育设施条例》《中华人民共和国水下文物保护管理条例(2011 年修正本)》《风景名胜区条例(2016 年修正本)》《中华人民共和国知识产权海关保护条例(2018 年修正本)》等。

由图 4—4 可以看出,在 2016 年之前,我国国家层面文化领域相关现行有效的法律法规数量每年基本都维持在 0—3 部,且间隔时间较长。到 2016 年,无论是全国人大及其常委会,还是国务院,制定和修正的文化领域相关法律法规数量都大幅提升,并达到最高峰值;同时,从 2016 年

[①] 《文化体制改革的评估、难点、政策建议与前景展望》,中国发展门户网,http://www.ssfcn.com/detailed_lw.asp? id =12740&species =1451。

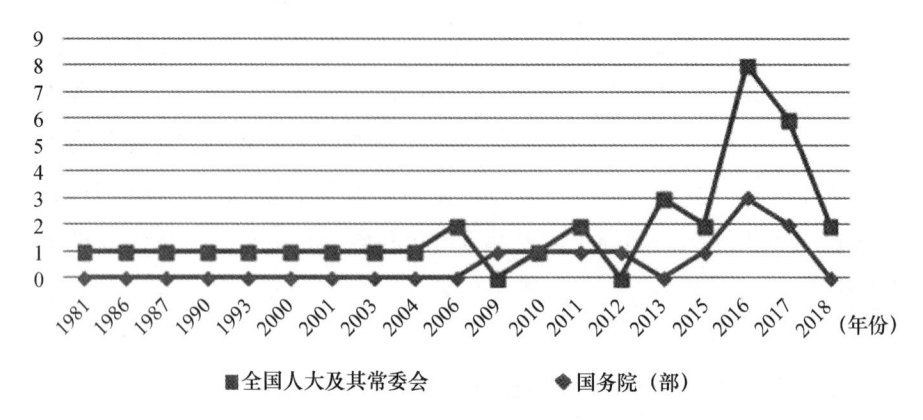

图4—4　我国国家层面现行有效文化法律法规历年制定和修正数量情况

资料来源：中国经济网

起，文化领域相关法律法规出台的频率也在不断加快，例如，2016年有11部、2017年有8部、仅2018年1月份就有2部。

我国文化领域相关现行有效的法律法规从国家层面来讲，主要集中在文化产业和公共文化服务保障方面。通过整理相关资料发现，在45部现行有效法律法规中，有5部是与公共文化相关的，约占11%，其余40部都是与文化产业相关的，约占89%。而针对文化社团、文化人才、文化市场、文化改革、文化交流等方面的立法很少甚至空白。文化法律体系的不完善对我国文化建设十分不利。如在新闻报道方面，因缺少《新闻法》，对采访权、报道权与拒绝采访权、拒绝报道权、采访范围和隐私范围等都没有明确的规定。还有一些由高科技孕育产生的如手机短信、网络视听点播等新兴领域也没有制定相关的法律法规来进行制约和规范。我国立法盲点多也表现在具体行业立法缺失上。以广播电视业为例，美国广播电视业出台了《联邦通信法》《公共电视法》《美国有线电视法》《儿童电视法》《广播电视反低俗内容强制法》等众多相关法律。我国目前尚无一部相关法律出台。[①]

[①] 祁述裕：《建立文化法律体系是实现文化强国目标的保障》，《中国行政管理》2015年第2期。

(二) 文化立法存在盲点和空白

根据国家统计局最新印发的《文化及相关产业分类（2018）》通知，将文化产业分为文化核心领域和文化相关领域两大类，下设九小类，如图4—5。

	新闻信息服务	内容创作生产	创意设计服务	文化传播渠道	文化投资运营	文化娱乐休闲服务	文化辅助生产和中介服务	文化装备生产	文化消费终端生产
法律法规（部）	7	22	2	10	0	7	5	0	0

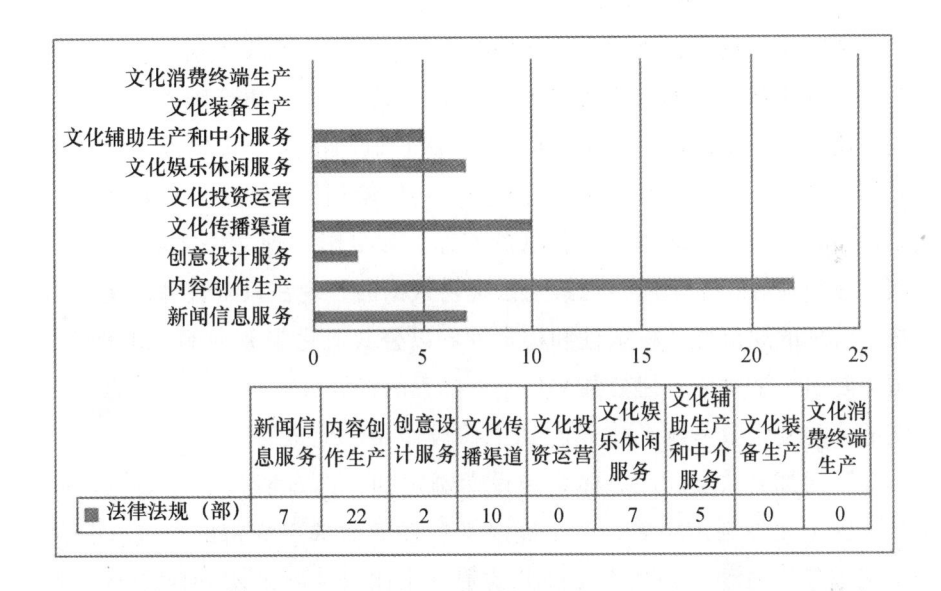

图4—5　文化产业分类

资料来源：中国经济网。

由图4—5可以看出，现行有效的53部文化产业相关法律法规主要集中在内容创作生产、文化传播渠道、新闻信息服务、文化娱乐休闲服务、文化辅助生产和中介服务和创意设计服务，而对文化投资运营、文化装备生产和文化消费终端生产方面，立法均存在盲点和空白。相较美国广播电视领域而言，其《联邦通信法》《公共电视法》等多部法律构成了一整套综合完善的法律法规体系。但是，目前中国几乎没有一部完整的相关法律的出台，部分规制措施往往通过部门性的规章制度，如国家层面《文物保护法》《博物馆管理办法》《乡镇综合文化站管理办法》等，地方层面上的《地方文化设施管理条例》等，法律规制体系尚未建立。① 当前中国文化立法缺乏全局视角下对大文化整体发展方向的考虑，很少涉及如何促进文化未来长远发展，大多将视角放在对文化事业建设的管理方面，如文化基础设施建设和博物馆的规章制度以及文物保护制度等。

（三）文化立法的效力层次不平衡

现阶段，我国文化管理主要是以国务院发布的行政法规和部门规章和地方性法规为依据，主要属于文化管理方面，真正由全国人大及其常委会制定的基本法律只有10部。以层次较低的法律形式规范文化活动和调整文化关系，虽有制定较为快捷、实施便利等优点，但也存在着严重的总体不平衡、效力层次偏低的问题。如电影管理、广播电视管理、演艺业管理等，本来应该通过立法提供依据的，现在只有管理体例，影响了管理的规范性、权威性和稳定性。以公共文化服务为例，2007年，国务院出台了关于构建公共文化服务体系的指导意见。这个指导意见对促进公共文化服务体系建设起到了积极作用，但该意见主要是为"十一五"时期公共文化服务体系建设而制定的，具有明显的时效性。同时，由于文件制定主要是为了完成某项任务而缺乏周密的研究，公共文化服务的内涵、公共文化服务的责任主体等一些基本问题还不够明确，也缺少法律依据，这给各地在公共文化服务体系建设上带来了困难。② 因此在现行行政法规和部门规章中，对于条件成熟的可以上升至立法层次，通过全国人大制定相关基本法律，提升文化产业的法律保障力度。

（四）现行文化产业法律法规与市场化的规则衔接不足

加快文化立法是与国际接轨的需求，在文化领域中国已经批准加入的公约包括《保护世界文化和自然遗产公约》《公民权利和政治权利国际公约》《经济、社会及文化权利国际公约》《保护非物质文化遗产公约》等。但目前国内的文化法规条文与国际公约未能很好地衔接，开放度不

---

① 赵阳：《中国文化管理体制改革研究》，博士学位论文，山东大学，2015年，第73页。

② 祁述裕：《建立文化法律体系是实现文化强国目标的保障》，《中国行政管理》2015年第2期。

够。根据"条约必须信守"的国际法原则，中国必须制定并调整国内的文化法律法规，与国际公约保持一致。同时，在国际交往中，法律建设是重要环节，文化法律的缺失和立法层次的不高，对中国要建立的国际大国形象极其不利。而通过立法和法律手段来依法有效地保护我国的文化主权和文化安全，能更平稳地推动中国文化走出去。

第五节 文化传播力有待进一步提高

文化传播的能力已经成为事关国家文化软实力发展的重要环节，先进的文化只有通过广泛且有效的传播才能真正成为文化软实力。我国有丰厚的文化资源，但整体的文化传媒实力相对薄弱，这极大影响了我国先进文化的国际竞争力，从而无法将富有吸引力的中华文化转化为国家的文化软实力。

一 我国文化传播载体传播效能与国际巨头差距明显

通常传媒是进行对外文化传播的重要载体。对传播载体的传播效能考察，主要是通过两个要素，一是传播载体（媒介）的传播效益，即是通过传播文化产品，所获得的利润；二是传播载体（媒介）的影响力，比如传播载体所传播内容，在受众中的接受和认可程度，就是考察其影响力的主要参照。2015年12月29日，由世界媒体实验室（World Media Lab）统计的2015年度《世界媒体500强》（The World's 500 Largest Media Company）排行榜在北京揭晓。我国内地（不包括香港、澳门和台湾）共有65家媒体公司上榜，上榜数量再次超过日本和英国，位列美国之后，排名第二。我国媒体入选总量的提升，是我国传播媒体总体实力增强的结果。但是我国媒体相对于美、欧，甚至日本的媒体在传播效能上还是存在一定差距。从整体上看，我国传播媒体的传播效能依然较低，一是传播效益较低，二是传播内容的影响力偏弱。"世界媒体500强"排行榜显示，谷歌公司2018年营业收入达1108亿美元，迪士尼公司营业收入为594.35亿美元。入选榜单前十名的媒体公司中，有8家来自美国。从500强入选数量看，美国占据114席，平均营业收入为68.49

亿美元，远高于其他国家。中国（含港澳台）共有89家媒体公司入选，平均营业收入为13.18亿美元，英国上榜公司总数57家，平均营业收入为21.01亿美元。日本有38家媒体入选，位列第四，平均营业收入为15.59亿美元。[①] 虽然中国媒体进入世界500强的数量位居世界第二，但从营业收入和盈利情况来看，与美国相比有很大差距，与排名世界第三和第四的英国和日本相比也有一定距离，如果单纯计算大陆媒体营业收入就更低了。

二 我国媒体的对外传播平台影响力仍然有限

从国际受众的覆盖范围来看，中国主流传媒对外传播平台的影响力仍旧处于弱势。由于任何媒体都有其核心的目标受众群体，因此在当前传播市场受众注意力资源极度分化的形势下，锁定主流传媒的核心目标受众群体显得十分重要。国际文化传播的实践已经证明，任何远离社会主流核心人群进行的传播，其影响都是有限的。目前，中国主流传媒对外传播平台的目标受众并未进入西方社会的主流人群，特别是决策层。以中央电视台中文国际频道（CCTV—4）、中央电视台英语新闻频道（CCTV—NEWS）为例，中央电视台中文国际频道（CCTV—4）虽在亚、非、拉美、北美、欧洲和大洋洲的许多国家和地区都实现了全频道或部分节目的落地播出，但它的服务对象主要是华人、华侨，语言是汉语，因而对非华人、非华侨和不懂汉语的人影响非常有限。中央电视台英语新闻频道（CCTV—NEWS）虽是英语频道并以英语国家的观众为主要对象，但它缺乏自己的特殊栏目，更缺乏品牌栏目，因而其对国际受众的影响力也非常有限。此外，当前中国的传媒机构数量并不少，但缺少具有国际竞争力的跨国传媒集团。特别是在国内的影响力方面，我国的传媒基础具有先天的优势。但从媒体的国际影响力看，我国仍然处于相对弱势的地位。其中一个原因，就在于我国缺乏具有国际竞争力的跨国传媒集团。

---

① 《凤凰网入选世界媒体实验室"2018年世界媒体500强"》，凤凰网资讯，http://news.ifeng.com/a/20181228/60216854_0.shtml。

一般而言，传媒机构有两种经营模式：一种是专业化经营，如发展中国家的国营广播电视机构和一些小型商业广播电视机构；另一种是多元化经营，主要是大型跨国传媒集团，如美国的时代华纳集团等。由于专业化经营的各媒体之间彼此独立、经营分散，很容易造成媒介资源浪费，导致同质化竞争。而跨国传媒集团所采取的多元化产业经营模式，则能够优化配置现有资源，使集团产生规模效应。在当代全球传播格局中，以美国为代表的西方发达国家占据全球绝大部分传播资源，它们依托跨国传媒集团，主导和控制着全球信息传播体系。其中，影响力较大的代表性跨国传媒集团是美国的新闻集团、迪士尼、维亚康姆、时代华纳、美国有线电视新闻网、谷歌、脸书，英国广播公司，日本放送协会，德国贝塔斯曼集团，卡塔尔半岛电视台等。跨国传媒集团采取多元化产业经营模式的优势在于，通过有效利用、分配集团资源，能够实现规模效应，使传媒集团获得更大的发展空间和创造更多的利润。与此同时，跨国传媒集团凭借其强大的发行网络，在全球行销其文化产品，控制着国际传播的信息流向，掌控国际舆论的话语权。以著名的美国新闻集团为例，美国新闻集团控股电视、电影、书籍、杂志、网络以及报纸等多种产业。新闻集团还拥有著名的电影公司——20世纪福克斯电影制作公司，既可以通过制作电影赚取丰厚利润，同时还可为集团下面的电视频道提供源源不断的节目。[①]

正是依托这些超大规模的、多元化经营的跨国传媒集团，美国在获得巨大利润的同时，控制了全球90%的新闻和75%的电视节目的生产和制作，主导和控制着全球文化信息传播体系。与美国形成鲜明对比的是，我们缺乏发达国家那样的国际性大媒体。中国现有的报纸、杂志、广播、电视等数量虽多，但规模过小、过散，难成气候，大多数无法参与国际市场竞争。由于缺乏规模较大的跨国传播集团，中国的信息制造能力依然有限。中国新华社每天播发的文字稿件不到600条。中国海外发行的报纸只有《人民日报》等少数几家，中国中央电视台仅第4套、第9套

---

① 彭伟步：《海外华文报纸的本土化与传播全球化》，中山大学出版社2015年版，第156页。

节目实现了全球覆盖。与西方跨国传媒集团相比，中国媒体在财力和人力上均处于短期内无法扭转的弱势。可见，单纯依靠现有媒体的力量，中国很难将自己的声音传遍全球。针对这种情形，我们亟须对一些传媒机构进行改革，并依托现有名牌、名社组建一批有实力的跨国经营集团。

三 我国网络文化产品内容吸引力有待提升

网络文化软实力的核心内容是网络文化的产品，主要包括网络新闻、网络游戏、网络音乐、网络视频、网络文学、网络教育等产品。目前，我国网络文化内容产品虽然取得了可喜成就，但仍然难以满足网民日益增长的网络文化需求。

中国网络文化软实力课题组以社会各界和高校学生"喜欢的网络内容产品"和"最喜欢哪国网络内容产品"（中国、美国、日本、韩国、英国、法国、印度、德国、俄罗斯）为具体指标，调查高校大学生对网络内容产品的喜欢程度排名，结果显示，就网络内容产品而言，网民喜好度较高的网络文化产品依次是网络影视、网络音乐、网络新闻，其次才是网络文学、网络教育、网络游戏。就喜欢哪国网络内容产品而言，主要集中在中国和美国的作品上。其中，网络音乐、网络文学、网络游戏、网络影视等四个方面首选中国产品，在网络教育、网络资讯两个方面首选美国产品。[①] 可见，并不是中国所有的现成网络文化内容产品都深深地吸引着中国网民。

四 我国网络传播的舆论引导力有待加强

互联网已成为舆论的传播者和思想文化信息的传播中心，并已成为公共突发事件的传播者。微博、微信、QQ等社交软件已成为社会突发事件的舆情发酵中心。移动终端已经成为网民发声爆料的主要工具，公共突发事件给网络舆论导向工作带来了前所未有的挑战。涉事主体由个人、政府、企事业单位向更广泛领域扩展，其主要原因在于涉事主体单位对

[①] 张国祚：《中国文化软实力发展报告2016》，北京大学出版社2017年版，第140页。

网络舆论认识不到位，对网络舆论的发展现状、发展规律、主要特点、作用用途、对策举措等认识不够深入，应对网络舆论事件时反应迟缓、回应态度生硬、引导相对滞后、措施不得力，网络预警机制、研判机制、处置机制、引导机制等没有建立或不健全，对网络舆论引导的机构设置、资金装备、队伍建设、政策支持等重视不够等。这些因素严重影响了网络舆论引导力的提升。

中国网络文化软实力课题组以"中国网络舆论状况""曾关注的网络热点事件"和"获取焦点热点敏感负面信息来源"为具体指标调查了解社会各界和高校学生对网络舆论的关注度。调查表明，网民对网络主流舆论和负面舆论关注度都较高，均在五成及以上。就"曾在网上关注过事件"而言，凡是比较重大的、新近发生的、自己比较感兴趣的国内外重大舆论事件，关注度都较高，反之亦然。关于"焦点信息、敏感信息、热点信息和负面信息"获得来源而言，首选是社交网站，然后依次是娱乐网站、政府官方网站、商业网站、国外网站。又据调查，当高校突发事件发生时，47%的学生首选微博发声引起大家关注，30.1%的学生会通过论坛发帖来引起大家的围观和谈论，求助于专业新闻网站和报纸的学生所占比例分别为16%、6.5%,[①] 可见，网民对社交媒体、自媒体信任度较高，对官方网络平台发布的信息信任度不高。在今后的工作中，如何提高官方网络平台的舆论引导，提高官方网络平台的舆论话语主导权，提高广大网民对官方网络信息发布平台的信任度是网络舆论引导力建设的难题。

五 我国新媒体的核心技术设备受制于人

21世纪以来，我国网络核心关键技术取得一定进展，但总体而言，我国网络核心关键技术严重依赖进口或者国外产品，特别是受制于美国。美国网络核心技术设备垄断了中国网络市场。中国网络芯片技术与国外高端技术相比差距很大。我国核心芯片技术体系基本是基于美国的技术、产品和标准而建立，无论在技术还是在产业方面，与美国等国家相比都

---

① 张国祚：《中国文化软实力发展报告2016》，北京大学出版社2017年版，第141页。

还有较大差距。比如，我国最先进的制造工艺中芯国际芯片 14 纳米制造工艺于 2019 年刚刚投入量产，而高通、三星、台积电则已经步入 7 纳米甚至 5 纳米制造工艺，正在研发 3 纳米工艺，我国芯片制造技术与国外先进技术相比，仍存在两代左右的差距。再如，在超级计算机研制方面，我国已位居世界前列。但是，我国超级计算机的发展依然面临核心部件缺乏统一的规划和功能定位缺失、交叉领域的专业技术人才严重不足、行业应用软件严重依赖国外、超级计算机应用效率极其低下等问题。

六　我国网络信息安全隐患较大

网络信息安全是网络文化安全的基石，没有网络安全也就没有国家安全，而我国在网络信息安全方面的隐患还比较大。众所周知，全球只有一个主根服务器，在美国，其余 12 个均为辅根服务器。其中 9 个放置在美国，2 个在欧洲，位于英国和瑞典，亚洲 1 个在日本。所有根服务器均由美国政府授权的互联网域名与号码分配机构 ICANN 统一管理，负责全球互联网域名根服务器、域名体系和 IP 地址等的管理。美国 IT 业 "八大金刚"（思科、IBM、微软、高通、英特尔、苹果、甲骨文、谷歌）与中国的网络合作已经到了触目惊心的地步，"八大金刚"与我国地方政府、高校有合作关系，与中国移动、电信、联通、社交网络、电商门户网站建立合作协议，有些甚至与我国军工企业有合作。仅思科系统公司在中国金融行业，在海关、公安、武警、工商、教育等政府机构，在铁路、民航、港口等系统，在石油、制造、轻工和烟草等行业，以及在电视台及传媒行业，都占有 50%—80% 及以上的份额。在软件系统方面，微软、谷歌等公司在中国几乎做到了全覆盖。[①] 就网络技术而言，我国的操作系统、数据库、芯片、光刻机等核心技术落后，这不仅是制约我国网络强国建设的瓶颈，也是造成我国网络文化安全严峻局面的根本原因。在网络文化产业方面，我国的各大门户网站如腾讯、新浪、百度、网易、搜狐等网络企业几乎全部与外资合作或由外资直接控股。这些企业提供

---

① 白朝阳：《美国"八大金刚"渗透中国大起底》，《中国经济周刊》2013 年第 24 期。

着我国大部分网络文化内容产品，控制着我国绝大部分的信息发布与传播，这种状况如果得不到控制，将严重威胁中国网络文化的社会性质、发展方向和国家安全。

第六节　文化领域专业人才队伍建设需进一步加强

中华文化的教育、弘扬、传播都是由人实现的。文化工作作为一种能动行为，必须有直接实施主体，任何国家提升文化软实力，增强话语权，必须依靠文化领域专业人才队伍建设。

一　文化宣传系统人员专业素质还有待提高

从广义上讲，文化宣传系统队伍的主体主要包括党政干部理论工作者、宣传工作者、新闻工作者、教育工作者、文化产业工作者、文化工作者等，中华文化的教育、弘扬、传播主要就是通过这支队伍来实现，这支队伍的整体素质直接关系到我国的文化软实力建设的成效。我国十分重视思想宣传队伍建设，多年来培养了一支政治强、业务精、纪律严、作风正的队伍，为我国文化建设、为社会主义文化的传承提供了坚实的组织保证。总体来看，我国广大文化宣传工作者在自己的岗位上较好地完成了各项工作。

但同时也要看到，面对社会主义新时代的发展要求，面对复杂的国内国际形势，文化宣传思想队伍的专业素质仍需进一步提高，要跟上时代，增强社会责任感。目前的差距主要表现在：一些领导干部还缺乏运用马克思主义立场观点方法分析问题、解决问题的能力，缺乏应对突发事件和复杂局面的驾驭能力，运用现代科学技术和法律手段做好工作的能力还不强，对意识形态工作的领导水平有待进一步提高；政治上清醒坚定、思想理论修养好、组织能力强、熟悉意识形态工作的领导干部还较少。文化宣传思想队伍的成员还未完全树立起恪尽职守、勤奋工作、任劳任怨的良好形象；思想政治教育的专门人才缺乏，思想政治教育学科建设还存在一些不足；思想政治教育队伍的专业职务系列还不完善；

对思想政治教育专业人才培养工作还不够重视，在政治上、工作上、生活上和使用上，对思想政治教育队伍关心不够，不能充分地调动和保护他们的积极性和创造性。在文化和意识形态领域吸纳优秀人才，充实文化宣传和意识形态工作队伍的任务还很繁重。

二 文化创意产业高端人才紧缺

文化创意人才是产业发展的灵魂，我国文化产业发展最突出的问题是文化创意人才的短缺，在文化创意领域尤其缺乏复合型人才和有原创实力的高端人才以及经营管理人才。我国的文化创意产业在人才培养机制和开发机制不够完善等因素的作用下，文化创意产业人才相对不足。

首先，文化创意产业人才结构存在失衡现象。缺乏高端创意人才仍然是我国创意设计产业发展的重要瓶颈。技术创意产业管理型人才、经营型人才和创新型人才是文化创意产业人才的三大类型。我国设计师数量众多，但是由于传统的人才培养模式单一、理念落后、人才引进和国际交流合作不足等，仍然缺少高端设计人才、综合型创意人才、复合型管理人才。以文化创意产业的人才层次上来看，高级创新型人才和高级经营管理型人才人数还不够多。以产业人才知识结构为例，跨学科、跨领域、跨行业的复合型人才短缺，知识结构和能力结构相对单一。

其次，高端文化原创精英短缺。长期以来我国缺乏高端文化原创精英，我国的文化创意产业的增长缓慢，且都是粗放型的生长方式，难以实现长久繁荣和可持续发展。这是影响和制约我国文化创意产业快速发展的最大、最棘手的瓶颈问题。

最后，人才培养和开发机制不够完善。当前创意设计人才教育培训体系仍不完善，人才公共服务平台不够健全，创客空间、创业孵化等发展模式不够成熟，导致教育教学、创新创业、产业实践等环节的脱节。[①]21世纪以来，我国一些高校和培训机构加大了文化创意产业的人才培养，

---

① 叶朗主编：《中国文化产业发展报告2017》，北京大学出版社2017年版，第171页。

设置了文化创意专业，但由于缺乏优秀的文化创意专业的师资，培养经验也相对缺乏，课程设置明显跟不上产业的发展，没有培养出文化创意企业满意的人才。从企业来看，文化创意企业特别缺乏创意管理和经营人才，仅有的文化创意人才工作繁重，缺乏系统有效的培训和成长机制。针对创意人才有效的激励机制也不够健全，不能充分调动人才的主动性和积极性。

三 基层农村文化队伍建设亟待加强

目前，我国许多基层农村地区公共文化机构专职人员严重不足、队伍不稳定、服务水平参差不齐等问题长期存在，制约了公共文化服务质量的提升。特别是农村乡镇文化站工作人员往往综合素质较低，因工作和生活环境条件较差的影响，致使他们工作积极性不高，很多人还身兼数职，文化工作开展难以取得成效。

基层农村干部是我国新时代基层农村建设的骨干和中坚力量，基层农村干部的整体文化水平和执政水平，将直接决定当地经济社会的发展以及文化软实力建设的效果。由于基层农村干部负责当地的经济、政治、文化和社会各项事务的领导和管理工作。他们工作的重要性和所处的位置，决定了他们要具有更高的文化水平以及对社会形势的判断力。但在有些基层，领导干部人治化管理严重、各种形式主义和腐败现象时有发生，使人民群众意见很大，严重打击了当地群众对政府工作和文化建设的信任度，使农村公众文化服务水平提升困难。因此，加强乡村干部队伍建设，提高乡村干部队伍的文化素质，建设一支高水平的乡村干部队伍是文化队伍建设的重要环节。

除了注重乡村干部队伍建设外，加强文物保护和传承，培养传统工艺人才也是基层文化队伍素质亟待加强的一个方面。乡村文物是农村文化软实力之源，能够增强群众的凝聚力、创造力和向心力。随着经济的发展，乡村文物在保护和传承方面面临困境。部分农村地区由于文化工作人员的紧缺，而将文物保护工作视作负担，不愿意在此项工作中浪费精力。他们大多未能从长远的角度，对文物的价值进行衡量，导致现阶段我国的文物残毁严重。对散落于民间的音乐艺术、表演艺术，以及民间绘画、雕刻、盆景等一些物质文化和非物质文化遗产也存在找不到年轻传承人的问题。

四 国际文化传播人才的培养体系有待加强

国际传播能力的核心要素是国际传播人才的竞争力。因此，不断优化国际传播后备人才培养体系，强力提升国际传播后备人才素质是打造现代传播体系的前提和基础，是进一步增强国际传播力的坚实智力支撑，也是提高我国文化软实力的核心动力。这方面高校肩负着知识传播、文化传承和人才培养的重任，是培养具有交叉学科专业背景、具有国际视野和创新精神的复合型国际传播人才的重要场所，亦是一个国家文化传承与创新的战略资源。[①]

当下，我国文化传播人才培养存在理论和实践相脱节的现状。以我国的汉语国际教育专业的发展为例，目前，学校教育偏重于专业理论知识的串讲，忽视学生实践能力的培养，教学技巧严重欠缺。学生在毕业后刚接触国际文化传播时就明显感觉到知识的滞后与实践的脱节。不少学生从教以后有这样的体会："做对外汉语兼职的时候，感觉力不从心，有时把握不住重点，教了挺长时间后发现学生还是不会开口说汉语。"面对如此窘境，甚至有人评价汉语国际教育专业"文学功底不如中文专业，外语能力不及外语专业"。[②] 因此，要想走出这种窘境，除了让学生掌握一定的专业理论以外，还要通过各种实践活动深化理论知识，利用一些实习实训的机会，提高教学实践能力，才能在实践教学中提高文化传播的能力。

此外，文化传播人才培养师资队伍参差不齐。目前，汉语国际教育师资队伍的构成比较复杂，教学质量水平参差不齐。部分院校由于缺乏合格的教师，一些不具备汉语教师素质的人就披挂上阵，或自己开设汉语班，或走上了当地汉语培训机构的讲台。还有一些外派教师，并非国

[①] 于波：《"一带一路"背景下高校国际传播人才文化传播能力培养》，《东南传播》2016年第10期。

[②] 屠海波：《"一带一路"文化传播人才培养研究》，《边疆经济与文化》2017年第9期。

际汉语教育专业出身，又没有经过系统的培训学习，缺乏汉语教学的理论知识和实践教学经验，从而拉长了其适应环境、胜任工作的时间，同时也给国外汉语学习者带来不良的学习效果。

五　复合型翻译人才严重缺乏

推动中华文化走向世界，在对外传播人才的培养中，应特别注意翻译人才的培养。中华文化走向世界，复合型翻译人才是关键的推手。翻译人员的跨文化交际能力不足，对于对外文化传播来说是一个严峻而棘手的现实问题，直接影响了对外文化传播的效果，所以，培养一批既熟悉世情、国情，又有丰富的国际交往知识，精通外语，熟悉世界形势，并掌握国际文化传播规则的复合型翻译人才是推动中华文化走向世界的必然要求。

当前，尽管中国的英语教育教学非常普遍，但英语使用熟练程度的全球排名不高。中国人接触英语教育非常广泛，在很多地区从幼儿园开始，便已开始了英语的学习。但是英语教育的成效不甚理想，很多人的英语学习主要是为了应试，是无法熟练使用的"哑巴英语"。根据剑桥大学出版社的一项研究，全球学英语的人数中国排名第一。中国有3.5亿人对英语有一定认识，印度则有1亿。在中国以英语为第二语言的人，很可能比美国以英语为母语的人还要多，因为有1/5的美国人在家中说的并不是英语。[1] 英孚教育在2017年11月8日发布了2017年全球非英语母语国家的英语水平排名，该报告覆盖80个非英语母语的国家地区，共有逾100万人参与测试。该报告显示，中国在当年整体的英语熟练度得分为52.45分，列居第36位，即便在亚洲地区也排在第8位。尽管这一排名是自2011年指标发布以来的最高水平，但中国整体仍处于低熟练度水平。[2]

而且，尽管国内英语专业从业者人数不少，但能够把中国文学作品

---

[1] 《全球学英语人数中国第一学中文也成全球热潮》，搜狐网，http://www.sohu.com/a/232761130_426502。

[2] 《英语熟练度指标全球排名出炉中国位居第36位》，海外网，http://news.haiwainet.cn/n/2017/1109/c3541083-31173235.html。

译成外文并在目的语国家发表的凤毛麟角。而且在当前国内学术氛围和专业技术评价体系中，翻译工作往往不受重视，因此即便有能力翻译的人，还要自己发表论文和著述，限于时间、精力和成本收益的考虑，也可能不愿煞费苦心、字斟句酌地来翻译一部著作。

第 五 章

我国文化软实力建设面临的外部挑战对中华文化走向世界战略实施的影响

当前西强东弱的文化格局使中华文化走向世界战略面临一系列外部挑战。西方发达国家凭借其在文化格局中的话语优势、产业优势、载体优势、体系优势，制约了中华文化走向世界战略的实施；一些西方国家不断炮制文化理论，如"文明冲突论""中国威胁论""中国崩溃论"等，试图为遏制中华文化找到理论支撑，同时妖魔化中国现实，歪曲中华文化形象；部分发达国家对内实行文化保护主义政策，在防范外来文化进入的同时，极力向发展中国家输出其文化理念和价值观；"一带一路"建设进程中，中华文化在融入不同国家地区和文化习俗中面临如何更好适应当地的问题；对外交流传播中的文化误读现象，也是实施中华文化走向世界战略进程中不容忽视的问题。

第一节 西强东弱的文化格局，制约中华文化走向世界

西方国家凭借其先发优势，在世界格局中占据了优势地位，这种优势地位不仅表现在经济、政治、军事领域，也直接体现在文化领域，具体表现为文化的话语优势、产业优势、载体优势、体系优势等诸多方面，从而形成了西强东弱的世界文化格局。近年来，随着经济全球化和政治多极化的发展，世界文化之间的交流、融合趋势明显，以中国为代表的

发展中国家的崛起客观上对西方文化产生了一定冲击，但并未从根本上改变世界文化格局。

一　西方国家的文化话语优势

西方国家文化话语对中华文化的冲击。如法国思想家福柯所言，"话语即权力"。在文化交流的过程中，话语不仅是沟通的桥梁，更是展示国家文化软实力的重要媒介。从历史上看，西方国家通过工业革命率先走上了现代化的道路，进而凭借其在政治、经济、军事上的优势地位，建立起描绘现代化的话语体系，如自由、民主、人权、平等、福利社会等。这套话语俨然已经成为评判一个国家现代化程度，乃至文明程度的标准。简言之，沿着西方国家既有的发展道路，才能实现现代化；符合西方现有的话语标准，才能称之为文明国家。这不仅扼杀了世界各国根据本国国情，自主选择发展道路的多种可能性，更是西方话语霸权的集中体现。其中，具有代表性的就是近年来的所谓"普世价值"论。西方社会往往以"民主、法制、自由、人权、平等、博爱"等关键词来标榜自己的合理性，并宣称这一系列关键词适用于世界上所有国家，以此作为衡量一个国家或民族文化是否进步的标志。针对我国社会发展中出现的问题，某些西方国家也经常用上述词语加以指责甚至威胁。其实，问题的实质并不在于人类是否追求民主、自由、平等文化理想和价值目标，而在于这些关键词的内涵到底是怎样的，有无适用一切时代、适应一切民族的文化理想和价值目标。众所周知，早在170年前，马克思、恩格斯在《共产党宣言》中明确提出对未来社会的构想，"代替那存在着阶级和阶级对立的资产阶级旧社会的，将是这样一个联合体，在那里，每个人的自由发展是一切人的自由发展的条件。"[①] 这种对自由的追求，是使人摆脱了经济、社会、自然等束缚的最彻底的自由。显然，这和西方国家基于资本主义社会的所谓"自由"是有不同内涵的。就我国而言，由于几千年的封建统治，现代意义上的民主、自由、平等、人权等观念在传统文化中确实有所缺失，但这并不能否认传统文化中蕴含的进步思想萌芽，

[①] 《马克思恩格斯文集》第 2 卷，人民出版社 2009 年版，第 53 页。

如"以民为本""民贵君轻""王子犯法与庶民同罪"等。经过对传统文化的创造性转化和创新性发展,当前我国社会又形成了"富强、民主、文明、和谐,自由、平等、公正、法治,爱国、敬业、诚信、友善"的社会主义核心价值观,这已经成为人民的共同价值追求。当然,对于某些西方国家而言,他们不会认同马克思主义的自由观,更不会以我国的社会主义核心价值观作为追求目标。某些西方国家宣扬所谓的"普世价值",其实质并非为世界各个国家或民族提供一个共同的价值引导,而是在话语维度上实现文化的扩张,是西方中心论在文化话语领域的又一体现。正如有学者指出,这实际上反映出的只是西方资产阶级的幻想和霸权主义。[1]

长期以来,在西方资本主义话语霸权的主导之下,中华文化难以在国际话语体系中取得应有的位置。改革开放四十年来,伴随着经济全球化、世界多极化、科技信息化和文化多样化进程,中国在国际社会中的地位越来越重要,在国际事务中拥有了更多的话语权。不可否认,赢得在国际社会的发言权,这是中国主动参与国际事务,遵守现行国际准则,利用现有通行话语,保证国家利益的重要成果。例如,在南海问题、钓鱼岛问题等关乎国家重大利益的问题上,我国在不同的国际场合多次发声,为上述问题的解决赢得了国际舆论的支持。也要看到,在国际政治领域我国不断赢得话语权的同时,在文化领域特别是在文化交流的过程中,中华文化的话语权还有待进一步提升。西方文化在世界文化格局中依然占有主导地位,中华文化尚未"破局"。在文化交流的过程中,西方话语的规则还在潜移默化地起作用。如果说,改革开放之初,为了打开国门,参与国际事务,发展国际贸易,便于文化交流,我们去适应西方话语规则,追随西方话语脚步是一种不得已的抉择,那么,经过四十年的发展,当我国已经成为世界第二大经济体、第一大工业国、第一大货物贸易国、第一大外汇储备国,在此背景下,以中华文化为要素,寻求话语突破,重塑话语规则,打破西方话语垄断,就成为一种必然的

---

[1] 徐崇温:《"自由、平等、人权是人类共同的普世价值"辨析》,《学习论坛》2010年第7期。

选择。

二 西方国家的文化产业优势

西方国家借助发达的文化产业，输出其价值观和文化理念。与农业、制造业等传统产业不同，文化产业在生产文化产品的同时，也在向消费者直接传递着价值观和文化理念。一直以来，人们常常用"润物细无声"来形容文化产品对消费者的影响。这种潜移默化的影响看似微弱，实则深远。特别是近年来，随着信息技术的发展和应用，文化产业呈现出多样化、数字化、互动化、融媒体化等趋势。这种趋势进一步强化了文化产业对价值观和文化理念的输出功能，使人们在不知不觉中，在与现代科技的接触中，不自觉地接受其背后的文化作用。以大众广为接受的电影产业为例，美国好莱坞大片在世界电影市场占有举足轻重的地位。多年以来，美国不仅凭借电影产业在世界范围内赚得盆满钵满，并且向世界输出着本国的价值观和文化理念。当《星际穿越》《速度与激情》《美国队长》《复仇者联盟》《超凡蜘蛛侠》等一部部大片上映的时候，人们在体会好莱坞电影产业不凡实力的时候，也在无形中接受着英雄主义、美国是世界霸主等观念的灌输。正是由于电影产业在文化输出中的重要作用，所以西方国家一直高度重视其发展，将其视为对外宣传的重要阵地。有数据显示，中国电影2016年票房总收入增长3.7%，其中好莱坞电影在电影票房收入中所占比例占42%，在2017年更是占到46%。[①] 中国电影产业距美国等发达国家还有较大差距，虽然从市场层面来看有了长足进步和发展，但是真正能够引发国际影响的产品并不多见。这也在一定程度上制约了中华文化借助电影产业走出去的步伐。

西方国家借助文化产业强势地位，冲击中华文化。某些西方国家在借助文化产业优势，对外输出价值观和文化理念的同时，也在冲击着发展中国家的民族文化，具体表现为以西方文化作为人类文化发展的理想

---

① 《美媒：中国的电影泡沫快要破裂？》，环球网，http://oversea.huanqiu.com/article/2018-06/12324799.html。

模式，以西方标准来衡量、剪裁、塑造他国文化、否认他国文化的民族特征。世界各个国家和民族都有其独有的本土文化或民族文化，面对西方文化的入侵，本土文化或民族文化也会进行抵制或斗争。对于大多数发展中国家而言，其文化产业的发展程度处于弱势地位，面对西方文化产业的强势进攻，文化产业先天不足的状态使得其难以对西方文化形成有力回应。相反，西方文化产业会有效利用其产业发展的既有经验和优势技术，迅速捕捉民族文化中的有益因子，经过一系列的包装和改造，赋予其西方文化的内核，打造出新的文化产品，占领文化传播阵地，冲击人们对民族文化的既有认知。如，中华文化中的熊猫形象，经过美国电影产业的重新打造，形成了功夫熊猫的形象，并在世界范围广为传播；中华文化中的木兰从军、西游记等故事、传说，也被改造为带有西方文化特征的影视作品。上述影视作品中的素材都源于中华文化，但当人们去接受这些文化产品的时候，就很难分清哪些是中华文化的内容、哪些是西方文化的因素。对于很多国家的受众而言，熊猫、花木兰、西游记等文化符号原本是属于中国还是属于美国，似乎也不再重要，他们接受的只是美国电影产业的产品。这无疑会弱化甚至消解人们对本土文化或民族文化的认同感，无论是对国内文化产业的发展，还是对中华文化走出去都具有不可忽视的负面影响。

中华文化在世界范围内还未成为主流。从国际范围来看，西方发达国家主导下的文化依然占据主导地位，经过多年来的对外文化传播工作，中华文化在国际上的地位和影响不断提升，但尚未形成主流，文化产业发展任重道远。国家统计局数据显示，2013 年世界文化产业市场营业额达到 2.337 万亿美元。分区域看，北美市场份额最高，达到 35.2%；欧洲、中东和非洲共占 30.9%；亚太占 27.4%；中南美洲占 6.5%。2013 年，全球文化产业增加值占 GDP 的比重平均为 5.26%，其中美国最高，达到 11.3%，韩国、巴西、澳大利亚分列二至四位。[①] 当今主要发达国家文化产业产值占 GDP 的份额分别是：美国 31%、日本 20%、欧洲国家

---

① 《世界主要经济体文化产业发展状况及特点》，国家统计局，http://www.stats.gov.cn/tjzs/tjsj/tjcb/dysj/201412/t20141209_649990.html。

10%—15%、韩国15%。而我国文化产业产值占GDP比重相对较低,各城市中比例最高的是北京和上海,北京2014年为13.1%,上海2013年为11.5%。①西方发达国家依然主导着国际文化市场,我国的文化贸易逆差形势依然严峻。从亚洲范围来看,日韩等国的文化产业对我国文化产业的冲击也很强烈。中日韩在总体上都属于儒家文化圈,但日韩文化产业起步早、发展快、特点鲜明、规模优势显著。如,韩国的流行音乐、电视剧等已经成为其文化产业的标签。2012年韩国"鸟叔"的一首《江南style》引发了一场世界范围的"韩流";韩剧因其演员精致的妆容、对生活的细致描摹、对情感的深度发掘,在亚洲乃至世界范围内热播,并引发了人们对韩国文化的关注。日本则将动漫作为文化产业的主打,其影响力已经遍布全球,机器猫、柯南、海贼王等动漫形象更是深入人心,特别是被世界各国青少年所接受,成为一代人甚至几代人的共同记忆。有数据显示,2015年日本GDP共计4.21万亿美元,其中文化产业总值为0.39万亿美元,占比为10%。韩国音乐市场2014年总规模为3.11万亿韩元(不包括KTV等音乐经营场所市场),约合人民币180亿元,仅2016年上半年就卖出实体唱片426万张。②相比较而言,中国文化产业起步较晚,能够创造出的在国际上产生巨大影响、进入主流文化领域的作品并不多,文化产业的发展程度和规模,不仅相对落后于西方发达国家,而且与近邻日韩相比,也存在一定差距。

三 西方国家的文化载体优势

软实力的对外传播需要特定的文化载体。当今世界,除了传统的报刊、图书、电视、广播、电影等媒介,以科技、信息、网络为代表的新兴媒体正在成为不容忽视的文化载体,语言作为人们日常交流的工具也在行使着文化载体的职能。无论是传统媒介、新兴媒体或者日常语言,都成为西方发达国家文化软实力传播的利器。

---

① 郭永辉:《"文化+"与文化产业的崛起》,《光明日报》2015年11月23日,第7版。
② 《2016年韩国偶像产业规模现状及行业发展趋势》,中国产业信息网,http://www.chyxx.com/industry/201611/469495.html。

传统媒体与新兴媒体优势。在西方发达国家的文化传播格局中，传统的图书、报刊电视、广播、电影等媒介，依然是重要的传播载体。发达国家凭借其传统传播领域的既有优势，继续强化着其文化霸主地位。以美国为例，根据美国出版商协会 AAP 于 2015 年 6 月发布的统计数据，2014 年美国图书出版产业销售收入近 280 亿美元，图书总销量超过 270 亿册，全美图书总销量增长 3.7%。[1] 其报刊发行总量仍居全球首位。随着现代信息技术的发展，以网络为代表的新兴媒介迅猛发展，并日益成为文化传播的重要载体。相较于传统载体，信息化平台传播的速度更快，基于信息技术的支持，信息化平台以几何式的速度传播，这种传播速度是传统媒介不可比拟的。信息平台的传播范围更广，当今世界已经被互联网连接为一个密不可分的整体。从技术上讲，网络信息可以传播到世界的每一个角落。信息平台受到的管制相对较小，传统载体往往受到相关政策的规制，而新兴载体因其传播速度快、范围广，目前对网络信息的管理还难以形成立体、全面、有效的监管体系。正因如此，新兴载体传播的自由度更强。由于现代信息技术勃兴于西方发达国家，这使得发达国家率先占领了技术高地。有媒体指出，"全球 13 台根域名服务器有 10 台位于美国，美国在互联网上的霸权远大于其现实霸权"。[2] 某些西方国家可以借助技术优势，搭建众多的信息化传播平台，借助这些技术和平台，进一步提高其文化产品的吸引力，在全球形成了对他国文化特别是不发达国家文化的冲击。

由近四年全国新闻出版业进出口情况数据可知，与我国在世界贸易中轻工业产品经常处于贸易顺差不同，我国在出版物行业存在较大的贸易逆差，这在一定程度上反映了与西方发达国家相比，我国在文化载体上的实力还存在较大劣势，面临着西方发达国家的挑战。

---

[1] 《2015 年美国出版行业发展状况》，中国产业信息网，http://www.chyxx.com/industry/201610/455615.html。

[2] 《美国随时可以把中国互联网打回"石器时代"》，环球网，http://mil.huanqiu.com/paper/2014-01/4778763.html。

表5—1　　2014年—2017年全国新闻出版业进出口情况[①]

年度	内容	出口数量	出口金额	进口数量	进口金额
2014	图书、报纸、期刊	2137.87 万册（份）	7830.44 万美元	2538.85 万册（份）	28381.57 万美元
	音像制品、电子出版物与数字出版物	9.58 万盒（张）	2214.41 万美元	13.44 万盒（张）	21000.13 万美元
	版权	10293 种		16695 种	
2015	图书、报纸、期刊	2112.45 万册（份）	7942.60 万美元	2811.75 万册（份）	30557.53 万美元
	音像制品、电子出版物与数字出版物	11.98 万盒（张）	2542.97 万美元	11.62 万盒（张）	24207.67 万美元
	版权	10471 种		16467 种	
2016	图书、报纸、期刊	2169.94 万册（份）	7785.11 万美元	3108.18 万册（份）	30051.73 万美元
	音像制品、电子出版物与数字出版物	11.75 万盒（张）	3225.66 万美元	10.81 万盒（张）	25859.38 万美元
	版权	11133 种		17252 种	
2017	图书、报纸、期刊	2172.02 万册（份）	7831.81 万美元	3255.60 万册（份）	31978.76 万美元
	音像制品、电子出版物与数字出版物	6.40 万盒（张）	2933.09 万美元	13.56 万盒（张）	34584.46 万美元
	版权	18120 种		13816 种	

西方发达国家的语言载体优势。语言既是个体表达自身思想的重要工具，也是群体之间沟通和交流的重要渠道，更是国家软实力传播的重要载体。在当今的国际社会中，英语、法语、德语等是国际交流的主要用语，同时也是世界各国对外文化传播的重要媒介。汉语的使用人数虽然居世界首位，但其在国际社会中的普及程度还无法与英语相抗衡。英语是国际社会中使用范围最为广泛的语言，包括中国在内的许多国家都在本国的教育体系中将英语作为首选的外语。值得注意的是，由于美国

---

① 中国新闻出版广电网，https://www.chinaxwcb.com/。

在国际社会中的强势地位，美式英语比英式英语更能占据传播的优势。在美国的一些影视作品中，时常出现戏谑发音"英国腔"的桥段。隐藏在这些影视作品桥段背后的，是美国在借助语言载体隐晦地对外宣扬其软实力。正如有学者指出的，英语训练本身就体现出一个国家的软实力。"英语训练将是发达国家软权力投射政策的重心，这是很符合逻辑的。他国允许或限制英语语言训练对发达国家有着非常大的影响。简而言之，英语语言训练等同于软权力。"[1]

四 西方国家的文化体系优势

西方国家以自己的国家利益为遵循，构建了一个旨在维护本国利益的对外传播体系，并在这一体系中占据核心地位。某些西方国家凭借其在文化传播体系中的核心地位，借助各种类型文化产品，将本国的社会制度、道德标准、价值理念、生活方式等传播到世界各地，特别是那些不发达国家。而不发达国家由于在国际文化传播体系中处于非核心甚至边缘位置，其对外传播的信息往往不得不接受西方国家的"过滤"和"把关"。只有那些符合西方国家价值标准和道德认知的文化产品，才可能在国际社会上得以大规模传播。一旦西方国家对不发达国家形成认知上的偏见，那么，无论不发达国家文化产品的真实性、客观性如何，都会在国际文化传播体系中遭到控制和打压。而当这种"把关"人（群体）的数量越多，层次越复杂，所造成偏见的叠加就会进一步加深。可以看出，西方国家是根据自己的认知和喜好，对国际文化传播体系中的产品与信息进行重组，以在对外传播的过程中使受众更容易接受符合西方标准的文化产品。因此说，某些西方国家传递给世界的每一条信息都在预设的传播框架之内。具体而言，为证明自己的观点，某些西方国家往往引用大量具有倾向性的新闻和评论，对于符合其价值目标、道德标准、政治倾向的人，西方媒体会对他们进行采访，支持他们出版书籍、发表文章。这些人可能是固守西方理念的学者、教授、新闻人，也可能是来

---

[1] Molloy, T., "English Language Training as a Projection of Soft Powern", *The DISAM Journal*, 2003, Summer, p.101.

自不发达国家或者不同政治倾向国家的作家、文化人士等。无论作者的国籍如何，只要其作品符合西方的价值标准，其作品就会在国际社会得到认可。反之，即使是制作精良的文化产品，如果其价值标准与西方标准不符，或者其传递的文化信息不同于西方的传统认知，在文化传播体系中也将难以占到优势。例如，早在20世纪，一些对中国经济、文化落后状况进对描绘的文学、艺术作品，往往能够在国际文化舞台上大肆传播，甚至斩获奖项。而近年来，我国精心制作拍摄的纪录片《舌尖上的中国》，主要向世界传递的是中国独特的饮食文化，在一些西方国家的标准之下，也被看作中国对外意识形态输出的产品，从而在国际社会传播过程中遭到不公正的待遇和评价。这充分证明了西方国家掌控下的文化传播体系对中国的双重标准和文化偏见。

国际文化传播体系本应是世界各国文化交流的平台，但在西方国家的把控之下，正日益成为其推行文化霸权的工具；各国文化之间的互动，也逐渐演变为西方文化的单向传播，甚至吞噬其他文化的过程。西方国家一方面凭借其在经济、科技等方面的优势，构建起现今文化传播的体系，确立了其核心地位；另一方面也借此控制着国际文化信息传播的方向，进而巩固着这一严重失衡的文化传播体系。对我国而言，实现中华文化"走出去"的战略，客观上要求积极参与构建更为平衡的国际文化传播体系，打破西方国家在国际文化体系中的垄断地位，促进多样文化之间的交流、互动与沟通，让各国文化都能够在国际文化体系中得到充分展现的机会。

第二节 西方不断炮制花样翻新的文化理论，遏制中华文化走向世界

西方一些国家在实践中利用其在世界文化格局中的优势地位，对外输出价值观和文化理念，不断炮制一系列的文化理论，为其文化输出实践提供学理依据，并在现实中妖魔化中国，歪曲中华文化形象，减缓中华文化"走出去"的步伐，其中具有代表性的有"文明冲突论""中国威胁论""中国崩溃论""中国责任论""中国独秀论"等。

一 "文明冲突论"

早在20世纪90年代，美国学者亨廷顿（Samuel·Huntington）就提出了"文明冲突论"[①]。他认为冷战结束后，世界上的主要冲突不再是经济上、政治上的，而是不同文明之间的冲突；世界上除了西方文明之外，还有中华（儒家）文明、日本文明、伊斯兰文明等多种文明形态；国际政治领域的冲突是西方文明与非西方文明之间及非西方文明内部之间的冲突；文明冲突是对世界和平最大的威胁；儒家文明将可能和伊斯兰文明一起对西方文明构成威胁等。可见，无论是中华文明还是儒家文明，在亨廷顿看来，都已经构成了对西方文明的一种主要威胁，因此他呼吁，西方社会要强化内部认同，以共同应对来自非西方文明的挑战。客观来说，亨廷顿从文化的视角解读未来世界的发展态势和冲突根源，这无论是对人们进行政治学的学术研究，还是理解冷战结束后世界格局的演变，都具有重要的参考意义。但是不可否认，其理论是站在西方世界看待文化及其冲突问题，是为西方的政治选择提供学理依据。特别是在冷战结束后，中国成为国际社会上最大的社会主义国家，并且随着中国改革开放政策的实行，经济、政治、文化、社会诸多方面取得了巨大成绩，国际影响力不断提升。西方不得不思考如何应对冷战后的新形势，特别是如何应对中国的迅速发展，这种应对不仅需要具体的策略安排，也需要一定的学理支撑。此时，"文明冲突论"无疑为西方国家提供了一种理论解释。

究其实质，是西方世界在面对东方世界特别是中国快速发展的状况，感到自身的霸权地位遭到挑战，进而寻求实际对策和理论回答的一种结果。这种理论回答是为了维护西方霸权地位而出现的，所以一方面要求西方社会重视内部文化价值的认同建设，另一方面认为非西方文明偏爱自己的文化规范，是反西方的，这也造成了其对非西方文明认知的偏差。近年来，某些欧洲国家宣布关闭孔子学院就是这种文化认知偏差的结果。2015年，瑞典斯德哥尔摩大学网站发布通告说，学校与孔子学院的合作

---

① ［美］塞缪尔·亨廷顿：《文明的冲突与世界秩序的重建》，新华出版社2010年版。

协议于 2014 年年底到期后不再续约，孔子学院将于 6 月 30 日关闭。该学院开办于 2005 年，是欧洲第一所孔子学院。同年 9 月，芝加哥大学在其网站公布了停止继续进行孔子学院续约商谈的声明。有美国媒体评论说，孔子学院是中国在全球彰显"软实力"和推进中国文化的平台。美国大学教授联合会曾呼吁美国近百所大学取消与孔子学院的合作或进行重新谈判。他们认为孔子学院是中国政府的一个分支机构，目的是宣传中国政府的意识形态，有违学术自由。①

"文明冲突论"对非西方文明特别是对中华文明或儒家文明的理解有失偏颇。亨廷顿认为，中华文明将对未来世界构成威胁，是可能引发麻烦和冲突的文明，这显然是戴着有色眼镜看待中国和中华文化，是对中华文化的不理解、不认同。熟悉中华文化的人知道，中华文化源远流长，其中蕴含着丰富的"和"思想，如，西周末年的史伯就提出了"和实生物"的观点。"夫和实生物，同则不继。以他平他谓之和，故能丰长而物归之；若以同裨同，尽乃弃矣。"② 在经过几千年的发展，中华文化又形成了讲仁爱、重民本、守诚信、崇正义、尚和合、求大同的时代价值。中华文化非但不会对其他文明构成威胁，反而是世界各种文明相互融合、相互交流的有力推动力量。如，习近平总书记 2014 年 5 月在国际友好大会上的重要讲话中指出的：中华文化崇尚和谐，"和"文化源远流长。在 5000 多年的文明发展中，中华民族一直追求和传承着和平、和睦、和谐的坚定理念。以"和为贵"，"与人为善"，"己所不欲、勿施于人"等理念在中国代代相传，深深植根于中国人的精神中，深深体现在中国人的行为上。③ 当然，"文明冲突论"不会也不能看到中华文化对世界文明发展的重要推动作用，其在理论上是对中华文明的认知偏差，在实践中也正是西方国家维护霸权所需要的。

---

① 《瑞典宣布将关闭欧洲第一所孔子学院》，http：//news. ifeng. com/a/20150112/42910911_0. shtml。
② 《国语·郑语》。
③ 《习近平谈文化自信》，中国共产党新闻网，http：//cpc. people. com. cn/n1/2016/0713/c64094 - 28548844. html? from = groupmessage&isappinstalled = 1。

二 "中国威胁论"

几乎与"文明冲突论"同时，西方国家炮制出一套"中国威胁论"，从经济、政治、文化、网络、生态等多个角度，说明中国的发展将威胁世界整体利益。相比较"文明冲突论"，"中国威胁论"所涉及的范围更广泛，直接暴露了西方国家企图遏制中国现代化发展、阻碍中华文化国际传播的野心。

在不同的历史时期，"中国威胁论"呈现不同的形态。早在新中国成立之初，出于对新生社会主义政权的仇视，美国就曾提出过"中国威胁论"，认为新中国的建立有可能对东南亚各国产生示范效应，处于动荡时期的各个国家可能走上社会主义道路，进而聚集在社会主义意识形态之下，威胁到美国的国家安全。同时，美国还在联合国炒作中国对邻国的威胁，阻挠新中国获得联合国合法席位；美军将领麦克阿瑟还公然宣称新中国是"共产主义的黄祸"。此后，随着世界形势的变化，中美邦交正常化的开启，特别是新中国获得了联合国合法席位，中国与世界各国交流开始常态化，"中国威胁论"开始走向沉寂。到 20 世纪 90 年代，改革开放政策实施多年以来，中国经济迅猛发展，政治建设成绩显著，人民文化素质大幅提升，国际影响力逐渐扩大。中国特色社会主义建设的巨大成就再次成为西方国家维护霸权的"梦魇"。沉寂多年的"中国威胁论"又一次甚嚣尘上。其中，具有代表性的是美国费城外交政策研究所亚洲项目主任芒罗的《正在觉醒的巨龙：亚洲真正的威胁来自中国》一文。该文提出，中国的发展将对西方发达国家的战略利益和经济利益构成严重挑战。此后，关于中国发展将对西方国家乃至整个世界构成威胁的言论先后出炉，并演化为对中国发展的多领域、立体化攻击。如：中国经济威胁论，西方发达国家的一些学者提出，低廉的劳动力成本将使资本由发达国家转移到中国，从而导致西方国家的失业率上升，并且低廉的劳动力成本必然导致商品价格的下降，中国制造的产品将对国际市场造成冲击，从而造成西方社会和国际市场的动荡。2011 年，BBC 在报道中强调中国操纵人民币汇率，是在国际贸易体系中耍花招，使其他国家处于不利地位。同时，"美国之音"和"华尔街日报"网站等媒体也在报道中指责中国，认为正是由于中国低估人民币才造成中美贸易不平衡，并导致美国丢失数以百万计的就业机会；"中国政治威胁论"，以美国为代表的西方发达国家宣称，中国政治上缺少资本主义的民主化进程，但在经济上以资本主义方式推动经济发展，这种发展模式是对西方民主价值和国际秩序的威胁，中国经济的迅速发展必然导致其称霸亚洲甚至世界，严重威胁周边国家安全。此外，西方一些国家经常打着"人权"的幌子，主要针对中国的政治制度、行政体系等进行指责，认为中国的政治制度和体制是对"人权"的压制，是所谓的"专制"，是对公民"自由"的限制，不符合"民主"政治的要求，进而攻击中国共产党的领导地位。中华文化也被渲染为是对外扩张的文化，是集权主义的文化，是代表着落后、专制、保守的文化。由此造成了国际社会对中华文化的偏见和误解。"中国军事威胁论"，西方国家认为中国经济发展和政治影响力的扩大，必然导致军事上的扩张，因此中国对世界的威胁集中表现在军事威胁。多年以来，西方世界不断以台海问题、钓鱼岛问题、航母问题、军费问题等指责中国正常的军队建设问题。"网络威胁论"，中国网络技术近年来迅猛发展，中国网民数已经居世界首位，网络也因此成为西方国家的攻击对象。谷歌公司曾经于2010年对外宣称受到来自中国黑客的攻击。美国、加拿大等国政客和媒体也先后指责中国缺少网络自由、政府组建网络部队进行黑客攻击等。"中国生态威胁论"，鼓吹此论调的西方人士认为，一方面中国经济的高速发展是以高能耗、高污染的产业为基础的，这种产业在给中国带来经济效益的同时，给世界带来的是生态环境的恶化，简言之，中国的现代化就是世界的生态恶化；另一方面，由于中国的人口众多，资源消耗也十分巨大，中国的发展将对全球资源造成威胁，加剧不发达国家的贫困问题，甚至引发粮食危机或加速能源枯竭。

  可以看出，近年来"中国威胁论"已经不仅限于文化领域，而是几乎涵盖了中国社会发展的方方面面。实际上，无论是在理论层面还是在实践层面上，"中国威胁论"都缺乏有力的理论论证和实践证明，这一论调也并未在国际社会占主流，但其确实歪曲了中国形象和中华文化，其负面影响不容小觑。

三 "中国崩溃论"

中国特色社会主义建设的成果说明，中国的发展并不像某些"文明冲突论""中国威胁论"者所言，会给世界带来冲突和威胁。为延缓中国发展的脚步，阻滞中华文化"走出去"的步伐，西方发达国家又炮制了"中国崩溃论"以攻击中国的现代化建设。

在20世纪80年代末90年代初，西方社会普遍认为，东欧剧变证明了社会主义制度的局限性，中国也将和东欧各国一样发生颜色革命，中国的社会主义建设也必然崩溃。在此背景下，美籍日裔学者福山提出了著名的"历史终结论"。他认为东欧剧变和苏联解体标志着共产主义的终结，资本主义的自由民主制度才是人类社会发展的最终道路。以此逻辑，中国坚持的社会主义发展道路也将最终走向溃败。1997年东南亚金融危机爆发后，"中国崩溃论"再次盛行。当时的中国经济增长出现较大幅度下滑，国家外汇压力增大，国企体制落后，经济面临巨大风险。西方社会抓住时机，极力在国际社会兜售"中国威胁论"。美国华裔律师章家敦公开出版《中国即将崩溃》，宣称中国目前的经济繁荣是虚假的，社会积弊太深，中国将很快崩溃。东南亚金融危机后的中国并未崩溃，反而在危机中渡过难关，并对外展示了大国的担当精神。2008年美国金融危机爆发后，"中国崩溃论"又一次登场。受到金融危机影响，当时带动中国经济发展的三驾马车动力不足，出口锐减、产能过剩、股市下滑，西方国家借助国际上北非国家的动荡局势，宣扬所谓"茉莉花革命"。事实证明，中国非但没有崩溃，反而为国际经济增长提供了强大动力，是使国际社会度过金融危机、实现经济复苏的重要力量。正如，习近平总书记在博鳌亚洲论坛2018年年会开幕式上指出的，中国为应对亚洲金融危机和国际金融危机作出重大贡献，连续多年对世界经济增长贡献率超过30%，成为世界经济增长的主要稳定器和动力源。[①] 近年来，我国主动转变经济发展方式，实行产业的转型升级、降速提质，由此带来了经济发

---

① 《习近平在博鳌亚洲论坛2018年年会开幕式上的主旨演讲》，新华网，http://www.xinhuanet.com/2018-04/10/c_1122659873.htm。

展速度减缓的结果。西方发达国家学者又一次抛出"中国崩溃论",如美国学者沈大伟发表了《中国即将崩溃》的署名文章,宣扬中国经济陷入系统性陷阱,中国经济即将崩溃。①

可见,"中国崩溃论"如鬼魅般伴随着中国特色社会主义建设进程,每隔一段时期,特别是当国际经济形势发生振荡、中国经济发展遇到阻碍的时期,"中国崩溃论"就会改头换面在国际社会上流传开来。虽然这一论调已经被事实反复证明是西方的一厢情愿和恶意揣测,缺少严谨的理论分析和精确的数字依据,但在特定历史时期,这一论调对中国经济的发展和文化软实力的提升依然造成了不利影响。

四 "中国责任论"

在亚洲金融危机特别是美国金融危机爆发后,中国并未如"中国崩溃论"者所说走向溃败,反而在危机中逆流而上,成为世界上少有的经济发展亮点,并为亚洲和世界度过危机做出了重要贡献。当"中国崩溃论"无法遏制中国发展势头,西方社会再次针对性地提出了"中国责任论",试图以"捧杀"的方式延缓中国社会主义建设的步伐。

在2005年,美国前副国务卿佐利克在一次演讲中提出,要鼓励中国在国际事务中成为"负责任的利益相关参与者"。这一论调表明,以美国为代表的西方国家开始对中国改变策略,由之前的"中国威胁论"转向"中国责任论"。此后,其他发达国家推波助澜,在多个国际场合宣称,要帮助中国在亚洲乃至世界范围内实现其合理目标,使中国成为一个负责任的利益相关者。客观上讲,随着国家实力的增长,中国已经越来越多地参与国际事务,扮演着重要的角色;国际事务的解决也越来越离不开中国的参与,需要中国发挥其国际影响力。同时,中国也需要通过参与国际事务,积极推动国际秩序的完善,构建新的国际治理体系,维护国家的安全和利益。因此,在亚洲金融危机爆发后,我国就对外宣布要做一个负责任的大国,并坚持人民币不贬值,这为亚洲各国度过危机创

---

① 曹鹏飞:《"中国崩溃论"必然崩溃》,人民论坛网,http://politics.rmlt.com.cn/2016/0321/420932.shtml。

造了积极条件。但中国的大国担当并未能得到西方世界的尊重,反而引发了西方国家的恐慌和仇视。美国金融危机爆发后,美国财长鲍尔森在接受记者采访时指责中国,认为爆发金融危机的重要原因在于中国等新兴国家的高储蓄率引发的世界金融秩序失衡,中国应当为金融危机的爆发负责。显然,这种论调是明显缺乏事实依据的。美国在政府监管、金融制度、经济政策等多方面的失误才是造成危机的直接原因。将引发危机的脏水引向中国,是美国转嫁国内矛盾的一种手段,同时也试图借机抹黑中国,达到遏制中国发展的目的。

所谓的"中国责任论"是由经济领域引发的,但并不限于经济领域。西方希望中国在经济、政治、军事、生态等多方面在国际社会上承担责任。如,要求中国在经济上特别是在金融领域扩大开放,放松汇率管制,在推动世界经济复苏方面承担更多的责任;在政治上要求中国进行体制改革,建立西方式的民主制、多党制以更好地融入国际社会,并承担更多的国际责任,如,在朝鲜核问题的处理上,要求中国充分利用影响力,发挥更大作用,采取更多措施,加大对朝施压等;在军事上要求中国推行军队国家化,增加预算透明度,裁减军队规模,为国际和平建设承担更大责任;在生态上要中国减少污染物和二氧化碳排放,为全球生态治理承担责任等。例如,在2011年,英国BBC公司制作了纪录片《中国人来了》,其中将中非开展的经济合作歪曲为中国对非洲环境的破坏,指责中国在非洲为了开发当地的资源而忽视甚至破坏当地的生态状况,试图煽动非洲的反华情绪,破坏中非合作。同年,英国《每日电讯报》网站还称,中国人均排碳量将很快达到发达国家水平,理应对全球环境的恶化承担更大的责任。

表面上看,西方世界也承认中国的大国地位甚至赞同中国的合理诉求,鼓励和支持中国作为一个大国应承担起相应责任,但实质上,西方提出的责任已经超出了中国实际的能力范围,甚至将发达国家都没有甚至无法承担的责任推给中国。例如,面对日益严重的生态危机,美国采取了不作为的态度。美国作为世界上综合国力最强的发达国家,非但没有对世界生态建设担负更多的责任,反而向世界展示出了其负面的示范作用。早在20世纪90年代,为了应对全球变暖问题,联合国气候变化框架公约参加国讨论签署了《京都议定书》。该协议旨在将大气中的温室气体含量稳定在一个适当的水平，防止剧烈的气候改变对人类造成伤害。当时美国排放的二氧化碳占全球排放量的25%以上，为全球温室气体排放量最大的国家。按照《京都议定书》的要求，美国应限制本国二氧化碳排放量，但其实际排放量却一直处于不断升高的态势。小布什政府就曾以减排将影响美国经济发展为借口，拒绝批准《京都议定书》。在美国的影响之下，日本、加拿大等发达国家也先后表明了对该协定的否定态度。发达国家不仅自身不愿履行世界生态建设的义务，还试图将责任推给广大的发展中国家。发达国家曾多次指责中国工业发展对世界环境造成破坏，而对自身对生态环境的破坏视而不见。

近年来，中国的发展取得了巨大成就，但仍是一个发展中国家，并且在发展中还有很多突出的矛盾和问题没有解决，如地区发展不平衡问题、贫困人口问题、城乡差距问题等。所谓"中国责任论"，是西方社会试图"捧杀"中国、转嫁国际责任、约束中国发展的一种论调，实质上是对中国特色社会主义建设迅速发展以及中华文化影响力持续提升的恐慌和抵制。

五 "中国独秀论"

美国金融危机爆发后，"中国独秀论"再次出现在国际舆论场中，引发了世界的普遍关注。"中国独秀论"者认为，金融危机的爆发给西方各国带来了巨大冲击，在西方国际经济陷入低迷的时候，只有东方的中国遭到的冲击较小，经济保持了稳定发展的态势，取得了一枝独秀的地位，甚至有西方学者指出，中国是从金融危机中获利的国家，是危机爆发的最大赢家。以此逻辑，中国理应为全球经济复苏承担责任，拉动全球经济向前发展。

不难看出，"中国独秀论"的论调与"中国责任论"相近，看似肯定中国对世界发展的重要意义，实则给中国提出了不适当的要求。就金融危机而言，西方国家是由于自身金融监管体制和经济政策的缺陷而遭受较大冲击，中国由于实行了稳健的货币政策而避免了直接的冲击，但在经济上也遭受了巨大损失。著名经济学家林毅夫就指出，受国际金融危机影响，中国经济发展增速减缓，预期增长超过10%，而实际增长只有8.7%。而且，中国经济在保持多年高速增长之后，经济结构内部的深层次矛盾也逐渐暴露出来，如依靠劳动密集型产业拉动经济发展、产品的科技附加值低、经济过于依赖对外出口等。这些深层次的矛盾如果不加以解决，中国经济很难保持可持续的发展。有学者指出，在国际金融危机的背景下，中国要寻找新的经济增长点，解决上述深层次矛盾，也面临着重重困难。

从金融危机爆发之后各国的表现来看，中国的经济发展也并非一枝独秀。巴西经济研究所经济学家马科斯·辛特拉在接受新华社记者采访时指出，由于一些发展中国家实行了正确的税收和货币政策，不仅受到金融危机冲击的程度较轻，更是以领先于全球增长的速度实现发展，如巴西在今年第一季度出现了同比增长9%的罕见高速。同样，印度和中国也实现了较高的增长率。可见，同样作为发展中国家，印度和巴西在金融危机爆发后也保持了较高的经济发展速度，但在国际舆论场中未见"印度独秀论""巴西独秀论"的踪影。

可以看出，西方国家并非对中国经济发展中的深层次问题一无所知，也并非不了解其他发展中国家在金融危机后经济的良好表现，而是故意将矛头指向中国。其中原因，一方面是在本国遭到金融危机冲击之后，急于转嫁国内压力，把恢复经济的责任抛给中国，看似重视中国对全球经济的作用，实则是想借助中国的力量维持现有的国际经济秩序；另一方面是对近年来中国高速发展的忌惮，因为随着中国经济影响力的提升，中华文化也必将走向世界舞台的中央，从而对世界文化格局产生重要影响，乃至改变现有西强东弱的文化格局，而这正是西方国家不愿看到和不能接受的。

基于价值观念、文化背景、意识形态等方面的差异，更出于维护现有国际秩序的实际需要，西方一些国家往往不能客观地对中国社会现实问题进行分析和评判，甚至对中华文化形象加以歪曲地解读。由于西方国家在当今国际体系中占有主导话语权，其对中华文化形象的歪曲直接影响了国际社会对中国的认知，增加了中华文化走向世界的难度。

第三节 西方采取保护与渗透的文化策略，遏制中华文化走向世界

西方社会为了保持在文化领域的优势地位，不仅在理论上对中华文化进行歪曲和攻击，而且在现实中通过一系列的文化保护主义政策，企图遏制中华文化走向世界战略的实施。文化的交流应当是双向互动的，但在现有的国际文化格局中，较多的是西方发达国家向广大的发展中国家进行单向输出。为了维护国内的文化安全，西方发达国家奉行文化保护主义政策。近年来，一些周边国家也借助多种文化交流的渠道，对我国进行文化渗透，这对中华文化走向世界提出了挑战。

一 重视文化产业发展，保护本国文化竞争力

西方发达国家高度重视文化发展战略。早在20世纪90年代初，以英国为代表的西方发达国家便开始制定本国的文化发展战略。在1993年，英国即以官方文件的形式颁布了国家文化政策。为了振兴英国经济，当时的布莱尔政府将文化产业作为着力点，成立特别工作组，从国家层面推动文化发展，提升本国文化的竞争力和影响力。几乎与国家层面同步，各地方政府也根据本地实际情况，成立了专门的组织，通过与艺术机构合作等方式，制定本地的文化产业发展策略。经过政府多年的引导发展，文化产业已经成为英国增速最快的产业。据英国政府相关部门统计，文化创意产业每年为英国带来714亿英镑的收益，平均每小时能收益800万英镑。此外，文化创意产业还解决了大量的就业问题，从业人员200多万人，占就业总数的8%以上，相关企业超过10万家，无论人员数量还是企业数量，都在各产业中居于首位。[①]

创制多样文化产品，影响社会群体思想。文化传播需要一定的载体，长期以来，西方将文化和产品有机结合，打造了多样化、层次性的文化

---

① 王冰清：《英国文化创意产业发展的成功经验》，国家民族事务委员会，http://whxcs.seac.gov.cn/art/2015/5/29/art_8431_228823.html。

产品，针对不同受众的心理特征和文化需要，推送差异性的文化产品，从而对社会各群体的思想施加影响。代表西方文化的多样文化产品，如影视产品、音乐产品、动漫产品、体育产品、电脑游戏产品等，会不同程度侵蚀我国社会群体对中华文化的认同，阻碍中华文化走向世界。影视作品的传播过程既是文化的传播过程，同时也是对观众思想施加影响的过程。美国的影视作品层次多样，既有好莱坞制作的美式大片，如《速度与激情》《复仇者联盟》等，也有关注现实生活的《纸牌屋》《摩登家庭》等，还有充满喜剧元素的《老友记》《生活大爆炸》等。这些影视作品能够满足不同社会群体的观影需要，不同年龄段、不同经历、不同兴趣的观众几乎都能找到契合的影视作品。随着英语教育在我国青少年群体中的普及，一些青少年甚至选择原声的影视作品，以更为直接地了解影视作品的表达。这不仅反映出影视作品蕴含的西方文化对我国青少年的影响，更体现出英语对我国青少年的影响。音乐产品也是西方文化传播的重要载体，早在20世纪80年代，随着我国改革开放的进程，以摇滚乐为代表的西方音乐产品大量涌入中国，给当时的人们以强烈的冲击。摇滚乐也和独立、自由、叛逆等字眼联系在一起，深深影响了一代中国人。21世纪以来，不仅西方音乐在我国影响较大，我们的近邻日本、韩国的音乐作品也日益为大众接受。此外，英、美、日等国的动漫产品也在我国学前儿童和青少年中具有重要影响。英国的动漫人物小猪佩奇已经在中国成为最有影响的形象，也成为颇具影响力的品牌。日本的《名侦探柯南》《灌篮高手》《海贼王》等动漫作品也为国人所熟知。

与上述情况形成鲜明对比的是，我国目前在上述领域都缺乏能够与之匹敌的文化产品。实际上，我国曾经在动画制作领域享有盛名，《大闹天宫》《哪吒闹海》等作品曾在国际上享有盛誉。日本著名的动漫作家手冢治虫曾专门在1988年拜会了中国动画的始祖万籁鸣，并承认万籁鸣对他坚持走动画道路影响深远。从文化软实力建设的角度来看，打造多样的、符合社会群体需要的文化产品，不仅能够给国家带来经济收益，树立国家文化形象，也是维护文化安全，提升文化软实力的必然要求。当今，面对西方多样文化产品的涌入，西方的思想、价值观、意识形态也在缓和但深远地影响我国社会各个群体,特别是青少年群体。作为中华文化的未来的传承者和建设者,青少年的思想状况不能不引发我们的警醒和思考。如果不能有效抵御外来文化对我国青少年思想的侵袭,不仅中华文化走向世界战略难以实现,而且中华文化的发展也将面临重大挑战。

二 注重完善文化法律法规,保持本国文化语言纯洁性

西方发达国家不仅在资金方面支持本国文化,而且将对文化的保护上升到法律层面,制定了一系列保护本国文化的法律法规,其中最直接的表现就是对本国语言的保护性法律。

语言是文化的依托和载体,重视本国语言,保持本国语言的纯洁性,早已成为西方发达国家的共识。在西方发达国家中,法国政府尤为重视对法语的保护。1992年,法国在《宪法》第二条增设"共和国的语言是法语"的条款。法国政府在1994年通过了《法语使用法》(该法案为时任法国文化部长杜蓬推动,因此也称"杜蓬法")。按照该法的要求,在法国国内公共场所的标语、广告等必须使用法语,在法国出版的书籍需要有法文摘要,公民签署的合同须有法语文本,在法国的各类会议中须有法语概要,违反者将被处以最高25000法郎的罚款。1996年,法国政府成立了专门术语和新词审定委员会,对外来词进行严格的审核。只有在法语中没有明确表达的词语、读音和书写合乎规范,没有可以替代的法语词或有替代词但过于冗长不便使用等情况下,才允许引进外来词。对于新出现的法语词语,必须经专门的审核,通过后还需要在政府公报中发表,之后才能正式运用。作为政府机关,应当在公文中使用标准的词语。每年年底,相关机构要对法语的使用情况和发展趋向做专门的评估,以保证对法语的状况进行实时追踪。保护法语纯洁性的一系列法案实施以后,取得了明显的效果。据报道,2009年法国广告业监督机构调查称,当年3000余条广告中违规近150条;2013年第一季度3962条广告中,仅有43条违规,违规的数量大幅下降;同时,世界上讲法语的人数不断增长,截至2014年年底,共有2.74亿人讲法语,预计到2050年

讲法语的人数将突破 7.7 亿。①

除法国以外的很多国家也都颁布了保护本国文化的法案，主要反映在以立法的形式规范语言的使用。在 2011 年冰岛政府也颁布了语言法案，强调各级政府必须维护语言的纯粹性，特别是要保证冰岛语基本词语和核心语法不遭到破坏。2014 年俄罗斯国家杜马审议了语言文化委员会提交的一份法律草案。根据该草案，俄罗斯将对不合理使用外来语的行为予以处罚。近年来，外来语对俄语的冲击较为明显，一些原本可以用俄语去表达的词语也逐渐被外来语所取代，这使得一部分老年人无法理解公共场合中的外来语表达，更深层的原因在于，外来语特别是英语，其蕴含的英美文化对俄罗斯文化产生越来越重要的影响。因此，从立法的层面去抵御外来语特别是外来文化的侵蚀，是这项草案的真正目的。

三 加强文化人才竞争，保障文化人才供给量

文化的竞争，归根到底是人才的竞争，西方发达国家十分重视文化队伍建设，在国家教育规划中设定专门的文化人才培养计划，重视吸引国际移民，为本国文化的发展培养后备力量，保障文化人才供给。

整体规划文化人才培养计划。西方发达国家在制定国家发展规划的过程中，就有目的地重点培养文化人才。以英国为例，英国制定的文化产业发展规划的重要内容，就是要为文化产业从业人员创造培训的机会，特别是要注重培养青少年的创新能力。在 20 世纪末和 21 世纪初，英国先后公布了《英国创意产业路径文件》和《英国创意产业专题报告》，再次明确了文化产业人才的培养问题。英国政府会同相关机构起草了"创意英国——新经济中的新天才计划"研究报告。报告强调，要从儿童教育开始，激发他们的创意才能，并分别从儿童、青少年、成人等角度对创意才能的培养提出了具体措施。文化人才的培养已经是文化发展规划的内在组成部分。英国已经从国家层面对文化人才的培养谋划了整体布局，培养对象包括从儿童到成人的各年龄层次，这为英国文化保持持久的创新能力、保持英国文化的竞争力做好了人才储备。

---

① 李永群：《法国纯洁法语运动见成效》，《人民日报》2014 年 12 月 4 日。

重视吸引国际移民。随着全球化进程的发展，人才在国家之间的流动日益增多，国际移民越来越成为一个国家文化建设与创新的重要力量。经济合作与发展组织（OECD）发布的《国际移民展望2016》数据显示，2014年，美国共颁发绿卡101.65万张。全球有2.5亿国际移民，有7.5亿万国内移民。布鲁金斯学会相关研究表明，在美国，国际移民创建了占总量1/4的创业公司，2017年美国市值前500名的公司中有43%是由国际移民创建或共同创建的。同时，美国国家科学委员会2016年科学与工程学指数显示，外国人在美国科学与工程领域拥有博士学位就业者的比例也从1993年的26.8%增至2013年的42.2%。中国是重要的移民输出国，截至2015年，在海外居住的中国公民达954万人。[①] 可以看出，国际移民为美国等西方国家的发展作出了重要贡献，西方国家也越来越重视吸引国际移民。如，加拿大政府就十分重视通过吸引国际移民的方式保持人才竞争力。根据中国与全球化智库（CCG）《中国国际移民报告（2018）》的研究，加拿大实行有利国际教育的战略，吸引大量留学生，通过留学生毕业后一系列的促进就业措施，将国际人才留在加拿大国内。同时，为解决国际学生流动问题，加拿大还实行了"经济行动计划"（Economic Action Plan），两年之内投资了4200万美元，以增加临时居民签证项目的容量，满足国际学生日益增长的短期培训以及长期攻读学位的需要，培养适应加拿大本国经济与社会可持续发展的应用型人才，形成人才竞争良性循环。[②] 作为加拿大的邻国，美国目前有37.7万中国留学生，占在美国际学生的1/3还多。2018年美国新罕布什尔大学宣布接受中国高考成绩申请，由此，成为美国首个采用中国高考成绩来评估申请者的一流州立大学。此举也意在吸引更多优秀中国学生到美国留学，为美国国家建设和文化发展提供持续的人才竞争力。

---

① 《国家移民局：构建具有国际竞争力的移民管理与服务体系》，全球化智库，http://www.ccg.org.cn/research/view.aspx?id=9180。

② 《CCG发布〈中国国际移民报告（2018）〉》，全球化智库，http://www.ccg.org.cn/Research/View.aspx?Id=9155。

四 构筑西方价值联盟，抵制中华文化核心价值

价值观是人们对于价值本质的认识，包括人们对包括自身在内的客观对象进行评价的标准、原则、方法等各种观点构成的体系。价值观和世界观、人生观往往是一致的，都属于文化的范畴。价值观不仅对个人的行为起着规范和导向作用，同时也体现一个民族的历史传统和文化内涵，承载着一个国家的精神追求，引领着社会的发展方向，是文化软实力建设的重要内容。

西方国家因其近似的文化背景和历史传统，形成了稳定的价值观联盟，并将其输送到全世界。共同的文化传统和相近的发展道路，使西方主要国家形成了共同的价值认知，自由、民主、平等，人权等话语，成为西方价值观的典型表达。早在古希腊时期，城邦治理中的重要形式就是公民大会，城邦中的男性可以组织起来选举执政官，并通过公民大会等形式参政议政。这种形式也成为西方民主制的最早起源。14世纪发源于意大利的文艺复兴运动，抬高人的地位以挑战神的至上地位，以人权来反对神权，以民主来反抗教皇的统治。17—18世纪的文艺复兴运动、启蒙运动，进一步提出了反对封建王权专制、寻求人的自由解放的任务，以"社会契约论"为代表的有资产阶级性质的思潮的勃兴，使得平等、自由、民主、人权等口号深入人心，并在实践中推动了资本主义生产方式的发展和资本主义制度的确立。时至今日，上述价值观也是资本主义社会主流的价值观。西方国家普遍认为，正是对平等、自由、民主、人权的价值追求，推动着资本主义社会的不断发展进步。而在现代全球体系中，资本主义国家的强势地位似乎也进一步印证加深了西方社会的这种认知。依此逻辑，世界上那些不发达的国家和地区，也只有秉承西方的价值观，才能实现社会的进步和发展。由此，西方发达国家形成了价值观联盟，将其价值观视为"普世价值"，并向世界各国输出，试图以西方价值观整合全世界。20世纪末到21世纪初，东欧及中亚一些原由共产党或"左"翼政党执政的国家，正是由于面对西方价值观的输出，丧失了警惕性，加之内政外交上的错误，先后发生了所谓"颜色革命"，导致政权更迭，而新生政权则大多倒入西方怀抱。

西方价值观联盟的价值输出，冲击中华文化的核心价值。近年来，随着中国经济的飞速发展，中华文化在世界上的影响日益扩大，世界各国对中华文化核心价值的认知也在不断深入和发展。但由于历史文化的差异以及西方价值观长期以来形成的强势地位，中华文化核心价值不得不面对西方价值观的冲击。这种冲击，又往往是和突发的社会事件联系在一起的。

　　价值观的冲击往往是隐蔽的，影响却是极为深远的。美国前总统奥巴马2015年在复旦大学的演讲中，首先对当时的中美关系给予了肯定评价，然后在对中美不同之处进行分析时，他特别指出，美国建国纲领的核心原则包括无论男女，人人生而平等，都享有某些基本的权利；政府应当反映民意，并对人民的愿望做出回应；信息应当自由流通；司法保障应该来自法治而不是人治。他还特别强调，正是对这些核心原则的支持，才使得各国的移民都能在美国找到机会；表达的自由、宗教的自由、获取信息和参与政治的自由，是普世的权利，世界上的任何国家的所有人都应当享有。不难看出，从内容上来看，奥巴马传递的正是西方社会的价值观；从形式上来看，他采用的不是刻意的道德说教或者对我国政体的直接攻击，而是以演讲方式通过对中美的比较自然引出，具有很强的隐蔽性，值得我们高度警惕。

五　借助非政府组织，对我国进行文化渗透与传播

　　非政府组织历来是文化渗透与传播的重要媒介。随着文化全球化进程的不断深入，越来越多的国际组织、国际机构、跨国公司参与文化传播的过程。当前活跃在我国境内的境外非政府组织正日益成为影响中国经济、政治、文化、社会发展的一支不可忽视的力量。据不完全统计，目前在我国长期活动的境外非政府组织有1000个左右，加上开展短期合作项目的组织数量，总数可能多达4000—6000个。数量庞大的非政府组织在文化领域的活动需要引起我们的高度注意。

　　西方发达国家在国际组织建设过程中一直占据优势地位，他们不断积极参与甚至主导国际组织的运行和决策。很多西方国家建立起数量庞大的各种非政府组织，如各种名目的艺术基金会、国家人文基金会、图

书馆学会等，法国建立的民间文化协会大约就有15.7万个，其中最具影响力的"法语联盟"在全球拥有1000余家分支机构，遍布130多个国家；英国的英国文化协会在109个国家设有办事处；德国在81个国家设有歌德学院。在很多非政府组织背后，都有本国政府在资金、人员等方面的支持。法国政府在20世纪初就把文化交流作为外交体系的重要组成部分，而非政府组织则是文化交流的重要媒介。法国外交部的"国际合作和发展总司"就负责协调非政府组织的文化交流等事宜。英、法、德等国家非政府组织的主要经费也来自政府，以保证财源的稳定性。这样就必然将政府的文化政策、方针、意图、取向等渗透到非政府组织的活动中。这样，在国家利益、政府决策、非政府组织行为中能够保证步调一致。由于非政府组织往往给人一种"中立""第三者"的印象，并且在文化活动的时间、形式、对象等方面具有更大的灵活性和宽松度，因此能够达到政府机构所不能达到的文化传播和渗透效果。

跨国公司也是西方文化传播的重要载体。冷战结束后，跨国公司迅猛发展，跨国公司之间的合作、兼并更进一步推动了其规模上的急剧扩张。世界上大多数的跨国公司属于西方发达国家。跨国公司在经济上获取高额利润的同时，也以企业文化的方式对外宣传西方的价值观。由于这种宣传大多是和经济活动联系在一起的，因而传播的范围随着经济活动的范围不断扩展，并且更具有隐蔽性。也有西方学者指出，从广义文化的角度来看，跨国公司也面临着难以融入当地文化的可能，比如，由于价值观念、宗教信仰、政治法律制度等差异，跨国公司的企业文化、管理观念、管理模式等也面临着水土不服的问题。[①] 为克服这一问题，近年来，跨国公司在拓展海外市场的同时，对中、下层的管理人员积极推行"当地化"策略，即从公司所在地聘用中下层管理人员。这种策略一方面通过那些熟悉当地文化的人直接参与公司业务管理，最大限度减少文化之间的摩擦和冲突，推进公司业务在当地的发展；另一方面也可以通过培训、教育、熏陶，将跨国公司的文化传递给中下层管理者，增强

---

① Kroeber, A. L. & C., Kluckhohn, *Culture. A Critical Review of Concepts and Definitions*, Papers Peabody Museum of Archaeology & Ethnology Harvard University, 1952, pp. 35 – 39.

他们对跨国公司文化的认同感，使其思想和行为自觉与跨国公司的文化相协调，在潜移默化中成为跨国公司文化的传播者。从我国文化软实力建设的角度来看，西方的跨国公司凭借其强大的经济实力，在获取经济利益的同时，也在用其企业文化逐渐侵蚀、稀释中华文化。例如，美国的苹果公司不仅每年从中国带走高额利润，同时苹果的产品也备受中国消费者的青睐。每次苹果新产品的发布和上市，大多会在中国市场引发消费者的追捧。随着产品的销售，由乔布斯所打造的苹果公司企业文化也随着产品渗透给中国的管理者和消费者，如"信任乔布斯""坚信苹果比其他所有公司都强""主导市场才是最重要的事"等。不难看出，苹果公司企业文化的内容与中华文化的价值取向有明显差异。随着苹果公司企业文化的传播过程，中华文化也面临着被不断稀释的风险。

六 "一带一路"建设中，中华文化融入沿线国家面临挑战

2013年，习近平同志在出访哈萨克斯坦和印度尼西亚期间，提出了共建"丝绸之路经济带"和"21世纪海上丝绸之路"的倡议，引发了国际社会的广泛关注。作为新时代我国的重大战略构想，"一带一路"不仅是联通沿线国家的经济发展之路，也是推动各国文化相互交流之路，是中华文化走向世界之路。同时也要看到，由于"一带一路"沿线国家在民族传统、生活习俗、宗教信仰等方面与中华文化存在差异，同时各国也在不断提升自身文化的国际传播能力，这给中华文化走向世界带来了新的挑战。

"一带一路"相关国家宗教文化的挑战。近年来，东南亚地区宗教文化的挑战颇具代表性。从地理位置上看，中国西南省份（如云南、广西等）与东南亚地区国家毗邻（如越南、缅甸、老挝、泰国等）。相近的地理位置使西南省份成为我国与东南亚各国进行文化交流的重要渠道，云南等省份也成为"一带一路"的桥头堡，为推进"一带一路"倡议的实施起到积极作用。同时也应注意，东南亚地区的文化，特别是其中的宗教势力借助文化交流的过程也在向我国西南地区渗透。由于我国实行宗教信仰自由政策，我国云南境内的少数民族众多，宗教信仰多样，并且受地缘影响，宗教信仰与东南亚国家相近甚至相同。这种情况一方面便

于我国与东南亚各国的文化交流,另一方面也给敌对势力利用宗教活动对我国进行文化渗透提供了便利条件。如,我国有学者在边境地区能够经常见到非官方邀请的缅甸佛教或牧师,在寺庙或教堂中使用跨境民族的语言向我国群众进行宗教活动。[1] 有学者经过研究发现,近年来,我国与东南亚各国的宗教交流活动中,我国出境对外进行的宗教活动明显少于入境的宗教活动,外来宗教对我国的影响占据优势地位。[2] 我国学者贺圣达对东南亚南传上座部佛教的研究,进一步印证了上述判断。他指出,从历史上看,虽然早在元朝时期,云南已经成为元朝的一个行省,儒家文化也在云南地区占有主要地位,但儒家文化的影响主要集中在云南的中部地区,对于南部沿边地区的影响不大。由于云南南部地区与越南等国毗邻,双方在生活习俗、宗教信仰等方面的交流一直比较频繁。云南南部地区所信奉的南传上座佛教与东南亚大陆有着密切联系,这种影响早在明清时期就已开始,至今在我国云南南部傣族等少数民族的聚集区仍然有较大影响。[3] 这种外来宗教文化的影响,无疑将冲击当地群众对中华文化的认同,需引起我国的高度重视。

"一带一路"相关国家国际传播能力的挑战。随着传媒技术的发展,世界各国越来越重视国际传播能力的提升。在西方国家占据国际传播主阵地的同时,很多的发展中国家也在注重培育和提高本国的国际传播能力,并取得了明显进步。在"一带一路"沿线国家中,印度国际传播能力的提升就是典型代表。我国智库对"一带一路"沿线国家媒体社交影响力进行了专门研究。该研究分析了"一带一路"沿线 67 个国家 387 家媒体的社交传播内容和传播数据,监测了 330 个 facebook 账号和 289 个 twitter 账号,并经过模型计算得出结论:2018 年印度媒体的社交影响力得分要高于中国(印度 3355 分,中国 1335 分)。在 2018 年第一季度的国

---

[1] 李智环:《云南"一带一路"建设的边疆文化软实力——以文化安全为视角》,《烟台大学学报》(哲学社会科学版) 2016 年第 4 期。

[2] 普丽春:《桥头堡建设中云南跨境民族的文化交往与安全》,《云南民族大学学报》2013 年第 2 期。

[3] 贺圣达:《东南亚南传上座部佛教文化圈的形成、发展及其基本特点》,《东南亚研究》2015 年第 4 期。

外社交传播影响力测评中，前10名中有7家为印度媒体。在筛选出的24家高影响力媒体机构中，有10家是印度媒体。数据显示，印度媒体的传播效果主要源自其占主体地位（67.6%）的娱乐内容，如舞蹈节目、综艺节目、电视剧等。各类媒体娱乐账号通过话题互动等方式扩大粉丝群体，持续提升该账号影响力。印度社交媒体影响力的提升，无疑将扩大印度文化在"一带一路"相关国家的影响力，客观上弱化中华文化在该区域的影响。数据显示，2018年一季度"一带一路"相关国家主流媒体发文55万余条，其中涉华内容16000余条，仅占3%。[1] 电影也是印度提高文化国际传播能力的重要载体。近年来，印度电影在中国市场的影响也日益扩大。2018年，印度电影《厕所英雄》在中国热映。该片内容并不复杂，主要讲述一位男子在为其新婚妻子建造室内厕所时引领了一场争取男女平等的运动。该片以一种幽默的叙事方式，通过个人故事深入探讨了一个更为宏大的社会问题，从而引发中国观众的兴趣和共鸣。近年来印度宝莱坞出品的电影《摔跤吧！爸爸》《神秘巨星》和《起跑线》也在中国取得了类似的成功。有媒体认为，相较而言，中国同类主题电影或过于沉重，或过于文艺的叙事方式，印度电影的这种轻松诙谐的方式是其成功的重要原因。[2] 印度利用社交媒体提升其文化影响力，利用电影产业提高其国际传播能力的经验值得我们借鉴，同时也给中华文化走向世界，特别是在"一带一路"沿线国家的传播带来了新的挑战。

第四节　对外交流中的文化误读，制约中华文化走向世界

由于文化背景、思维方式、传统习俗等方面的差异，当两种异质文化在交流碰撞之初，难免会从本土文化的既有立场去解读外来文化，由此带来的文化误读是不可避免的。所谓不可避免的，是说两种异质文化

---

[1] 《最新"带路"大数据报告揭秘：新加坡媒体最关心中国、中国该向印度媒体取经？》，凤凰国际智库，http://pit.ifeng.com/a/20180612/58685319_0.shtml。

[2] 《港媒：〈厕所英雄〉为何能打动中国观众》，环球网，http://oversea.huanqiu.com/article/2018-06/12241578.html。

由于相互之间缺乏了解，基于不同文化传统和文化理念，即使对同一文化符号，双方的解读也是具有差异性甚至是矛盾性的。当然，我们说文化误读是不可避免的，并不是要肯定文化误读，而是要通过对其产生的原因进行分析，减少其对中华文化走向世界的消极影响。

一 文化误读的产生原因

（一）中西方文化传统的差异明显

中西方的文化传统具有明显的差异，这种差异表现在思维方式、道德传统、价值理念等诸多方面，这种差异是造成一些西方国家误读中华文化的重要原因。

1. 中西方思维方式差异造成文化误读

梁漱溟先生在《东西方文化及其哲学》中曾经指出，中国、西方和印度有不同的文化发展视野和路向。西方文化的视野是向前的，提倡的是征服自然、改造环境；中华文化的视野是调和、持中的，提倡的是中庸之道，过犹不及；印度文化的视野是向后的，提倡的是意欲反身向后。[1] 中国传统思维方式是基于几千年的农耕文明而形成的，西方思维方式发源于古希腊文明，经历过启蒙思想和近代工业革命的洗礼。不同的地理环境、生产方式和文化脉络造就了双方迥异的思维方式。古希腊环海的地理位置从文化源头上使西方人充满冒险精神，敢于走向海洋，探索未知世界；中国是典型的陆地国家，广袤的国土使人们将主要精力放在土地上，由此形成了安于现状，不愿冒险的思维习惯；经过文艺复兴和启蒙运动的洗礼，西方在思考问题时偏于强调个性，突出个人在认识和改造世界中的力量；长期处于大一统社会的中国，人们认识问题侧重于群体，将群体、民众的力量看作与自然、与社会抗争的必要力量；近代自然科学的发展使西方形成了分析的思维习惯，从不同的角度对事物进行具体的分析，力求得到精细化、标准化的结果；中国传统文化一直强调的是整体思维，从宏观的角度去认识和理解世界，如，强调天人合一的自然观，其追求的是整体的、全面的结论，甚至是只可意会不可言

---

[1] 梁漱溟：《东西方文化及其哲学》，商务印书馆1999年第2版，第62—63页。

传的表达方式。

对于中西方思维方式的差异，我们很难用先进或落后的标准去衡量。就西方文化而言，对精细化、标准化的追求，对于自然科学的发展无疑具有重要作用。在他们看来，中国传统文化的含混性也是造成近代中国科技远远落后于西方的原因，甚至有人提出中国的传统思维方式与自然科学是不相容的。从中华文化的角度来看，西方文化中过于强调分析的方法，这就容易导致在看待问题的时候只见树木不见森林。无论是自然界还是社会，都是一个有机统一的整体。要从整体上看待外部世界，包括人也是世界的组成部分。这种整体性的方法论对当今世界认识和解决生态危机问题提供了一种崭新视野。此外，西方对个性的张扬和对个体力量的崇拜，也容易在国际事务中引发霸权主义，陷入单边主义的泥潭，不利于国家之间、民族之间冲突的解决。中华文化一直强调和谐共生，在国际事务中提倡国家不分强弱，民族不分大小，都是平等的关系。世界的发展是要使各个国家和民族都有所发展。这种思维方式对国际上新型国家关系的形成，国际治理体系的完善具有重要的参考价值。

2. 中西方道德传统差异造成文化误读

道德，在中西方文化中都有着重要的地位；道德传统，在中西文化中都绵延不绝。中西方道德传统在道德观念、道德作用、道德实践等方面存在巨大差异，这种差异使中西方文化在交流中容易引发相互间的文化误读。基于不同的文化背景，中西方文化在对一些道德观点的认识上存在差异，在中华文化中大力倡导的道德观念和准则，在西方文化中则可能被忽视，反之亦然。如，中华文化认为，君子是具有高尚道德情操的人，为君子者，不能仅仅考虑个人的得失，还要考虑他人的感受，这样才能使人与人之间形成和谐共生的状态。在传统典籍《周易》中记载，第十三卦《同人》卦的卦辞："同人于野，亨。利涉大川，利君子贞。"[①]"同人于野"，意为在空旷的原野上和同于人，形象地说明人在社会交往的过程中需要有广阔的胸襟，光明磊落，不能心存狭隘，如此方能克服困难，战胜艰难险阻，即"利涉大川"。《同人·大象传》曰："天与火，

[①] 黄寿祺、张善文撰：《周易译注》，上海古籍出版社2007年版，第85页。

同人，君子以类族辨物。"① 即是说，天与火是相互亲和的，由此推理出君子也应当据此分析人类群体，辨别各种事物。具体来说，就是要求为君子者应当视自己和他人为同类，在人际交往中设身处地为他人着想，从他人的角度来审视自己，衡量得失。如果进一步将这种思想扩展到社会领域，即在处理各种社会关系的时候，不能仅从个人的利益出发，而是要推己及人，考虑到他人的利益。在西方文化历史进程中，为突破中世纪宗教思想的束缚，彰显个性的文化逐渐成为主流。在此文化背景下，对中华文化的这种道德诉求难以形成共鸣。

中西方对道德作用的认识差异也会引发文化误读。几千年来，中华文化一直重视道德对治理国家的重要作用，主张用统一的道德观念去规范民众的思想和行为。"以德服人""以德治国"是中华文化对道德作用的基本认知。只有从人们内在的道德观念上，明确何事可为，何事不可为，才能真正将这种内在的道德认知外化于行。无论是法律规范还是暴力征伐，都是属于外在的手段，并不能从根本上解决问题。相反，西方文明自启蒙运动之后，极为重视契约精神和法律规章在社会生活中的重要作用。他们认为，道德对人们行为的约束作用是有限的，理想的社会秩序需要明确的共同准则和惩戒措施。无论是国王、君主或是其他什么人，对共同的法律规范都必须严格遵守。正是因为对道德作用不同的认知，也造成了中西方文化之间的隔阂。以中华文化看西方法律规范，后者过于强调外部制约，忽视了人内在蕴含的道德力量；以西方文化看中国的道德教化，后者注重言语说教，缺乏有力的制约机制。由此，中西方文化在交流中的文化误读，特别是对其中道德观点、法治文化的误读就随之产生。

中西方的道德实践差异也是造成文化误读的重要原因。在中华文化中，道德不仅是一个意识范畴，也是一个实践范畴，甚至在一定意义上，实践本身就是一个带有浓厚道德意蕴的范畴。在传统文化的词语中，"践行""践履""行"这些带有实践意义的概念，主要就是指要践行、践履一定的道德观念。如，中国古代学者王阳明曾提出了著名的"知行合一"

---

① 黄寿祺、张善文撰：《周易译注》，上海古籍出版社2007年版，第86页。

的观点。其中的"知"主要指道德意识和伦理观念,"行"主要指道德践履的实际行动。在他看来,知和行是一致的,不存在仅从思想上明了道德要求而不去付出实际行为的活动,如此只能说明并没有真正理解道德要求。"未有知而不行者;知而不行,只是未知。"同样,思想上的道德要求是实际行动的指导,行动是真正理解道德要求的必然结果。"知是行之始;行是知之成。"西方文化中,道德实践是多种实践形式中的一种,此外,还有物质生产的实践活动、变革社会的实践活动等。在道德实践的层面上,主要是指人们对所谓"至善""至美"道德理想的追求。中西方对道德实践理解的差异性,也会引发文化误读问题。

3. 中西方价值观念差异造成文化误读

价值观是人们对价值本质的认识,包括对客观事物或人的评价原则、标准、方法的观点。简言之,价值观是人们应该做什么和不该做什么的基本观点,对人的行为起着规范和导向作用。在中西方文化发展进程中,形成了各具特色而又风格迥异的价值观。

西方价值观念的突出特点是注重个人的奋斗和个性的张扬,这种价值观在美国得到充分显现,我们经常能够在美式电影大片中直接感受到这种价值观,如《超人》《蜘蛛侠》《复仇者联盟》等电影展示的是超级英雄的力量,他们可以凭借一己之力改变社会乃至社会的面貌。伴随着个性的张扬,对个体利益的追求就成为一种必然的结果。美国学者罗伯特·贝拉曾毫不掩饰地指出,"个人主义是美国国家文化的核心。我们相信个人的尊严,乃至个人的神圣不可侵犯。我们为自己而思考,为自己而判断,为自己而决策,按自己认为适当的方式而生活"。[①] 这种价值观体现在国际政治领域,容易导致单边主义和霸权主义。特朗普上台后,奉行的美国优先政策,是这种价值观的又一现实体现。2018年3月以来,特朗普政府不顾中国在拉动世界经济回暖过程中的重要贡献,宣称为了美国的国家利益,要在经济上制裁中国,并掀起了中美之间的贸易战。可以预见,中美贸易战将给两国乃至整个世界的经济发展带来负面影响。

---

① 朱永涛:《美国价值观——一个中国学者的探讨》,外语教学与研究出版社2002年版,第21页。

中华文化的突出特点是注重群体价值，善于从社会整体的角度思考问题，倡导集体主义的价值观。在儒家典籍《礼记·礼运》中描述了理想社会的景象："大道之行，天下为公，选贤与能，讲信修睦。故人不独亲其亲，不独子其子。使老有所终，壮有所用，幼有所长。矜寡孤独废疾者，皆有所养。男有分，女有归。货恶其弃于地也，不必藏于己。力恶其不出于身也，不必为己。是故谋闭而不行，盗窃乱贼而不作。故外户而不闭，是谓大同。"① 作为理想的社会制度，大同社会秉承"天下为公"的原则，以天下人的共同利益为最高追求；"不独亲其亲，不独子其子"，像对待自己一样去对待他人；"男有分，女有归""老有所终，壮有所用，幼有所长"，社会中的个体都能实现自身的价值，同时也为他人、为整体贡献了社会价值；社会上人与人之间形成了稳定和谐的关系，达到了"谋闭而不行，盗窃乱贼而不作""外户而不闭"的理想状态。可以看出，中华文化"大同"的社会理想和西方对个体价值的追求有着明显差异。这种价值观的差异渗透到人们的思想观念之中，从而在文化交流中容易对彼此的文化产生误读。

（二）西方对中华文化的认知欠缺

在文化交流与传播的过程中，弱势文化学习强势文化是普遍性的客观规律，文化的强弱又往往与国家的发达程度直接相关。在当今的世界格局中，西方发达国家占据优势地位。西方国家的经济发展模式、政治运转方式、社会治理架构，特别是其文化价值观念，成为众多发展中国家学习的对象。近年来，中国日益走向世界舞台的中央，中国模式、中国道路、中华文化日益引起世界的关注。这种关注一方面源自发展中国家，他们希望从中国的发展中吸收借鉴有益经验，探索本国现代化建设的发展道路；另一方面来自西方发达国家，他们希望找到中国迅速发展的原因。无论是哪一种关注，不仅需要对中国治理模式的分析，更需要对源远流长的中华文化进行深入的了解。某些西方国家基于自身强势文化的地位，没有能够或者根本不愿走近中国、了解中国，造成了对中华文化的认知欠缺，形成对中华文化的误读。

---

① 《礼记·礼运》。

某些西方国家对中华文化的关注度远远不够。2018年6月,我国清研智库和凤凰网国际智库联合发布了《美国政界意见领袖涉华舆情报告》,报告显示,美国的政界意见领袖普遍重视社交媒体的运营,现任总统特朗普是其中的代表人物。通过对美国政界运用社交媒体(以Twitter和Facebook为例)情况分析发现,美国政界主要关注的是美国本土问题(分别占51.4%和59.6%),如关税、立法、就业、贸易逆差等问题,这也是美国社会普遍关注的问题。与此形成鲜明对比的是,美国政界对中国的关注度并不高(分别仅占2.5%和2.1%),甚至排在墨西哥、朝鲜、伊朗等国家之后。经过对近五个季度的数据分析(2017年1月1日至2018年3月31日),美国政界意见领袖发布Twitter涉华内容2406条,仅占其全部内容的0.3%,同期发布Facebook涉华内容1547条,仅占其全部内容的0.5%。可以看出,美国政界对美国本土问题的关注要远高于中国问题的关注。这也符合特朗普政府"美国优先"的政治论调。在美国政要关注的中国问题中,占主要地位的是时政和财经问题。其中,Twitter涉华内容的38.5%在政治领域,Facebook涉华内容的50.1%在财经领域,值得注意的是,两者涉华内容在文化领域均低于10%。[①]

通过以上数据可以看出,美国政界对中国问题的关注,主要集中在时政问题和经贸问题,文化问题几乎很少涉及。这种状况一方面体现出西方国家在处理现实问题中的实用主义思维方式,另一方面也是西方中心论在文化领域的又一印证。问题在于,无论是对中国现实问题缺乏有效关注,还是西方中心论的文化立场,都会造成西方对中华文化的误读。进一步说,如果不能深入理解中华文化,是很难真正理解中国现实政策的。美国学者约翰·奈斯比特在接受《环球时报》采访时就指出,美国必须接受一个现实,那就是中国和美国就像苹果和橘子一样不同。西方对中国的认识已经远远跟不上中国的变化,西方对中国的看法是明显落后的。悉尼大学教授凯瑞·布朗也认为,中国历史应是西方的必修课。由于语言原因或者因为从中找不到西方想要的文化符号,西方会难以理解中国的历史,但对西方的每个人来说,只有了解中国的文化和历史,

---

[①] "一带一路全球传播论坛",http://pit.ifeng.com/fenghuangce/2018ydylqqchblt/1.shtml。

才能理解中国的现在、变化和未来的期望。① 显然，如果西方缺乏对中华文化的深入认知，必将造成对中国现实状况和未来发展的误判，同时也会制约中华文化走向世界的进程。

（三）文化交流共同体建设有待加强

文化交流中，不同文化的思维方式差异、道德传统差异、价值观念差异等方面是不可避免的，一方面正是因为诸多差异的存在，文化交流才有其必要性；另一方面，建立文化交流的共同体，明确文化交流的共同原则、目标、议题、话语等，是减小文化误读影响的有效方式。在目前国际文化交流体系中，不同文化特别是中西方文化之间交流共同体建设还面临诸多挑战。

文化交流共同体建设具有重要意义。从传播学的意义讲，文化交流是一种传播者与接受者之间的信息共享活动。传播者将自己的文化信息传达给接受者，接受者对文化信息加以反馈。这就要求在传播者和接受者之间建立共享的渠道和空间，这样传播才能顺利进行。有学者将这一空间称为"共通的意义空间"，这种空间"意味着传受双方对符号意义拥有共通的理解，否则传播过程本身就不能成立，或传而不通，或导致误解"，广义上"还包括人们大体一致或接近的生活经验和文化背景"②。可见，为保证传播的顺利进行，共同的目标、议题、规则、符号乃至生活经验和文化背景都是必需的条件。如果从文化交流主体的角度来看，当这种共通的意义空间形成的时候，交流的双方就构成一个文化交流的共同体。随着文化交流参与者的不断加入，这种共同体的范围也将不断扩大，文化之间的碰撞、融合也将不断深入。文化交流共同体建设对解决文化误读问题具有重要意义。只有当不同文化有了同样的目标、遵循同样的准则，运用同样的符号和话语，才能有效避免文化误读的产生。以文化符号为例，龙的形象在中国是高贵的、神圣的，人们将其视为中华文化的图腾，中华民族也被视为"龙的传人"；但在西方社会中，龙的

---

① 谷棣、谢戎彬主编：《我们误判了中国——西方政要智囊重构对华认知》，华文出版社2015年版，第5、27—28页。

② 郭庆光：《传播学教程》，中国人民大学出版社2011年版，第6页。

形象是负面的、邪恶的，在很多传说中是与黑暗力量联系在一起，以恶龙的形态出现。对龙这样一个文化符号的解读，中西方的文化解读具有巨大差异。在中华文化走向世界之初，由于缺乏文化交流共同体建设的意识，当我们以龙的形象示人的时候，难免给西方社会留下负面的文化印记。当然，我们不可能为了迎合西方的文化要求去改变自己的文化图腾，但是在文化交流过程中构建交流的共同体，是有效避免文化误读的重要方式。

中西方文化交流共同体建设任重道远。要构建文化交流的共同体，特别是中西方文化交流的共同体，还面临诸多挑战。西方社会有着近似的文化背景，古希腊被看作孕育西方文明的摇篮；西方社会有着相近的历史进程，在公元1500年以后，随着大航海时代的到来，西方社会开始走向世界舞台的中央，在经历了文艺复兴和资产阶级革命之后，资产阶级性质的国家政权不断建立；工业革命的爆发极大地推动了社会生产力的迅猛发展，资本主义作为一种生产方式彻底取代了封建生产方式，资本主义制度的基础进一步巩固；两次世界大战之后，由资本主义国家主导建立了国际社会秩序，西方发达国家在世界格局中占有优势地位。正是由于在文化、历史、制度等多方面的近似性，西方社会能够迅速建立起一个文化交流共同体，这也确保了西方社会能够在一个完备的框架下展开文化交流与合作。而中国与西方在上述诸多领域都有很大差异，东方文明和古希腊文明都有着悠久的历史，但在思维范式、价值追求、道德观念等多方面有着明显差异；中国长期处于封建社会，并以农耕文明为基础，形成了灿烂的文化，曾在世界上占有举足轻重的地位；近代中国没有走上资本主义的发展道路，在历经屈辱之后，走上了社会主义的发展道路；当今，中国作为一个发展中国家和最大的社会主义国家，在社会制度、发展目标、意识形态等多方面与西方发达国家有较大差异。随着改革开放40多年的发展，中西交流不断深入，中西文化不断交融，这为构建文化交流共同体创造了积极条件，但是要从根本上克服双方在文化背景、思维方式、价值理念等方面的差距问题，还有很长的路要走。

二　误读中华文化的表现

西方发达国家基于自身的文化传统，把本国文化的发展进程套用到中华文化的发展进程中，对其中的合理成分视而不见，由此产生对中华文化的历史内涵和发展趋向的误读。某些西方学者以自身文化视角和历史去解读中华文化，造成对中华文化的严重误读。尽管其根源是"西方中心说"和西方对中国发展的忧虑，是对中华文化的误解和歪曲，是西方文化对待中华文化的矛盾心态的体现，但对中华文化的这种消极认知必然给中华文化"走出去"带来严重阻碍。

（一）将中华文化误读为落后文化

一些西方学者将中华文化视为落后文化的代表，否认中华文化的进步意义。自公元 16 世纪以来，西方一直处于世界的中心，引领着世界的发展。长期处于世界的中心，西方社会中的"西方中心论"开始成为占据主流的文化思想。在"西方中心论"者看来，非西方社会都是野蛮的、愚昧的，非西方社会的文化也是落后的。站在这一立场看待中华文化，自然会对其中的优秀成分视而不见，反而报之以歧视的态度。即使深谙辩证法的大师黑格尔，对待中华文化的态度也难说是辩证的。在《哲学史讲演录》中，他认为虽然哲学史不能不提到东方哲学，但是"我们所以要提到它，只是为了表明何以我们不多讲它"。[1] 在他看来东方哲学只是哲学发展的低级阶段而已，甚至不能称之为是真正的哲学。对中华文化中的辩证法思想，黑格尔的评价也不高，认为并没有从中得到有益的成分，甚至对中国辩证法的表达方式也是不屑一顾的。[2]

与此同时，中华文化中的有益成分，如"仁"的思想、"天人合一"思想等并未能引起西方的重视，反而是形成于封建社会的一些旧习俗，成为西方社会关注的重点，并将其视为中华文化的代表。以电影作品为例，自改革开放以后，越来越多的中国电影作品在国际上获奖，这为中

---

[1] ［德］黑格尔：《哲学史讲演录》第 1 卷，贺麟、王太庆译，商务印书馆 1995 年版，第115 页。

[2] 同上书，第 127、129 页。

西方文化交流搭建了重要桥梁。但需要注意的是，在电影产业由西方发达国家掌握话语权的背景下，一些获奖作品正是迎合了西方社会对中华文化的既有认知，向西方展示了中国贫穷、落后、愚昧的一面，这更加剧了西方社会对中华文化的误读。

（二）将中华文化误读为好战文化

一些西方学者将中华文化视为一种好战的文化，认为中国的发展将走"国强必霸"的道路。近年来，随着中国经济的迅猛发展和国际影响力的不断提升，世界上许多国家开始重新审视中华文化。因为在原有的"西方中心论"认知框架下，无法解释作为"落后"文化代表的中华文化是如何取得今日成就的，以及如何看待中华文化未来走向的问题。为了回答上述问题，西方一些国家提出，中华文化是一种好战的文化，随着中国国力的增强，中国必将像西方国家一样走向对外扩张和侵略的道路。上文提到的"中国威胁论"就是其中的代表言论。西方文化通过对自身文化发展脉络的梳理，提出了"国强必霸"的结论，并将这一结论套用到中华文化之上，是对中华文化的严重误读。中华文化中蕴含着丰富的"和"思想，倡导的是以和为贵的精神。西周末年的史伯提出了"和实生物"的观点，所谓"和"，就是不同元素之间的相互协调、相互配合，从而达到均衡融合的境界。"和"不是完全的等同，是在承认差异基础上的和谐统一；如果追求绝对一致的所谓"同"，世界万物将无法持续发展。可以看出，中华文化中的"和"，强调的是一种尊重差别、求同存异、相互包容、共生共长的文化，反对用单一的眼光、标准、方法去认识和改造世界，更反对用暴力杀伐的手段对待他人，体现着中华文化对内心和善、家庭和睦、社会和谐、世界和平的理想追求。

客观来说，如果没有对中华文化的深入理解和认知，站在西方文化背景之下，特别是在近代以来西方奉行"赢者通吃"的文化背景之下，是难以理解中华"和"文化的深刻意蕴的。所以当西方面对中国迅速发展的状况，基于其自身文化渊源而将中华文化视为好战文化，也就不难理解了。

（三）将中华文化误读为扩张文化

文化的传播是与经济的发展紧密联系在一起的。以儒家文化为代表的中华文化历史悠久,因其特殊的文化魅力在世界上特别是东亚地区影响广泛。在20世纪,受儒家文化影响的"亚洲四小龙"经济迅速崛起,伴随这一进程,儒家文化在世界上的影响范围也进一步扩大。近年来,特别是21世纪初美国金融危机爆发之后,中国经济成为世界经济发展的重要引擎,中华文化也越来越得到世界各国的重视。这本是经济与文化相互影响的必然结果,但在一些西方国家看来,这是中国在借助经济发展进行文化扩张。当前,西方的这一认知反映在对中国"一带一路"倡议的误读上。

"一带一路"建设被西方某些国家视为中国实行文化扩张的战略。德国外长加布里尔在2018年慕尼黑安全会议上指责中国借"一带一路"打造有别于西方自由、民主等价值观的制度,并称中国正在打造一种"另类体系",这一体系会危及西方世界的自由秩序。奥地利总理库尔茨也认为,随着美国继续退出国际舞台,中国正在填补这个"权力真空"。如果说以前西方担心的是大鱼吃小鱼,那现在担忧的是"快鱼"吃"慢鱼"。美国一直对中国的"一带一路"倡议持否定态度,美国前任国务卿蒂勒森曾经对外宣称中国是"新帝国主义",美国现任国防部长将中国视为"新扩张主义"。无论是西方一些国家对"一带一路"的负面解读,还是将中国对外战略曲解为扩张主义,都是站在战略竞争对手的视角去认识中国,去理解中华文化。如有学者所指出的,这是西方对中国坚持冷战思维的表现。[①]

中华文化对周边国家和世界的影响,是一个文化交流的客观进程,是中华文化自身价值和独特魅力的表现,而不是主动的文化扩张。相反,正是通过文化的交流与融合才能实现文化的繁荣,在冷战思维指导下对文化交融的否定,将无助于文化的整体发展与进步。

[①] 郑永年:《美国对中国的三大冷战判断》,全球化智库,http://www.ccg.org.cn/Expert/View.aspx?Id=9321。

第六章

加强文化软实力建设推动中华文化走向世界的战略分析

"战略"的概念最早产生于军事领域,起初主要指军事战略,与"战术"相对。按克劳塞维茨所说:"战术是在战斗中使用军队的学问,战略是为了战争目的运用战斗的学问。"① "战略"的概念现在已广泛应用于国家外交、经济、发展、文化各个领域,根据《新牛津英语词典》的解释,"战略"是"为达到重大或全局目标而设计的行动计划或政策"。② 根据国内学者的界定,"战略就是调动一切力量与资源以实现既定政策目标的艺术与科学"。③ 通常来说,战略是带有全局性、长远性、总体性的实现既定目标的手段和途径,战略的确定取决于一定的条件。推动中华文化走向世界,是我国文化战略的一个重要内容。我们应当在全面分析主客观有利条件和制约因素的基础上,以提升中华文化软实力为抓手,以国内外的宏观视野,从国家发展的全局出发,谋划中华文化走向世界的整体战略。

第一节 在对外文化传播中坚定文化自信战略

文化自信,是一个国家、一个民族、一个政党对自身文化价值理念、

---

① [德]克劳塞维茨:《战争论》第1卷,中国人民解放军军事科学院译,商务印书馆1997年版,第103页。
② *The New Oxford Dictionary of English*, Oxford University Press, 1998, p.1837.
③ 李少军主编:《国际战略学》,中国社会科学出版社2009年版,第18页。

目标意义、生机活力、发展前景的充分肯定、高度认同和坚定信念。推动中华文化走向世界，不仅需要我们提升自身的文化软实力，增强国际传播能力，最根本的前提是必须树立坚定的文化自信。面对国际文化交往日益频繁和国际文化竞争的日渐激烈，只有坚定文化自信，才能为中华文化稳步走向世界注入持久的动力。文化自信问题这一命题的提出，针对的是我们民族的文化不自信的现象或心理状态，包括文化自卑心理、文化弱势心理、文化防御心理等，这些文化不自信现象产生于自近代以来中国与西方文明的悲剧式碰撞中，直到今天还不同程度地、自觉或不自觉地存在于我们的民族心中。比如，有的人崇洋媚外，总觉得外国的月亮比中国的圆，于是照抄照搬，食洋不化，误国误民；有的人封闭保守，死抱传统不放，甚至想用传统的某种思想改造当今的中国，对外来文化则谈之色变；有的人表面上很强势，批判西方文化言辞激烈，以中华文化特殊论否定世界文化共同性，实际上是不敢面对世界文化，不敢参与国际文化对话，这仍然是一种文化弱势心理、防御心理的表现。如果不能彻底消除凡此种种文化不自信心理，势必会严重损害我们的文化建设，更将严重制约中华文化"走出去"战略的实施。如果没有基本的文化自信，不仅无法实现文化"走出去"，甚至会影响到文化的自我生存和国家发展繁荣，即便是实现了中华文化"走出去"，结果也只能是在"走出去"的过程中失去了方向，迷失了自我。正如党的十九大报告指出的："没有高度的文化自信，没有文化的繁荣兴盛，就没有中华民族伟大复兴。"[1] 可以说，文化自信是我们正确认识中外文化关系的根本立场，也是中华文化走向世界的基本前提。因此，我们必须坚定文化自信，厘清中外文化之间的关系，不断培育和增强融入并引领世界文明的能力。

一　坚定文化自信不是盲目自信

我们坚定文化自信有着充分的理由和依据。这种自信，首先来自中华民族5000年绵延不断的文明传承和发展。几千年来，中华民族凭借自身孕育出的物质和精神文化，为全人类的发展进步作出了举世瞩目的重

---

[1] 《党的十九大报告辅导读本》，人民出版社2017年版，第40页。

大贡献。中华文化不仅始终保持着相对独立的、自成体系的思想风格和发展脉络，而且凭借灿烂辉煌的文明成果和广泛的包容力和影响力对周边的文化持续施加着自身的影响。从历史上来看，自秦朝至清朝的大约2000年间，中国始终是世界舞台上的重要角色，中华文明始终是世界文明版图中的重要成员，并且强烈地影响着亚洲国家乃至世界其他文明。在19世纪以前，以中华文化为核心，形成了包括中国、日本、朝鲜、越南等国家在内的中华文化圈，成为世界文化和人类文明的一个重要组成部分。[①]

这种自信，还来自中国共产党领导中国人民实现民族独立的光辉成就和建立社会主义新中国的伟大功绩。尽管自近代以来，中华民族在东西文明碰撞中经历了百年屈辱的历史，但中华文化不仅没有消亡，反而实现了涅槃重生。国家积贫积弱，使国人把对民族前途命运的思考转向对自身文化的深刻批判甚至否定。此后，"全盘西化论"一直不绝于耳。中国共产党在领导中国人民取得民族独立的进程中，提出了"民族的科学的大众的文化"这一新民主主义文化纲领，就是要主张文化自强和文化自信，反对奴化文化和文化自卑。中国革命胜利宣告了中华民族从此站立起来，这给饱受外来侵略的古老东方大国注入了前所未有的文化自信。毛泽东同志曾经指出："自从中国人学会了马克思列宁主义以后，中国人在精神上就由被动转入主动。从这时起，近代世界历史上那种看不起中国人，看不起中华文化的时代应当完结了。伟大的胜利的中国人民解放战争和人民大革命，已经复兴了并正在复兴着伟大的中国人民的文化。这种中国人民的文化，就其精神方面来说，已经超过了整个资本主义的世界。"[②] 这充分反映了以毛泽东同志为核心的老一代中国共产党人，对于确立和坚定我们民族文化自信的不朽功绩。

这种自信，更来自新中国成立以来我国社会主义建设的伟大实践与丰硕成果，来自改革开放四十年来我国经济社会各项事业的蓬勃发展，

[①] 张西平、管永前主编：《中国文化"走出去"研究总论》，北京大学出版社2016年版，第2页。

[②] 转引自陈先达《文化自信的本质与当代意义》，《光明日报》2018年1月8日。

来自十八大以来以习近平为核心的党中央的坚强领导和对我国与世界发展的战略研判,和我们迎来的中华民族伟大复兴的光明前景。改革开放以来直至今天,各种文化自卑现象仍然很有市场。随着我们确立并坚定了中国特色社会主义的道路,实现了中国国力的不断增长,中国日益走向世界舞台的中心,中国经济增长对世界发展作出了重要贡献,中国提出的"人类命运共同体"的主张为解决国际问题和全球治理提出了重要引领,中国的发展道路对广大发展中国家产生了越来越强大的感召力,中华文化和中国特色社会主义制度对外部世界的吸引力和影响力不断增强。在这种情况下,我们又有什么理由不自信呢?正如习近平总书记所说:"当今世界,要说哪个政党、哪个国家、哪个民族能够自信的话,那中国共产党、中华人民共和国、中华民族是最有理由自信的。"[①]

二 坚定文化自信不是文化自大和文化封闭

我们要对自身文化存在的问题和不足有客观的判断,对于我国同发达国家的发展差距和实现中华民族伟大复兴中国梦的艰巨性要有正确的认识,对于人民对美好文化生活的向往和当前文化发展不充分的矛盾也要有清醒的了解。文化自信不意味着我们听不得任何批评、"老虎屁股摸不得"、害怕讲我们存在的差距和问题,那反而是不自信的表现。文化自信也不意味着我们拒绝一切外来文化。对一切人类文明的优秀成果我们应该也必须充分吸收和借鉴。只有开放的文化才是自信的文化,只有开放才能促进文化发展。因此,坚定文化自信体现在我们如何对待外来文化的态度上。一方面,我们承认并尊重世界文明的多样性,主张各文化和文明之间的平等,没有优劣贵贱之分。这不仅是出于反对文化霸权主义的现实需要,而是源自中华文化自身的价值理念。我们秉持"和而不同"的价值理念,认为"一花独放不是春,百花齐放春满园"。另一方面,我们主张不同文化之间相互交流和互学互鉴。中华文化本身具有强大的包容性和开放性,正是在同外来文化的不断交流交往交融的过程中,

---

① 习近平:《在庆祝中国共产党成立 95 周年大会上的讲话》,新华网,http://news.xinhuanet.com/politics/2016-07/01/c_1119150660.htm。

中华文化实现了自身的繁荣发展。

三　只有文化自信才能引领世界文明

文化和文明是民族的血脉。在所有的世界文明中，经过几千年的发展到现在，能够保持其文明的原生状态并一直发展延续下来，继而发展到一个新阶段的，只有中华文明。党的十八大提出了实现两个一百年奋斗目标和实现中华民族伟大复兴的"中国梦"，而"中国梦"的实现需要民族文化的自信。一个民族要充满生机活力、实现繁荣富强并对世界发展和人类进步发挥积极作用，没有自身文化的强大生命力、影响力和吸引力是不可能实现的。当今世界正处在大发展、大变革、大调整的时期，文化在综合国力竞争中的地位和作用更加凸显。我们要建设中国特色社会主义，实现中华民族伟大复兴的中国梦，促进世界共同发展繁荣，首先我们要有文化自信。没有中华文明的传承、没有社会主义文化的繁荣发展，社会主义现代化建设的目标就不可能顺利实现。中华民族的伟大复兴离不开中华文化的繁荣兴盛，中华民族伟大复兴的历史进程同时也是中华文化蓬勃发展和走向世界的进程。而中华文化要走向世界，引领世界文明，必须以文化自信为基本条件和动力。如果我们没有对自身文化的自信，那么，又凭什么去对外传播中华文化，凭什么去扩大中华文化的世界影响力和引导力，更何谈中华文化走向世界？如果我们骨子里对中华文化是怀疑的甚至是否定的态度，如果国民都崇尚西方文化、价值和生活方式，那么，不仅无法实现中华文化走向世界，甚至连基本的国家文化安全都难以保障。

四　牢固树立文化自信从本质上说就是要牢固树立对中国特色社会主义的自信

文化自信是中国特色社会主义道路自信、理论自信和制度自信的题中应有之义，同时也是对道路自信、理论自信和制度自信的根本概括与升华，它体现了对中国特色社会主义的信念和认同。可以说，"文化自信是中国特色社会主义的精神内核,深层次体现中国特色社会主义"。① 如果文化自信仅仅停留在对中国传统文化的自信,那么,在当前中国现代化的进程中和全球化深入发展的时代里,这种自信是无法支撑起民族复兴的伟大梦想的,也难以称得上是真正的自信。改革开放以来的伟大实践已经证明:中国特色社会主义道路是实现中华民族伟大复兴的必由之路,中国特色社会主义理论体系是指导我们实现社会主义现代化的科学理论,中国特色社会主义制度是孕育于中国文明之中,并适合中国国情的最佳制度选择。这才是文化自信的根本底色,也是我们树立文化自信的关键所在。

文化自信可以表现在社会生活的各个方面以及国家、社会、个人不同的层次。坚持中国特色社会主义道路自信、理论自信、制度自信、文化自信,涵盖国家、社会、个人的全部层次。中国特色社会主义道路、理论、制度,是建设中国特色社会主义的实现途径、行动指南和根本保证。实现中华民族伟大复兴的中国梦,必须坚定道路自信、理论自信、制度自信和文化自信,其中最根本的就是文化自信,因为它是坚持其他"三个自信"的黏合剂。在建设中国特色社会主义实践中形成的道路、理论、制度,能否一以贯之地坚持下去,是和文化自信息息相关的。文化的自觉与自信是其他"三个自信"最根本的支撑。只有根植于文化自信上的道路、理论和制度自信,才能像根植于岩石基础的大厦一样坚固可靠。

五 文化自信要贯穿于国家文化生活的全部过程之中

自近代以来,中国在一段屈辱的历史之中逐渐丧失了对自身文化的自信。19世纪中叶前后的"西学东渐",在推动中国不断走向现代化和融入国际体系的同时,也在一定程度上使很多人失去了对本民族文化的自信和认可。中国共产党领导中国人民建立了新中国,让中国人民从此站起来。改革开放更是开启了中国经济发展和现代化建设的新的大门,中国的综合国力和国际地位日益上升,中国不断走进国际舞台的中心。但

---

① 秦宣:《文化自信实质是中国特色社会主义自信》,《求是》2017年第8期。

时至今日，当我们的年轻人都向往西方文化，甚至"哈日""哈韩"成风，当我们的学生重视学习英语多于学习汉语，当我们的社会精英都以西方的生活方式为自己的奋斗目标，当我们的思想理论界都以西方话语为自己分析判断中国实践的工具时，我们已经失掉了最为宝贵和根本的文化自信。甚至作为中国国粹和中华传统文化重要象征的中医、武术等在当前也不时地遭受舆论攻击甚至被彻底否定。这些现象从根本上看，都是文化自信缺乏的表现。要将文化自信教育作为国民教育的一个重要内容，把我们自身文化的优势和特点讲清讲透。要针对不同阶段的学生采取不同的引导和教育方式，把文化自信渗入立德树人的全部教育过程中。要加强对中华优秀传统文化和当代文化的教育和传播，在全社会营造文化认同和文化自信的良好氛围。

只有对自己的文化有坚定的信心，才能获得坚持坚守的从容，鼓起奋发进取的勇气，焕发创新创造的活力，才能更好地推动中华文化走向世界。中华民族素有文化自信的气度，正是有了对民族文化的自信心和自豪感，才在漫长的历史长河中保持自己、吸纳外来，形成了独具特色、辉煌灿烂的中华文明。文化自信，关键是不忘本来、吸收外来、着眼将来。在当前形势下，增强全民族的文化自信有着十分重要的意义。正如习近平总书记所说："一项没有文化支撑的事业难以持续长久"，"今天中国的发展道路，是中国人民经过长期艰苦不懈的探索找到的，深深植根于中国深厚的文化传统，牢牢立足于本国的国情。"中国特色社会主义，是"在对中华民族五千多年悠久文明的传承中走出来的，具有深厚的历史渊源和广泛的现实基础"。他多次强调："独特的文化传统，独特的历史命运，独特的基本国情，注定了我们必然要走适合自己特点的发展道路"，"中国特色社会主义植根于中华文化沃土、反映中国人民意愿、适应中国和时代发展进步要求"。习近平总书记强调，"中华民族创造了源远流长的中华文化，中华民族也一定能够创造出中华文化新的辉煌"。[①]

[①] 中共中央宣传部：《习近平总书记系列重要讲话读本》，学习出版社、人民出版社2014年版，第186页。

"我们要保持对自身文化的自信、耐力、定力"①；要"增强做中国人的骨气和底气"②，这也是中华文化走向世界的底气和根基所在。

第二节 发展式传承中华优秀传统文化战略

中华优秀传统文化是中华文化的根基和血脉，是中华文化区别于其他文化的独特魅力之所在，是中华文化发展繁荣的不竭源泉，必须加以传承和发展。要在传承的基础上不断推陈出新，使传统文化保持民族特色和时代精神。推动中华文明创造性转化和创新性发展，既是中华文化发展的必然要求，又是中华文化走向世界的必然选择。中华文化源远流长，绵延不断，正是靠着不断的传承与创新。

一 要全面认识和科学评价中国传统文化

在中华民族5000年发展史上，中国人民创造出了灿烂辉煌的中华文化，留下了宝贵的物质和精神层面的文化资源和文化遗产。这些文化资源和文化遗产需要我们系统地整理、认识和评价，需要从中挖掘传统文化的优秀精神内核。只有这样，才能让博物馆的文物和古代典籍"活起来"，造福中华民族的子孙后代和世界各国人民。

相比于世界其他文明，中国传统文化具有自身独特的思维方式和逻辑体系，以及价值取向和人文关怀。中国进入近代以来，在西方国家侵略和掠夺中开启了一段屈辱的历史。以军事力量为代表的现代科技成为评价文化先进与否的重要标准，使国人丧失了对中华文化应有的自信，主张师夷长技以自强，并由此开启了全面学习西方的阶段，从经济、政治、文化、教育、社会习俗等各个方面都效仿西方。然而戊戌变法和辛亥革命的失败充分说明，这种对西方文化的"拿来主义"，无法解决中华民族的危机。直到马克思主义传入中国，并经过中国共产党人将其与中

---

① 《习近平同德国汉学家、孔子学院教师代表和学习汉语的学生代表座谈》，《人民日报》2014年3月30日。

② 习近平：《建设社会主义文化强国，着力提高国家文化软实力》，《人民日报》2014年1月1日。

国实际相结合，使其根植于中华优秀传统文化之中而实现了马克思主义中国化，中华民族才实现了民族独立和国家富强。在这一过程之中，中华文化的鲜明底色始终存在于中华民族的血液之中，并随着中华民族的伟大复兴而日益彰显出其不可或缺的精神支撑作用。

当然，我们当前全面系统地重新认识中国传统文化，必须坚持马克思主义的指导地位，坚持中国共产党的文化理论，特别是要从社会主义现代化的需要出发去认识、评价和发展中国传统文化。这既是中华优秀传统文化得以传承和发展的基本前提，也是推动社会主义文化繁荣发展的重要保证，更是实现中华民族伟大复兴中国梦的必要条件。中华民族历经5000年发展而形成的博大精深的优秀传统文化，对中国崛起乃至世界发展繁荣都有不可替代的重要意义。中华文化中的国家治理思想、人与自然关系的思想、个体伦理道德规范等传统文化中的优秀思想，是我们不断推进理论创新、解决当前社会发展面临的重大突出问题的思想源泉。在全面、系统认识传统文化的基础上，辨别其中的精华和糟粕，对其作出全面科学正确的评价，才能准确把握中华民族优秀传统文化的核心要义。

要全面认识和科学评价中国传统文化，还需要我们立足于当前中国的基本国情。我们既要正确把握当代中国发展的历史方位和社会主义初级阶段的基本国情，又要充分认识党的十九大作出的中国特色社会主义已经进入新时代的重大判断。以中国发展实际和中华民族精神文明建设的需求为出发点，我们要正确处理中华文化、西方文化和马克思主义文化的关系，既要防止中国古代文化思想不加选择地全面复兴，又要防止对西方文化的拿来主义，即便对于马克思主义，也应当在坚持其指导地位的同时不断推动和实现马克思主义的中国化。

二　要取其精华去其糟粕，对传统文化进行批判地继承和综合创新

传统文化根植于中国历史，但优秀传统文化的传承和发展不意味着要拘泥于历史，而是应当用历史的、发展的眼光来审视中华优秀传统文化。中国近代百年屈辱的历史充分证明，对待传统文化我们不能故步自封、一成不变、不加选择地全部继承。照搬古人不是传承优秀传统文化，而是思想和精神上的懒惰和停滞不前。我们应当继承的是优秀传统文化的精神内涵、价值理念、思想方法等有益因素，并使其实现与外来文化的相互包容和共同发展。在科学准确评价传统文化的基础上，通过辩证分析、区别对待、批判继承、综合创新，坚持"取其精华、去其糟粕，古为今用、推陈出新"的原则，实现对优秀传统文化的创造性转化和创新性发展。唯其如此，才能真正在时代发展中传承和弘扬优秀传统文化，建设符合当代中国发展需要的中华民族的精神支撑。当今中国社会，随着经济的发展和物质生活的丰富，人们对于传统文化有了越来越多的精神需求。近年来，"国学热"的兴起就是这种需要的重要表现。一些大学也开始设置国学专业，系统学习优秀传统文化。而在社会层面，一些中式学堂开始出现，传统文化教育也出现了蓬勃发展的态势。需要注意的是，一些所谓的国学培训，只是以复兴传统文化为幌子，意在获取经济利益。一些国学培训活动，也仅限于形式层面，而非注重传承优秀传统文化的精神内核。

同时，对于不符合当代社会文化发展趋势和世界文化发展潮流的传统文化成分，要勇于进行革新。我们要以批判和创新推动文化的发展。一方面，要注重把握优秀传统文化中的优秀思想观念，尤其是能够指导我国现代化建设实践的思想，能为当前中国发展的突出问题提供具有传统智慧的解决方案的思想，能够为当今的理论创新提供丰富源泉的思想，能够满足当代人民群众精神需求的思想，如天人合一的整体观、贵和尚中的处世观、协和万邦的天下观、推己及人的道德观、自强不息的进取观。另一方面，要坚决摒弃与时代发展要求和人类社会发展潮流不相适应的思想，如封建迷信、男尊女卑、愚孝愚忠等糟粕文化。要以当今时代文化发展和历史的眼光审视传统文化，将传统文化同推进马克思主义中国化、践行社会主义核心价值观、实现伟大复兴中国梦、推动不同文明交流互鉴等中国问题一同思考，不仅考虑解决当前问题，而且考虑解决进一步发展以后可能出现的问题。在继承中发展传统文化，在发展中继承传统文化，持续为中华民族的伟大复兴提供强大的精神文化支持。

三 要加大投入力度，做好中华优秀传统文化的保护和传承工作

传承和发展中华优秀传统文化，首先是保护和传承。中华文化源远

流长、博大精深，作为中华民族的子孙后代，把中华优秀传统文化传承下去，是我们义不容辞的责任。在市场经济条件下，一些地方政府为了发展经济，往往对保护传统文化资源重视不够。在社会加速转型和西方文化的侵蚀的背景下，一些传统文化形态由于年代久远、后继乏人，往往陷入濒临失传的濒危状态。因而，我们要加强对历史典籍的保护、整理和研究工作。要加强对古建筑、古村落的保护力度，采取必要措施避免一切自然或人为因素的损害，特别是防止一些地方因为房地产开发而造成的对传统文化资源的破坏。要加强对各类文物的保护和修复，充分发挥文物在传播中华优秀传统文化中的重要作用，让博物馆中的文物"活起来"。要加强对各种文化遗产和非物质文化遗产的保护工作力度。2018年5月，文化和旅游部确定了第五批国家级非物质文化遗产代表性项目代表性传承人名单（1082人），并予以公布。截至目前，五批国家级非物质文化遗产代表性项目代表性传承人共计3068人。这在非遗保护方面已经取得了初步成绩，但非遗保护工作仍然任重道远，需要不断加大投入力度，探索和建立长效保护机制。

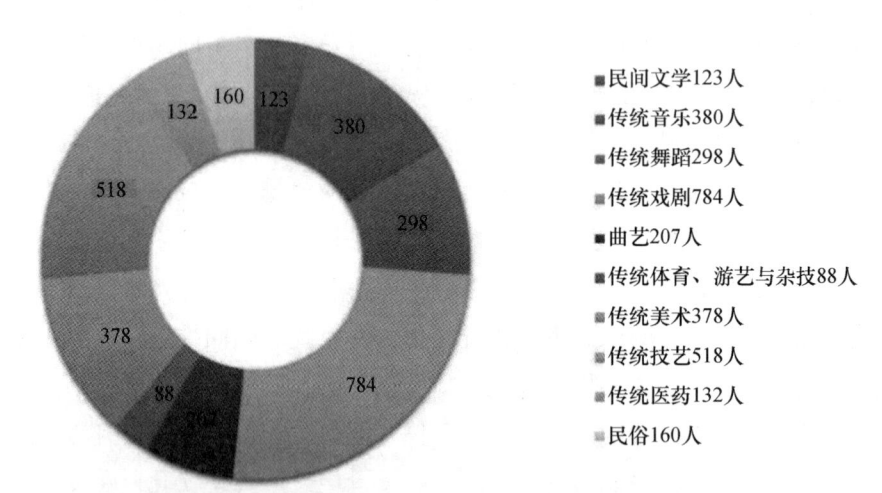

图6—1 国家级非物质文化遗产代表性项目代表性传承人分类统计①

---

① 《非遗数据：国家级非物质文化遗产代表性项目代表性传承人》，"中国非物质文化遗产保护中心"微信公众号，2019年1月3日，https：//mp.weixin.qq.com/s/HtsMYv0EGlHiapA_PsbFqw。

四 要加强政府统筹协调，使中华优秀传统文化得到人民群众的充分践行

优秀传统文化只有融入国民日常生活的各个领域、各个环节，与人民群众的现实生产生活方式进行深度融合，才能保持自身活力和生机。2017年1月，中共中央办公厅、国务院办公厅联合印发了《关于实施中华优秀传统文化传承发展工程的意见》，提出要把优秀传统文化贯穿国民教育始终、滋养文艺创作、融入生产生活，并提出了一系列相关重点任务和措施，如：构建中华文化课程和教材体系，加强国民礼仪教育；实施传统戏曲振兴工程、中国经典民间故事动漫创作工程、中华老字号保护发展工程、中国传统节日振兴工程等；将传统文化标志性元素纳入城镇化建设、城市规划设计、城市公共空间。通过这些有力措施，让中华优秀传统文化内涵更好、更多地融入生产生活各方面。①

近年来，一些政府部门和宣传媒体积极行动，通过大众传媒方式推出一批精品节目，在全社会引领起传播中华优秀传统文化的良好氛围，收到了较好的传播效果。例如，中央电视台近年来先后推出了《中国汉字听写大会》《中国成语大会》《中国谜语大会》《中国诗词大会》等原创节目，将汉字、成语、谜语、诗词等中华优秀传统文化符号，以现代化的制作方式和新颖的节目形式呈现给广大观众，引起了民众的学习优秀传统文化的热潮。再比如，随着对传统文化的重视程度的不断加深，一些传统节日被纳入国家法定节假日，加深了人们对于传统文化的关注。但很多民众对于传统节日的认知仍需进一步深化，一些商业机构出于利益需求热衷于将传统节日包装成购物节，甚至将传统节日庸俗化和物质化。对此，我们要深入挖掘传统节日的民间风俗和文化内核，而不能仅仅停留在表面。

五 在传承和创新中提升海外民众对中华优秀传统文化的认知

长期以来，中华文化在海外获得的认知，在很大程度上是依靠优秀

---

① 《中共中央办公厅国务院办公厅印发〈关于实施中华优秀传统文化传承发展工程的意见〉》，中国政府网，http://www.gov.cn/zhengce/2017-01/25/content_5163472.htm。

传统文化的标志性元素来实现的,如中医药、武术、餐饮等。这些文化标志经历了长期的时间考验和不同国家民众的实际体验,在海外生根发芽,从华人圈向当地民众传播。例如,中医药是海外民众对中华文化认知度较高的元素之一。尽管与西方医学的理论和逻辑体系完全不一致,但因其实际疗效而逐渐被一些国外民众接纳。而中国中医科学院研究员屠呦呦因发明青蒿素获得2015年诺贝尔医学奖,"飞鱼"菲尔普斯在2016年奥运会上被拍到身上的拔罐瘀痕,更是一度引发了国际社会对中医药的关注。根据《环球时报》在2017年所做的调查显示,当被问及"您对中国医药有了解吗"时,近4成(38.3%)的美国受访者表示"了解"。① 尽管还存在一些质疑的声音,但中医药完全可以作为中华优秀传统文化的元素,在不断发展和创新中更加昂首阔步地走向世界。《关于实施中华优秀传统文化传承发展工程的意见》中也指出,要支持中华医药、中华烹饪、中华武术、中华典籍、中国文物、中国园林、中国节日等代表性项目"走出去",积极宣传推介戏曲、民乐、书法、国画等。② 在传承这些中华优秀传统文化的标志性元素的同时,既要着重挖掘和阐释这些传统文化元素的精神内核和当代意义,更要博采众长,在中外文化交流交往和融会贯通中推动传统文化本身的创新发展。

第三节　凝练和传播中华文化价值理念战略

核心价值观是决定文化性质和方向的最深沉、最根本、最持久的要素和力量,是文化软实力的灵魂、建设重点,承载着民族文明进步的精神追求、体现着评判是非善恶的价值标准。③ 构建具有强大感召力的核心价值观,不仅对社会和谐稳定、国家长治久安具有重要意义,而且关系

---

① 《中医药海外认知度调查:美国人对中医药认可度高》,环球网,http://oversea.huanqiu.com/article/2017-05/10744496.html。
② 《中共中央办公厅国务院办公厅印发〈关于实施中华优秀传统文化传承发展工程的意见〉》,中国政府网,http://www.gov.cn/zhengce/2017-01/25/content_5163472.htm。
③ 《特别关注:习近平文化战略思想》,人民网,http://theory.people.com.cn/n/2014/0821/c112851-25513531.html。

到国家发展繁荣和民族复兴，必须予以高度重视。立足当前，我们凝练和传播中华文化价值理念，最重要的是凝练和传播社会主义核心价值观，因为它坚持以马克思主义为指导、以中国优秀传统文化为源泉、以人类优秀文明成果为营养。我们必须以社会主义核心价值观为引领，创新中华文化的价值形态，积极探索凝练和传播能够为国际社会所普遍接受的价值理念，推动中华文化价值观走向世界。

一 要深化对社会主义核心价值观的研究和凝练

2006年，党的十六届六中全会通过的《中共中央关于构建社会主义和谐社会若干重大问题的决定》首次提出"建设社会主义核心价值体系"的重大命题。自此以来，关于社会主义核心价值体系与核心价值观的理论研究和宣传、教育工作全面开展并且成效显著，社会主义核心价值观得以广泛弘扬。2007年，党的十七大进一步指出："社会主义核心价值体系是社会主义意识形态的本质体现""建设社会主义核心价值体系，增强社会主义意识形态的吸引力和凝聚力"，体现了社会主义核心价值体系认同的重要性和艰巨性。2011年，党的十七届六中全会突出强调"社会主义核心价值体系是兴国之魂""是社会主义先进文化的精髓""决定着中国特色社会主义发展方向"，进一步凸显了实现社会主义核心价值体系认同的战略意义。

在此基础上，党的十八大对社会主义核心价值观作出了高度概括和凝练——"倡导富强、民主、文明、和谐，倡导自由、平等、公正、法治，倡导爱国、敬业、诚信、友善，积极培育和践行社会主义核心价值观"。"三个倡导"，构成了社会主义核心价值观的基本内容。党的十八大以来，习近平总书记多次就培育和践行社会主义核心价值观作了重要论述，其中包含许多新思考、新论断和新要求。党的十九大进一步明确：社会主义核心价值观是当代中国精神的集中体现，凝结着全体人民共同的价值追求。要以培养担当民族复兴大任的时代新人为着眼点，强化教育引导、实践养成、制度保障，发挥社会主义核心价值观对国民教育、精神文明创建、精神文化产品创作生产传播的引领作用，把社会主义核心价值观融入社会发展各方面，转化为人们的情感认同和行为习惯。这些论述为社会主义核心价值观从观念形态向实践形态转化提供了重要的依据和指导。

随着社会的不断发展和实践需要，我们必须不断深化对社会主义核心价值观的研究和凝练，使之不断汲取中国优秀传统文化的精髓、不断吸纳中国共产党治国理政的基本经验和马克思主义中国化的理论创新成果、不断吸收世界文明优秀成果的养分，彰显中华文化的世界影响力和感召力。

二 要推动社会主义核心价值观融入社会日常生活

我们认为，在社会文化日益多样化和自由化的情况下，要推动社会主义核心价值观融入社会日常生活，需要从设置利益激励、营造社会氛围、提供制度保障等方面加以实现。

首先是设置利益激励。在价值认同过程中，利益是激励人们积极、自觉培育和践行社会主义核心价值观的重要驱动力。人们对社会主义核心价值观的认同和接受不是看其理论表述是否科学合理，而是看其能否又好又快地兑现其利益许诺或实现人们的价值诉求。因此，要充分发挥利益的激励功能，就必须确保利益激励机制各运行环节的协同运作和有效运转。为此，需要明确利益激励的方向和目标，也就是说，要把抽象的价值标准或激励目标具体化、量化和可操作化，使之成为人们众所周知并切实可行的目标导向。需要确立利益激励的强度和手段，即采取适时、适度的利益奖惩方式，充分调动人的积极性和主动性。否则，利益激励时机、方式、强度不恰当，都可能会取得相反的效果。需要做好利益激励的评估与反馈。利益激励评估主要是看人们的思想观念和行为活动是否与利益激励目标相一致，对于符合利益激励目标的思想或行为给予一定的物质或精神奖励，反之，不符合的不仅不给予奖励，严重的甚至应该给予惩罚。利益激励反馈是将利益激励结果反馈到利益激励目标和利益激励手段等环节，重新对利益激励机制进行调整和修补，从而对被激励者展开新一轮的激励。

其次是营造社会氛围。这就需要发挥国家或政府的控制力量。从根本上讲，社会主义核心价值观日常化态势的营造是国家或政府对认同主、客环境的宏观掌控。适时、适度的控制是推进社会主义核心价值观融入日常生活的重要途径。英国哲学家罗素认为，最初的社会凝聚机制，是通过个人心理来起作用的，基本上不需要政府的控制。但在现代社会中，"一个健全而进步的社会不仅需要集中控制，而且也需要个人和集团的创造力。没有控制，就会出现无政府状态；没有创造力，社会就会停滞不前"。[1] 由此，社会主义核心价值观融入日常生活必须在国家或政府适时、适度的掌控下进行。在这方面，国内外有不少经验可循。比如，在新加坡，通过开展社会运动来营造良好的社会态势，是推动新加坡核心价值认同的重要方式之一。据不完全统计，新加坡每年开展的全国性文化活动有几十个之多，像"文明礼貌运动""尊老爱幼运动""敬老周运动""忠诚周运动""国民意识周运动""华族文化月""马来族文化月""印度文化月"等，都具有较大的社会影响。通过开展这些运动，新加坡核心价值观认同得到强化，社会先进价值观得到进一步弘扬，抵制了西方价值观的外来侵蚀，强化了人们对新加坡核心价值观的理解和践行。可以说，这些运动赢得了群众，也教育了群众。

最后是提供制度保障。即通过制定一定的规则或规范将社会主义核心价值观的主旨和精髓内置其中，使人们在遵从、践履规则和规范的同时，逐渐接受并内化社会主义核心价值观。一般而言，制度就是调节、约束人们各种行为的规则或规范。科学合理的制度，有利于个体行为的形塑和社会秩序的健康运行。美国学者诺斯认为："制度是一个社会的游戏规则，或规范地说，它们是决定人们的相互关系而人为设定的一些制约"[2]，这些"制度制约既包括对人们所从事的某些活动予以禁止的方面，有时也包括允许人们在怎样的条件下可以从事某些活动的方面。因此，正如这里所定义的，它们是为人类发生相互关系所提供的框架"[3]。简言之，制度是规定人们何者可为、何者不可为的尺度和框架，它为人们社会交往的顺利开展和社会秩序的良序运行提供了基本规约。"制度好可以

---

[1] [英]罗素:《权威与个人》，储智勇译，中国社会科学出版社1990年版，第73页。
[2] [美]道格拉斯·C.诺斯:《制度、制度变迁与经济绩效》，刘守英译，上海三联书店1994年版，第3页。
[3] 同上书，第5页。

使坏人无法任意横行，制度不好可以使好人无法充分做好事，甚至走向反面。"① 优良的社会制度是推进社会主义核心价值观融入日常生活的重要保障。

三 社会主义核心价值观应当契合人类社会的共同需要

一方面社会主义核心价值观应当充分汲取中华优秀传统文化的成果和人类文明的共同成果；另一方面，社会主义核心价值观要成功走向世界，成为引领世界的价值理念，必须契合人类社会的共同需要。

回顾我国社会主义革命、建设、改革的历史可以发现，中国革命的成功和中国特色社会主义道路的形成发展，既是中国共产党带领全国人民浴血奋斗开拓创新的结果，同时也是不断吸纳人类共同的文明成果和共同价值的结果。正如国内学者所说："一部中国特色社会主义发展史，就是一部马克思主义中国化的历史，一部与时代发展同步伐、广泛吸收和借鉴人类文明的有益成果，并赋予其中国特色的历史。"② 在中国革命的进程中，我们党依靠马列主义的思想武器，并成功把马克思主义中国化，创立了毛泽东思想，进而指导中国革命取得了胜利。时至今日，我们已经成功融入世界体系，并逐渐向世界发展的引领者角色进行转变，我们已经能够凭借自身的成功发展经验为世界文明提供有益的价值成果。

2015年9月28日，习近平总书记在纽约联合国总部发表了题为《携手构建合作共赢新伙伴 同心打造人类命运共同体》的讲话。他在讲话中指出："和平、发展、公平、正义、民主、自由，是人类的共同价值，也是联合国的崇高目标。目标远未完成，我们仍须努力。当今世界，各国相互依存、休戚与共。我们要继承和弘扬联合国宪章的宗旨和原则，构建以合作共赢为核心的新型国际关系，打造人类命运共同体。"③ 这些价值理念，不仅是习近平总书记站在全人类价值共识的制高点上，提出

---

① 《邓小平文选》第2卷，人民出版社1994年版，第333页。
② 戴木才：《全人类"共同价值"与社会主义核心价值观》，《光明日报》2015年10月28日。
③ 习近平：《携手构建合作共赢新伙伴 同心打造人类命运共同体——在第七十届联合国大会一般性辩论时的讲话》，《人民日报》2015年9月29日。

的人类的共同价值，更是立足于中国和平发展的实际需要和汲取中华优秀传统文化的精髓，而提出的带有鲜明中国特色的中华价值理念。

第四节　融汇和提升中华民族文化凝聚力战略

中国是一个多民族的国家，中华民族是一个由多民族构成的民族体系。在中国大地上居住和生活的各个民族共同创造了灿烂的中华民族的优秀文化。我们必须加强中华民族凝聚力建设，加强国民文化认同，弘扬和培育民族精神，夯实中华文化走向世界的战略基础。

我们要实现和稳固国家的文化认同，首先，就要对中华民族优秀传统文化加以有效的保护，要在政策层面上予以足够的重视，要调动各方面的力量，营造保护民族文化的良好环境。其次，要不断进行文化创新，充分吸收和借鉴人类文明的优秀成果，使之为我所用，以实现中华民族文化的繁荣发展。在当今中国，推进文化认同建设，最核心的任务就是推进国家认同建设。作为现代国家的合法性基础，国家认同对于维系国家自身的统一性、独特性和连续性都具有重要保障作用，在所有形式的集体认同中，它最具根本性和包容性。国家认同不仅确立了民族国家的身份，而且还使它获得了巨大的凝聚力和复原力，对其统一与稳定起着至关重要的作用。也有一些学者分析，国家认同是近代民族主义发展的产物。近代民族主义最直接的政治产物就是民族国家。任何一个近代民族国家的建立都包括两个不可或缺的重要内容。一个是民族国家制度，另一个是公民对国家的认同。我们通常所说的爱国主义本质上就是一种国家认同，即对民族国家的一种依恋式情感。尽管存在着民族认同感，但并非所有的民族认同感都能转化为民族国家制度。但成功的民族文化主义最终表现为民族国家的建立。没有民族国家的制度基础，民族主义只能表现为一种情感。另外，如果没有国家认同感，已经建立起来的民族国家就没有稳固的心理基础。在当代中国，建设国家认同的任务是长期而艰苦的。中国尽管有几千年的文明历史以及自秦以来建立起的较为完备的官僚体系，但延续数千年的封建王朝体制却几乎没有在老百姓中间培养出国家认同感，老百姓认同的更多的是皇帝个人，而不是国家。

新中国成立后，中国共产党领导的国家建设以及在人民中展开的新兴国家认同的塑造取得了显著的成就。特别是改革开放以来，随着国家的发展、国际地位的提高，人民对国家的自豪感、认同感不断增强，但中国的国家认同建设仍然受到全球主义和地方主义的冲击。当今中国的国家认同建设特别需要在两个方面做出努力，其一是体制上的，即推动国家认同的制度建设，保证国家制度能够向其人民提供各种形式的公共福利，使人民在感受到国家权力存在的同时能够享受国家政权提供的利益。同时，创造条件让人民能充分地参与国家政权的活动和机制的运行，以使人民对国家的认同感有机制保障。其二是观念上的，即国家认同建设，创造一种中华民族集体认同的国家认同感。在多民族共居的中国建设国家认同，还需要正确处理各少数民族的民族认同与整个中华民族国家认同的关系。应当承认，中国各少数民族的民族认同与国家认同总体上是一致的、和谐的。各少数民族的民族认同是国家认同的基础和前提，国家认同是各少数民族的民族认同的保证。但如果处理不好国家认同与各民族认同的关系，作为具有特殊利益要求的民族认同，也可能阻碍国家认同。为此，我们多民族的国家应当承认族裔文化群体独特的民族认同和集体权利要求的正当性，在现行国家的政治框架内创造各民族进入国家公共权力的制度空间，制定和贯彻切实保障各民族政治权力的政策，使少数民族能够在平等共向国家政治权力和利益的前提下，保持发展其独特的文化传统和生活方式，从而在各民族中创造社会凝聚力和向心力，形成高度统一的国家政治认同。同时我们还要教育和培养各少数民族树立中华民族伟大复兴的利益高于一切的观念，将本民族的生存发展与中华民族伟大复兴紧密联系在一起，明确今天离开了中华民族的伟大复兴这一中华民族的根本利益，任何民族的发展和追求都难以实现，从而创造更加和谐一致的民族认同与国家认同。

民族精神是一个民族的灵魂，它是在长期的历史实践中形成并为民族大多数成员所认同和接受的思想品格、价值取向、道德规范的总和，是维系国家统一、凝聚民族力量的精神纽带。在中国五千年的历史长河中，特别是在近代以来反对外来侵略，争取国家独立和民族解放的斗争中，我国各民族相互交流、共同创造、并肩奋斗，形成了中华民族大多数所认同、接受和追求的思想品格、价值取向和道德规范，形成了中华民族以爱国主义为核心的团结统一、爱好和平、勤劳勇敢、自强不息的民族精神。这些精神博大精深、根深蒂固，是中华民族不断发展壮大的强大精神力量。

在全球化背景下，弘扬和培育民族精神要做到：第一，要在国民中大力进行爱国主义教育。爱国主义是中华民族精神的核心内容，是民族整合的强大精神力量，是动员和鼓舞人们为自己祖国的生存发展前赴后继、奋斗不息的一面旗帜。在全球化加速发展的情况下，爱国主义依然是团结和凝聚中华民族各成员，激发民族斗争，指引和推动民族前进的动力与旗帜。爱国主义精神是中华民族在全球化进程中坚持民族独立，维护民族利益和民族文化安全，推动民族进步发展的不可或缺的精神动力。第二，努力营造弘扬和培育民族精神的社会氛围。弘扬和培育民族精神，需要对人的日常情感的培育和习惯的养成，所以要重视舆论环境和社会氛围，使每个公民都受到全方位和多层次的熏陶。要积极发挥大众传播媒介和影视传媒的积极作用。要充分发挥重要节日、纪念日的特殊教育功能。利用重要革命节日、重大历史事件、历史人物纪念日、民族传统节日等形式营造教育氛围，强化国民的爱国意识，培养民族认同感。第三，要特别重视对青少年进行民族精神的教育。随着全球化的深入发展和我国对外开放水平的不断提升，我国与世界各国的文化交流日益广泛和频繁。这就为青少年的全面发展创造了更加广阔的空间，丰富了青少年的精神世界，但另一方面，改革开放中各国思想文化相互激荡，对青少年学生的思想观念和价值取向也产生了一定负面影响。曾有观点认为，我们教育的目的应是培养世界公民，这对于我国维护文化安全和民族独立具有负面影响。因此，对青少年进行民族精神的教育非常重要。第四，在丰富和创新中培育和弘扬民族精神。民族精神不是凝固的，而是开放的、与时俱进的，带有鲜明的实践意义和时代特色。当今世界的新变化、人类文明的新成果、中国社会的新发展，都对弘扬和培育中华民族精神提出了新的要求。我们应立足于新时代中国特色社会主义建设的实践，着眼于世界科学文化发展前沿来发掘民族文化的优秀传统，汲取世界各民族文化的优点，大力弘扬和培育民族精神，使中华民族精神始终保持强大的生命力、凝聚力和感召力。

第五节　积极推进和适时引领国际文化新秩序建设战略

当今世界，全球化向纵深发展，各国文化的交融交往交锋日益频繁。中华文化走向世界，既是现有国际文化格局和文化秩序之下的行动，又必然伴随着对国际文化秩序的发展和调整。我们必须积极推进和适时引领国际文化新秩序建设，尊重世界文明多样性，促进不同文明间的对话，坚持文化自主，抵制文化霸权，建设有利于中华文化走向世界的国际战略环境。2014年3月27日，习近平总书记在联合国教科文组织总部发表演讲时指出："文明因交流而多彩，文明因互鉴而丰富。文明交流互鉴，是推动人类文明进步和世界和平发展的重要动力。"① 初步阐述了当代中国的国际文明观。2018年6月10日，习近平总书记在上海合作组织青岛峰会上发表题为《弘扬"上海精神" 构建命运共同体》的重要讲话，从构建人类命运共同体的高度，对国际文化秩序建设提出了新的论述。他指出："我们要树立平等、互鉴、对话、包容的文明观，以文明交流超越文明隔阂，以文明互鉴超越文明冲突，以文明共存超越文明优越。"② 这为我们建设国际文化新秩序提供了重要思想指引。

一　尊重和维护世界文明的多样性，推动不同文明的和谐共存

正如生物多样性是自然世界的重要特征一样，文明多样性是世界文明的基本特征，应该以平等开放的精神维护文明的多样性。这是我们对世界文明和世界文化秩序的基本认识。尊重和维护世界文明的多样性，首先就是要尊重不同文化和文明的不同特点与本色。当今世界有70亿人

---

① 《习近平谈治国理政》，外文出版社2014年版，第258页。
② 习近平：《弘扬"上海精神"　构建命运共同体——在上海合作组织成员国元首理事会第十八次会议上的讲话》，《人民日报》2018年6月11日。

口，200多个国家和地区，2500多个民族，5000多种语言①，有多种多样的民族文化、宗教信仰、思想理论、社会风俗、文学艺术形式、文化产品等。各种形态的文明和文化都是人类社会文化大家庭中的组成部分，人类文明因其多样性而精彩纷呈。倘若文化上是千篇一律，就如同只有单一的色彩，描绘不出美丽的图画。

维护文化多样性，实现各文化和谐共存，还需要加强对各种文化形态的保护，尤其是弱势文化。和生物一样，文明也是有生命的。在人类历史上，有许多文明曾辉煌灿烂一时，却最终走向消失或分裂。这一方面有自然原因，另一方面，文明自身发展的问题和强势文明的侵袭也是重要的原因之一。因此，保护人类不同的文明成果就显得非常重要。以语言这种文明的载体为例，由于现代化过程中的社会变迁和强势文明的冲击，其消失的速度令人震惊。据语言学家的估计，世界上50%的语言正在消失，平均每两周就有一种语言消失，到21世纪末，全世界剩下的语言将不到600种。早在2009年，联合国教科文组织（UNESCO）就发出警告称，在全世界现存的6000多种语言中，大约2500种语言正处于濒危状态。在该组织发布的全球濒危语言分布图中，列出了2474种濒危语言的名称、濒危程度和使用地区，其中有230种语言自1950年起已经消失。其中，印度共有196种语言濒临灭绝，是濒危语言最多的国家。中国也面临着同样的问题。我国56个民族现有大约130种语言，其中近一半处于衰退状态，20多种语言面临消失的危险，毕苏语、赫哲语、图瓦语、鄂温克语等更是可能完全不复存在。②

同时，尊重和维护世界文明的多样性也意味着我们要尊重各个国家的社会制度、发展模式、发展道路、政治体制，这些是人类文明的重要组成部分和高级形态。要尊重和维护不同国家根据自身国情所做出的制度选择，尊重各国发展道路的多样性和世界政治的多极化。

我们应当看到，一些西方国家鼓吹和宣扬"历史终结论"，以自身的

---

① 中共中央党校中国特色社会主义理论体系研究中心：《文明交流互鉴是打造人类命运共同体的重要途径》，《求是》2016年5月31日。

② 《平均每两周就有一种语言从世界上消失》，中国新闻网，http://www.chinanews.com/cul/news/2009/06-25/1749153.shtml。

价值观和政治制度作为世界文明发展的终极模式，以此作为世界文化的发展方向加以推动，不遗余力对外开展文化渗透甚至是和平演变。或是借口所谓的"民主""人权"干涉别国内政，或者直接推动赤裸裸的"民主扩展计划"，或者将政治条件附加于国际援助，或者用自身标准评判他国内部事务或处理国际问题，其实质就是用自身文化替代世界的多样文化，用文化上的一元论替代文化多样性。对此我们应当坚决反对和抵制。而中华文化始终尊崇"和而不同"的价值观念，中国传统哲学中自古便有"和谐共生"的思想，在中国哲学中，矛盾的双方是对立统一的关系，既相互矛盾又相互依存。这些传统思想反映在今天世界文化秩序中就是对文化多样性的尊重。

二　坚持开放包容、互学互鉴，推动不同文明的发展共荣

（一）要坚持开放的文化战略

文化开放还是文化封闭，是一个国家首先需要考虑、确定的文化战略。从文化发展的自身规律来看，文化本身就具有扩散性和传播性，与国家的边界线不一样，文化的边界往往没有清晰的界线。各国文化总是在不同程度上受到外来文化的影响。而一种封闭的文化必将失去发展的活力，往往会被历史淘汰。中国的发展历史充分证明了，开放带来进步、封闭导致落后。历史上中国国力强盛之时，也是文化开放程度较高之时，而国力衰退落后挨打之时，恰恰是文化上自我封闭、闭关锁国之时。坚持文化开放战略，是我国总结自身发展经验的根本选择。从现实情况来看，随着经济全球化的深入发展，全球化所带来的种种问题也逐渐凸显。特别是在新一轮世界金融危机以来，世界经济增长依然乏力，发展差距和不均衡问题越发突出。一时间，经济民族主义和民粹主义思潮弥漫全球，贸易保护主义重新抬头并呈现加剧之势，反全球化的声音此消彼长。美国特朗普政府高呼"美国优先"的政治口号，公开举起贸易保护主义的大旗，动辄使用关税武器，对中国等国家施加"制裁"。这种有悖于世界经济开放发展潮流的做法，在国际上产生了影响深远的负面效应，一些国家出于自身利益的考量也被迫追随效仿。经济上的封闭和保守必然带来文化上的封闭与隔阂。我国领导人始终在国际上坚持发出积极的声

音，为全球化的深入推进和世界文化开放发展注入了重要动力。我们应当充分利用国内国外两个文化市场、两种文化资源，坚持"引进来"和"走出去"战略相结合，让世界科学而全面地了解中华文化的精神和价值，增强中华文化的竞争力和软实力。

（二）要以平等包容的态度对待文化差异

习近平总书记多次引用这样一句中国名言，"物之不齐，物之情也"。世界文化的多样性决定了不同文化或文明之间必然存在或大或小的差异性。而不同文化共处之关键在于，如何对待这种文化差异，是开放包容还是相互冲突。对此，西方学者提出了"文明冲突论"，认为不同文明之间的冲突是文明间关系的根本逻辑，这种观点在今天仍有很大市场。特别是在"9·11"事件之后，美国并未彻底反思恐怖主义滋生的根源所在，而是对外推行反恐扩大化政策，在反恐中实行双重标准，采取单边主义和强权政治的手段，加剧了美国和伊斯兰世界的矛盾，这被认为是文明冲突论的佐证。再者，西方国家凭借其发展的优势和政治地位，大力推行文化上的西方中心主义，对非西方文明往往有意或无意地充满各种文化偏见，无法做到客观公正的评价和平等相处。相反，中华文化本身就具有很强的开放性和包容性，主张"求同存异"，提倡各文明间的平等对话。

（三）要推动不同文化的互学互鉴和共同发展

世界几乎没有孤立存在而能够发展壮大的文化，各种文化均是在不同程度的相互影响中实现了相互促进、共同发展。从中华文化的发展历程来看，正是在与不同文明的相互交往和彼此借鉴中，实现了自身文化的繁荣发展。西汉时期张骞两次出使西域，明代郑和七下西洋，均对中外文明的交流交往和相互借鉴产生了重要而深远的影响。中华文明因其对外部文化的兼容并蓄而发展繁荣，又必将以自身的独特魅力，为世界其他文明提供可以吸收借鉴的养分。古代中国的灿烂文化和强大国力吸引着周边国家和外部世界主动前往学习和传播，今天的中国正处于伟大复兴的进程之中，其当代文化成果也必将对外部世界提供参考借鉴。我们应着力把中国的发展理念和发展经验，传播给广大发展中国家，为发展中国家的经济繁荣和现代化建设提供一条与西方模式不同的可供参考借鉴的选择。即便是西方发达国家,也因自身发展的问题和中国的发展成就而开始重新审视中华文化和自身文化的关系了。比如在学术界,面对西方文明发展的现状,曾提出"历史终结论"的著名美国学者弗兰西斯·福山,近年来也开始反思甚至修正自己的理论。他在2014年的美国《外交》(Foreign Affairs)双月刊9/10月号上发表《衰败的美利坚——政治制度失灵的根源》,详细剖析了美国自由民主政治制度的诸多弊端。[1]对待中华文化和自身文化的态度的转变不仅体现在学术理论方面,也体现在日常生活之中。2015年,英国广播公司(BBC)推出了一部名为《我们的孩子足够坚强吗?中式学校》(Are Our Kids Tough Enough? Chinese School)的纪录片,讲述了5名中国老师在英国南部汉普郡的一所中学实施4周中国式教学试验的故事。通过教学试验和考试评测,最初对"中式教育"不屑一顾的英国校长和老师,最终也不得不改变了自身的态度,对中英两国的教育方式进行重新思考。[2] 这些事实充分证明,经过历史考验的中华文化,必定以其独特的思想价值理念,对世界文明发挥应有之贡献。我们要构建文化产品和服务走向世界的综合性对策,创新文化传播机制,系统地传播中华文化的精品,增强我国对国际公共文化产品和服务的供给能力。

三 反对文化霸权、维护文化安全是建立国际文化新秩序的紧迫任务

文化霸权是霸权主义、强权政治在世界文化领域的集中体现。在世界文化格局中,以美国为代表的文化霸权国家,利用自身的强势文化的霸权地位,不遗余力地向世界推广自身的价值观,积极进行民主推广、人权外交等带有强烈意识形态色彩的文化输出和渗透政策,严重损害相对处于文化弱势地位的国家的文化主权和文化安全。增强自身文化认同,反对文化霸权,既是维护国家文化主权和安全的根本手段,又是建立国际文化新秩序和实现文化走出去的迫切要求。因为只有较为统一和强大

---

[1] Francis Fukuyama, "America in Decay: The Sources of Political Dysfunction", *Foreign Affairs*, Dec. & Oct., 2014, https://www.foreignaffairs.com/articles/united-states/2014-08-18/america-decay.

[2] 参考英国广播公司网站,https://www.bbc.co.uk/programmes/b06565zm。

的文化认同，才能塑造自身独特而鲜明的身份特征。只有保障文化主权和安全，才能真正实现文化的交流交往，在文化走出去的过程中发展自身文化。因此不论在世界文化格局中占有什么样的地位，各国均不遗余力地增强自身文化认同和文化安全。文化霸权国家往往具有非常强大和相对稳定的意识形态与核心价值观认同，因而在文化走出去方面更为得心应手；而文化弱势国家也在千方百计增进文化认同，增强本国的凝聚力和向心力，才能实现自身的文化安全保障和对外文化传播。就我国而言，抵御西方国家文化霸权和维护自身文化安全要做到以下几点。

（一）应牢固树立文化安全意识，增强文化安全的总体定位

党的十八大以来，习近平总书记高度重视国家安全工作，提出了一系列新思想新观点新论述，为文化安全工作提出了有针对性的重要指引。2014年4月15日，习近平主持召开国家安全委员会第一次会议。他强调，贯彻落实总体国家安全观，要"既重视传统安全，又重视非传统安全，构建集政治安全、国土安全、军事安全、经济安全、文化安全、社会安全、科技安全、信息安全、生态安全、资源安全、核安全等于一体的国家安全体系"[①]，从而把文化安全工作置于国家总体安全体系内统筹考虑，大大提升了文化安全的总体定位。

（二）要准确全面地识别我国面临的突出和紧迫的文化安全威胁

文化安全涉及国家文化生活的各个方面，要有效识别和防范包括意识形态安全、生活方式与价值观安全、公共文化安全、民族宗教文化安全、学术文化安全、文化产业与文化贸易安全、文化资源与文化遗产安全、新闻出版传媒领域文化安全、互联网信息安全等各个领域、各个类别的文化安全威胁。要增强中华民族的文化认同，增强中国特色社会主义的文化认同。提高意识形态的敏锐性，牢牢把握意识形态工作的主动权。认清西方"普世价值"背后的意识形态本质，自觉划清与西方资产阶级意识形态的界限，增强风险识别能力。还应提升自身文化软实力，增强文化安全威胁的抵抗能力。只有如此，才能更好地抵御西方文化入

---

① 《中央国家安全委员会第一次会议召开习近平发表重要讲话》，中国政府网，http://www.gov.cn/xinwen/2014-04/15/content_2659641.htm。

侵，才能有助于自身文化安全和文化"走出去"。

（三）要加快建立健全文化安全监测预警和风险评估体系

在文化安全风险日益突出、文化安全影响因素日益复杂的情况下，学术界和有关政府部门已经充分认识到文化安全监测预警和风险评估体系的重要性。在当前和今后一个时期要加快形成和建立以文化立法为保障，以党委领导、政府依法管理为组织制度，以国家文化主权为核心，以包括预警指标体系和危机处理工作机制在内的文化安全监测预警与风险评估机制为平台的全方位、多层次、配合合理的国家文化安全综合管理系统，对文化安全实行动态化、科学化、机制化的监测预警。文化安全监测预警与风险评估需要运用科学方法，把握全局，立足长远，统筹兼顾。这就需要对整个系统进行细致的划分，严格按照文化安全的内涵和外延确定其相关的子系统。同时又要做到"有的放矢"，抓住主要矛盾、核心问题和关键方面。文化安全的监测预警与风险评估不能"草木皆兵"，任意夸大文化安全警戒等级，以致偏离评估的初衷。还要在设立指标体系过程中，尽可能地保证数据方面的易获得性或者易转化性。同时还要发挥文化管理部门的协调协作，建立健全文化安全监测预警和风险评估的工作体系。

第六节　在共建"一带一路"中联通中外文化战略

积极倡导"一带一路"建设，不断增强"一带一路"软力量基础，在与沿线国家共建"一带一路"过程中推动中华文化"走出去"。2013年9月和10月，中国国家主席习近平先后在出访哈萨克斯坦和印度尼西亚期间，提出了共建"丝绸之路经济带"和"21世纪海上丝绸之路"（简称"一带一路"）的倡议，得到国际社会的高度关注和许多国家的积极响应。"一带一路"是我国领导人在新的历史时期提出的重大战略构想，是在深刻把握世界发展形势和我国发展的阶段性特征的基础上，统筹国内发展和对外开放的重大决策部署，是长时期统领我国对外开放的总体性战略。

五年多来，"一带一路"建设从无到有，从理念转化为行动，取得了超出预期的丰硕成果。截至 2019 年 3 月 6 日，我国已累计与 123 个国家和 29 个国际组织签署了 171 份 "一带一路" 合作文件，中欧班列累计开行超过 1.4 万列，并且增长迅猛。五年多来，我国与 "一带一路" 沿线国家货物贸易总额超过 6 万亿美元。① 我国与 "一带一路" 共建国家在互联互通、产能、贸易、投资、金融、教育、科学、文化方面的交往合作均取得了显著成绩。这一战略的实施，不仅为中国和沿线国家的经济发展注入了新的动力，而且对于提升中华文化软实力，推动中华文化走向世界发挥了重要作用。

一 "一带一路"提升了中华文化软实力

（一）"一带一路"蕴含了古代"丝绸之路"的历史积淀和文化符号特征

"丝绸之路"是对两千多年来东西方贸易、文化交流的统称。历史上，丝绸之路就是中国同中亚、西亚、东南亚以及东非、欧洲等经贸和文化交流的大通道。它始于两千多年前，包括陆上丝绸之路和海上丝绸之路。尽管"丝绸之路"（silk road）的概念是德国人李希霍芬在 1877 年提出来的，但是它带有鲜明的中国特色。丝绸是古代中国的特产，西方世界很早就有从中国进口丝绸的记载。早在公元前 3 世纪前后，古罗马地理学家已经称中国为"赛里斯国"，"赛里斯"在希腊语中同"蚕""蚕丝"的意思密切相关。② 丝绸从那时起，就已成为向西方国家传播中华文化的物质载体。西汉时期，北方匈奴力量强大，张骞奉命出使西域，几经磨难，终于成功架起东西方联通之路，完成了"凿空之旅"。"海上丝绸之路"的历史同样可以追溯到两千多年前。它经历了汉武帝开辟经东南亚至印度的海上通道、唐朝把对外贸易重心从陆路转向海路，以及宋元时期鼓励阿拉伯商人来广州与泉州等地贸易，将原先的海上通道延伸至经印度洋进入波斯湾至阿拉伯沿岸一带。到了明代中叶，西班牙殖

---

① 《"一带一路"建设正在从谋篇布局的"大写意"阶段转向精耕细作的"工笔画"阶段》，新华网，http://www.xinhuanet.com/politics/2019lh/2019-03/06/c_1124199956.htm。

② 王义桅：《"一带一路"：机遇与挑战》，人民出版社 2015 年版，第 12 页。

民者为了维持在菲律宾的殖民统治,开辟了从马尼拉至墨西哥阿卡普尔科的大帆船贸易航线,把中国的丝织品经太平洋转运到美洲大陆,又经大西洋再转运到欧洲各地。这使得古代海上丝绸之路从区域贸易航线发展成为联系东西方的全球贸易航线。①

"丝绸之路"尽管几经波折,但延绵不断,不仅推动了东西方的贸易和商业往来,促进了东西方的物质繁荣,而且为东西方的人员往来和文化交流发挥了重要的作用,推动了中国和其他国家的文明的交融发展。正如国内学者所言,"丝绸之路"堪称跨文化融会与传播的标本,丝路文化精神也是对中华民族文化精神的最好诠释。②

(二)"一带一路"倡议的提出和实施,彰显并提升了中国引领世界发展的软实力

改革开放以来,中国与世界的关系发生了历史性的变化,中国逐渐成为当今世界体系的建设性的参与者。随着中国综合国力和世界影响力的不断提升,再加上现有国际机制已经不能完全满足国际社会需要,中国不仅仅满足于积极参与现有机制,而是不断提出世界治理和引领发展的中国主张和中国方案,向世界发出了中国声音,并得到了国际社会的积极响应。目前,中国对于国际议题的设置能力已经大大提升。"一带一路"倡议在全球范围内的积极响应就是最好的证明。

"一带一路"建设是促进全球经济振兴的中国方案。"一带一路"建设通过加强基础设施互联互通和经济走廊建设,推动了有关国家的经济贸易往来,有利于各国的开放发展,有利于为世界经济增长注入新的驱动力。"一带一路"建设也是促进世界和平稳定的中国主张。"一带一路"倡议秉持平等互利、开放共赢的精神理念,这与西方国家所推崇的"零和博弈"有着本质区别。目前,世界各国越来越支持中国的合作理念与主张,认为其有利于世界和平与稳定。"一带一路"建设体现了中国促进全球治理体系变革的担当。随着世界权力结构的变化,全球治理体系的问题已经凸显,2008年爆发的国际金融危机更是充分说明了当前全球治

---

① 王义桅:《"一带一路":机遇与挑战》,人民出版社2015年版,第11页。
② 杨琳:《丝绸之路——跨文化融汇与传播的标本》,《光明日报》2017年5月18日。

理体系的内在缺陷。而"一带一路"倡议旨在促进各国加强经济政策协调,随着"一带一路"建设的不断发展,必将有利于推动全球治理体系朝着公平、公正、合理的方向发展。这充分彰显了中国促进全球治理体系深刻变革的担当。①

(三)"一带一路"倡议体现了中国对外交往和推进全球发展的新理念

"一带一路"的核心理念,彰显了中华文化的吸引力和感召力。这些理念既源自中华优秀传统文化,闪烁着独特的中国智慧,又对当今世界发展具有重要的影响,反映了世界发展的现实需求。这些理念主要体现在以下几个方面。

丝路精神。习近平总书记将丝路精神的核心概括为:和平合作、开放包容、互学互鉴、互利共赢。这是古代丝绸之路留给人类文明的宝贵遗产。和平合作方面,与近代西方国家对外扩张不同,不论张骞出使西域还是郑和七次远洋航海,这些开拓性对外文化交往活动的成功,不是凭借坚船和利炮,而是和平和合作。开放包容方面,古丝绸之路跨越不同文明、宗教、种族,求同存异、开放包容,使丝绸之路国家的不同文明在开放中发展。互学互鉴方面,古丝绸之路不仅促进不同国家的商品货物交易,更重要的是推动了东西方文明的交流和互相学习借鉴。佛教、伊斯兰教及阿拉伯的天文、历法等传入中国,中国的四大发明也走向了世界。互利共赢方面,古丝绸之路促使资金、技术、人员等生产要素在沿线各国自由流动,推动了中外一批港口和城市发展兴盛,促使中外各国迎来发展盛世,创造了地区大发展大繁荣。②

"共商、共建、共享"的原则。合作共赢是中国倡导的新时期处理国际关系和外交事务的基本理念,它破解并超越了西方国际关系理论和实践中权力竞争和"零和博弈"的传统模式。习近平主席指出:"我们为此作出了全面深化改革的总体部署,着力点之一就是以更完善、更具活力

---

① 推进"一带一路"建设工作领导小组办公室:《共建"一带一路":理念、实践与中国的贡献》,外文出版社2017年版。
② 《习近平在"一带一路"国际合作高峰论坛开幕式上的演讲》,新华网,http://news.xinhuanet.com/politics/2017-05/14/c_1120969677.htm。

的开放型经济体系，全方位、多层次发展国际合作，扩大同各国各地区的利益汇合、互利共赢。"① 建设"一带一路"的提议契合了沿线各国共谋发展、共享机遇的美好愿景，也表达了中国与沿线各国一同直面全球经济困难、共克发展难关的决心和意志。中国提出了打造人类命运共同体的目标，在"一带一路"建设中秉持"共商、共建、共享"的原则，成为多边共赢合作的国际发展的引领者。在"一带一路"倡议刚刚提出后，很多国家对中国的真实意图抱有怀疑或是刻意抹黑，有的称其为中国的"马歇尔计划"，有的认为中国意欲主导亚欧大陆，有的任意揣测中国推行"一带一路"背后的政治目的。然而，中国凭借"一带一路"倡导的合作共赢的理念和共商、共建、共享的原则，用事实有力地反驳这些不实的臆想。用"一带一路"建设实践明确向世界表明，"一带一路"不是中国版的"马歇尔计划"。美国通过"马歇尔计划"援助欧洲恢复经济，进而控制占领欧洲市场，抗衡苏联和谋取世界霸权。而中国倡导的"一带一路"建设，是追求合作共赢和共同发展，旨在让世界分享中国发展机遇，搭乘中国发展的"顺风车"，这也正是联合国将"一带一路"写入联大决议的原因所在。这样的理念恰恰契合了中国文化"美美与共"的思想，也是中国外交始终秉持的核心理念。长期以来，中国外交坚持高举"和平、发展、合作"的旗帜，主张在和平共处五项原则的基础上，发展同世界各国的友好关系。面对风云变幻的国际形势，中国始终是世界和平的坚定捍卫者和时代潮流的坚定推动者。中国秉持维护世界和平、促进共同发展的外交宗旨，坚定不移地走和平发展道路，积极维护世界和平与稳定；我们尊重世界文明多样性和国家发展道路多样化，努力通过自身发展促进世界共同发展；我们不断加强同各国的友好合作，努力推动各国的互利共赢；我们在力所能及的范围内承担更多的国际责任和义务，为人类和平和发展做出更大贡献。我们提出了"人类命运共同体"的思想，积极推动全球化破除阻碍继续前行。正如习近平总书记强调的，"中国梦是和平、发展、合作、共赢的梦，与世界各国人民的美好梦想相

---

① 《习近平：弘扬丝路精神　深化中阿合作》，人民网，http://politics.people.com.cn/n/2014/0605/c1024-25109531.html。

通,不仅造福中国人民,而且造福各国人民"。

"五路"目标,即和平、繁荣、开放、创新、文明之路。和平之路意味着,我们要着力构建以合作共赢为核心的新型国际关系,推动各国加强合作,通过对话化解分歧,通过协商解决争端,营造共建共享的安全格局。繁荣之路意味着,我们要聚焦发展这个根本性问题,打破发展瓶颈,共享发展成果;开放之路意味着,我们要以开放为导向,在开放中解决经济增长和平衡问题,促进生产要素有序流动、资源高效配置,努力实现在开放中合作、在合作中共赢;创新之路意味着,我们要大力推进创新驱动发展,着力优化创新环境,促进科技合作,推动各国创新性发展;文明之路意味着,我们要建立多层次人文合作机制,在教育、文化、体育、卫生等领域搭建更多合作平台、开辟更多合作渠道,让广大民众成为"一带一路"建设的主力军和受益者。

这些中国特色的理念既是"丝绸之路"的历史带给我们的启示,又反映了全球化深入发展和世界文明交融交往空前的当今时代的需要,更重要的是,它体现了中华文化本身所蕴含的智慧,彰显了中华文化的强大生命力、影响力和感召力。事实证明,中华文化对于当今世界发展和人类进步,能够提供有益的启示和贡献。在某种程度上说,这些理念对于西方国家长期秉持的利益观、发展观、文化交往观和国际秩序观来说,不仅具有自身的优势和魅力,更是一种超越和进步。世界各国对"一带一路"倡议的积极响应,更是证明了这一点。

二 "一带一路"建设加快了中华文化走向世界的步伐

(一) 文化交往本身就是"一带一路"建设的重要内容和基础

文化是"一带一路"建设的重要力量。"一带一路"的互联互通包括政策沟通、设施联通、贸易畅通、资金融通、民心相通。习近平同志指出:"民心相通是'一带一路'建设的重要内容,也是关键基础。"俗话说,"国之交在于民相亲。"民心相通对于我国同世界各国加强经贸合作具有重要的促进作用,在国家间政治和外交关系不稳定时,民间友好可以充当国家间关系和经贸合作的稳定器。民间交往和人员交流,有利于推动国家间相互理解和尊重,为人类命运共同体建设打下基础,这也是

"一带一路"建设的最终目标。

（二）"一带一路"的成果为中华文化"走出去"创造了更加有利的条件

2017年召开的首届"一带一路"国际合作高峰论坛达成了270多项成果。一批重点项目和六大经济走廊建设不断推进。可以说，"一带一路"建设极大促进了中外经贸和人员往来与合作。随着一大批海外项目达成协议并启动建设，中国的企业、人员、资金、装备、技术、标准走向世界，其中必然伴随着中华文化同步走向世界。基础设施建设项目在"一带一路"建设中具有重要地位。在这些中国企业的海外项目建设中，为节约成本和满足项目需要，普遍采取了雇用当地劳动力的办法，同时向海外派驻中国国内的管理人员和技术人员。在项目的建设过程中，通过技术培训、团队管理建设，中国企业的文化首先在这些海外雇员中广泛传播开来。同时，围绕项目进行的宣传和公共关系维护，以及企业承担驻在国社会责任的过程，也都有效实现了中华文化向项目所在国的传播。中华文化已经不是要不要"走出去"的问题，而是如何更好地"走出去"的问题。此外，借助"一带一路"的推动作用，我国文化贸易发展取得了积极成效。2018年，我国对"一带一路"沿线国家文化产品出口总额达162.9亿美元，为历年最高水平。[①]

（三）"一带一路"明确了文化走出去的战略布局和推进方向

"一带一路"是我国当前对外开放的一个重要抓手和重要引领。党的十九大报告指出，"要以'一带一路'建设为重点，坚持引进来和走出去并重，遵循共商共建共享原则，加强创新能力开放合作，形成陆海内外联动、东西双向互济的开放格局"。2017年11月10日，中央政治局常委、国务院副总理汪洋同志在《人民日报》发表署名文章《推动形成全面开放新格局》，文中在推动形成全面开放新格局的主要任务和重要举措中，第一条就是扎实推进"一带一路"建设。由此可见，"一带一路"是我国新时代对外开放的重点和工作抓手。同样是在2017年11月10日，习近平总书记在越南出席亚太经合组织工商领导人峰会时讲到："一带一路"倡议"源自中国，更属于世界；根植于历史，更面向未来；重点面

---

① 《2018年我国对外文化贸易实现快速增长》，《中国文化报》2019年3月17日，第一版。

向亚欧非大陆,更向所有伙伴开放"。① 根据我国有关规划,丝绸之路经济带,一是从我国西北、东北经中亚、俄罗斯至欧洲(波罗的海);二是从我国西北经中亚、西亚至波斯湾、地中海;三是从我国西南经中南半岛至印度洋。该战略走向以中亚5国、中南半岛有关国家和俄罗斯、蒙古国为重点,通达西亚、中东和中东欧各国。

"21世纪海上丝绸之路",一是从我国沿海港口过南海,经马六甲海峡到印度洋,延伸至欧洲;二是从我国沿海港口过南海,经印度尼西亚抵达南太平洋。该战略走向以东盟10国和斯里兰卡等南亚国家为重点。远期可考虑北冰洋方向。可以说,"一带一路"贯穿欧亚大陆,"一带"着眼于加快向西开放,"一路"着眼于建设海洋强国,是实施全方位对外开放战略的突破口。"一带一路"建设的重要国家和六大经济走廊、海上支点,成为中华文化"走出去"的突破口和发力点。以中东欧国家为例,中东欧是"一带一路"建设的重要地区,目前中东欧16国已全部与中国签订了"一带一路"合作协议,实现了全覆盖。近年来,随着中国—中东欧国家"16+1"合作机制不断发展,中国与中东欧国家的经贸合作和人文社会交往不断加深,人文交流在"16+1合作"中发挥着重要的作用。2015年11月,第四次中国—中东欧国家领导人会晤在苏州举行。会议采纳了国务院总理李克强的建议,将2016年定为中国—中东欧国家人文交流年。当年共举办人文交流活动近40场,涵盖十多个领域,联合举办单位十多家,16国全部参与。中华文化在中东欧的影响日益加深,黑山、马其顿已经立法明确中医药的地位,捷克正积极推动将中药纳入国民医保范围。②

三 在"一带一路"建设中着力加强软力量建设,更好推动中华文化走向世界

当前,推进"一带一路"建设,应当着重发挥文化的独特作用。通过

---

① 《习近平在亚太经合组织工商领导人峰会上的演讲》,新华网,http://news.xinhuanet.com/2016-11/20/c_129370744.htm。

② 《中国—中东欧人文交流年启动》,人民网,http://world.people.com.cn/n1/2016/0226/c1002-28154577.html。

文化交流，奠定"一带一路"合作的民心基础。常言道，"国之交在于民相亲。"能够实现"民相亲"，文化的作用是不可替代的。只有在沿线国家实现了充分的文化交往和稳定的文化认同，才能促进民间友好关系的持续稳定发展，也才能为全面多层次和宽领域的"一带一路"合作确立稳定的外部环境。而这种民心相通，使得两国的友好合作不会因为国家内部的政局动荡、政府更迭或国际形势的变化而变化。要全面深化各领域文化交流，通过教育、科技、医疗、卫生、体育、智库等方面的文化交流凝聚共识，以此推动双多边合作稳定发展。在文化交流与合作中，既要发挥政府的带动引领作用，通过加强顶层设计和战略部署，加强文化交往，又要发挥社会和民间力量，自下而上地发挥文化交往的积极性和主动性。

需要注意的是，在"一带一路"建设中，民心相通仍是一块短板，"一带一路"建设与中华文化"走出去"的相互配合应当予以高度重视。比起我们的资金、人员和项目"走出去"，我们的文化"走出去"依然滞后，这在很大程度上也制约了我们"一带一路"建设的顺利实施。在体制机制上，需要形成更加完善的"一带一路"建设的协调机制。现有的推进"一带一路"建设工作领导小组于2015年成立，受人员编制级别所限，领导协调作用有待进一步加强。应当加强顶层设计，进一步提升领导小组层级，提升其对宣传、外交、商务、海关、交通、金融等国内各部门领导协调能力，同时加强部门间的中层协调，更好地实现"一带一路"建设与中华文化"走出去"的相互协调与配合。在传播途径上，积极借助"一带一路"建设形成的平台渠道。同时，必须将"一带一路"深耕细作，既要避免急功近利，也不可赔本赚吆喝。以"一带一路"建设的更大成绩，推动中华文化不断走向世界。

第七节　提升文化产业国际竞争力战略

文化产业是一个国家文化软实力的重要支撑力量。我们必须积极规划和有力支持促进文化产业发展，调整优化国家文化产业结构，完善对外文化贸易体制，实施文化产品升级战略，提升国家文化产业的国际竞争力，从整体上壮大中华文化走向世界的产业基础。

一 提升文化产业创新能力

（一）要推动文化产业内容创新

文化产业又称文化创意产业，其核心要素在于创新。文化产品要在创作上下功夫，使其既体现我国文化的精髓与深厚底蕴，展现我国文化产品的特点和优势，又充分结合出口国的文化习俗和消费习惯，不断创新产品，满足当地消费者的消费需求，打开消费市场，争取获得当地消费者认可，扩大消费需求，才能进一步促进我国文化产品走向世界。要鼓励文化产业界开拓思想、开阔思路，推动文化内容形式创新，采用新技术、创新文化内容传播媒介，提高对原创作品的鼓励。对于具有原创性而且非常出色的原创作品，要加大扶持力度。用好国家文化发展专项资金、艺术基金等，支持文化产业内容创新，为文化产品创新提供资金保障。要充分体现文化创新工作者的劳动价值，采取多种形式，激励文化工作者贴近实际，深入生活，创作出既能够与时俱进、彰显时代特点，又能够反映生活实际的充满正能量的兼具艺术性和思想性的作品。[1]

（二）要推动文化产业理论创新

要加强文化产业理论的基础性研究，增加科学研究的原创性，最大限度地体现中国风格，为我国文化产业的发展奠定理论基础。要重视应用性理论创新，这是将科学理论、价值观念等方面的文化创新成果推向社会的重要环节。要实施大众文化理论创新，因为大众文化是当前满足人民群众文化消费最直接的内容。建构以生产更多的面向现代化、面向世界、面向未来的、民族的、科学的、大众的社会主义文化产品为价值取向的大众文化理论，是文化产业理论创新的直接目的。在文化产业理论创新的基础上，生产出更多符合时代特征的文化产品，为我国发展文化产业建构科学的理论前提。[2]

（三）要加强文化产业技术创新

当今世界全球化加速发展，信息化与数字化时代，科学技术的发展

---

[1] 北京印刷学院文化产业安全研究院主编：《中国文化产业安全报告（2015）》，社会科学文献出版社 2015 年版，第 224－225 页。

[2] 张骥等：《中国文化安全与意识形态战略》，人民出版社 2009 年版，第 403 页。

特别是信息技术、网络技术的发展对文化产业将产生引领、创新、转化和驱动作用。要针对文化建设和文化产业发展重点领域的科技需求，密切关注世界科技发展前沿，攻克一批关系文化领域传统业态提升和新业态发展的基础性、前瞻性技术，提高科技对传统文化业态的提升能力以及对新型文化业态的创新能力。注重集成创新和模式创新，强化对全产业链的技术创新的全盘布局。同时，要加快文化科技创新成果转化，对技术成熟的创新成果要及时进行培育和孵化，加快成果转化速度，通过成果转化创造财富。[①] 当前，信息技术的发展赋予了文化产业新的内涵，使其日益走向数字化，即各类传统媒体内容制作和表现方式全过程的数字化、新兴媒体的数字化、网络化以及新传媒直播工具的数字化。可以说，数字化已成为文化产业发展的主流趋势。[②] 近年来，我国互联网经济发展势头强劲，一批互联网企业迅速发展壮大。我们应当抓住新技术发展的历史机遇，大力进行文化产业的技术研发和创新，促进科技与文化的融合，提升科技对于文化产业发展的支撑能力，努力实现"弯道超车"。

二 深化文化体制改革

文化体制改革问题已经成为制约我国文化产业发展的"瓶颈"。进一步深化文化体制改革，解放和发展文化生产力，是繁荣文化产业的必由之路，也是提高文化产业竞争力的关键所在。通过深化文化体制改革，可以最大限度地焕发出广大文化工作者勇于创新的积极性，使全社会的文化创造活力充分释放、文化创新成果不断涌现。在明确文化产业和文化事业区分的前提下，面对国外文化产业集团的强势冲击，通过深化文化体制改革，培育强大的文化市场主体已经成为当前最为紧迫的任务。要发挥市场在资源配置中的决定性作用，通过建立和完善文化市场的准入和退出机制，为国有和国家控股文化企业以及民营文化企业提供同等

[①] 北京印刷学院文化产业安全研究院主编：《中国文化产业安全报告（2015）》，社会科学文献出版社2015年版，第226页。

[②] 高海涛：《中国文化产业安全研究》，中国政法大学出版社2015年版，第267页。

"国民待遇",切断对国有文化企业的政策支持,使其与民营文化企业一样通过市场机制实现资产的战略重组和公平竞争。消除民营企业面临的"玻璃门"和"隐形门"等各种形式的政策歧视。改变政府对国有文化资产的管理方式,使国有文化企业真正发育成为现代企业,完成国家资产对文化市场的引导和控制,从而壮大民族文化市场主体对抗国外文化产业集团的实力。[1]

三 继续引导鼓励文化企业"走出去"

随着我国开放型经济体制的发展,加快我国优秀文化产品、服务和文化企业"走出去"的步伐,是提升我国文化产业国际竞争力的必然趋势。

(一)努力开拓多元化的国际市场,增强我国文化产品和服务的国际竞争力

要研究把握不同国家的市场规则、消费习惯和文化差异,采取区别化的营销模式。高度重视国内外不同文化需求而产生的文化折扣现象,开展有国别针对性的制作和宣传。以电视剧消费为例,国内观众和国外观众对电视剧欣赏口味的差异,使得许多国内热映的电视剧在国外无法找到观众。近年来,以《潜伏》《暗算》为代表的情节惊险刺激的谍战片和以《蜗居》《新结婚时代》为代表的家庭生活剧都吸引着无数国内观众。但是谍战片反映的历史背景对于许多欧美观众来说都是陌生的,他们可能知道第二次世界大战中的珍珠港事件、敦刻尔克大撤退等历史事件,但对于中日战争、解放战争却知之甚少。同时,由于欧美国家的文化差异,父母与孩子的关系相对独立,因此对于中国家庭生活剧中的婆媳关系简直无法理解。[2]

(二)支持引导文化企业通过海外并购等方式实现"走出去"

海外文化投资不仅具有资本增值的意义,而且还具有文化传播的功能,是中华文化"走出去"的重要方式。我国文化产业经过近几年的较快发展已集聚了一定发展势能,一些具有比较优势的企业需要广泛参与

---

[1] 张骥等:《中国文化安全与意识形态战略》,人民出版社2009年版,第403页。
[2] 宫玉选主编:《中国文化产业"走出去"研究》,北京大学出版社2016年版,第108页。

国际文化市场布局，提高全球文化资源配置能力。① 2012 年，万达影业以 26 亿美元的价格收购美国第二大院线 AMC，一跃成为全球规模最大的电影院线运营商。2016 年，斥资 35 亿美元并购美国传奇影业，成为第一个拥有好莱坞公司的中国企业。尽管这些并购从商业角度看不一定是明智选择，但对于传播中华文化无疑是有积极意义的。当然，这也需要政府给予必要的引导和规范，在此基础上给予合理的支持。自 2017 年以来，受国内加强监管和政策收紧以及中美贸易战的影响，海外并购的热潮有所回落，逐渐趋于理性，但中国文化企业通过产品出海等方式，进一步打开了国际市场。以手机软件为例，2018 年 7 月，抖音官方正式宣布，抖音全球月活跃用户数超过 5 亿，海外版已覆盖 150 多个国家和地区。根据市场应用机构 Sensor Tower 发布的数据，2018 年 10 月，抖音海外版 Tiktok 已经超过脸书、优兔等知名软件，成为美国月度下载量和安装量最高的应用。在横扫美国市场的同时，它在日、韩、印度、东南亚等国家地区也广受欢迎，成为一款现象级应用。而美国彼得森国际经济研究所网站甚至发文称，抖音给西方带来了新的安全隐患。② 然而这恰恰说明中国在流行文化领域也表现出了一定的引领能力。

（三）尽快建立包括战略规划政策在内的支持文化企业海外投资经营的制度体系

海外文化投资经营制度应当对国有企业和民营企业一视同仁。充分发挥国有企业和民营企业各自的竞争优势。对于"走出去"的文化企业，适度放松外汇管制政策，加大金融政策对国有文化企业跨国并购活动的支撑力度，提供跨国并购的购汇优惠汇率政策，构建多元化的资金支持服务体系。在资金融通方面，政府部门、金融机构给予企业优惠贷款利率、无息贴息贷款等优惠政策；在税收方面，进一步落实和完善跨国并购涉及的税收优惠政策，加大支持力度，给予政策倾斜。通过相关政策支持，以降低企业的融资成本和风险，加大政府、金融机构或社会资本

---

① 《新起点、新格局、新趋向：文化产业发展会走向何方？》，中国经济网，http://www.ce.cn/xwzx/gnsz/gdxw/201711/30/t20171130_27049060.shtml。

② 《这款中国 APP，正在"吓坏"西方？!》，参考消息网，http://ihl.cankaoxiaoxi.com/2019/0114/2368208.shtml。

对文化企业跨国并购的融资支持。提高行政审批效率，加强不同职能部门的统筹协调，简化海外投资审批环节，为文化企业开拓海外市场提供更高效的审批服务。同时加强监督指导，不断规范对外文化企业投资行为。

第八节　塑造中国的良好国家形象战略

国家形象是指国家外部公众和内部公众对国家本身、国家行为、国家各项活动及其成果给予的总的评价和认定，是国家力量和民族精神的表现和象征，是综合国力的集中表现，是一个国家最重要的无形资产。良好的国家形象，有利于助推中华文化走向世界。国家形象既是一个国家客观发展水平和国民素质的体现，也是受意识形态影响的主观建构。

一　要努力打造整体国家的良好形象

应当看到，提升国家形象的根本在于推动国家发展进步。中国作为一个发展中大国，仍处于不断崛起和实现现代化的过程之中。这使得中国的国家形象的提升受制于国家发展的阶段性特征。尽管中国自改革开放以来保持了快速的发展速度，但整体发展仍然不协调、不均衡。国家文化软实力与经济发展水平还不相协调。我们还应抓住发展这个治国理政第一要务，继续推进经济社会的协调发展，从根本上提升我国的国家形象。这样，中华文化走向世界也就有了内生的不竭动力。

要树立中国在国际舞台上的和平、合作、负责任的国家形象。和平与发展是当今世界时代主题，但当今世界仍不太平，局部战争、国家冲突此起彼伏，全球性发展问题日益凸显，发展不平衡性愈演愈烈，"要和平""求发展""促合作"成为世界各国人民的普遍愿望，因此，树立和平、合作、负责任的整体国家形象符合我国的整体定位。在当前国际背景下，国家利益全球化，世界各国国家利益已高度融合，"一荣俱荣，一损俱损"，世界绝大多数国家越来越厌战、弃战，追求和平、和平共处已经成为国际社会的一般价值观。从历史上看，中华民族是一个热爱和平的民族，所以，和平友好的国家形象定位是当代中国国家形象构建的关键点，我们必须想方设法通过各种渠道澄清事实，向世界说明自己，以行动证明中国是爱好和平的国家。在国际上获得善于合作的国际形象，需要积极参与国际组织和国际制度的构建。当前，习近平总书记把我国定位为国际秩序的"维护者""建设者"和"贡献者"。这一印象体现了中国求合作的大国形象。任何大国要取得他国的信任，收获良好的国家形象，很大程度上在于他对国际社会所做的贡献，是否承担与其大国地位相匹配的国际责任与义务。因此，负责任大国形象的定位对中国国家形象构建来说也必不可少。

二 要努力打造中国企业的良好形象

良好的企业形象不仅关系到企业自身的生存发展，也关系着国家形象和声誉。因此，必须将打造企业海外形象作为企业"软实力"和国家形象建设的重要组成部分，并将其上升到战略高度进行深化推进。近年来，随着中国企业"走出去"步伐加快，树立良好的海外形象不仅是企业发展壮大的内在需求，也是国家形象生动和直观的反映。"以前我们的水平比较低、财力也很小，人家不太需要我们做什么，而现在'走出去'是国际有需求、国家有能力、政策有助力、企业有利益。"国务院新闻办公室原主任、十一届全国政协外事委员会主任赵启正表示，"随着亚洲投资银行、丝绸之路基金等创新措施的提出，中国企业'走出去'的势头将更加迅猛。国之交在于民相亲，对于企业也是一样的原则。中国企业在海外要营造一种与当地亲和的社会关系，而不像历史上的欧美那样高高在上"。[①]

在中国深入参与全球化的背景下，"走出去"的中国企业已经成为承载中国形象和国家对外传播与文化输出的重要组成部分，在推进公共外交、展示中国形象、诠释中国梦等方面发挥着不可替代的作用。要不断提升中国企业品牌价值和国际影响力，在全球范围树立起诚信、负责、值得信赖的中国企业良好形象，进而为提升国家形象发挥更大的贡献。

一是要树立企业品牌形象意识。和在国内发展一样，在海外运营中，

---

① 《中企如何树立良好海外形象引关注》，中国经济网，http://www.ce.cn/xwzx/gnsz/gdxw/201610/14/t20161014_16787435.shtml。

"走出去"的中国企业必须更加注重树立和维护良好的企业形象、品牌形象。"走出去"的企业,不仅代表企业自身,更代表了中国企业的整体形象。这就要求每一家企业必须更加注重自身产品质量,努力打造一流的商品和服务,树立一流的价值理念。同时打造自身独特的文化和价值观,树立可持续发展的理念,把维护企业形象纳入公司海外战略总体规划。二是要掌握并自觉遵守国际法和驻在国的法律规范,这是企业"走出去"的关键要素。企业参与市场运营的底线是遵纪守法,跨国企业既要遵守本国法律法规,还要遵守东道国法律法规以及国际规范和惯例。针对"一带一路"沿线国家,"走出去"企业应当特别注意各国法律制度体系的差异性,充分研判和积极防范各种法律的风险,避免盲目投资或承接项目,在海外运营中积极与我驻外使馆和中方机构联系对接。三是要增强与媒体合作能力,提高透明度和规范信息披露。由于文化差异等原因,中资企业普遍不善于同海外媒体打交道,也不善于利用海外媒体主动发声。往往在出现针对中资企业的负面报道时才予以回应,甚至置之不理。因此既要掌握媒体运作方式和规则,充分利用媒体主动"喂料",引导舆论,又要做好充分的舆情应对预案,积极化解负面舆论。更重要的是必须提高"走出去"企业的透明度,通过主动、真实、客观的信息披露,让世人了解中国企业在东道国履行企业社会责任、开展负责任投资所做出的努力,以及为支持当地经济社会发展所带来的改变。同时,企业应当重视海外公关人才的培养和公共关系工作的常态化与制度化。四是要尊重所在国家和地区的文化习俗。作为"走出去"的企业,应当尊重东道国民众的社会文化心理与习惯,主动而充分了解东道国的文化特点及其差异性,找到与当地利益相关方沟通交流的渠道和最佳方式,提升当地居民对企业的认知度与满意度,增进中国企业与当地居民的情感纽带和文化认同。[①] 要注意避免将国内的经营方式盲目照搬到其他国家。

三 要努力提升中国公民的良好形象

国民素质和国家形象密切相关。正如马丁·路德所说,一个国家的

[①] 《"一带一路":如何塑造中国企业海外形象》,《中国经济时报》2015年10月12日。

繁荣不是取决于它的国库之殷实，不是取决于它的城堡之坚固，而是在于它的公民文明素养。随着经济的发展和对外开放的不断扩大，越来越多的外国朋友进入中国，也有越来越多的国民走出国门，每一个走出国门的国民都是文化的使者，都是国家形象的代言人。我们的一些同胞在国外公务活动或旅游中非常不注意自己的言行举止，有的人还在公共场合大声喧哗，全然不顾他人的感受；有的人不遵守公共秩序，随意插队；有的人自以为有文化，在旅游景点乱涂乱画；还有的人不守交规，乱穿马路；如此等等，不一而足。这些现象致使国家形象受到严重损害。细节体现教养，细节彰显文明。我们要不断培育和提升国民素质。对此，政府应该通过法律、宣传等各种方式，引导教育公民自觉维护国家形象。2013年5月16日，国务院召开贯彻实施《中华人民共和国旅游法》（简称《旅游法》）电视电话会议，汪洋副总理在讲话中指出，我国旅游消费已进入大众化的发展阶段，越来越多居民出国旅游，受到世界各国的普遍欢迎。同时部分游客的素质和修养还不高，如公共场合大声喧哗、旅游景区乱刻字、过马路时闯红灯、随地吐痰等不文明行为，也常常遭到负面评价，有损国人形象，影响比较恶劣。应以贯彻实施《旅游法》为契机，推动我国旅游业持续健康发展。此外，在互联网平台上中国网民的网络民粹主义与民族主义情绪共存，虽然网络是自由、虚拟空间，但如果网民言论过激，就会造成国外对中国网络民意舆情的误判，进而对中国的国家形象产生负面印象。解决这些问题最好的途径是提升国民素质。我们可以借助国民教育、媒体宣传等手段，引导国民理性、客观、全面地看待问题，提升国民的道德素质和文化素养，开阔视野，培养包容性，增强我国国民在对外交往和网络空间的素质，改善国外民众对我国民众的看法，降低对中国社会的疑惧，优化中国的国家形象。提高国民素质有助于通过民间交往的方式推动中国文化走向世界，从而提升中国整体的国际地位。

第七章

加强文化软实力建设
推动中华文化走向世界的策略分析

推动中华文化走向世界，不仅需要我们具备国际视野、全局站位、夯实的理论、宽广的胸怀、大胆而审慎的宏观战略，还需要有指向明确、精准发力、周全完备的策略。唯其如此，才能最大程度确保战略的有效实施和战略目标的实现。否则，即便战略再伟大正确，也有可能"一招不慎，满盘皆输"。而正确制定和有效执行恰当的策略，往往是决定成败的关键细节。中华文化走向世界，需要我们在把握宏观战略的同时，针对影响和制约我国文化传播的关键环节、主要矛盾和突出问题，制定合理而可行的策略。

第一节 提升人文社会科学的思想引领能力

福柯认为：话语与权力密不可分，真正的权力是通过"话语"来实现的。"国家的发展必然与话语方式的形成相融合，话语方式建构性地塑造了国家权力。"很显然，权力的获取，跟话语能力直接相关，其实话语能力本身就是拥有权力或控制权力的表现。所以，在当今世界，话语权是一种控制舆论的力量。当前，西方国家凭借其文化霸权地位、强大的文化传播渗透能力和文化产业的优势地位，牢牢把握着国际话语权优势，通过炮制文化理论，以及有意或无意的文化打压、文化歧视和文化误读，侵害我国文化权益，抹黑我国国家形象。随着我国经济发展和综合国力的提升，中国道路、中国模式已经在国际社会获得了更大的关注度和影响力。然而，我们在国际社会的话语权并没有与国家实力和国际地位发展变化相适应，国际话语权的缺失状况并未从根本上发生转变。外部世界对中国的观点和我们自己的看法往往大相径庭。因此，只有掌握并提升国际话语权，在世界话语中拥有自己的一席之地，才能通过话语传播影响世界舆论，塑造良好的国家形象，展示中华文化的独特魅力，更加有力地改变国际社会看待中国的方式，进而更好地实现中华文化走向世界。这就需要我们高度重视中国特色哲学社会科学的研究，提升中国学术文化的国际影响力和学术话语权。而要做到这一点，从世界主要国家向外传播自己的文化观念的基本经验来看，要使中国真正掌握学术和思想的话语权，必须依靠强大的哲学社会科学力量。正如国内学者张西平所言："语言是基础，文化是外围，学术是核心。"①

一 提升我国人文社会科学综合实力和国际影响力

近代以来，我们向西方学习先进的思想文化和哲学社会科学成果，打破了长久以来的保守思想，推动了中国现代化的进程。当前，我们必须承认西方哲学社会科学的重要价值，必须继续加以充分学习和吸收，这是实现自身哲学社会科学繁荣发展的必由之路。要进一步加强学者互访，鼓励支持哲学社会科学研究人员参与国际交流，学习西方前沿学术文化。进一步引介西方优秀人文社会科学成果，跟踪西方学术前沿，把握核心理论和方法，切忌浮皮潦草。早在 2011 年，教育部就印发了《高等学校哲学社会科学"走出去"计划》，旨在"通过加强国际学术交流合作的内涵发展、品牌建设"，使我国"国际学术对话能力和话语权显著增强，中国学术海外影响明显扩大"。② 近年来，我国人文社会科学的国际影响力稳步提升。根据中国科学技术信息研究所 2015—2018 年发布的《中国科技论文统计结果》，我国近年来在社会科学引文索引（SSCI）上

---

① 张西平主编：《中国文化"走出去"年度研究报告（2015 卷）》，北京大学出版社 2016 年版，第 7 页。
② 《教育部关于印发〈高等学校哲学社会科学"走出去"计划〉的通知》，教育部网站，http://www.moe.gov.cn/srcsite/A13/s7061/201111/t20111107_126303.html。

发文数量呈现快速增长的趋势，从 2014 年的近 1.1 万篇增长至 2017 年的 2 万篇。同时，在 SSCI 收录的世界论文总数中的比重稳步增长，由 2014 年的 4% 增长到 2017 年的 6.18%[①]。这反映了我国人文社会科学的总体国际影响力在不断上升。

表 7—1　　　　2014—2017 年 SSCI 收录中国论文情况

年份	SSCI 收录论文总数（万篇）	SSCI 收录中国论文数（万篇）	中国论文数量占比（%）	中国论文数量增幅（%）	收录数量世界排序	第一作者发文数量（篇）	第一作者发文占中国论文比重（%）
2014	27.41	1.0952	4	20.79	6	6731	64.13
2015	28.59	1.27	4.44	15.91	6	8176	64.39
2016	30.25	1.55	5.12	22.1	6	10354	66.8
2017	32.38	2.00	6.18	29.03	4	14306	71.68

资料来源：中国科学技术信息研究所：《2014—2017 年中国科技论文统计结果》

二　要努力构建中国特色哲学社会科学理论体系

改革开放以来，在西方人文社会科学领域的学术霸权的影响下，我们自觉或不自觉地在人文和社会科学领域大量引入西方的思想和理论，并试图以此来解释甚至指导中国改革发展等实践，或者将中国的发展作为鲜活经验，以此发展西方国家的既有理论。仿佛离开了西方的理论便不能理解中国的经验了。而西方的理论、方法、范式、概念等是这一学科领域的基本知识体系，一些权威学者不过是熟练掌握并善于应用西方的人文社会科学领域理论的知识搬运工。随着中国的不断发展和人文社会科学的繁荣，我们逐渐认识到，中国文化独具魅力、社会思想资源丰富，不同于西方文明，西方理论对于中国的理解和阐释能力相当有限。理论来源于实践，西方的学术理论更多是基于西方的经验、观念和价值，对于中国社会往往难以具有真正的解释力和指导性。因此，在许多社会科学领域，学术界开始了有意识地构建中国特色的哲学社会科学理论的

---

① 中国科学技术信息研究所：《2014—2017 年中国科技论文统计结果》，http://conference.istic.ac.cn/cstpcd2018/newsrelease.html。

尝试，并已经取得了比较丰富的成果。中国哲学社会科学的繁荣和理论体系的创新，必定来源于中华文化的优秀成果和中华民族伟大复兴的实践基础。当代中国，中华民族的伟大复兴是我国历史上最为广泛而深刻的社会变革，也是世界范围的独特实践创新。当西方学术界都在讨论"中国模式""中国道路"或"中国经验"的时候，我们更不能妄自菲薄，而应在充分吸收西方理论思想的有效养分基础上，关注中国发展的核心问题，发展出自身的理论范式。正如习近平总书记所说，"这是一个需要理论而且一定能够产生理论的时代，这是一个需要思想而且一定能够产生思想的时代。"哲学社会科学研究应当从中国当代实践和中华优秀传统文化中汲取营养，关注中国发展中的重大问题，从而形成具有中国特色和世界意义的概念和理论体系，以此来解释中国现实，指导中国实践。

三　要不断优化学术评价体系

随着中国人文社会科学研究的发展，学术研究的国际化水平不断提升。相应的，我们的学术评价体系也逐渐和国际接轨。一些高校和科研机构把国际学术经历和能力作为衡量科研人员和机构的研究水平和实力的重要标准。比如，一些高校将学者的海外学习或研究经历作为学术评价和人才引进的硬性标准。许多国内人文社会科学专业把英文论文发表能力作为评价学术水平的最重要考量因素，出现了所谓的"SSCI崇拜"现象。当然，以国际公认的学术评价体系作为标准具有一定的合理性。但也必须看到所谓"国际标准"的背后也反映了西方国家的"学术霸权""英语霸权"和"理论话语霸权"。如果一味迎合西方国家的标准，而不考虑中国国情，那就有可能损害中国哲学社会科学的自主性和健康发展。这与中华文化"走出去"的初衷绝不相符。如果说自然科学无国界的话，那么，人文社会科学则必然反映具有独特性的文化和价值偏好。任何一种理论体系和范式都隐含着特定的知识假设甚至是目的性，在政治思想领域尤其如此。

四 打造学术文化传播的品牌和阵地

以政府引导推动加市场运作的方式，培育学术文化传播的品牌和阵地，倾力打造更多像"中华学术外译项目"这样的传播品牌。国家社会科学基金"中华学术外译项目"设立于 2010 年，主要立足于学术层面，资助我国哲学社会科学研究优秀成果，以外文形式在国外权威出版机构出版，进入国外主流发行传播渠道，从而增进国外对当代及传统中国学术文化的了解，提升中国学术文化影响力。该项目目前已资助了英文、法文、西班牙文、俄文等 8 种语言版本。2010—2014 年，共资助立项 279 项，成果内容涵盖了马克思主义和中国特色社会主义理论体系、中国发展道路和经验、当代中国政治经济文化社会研究前沿、中国传统文化等方面。该项目在推动中华学术文化"走出去"和增强国际话语权方面发挥了积极作用。下一步，应当在追踪评价项目实施效果的基础上，充分研究国外市场需求状况，利用好市场机制作用，精心选择学术精品内容进行资助。同时，积极推动中国学术期刊和数据库"走出去"，通过"借船出海"和国外出版机构合作，扩大国际可见度。

第二节 加强国际传播能力建设

要推动和促进中华文化走向世界，提高中华文化对外传播的效果和影响力，就必须在维护国家文化安全的同时，掌握符合对外传播规律，能为国际社会接受的传播方式，探索切实有效的传播策略和技巧。推进话语权转换和对外话语技巧创新，研究国外民众的文化需求和接受方式，创建国外民众了解、接受中华文化的有效平台。

一 从传播方式和手段上要充分考虑受众特点

传播内容的"无国界"是对外文化传播、全球化文化传播的特点之一，因而当今的传播打破了国内和国际受众的界限，也即形成"内宣的外宣化"，因而中国的新闻话语体系要说服和吸引的不只是国内受众，还有全球受众，或者说是国外受众。但是，当前在对外文化传播中，我国文化传播的话语风格，已不适应当前的国际文化传播形势。"中国媒体所使用的新闻语言，话语表述形式、风格和词汇等，越来越严重地与中国的现实脱节，与中国的战略发展方向脱节。"因此，中国对外传播的理念必须与中国发展的总体战略相一致。在坚持中国特色社会主义道路的基础上，借鉴西方政治传播的理论策略和技巧，在对外传播中既坚持中国特色，又符合国际潮流与标准，将中国的价值观潜移默化地传播出去，从而实现我国的软力量传播战略。所谓"中国立场，国际表达""中国故事，国际叙述"的传播模式，道出了对外传播的真谛。

二　从传播内容上力求真实可信，树立中国媒体可亲、可信的形象

媒体作为传播信息的控制者和把关人，对传播效果起着至关重要的作用。一般而言，传播效力与传播者自身的形象或者信誉有着十分密切的关系，传播者形象或者信誉好，传播效力就高，反之则低。我国对外传播应该向世界介绍我国经济社会发展的真实情况，向世界各国准确阐述我国政府对当今世界各种重大问题的立场、原则和政策。

长期以来，我国文化对外传播偏重于"坚持正面报道为主"的原则，少有"揭短"的负面报道，国外民众所感到的是中国无时无刻不是形势一片大好。这种传播方法使我国对外传播媒体丧失了一定的公信力，对外传播效果不佳。因而，我国的对外传播要适当增加对外宣传中的全面性报道，尽量以真实、客观、丰富多样的面貌示人。给世界提供一个"真实的中国""全面的中国"。另外，推动中华文化走向世界，除了宏大的叙事之外，更要善于用"生活化""故事化"的方式来宣传中国事件、介绍中国情景、表达中国关注，采用符合国际传播受众心理的传播方式来传播中华文化。

三　增强对外文化传播的时效性

所谓对外文化传播的时效性，是指媒体在对外文化传播时要抢夺先机，掌握主动权。在对外传播中，时效意味着报道的主动权，甚至预示着最终的胜利。在同西方主流媒体进行针锋相对的斗争中，要以"先发制人"为主，打好主动仗。对于那些可能会引起较大社会反响的重大事

件、突发事件,尽可能在第一时间抢先作出反应和报道,争取先声夺人,掌握国际舆论的主动权。这就要求我们一要具有灵敏的反馈系统,以便及时准确地掌握情况;二要有高效的指挥决策,能够迅速作出决定;三要有应变能力,能在极短的时间内从节目采编、制作到技术后期全面配合;四要有快捷的信息发布手段。①

四 全力推动与我国经济实力和国际地位相适应的国际传播平台建设

要努力掌握攻克前沿技术,通过提供足够的技术支撑,为国际传播提供更好的平台。2016年4月19日,在网络安全和信息化工作座谈会上,习近平总书记专门提到,要"坚定不移实施创新驱动发展战略,抓住基础技术、通用技术、非对称技术、前沿技术、颠覆性技术,把更多人力、物力、财力投向核心技术研发"②,这是对国际传播的技术性提出的全新要求。同时,要大力推动有条件的媒体布局海外。以广电媒体为例,中央电视台已于2012年建立了北美分台和非洲分台,这不仅为英语、阿语、俄语等外语频道提供了坚实的新闻报道资源,更是这些外语频道实现对象化、本土化传播的重要支撑。2016年12月31日,中国中央电视台成立中国国际电视台(CGTN)。该机构包括6个电视频道、3个海外分台、1个视频通讯社和新媒体集群,以丰富的内容和专业的品质为全球受众提供良好的服务。一些地市级广电媒体也加快了"走出去"的步伐。在国家新闻出版广电总局的支持下,民营企业正在成为"走出去"的新生力量,在对外传播中发挥了越来越重要的作用。最后,要进一步推动新媒体和传统媒体融合发展。

第三节 注重文化传播的系统性和层次性

对外传播中华文化,厘清文化的层次非常重要。文化既有外在的表

---

① 段鹏:《国家形象构建中的传播策略》,中国传媒大学出版社2007年版,第141页。
② 习近平:《在网络安全和信息化工作座谈会上的讲话》,《人民日报》2016年4月26日。

现形式，也有内部的层次与结构。国内外许多学者认为，文化可以分为"表层文化""制度性文化"和"深层文化"。还有学者将文化分解为三个层次：高级文化（哲学、艺术、宗教、科学等）、大众文化（风俗习惯、生活方式、人际关系等）、深层文化（价值观、个人角色、社会组织、行为准则等）。

根据对外文化传播的特点，文化可以分为表层文化和深层文化两个层面，这样具有较强的操作性。如同冰山一样，表层文化是暴露在外的，也更易被人接纳，但表层文化的根基是深层文化，他们决定了表层文化的本质的和内在的属性。深层文化在中国与外部世界之间往往具有更大的差异性，如果在文化对外传播中，不对表层文化和深层文化加以区分，就会导致眉毛胡子一把抓，收不到良好的传播效果。

因此，必须首先对不同层次的文化加以区分，针对不同层次的文化，采取不同的传播方式和手段。并且，依照传播规律和受众特征，应当采取循序渐进、先易后难的方式实现中华文化的"走出去"。依据上述分层理论，我们在对外传播中华文化过程中，可以按照这样的层次，逐层、逐渐地传播中华文化。首先是表层的文化实物、文化习俗和文化符号等，其中包含像哲学家的著作、文学家的文学作品、日常的文化习俗符号等，既便于对外文化传播，有益于国外受众接受、理解中华文化，还增强传播实效。其次是更为深层次的思维、信念、理解、见解、观点等，其中核心内容是价值观念和思维方式。这样，当表层文化被受众接受之后，深层次的文化被接纳的可能性就大大增加了。如果次序颠倒过来，可能因为受众感觉到巨大的文化冲突而选择拒绝接受。

例如，中华文化中的饮食文化博大精深，令人叹为观止。这种文化显然属于表层文化，也更易于传播和被接纳。目前，遍布全球的中餐馆表明，中国餐饮文化率先实现了走向世界。在这种饮食文化的背后，是更深层次的生活方式以及价值观。在中华文化之中，饮食文化蕴含了丰富的中国哲学思想。一部由中国中央电视台制作的大型美食类电视纪录片《舌尖上的中国》（以下简称《舌尖》），将其揭示的惟妙惟肖。人们往往在接受了中国的美食之后，开始对中国产生兴趣，进而了解到饮食背后的中华文化思想。

一部优秀的文化作品，不仅给人们带来良好的精神体验，往往还会成为经济效益巨大的文化产品。《舌尖》作为一部十分难得的现象级作品，展示了中华文化的魅力，也引起了社会各界的关注和广泛好评。作为一部纪录片，其收视率甚至大大超过同时段的电视剧，在网络媒体上也获得了超高的点击率。与此同时，其所带来的经济效益也十分可观。《舌尖》的热播带来了相关食品和食材、厨具、调料的热销。第一季播出后不久，网上电商的相关食品订单出现井喷式增长，以往销量平平的毛豆腐、松茸、诺邓火腿等都成了热门商品。其所带来的巨大商机也被充分捕捉，在第二季播出时，央视与天猫旗下的"天猫食品"达成合作，天猫食品成为其独家合作平台，同步首发每期节目中的食材和美食菜谱，可供观众边看边买。

在海外传播方面，在2012年举办的法国戛纳电视节中，《舌尖》受到世界各国购片商的高度关注。中国已与德国、韩国、日本、美国等20多个国家和地区的传播机构达成销售协议或意向。在央视首播后，香港、台湾也相继引入。海外方面，《舌尖》第一季在马来西亚Astro华丽台、新加坡新传媒8频道、比利时国家电视台一套等电视频道首播。随着其在海外的大量传播，一些外国友人对中国的认识也更加直观了。正如一个日本大学生所说："我现在才知道中国原来是很容易让人理解的国家。"[①]

可见，作为经典的传播案例，《舌尖》的传播效果充分证明了，中华文化的传播需要把握好文化传播的层次性。由饮食文化传播，使外部世界对中国人的家庭观、人生观、世界观等精神文化和价值信仰有了深刻的印象。这说明由表层文化的传播带动深层文化传播，由物质文化带动精神层面的文化传播，往往会达到超出预期的传播效果。如果反其道而行之，特别是考虑到国际文化格局西强我弱的现实状况，直接进行价值观层面的介绍，往往不容易被受众所接受，收不到良好的传播效果。实际上，中华文化的价值追求往往在日常生活的物质文化中有所体现。比如，同样是在饮食文化中，西方人用刀叉而中国人用筷子，这里面也包含了深层次的文化意味。筷子除了使用方便外，寓意也非常深刻，筷子

[①] 孙宜学主编：《中外文化国际传播经典案例》，同济大学出版社2016年版，第176—177页。

一头圆、一头方，圆的象征天，方的象征地，对应天圆地方。筷子外形直而不弯，被古人寓意种种美德。使用筷子时，一根为主动，另一根为从动；主动为阳，从动为阴，此为两仪之象。五代王仁裕《开元天宝遗事》载：唐玄宗时，宰相宋璟德高政廉，曲江御宴上玄宗将手中金箸赐予宋璟。言："非赐汝金，盖赐卿以箸，表卿之直耳。"此时玄宗手中的金箸已不单纯为食具，更是刚正耿直之品质的象征。再比如，中国的中医、传统武术都在海外有较高的认知度和影响力，借助这些文化形态，可以更好地使中华文化的价值观向外部世界传播。

第四节　以多渠道高质量的人文交流促进"文化摆渡"

人文交流是公共外交的重要组成部分，对于提升国家文化软实力具有重要的作用。它的有效开展将进一步提升中国的国际影响力和道义感召力。中国所具有的丰厚软实力资源也是我们有效开展人文交流的基础。由于中国具有博大精深的文化资源，在我国的对外交往实践和发展国际友好关系中，人文交流往往扮演了重要的角色，发挥了不可替代的作用。可以说，人文交流已经成为中国特色外交理论和实践的一个重要组成部分。一方面，我们利用文化软实力的优势，在人文交流领域取得了一定成绩。同时，人文交流对于中华文化走向世界也具有重要的推动作用。为了更好地推动中华文化走向世界，我们应当积极推进多层次、宽领域、高质量的人文交流，构建符合我国国情的人文交流机制。

"人文"一词在汉语语境中古已有之，其最早出现于《易经》中贲卦的象辞："刚柔交错，天文也。文明以止，人文也。观乎天文，以察时变；观乎人文，以化成天下。"[1] 宋代程颐《伊川易传》卷二释作："天文，天之理也；人文，人之道也。天文，谓日月星辰之错列，寒暑阴阳之代变，观其运行，以察四时之速改也。人文，人理之伦序，观人文以教化天下，天下成其礼俗，乃圣人用贲之道也。"[2] 人文在古汉语中主要

---

[1] 黄寿祺、张善文：《周易译注》，上海古籍出版社2007年版，第155页。
[2] 程颐、程灏：《二程集》，中华书局1981年版，第89页。

指礼乐教化，我们今天所讲的人文交流则指以人员往来为中心的跨国文化交流现象。

人文交流的核心内涵，可以从"人"和"文"两个方面来阐释。"人"是指从交流交往的主体来看，人文交流首先是人与人之间的交流，它不排斥政府的主导作用，但更主要的是强调民众之间的交流交往。我国的人文交流，是我国政府开展对外关系活动的一个重要内容，它既强调对外交流领域中的国家性和政府主导，也突出民众参与。而"文"是指从交流的主要内容领域来看，人文交流更强调文化领域的交流交往。从我国目前所开展的人文交流的具体实践来看，人文交流是以人文领域中相关内容的传播、交流与沟通为主要内容，以对外文化、教育、体育、旅游等领域的合作与交流为主要形式，通过人文相关领域的交流与合作来影响外国受众，以促进国家间友好合作。人文交流的独特内涵，使得它成为中华文化走向世界的一个重要推动。我们在外交中积极推动和其他国家或国际组织开展人文交流，既是出于公共外交的需要，更是推动中华文化传播的重要方式。

一 充分发挥人文交流各种主体的重要作用

人文交流的主体涵盖范围广泛。随着全球化的深入发展和通信手段的不断进步，国家间的联系已经不再局限于政府之间，外交活动也不再专属于一国政府的外交机构了。外交职能广泛分布在诸如司法、立法、执法机构和教育、科技、文化、卫生、体育、民政等各个政府部门之中。此外，除政府机构以外，各类非政府组织、社会团体、企业等都可以作为外交活动的主体，发挥对外交往的功能。因此我们认为，凡是在政治军事领域之外从事与跨国交流相关的行为体，都能成为人文交流的主体。要推动中华文化走向世界，必须发挥各种主体的优势和作用。

（一）要有效发挥政府对人文交流的引导作用和统筹功能

尽管国家已经不是国际关系的唯一行为体，但不可否认，它仍是国际关系中最为基本和重要的行为体，也是国际合作交往的重要组织力量。而且，政府还掌握着大量的社会资源，对于国际文化交流而言，国家或政府的作用是不可替代的。举例来说，政府可以对外签订文化交流与合作协议，建立交流机制，搭建沟通平台，推动各个层次各个领域的人员往来和交流协作。可以说，没有政府层面的推动、组织和保障，任何领域、任何主体的交往都不可能充分而有效地开展。因此，必须发挥政府对人文交流的引导和统筹作用，有力推动人文交流的开展和正常实施。事实上，当前我国对外文化交流很多是在地方层面开展和推动的，这种文化交往的一个重要的方式就是通过国际友好城市。自1973年我国开展友好城市活动以来，对外结好工作不断发展，到2018年底，我国有31个省、自治区、直辖市（不包括台湾省及港、澳特别行政区）和491个城市与五大洲136个国家的543个省（州、县、大区、道等）和1674个城市建立了2629对友好城市（省州）关系。其中，2016年一年便有130对友好城市（省州）关系建立。①

（二）要充分发挥各类民间组织的重要作用

当代国际关系中，各类民间非国家行为体正在扮演着越来越重要的角色，特别是对于政治军事以外的其他领域的国家间交流交往而言，民间外交是不可或缺的。由于民间外交形式多样、行动灵活等特点，它往往可以弥补政府外交的不足，并彰显出一个国家的文化软实力。我们只有在充分发挥政府引导作用的同时，广泛开展民间组织的交流交往，才能真正提升中国的文化公信力和影响力，向世界展示更加和蔼可亲的中国，才能真正推动实现中华文化走向世界。因此，2013年10月习近平总书记在印度尼西亚国会演讲时提出，"要促进青年、智库、议会、非政府组织、社会团体等的友好交流，增进人民了解和友谊"。②

（三）要加强各个主体的协同配合，共同推动人文交流繁荣发展

由于对外人文交流涵盖领域广泛，往往涉及多个部门，因此不能仅仅依靠文化宣传部门，必须同外交及文化、教育、体育、商务、旅游等各领域的涉外工作结合起来，多管齐下，发挥协同作战的力量。要打破以往外宣部门各自为政、各行其是的做法，充分动员各条战线、各个领

---

① 参见中国国际友好城市联合会网站，http://www.cifca.org.cn/web/YouCheng TongJi.aspx。
② 习近平：《携手建设中国—东盟命运共同体——在印度尼西亚国会的演讲》，人民网，http://politics.people.com.cn/n/2013/1004/c1024-23102653.html。

域、各个部门的行政管理、行业管理、社会管理一起参与。习近平总书记要求对外人文交流"必须树立大宣传的工作理念,动员各条战线各部门一起来做"。他特别强调说:"要继承和弘扬我国人民在长期实践中培育和形成的传统美德……让13亿人的每一分子都成为传播中华美德、中华文化的主体。"[1]

二 不断拓宽交流渠道、丰富交流内容

"人文交流"的涵盖领域非常广泛,一般是指除了政治、军事、经济以外的大文化领域。交流渠道既有官方层面,也有非官方层面的。作为官方层面的中外人文交流,与战略互信、经贸合作一道,已成为中国对外关系发展的三大支柱,是推动双边和多边关系健康发展的重要力量。在中国政府和国家领导人的推动下,中国与俄罗斯于2000年建立中俄教文卫体(人文)合作委员会,由时任副总理刘延东亲自挂帅担任中方委员会主席,领导和指导中方成员单位与有关国家和地区深入开展人文交流与合作。至今已形成中俄、中美、中英、中欧、中法和中印尼六大高级别中外人文交流机制。中外高级别人文交流机制的建设,有力地促进了中外民众的相互了解、相互认知、相互理解,不断拓展中外人文交流的深度和广度,在促进合作共赢和扩大中华文化影响力上发挥着积极重要的作用。

这些人文交流机制涵盖了教育、科技、文化、卫生、体育、媒体、旅游、妇女、青年、档案和地方合作等多个领域。以中俄人文交流机制为例,2000年12月,在中俄总理定期会晤机制框架内成立了中俄教文卫体合作委员会。委员会现有八个合作机构,涉及教育、文化、卫生、体育、旅游、媒体、电影和档案。在卫生分委会框架内还成立了中医药合作工作组中方小组,主要项目包括俄罗斯中小学生来华冬令营、中国中学生赴俄罗斯夏令营活动、中俄大学生艺术联欢节、中俄大学校长论坛等。[2] 这些领域是人文交流的重点所在,也是中华文化"走出去"的重要

---

[1] 《习近平谈治国理政》,外文出版社2014年版,第161页。
[2] 参见中国教育国际交流协会网站,http://www.ceaie.edu.cn/zhongourenwenjiaoliu/1273.html。

渠道。而民间层面的人文交流，在上述各领域中都有着丰富的渠道和平台。下一步，应当积极拓展交流渠道，增加各个层次领域的交流平台。

三 切实提升人文交流的质量和效果

当前，我国对外人文交流规模不断扩大，渠道日益增多，领域不断拓展，客观上取得了显著成效。但是，我们很多时候只是实现了中华文化"走出去"，还没有实现"走进去"，我们人文交流的质量和效果仍需切实提升。

（一）应当对人文交流的质量和效果进行科学评估

随着中国对外人文交流活动的大规模开展，用于人文交流的人力、物力、财力越来越多。很多交流活动往往满足于有宣传报道，能让领导和国内民众知晓便是收到成效。而实际上到底对国外受众有何效果、对两国关系有何作用、对中国在国外的国家形象有何影响、对中华文化的海外认知有何变化，往往是既无从考证也不受重视的。这与我们开展人文交流的初衷是不相符的。因此，必须研究建立人文交流效果的科学评价体系。采用科学的方法，设计指标体系，采取主观和客观多种测度方式进行测量评估。根据评估结果，重新设计人文交流的活动方式、内容等，这是我们更加科学、合理、有效开展人文交流的重要基础。

（二）我们在人文交流中应当避免以我为主的思维定式

要多从对方受众的角度考虑，什么样的人文交流能给对方民众带来切实利益和获得感。有学者指出，当前中国对外人文交流存在以下几个问题："政府出钱出面统筹、聚焦（大）文化交流、单向式文化输出展示。"这些都是需要我们加以改进的。所谓中国单向式的"人文交流"，多半聚焦三件事：（1）教别人学中文；（2）向别人展示中国文化；（3）对别人解释中国道路、中国内外政策为什么是对的。[①] 由于这种交流方式实际上忽略了对方受众的偏好和关切，虽然我们的出发点是好的，但总是难免给人以"对外宣传"或"文化输出"的感觉，没有真正起到

---

① 庄礼伟：《中国式"人文交流"能否有效实现"民心相通"?》，《东南亚研究》2017年第6期。

交流的作用。因此，在交流过程中，尽可能从对方受众的角度出发，设计交流活动的形式，精心选取传播内容。一般来说，双向式讨论的效果要远远大于单方面的阐释。而身边和自身的真实发生的故事往往比政策宣讲更有效果。

（三）要重视同对方民间组织的互动合作

例如，在很多西方国家，非政府组织在社会治理中扮演着重要角色。这就需要我们在同对方进行人文交流的时候，不能从国内的思维定式出发，只重视同政府打交道，或者交给政府牵头推动某些活动的开展，而应当与对方的非政府组织、媒体、社会团体建立广泛的联系。同时，选取自身的社会组织代替政府出面，加强双方非政府组织的互动合作。可以从低政治敏感度的活动领域做起，例如扶贫、环保、教育、反毒、公共卫生等领域。①

第五节　积极推进汉语的国际化传播

随着中国综合国力的日益增强和中国与外部世界的联系日益紧密，汉语正在加速实现国际化传播。随着越来越多的国家把发展的目光投向中国，汉语受到了各国不断增长的关注。可以说，正是世界各国同中国交流的愿望和需求，决定了汉语的国际传播成为21世纪语言学的重要事件之一。这并非中国的一厢情愿，也不是过去的中国所能设想的。语言文字是文化的最为重要的载体，汉语国际传播作为中华文化走向世界的重要标志，也必将大大推动中华文化的传播。尽管英文仍然作为最重要的国际语言被各国广泛使用，但汉语热的兴起，对于我国国家软实力的提升和文化影响力的增强将产生重要推动作用。目前，世界各国纷纷开始重视少儿阶段的汉语学习，这是对中国发展前景的充分肯定，也是中华文化对外传播的充分证明。就连美国总统特朗普的外孙和外孙女也在学习中文，在2017年4月习近平主席访美期间，特朗普总统的外孙女和

---

① 庄礼伟：《中国式"人文交流"能否有效实现"民心相通"？》，《东南亚研究》2017年第6期。

外孙在海湖庄园为两国元首演唱中文歌曲《茉莉花》，并背诵《三字经》和唐诗。

在此背景下，孔子学院的设立和快速发展可谓恰逢其时。目前，汉语国际传播已形成了政府牵头推动、民间积极响应的良好格局，语言学习和文化交流并重的传播模式也基本确立。孔子学院在全球数量不断增多，影响力不断扩大。孔子学院创办13年特别是近五年来，在中外双方努力下，坚持共建共享，为增进中国与各国人民友谊，促进中外文明交流互鉴作出了积极贡献。截至2018年底，全世界已有154个国家和地区设立了548所孔子学院和1193个孔子课堂，各类学员累计达1100万人。[①] 具体国家的孔子学院及孔子课堂数量见表7—2。

表7—2　　各国孔子学院及孔子课堂数量排名前10位　　单位：所

排序	国家	孔子学院数量	孔子课堂数量
1	美国	105	501
2	英国	29	148
3	韩国	23	13
4	俄罗斯	19	5
5	德国	19	4
6	法国	17	3
7	泰国	16	20
8	日本	15	8
9	澳大利亚	14	67
10	意大利	12	39

注：以孔子学院数量排序，孔子学院数量相同的，以孔子课堂数量排序。
资料来源：国家汉办网站。

我们应当继续巩固汉语国际传播的良好局面，进一步推动中华文化的基本载体——汉语走向世界，以此促进外部世界对中华文化的认识和了解，提升中华文化的世界影响力，培养增进世界各国知华友华的力量。

---

① 《数据看孔院》，国家汉办，http://conference.hanban.org/pc/index.html。

一 要大力推进汉语国际传播的本土化进程，重视高端人才培养和项目交流

一种语言传播得越广越深入，其本土化程度也越高，这是一个普遍规律，英语、法语、俄语等世界主要外语无不如此。自孔子学院出现以来，在师资建设上一般采取"走出去"、"请进来"和本土培训三种模式。"走出去"是指由国家汉办向外派出院长、中方教师以及志愿者；"请进来"是指邀请外籍教师来华进行短期培训，多为华人华裔。本土培训则针对有一定汉语基础的外籍人员。随着孔子学院快速发展，现有师资培养方式已不能满足日益增长的需要。目前，各国汉语教学的本土教师中，华裔教师仍占大多数，母语非汉语的优秀教师还十分稀缺。这也表明实现汉语国际传播本土化、汉语教学在国外的普及发展仍需要一个过程，让中国语言文化由"走出去"到"走进去"依然任重道远。以汉语母语的教师为主，在语言教授和文化传播的过程中，往往容易出现"水土不服""隔靴搔痒"等问题，因此必须不断推进汉语教学的本土化进程。而这其中最为核心的是教师本土化，尤其要壮大母语非汉语的本土教师队伍，正如在中国国内教授英语的主体是中国英语老师一样。当然，目前来说汉语的国际传播还远远未达到英语的水平，但是就发展前景趋势而言，潜力十分巨大。

二 积极加强学科建设，为促进汉语国际传播提供学术支撑

目前，汉语国际传播已逐步发展成为一个独立的研究领域。然而，这一领域的研究水平仍然不高，尤其是宏观理论层面的研究十分缺乏。尽管在中国知网（cnki）上关于孔子学院的论文数量众多，但绝大部分研究属于经验总结层面，往往缺乏理论自觉。其根本原因在于，汉语国际传播尚未形成一个学科，其研究涉及多个学科领域，难度较大，而跨学科的专门研究团队又比较缺乏。当前，汉语国际传播事业将进入新的发展阶段，出现了一些亟须解决的矛盾和问题，因此必须进行合理规划，优化结构，细分需求，制定适当的传播方略。例如，孔子学院体系的结构研究、孔子学院传播的区域特点、孔子学院发展策略研究等。要科学地解决问题,需要加强学术研究和相关智库建设。要加强对外汉语、文化传播等相关学科建设水平;加强同海外汉学界的学术交流和协作研究,建立中外学术共同体;推动各类高级别科研课题向汉语国际传播领域适度倾斜,并设立专项研究基金;积极整合研究资源,建立汉语国际传播协同研究中心和专业智库,国家战略决策提供有力的智力支持;加强相关博士学位点建设,培养汉语国际传播的高层次研究人才;重视理论研究,着力研究汉语国际传播方式,搭上中国与世界各国经贸与产业经济合作全球拓展的"顺风车",加快汉语向世界传播的步伐。

三 在对外传播中淡化官方色彩

一些西方国家出于文化和意识形态偏见,对孔子学院始终戴着有色眼镜来审视,甚至是攻击、诋毁孔子学院的文化交流作用,认为它是中国政府的意识形态工具。我们对此不必过分在意,我们应当坚定中华文化的自信心,坚定对中国发展及其世界影响的自信心。从西方国家孔子学院的增长速度可以看出,大部分国家和地区对于同中国的文化交流合作的愿望十分强烈。一些西方国家始终抱着冷战思维,捏造渲染中华文化威胁,怀疑甚至敌视中国的汉语传播的初衷。而孔子学院现有办学模式的官方背景也备受这些国家的指责。由于西方国家长期以来对中国政府所持的意识形态偏见,他们以孔子学院的资金主要来自中国政府为由,将中国推动汉语传播视为具有特殊政治目的的行动计划,同样的情况也发生在一些中国官方资助的文化中心或外籍专家身上。

这种偏见的根源在于西方国家根深蒂固的西方中心主义的文化思想。随着中国的不断崛起和国际地位的提升,中国同西方发达国家特别是霸权国家的博弈和矛盾也更加凸显。在这个背景下,汉语国际传播将成为更加敏感的地带,容易成为国家间矛盾的焦点。有国内学者的研究表明,美国孔子学院的发展进度与美媒对孔子学院的负面评价数量存在正相关关系。[①] 对此,我们一方面应当积极应对负面舆论,加强正面引导,继续

[①] 李开盛、戴长征:《孔子学院在美国的舆论环境评估》,《世界经济与政治》2011年第7期。

向国际社会阐明孔子学院的办学目的。另一方面，适当调整发展策略。在孔子学院发展之初，政府主导起到了重要推动作用，但随着孔子学院的汉语传播已初具规模，应适度淡化官方色彩，逐渐过渡到政府支持、民间运营的模式。尤其在美国等西方发达国家，更应强化民间机构的形象，避免成为政府符号。[1] 同时，在孔子学院的宣传中也不应过度高调，更多的时候应当坚持"多做少说"或"只做不说"。

四 实施多层次推进，形成汉语国际传播的复合效应

利用教育国际合作与交流，通过多种渠道综合发力，增强汉语的国际传播力。扩大来华留学生计划，向世界各国提供更多的全额奖学金留华名额，并在留学生培养中增加汉语教学的课程比例，适当选用汉语教材。同时，借助人员往来的不断增多，在各国开设中短期汉语培训班，使学员成为汉语和中华文化传播的志愿者，把境外企业员工外语培训和外籍员工汉语培训作为汉语传播的一个重要渠道。

第六节 充分发挥华人华侨和华文媒体的重要作用

华人华侨是中国发展的独特资源，也是中华文化走向世界的独特资源。中华文化"走出去"要充分利用华人华侨这个重要资源和载体。在全球化不断发展的当今世界，华人华侨已经遍布世界各地。2014年3月，国务院侨办主任裘援平表示，根据最新统计，现在海外华人华侨有6000多万人，分布在世界198个国家和地区。[2] 仅美国华人人口总数已达452万。华人是美国亚裔中最大的族群，也是所有少数族裔中仅次于墨西哥人的第二大族群。华人总体经济状况在亚裔中处于中下水平，受教育程度明显高于美国总体水平。

---

[1] 张西平主编：《中国文化"走出去"年度研究报告（2015卷）》，北京大学出版社2016年版，第235页。

[2] 《海外华人华侨已超6000万分布于198个国家和地区》，中国网，http://news.china.com.cn/2014lianghui/2014-03/05/content_31685623.htm。

一　要不断加强同华人华侨的文化联系，增强华人华侨的文化认同

习近平总书记指出，团结统一的中华民族是海内外中华儿女共同的"根"。博大精深的中华文化是海内外中华儿女共同的"魂"。中华民族在漫长历史发展中形成的独具特色的文化传统，是海内外中华儿女共同的宝贵财富。实现中华民族伟大复兴是海内外中华儿女共同的"梦"。

共同的语言和文化使海内外华人的联系与互动更趋活跃。海外华人是联通中华民族与外部世界的民间使者，是外部世界了解中国、感知中国，是中华文化对外传播最为直接的重要渠道之一。人员交往必然带来文化交流。正是由于华人华侨的政治、经济、文化活动，使中华文化已经实现了一定程度上的走向世界。在很多国家，中国春节从某种程度上已经成为当地各族群民众共同的节日，甚至当地政府都给予大力支持。在伦敦，中国春节庆典活动已经形成包括大巡游、广场文化演出等的大规模系列活动。"大巡游活动全部按中国的元素排列"，"不仅在英国，法国13区大巡游也是如此。各国政要，在英国，上至王室到首相、副首相都纷纷致贺，甚至有的直接参加"。[①]

国侨办主任裘援平曾指出，"借中国传统春节之际，在海外开展大型文艺活动，在世界范围内所引起的影响已经远远超过侨界范围"。她认为，这个新现象对中华文化"走出去"是个启示，"它从侧面启示我们：在海外弘扬中华文化、推动中华文化更多地走向世界，一个重要的依托群体是海外的华侨华人。他们在海外扎根立足，具有广泛的人脉关系和社会影响力、动员力，依托他们去开展在海外的文化活动，应该会非常有效"。在世界各国，中华文化的受众面、喜爱的人群已经远远超出华人华侨范围。有越来越多的各国民众对中华文化抱有很大的热情甚至是激情。国侨办在中国传统节日春节举办的"文化中国·四海同春"文艺演出起初主要面向海外华侨华人，几年做下来，不仅仅当地华侨华人，其他族群、主流民众也广泛参与中国春节的庆典活动。这充分说明了华人

[①] 裘援平：《华人华侨是中华文化走出去重要依托群体》，美国中文网，http：//www.sinovision.net/politics/201503/00331551.htm。

华侨对推动中华文化走出去的巨大作用。

二 加强海外华文教育，传承中华文化的海外文脉

华文教育是指针对海外华侨华人社会中的中华民族语言和中华优秀传统文化教育。和孔子学院不同，华文教育主要对象是华人、华侨。随着中国综合国力的日益增强和国际地位的不断提升，世界各国出于发展的需要，越来越重视中文的学习和使用。同时也对中华文化作为人类共同的宝贵文化遗产有了更多的认识。学习中文和中华文化也成为海外华人的迫切需要和得天独厚的优势。在此背景下，发展海外华文教育，有助于借力海外侨胞传承中华文化，有利于凝聚海外华侨华人，增强对祖国的向心力和内聚力。凭借自身的独特优势，海外华人华侨在学习中华文化和语言中相较外国人具有更加有利的条件，这也为海外华人华侨在所在国增添了自身的竞争优势。同时，从中华民族文化传承和发展的角度来看，"海外华文教育是延续海外华侨华人中华民族之根、中华文化之魂的基础性工程，关系海外华人社会的可持续发展及和谐华人社会的构建"。目前，全世界已有约2万所华文学校，数百万华裔学生在校接受华文教育。[1]

要进一步促进海外华文教育的专业化、标准化和正规化的建设，使华文教育不仅仅是一种自发的中国语言文化交流的形式，还要让它走上一个健康有序的发展轨道。加强华文教育的一些相关标准的研发，特别是推广的工作，包括华裔青少年中文水平的测试标准。要进一步完善海外华文学校包括周末班、全日制的华文学校的教学大纲的编制，按照统一的教学大纲，结合当地的特点，使华文学校的教育体系能够更完善。加大对海外华文教育支持的力度。国家完成从幼儿园一直到高中中文主体教材和辅助教材的编制工作，免费足额地提供给海外华文学校。要定制海外华文学校教师的认证标准，包括华文教师资格认证和等级评定，以此提升海外华文学校整体的办学水平。

---

[1] 裘援平：《华文教育关系华人社会和谐及可持续发展》，中国新闻网，http://www.chinanews.com/hwjy/2013/08-03/5119637.shtml。

三 善用海外华文媒体，讲好中国故事

大量海外华人华侨的存在催生出了海外华文媒体。由于文化的独特性，海外华人往往具有较为一致的生活圈，为满足海外华人华侨的新闻信息和精神文化需求，海外华文媒体应运而生。这些媒体一般都由华人华侨创办，遵守当地法律法规和文化管理制度，同时对海外华人华侨提升自身的政治、社会、经济、文化影响力和凝聚力具有不可替代的作用。同时，这些媒体和传媒机构的存在，也在海外延续并传播了中华文化。对于居住国的统治者而言，华文媒体往往具有沟通政府和华裔族群的作用。同时华文媒体也是海外华人表达自身政治和社会需求，发挥社会影响力的重要平台，更是中国与海外华人华侨建立联系与交流的最重要渠道，是塑造中国国家形象和传播中华文化的重要平台。目前，随着我国对外传播能力的增强，国内传媒机构也纷纷实现了"走出去"，它们也加入海外华文媒体的队伍，并与当地海外华文媒体建立了良好的联系和合作关系。

在华人华侨分布集中的新加坡和马来西亚两个国家，华文媒体的发展也最为兴盛。两国国内的华文媒体均已成为当地主流媒体的一部分。如，由新加坡报业控股公司主办的《联合早报》，属于新加坡主要华文综合性日报。《联合早报》的平日发行量约为20万份，除新加坡发行之外，也在中国大陆、中国香港特别行政区和文莱等地少量发行。该报一直被认为是一份报道及时、客观、言论公正和可信度很高的华文报纸，在华人世界享有较高声誉。它不但是新加坡的主流华文报，也是东南亚地区规模最大、最具权威性的华文大报之一。马来西亚是海外拥有华文日报最多的国家。南洋报业集团下属的《南洋商报》和朝日报业集团的《星洲日报》《光华日报》是主要的华文报。① 马来西亚华文媒体在华人社会保持独特的人文景观，成为传承中华文化的主要桥梁和纽带。

海外华文媒体是中国故事海外传播的中坚力量，也是增信释疑、凝

---

① 《山水相连感受多元——中国东盟文化交流前景广阔》，网易新闻网，https://news.163.com/10/1216/19/6O21V9SO00014JB5_all.html。

心聚力的有效平台，更是创新发展融合传播的重要载体。特别是在引导国际舆论和开展公共外交等方面，海外华文媒体的声音具有不可替代的优势，凭借在所在国的影响力，往往容易引发当地民众的共鸣。应当在海外华文媒体高峰论坛等现有平台的基础上，进一步加强我国政府同海外华文媒体的沟通和联系，使之在传播中华文化方面发挥更大的作用。

第七节 完善中华文化走向世界的法律体系和管理体制

要完善和优化中华文化走向世界的政策、法律和法规体系，构建科学的文化发展的管理体制。党的十八届四中全会确立了全面依法治国的战略部署。在此背景下，要推动中华文化走向世界，需要努力构建比较完善的文化法律体系。这个体系应当以宪法为依据，宪法是国家的根本大法，为国家文化建设确定目标，确立发展的基本原则，为中华文化法制建设明确方向。

一 完善中华文化走向世界的法律体系

（一）制定国家文化发展纲领性的"文化基本法"

正如一个国家完整的法律体系建设首先要有一部宪法作为根本大法，中国国家文化法律体系也需要一部文化的基本大法。文化基本法应是对文化行业的文化活动起普遍规范作用的法律，是制约文化领域内的文化立法、执法行为以及各种文化活动、文化行为等基本准则的法律，也是文化走向世界的基本纲领。对一个国家来说，只有具备这样权威的基本大法，才能对中华文化走向世界提供基本的原则和依据。

（二）需要制定与文化基本法相配套的专门法

文化专门法是调整某一类文化活动或文化行为，或对某一领域的文化活动作出规定的法律法规，如《文化企业管理法》《文化活动管理法》《文化市场管理法》《网络信息安全法》《娱乐场所管理法》《出版业法》《新闻法》《广播电视法》《广告法》，等等。目前来看，这一部分的立法最为薄弱，需要大力加强。在制定相关领域法律制度时，要有比较充分的研究基础，既借鉴发达国家的相关立法，又充分考虑我国的基本实践，进而有计划、有步骤地推进立法工作。

（三）要完善版权保护方面的立法

版权保护是推动文化产业良性发展，提升文化产品和服务的国际竞争力的重要前提。针对我国文化领域当前版权保护的现状，应当尽快建立一个和西方文化强国接轨的版权保护法律体系。二是采用版权产业的概念。作为美国的支柱产业，版权产业的兴盛与美国强有力的版权保护法律体系是分不开的。要进一步增强知识产权的司法保护，并在案件受理标准、证据保全的程序和执行方面细化和统一具体操作，为维权取证提供便利。

二 建立科学完备和运行高效顺畅的国家文化管理体系

（一）要建立健全文化管理决策机制

我国必须进一步审视文化安全和文化发展的管理体制。在国家安全委员会总体负责领导维护国家文化安全的基础上，设置推动文化"走出去"的决策管理机构或组织，以整合现有的文化"走出去"的各个相关职能部门，设立中华文化"走出去"领导小组，作为文化"走出去"的最高决策机构。或者由中宣部牵头，各个职能部门参与，建立中华文化"走出去"工作协调机制，加强各部门的相互配合协作。

（二）完善和优化文化管理的行政组织体系，加强相关部门的协作配合

面对文化发展的日新月异，文化的载体和传播途径大大拓宽了，这也增加了政府机构对文化管理职能的行使和相互配合的难度。这就需要根据新的国内外文化发展形势，对既有的文化管理部门进行增添、去除、合并、拆分。由于文化具有意识形态属性，应当根据党管意识形态的原则，统筹设计和安排党和政府对国家文化发展管理的组织模式。应当科学配置、合理部署观众文化行政管理力量，明确权责界限和行使范围。明确资源共享和信息交换制度。改变可能出现的多头管理、权责不明、权责交叉等体制性障碍。[①] 加强金融机构等对文化"走出去"的支持力

---

① 张骥：《中国文化安全与意识形态战略》，人民出版社2009年版，第390页。

度。不断提升人员往来的便利化程度，让各部门形成更加有利于中华文化走向世界政策合力。

（三）应当协调好对内文化管理和对外文化传播的组织体系

由于国内和国际治理体制、文化背景、受众群体的差异性，文化传播应当做到内外有别。同时，在现时代信息传播的便利性、及时性、扩散性大大增强，这就需要内宣部门和外宣部门不能彼此隔绝，而应当积极协调，相互配合，在重要文化行动和立场上协调一致，应对重大舆情时应做到及时沟通和信息共享。

（四）应当协调好政府与社会在文化"走出去"战略中的相互关系

要提高地方政府和民间文化领域的管理能力和决策能力，推动文化发展和文化"走出去"应作为政府公共文化事务的重要组成部分。地方政府对于公共文化产品和公共文化服务方面的职能必须强化，责任必须明确。同时，应当处理好政府与市场、政府与社会的关系。避免出现政府的缺位和越位现象。一方面要积极调动社会力量对于文化"走出去"的积极性，引导和充分发挥社会力量和民间力量对于文化发展和文化"走出去"的重要作用。不能忽视企业特别是民营企业在文化走向世界战略中的重要意义和地位。另一方面，政府要积极作为、主动担当，做到对于文化对外传播和维护文化安全守土有责。对推动和参与文化"走出去"的企业或社会组织加强指导、支持和监督，及时调研和掌握文化"走出去"的基本情况和突出问题，加强政策研判和支持理论研究，做好各种应对预案和政策储备。政府应当好裁判员和守夜人的角色，在承担自己应尽的义务的同时，尽可能地简政放权，为企业"走出去"提供便利和支持。同时加强文化执法力量建设和执法能力提升，对于破坏市场规则、有损公平正义以及可能危害国家安全的行为及时出手惩治。

第八节　打造中华文化走向世界的专业人才队伍

人才是文化"走出去"的关键要素。尽管我国拥有世界上最大的人口规模和潜在的人才储备，但距离人才强国仍然有一定的差距。而推动中华文化走向世界，有赖于大量的各领域的高层次人才发挥作用。因此，我们必须加快培养适应中华文化走向世界所需的国际化的高素质人才队伍。

一 要着力培养各级各类人才的中华文化素养和国际化视野

当代中国与世界的关系发生了历史性的变化，中国在国际舞台上的地位和作用不断增强，这为中华文化走向世界注入了基本动力。然而若没有大量优秀人才的参与和推动，这一进程不可能自动实现。我们需要大量既了解中国、了解中华文化，又了解世界、具备国际视野的各级各类人才。为此，我们一方面需要加强对全民族的中华文化教育，让优秀传统文化和当代中华文化充分滋养全体国民。通过各种渠道和途径增加中华文化的普及教育，在基础教育中不断增加中华文化的内容，在高等教育中增加国学通识教育并做大做强国学学科建设，以此提高全民族的中华文化素养，增强中华文化走向世界的自觉和自信。另一方面要提升和拓展人民大众的国际视野。通过学校教育和调动社会公共资源，使国人更加全面地了解当代世界经济与政治和国际关系。增加外派留学生和访问学者及培训学习人员的数量规模，以人才交流交往推动提升人才的国际化视野。

二 要打造一支过硬的外语人才和翻译人才队伍

中华文化走向世界，关键一环是中华文化的译介工作。这需要我们培养通晓中外文化、语言造诣深厚的专业翻译人才，包括高级研究人才、优秀的经典著作翻译人才。目前，我国的翻译高层次人才队伍无论是数量还是质量都与国家经济社会发展需要存在相当差距。我国作家莫言获得诺贝尔文学奖，离不开美国著名汉学家葛浩文的高质量的翻译。而我国国内翻译界尚缺少高水平人才，中华文化走向世界离不开高水平翻译作为中介发挥重要作用。中华文化的精品资源如果没有高质量的翻译，就无法达到预期的传播效果，即便形式上实现了"走出去"，也难以真正做到"走进去"。从某种程度上说，中华文化对外传播能"走出去"多远、"走出去"多好，从根本上取决于翻译的质量和传播效果。因此，语言翻译工作者要有双向语言功底，要对两种语言的阅读写作都有比较高的造诣，熟知文化主体国双方的文化，还要切合翻译的目的与需要，熟练掌握翻译技巧，符合传播对象国或地区民众的接受习惯和认识水平，才能进行高水平的翻译工作。

有鉴于此，在文化"走出去"的背景下，外语学科有必要适应国家和地区对文化人才的需要，结合所在院校特色，规划各类人才培养项目，推行双向国家化理念，培养具有国际视野的多元跨文化人才。同时，要加快推进人才培养和科研评价制度体系的改革，摆脱刻板的计件式的评价方式，创造条件让优秀的翻译人才把更多的精力投入译介工作和文化传播中。此外，在一般语言应用层面，也需要培养大量熟练掌握各国语言的外语人才，特别是一些非通用语种人才。要合理设置学科专业，制定宏观发展规划，推进各类外语人才培养和储备。

三　要打造一支可靠的媒体和文化传播队伍

在中华文化走向世界的进程中，需要大量的媒体人才，其中既包括书刊报纸、广播电影电视这样的传统媒体，也包括互联网等新媒体人才队伍。他们一方面具有强烈的文化自信和坚定的政治立场，能够自觉抵御来自西方国家的文化侵蚀，另一方面也具备高超的技术水平和业务能力，懂得传播方式和传播技巧。这样才能使中华文化通过各种媒体资源不断走向世界。在中华文化与其他文化不断交往之中，我们需要大量能够从事文化交流、交往工作的文化传播队伍，比如文学、艺术、音乐、美术、戏曲、武术等人才。他们对中华文化具有高度的认同，同时也具有百折不挠的传教士精神。在中华文化走出去的进程中，他们能够作为文化的载体，将中华文化传播出去。

四　要培养一支国际化的文化产业和文化贸易人才队伍

由于各国文化特性、文化市场规则、文化行业管理制度等存在较大差异，文化产业"走出去"需要大量的国际化的行业人才。然而，中国文化产业还处于发展的初级阶段，专业人才还比较匮乏，专业队伍也比较薄弱。为此，应当采取有效措施，增强国际化的文化产业和文化贸易人才供给。要大力培养文化产业需要的文化创作人才、文化企业经营管理人才、行业及市场研究人才，大力培养国际文化贸易人才、商务谈判人才，为企业"走出去"培养跨文化管理人才。一方面在高校设置建设相应专业和学科，提高各类文化专门人才培养水平，增强行业研究能力。另一方面利用行业培训渠道，推动行业人才培养。建立健全文化人才激励制度，为文化产业领域的稀缺人才提供更多的机会，创造更多的平台，激发其创造性，提高其创作能力，制定合理的激励机制，避免人才流失，对高级文化产业人才引进给予政策扶持。合理调节文化产业从业者薪酬待遇，特别是要提高创作人才的待遇水平。在美国的电视剧制作行业，编剧的地位不可动摇，他们不仅决定剧情的走向，拿高报酬，甚至拥有胜于掌握财权的制作人和统管全局的导演的话语权。[①] 而国内的影视行业，一些知名演艺明星和导演的收入奇高，创作人员的待遇仍然较低。

五　要打造国别研究人才队伍

要实现中华文化"走出去"，就要因地制宜地制定传播策略和采取有针对性的传播手段。而世界各国国情迥异，国家特性、民族心理、风土人情、语言文化、政治经济情况和社会习俗各不相同，这就需要我们对各个地区和国家分门别类地展开跨学科的国别研究。尽管区域国别研究被称为大国的专利，但随着中国的不断崛起和中国与世界关系的日益紧密，以及中国建设"一带一路"的需要，加强区域与国别研究迫在眉睫。近年来，随着"一带一路"建设的不断推进，我国的区域和国别研究呈现蓬勃发展的态势，一大批研究机构纷纷成立，一大批研究队伍纷纷形成。2017年4月，教育部启动了国别和区域研究中心的备案申报工作，全国高校共计390余家研究中心获得备案，仅北京外国语大学一所高校就有37家研究中心入选。[②] 在国别和区域研究机构数量飞速增加的同时，长期以来的国别研究力量薄弱、成果匮乏的现状并未根本扭转。由于长

---

① 张晰：《由美国制播模式谈国产电视剧的品质提升》，《新世纪剧坛》2013年第6期，第40页。

② 《我校37家研究中心入选2017年度教育部国别和区域研究中心备案名单》，北外新闻网，http://news.bfsu.edu.cn/archives/263315。

期以来的人才储备不足、研究水平有限,目前的研究成果在数量和质量上,都不能满足国家的战略需要。由于各种因素限制,很多从事国别研究的人员甚至没有或很少到研究对象国实地调研。在研究者没有实现"走出去"的情况下,就无法为中华文化"走出去"提出具有较强参考意义和价值的对策建议。因此,我们要加快建设一批高水平国别研究的专业人才队伍,不断提升我们的区域国别研究水平,为更好地实现中华文化走向世界贡献力量和智慧。

六 要充分利用世界各国的人才资源为我所用

我们要充分认识到,中华文化以其独特魅力,在世界范围拥有广泛的吸引力。一方面,中华文化的吸引力催生出了一批海外汉学家和文化使者,他们自愿投入中华文化的研究、交流与传播之中。同时这些海外汉学家和文化使者的引介与传播也进一步推动了中华文化走向世界的进程,增强了中华文化的吸引力。随着中国的不断崛起,中华文化的国际影响力也在不断增强,越来越多的海外人士对中华文化产生了兴趣。我们应当充分吸收和利用这些海外人才资源,来推动中华文化走向世界。而且,从传播学的角度来看,通过外国人才传播中华文化,能够大大减少人们对中华文化作为一种外来异质文化的本能的排斥,这就更有利于中华文化的传播。同时,我们应当实施更加开放的国际人才政策,放宽准入标准,消除人才壁垒,改革中国移民签证制度。以此建立更加开放、包容和灵活的国际揽才机制,实现我国在国际人才竞争中的后起超越。① 在人才和智慧全球化的新时代,充分利用中国崛起历史机遇和经济发展的人才吸附效应,聚集全球的优秀人才为我所用甚至为我所有,以便更好地推动中国的发展和中华文化走向世界。

---

① 《CCG 报告:抓住美国移民收紧机遇更加开放国际人才政策》,全球化智库,http://www.ccg.org.cn/research/view.aspx? id = 5965。

下 篇
实例篇

第八章

文化软实力视角下中华文化在德国的传播研究

中德两国都是在各自地区有着重要影响的国家，对世界和平、繁荣与稳定承担着重要责任。研究中德关系，有利于两国发展全方位战略伙伴关系，并对我国内政外交方针政策有着极为重要的参考意义。从文化角度探究中德关系的发展规律，更容易在分析发展规律动因的基础上预测和判断中德关系未来的走向。研究中华文化在德国的传播，有利于我们全面认识和评价新时期中德关系取得的进展以及影响中德关系发展的主要问题，有利于深化新型大国关系理论研究。中德两国关系互补性明显，但是在历史文化、政治制度等方面也存在一定的差异。中德人文交流还未完全能跟上中德全方位战略伙伴关系的发展步伐，两国民众的相互认知还存在很大差距，需要中德两国从长远出发，共同促进人类命运共同体意识的形成，在官民共举、包容开放的氛围中加深对对方的理解，乘着中德两国关系进一步深化的东风，进一步巩固中德两国关系健康发展的民意基础。强化文化研究，对于深入研究中德关系具有深刻的理论意义，同时有利于我们正确认识当今世界复杂的国际形势，妥善解读国际争端，更好地维护我国的国家利益。从文化角度研究中德关系，有利于为传统国际关系理论的发展提供新的经验和范式。

第一节　中华文化在德国传播的历史脉络

一　17—18世纪中叶德国兴起第一次中华文化热

中国对德国的人员交流、思想交流和文化交流历史悠长，丰富了西方世界尤其是德国对中国的认识。"东学西渐"下的"中国热"在西方社会影响深远。据记载，早在13世纪就有德国传教士到中国传教，在当时德国的文学及一些文献中，已有对中国的描述。1477年，《马可·波罗游记》在德国出版，中国的面貌第一次展现在德国人民面前。德国人也从《马可·波罗游记》中开始对中国产生兴趣，而正式把中华文化传往近代德国的是一些前来中国的德国传教士，进而在18世纪形成中华文化外传德国的第一次热潮。随着《马可·波罗游记》德文版的问世，很多德国人开始学习和研究中国的思想和文化，并逐渐被中国传统文化所吸引，来中国传教的德国传教士越来越多。以邓玉函、汤若望为代表的早期德国传教士在中国传教过程中发现，掌握中国语言文字、了解中国的文化，才能理解中国社会并完成进入中国社会传教的使命。因此，一批批欧洲传教士们来华后都非常积极地学习中国语言和文化，并把中国的传统哲学、宗教、艺术等介绍到欧洲。邓玉函把中国的风俗文化和中医通过书信往来介绍给德国朋友；汤若望在《汤若望回忆录》中记录了中国社会和宫廷生活；意大利传教士卫匡国的《鞑靼战记》德文版1654年于科隆出版，1658年他的《中国上古史》出版，这是德国学者能够欣赏到的一部历史漫长、年代不间断的中华帝国编年史。除了以上译为德文的传教士著作外，白晋的《中国现代皇帝传》（中文多译为《康熙皇帝传》）、李明的《中国近事报道》、曾德昭的《大中国志》等著作，以及耶稣会"适应"策略反对者龙华民撰写的《关于中国宗教的几个重要问题》、利安当撰写的《关于在中国传教的几个主要问题》等论文，也应该受到德国学术界的注意[①]。

[①] 詹向红、张成权：《中华文化在德国：从莱布尼茨时代到布莱希特时代》，中国社会科学出版社2016年版，第10页。

除了传教士外,一些文学家、哲学家、社会学家等也成为在德国传播中华文化的使者。1781 年,德国诗人歌德读到了德译本的《赵氏孤儿》及《今古奇观》中的几篇小说,《诗经》中的一些诗作以及《好逑传》《花笺记》《玉娇梨》等小说,在这些中国小说的启发下创作了著名的组诗《中德四季晨昏杂咏》。关注中华文化与思想并取得突出成就的主要是哲学家莱布尼茨,作为十七八世纪之交德国最重要的哲学家、数学家,他学贯中西,对中华文化及哲学有着浓厚的兴趣。莱布尼茨对中华文化了解的广度和深度,在同时代的学者中无出其右者。他不厌其烦地向在华传教士了解中华文化的细节,极力想通过他们搞清中国现状和历史、中国国家体制和政策、中国科学和技术以及中国的哲学等,目的就是要还原一个真实的中国[①]。他怀着对中国道德哲学和实践哲学的欣赏,在中国传统文化思想的影响下提出理性哲学。他还极力推动当时的欧洲学习中国,倡导欧洲文化和中华文化的交流,引发了德国人研究中国的热潮。在康德的《永久和平论》、黑格尔的《历史哲学》中,都有关于中国的论述。德国著名的社会学家、哲学家马克斯·韦伯深入研究了儒教和道教,并将研究结果体现于自己的著作中。德国著名的思想家雅思贝尔斯收藏有 200 多本与中国相关的书,他在《历史的起源与目标》中提出的"轴心时代"重要学术概念便来源于中国古代文化思想启迪。沃尔芙在德国大学中宣讲孔子思想,1721 年,他在哈尔大学讲演《中国的实践哲学》,对德国学者了解孔子哲学起了很大作用。

二 18 世纪末至 19 世纪初否定和排斥中华文化之势兴盛

到了德国"启蒙运动"中期,中华文化在德国的命运发生很大的改变,否定和排拒之声逐渐多了起来。在接踵而来的"狂飙运动"中,一批德国学者打着唤醒民众、振兴"民族精神"的旗号,将"去中国化"推向高潮。

当时以"狂飙运动"的精神领袖赫尔德为代表的一批学者对中华文

[①] 詹向红、张成权:《中华文化在德国:从莱布尼茨时代到布莱希特时代》,中国社会科学出版社 2016 年版,第 12 页。

化的批判最为强烈。赫尔德虽然不否认民族文化的多样性,但极力排斥中华文化,甚至借"中国停滞论"为理由拒绝中华文化在德国的存在。在他看来,中国"这个帝国是一具木乃伊,它周身涂有防腐香料、描画有象形文字,并且以丝绸包裹起来;它体内血液循环已经停止,犹如冬眠的动物一般"。①"狂飙运动"之后,否定中华文化的声浪没有停息且变得越发高涨,"排拒"显然成为德国学术界对中华文化的主流声音和态度。德国"浪漫主义"作家、"古典主义"哲学家大多是中华文化的否定者②。

而且这一时期,对中国及中华文化持否定态度的不仅是德国学术界。由利玛窦和他的继承者打开的中国窗户,在18世纪末至19世纪初的欧洲都已经不复存在了。原因是欧洲经过"文艺复兴"和"启蒙运动"之后,科学和技术得到迅速发展,依托经济、技术和军事实力开始了殖民扩张,殖民与反殖民的抗争开始,欧洲国家已经失去和中国认真交往的动机。既然欧洲和中国都没有深入交往、和平共处的愿望,更不要说深刻的人文交流需求了。来自欧洲的商人、旅行家和外交官等亦开始丑化中国,在他们关于中国的报道中,中国形象变得丑恶可笑起来。在欧洲人的相关著述中,"鄙视和蔑视"亦成为谈论中国的基调。

三 19世纪下半叶至20世纪中叶"东学西渐"进入第二个高潮

19世纪60—70年代,中德文化交流再次迎来了一个发展高潮期。1861年普鲁士和清朝政府签订协约,首次建立起中德官方关系。基于官方关系的建立和保障,在德国再次掀起了研究中国的热潮。学者对"中国学"的研究较莱布尼茨时代更为深入;改变了汉学家长期以来的"业余"学习,形成了科学的"中国学"或"汉学"学科,建立了柏林、莱比锡、汉堡和法兰克福等汉学研究中心。

加布伦茨是一位卓有成效的汉学家,其最重要的著作是1881年出版

---

① [德]夏瑞春编:《德国思想家论中国》,陈爱政译,江苏人民出版社1995年版,第89页。

② 詹向红、张成权:《中华文化在德国:从莱布尼茨时代到布莱希特时代》,中国社会科学出版社2016年版,第12页。

的《汉文经纬》，当属这一时期最优秀的汉语语法专著，表达出对汉语深刻的认知水平。自他之后，相继涌现了卫礼贤、福兰阁、佛尔克、柴赫等知名汉学家。卫礼贤于1897年来华，努力学习汉语，进行"文化传教"。后对中国高度发达的文化的敬意之情油然而生，为中华文化所征服，放弃传教生涯，并取名"希圣"，在青岛创办礼贤书院，主要研究中国的儒家学说。回国后，讲授中国古典哲学。他曾大量翻译中国传统典籍，包括《易经》《论语》《道德经》《孟子》《墨子》《大学》《庄子》《吕氏春秋》等。此外他还撰写了《中华文化史》《东亚——中华文化圈的形成和演变》《孔子与儒学》《中国灵魂》等著作，通过著书和作报告等形式向德国和欧洲介绍中华文化，推崇古老的东方文明。福兰阁对史学有深入的研究，著有三大卷《中国通史》；佛尔克专于哲学，著有三卷《中国哲学史》；柴赫在训诂与文学方面造诣很深，译有《昭明文选》《李太白全集》《杜甫全集》《韩愈全集》《陶渊明全集》等。以上四人，各成一家，被誉为德国的"四库全书"。德国学术界对《老子》及道家思想也开始有了深刻的关注，卫礼贤及宗教思想家布伯最早接触并产生兴趣，甚至尼采和海德格尔也受过《老子》的影响，道家研究成为德国学术界研究的新趋向。第一次世界大战的爆发使中德人员往来锐减，但文化交流始终存在。战争期间，卫礼贤建立了"孔子学会"，继续保护陷入危境的中国传统文化传播。当代德国著名汉学家和翻译家弗兰茨·库恩在1919年将中国通俗文学作品《金玉奴》（即《卖油郎独占花魁》）译成德文，在德国出版。接着又陆续翻译了《水浒传》《三国演义》《红楼梦》《金瓶梅》，等等。这一时期，《儒林外史》《儿女英雄传》《封神演义》《聊斋志异》等也被翻译成德文，皆受德国读者欢迎，促进了德国人对中国的了解，扩大了中国文学在德国乃至欧洲的影响。

1921年，中华民国政府和德国魏玛政府签订了《中德协定》，这是中德人文交流历史上具有划时代意义的事件，这个协定的附加换文确立了中德之间人文交流的最早框架。当时中德两国已结束第一次世界大战以来的敌对状态，开始建立友好、平等的政治关系。从这一时期开始，无论是文学还是哲学，中德之间的思想交流呈现双向互动的发展趋势。中国和德国的作品被译成对方的文字并广泛传播，促进两国及两国人民的相互了解。中国留学生和德国汉学家成为这一时期中德人文交流的使者。这一时期,德国戏剧家和戏剧理论家贝托尔特·布莱希特受到中国古代哲学思想,尤其是老子、墨子和孔子的影响,热爱中华文化,但更倾心于中国戏剧表演艺术。他在戏剧创作中大量加入中国元素,经典剧作《四川好人》就是凭借中国四川的背景元素完成的,《高加索灰阑记》的情节也改编自一个中国古典戏剧。布莱希特的很多戏剧理论也植根于中国传统戏剧表演艺术的灵魂,是他深厚的"中国情结"的释放。

四 新中国成立至 20 世纪末中华文化在德国传播深度与广度的探索

(一)冷战期间中国对德文化传播机制相继建立

第二次世界大战后,中国和民主德国很快建立了外交关系,与联邦德国也于 1972 年正式建交。中国和东西两个德国的人文交流一直在不断加深。特别是中国实施改革开放政策以来,以及德国重新统一之后,双方的人文交流达到了空前发展的水平,中国对德国的文化传播也得以纵深发展。

中国和德意志联邦共和国的传播媒介开始合作,1974 年 4 月,中国新华通讯社与联邦德国德意志新闻社在北京签署合作合同,1978 年 10 月,中国中央电视台和联邦德国第二电视台签署合作框架协议,1979 年 11 月,中国广播事业局与联邦德国广播协会达成深化合作协定。这些协定的签署使德国人民了解中国和中华文化有了重要的平台。

1979 年 10 月 24 日,时任中国外交部部长黄华与联邦德国副总理兼外长根舍在波恩签署《中华人民共和国政府和德意志联邦共和国政府文化合作协定》,这是中国与联邦德国正式建交后最早签署的双边合作协定之一,也是两国在文化交流与合作方面签署的第一个双边协定。[①] 1980 年,中国与联邦德国又签署了首个文化交流执行计划。此后中国对德国的文化传播得到长足发展,中国于 1979 年开始多次选送影片参与柏林电影节活动,并于 1982 年在联邦德国举办中国电影回顾展,中国人所熟知的《红高粱》和《晚秋》分别于 1988 年和 1989 年斩获柏林电影节的

[①] 于芳:《中德人文交流的发展历程与启示》,《学术探索》2018 年第 4 期。

"金熊奖"和"银熊奖"。1986年中国与联邦德国签署两国电视台合作协议书,并且合作拍摄了《萧三夫人》和《艺术之路》两部纪录片,合作摄制的电视节目"北京和波恩之夜"在德国播出,深受德国民众好评。此外,在雕塑、绘画以及其他民间艺术领域,中国对联邦德国的交流项目也在逐渐丰富,级别也逐年提高。

(二)冷战后中国对德文化传播的内容和机制进一步丰富与强化

冷战后,中国对德文化传播的内容逐渐丰富。每年在德国出版的关于中华文化、经济、历史、政治的书籍达600多种。在德国书店中,我们看到介绍中国的刊物有《中国简讯》《中文教学》《中国文学杂志》《新中国》《中国象棋》《龙舟》等20多种。据了解,德国各大学设有汉学专业总数30多个,这一数字在欧洲各国居于首位。随着中国热的升温,德国大众汽车基金会设立了"中国项目资助",用于中德学者的交流与科研。儒家思想、《易经》、道家和道教、宋明理学、近代德中文化关系等问题成为德国研究中华文化的热点。出土兵马俑的考古展览、明清丝绸画展、故宫文物展、长城展、"世界文明的摇篮——中国"展等都获得了热烈反响。京剧、人民艺术剧院的《茶馆》、北京广播交响乐团民乐队、中央芭蕾舞团、上海交响乐团等艺术团体在德国的巡回演出受到了热烈的欢迎。1996年,慕尼黑文化部启动"中华文化周",主题为美术作品交流。

中国对德文化传播的机制也进一步完善和丰富起来。中国和联邦德国于1979年签订文化交流协定,1993年,德国学术交流中心(DAAD)在北京建立了办事处,致力于推动双边文化合作向纵深发展。德国政府与中国先后发布的《中华人民共和国和德意志联邦共和国一九八八至一九八九年文化交流计划》《中华人民共和国和德意志联邦共和国一九九一至一九九三年文化交流计划》《中华人民共和国和德国一九九四至一九九六年文化交流计划》等文件,几乎每两年签订一次交流计划,启动相互培养留学生、互换科学工作者、互派教育代表团、互派高校实习生、高校合作与科学图书馆合作与文献交流、设立基金会、加强语言培训等交流合作重点项目。1995年6月1日,联邦总统罗曼·赫尔佐克出席了"古代中国文物展览会"的开幕式,进一步深化了中德人文交流的机制构建。

第二节　21世纪中华文化在德国传播的现状及存在的问题

近年来，中德两国人文交流蓬勃发展，这与中国积极推进文化对外传播战略有着重要的关联。中国对德文化传播无论在传播机制、内容、手段还是在影响力上都取得了长足发展。2019年3月26日，国家主席习近平在巴黎会见专程前来出席中法全球治理论坛闭幕式的德国总理默克尔时指出，2018年中国连续第三年保持德国全球最大贸易伙伴，德国企业对华实际投资增长近140%。两国已经确定了继续深化改革、扩大开放，推进经济高质量发展的目标和思路。默克尔表示，中德两国拥有广泛共同利益，主张欧中携手努力维护多边主义。但中德两国存在双方历史文化、政治制度等方面的不对称性，使中德人文交流还未完全能跟上中德全方位战略伙伴关系的发展步伐，两国民众的相互认知还存在较大差距。

一　中华文化在德国传播的基本现状

应该说，从古代到现代，中国对德国文化传播的范围从文学、哲学已经逐渐扩大到人员、思想、文化的方方面面，同时对德文化传播的制度性保障不断丰富。中德人文交流作为中德关系的第三大支柱，增进了了两国及两国民众对彼此的深刻理解，为双边政治经济关系的发展奠定了文化和民意基础。

（一）对德文化传播战略精准服务"一带一路"合作发展布局

21世纪以来，为"一带一路"推进构筑人文基础的中国对外文化传播战略逐渐被沿线国家所接受。"一带一路"首先是一个文化概念，它是中国与西方国家之间政治、经济领域包容共赢的基础。因此可以说，"一带一路"不仅是政治互信、经济发展之路，也是文化共荣之路，通过人文交流拉近沿线国家及人民的距离。

为进一步构建文化传播与交流机制，中国政府制定了必要的保障措施。中华人民共和国文化部签署和落实国家间政府文化合作协定，全面落实国家文化、外交和贸易政策，加强文化领域知识产权保护。同时建立和完善文化事业、文化产业和对外文化贸易的相关法律法规体系，引导企业自觉遵守国际法律和贸易规则。中国文化部发布了《"一带一路"文化发展行动计划（2016—2020）》，该计划列出了要做的重点工作，比如建立"一带一路"文化交流合作机制、完善"一带一路"文化交流合作平台、打造"一带一路"文化交流品牌、推动"一带一路"文化产业的繁荣发展，以及促进"一带一路"的文化贸易合作。除了文化部外，教育部在2016年也发布了《推进共建"一带一路"教育行动》的通知，提出推动教育互联合作、开展人才培养培训合作、共建丝路合作机制等举措。其他相关部委与省级机构也陆续发布了相关的文件，这些文件与举措从多个方面有力地促进了中外文化交流。自冷战结束后至今，中德关系的发展从战略伙伴关系发展为全面战略伙伴关系，2014年再度升级为全方位战略伙伴关系。中德关系的发展逐渐超越了双边关系的层面，走向共同的全球治理。中国现在正在实施"一带一路"倡议，积极推动海陆丝绸之路沿线国家的经济发展，中国驻德国大使史明德表示，"一带一路"奉行共商、共建、共享的原则，在平等互利基础上谋求共同发展、共同繁荣，是开放、包容的区域合作平台。"一带一路"不仅是经贸互利共赢，更是促进和平稳定之举，是一件功在当代、利在长远的好事。德国拥有先进的科学技术和环保经验，并且中国已成为德国最大的贸易伙伴，双方在合作中可以实现共赢。中德两国分别位于"一带一路"的东西两端，两者的合作对于丝绸之路沿线国家的经济发展、世界经济复苏和文明互鉴将起到促进和引领作用。

德国民众已有这一共识，只有民心相通、通过文化层面增进彼此的了解，才能减少隔阂、增加信任、增进合作的愿望。德国与"一带一路"有着悠久的渊源，"丝绸之路"一词恰恰出自一个德国人。1877年，德国著名地理学家和旅行家李希霍芬在其著作《中国》一书中，把"从公元前114年至公元127年间，中国与中亚、中国与印度间以丝绸贸易为媒介的这条西域交通道路"命名为"丝绸之路"，这一名词很快被学术界和大众所接受。① 德国是"一带一路"西端最重要的国家之一，不仅德国政府和企业认识到参与"一带一路"合作有重大意义，与中国建立多个合作项目，同时在德国民间也有许多民众自发响应中德"一带一路"合作倡议，共谱"丝路"美好乐章。习近平主席2014年访德时在科尔伯基金会演讲中说，"中德关系不是简单的买卖关系"，他不仅仅是亚欧两大经济体强强联手，更是两大文明的交流与对话。而中德人文交流的最终目标，是在两国民众间建立起命运共同体意识，推动安全问题、粮食问题、环境问题、气候问题等全球性问题的解决。从这个意义上看，中德人文交流的意义远远超出了双边文化交流的范畴，在全球层面上也举足轻重。

自"一带一路"倡议提出以来，德国民众耳濡目染，现已将更多的目光投向遥远的东方国度中国。"china‐tour"等当地旅行社纷纷推出了"一带一路"沿线主题旅游新项目，获得许多德国市民的关注和好评。2016年春，这样一则新闻在中国和德国广为流传：在德国东部著名旅游城市德累斯顿老城区，一辆两侧插着中德两国国旗的出租车吸引了人们的目光。出租车顶上竖着中德双语书写的"丝绸之路"标语，车身后还贴有双语标注的"中国梦"字样，车门上还挂着一面写有"一带一路"的旗帜。同样是在2016年，德国极限运动员凯·马库斯从汉堡出发，长途跋涉9个月，跨越8个国家，完成了1.2万公里的"文化马拉松"，终于在当年12月16日抵达目的地上海。马库斯完成了一项现代人的壮举，凭借自己的双腿，沿着古丝绸之路，经德国、波兰、白俄罗斯、俄罗斯、哈萨克斯坦、乌兹别克斯坦和吉尔吉斯斯坦等国抵达丝路起点中国。问其原因，他说，许多人都对中国有偏见，要克服偏见就必须亲自前去这一国家体验。

（二）对德文化传播的机制与内容越发多元丰富

中德文化关系的基础是1979年中德双边文化协定以及在此基础上议定的文化交流项目。2000年10月，在北京建立了"中德科学促进中心"。2010年7月，《中德关于全面推进战略伙伴关系》的联合公报发布，双方一致认为，推进中德战略伙伴关系需要不断扩大和深化两国人文领域的

---

① 田园：《"一带一路"在德国故事多》，《光明日报》2018年1月11日。

合作与交流；双方愿继续扩大公共文化服务体系、文化产业和文化管理人员培训领域的交流与合作；双方支持建立"中德未来之桥"论坛，使两国各界青年精英建立经常性联系；双方积极鼓励两国传媒界开展交流合作等内容。2014年10月，《中德合作行动纲要：共塑创新》发表，这份纲领性文件中有专门涉及教育和文化合作的部分，双方强调教育对两国社会、经济发展以及创新力的重要意义，重视文化交流对增进两国相互理解、促进双边关系发挥的积极作用。其中包括建立中德两国语言文化学术交流合作机制；双方高度重视中小学生交流，特别是"学校：塑造未来的伙伴"（PASCH）项目框架下的中小学生交流；两国文化中心（柏林中华文化中心和北京歌德学院）增进了两国民众的相互理解和友谊；双方致力于继续加强两国智库、学术机构和媒体交流等一系列文化合作内容。

作为中德全方位战略伙伴关系的重要组成部分，文化关系对促进中德各领域关系的发展，增进两国人民的相互了解发挥着不可替代的重要作用。近年来，中德双方密切合作，两国文化交流高水平、多领域、全方位开展，成果丰硕。

2001年9月的"亚太周"活动中，中国成功地在德国举办了"中国周"，这是迄今为止中国在国外举办的规模最大的文化活动。在欧洲，德国一直是中国留学生和学者的首选国。从21世纪初开始，去德国留学的中国人在逐年增加。2017年，主题为"今日中国——合作·友谊·共赢"的中德建交45周年系列文化活动将贯穿全年。2017年2月15日，庆祝中德建交45周年系列文化活动新闻发布会上，文化部外联局局长谢金英致辞表示，作为中德全方位战略伙伴关系的重要支柱，文化交流与合作对增进两国人民的理解和友谊发挥着不可替代的作用。

概言之，中国对德文化传播的内容有以下表现。一是覆盖面广。中德已有至少50多家文化机构、艺术团体、艺术节合作举办的共计80多个项目，覆盖德国11个联邦州、30余个城市，内容涵盖表演艺术、视觉艺术、文化遗产、创意设计、文学出版、电影等多个文化领域。二是项目艺术水准高。两国文化艺术机构将充分合作，共同选定项目，确定合作方式，举办一系列丰富多彩的高水平文化活动。中央芭蕾舞团、中国交响乐团、国家京剧院、上海交响乐团、广东民乐团，王羽佳、徐冰等一批具有代表性的优秀艺术团组和艺术家将参与"今日中国"系列活动。2017年初，在德国各地举办的"欢乐春节"活动为全年活动拉开了帷幕，包括"中国春节民族音乐会"、春节庙会、非遗工艺展示、电影展映、焰火晚会和灯光秀等。三是德方合作伙伴都是有影响力的文化艺术机构。汉堡芭蕾舞节、威斯巴登五月戏剧节、萨尔国际音乐节、莱茵高级音乐节、雷克林豪森艺术节、魏玛国家剧院、柏林国家博物馆、石荷州北方艺术中心、德累斯顿欧洲艺术中心等在德国乃至国际上具有较大影响力，这些艺术节、文化艺术机构都是"今日中国"的合作伙伴，这些机构专业的运作模式和丰富的运作经验一定会确保活动的效果和影响。四是双方合作是高水平的。中德双方在项目的主题策划、内容选择、运作实施、宣传推广等各个环节均开展全方位的合作。故宫博物院副院长娄玮介绍说，2016年9月故宫博物院和德国柏林国家博物馆签订了馆际合作协议，合作项目包括共同策划在2017年秋季柏林国家博物馆举办的肖像画展等活动。"明清时期成为肖像画在中国美术史上的巅峰时期，这次展览是在欧洲举办的首次大规模的中国肖像画展，非常有意义。故宫博物院参展的藏品一共89件，以明清肖像画为主，共77件，另外辅以一些织绣类文物。"两国文化合作再上新台阶。

（三）对德文化传播方式和手段多样化发展

我们还可以再给本书的研究对象设定个范畴，所谓中华文化的对外传播，主要是通过各种传播方式或手段在他者语境中构建了比较真实的中华文化形象。当前中华文化对外传播的方式和手段很多，许多报纸和文化宣传类网站有了海外版，我们的广播、电视信号也几乎覆盖全球。此外，语言互动学习、大型文体活动、音乐、戏剧、电影、学术交流、互派留学生，还包括文化保护资助、文学作品翻译、高等院校校际交流等也成为文化对外传播的重要手段。

中德高级别人文交流对话机制是中德关系与时俱进的结果，也是中国强化对德文化传播的创新之举。2017年5月24日，中德高级别人文交流对话机制首次会议在北京召开，中德人文交流平台正式建立起来。从文化合作协议到人文交流对话机制，中德间的文化交流无论从数量还是质量上看，都发生了质的飞跃，中华文化对德传播也有了重要的平台保障；中德双方500余所高校间建立了校际交流关系，中国有近130所学校参与德国外交部与德国驻外学校等共同实施的"学校：塑造未来的伙伴（PASCH）"项目；2012年的德国"中华文化年"是两国建交以来中国在德国举办的规模最大、影响最广的文化交流活动；自2004年开始，借鉴英、法、德等国推广本民族语言的经验，探索在海外设立立足教授汉语以及传播中华文化为宗旨的公益机构，取名"孔子学院"。它秉承孔子"以和为贵""和而不同"的理念，以建设一个持久和平、共同繁荣的世界为宗旨，推动中外文化的交流和融合。

截至2018年12月31日，德国有孔子学院19所，比如，柏林自由大学孔子学院，法兰克福大学孔子学院，汉诺威孔子学院等；孔子课堂3所，包括浮士德文理高级中学孔子课堂，G. E. 中学孔子课堂和图林根州外国语学校孔子课堂[①]。德国孔子学院充分利用自身优势开展了教学活动，逐步形成了独具特色的办学模式，成为德国民众学习汉语、了解中华传统文化和当代中国的重要场所，也成为中华文化走向德国的重要手段。孔子学院对德文化传播的途径除了语言推广外，还通过举办各项文化活动及学术交流活动来开展，如《孔子学院》期刊的创建与发行、"孔子新汉学计划"的开展等，以有效推进中华传统文化被广大德国人民所认知。目前，《孔子学院》期刊已推出了网络版和移动终端版，逐渐实现期刊数字化，德国用户可以随时随地畅享浏览期刊。孔子学院创办了一系列品牌项目，如"汉语桥"大学生中文比赛、孔子学院日、孔子学院总部开放日、驻华外交使节汉语学习班等，这些品牌项目以其丰富的文化内容为纽带，吸引了德国数以万计的中文爱好者参与进来。孔子学院还通过举办国画、中医、中华美食等有中国传统特色的文化活动，进一步向德国民众展示中华文化的魅力。

非官方的文化交流合作也在逐渐增多。中德对话论坛是由中德两国总理于2005年倡议成立的一个高级别非官方论坛，旨在探讨中德政治、

---

① 《孔子学院/课堂·关于孔子学院/课堂》，国家汉办，http：//www.hanban.org/confuciousinstitutes/node_10961.htm。

经济及文化等各领域合作,并向两国元首或政府首脑提出政策建议。论坛自 2005 年起每年召开一次会议,五年为一届,轮流在中德两国举行。来自中德两国政治、经济、文化、学术、新闻等领域的 100 余位知名人士就中德关系四十载经验总结及未来合作前景、中德在构建新型国际治理机制以及从两国人民的幸福观看中德价值观及文化差异等议题展开讨论,为进一步深化中德关系提出政策建议。此外,截至 2017 年 2 月中德建交 45 周年之际,已有 3.4 万中国留学生在德国留学深造,中国学子已成为德国高校最大留学生群体。中文已走进德国 400 余所中小学的课堂,另有近万名德国青少年来华留学[①];中德双边交通运输和人员往来密集,每周一百多个航班往返两国十余个城市,有 94 对友好省州关系,双方双向旅游交流首次突破 200 万人次。

二 中华文化在德国传播影响力存在的问题

要审视中华文化对德国的传播状况关键看传播效果,即受众群体的反应。从效果来看,中华文化对德国传播所产生的影响还未完全能跟上中德全方位战略伙伴关系的发展步伐,中国对德文化传播的内涵尚未得到德国大多数民众认可,德国民众对中华文化的认知还存在一定差距,中德两国人文交流领域还存在一定的"逆文化现象"。

(一) 部分德国民众对中华文化表现形式存在惰性认知

跨文化理解在一定程度上受到文化自身认知特点的影响。文化所具有的认知特性主要指文化受到特定时间、地点和载体以及文化的历史传承性、文化的动态发展性等因素的制约和影响。文化的认知特性决定人们的文化行为,进而影响对其他文化的感知和跨文化理解程度。因个人作为文化载体受到文化时空的限制,在与不同文化接触中,人们总是带着本我文化视角去感知、理解和评论异同文化和其载体的文化行为,由此产生跨文化问题,其中对其他文化的惰性认知是一种重要的表现。

关世杰教授在《中华文化国际影响力调查研究》中对"中华文化对德国的影响力"这一课题进行了深刻的调查分析,其研究结果帮助我们

[①] 徐惠喜:《推进宽维度高水平的中德合作》,《经济日报》2017 年 6 月 1 日。

了解了德国民众对中华文化的认知程度,也反映了中华文化在德国传播的问题所在。

表 8—1　　　德国人眼中哪些文化符号最能代表中国[①]　　　单位:%

长城	84.9（1）	兵马俑	32.4（8）
中国烹饪	47.1（3）	儒家思想	16.5（15）
阴阳图	51.3（2）	中国水墨画	11.5（17）
龙	38.6（5）	天坛	12.6（16）
中国功夫	30.8（10）	道教	8.2（19）
汉语	25.1（12）	中国诗歌	6.0（22）
中华医药	38.5（6）	中国音乐	8.5（18）
大熊猫	31.8（9）	京剧	7.0（21）
丝绸	27.6（11）	春节	7.9（20）
瓷器	33.3（7）	北京大学	4.0（23）
北京故宫	40.9（4）	清华大学	1.1（25）
中国园林	23.0（13）	平均	25.4
唐装/旗袍	21.7（14）	以上都不是	2.1（24）

注：括号内为排名。

从表 8—1 可以看出,长城作为世界最伟大奇迹之一,德国受访者对它的认可度最高（84.9%）；一直引领世界哲学发展潮流的德国人很容易将阴阳图（51.3%）作为重要的选项；而我们恰恰认为是文化国粹的京剧仅占 7.0%,最能体现中华文化古今相继的中国水墨画、中国功夫、中华医药、中国诗歌、中国音乐、春节的认可度均在 40% 以下；作为中华文化和科技最高殿堂的北京大学只有 4.0%,平均认可度为 25.4%。

[①] 关世杰:《中华文化国际影响力调查研究》,北京大学出版社 2016 年版,第 190 页。

表8—2　　德国受访者对中华文化表现形式感兴趣的比例[①]　　单位:%

中餐	53.6（1）	中国杂技	11.1（13）
中国历史	36.6（2）	中国文学	8.4（18）
中国的名胜古迹	28.7（4）	中国动漫	10.6（14）
功夫	21.3（8）	中国音乐	9.0（17）
中医	36.0（3）	舞蹈	8.3（19）
中国哲学	21.9（7）	中国春节	7.8（21）
中国建筑与园林	23.4（6）	中国体育明星	5.3（23）
中国宗教	18.2（9）	中国图书	6.2（22）
中国电影	13.8（12）	电视剧	3.5（24）
汉字	24.4（5）	戏剧	3.4（25）
中国工艺品	15.4（10）	24种形式平均	16.4
中国影视明星	7.9（20）	中国经济	8.9
中国绘画	9.5（16）	对以上都不感兴趣	14.0（11）
中式服装	10.0（15）		

注：括号内为排名。

　　德国受访者最感兴趣的中华文化形态，比例超过30%的仅有中餐（53.6%）、中国历史（36.6%）、中医（36.0%）。这几种形式中，中华美食享誉世界，德国人也是口福尽享，中国历史和中医是世界历史和世界非物质文化遗产的重要组成部分，因此，德国民众比较感兴趣。但是，代表当前中华文化形态的汉字（24.4%）、中国哲学（21.9%）、中国春节（7.8%）、中国图书（6.2%）、中国体育明星（5.3%）、电视剧（3.5%）、戏剧（3.4%）的关注度较低，甚至14.0%的受访者表示，他们对所列出的中华文化表现形式都不感兴趣。

[①] 关世杰:《中华文化国际影响力调查研究》，北京大学出版社2016年版，第211页。

表8—3　　　　德国受访者可接触到中华文化形式的比例① 　　单位:%

中餐	41.2（1）	音乐	3.7（13）
中国历史	9.0（5）	中国体育明星	2.9（17）
中国电影	8.3（7）	中国绘画	2.5（18）
功夫	9.2（4）	电视剧	2.2（20）
中国哲学	7.4（8）	中国杂技	2.0（21）
中医	11.7（3）	中国图书	1.9（22）
汉字	8.5（6）	中式服装	2.3（19）
中国影视明星	3.8（12）	舞蹈	1.7（23）
动漫	6.3（9）	中国春节	0.9（25）
中国名胜古迹	3.2（14）	戏剧	1.7（23）
中国宗教	5.7（10）	24种表现形式平均	6.1
中国文学	3.2（14）	中国经济	4.7
中国工艺品	3.0（16）	以上都接触不到	35.1（2）
中国建筑与园林	4.3（11）		

注：括号内为排名。

德国受访者能接触到的中华文化表现形式只有中餐的占比达到41.2%，这跟饮食文化的全球化发展有所关联。中医（11.7%）、功夫（9.2%）、中国历史（9.0%）、汉字（8.5%）、中国电影（8.3%）、中国哲学（7.4%）等的占比还能达到5%以上，倒数第1至5分别是中国春节（0.9%）、戏剧（1.7%）、舞蹈（1.7%）、中国图书（1.9%）、中国杂技（2.0%）。值得注意的是，35.1%的受访者对所列出的全部中华文化表现形式都接触不到。

---

① 关世杰：《中华文化国际影响力调查研究》，北京大学出版社2016年版，第213页。

表 8—4　　　　　　　德国受访者对待汉语的态度① 　　　　　单位:%

态度	比例
学习过汉语	3
没学过，但将来想学	16
没学过，将来不想学	81

在采访对象中，未学过汉语的人德国占97%，其中将来不会学的占81%，将来有可能学的也仅占16%。

表 8—5　　　　　　　德国受访者学习中文的途径② 　　　　　单位:%

途径	比例
网络教学	21
家教	30
本国其他学校	27
中国朋友	3
孔子学院	27
阅读中文书籍/报刊	9
教学软件	9
收看中文电视	0
其他	6
移动设备	12
收听中文广播	3
来华留学	0

在学过汉语的德国受访者中，当被问及是通过何种途径学习汉语的，答案最多的是通过家教来学习，占30%，其次是通过"本国其他学校"和"孔子学院"学习，都占27%，通过网络学习汉语的占21%，还有通过移动设备、中文书籍等方式学习汉语。没有人通过"来华学习"或

---

① 关世杰:《中华文化国际影响力调查研究》，北京大学出版社2016年版，第204页。
② 同上书，第205页。

"收看中文电视"等方式来学习汉语。

关世杰教授认为,将受访者对某种文化表现形式感兴趣的比例与受访者能接触到的文化表现形态比例之差简称差值,差值能在很大程度上反映出受访者对中华文化的需求与供给之间的关系,抑或说能够反映出一国文化被另外一个国家的认知程度。根据上述图表对比分析,我们发现中华文化表现形式在德国差值最大的是中国历史,感兴趣的比例为36.6%,可接触到的比例为9.0%,差值为27.6%;对中国的名胜古迹,感兴趣的为28.7%,可接触到的为3.2%,差值为25.5%;对中医感兴趣的为36.0%,可接触到的为11.7%,差值为24.3%。中华文化与历史世界瞩目,5000年的历史、丰富的古迹遗存、博大浩瀚的中医文化均是德国民众的所爱,但感兴趣的程度和可接触到的程度比差异很大,从一个方面反映出德国民众对中华文化关注度的严重不足。而作为中华文化传播主要载体的汉语,德国民众对其关注程度却很低,对汉语感兴趣的人少,而且学习汉语的路径太少,影响了中华文化的传播与普及。

(二) 部分德国民众对中国形象存在消极"文化定式"

"文化定式"(Culture Stereotype)的概念源自美国新闻评论家沃尔特·李普曼(Walter Lippmann)。1922年,他在《公共舆论》(*The Public Opinion*) 著述中使用了这一词。他认为:文化定式是指按照性别、种族、年龄或职业等特征进行社会分类,形成的关于某一类群体的固定印象。具体到某个国家,就构成了国家文化定式,指的是人们对于某个国家、某个民族成员共同文化特征所概括出的笼统而又比较固定的心理认知。文化定式作为一种认知的心理过程,其存在合理性,但作为一种认知结果,其往往是片面的。在文化定式的产生过程中,族群自身的经济社会环境,族群间的关系等都会影响文化定式,尤其是造成负面文化定式或者偏见的产生。过分简单、不加鉴别地判断,以偏概全的定型观念,势必产生主观且不全面的文化定式,结果会影响不同文化成员间的文化交流与传播。

从2002年起,美国"皮尤研究中心"一直针对"欧洲人对中国形象的看法"进行调查研究。我们通过"欧洲人中国总体好感度"(2005—2013年)的调研数据可以发现,欧洲人对中国的好感度总体不高,对华认知的欧洲悖论在德国体现得尤为明显。在皮尤研究中心所调查的欧洲国家中，德国民众对中国的不好感度一直保持着持续走高的趋势。调研结论体现出西方国家尤其是德国自身的强势文化心理，表现为一种重本国文化、轻外来文化的主观文化态度。通常情况下，民众喜欢用自己的文化价值标准去评判和衡量别国文化现象，以此确定不同文化间的高低贵贱。这一文化态度在一定程度上就是一种文化偏见和文化定式，当碰到文化民族性、差异性或跨文化理解困境时，人们往往会容易显示和表现这种文化心态，曲解或贬低评判外来的文化现象和文化行为。这一认知方式影响了相互之间的行为选项、交流方式，也是影响中德两国跨文化沟通的主因。

表8—6　　2005—2013 欧洲人对中国的好感度情况①　　（单位:%）

	2005年 好/不好	2006年 好/不好	2007年 好/不好	2008年 好/不好	2009年 好/不好	2010年 好/不好	2011年 好/不好	2012年 好/不好	2013年 好/不好
英国	65/16	65/14	49/27	47/36	52/29	46/35	59/26	49/35	48/31
法国	58/42	60/41*	47/51	28/72	41/60	41/59	51/49	40/60	42/58
德国	46/37	56/33	34/54	26/68	29/53	30/61	34/59	29/67	28/64
西班牙	57/21	45/38	59/43	31/56	40/41	47/38	55/39	49/46	48/47
意大利			27/61					30/64	28/62
波兰	37/34								
荷兰	56/34								
斯洛伐克			45/43						
保加利亚			44/29						
瑞典			43/40						
捷克			35/58					33/56	34/55
立陶宛							52/36		
希腊								56/38	59/37

资料来源：根据美国皮尤研究中心（http://www.pewresearch.org/）调查数据整理。

---

① 周弘：《盘点战略伙伴关系十年》，社会科学文献出版社2013年版，第395页。

德国是 40 多年来中国在欧洲最大的贸易伙伴，而中国自 2016 年也成为德国全球第一大贸易伙伴。但是，随着中德经贸关系的逐渐深化，德国民众对中国形象认知却呈相反方向发展。从表 8—6 中可以发现，德国对中国的好感度从 2005 年的 46% 下降到 2013 年的 28%，并且在 2008 年达到最低点 26%。英国广播公司（BBC）公布的 2014 年全球民意调查结果显示，德国是对中国看法最为负面的国家，高达 76% 的受访者认为："中国对世界的影响主要是消极的。"[1]

很多"文化定式"的形成与大众传媒的传播有着重要的联系，在民众的文化认知养成过程中，媒体往往会发挥重要的塑造性作用。一旦大众传媒存在着主观性和局限性，就很容易形成片面定式，束缚人们思维，导致无法客观观察和接受另外一种文化。2010 年，德国"伯尔基金会"受托实施了一项有关德国媒体如何报道和评价中国的研究。"伯尔基金会"对德国六大主流媒体，包括《法兰克福汇报》《南德意志报》《明镜周刊》《焦点周刊》《时代周刊》和国家电视台在 2008 年有关中国的报道进行了内容分析[2]。研究结果表明，德国媒体在不了解中国的基本国情以及改革开放四十年中国在政治、经济、文化和社会领域取得伟大成就的背景下，习惯采用西方标准，随意评判中国。其中"人权"问题一直被德国媒体当作指责、批评中国的重要口实。一些德国媒体误读中国的援外战略，认为中国的援外行动，核心目的是攫取当地资源。德国媒体对中国死刑制度、劳教制度、有毒食品和有毒儿童玩具、西藏问题、言论自由等问题的批评，也影响着德国民众对中国的印象。德国媒体的片面报道很自然地引导了德国民众的思维，这些内容也就成为德国民众对中国国家形象的基本文化定式。

作为最具影响力的新闻周刊，《明镜》周刊对德国甚至全球舆论导向有着巨大影响力，被誉为领导性的媒体。然而，《明镜》周刊封面标题在提及中国的时候，最常报道的是和各式斗争和争斗相关的内容[3]，高频词

---

[1] 孙进：《德国对中国的看法为何很负面》，《中国青年报》2014 年 7 月 2 日。
[2] 同上。
[3] 梁珊珊：《德国媒体关于中国文化定势的研究——以〈明镜周刊〉封面为例》，《人民论坛》2015 年第 35 期。

包括毛（Mao）、战争、革命、斗争、骚乱等，这非常容易使德国民众不自觉地将中国界定为一个好斗好战的国家。综合这些描述中国的词语，同时伴随有关中国强国梦和强军梦的描述，德国民众眼前呈现出的是一个不断强大且对世界有威胁的中国形象。《明镜》周刊封面在介绍有关中国的内容时画面一般都会采用红色或黄色，红色的使用显得尤为突出。红色在中华文化氛围中主要代表胜利、喜庆、兴隆等积极乐观的含义，但它在西方文化氛围中恰恰相反，往往与死亡、危险有着关联性。《明镜》周刊涉中报道钟爱红色，会使那些本来对中德文化差异并不敏感的德国民众也容易将中国和危险、威胁等联系在一起，进而形成相对应的文化定式。受冷战思维影响，《明镜》周刊习惯于将中国归入与西方对立的价值体系，相应地，他们更喜欢评述中国政治、社会及文化的弱点。

从意识形态偏见的角度去丑化和塑造中国形象，反映出以《明镜》周刊为代表的德国媒体固有的"冷战意识形态"的偏见和"西方中心主义"的傲慢，与中国民众对德国制造和欧洲领袖的文化定式形成了强烈反差。他们恰恰忽略了，中国虽然是全球化的后来者，但基于全球化和改革开放的发展需求，不仅埋头发展国内经济，更客观地看待和吸纳他国的经验和优势融入全球化的发展潮流中。我们也一定要看到，德国媒体有着丰厚的群众基础，对华的负面态度很大程度上来源于民众的对华认知，反过来又重新塑造了民众的对华认知。德国媒体所营造的舆论环境束缚了德国民众的客观思维，在这样的环境下，他们无法接触和深入了解真正的中国，只能依附于媒体对华的负面报道，形成一种消极悲观的中华文化定式。

（三）中华文化对德国传播中面临的"文化逆差"困境

从跨文化交际学角度看，文化是民族、群体、组织、个人的主要取向标准。文化影响和决定人们的感知、思维、评价和行动方向，文化价值取向标准决定人们的文化行为方式。在跨文化交流中，不同文化核心标准和文化取向体系中均存在"文化不对称"。当出现文化理念不对称时，人们通常会用自己的文化价值标准对别国文化现象进行取舍，进而更多地维护自我的文化价值和文化现象。中西方国家间的文化不对称主要表现为中华文化所表达出来的包容、多元、厚重感与西方文化的高冷、自大，进而在中华文化西传之路上出现了巨大的"文化逆差"现象。

与经济贸易的顺差相比，中国的文化贸易存在着严重逆差。多元的文化交流活动、全球频频掀起的"中国热"，展示着中华文化的博大精深。但是，我们应该看到，"热"不等于沟通，交流不一定意味着认同，传统的东西不等于现实影响力。

表8—7 中国主要文化产品2010—2014年进出口情况[①]（单位：万美元）

文化产品	贸易额	2010年	2011年	2012年	2013年	2014年
图书、期刊、报纸	出口	3711	3906	7283	6012	5650
	进口	26009	28373	30122	28049	29392
	净贸易	-22298	-24467	-22839	-22037	-23742
音像、电子出版物	出口	47	35	2192	122	156
	进口	11383	14135	16686	20022	21000
	净贸易	-11336	-14100	-14494	-19900	-20844
总计	出口	3758	3941	9475	6134	5806
	进口	37392	42508	46808	48071	50392
	净贸易	-33634	-38567	-37333	-41937	-44586

资料来源：中华人民共和国国家统计局。

其一，从数量上看，中华文化对外传播处于比较严重的"入超"状态，从文化形式输出量与输入量的比例来看，存在严重的"文化逆差"现象。这种"文化贸易逆差"主要表现在电影、电视剧、图书、文艺演出等文化产品的进口多、出口少。从表8—7可以看出，从2010年到2014年中国的5个主要文化产品（图书、期刊、报纸、音像制品及电子出版物）总贸易额呈上升趋势，增长了34.1%。但是，从表8—7中还能看出，中华文化产品贸易交流中处于逆差状态，而且这种贸易逆差呈现上升趋势，5个主要文化产品从2010年到2014年贸易逆差增加了29.6%。这些都表明，中华文化产品在国际贸易竞争中还处于弱势地位。其二，我国文化输出的内容不能代表中华文化的核心内核，缺乏核心产

[①] 谢靖：《中华文化产品贸易逆差及应对策略》，《市场研究》2016年第8期。

品和高附加值产品，进而使中华文化产品的对外贸易处于逆差状态。这些年来，我国电影、电视输出均以功夫片为主，各类出版物则主要以丝绸、茶叶、瓷器、武术等内容为主。这些内容能够展示中华文化的一些侧面，对国外民众了解中华文化有很大益处，但这些内容不能完全代表中华文化的核心内核。国外受众不能触及中华文化的内在价值，也就很难认同中华文化。更有甚者，我们所知道的一些在国际上获得较高评价甚至摘得国际大奖的中国电影，因其主题和基本内容主要描述中国社会的阴暗面以及扭曲的人性，迎合了西方受众的猎奇心理，却深重地歪曲了中华文化的魅力所在。这种文化传播，其影响和效果是可想而知的。

其三，"文化逆差"还表现为中国民众对西方文化的大量吸收以及中国文化受到的安全挑战。受西方文化的强势影响，中国大众文化蓬勃发展，但缺乏创新性，文化形式受西方影响较大，纷至沓来的西方文化产品令中国民众应接不暇。其中最应该引起我们重视的是语言的传播，因为语言是民族文化的符号，也是观察文化的重要视角。在语言方面，中西日常生活文化交流确实存在一个互动的过程，但我们发现，近年来，外来词语的引进越来越多，人们习惯于在中文中夹杂外文词句进行意思表达，许多商品、事务等的名称也用英文缩写来表示。以语言为依托，中国民众对西方技术文化、饮食文化、服装文化、制度文化等也大量吸收借鉴。我们还要看到，互联网上文化交流的发展突破了中西地理疆界、国别壁垒，让中西方文化交流的信息迅速地、瞬间地传播、接受和互动，西方文化借此媒介的强势进入，客观上给中华文化安全带来挑战。西方国家凭借着其强大经济实力，一直掌握着文化输出的主导权。它们将自身的文化理念和价值观念视为一种"普世价值"，通过文化输出渗透进中国。西方强势文化的渗透使中国传统的文化观念、道德准则、民族意识等被弱化。

德国的文化艺术相当发达，以图书行业为例，尽管行业处于时代巨变和强大媒体竞争的压力之下，德国图书市场仍以近 92 亿欧元的规模，10 年来保持稳健发展。德国市场的新版图书品种在 2014 年经历谷底（73863 种）后，2015 年呈现增长趋势，总计 76547 种。品种增长的趋势涉及所有类别图书。其中，最突出的是艺术和休闲类图书，2015 年比

2014 年增加 1500 余种，达 11659 种：文学类图书 29685 种（2014 年为 28654 种），哲学、心理学类图书 4222 种（2014 年为 3586 种）[①]。德国的文化强势是其固有的文化内涵和时代的不断创新而促成的。德国的版权输出贸易在 2015 年继续增长，总计输出版权 7521 种，比 2014 年增加 1078 种（增幅达 16.7%）。版权输出的高增长主要得益于中国和德国之间顺畅的版权贸易，中德两国文化交流中存在的"文化逆差"也在此突出表现出来，德国文学作品译著传入中国的数量远远多于中国作品传入德国的数量，德国图书版权输出到中国的品种在 2014 年为 983 种，2015 年为 1514 种，增幅达 54%[②]；在人员交流方面，2013 年以来，中德两国相继开展多层次人文交流活动，互设文化中心、孔子学院、歌德学院，互派留学生与专家学者。但目前，两国间的人员交流还不够广泛和深入，在中德留学生互派方面德方有着巨大赤字。中国在德学子约有 4 万人，构成外国在德最大学生群体，而德国派往中国的留学生仅有 8000 人左右。

中德人文交流过程中产生的"逆差"抑或"顺差"现象等，实际上都是中德间的"文化逆差"所为，这与德国极其发达的教育体系、先进的科学与技术有着重要的关系，也与许多德国人并不了解中国除北京、上海、广州之外的城市和文化，以及改革开放以后的中国、正在崛起中的中国有关联。相对而言，中国人更期待了解德国生活、文化、科学与技术。如果问及中国人如何看待德国文化，第一个答案一定是德国哲学以及德国哲学家康德、黑格尔、马克思对中国近代社会产生的巨大影响；第二个答案就会是"德国制造"，奔驰、宝马、克虏伯、西门子。这两个答案，我们称之为"思想"与"技术"。"思想"与"技术"是中国发展所需，德国也自然成为中国这个后起国家梦寐以求的模仿和追随对象。

[①] 《年度国际出版趋势报告·德国分报告》，第一中国出版传媒网，http://www.baidu.com/link?url=E_TjcNKG-HYCoEtcrgaOnhNImBXy-JseF0yfgATBzHJ5UuTU6N00I3AQlxCf60FQJRfPeOiy2dTtvS_EIBF0wa&wd=&eqid=d5760b0000042846000000035ca1a3b4.

[②] 同上。

第三节　中华文化在德国传播困境的原因分析

在全球化过程中人们越来越关注文化和文明观在经济和社会发展中的特殊作用。世界各民族独特的文化传统、文化意识和历史特性对未来社会发展产生潜在的制约力量。在经济全球化和人员交往国际化的今天，我们面对越来越多的不同文化理念和文化行为方式，与此相伴的文化误解和跨文化交际问题影响着不同文化成员间的交流和合作。中华文化在德国传播受阻主要通过意识形态、价值观等方面的冲突表现出来，但文化本身的扩张与防御机制、文化内容的非对等性、文化交往的不平等性以及我们自身的"弱点"也值得我们认真看待和反思。

一　意识形态与价值观差异是影响中国对德文化传播的核心问题

一定历史时期内，文化生产并不是我们所看到的其表面的普遍性和单纯的自由性，由于社会历史条件等因素的制约，文化生产囿于一定的意识形态情境中，并在客观上总是受到主流意识形态的操控与规制。在阶级社会里，一定历史时期内占统治地位的阶级为维护其阶级统治，必然需要从精神上寻求对其统治合理性的理论论证，他们往往会把其阶级意识扩大或幻化为一种具有普遍性和全民性的意识，一种真理和价值观，即将意识形态通过在文化领域实现认同，上升为社会主导文化，来实现对既定格局的维护。在这一过程中，统治阶级会把维护其意识形态的文化确立为社会主导文化，并以它为标准来对其他文化体系加以整合和取舍。这就说明，意识形态作为文化的核心及指导思想，决定着文化的性质和发展方向。一定历史时期内，有什么性质的意识形态，就会有什么样的主导文化体系与其相匹配。尽管在阶级社会中，会有与意识形态相左的文化存在，但它不可能成为社会的主导文化，也不可能成为引领社会发展的社会核心价值取向。也就是说，意识形态作为占统治地位的阶级的精神文化体系，它对整个社会文化体系具有导向和支配的作用。此外，文化特别是反映某个政治共同体的政治信仰、政治目标和政治行为规范的政治文化，它的价值评判标准就是意识形态。在观念形态中，统治阶级意识形态作为社会中心价值观所具有的内在张力，使它成为法定先在的标尺和评价准则，规范着文化诸体系的发展形式，并促使文化因素对社会的作用受到意识形态的筛选、评价和规范。因此说，意识形态是文化发展的评价体系。基于文化与意识形态之间的辩证关系，我们看到中西之间的意识形态差异会导致文化抵触和交流困境。

意识形态冲突是阻碍国与国之间文化交流的核心要素，也是文化体系中最隐性的因素。文化及文化交流的性能是能在一定程度上将意识形态所内含的思想观念、价值体系通过文化内在的精神力量传送、分配给社会成员，并内化为他们的政治认同，从而达到对现存政治体系、政治结构的维护，并通过对既定格局的维护来维持意识形态的权威性。文化顾名思义，它不仅是"文"的过程，同时也是"化"的过程，即文化不仅仅是指一种具体的思想或观念体系，更指这一思想或观念的转化和外化。尽管在文化交流过程中，人们不会特别注意自己的意识形态和价值观站位，但毫无疑问，那些隐藏在文化深层的价值观念会对文化交流产生影响，因为不同文化体系中的人们在交流沟通时其假定的前提往往是不同的，他们对外界信息刺激所作出的反应也会不同。西方发达国家主张推行意识形态多元化和鼓吹"普世价值"，就是要借力文化的平台作用实现外化的目的。因此，文化输出与反文化输出依然是当前以及今后很长时期内中西对立的表现形态。中西方文化在意识形态方面冲突的核心就是西方主张意识形态多元化与我国主导的马克思主义主流意识形态之间的矛盾。和许多欧洲国家一样，德国也在高举普世主义的大旗，宣扬西方意识形态的合理性。我国始终坚持马克思主义意识形态的指导地位，这完全符合中国民众和中华民族的利益与需求，更能不断强化中国人民维护国家利益和民族文化的责任感和使命感。中国的主流意识形态与德国包括西方的主流意识形态的导向存在差别，在意识形态冲突的同时必然引发文化冲突，进而影响文化交流与融合。21世纪以来，尽管中德经济上合作共赢，政治上友好往来，但两国根深蒂固的意识形态冲突却无法愈合。

任何一种文化背后均有一套特有的价值观体系作为支撑，它是在人类的社会化进程中逐渐形成的，并根植于人们的头脑中，进而左右人们的行动。价值体系是文化的另一种评判标准，它依附于具体的文化而生存，对每一种文化的判断应使用不同的价值评判体系，因为每一种文化在自己的文化体系内都具备其存在的合理性，不能用一个评判标准衡量所有的文化存在。价值体系具有相对稳定性，一旦形成就不容易有任何改变。因此，对于生存于某一文化体系之中的民众来说，实施何种行为或怎样实施何种行为，均受到该文化体系价值观的影响。

从政治文化视角来分析这一问题，同样可以找到中德文化冲突症结所在，因为中德两国的政治文化分属于不同的核心价值体系。中共十九大报告把坚持社会主义核心价值体系作为构筑中国政治文化和社会体系的核心，提出"必须坚持马克思主义，牢固树立共产主义远大理想和中国特色社会主义共同理想，培育和践行社会主义核心价值观，不断增强意识形态领域主导权和话语权，推动中华优秀传统文化创造性转化、创新性发展，继承革命文化，发展社会主义先进文化，不忘本来、吸收外来、面向未来，更好构筑中国精神、中国价值、中国力量，为人民提供精神指引"。[①] 这句话可以被解读为，在社会主义核心价值体系构建中，马克思主义是价值观和思想引领，共产主义远大理想和中国特色社会主义共同理想是既定目标，中华优秀传统文化的转化、继承与创新是核心主题，吸收外来、开放发展是基本方略。社会主义核心价值体系的构建已成为中国共产党的伟大事业和中华民族赖以发展的根本前提。德国社会价值体系的构建是基于西方自由民主制度几百年的发展史，其基本价值观主要包括自由、平等、人权等，强调个人主义和个人至上，强调个人在社会中的价值存在。在德国看来，中国的政治和社会治理体系不符合国际规范。因此，在德中交往中，德国输出"自由""平等""人权"等价值观念，寄希望于改造中国和中国人民。冷战结束后，统一后的德国崇尚对中国实施"价值观外交"政策，即按照意识形态和民主制度改造为前提来制定对中国的外交政策，实施影响和改变中国民众价值观为核心的外交策略和手段。这一逻辑从科尔总理起就有所显露，但科尔和

[①]《决胜全面建成小康社会 夺取新时代中国特色社会主义伟大胜利——在中国共产党第十九次全国代表大会上的报告》，《人民日报》2017年10月28日。

施罗德执政时期对华人权政策相对务实，也在一定程度上肯定了中国在这一领域取得的进步。2005 年默克尔执政开始，对中国的价值观外交愈演愈烈。她认为"国内政治、人与人之间相处以及基本规则都是建立在价值观之上"①。2007 年，默克尔不顾中国政府的坚决反对强行接见达赖，紧接着基督教民主联盟又出台了所谓的"亚洲新战略"，造成一定时期内的中德关系不和谐。在中国的一些政治、文化和社会问题上，个别德国政治人物常常站位于"价值观"制高点批判中国、干涉中国内政，从而损害了两国关系的良性发展，更为两国人文交流制造了困境。

二 文化冲突是中德跨文化交流的巨大障碍

在全球化进程中，不同国家、地区、民族之间由于固有的文化差异，难以避免地会出现摩擦、对抗甚至冲突，由此导致文化冲突现象的发生。因此我们可以给文化冲突下个定义："文化冲突就是特定时期两种以上的文化模式、文化形态或文化精神在社会交往过程中所发生的排斥、反对及否定现象。"② 文化冲突是基于两种不同文化的交往背景，内涵上表现为他们在价值观念、行为规范等方面发生的互相对立、相互排斥的情况。文化冲突现象具有明显的普遍性和全球性的特点，文化冲突与文化融合相伴相生、跨文化传播与文化对峙抗衡并存是这一时代主要的国际文化现象。

文化间表现出来的冲撞和对抗是由各文化精神的差异引起的，通常表现为拥有某种文化内涵的主体排斥、抵触另一种文化形态。文化冲突是异质文化之间相互排斥，并作出排异反应的结果。当他们排斥、抵触另一种文化时，就会出于本能地采取对另一种文化进行封闭防御的策略，或者对另一种文化进行否定性的批评。在跨文化传播过程中，作为外来文化，必须在吻合对象国文化主体的认知而且符合其利益的基础上，才有可能得到对象国文化主体的内在认同，并为之所吸纳融合。文化冲突

---

① 赵柯：《解析默克尔政府的对华政策》，《欧洲研究》2010 年第 5 期。
② 种海峰：《时代性与民族性：全球交往格局中的文化冲突问题研究》，中国社会科学出版社 2011 年版，第 33 页。

一般发生在宏观价值领域,如意识形态、宗教等,当然在微观的日常生活中也常见,如饮食、服饰等。宏观价值领域的文化冲突比微观生活领域的文化冲突表现更加激烈,进而导致的文化冲突问题也更加深刻。可以说,文化冲突是人类社会中诸多矛盾的深层次根源所在。文化冲突的核心问题是价值观念的冲突,但价值观念主要通过表现为国与国之间的冲突、不同宗教之间的冲突、同一国土内各民族之间的冲突等。从这些冲突的表象上分析,造成冲突的根源是政治、经济、领土、意识形态、利益和宗教信仰等原因,但是归根结底文化冲突才是上述冲突形成的本质成因。文化扎根于人的思想意识之中,并且逐渐演化成为人们生产生活中遵循的原则和规范,人们在文化潜移默化的支配下从事生产生活,在生产生活中体现的人与人之间、人与社会之间甚至不同民族、国家之间的冲突归根结底起源于文化的冲突。

文化冲突现象具有明显的普遍性和全球性的特点,文化冲突与文化融合相伴相生、跨文化传播与文化对峙抗衡并存是这一时代主要的国际文化现象。中德跨文化交际产生的各种困境和问题,究其原因,最为重要的是两国间存在的文化差异。来自不同文化背景的中德文化交流主体思维方式和价值观念有着很大的差异。要解决这一问题,首先搞清中德两国文化差异所在,知己知彼才能构筑文化融合的平台。中德文化差异主要表现为两国文化形态的个性差异。中国面对一面朝海、三面环沙漠、险山的半隔离地理环境,该种阻绝地带使中华文化的形成具有较强的独自孕育的特点,从而文化自身也表现出内倾和独立性的个性。而德国文化源于古希腊的城邦文化,是欧美文化的核心组成部分,无论是曾经的城邦还是后来的中部欧洲,城邦、小国林立,各自独立,各行其政治、经济之事。由于内部地理环境的限制,这一区域的经济、文化呈现"外拓型";就思想根基与观念来讲,中国传统文化强调为人之道,即温、良、恭、俭、让。在人与人、人与社会之间的关系上,强调人与人之间平等尽义务的同时,更强调集体至上原则。在人与自然的关系上,强调人与自然和谐相处。就主导思想来说,从儒家思想到今天的中国化马克思主义,一方面深刻展示了中华文化的辩证法特质及发展逻辑,另一方面表达了中华文化的博大和包容。而德国文化秉承古希腊文化核心内涵又历经文艺复兴及启蒙运动的洗礼,在注重个人主义的同时更强调人与人之间、人与社会及人与自然间契约精神的重要性。

任何文化都有其自身的扩张和防御机制,但是当每个民族都认为自己的民族文化是最先进的时候,都不由自主产生文化扩张行为进而同化其他民族文化。当两种民族文化相碰撞时,本民族文化立刻会自然形成防御机制来抵御外族文化的传播或渗透,从而形成文化冲突。文化霸权主义的一种重要表现就是推行强势的文化政策,进行文化侵蚀,逐步消灭弱势文化,建立强势文化的统治地位,进而为强势文化谋取利益。这一行为也可以理解为一国采用文化侵略的战略对他国进行文化侵蚀,最终要实现从根本上消灭另一个国家的文化自主性,同时淡化他国民族意识,抹杀其民族精神。在经济全球化的今天,西方发达国家利用自己在经济、政治、科技上所处的优势地位,积极推进全球文化一体化,企图以其自己国家的文化作为具有"普世价值"的文化形态来侵蚀别国的文化。不同文化在融合与冲突的过程也是传播与相互发生着影响的过程,在现实国际社会中,文化的传播与影响结果却因不同文化所依赖的政治和经济力量的差异而存在不同。经济、政治比较发达的国家或地域文化对相对弱势的国家与地域的文化有着较强的影响作用;同时,那些政治、经济落后的国家或地域文化自觉不自觉就会被强势文化所弱化甚至同化。近年来,中德两国人与人的交流空间日趋扩展,文化交流形态和内涵急速丰富,同时,两国的文化冲突也加剧了。全球化进程中,包括德国在内的西方发达国家正在通过政治权力、资本权力和文化权力分化着世界,让人们难以捕捉彼此的共同人性。随着中国经济社会的发展以及综合国力的增强,在国际交往与文化交流中的地位不断提高,中华文化正在被越来越多的国家所认可,但是包括德国在内的一些西方国家深深感到自身文化"领先地位"受到了挑战,就想通过文化扩张的手段来挤压中华文化的国际生存空间。中德之间的文化传播困境可以从两国的文化贸易摩擦中体现出来:一是德国给中国设置不平等的商品和服务市场准入规则,既保卫了德国本土文化,又阻止了包括中国在内的其他异质文化的传入;二是德国向中国实行不平等的商品和服务的单边输出,对中华文化商品和服务不断进行反倾销;三是德国继续维系不平等的国家贸易规则，不承认中国的市场经济地位。

三 西方"话语权"优势在一定程度上阻碍中华文化的传播

国际话语权是指以国家利益为核心、就国家事务和相关国际事务发表意见的权利，它体现了知情权、表达权和参与权的综合运用。新中国成立至今，中西思想文化交流、交融、交锋经历几十年的曲折发展。但是，不论在任何时期，不论中西思想处于交流、交融为主还是交锋为主，凭借文化霸权和国际话语权的优势，西方始终占据主导地位。西方掌握国际话语权还表现为西方媒体垄断和传媒霸权，使中国在中西思想文化交流中处于被动地位。

不同文化的融合与冲突过程也是文化传播与相互发生影响的过程，在当今国际社会中，文化的传播却因不同文化所依赖的政治和经济力量的不同而存在差异性。经济、政治比较发达的国家或地域文化对相对弱势的国家与地域的文化有着较强的影响作用；同时，那些政治、经济落后的国家或地域文化很容易会被强势文化所弱化甚至同化。文化霸权主义首先表现为强势文化对弱势文化推行强大的文化政策，不断进行文化腐蚀，进而实现消灭弱势文化构建强势文化统治地位的目的。在国际政治领域更多见证的是，一些大国采用意识形态、人权等思维对他国进行侵蚀，最终目标是实现消灭弱国的文化自主性。在经济全球化的今天，西方发达国家利用自己在经济、政治、科技上所处的优势地位，积极推行全球文化一体化，以他们自身所谓的"普世价值"的文化形态对他国文化进行侵蚀。

西方国家凭借着自身在政治、经济以及科技上的优势和核心地位，垄断国际传媒，操纵国际舆论，形成国际文化话语霸权。以自由、平等、人权为主要的国际话语在全球被强制推广，西方文化也自然成为全球文化生产和传播的主体。当前，全球舆论体系90%以上被西方媒体所垄断，世界新闻舆论导向主要受控于西方主流媒体。长期以来，西方主流媒体掌控国际舆论传播主导权，不断向发展中国家输出价值观，动摇他国文化根基，同时丑化别国形象。

多年来，西方一直通过所掌控的国际话语权来损害中国国际形象，恶意降低中华文化的国际影响力。反过来，随着西方文化服务和产品不断倾销中国，西方的价值观念也随之而来，对中国的意识形态、思想文化和社会稳定均产生了巨大影响。特别是20世纪90年代，西方主流媒体对中国的报道大部分为负面内容。随着中国开放发展战略的不断深入，西方主流媒体有关中国的报道逐渐出现了客观的一面，但误读中国的根本立场没有改变。这类报道内容主要集中于中国经济社会发展必经的阵痛，社会矛盾、能源需求与环境问题、民生问题、深化政治体制改革问题、人权问题、宗教问题等。西方主流媒体总是积极搜集、传播和报道负面新闻，恶意炒作负面新闻热点，不断发酵上述问题。近年来，随着"媒体政治化"现象越来越普遍[1]，一些受政治背景控制的西方主流媒体，出于对中国发展速度和实力不断增强的防范以及意识形态及价值观的偏见，借助自己掌控的话语权优势，将自身的价值观念强制性地灌输给中国，进而实现西化、分化中国的战略目标。

因此，中国在德国民众面前所呈现的国家形象是被西方媒体整合后的，体现的是德国主流媒体的意志和政治需求。从媒体的文化层面来看，德国媒体对于中国方面的报道是基于自身文化的立场和评判标准所做出的解读，所以在他们眼中这些报道是客观的[2]。德国媒体对中国的报道和观察普遍存在误读的情况，进而对德国民众造成严重的误导，这种误读主要表现为德国利用其惯有的主观思维和评判标准，对华报道脱离中国形象及中华文化的真实性。同时，德国媒体倡导商业化，追求经济和轰动效应，为了获取更丰厚的利益，德国媒体也常常夸大中国的社会矛盾、自然灾害等发生的程度等来进行商业炒作，吸引民众眼球。德国及西方主流媒体借助其在国际舆论领域的主导地位并秉承冷战思维，对华报道中较少谈及中国在经济社会领域取得的伟大成就和开放发展战略的推进落实情况。媒体的这类行为会误导德国民众并在其思想中形成负面的中国形象，对中德两国人文交流发展也产生了消极的影响。

---

[1] 史文锐：《对西方主流媒体涉华负面报道的分析与对策》，《中国校外教育》2014年第11期。

[2] 同上。

有关德国民众选择传播渠道了解中华文化信息的主观倾向的分析，也能验证上述观点。北京大学王昇虹教授及龙新蔚、江晓川针对这一问题进行了定量分析。调研数据显示，德国受访者了解中国的最主要信息源为德国传媒，占80.9%，仅有5.7%的受访者以中国大陆传媒为了解中国的主要信息源①。此外，调研还发现德国民众对中国通过在德国兴建孔子学院传播中华文化的战略认同度并不高。这些数据说明，德国受访者更加倾向于使用包括德国传媒等本地传播渠道获取有关中国的信息，而中国官方传播渠道在德国的影响力则十分有限，包括我国对外文化传播的主要途径——孔子学院也并未获得预期的传播效果。我们还对德国受访者对世界各大通讯社的信任程度进行了调研。可以看到受访者对美联社、新华社、路透社、法新社和德新社的信任程度的对比情况。受访者信任程度最高的为德新社，占有效回答人数的51.0%；其次为路透社，占32.3%；法新社，占23.4%；美联社，占18.1%；信任程度最低的为新华社，仅占有效回答人数的9.7%。相对应地，受访者不信任程度最高的为新华社，占有效回答人数的26.2%；其次为美联社，占17.9%；选择不信任法新社、路透社和德新社的有效回答比例相近，分别为13.3%、12.3%和11.0%。

表8—8　　　　德国民众对各大通讯社的信任程度②　　　（单位:%）

	美联社	新华社	路透社	法新社	德新社
根本不信任	9.5	10.6	6.5	6.7	5.0
不太信任	8.4	15.6	5.8	6.6	6.0
中立	32.2	29.9	30.8	31.9	25.9
信任	13.7	7.1	23.3	18.2	33.2
很信任	4.4	2.6	9.0	5.2	17.8
没听说过	31.9	34.3	24.6	31.5	14.0
合计	100.0	100.0	100.0	100.0	100.0

---

① 王昇虹、龙新蔚、江晓川：《中华文化软实力在德国的认知及接受度分析》，《国外社会科学》2012年第6期。

② 同上。

通过调研数据分析我们发现，德国民众最倾向于信任本国和欧洲的传媒，最不信任中国的传媒。可以说，这是西方文化霸权主义的重要体现，中华文化的对德传播还面临着文化认同的问题。德国及西方主流媒体借助其在国际舆论领域的主导地位并秉承冷战思维，对华报道中对于中国的经济社会发展和改革开放避而不谈，长期借人权问题、西藏问题、民族问题等攻击中国。德国媒体对中国现实的扭曲呈现，对于德国民众有着很大误导作用并形成负面的中国形象，对中德两国人文交流发展产生了消极的影响。

四 中华文化及传播"弱势"地位直接影响中华文化"走出去"

在全球化时代，中国的文化传播却面临现实的困境，文化创新能力不足和文化影响力低下，使中华文化软实力大大落后于西方，在中西思想文化交流中处于被动地位，西方思想文化对中国产生巨大冲击。可以说中国既是一个传媒大国，又是一个传媒弱国。中华文化对外传播能力明显不适应经济社会快速发展的现实，严重制约了中国国际形象的提升。系统分析中华文化对外传播现状，发现中华文化对外传播在创新能力、传播体制和传播方式等方面均不同程度存在问题。首先，中国的文化创新能力不足。改革开放以后，随着经济的快速发展和现代化建设的推进，人们的意识观念不断进步，社会主义市场经济体制推动新的文化体制逐渐形成，文化创新的地位不断上升。但是，由于国家的工作重心集中在经济建设上，文化建设领域缺乏重视，导致文化创新能力没有得到很好的提升，我国文化创新能力远远落后于经济发展速度，现有的文化生产力无法满足人民日益增长的精神文化需求。中华文化产品的国际竞争力不足束缚了中华文化在国际传播格局中的对外传播，推动中华文化产品"走出去"面临的一个挑战就是来自西方文化出口大国的激烈竞争。与发达国家相比，中国的国际文化贸易存在文化企业国际竞争力偏弱，在国际文化贸易价值链环节中处于低位，创新不足缺乏品牌效应等问题。中国的文化传媒企业国际竞争力在国际文化产品市场上偏弱，中国的传媒文化企业呈现集中度小、产业链不完整、产品销售额少等特征。虽然我国目前已经是重要的文化产品出口国，但与发达国家的传媒文化企业相比，中国传媒文化企业的国际贸易处于"大而不强"的状态。从目前文化产品出口结构来看，我国对外文化贸易产品主要是低附加值的劳动密集型产品。而核心的文化产品如影视媒介、表演艺术、出版物所占比重很小。而在传媒文化企业强国，不仅影视产品的出口占据主要文化贸易的主要位置，其影视产品还牢牢占据着价值链的高端位置。

（一）中华文化"走出去"面临着传统文化资源开发不够的问题

由于对传统文化的挖掘力度不够，直接导致中华文化在"走出去"的过程中缺乏创新性，对国外的版权和技术专利依赖严重，缺乏自身特色。我们在文化发展的过程中存在短视行为，过分强调文化的产业化，盲目追逐文化产业中的经济价值，忽视文化的内容，导致文化产品质量滑坡。热闹的文化表象难掩中华文化创新能力不足的窘境，"叫好不叫座"的现象依然存在。中国作为世界文明的发源地之一，在漫长的历史进程中，中华民族通过自己的聪明才智和辛勤劳动形成了独具特色的文化传统和精神气质，并将之融汇于"中华民族对生命价值、人生境界、人生态度的理解与领会之中，成为中国人理解世界、把握现实、领会人生的内在依据，这些价值观念已深深扎根于中国人的文化心理结构之中，成为中华民族走向现代化的精神支柱"。不过这些优秀的传统文化资源并没有得到人们的足够重视，还停留在以片面化、零碎化的方式向西方展示的阶段，没有得到系统的整合。此外，西方有影响力的传媒在报道国际关系时关注点相对分散，内容重在当地新闻事件，极少将当地国新闻事件与本国牵扯上联系。这种报道方式看似与政治无关，实则体现了媒体对事件的选择性，隐含的政治倾向不言而喻。相较而言，中华文化对外传媒报道信息量少、可看度低，自然吸引力差，扩大对外宣传的影响功能难以发挥。在对外传媒报道的内容上，我国传媒往往局限于高层政治人物工作行踪及讲话发言，这种文化传播内容有利于突出政治人物勤政为民并激励民众以凝聚人心。相较于国内报道，国外受众更倾向于草根民生，传媒报道的着眼点更多的是生活小场景、小细节。国外受众对中华文化媒体传播的概念本身就十分陌生模糊，因而也无法期望他们对中国领导人及中国政府大政方针政策予以高度关注。

(二) 中国的文化传播体制有待改进

相对于经济体制改革来说，中国的文化体制改革是滞后的，这是中华文化国际传播力弱于西方发达国家的内在原因。当前中国的对外文化传播的主导思想是对内宣传和对外宣传相结合，系统内和系统外相结合，也就是说，国家目前仍然在对外传播行为中起着决定性的作用：中央决定传媒的报道计划、批准和资助传播内容、促成传播过程，甚至评估传播的结果。这种传播体制的特点是国家政府对传媒微观管理多，宏观管理少。在文化传播全球化时代，这种文化传播体制导致中华文化传播力弱、时效性差，既影响传播者的形象和可信度，也影响传播的效果。对突发事件的报道迟缓甚至"失语"不仅使中国政府和传媒的对外传播由主动变为被动，而且破坏了中国政府和传媒的形象和公信力。很显然，这种封闭、僵化、落后的传播体制与全球化时代文化传播的开放、快速、新颖的要求是相悖的。体制性约束是目前中华文化传播力弱的根源之一，也是中华文化传播面临的困境。

当然，中国对外文化传播也有着鲜明的"官方热、民间冷"的特点，尚未能正确处理文化传播的政治性与艺术性问题。中国主要通过在对方国家设立海外文化宣传机构如孔子学院，举办国家旅游年、文化年、创新年等文化活动，通过艺术作品展出、艺术团体出访演出等形式进行交流，一线文化交流者主要是政府官员、学者、艺术家等社会精英，与民众的普遍参与还有一定距离，这就削弱了文化对外传播的效果。

由于对外传媒管理体制的差异，我国公众获取信息的渠道主要是官方媒体，这些年来，虽然我国自媒体等非官方媒体迅速发展，但还是无法取代官方媒体的地位。我国媒体人甚至有意无意显示其代表官方，媒体声音类似于政府发言人发声，以此体现信息的真实性、权威性。媒体信息源单一确实有利于掌控国内话语权，但对国外受众却无法取得与国内受众同等的效果。国外受众受"新闻自由"价值观影响，更多倾向于接收非官方媒体信息，对于受政府资助的官方媒体信息往往持怀疑态度。所以，我国媒体虽然传播基础条件不错，但是在国外受众中影响力很小，甚至不及法国、意大利等国媒体的国际影响力。我国媒体无法成为政府的挡风墙、缓冲地，失去了媒体应该承担的社会功能。

(三) 传播模式和手段较固化

中华文化传播的目标是把代表人类共同利益的先进文化范式和体系输出到接受国，使接受国了解中国，并培养它们对中国的友善态度，创造有利于中国的国际环境，以取得国际支持和合作，目的在于宣传自己、消除误解，在国际上树立正确的社会主义中国的形象。要达到这样的目标、实现这样的目的，需要灵活的传播模式、多样化的方法、先进的手段。

但是中国的文化传播模式"基本上是'以我为主'的宣传型模式，这种模式的最大特点就是传播主体主导，而将受众放在次要的位置上"。在对外传播时，毫不避讳地承担起"官方发言人"的角色，甚至在对外文化传播中也经常流露出中国化的思维方式，在语言表达上缺乏灵活性，一贯采用说教式的传播方法，经常出现套话、空话、政治术语。国外受众在接收中国传媒信息时感觉传播者与接受者地位不平等，官腔式的言说方式不利于文化对外传播力的提高。在典型人物特点塑造上，有着典型的"中国式的刻板僵化印象"，也就是说，我国通过选择一些典型人物形象传播中华文化，但是存在明显的"类型化思维"，即总是把一些人物归类于某一个阶层、民族、道德和意识形态，干部与群众、工人与农民、党内与党外等类型化的表达方式，国内受众尚可接受，国外受众则不可理解，这种将官分等级、人分类型的思维与西方受众的平等思维相抵触。以此类型化方式传播表达的效果也就可想而知。在国内传播方式中，我们习惯于集中、系列的报道来突出某一主题或某一事件，以达到塑造典型形象的目的，"以我为主""以正面报道为主"的模式很容易产生负面问题，极容易导致报喜不报忧，甚至对负面新闻充耳不闻、视而不见。一味正面宣传会引起国外受众对报道真实性的怀疑，甚至很容易让国外受众反感、厌恶，甚至误解中国，达不到传播效果。从一定意义上讲，对传播模式、方法和手段的研究事关中国对外传媒的国际竞争力问题，事关中国对外传媒的发展生存问题，也决定着中华文化传播力的高低。

第四节　中华文化在德国传播的战略重构

文化传播的逻辑起点应先致力于中华文化的自身建设，建设自己的先进文化，丰富中华文化的核心价值。文化传播的战略实施从根本上讲还是内容、渠道和模式的问题，最重要、最核心的是把拥有自主知识产权内容的文化产品传播出去。推动中华文化在德国的传播，要开展多渠道、多形式、多层次中德文化交流，广泛参与中德世界文明对话，促进文化相互借鉴，在增强中华文化感召力和影响力的同时维护好世界文化多样性。构建新理念、塑造新的战略依托和构想，通过文化品牌"走出去"、借力新的传播手段使中华文化走向德国和世界具有可持续性。

一　基于"人类命运共同体"理念，促进两国文化互通互融

（一）构建国际文化新秩序，加速中德文化融合发展

当今世界正处于大发展大变革大调整时期，随着世界多极化、经济全球化、文化多样化的深入发展，全球性挑战不断增多，大国之间的博弈更趋激烈，构建国际文化新秩序的要求也越发强烈。国际文化秩序是国际文化关系的行为主体基于现实的文化利益分配和理想的文化利益追求，依据一定的制度、准则、规范和机制而形成的相对稳定的国际文化关系。随着全球化进程的深入推进，构建国际文化新秩序的需求日益凸显。一个相互尊重、互学互鉴、共同繁荣的国际文化新秩序无疑与构建人类命运共同体的精神内核一脉相承，有利于为推动构建人类命运共同体奠定价值基础。为了有效克服跨文化传播环境下因为语言、文化、社会制度、意识形态、族群属性乃至国家利益等方面的差异与鸿沟所构成的种种交流障碍与协作樊篱，让人类命运共同体理念成为世界各国政府及人民的普遍意识自觉，从而切实推动各国真正实现同舟共济、携手合作，齐心打造人类命运共同体，共创"各美其美，美美与共"的人类社会美好未来。当前，中国应从以下三个方面发力，为国际文化新秩序的构建贡献力量。

一是要推动建立国际文化关系的基本准则。当前，中国应推动世

各国确立国家"文化主权"的合法性,以国家文化主权为立足点,以平等互动作为国际文化关系的基本准则,以多元共存为世界文化发展的目标格局,从而为建设国际文化新秩序奠定理念基础。二是要规范国际文化贸易秩序。当今世界,文化产业发展迅猛,文化市场规模越来越大,特别是发达国家也已成为世界文化产品的输出中心,在国际文化贸易中占据着主导地位。在这样的情况下,应把保护世界的文化多样性作为一个基本立场,为建立一个开放、公正、规范、透明且具有可参与性的多边文化贸易体系而努力。三是要推动改革国际传播秩序。进入21世纪以来,各类媒体在跨文化交流中发挥着越来越重要的作用。发达国家凭借强大的传媒实力在国际传播格局中占据着绝对优势地位,而发展中国家由于信息技术和信息化程度相对落后,媒体的发展还受到多方面的制约,这使发展中国家在国际舆论和对外传播中常常处于弱势地位。为此,中国应主动推动建立客观、公正、均衡的世界传播新秩序,为增进各国人民的相互了解贡献力量。

塞缪尔·亨廷顿认为冷战后的世界,主宰全球的将是"文明的冲突"。"在这个新的世界里,最普遍的、最重要的和危险的冲突不是社会阶级之间、富人和穷人之间,或其他以经济来划分的集团之间的冲突,而是属于不同文化实体的人民之间的冲突。"尽管亨廷顿的看法明显夸大了不同文化、不同文明之间的差异与冲突给世界秩序带来的影响,但是,不可否认,全球范围内不同文化、不同文明之间的冲突与碰撞,的确是引发诸多民族矛盾、族群纠葛、区域纷争的很重要的因素。因此,推进人类命运共同体理念跨文化传播与认同,必须克服中德文化差异与隔阂,而推动两国文化融合,恰好是解决这一问题的关键密钥。

首先,文化融合有助于中德文化之间建立起"亲缘"关系,从而有利于减少文化冲突和对抗,对于推进两国人类命运共同体理念跨文化传播与认同显然具有积极作用。中华文化与德国文化之间源远流长的文化交流、融合历史以及至今仍在延续的文化融合与相生共存局面,也使中华文化与德国文化之间长期保持着良好的互动关系,对推动中国与德国之间建设和平、友好、合作、互惠的协作关系创造了十分优越的条件。"在缺乏信任且封闭的文明群体之间,矛盾和冲突会呈螺旋式发展。如果两个文明群体能够在一个相对温和的环境下展开理性的对话和交流,并逐步认识到自己的缺点与不足,那么文明间的误解和冲突就会减少。"因此,加强两国文化之间的交流,增进两国文明之间的对话、融通,对于推进人类命运共同体理念跨文化传播与认同,显得十分必要。

其次,文化融合有助于中德之间萌生出相互包容的文化特质,对推进人类命运共同体理念的跨文化传播与认同亦十分有利。毋庸置疑,国家利益之争,往往是国与国之间产生敌意与对抗的根源所在。但是,应该看到国家利益的背后站着的是不同文化形塑出来的不同的民族共同体。这些民族共同体如若具有相互包容的文化特质,那它们之间的沟通与交流则会容易很多,彼此之间的分歧与误解也较容易消除,而达成共识、建立合作关系的概率也会更高。

最后,文化融合有助于中德两国普通民众的相互来往,从而有利于消除偏见和误解,为人类命运共同体理念的跨文化传播与认同奠定坚实的民意基础。正所谓"国之交在于民相亲",只有中德两国人民之间经常互通有无、亲近往来,才能为中德之间保持良好的交往关系,达成更多的利益共识、价值共识,奠定坚实的民意基础,进而能够为推动世界实现持久和平与共同繁荣提供助力。所以,推进中德两国人类命运共同体理念跨文化传播与认同理所当然地需要不断创造条件,增进中德文化之间的交流、对话,推动文化融合发展,进而有效消除中德文化族群之间存在的各种偏见和误解。

当然,文化融合,并不是说要用一种文化统合或取代其他文化,变多样文化为单一文化,而是要让不同类型的文化在相互接触、交流中互相取长补短、互利共生,进而让不同文化群体的人们和谐相处、和谐发展、共同进步。例如,佛教文化与中国本土儒家文化在历史上的融合发展,不仅没有导致彼此取代,反而共同构成了形塑中华文化、哺育中华民族的精神养分。这也提醒我们,在构建人类命运共同体语境下,中德两国要在维护自身和其他民族文化生存的前提下,积极建构一种能让彼此相互关联、相互依存的"共生"文化。

(二)倡导"人类命运共同体"的"共同价值",推进中德文明对话

全球文明建设乃是人类命运共同体的重要议题之一。在这方面,习

近平总书记为我们直接勾画出了一种新型文明观：历史地看，人类文明多样性是世界的基本特征，也是人类进步的源泉；现实地看，在当今全球化迅猛发展进程中，文化多样化持续推进。"和羹之美，在于合异"，在全球文明建设上，习近平强调，"要尊重世界文明多样性，以文明交流超越文明隔阂、文明互鉴超越文明冲突、文明共存超越文明优越"①。构建人类命运共同体的要义之一就是要促进和而不同、兼收并蓄的文明交流，坚持交流互鉴，建设一个开放包容的世界。这种新型价值观乃是新时代中国文化战略学建构的直接理论基础。人类命运共同体共同价值观倡导共识共商，在国际交流中合理管控意识形态分歧，建设价值共同体。价值关乎共识，没有共识，只有分歧，难以共同协商并形成共同体。共同价值关乎价值共识，是构建人类命运共同体的必要前提。构建人类命运共同体须在价值上达至共识。习近平总书记指出，和平、发展、公平、正义、民主、自由，是全人类的共同价值，也是联合国的崇高目标。这一重要论述，阐明了全人类共同价值是人类社会处理人与自然、人与社会、人与人、人与自我等关系的共同价值准则，也是人类共同努力的方向。

人类命运共同体理念是以和平发展的理念，在维护世界公平和谐的基础上，主要依靠中国人民自身奋斗实现的伟大成就，深植于中国独特的历史传统、文化积淀与基本国情之中，反映中国人民意愿、适应中国和时代发展进步要求。人类命运共同体所倡导的全人类共同价值既传承了中华优秀传统文化，凸显了中国特色、中国风格、中国气派，又承接全人类共同文明成果，凸显了世界潮流、国际视野、全球共识，为人类描绘了多样统一、平等互鉴的新图景，打通了人类不同形态的社会制度和价值理念之间的隔膜，正本清源地表达了中国立场，为人类文明发展指明了航向。扩大中华文化的世界影响力和吸引力，最根本的任务是做好人类命运共同体共同价值的对外传播，彰显中华文化的价值内涵。

因此，在中华文化对德传播的过程中，不仅要讲述中国的历史传统

---

① 习近平：《决胜全面建成小康社会 夺取新时代中国特色社会主义伟大胜利》，《人民日报》2017年10月28日。

和当代风貌，阐明人类命运共同体共同价值的中国土壤和中国根基，更要注重把中国的当代文明形态投射到德国之中，强调中国的发展对世界的积极影响和深远意义，这是扩大中德两国文化价值共识、增强文化价值认同的有效途径。现在中华文化的对德国传播主要以具象的物质文化和艺术文化为主，而对于包括价值观念、道德规范、宗教信仰、思维方式和审美趣味在内的思想文化的传播则明显较少，而思想文化是一个民族和国家的文化中最本质的东西。因此，我们"不但让学习者了解中华文化的形式，更重要的是通过物化文化（表层文化），让学习者了解和理解中国人的思想、道德、价值观、思维方式（深层文化）及行为方式（表层与深层融合的文化）"。[①] "文化价值观的输出，具有强大的渗透力、吸引力和说服力，对他国人民的价值追求、文化心理以及生活方式能够产生重大影响。"[②] 我们要提升中华文化对德国民众的吸引力，就需要深入挖掘中华文化的内涵，将传播内容的重心从表层文化逐渐转移到包含民族精神、哲学智慧和伦理道德等具有精神内涵的文化内容上来，并使表层文化形式转化为承载深层文化的载体，借此将中华文化的深层内涵推向德国乃至世界。根据一些学者的调研证明，人类命运共同体所倡导的共同价值，在西方包括德国是有一定的认可度和共识的。加强对中华文化丰富内涵中核心价值观的提炼，构建富有竞争力和国际影响力的共同价值，提高中华文化在德国传播的影响力，是当今我国加强对德文化传播的重中之重。中华文明富含讲仁爱、重民本、守诚信、崇正义、尚和合、求大同等优质基因，在修身、齐家、治国、平天下方面积累了丰富经验。这些基因、优势和经验不仅可以成为实现民族复兴、促进世界和平的战略资源，而且可以成为当今全球治理的独特资源，以解决当前德国面临的文明冲突困境。

在坚持自己文化立场和价值观念的同时，我们在德国民众中要积极争取友善的舆论环境，提高中华文化亲和力和影响力。对待中德文化间价值观的冲突要站在人类命运共同体理念的高度解决问题，积极推进文

---

① 盖翠杰、杨上元:《提高中华文化传播力和影响力研究》，《理论学刊》2013年第9期。
② 魏思政、张锦:《关于文化软实力的几点认识和思考》，《理论学刊》2009年第3期。

明对话，尊重对方文化理念，在跨文化交流中相互理解、求同存异。

二　推进"一带一路"文化新平台建设，提升对中华文化的接受度

（一）搭建多元传播平台，提升国际传播能力

文化助力经济，文化凝聚力量，文化展示形象。当前，学习习近平同志的文化传播精神，增强政治意识、大局意识，要从加强中华文化与世界文化的联系、实现"一带一路"的建设愿景、构建和谐发展的世界秩序、树立国家和平友好形象，以强烈的国家意识和责任担当，增强做好传播中华文化工作的紧迫感，提高认识，谋划措施，落实行动。"一带一路"坚持和谐包容的共建原则，强调"加强不同文明之间的对话，求同存异、兼容并蓄、和平共处、共生共荣"，为提升中华文化对德国传播力提供了契机与平台。"一带一路"建设为在德国传播中华文化提供了广阔的舞台，新时代要再接再厉，创新工作路径，认真落实党的十九大提出的"推进国际传播能力建设"的各项任务。依托"一带一路"建设强大的国际影响力，使中华文化对德国传播的影响力进一步扩大。

一是搭建中德文化共商、共建、共享的平台。"一带一路"建设中坚持和平友好、互惠互利、共同发展的理念，使得民心相通，文化得到融合，在此过程中实现了文化交往和人文交流，树立了大国的文化，弘扬了民族文化内涵，有利于增强我国人民文化自信，全面提升我国软实力，在增强国家综合实力的基础上，实现了文化的弘扬与发展。"一带一路"建设是一个系统性的长远工程，需要在发展中不断地进行战略设计，遵循并秉承着共商、共建、共享的原则，积极推进沿线国家的战略性发展，不断地提升自身软实力，创造更好的发展机遇，才是该体系建设的重要发展意义。"一带一路"是当今世界文化繁荣的重要渠道，是实现世界文明多元化和互相包容的标签，通过沿线国家的交流与互助，能够通过文化交流来提升经济合作的质量。文化更是一个民族和国家的灵魂，在"一带一路"建设背景下的文化传播，让世界看到了中国的精神文化，也加强了经济带中的交流与合作，使沿线国家实现了互鉴、合作共赢的局面，积极研究"一带一路"背景下的文化传播与交流合作，能够不断实现中华民族的伟大复兴。

二是搭建中德文化交流合作工作平台。要扩大海外中华文化中心的覆盖面。海外中华文化中心是我国派驻海外开展文化外交的重要窗口，是传播中华文化、增进理解互信、开展交流合作的重要平台。截至2016年底，在"一带一路"沿线国家已经设立了11个中华文化中心，在"十三五"期间，将在"一带一路"沿线国家再建13个中华文化中心。对已经建立的，要充分发挥应有作用；对拟建的，抓紧项目落地，积极探索海外中华文化中心的合作与发展模式，形成各具特色的丝路文化窗口，使之成为增进中外情谊，实现民心相通的桥梁。

"一带一路"背景下可以传播中国优秀非物质文化，弘扬中华文明，例如，可以弘扬戏曲文化、医学文化、中华民俗文化，这些都是中华文明的历史文化精髓，借助"一带一路"沿线的有效文化传播，能够使沿线国家和地区更好地了解中华文化，实现更好的交流与合作，并促进精神文化生活的内涵提升，丰富精神文化生活，全面提升民族向心力，维护民族团结。"一带一路"沿线的文化传播和交流合作，有利于提升民族国家的影响力，加强世界各国的有效沟通和合作，有效促进沿线国家的沟通和交流。减少文化层面上的影响，实现共同体的合作发展方向，特别是文化传播和交流合作，有利于塑造国家积极正面的文化形象。通过文化传播，减少矛盾的发生，实现和平与发展，有利于实现各国和平和谐发展。

要搭建更多的"一带一路"主题节、文化交流平台，把"走出去"与"请进来"结合，深化交流合作。要建立开放便捷的信息平台，建立"丝绸之路"文化数据库，提高文化交流合作工作效能。要搭建教育对外开放平台，吸引"一带一路"沿线国家优秀学生来华学习，培养友好使者；要注重办学质量，打造精品课程，培养从事文化"走出去"工作的优秀人才。

三是构筑中德两国"民相亲"的交往平台。"国之交在于民相亲，民相亲在于心相通"。这说明我国已经充分认识到国民是否相亲相爱的关键在于民心是否相通。而要做到民心相通，关键是文化的相通。"一带一路"自我国东部沿海地区起一直深入欧洲大陆的腹地。其跨度之广可以说是其他的区域合作都无法与之相比的。辽阔的国际疆土，复杂的人口构成等也产生了环境、利益、宗教等方面的差别。或许在接触到其他国家文化的初期，我们会带有抵触的情绪，但是文化有着润物无声的特点，在学习和了解他国文化的同时，我们的思想也在不知不觉中受到影响。学习其他国家的文化正是一个了解他国的机会。只有更深入地体验这个国家人民的生活，拉近与不同文化的人们之间的距离，才能消除彼此的陌生与隔阂。

（二）充分挖掘中德两国的市场与资源，构筑相互开放的文化传播大格局

由于文化具有可交流性和可传播性，世界大国能够利用其强大的文化软实力自觉或不自觉地建立起远远超出其本土和周边地区的更为广泛的文化疆域。文化战略疆域的拓展是大国强大的文化、经济和政治影响力的客观反映。中国应采取积极而非被动的战略策略推动中华文化产品、文化理念走出国门，在让世界尊重中国的经济发展成就之时，也要尊重并倾听今天中华文化的发展态度和关于世界文化发展的建设性意见。加快中华文化体制改革，充分利用中德两国日益强大的需求市场和各自的资源优势，形成多层次、宽领域、全方位文化传播开放格局，将是实现中华文化走向德国的重要举措。

首先，政府交流与民间交流并举。文化外交是以文化为载体开展的对外文化交流，政府相关部门、各类文化和教育机构、艺术院团、广大民众都是文化外交的主体和参加者。政府相关部门是文化外交的主管机关，如外交部、文化部、教育部、新闻出版广电总局、旅游局等政府机构，负责制定各部门对外文化交流的方针政策，指导、组织和协调对外文化交流活动。各类教育机构、体育团队、文化艺术院团、文化产业集团等教育和文化艺术团体是开展对外文化交流的主体，各类国际文化交流主要是通过这些文化教育机构和艺术院团开展的。国际文化交流也有专业人员和民众的广泛参与，特别是广大青少年学生，从而形成了官方与民间多层次、丰富多彩的国际文化交流形式。中德两国政府已经建立了一系列文化交流机制与制度，积极开展各类文化交流。根据两国达成的政府间协议，中国在德国举办了"国家年""文化年""语言年""旅游年""文化节""艺术节"等各类大型文化交流活动，涉及政治、经济、科技、文学、艺术、教育等各个领域，加深了两国的相互了解，增

进了两国人民的友谊。为了推动汉语走向德国,提升中国语言文化影响力,中国从2006年开始在德国设立第一家孔子学院——柏林自由大学孔子学院,德国每一家孔院所走过的道路都是独一无二的,都在遵循语言推广和文化传播共有规律的基础上结合当地经济、文化特点,走出了一条有自己鲜明特色的文化传播之路。其中,法兰克福孔子学院将享有世界声誉的法兰克福书展作为得天独厚的文化推广平台,每年一度的书展上,都能看到其作为一张耀眼的中国"文化名片",与歌德学院、塞万提斯学院、普希金学院等各国"文化名片"比肩而立。杜伊斯堡市作为"一带一路"的欧洲大陆终点站,其文化上的象征意义因其地理上的独特性而得到凸显,杜伊斯堡鲁尔都市孔子学院抓住这一契机,推出了和"一带一路"相关的系列文化活动,还在2016年9月举办了以此为主题的高端经济论坛。

中国与德国的民间文化交流不断扩大,成为中华文化对外传播的重要方面。留学生在民间文化交流中占据重要地位。中国留学生在德国学习,也把中华文化带到德国。每年我国接收的德国留学生人数不断增加,他们在中国学习汉语言文学、人文社会科学和自然科学,加深了中德教育文化交流的内涵。此外,从文化源泉、文化创造、文化传播来看,两国的社会组织、民间团体也成为两国文化交流活动的主体,其中中国人民对外友好协会、中国人民外交学会、中华全国妇女联合会、全国青年联合会、各类文化教育机构、文化艺术院团和广大海外侨胞在民间文化交流中发挥着积极作用。

其次,文化交流与文化贸易并重。文化传播表现为多种对外文化交流形式,既有政府间公益性文化交流,也有文化企业经营性文化交流。文化产品和服务进出口贸易是中国国际文化交流的重要组成部分。国务院先后制定了《国家"十二五"时期文化改革发展规划纲要》和《文化产业振兴规划》,确定了发展文化产业,支持文化产品和服务出口的政策和措施。在发展规划上,提出了培育一批具有国际竞争力的外向型文化企业和中介机构;支持中华文化产品和服务出口,保持图书、报刊和音像制品等出版物出口的增长,支持影视作品出口和进入国际主流市场,改变主要文化产品进出口存在的严重逆差状况;鼓励文化企业对外投资和跨国经营,以独资、合资、控股、参股等形式,在国外创办文化企业,经营演出、会展、销售等文化项目。在积极开展中德两国文化交流的同时,努力开拓德国的文化市场,推动中华文化企业走向德国,扩大中华文化产品和服务对德出口,已经成为中华文化对德传播的一项战略任务。

随着我国文化体制改革的深入,许多文化艺术机构和演艺院团都转向企业化管理和经营,形成了国有和非公有多种所有制形式的文化艺术院团,积极开展各类政府性和贸易性文化交流活动。它们也在努力开拓德国的文化贸易市场,增强中华文化产品在德国的竞争力,实现中德文化交流与文化贸易相互补充。文化贸易是按照市场机制运行的,文化产品和服务出口的规模和效益取决于文化产品的国际竞争力。只有把蕴含中华文化元素和精湛艺术的文化产品推向德国,才能在传播中华文化精神的同时,获得更大的文化贸易收益。现在,建立一批多种所有制形式的外向型文化企业是实现中华文化走向德国乃至世界的战略任务,要按照市场化、商业化、产业化的运行模式,在支持和发展国有大型文化企业走向德国的同时,扶持和鼓励非公有制外向型文化企业的发展,改变对外文化交流中过度依赖政府的现象,使各类文化企业依靠自己的特色和优势,在德国和其他海外文化市场独立生存和自主发展。

最后,"走出去"与"请进来"并行。文化交流的本意就是中外文化相互交流,既要把中国优秀思想和文化艺术推向世界,向各国传播中华文化与理念,让世界了解中国、认识中国。同时也要向世界敞开中国的文化大门,开放中国的文化市场,让中国了解世界,认识世界。只有各种文明相互尊重和包容开放,才能保证中外文化交流稳定和健康发展。只有不断吸取国外优秀思想文化和科学艺术,使中华文化不断创新和发展,才能使中华文化充满生机和活力,提高中华文化的国际竞争力。推动中华文化走向德国是国家重要的文化发展战略的组成部分。在国际文化市场上,中华文化产品和服务出口所占比重并不大,也缺少知名品牌,这也是中德之间存在"文化逆差"的重要原因之一。实施文化走向德国,就是要推动中华文化产品和服务也走向德国,当然,前提是这些文化产品和服务要与中国世界贸易大国地位相适应。2010年文化部制定了《促进文化产品和服务"走出去"2011—2015年总体规划》,制定了促进文化产品和服务出口的目标、任务和保障措施，提出了中华文化产品和服务"走出去"的重要目标：培育一批能够在国际文化市场长期立足的、代表中华优秀文化的骨干文化企业和产品；在国际文化市场上初步形成重点产业类别中华文化产品营销网络；促进我国文化产品和服务在周边国家影响持续扩大，在欧美打造知名品牌，在南亚、东欧和中亚、拉美及海湾地区等新兴市场有较大增幅，积极培育非洲市场；文化产品在我国对外文化交流和文化外宣项目中所占比重明显增加；中华文化企业和产品成为扩大我国国际影响力的重要力量。与此同时，我们也实行积极的文化对外开放政策，广泛吸收德国和其他国家的优秀文化成果，借鉴他们先进技术和管理经验，吸引他们对中华文化产业投资，引进文化领域的智力和人才，开展中外文化企业项目合作，通过文化交流推动中华文化事业和文化产业的发展，进而丰富我国人民的文化生活。中国与世界一些国家相互举办的"国家年""文化年""语言年""旅游年"等大型文化活动为外国文化走进中国搭建了平台。各国都推出了最优秀的文化、影视、曲艺、美术作品和创作成果，通过这些平台走入中国，增进了对中国和中华文化的深刻了解。

三 打造代表中国的文化品牌与文化符号，改变德国民众的"文化定式"

（一）打造中华文化品牌，展示良好中国形象

文化品牌是一个国家文化特征的标记，文化品牌的标识度与影响力，直接关系到国家文化的存在感。没有品牌载体的文化，是散乱无章的文化。这还不仅是国家文化影响力大小的问题，而且往往是有无影响力的问题。

因此，积极借鉴国外文化产业发展的先进经验、凝练品牌优势、发展文化产业是我国对德文化交流与传播的前提。品牌已不仅仅是一个简单的产品符号，更是一个民族精神、文化、情怀、气节的象征。文化品牌作为凝结文化内涵、浓缩文化生产力的符号，代表了文化产品和文化服务的质量、技术和品位。成功的文化品牌，能让受众对文化产品和文化服务产生认同感，提升文化产品和文化服务的附加值。首先，我们应

重点发展培育一批有竞争优势的知名文化企业，通过兼并与重组，适度扩大文化企业规模，突出精英型文化企业的质量和特色，进而提升中华文化在德国的影响力。其次，我们应深入推进文化产业结构的优化调整，建立健全中德文化交流合作机制，完善中德文化交流合作平台，开拓完善国际合作渠道，培育一批面向国际的大型文化中介机构，提高文化产业规模化、集约化和专业化水平，提高中华文化在德国的竞争力。再次，积极培育一批新的文化业态，着力打造文化产品和服务出口品牌。围绕演艺、电影、电视、广播、音乐、动漫、游戏、游艺、数字文化、创意设计、文化科技装备、艺术品及授权产品等领域，打造文化交流合作知名品牌。同时，积极推广民族文化品牌，鼓励文化企业依托"一带一路"倡议布局在德国的投资，拓展中德文化贸易。最后，讲好"中国故事"。深厚的文化积淀、丰富的文化资源和悠久的历史，是打造文化品牌、建设文化强国的有利条件，但还需要有好的表达方式才能产生较理想的传播效果。这其中除了硬实力的差距外，表达方式的创新性与普适性也是一个重要因素。中华文化品牌的培育要体现中华文化开放包容的特质，创造新话语、采用新姿态，努力实现中华文化品牌的现代表达和国际表达。国家文化品牌要坚持通过鲜活的生活叙事和行动故事显现其理念的光辉和理想的力量，从而打动世界人民的心扉，带给人们高层次的满足、心灵的慰藉和精神的寄托，让世界不同国家和不同民族的人们对中国优秀文化形成亲切、眷恋的情感。

打造文化品牌，提升国家形象。不管是在文化产业还是在其他产业，有影响力的国际品牌的建立对于提升文化传播力，塑造良好国家形象都有极其重要的意义。虽然目前国内已经成长起来一批中华文化品牌，但其影响力和赞誉度大多未能直接与中华文化的正面形象结合起来。塑造真正能展示中华文化的品牌需要我们强化中国品牌的整体自觉意识，强化国内不同产业的优秀产品，在其品牌战略中更加注重开发或植入中华文化精神，有意识地打造基于中国整体文化特质但又各具特色的品牌形象，那么，遍及全球的"中国制造"就将成为中华文化无处不在的代言者。世界对中华文化的印象与判断，最终不是取决于某个产品或某项技术的领先，而是通过文化品牌这一象征符号及其话语系统所体现的整体价值观来理解。着力打造并尽快形成中华文化品牌，有助于从整体上迅速提升中国国家形象，极大地增强中华文化亲和力和影响力，提升国家软实力。一方面国家形象的塑造并非是对其成就的简单宣传，优质品牌形象的建立需要更长远和全方位的战略规划，另一方面说明在塑造中华文化品牌形象中，最具有决定意义的还是普通国民。作为文化最生动鲜活的载体，国人的言行举止时刻都在诠释着中华文化的内涵，展现着中华文化的魅力，是最具说服力的中华文化展示。可以说，国人的积极面貌和良好形象是优化中华文化整体形象最为关键的品牌。

（二）弘扬中华文化符号，展示中华文化内核

文化符号，是指一个民族、国家或地区长时间沉淀下来的文化资源的凝结式标示，是一个民族、国家或地区物质文化和精神文化的精华，反映了某个特定社会或社会群体特有的精神、物质、智力与情感等方面的一系列特质。一个国家或民族是否进步，主要表征是其文化在时间和空间上的传播力度。生命力顽强的国家或民族文化主要表现在文化时间的持久性和文化空间的广延性上。中国在文化对外传播过程中决不能放弃本民族历史积淀下来的文化符号。

相比于一般符号，文化符号的特征更为明显，一是更具价值内涵，文化符号作为经过时间洗涤之后沉淀下来的物质文化和精神文化的精华，高度凝练了一个国家、社会或民族的文化内蕴；二是更具民族特性，文化符号是民族文化的一种呈现方式和存在形式，在凝结过程中深深刻下了民族历史文化的烙印；三是更具凝聚功能，人们通过对自己本民族、本国家的文化符号的认知，产生强烈的文化自信和民族自豪感，构建本民族文化身份，形成文化身份认同；四是更具形象传播功能。对内而言，拥有相同文化背景的人们由于对文化符号有相近的记忆而产生共鸣，对外而言，拥有不同文化背景的人们由于好奇的心理而交往互动、相互学习，逐渐达成理解、达成共识。也正因为如此，文化符号被广泛运用到各国的国家形象构建之中，成为各国国家形象话语描述和话语建构十分重要的信息传播载体。毋庸置疑，国家虚拟形象很大程度上正是由其承载文化内涵的各种文化符号构建的。

中华文化具有那么多的精神特质，五千年来生生不息且到如今依旧

生机盎然。中国 5000 年的悠久历史孕育了光辉灿烂的中华文明，也创造出了许多体现不同时空特点的标志性文化符号。因此，在对外传播中我们应该坚定民族文化自信、提炼民族文化符号、扩大民族文化影响。对外传播中华文化价值，争取更广泛的理解。中华文化中的"和而不同"文化价值观、民生理念、民本思想以及"天人合一"哲学思想等已经在国际社会产生重要影响并逐渐取得世界共识。特别是西方世界在发展步入困境之际，中华文化中的积极因素越来越显示其无与伦比的价值。文化对外传播应该将这些优秀传统文化符号传递给世界，以取得共识与理解，降低中国社会发展过程中遇到的阻力。

国家形象建构的有效性很大程度上取决于一个国家的跨文化传播能力，而跨文化传播能力很大程度上又取决于体现该国形象的文化符号。在全球化大背景下，在中国国家形象亟待有效建构的今天，选择和推出一批具有普遍认知价值并能获得国外受众心理共鸣的中华文化符号，显得尤为重要。对于长城、熊猫、中国烹饪、太极阴阳图等这类在德国已经被广泛认知和喜爱的文化符号，要深挖其文化内涵，在对外文化交流中赋予更多的中国精神内核，增加核心价值观内涵和思维方式特点[1]。长城是中国历来奉行本土陆地防御战略的象征，所以在对外传播中我们应积极主动地赋予它"战略防御""爱好和平"等中国价值观的含义，发挥其反对海外"中国威胁论"的符号作用，为争取国际话语权服务。熊猫在德国知名度高，深受喜爱，且温顺、可爱、憨态可掬，能给大家带来快乐，更应该开拓熊猫代表中国强大也不称霸的价值理念。长城和熊猫这两种被德国广泛认知和喜爱的中华文化符号，如何做好角色分工，在不同的情境下代表中国，也值得探讨。中国烹饪讲究色香味俱全，其中蕴含着中国人综合思维的特点，体现着和而不同的价值观念。在对外推广中华的饮食文化时，应将这些深层次的文化成分介绍出去。太极阴阳图是中国周易中辩证思维的形象体现，辩证思维是中华文化的基因之一，这在德国影响较大。中国的对外文化交流中，不常用这个文化符号。如何妥当地在对外文化交流中使用太极阴阳图这个中华文化符号，值得研

---

[1] 关世杰：《中华文化国际影响力调查研究》，北京大学出版社 2016 年版，第 239 页。

究。2015年12月，屠呦呦获得诺贝尔生理医学奖，再次证明世界医学界对中医药的肯定。屠呦呦的演讲《青蒿素的发现：传统中医给世界的礼物》进一步阐明了中医药是一个伟大的宝库，应当努力发掘。中国可以借势而上，利用中医药价格便宜、材料天然的优势，在全球大力开发中医药的市场，形成有影响的产业。中医药体系是以中华文化的哲学体系和思维方式作为理论支持的，在开发中医药获得经济效益的同时，宜赋予中医药更多的文化内涵，在提供中医药服务时，润物细无声地传播中华文化的哲学理念，特别是辩证的思维方式及"和"的价值观。总之，对目前受到国际认可和喜爱的中华文化符号应赋予更多的中国精神内核。

四 创新中华文化传播体制，增强传播可信度，变"逆差"为"顺差"

随着信息技术的发展，特别是网络等新兴媒介的普及，国际社会了解中国的渠道更为便捷和多样，因此在文化传播过程中，我们必须重视跨文化传播的特殊性，了解外国人的艺术情趣和审美观，必须重视多渠道的传播对象及传播效果，不断拓展渠道，提升中华文化走出去的空间。"走出去"必须熟悉西方主流文化的表达方式、规则及运作流程，熟悉西方媒介所掌握的传播流程、传播规律、传播模式、市场规律。要深入研究不同国家受众的思维习惯和对中国信息的需求，因地制宜、因人制宜、有的放矢，才能增强文化"走出去"的针对性、实效性和亲和力、说服力。

（一）调整文化传播主导思想，建立有效合理的传播机制

首先，要更新文化传播理念。如前所述，当前中国的对外文化传播的主导思想是对内宣传和对外宣传相结合、中央电视台和各地电视台相结合、系统内和系统外相结合，这种主导思想是制约中华文化传播力提升的瓶颈。现实之惑要求中国改革文化传播体制和改变主导思想，改"以宣传为本位"为"以传播为本位"，变"文化宣传"为"文化传播"，变"政治话语"为"民间话语"和"学术话语"。而且应该根据受众选择，探索和研究合适的话语体系。在文化传播中，传播者和受众之间的关系是平等的，不应再主张强行对受众灌输，而应注重对受众的心理渗透，使之接受和认同。

其次，要改革文化传播管理体制。在中国的传播体制改革实践中，国家和政府的职能要转变，强化宏观管理职能，淡化微观管理职能。国家和政府一方面要加强对各种文化传媒的宏观管理，加强对文化传播的立法、司法和执法，有效整合各种媒体，引领其健康发展，使之成为传播先进文化的阵地，同时引导中国传媒自主决策、自主经营。这样，既提高了国家的宏观监控能力，也为中国传媒提供较自由自主发展的平台。着眼于活力、能力、创造力、创新力，中国媒体借此可以摆脱体制性约束，实现灵活自由的发展。当前，中华文化传播面临着重要挑战，不仅要与国内的各种非社会主义势力和反社会主义势力进行传播竞争，而且更要与国际社会中的反共、反华、反社会主义势力进行文化传播竞争。中国媒体的竞争对手十分强大，特别是那些跨国传媒集团，它们往往拥有较大程度的传播自主权，行动迅捷，嗅觉敏锐。中国必须在传播体制方面进行改革，才能在传播的快捷性、时效性方面与西方传媒一决高下，才能在国际舆论中占有一席之地，才能更好地维护国家文化和意识形态安全。

最后，自觉遵循市场经济规律，提升中国传媒业的国际竞争力。目前，资本已经进入媒体，媒体市场化管理势在必行。中国传媒应改变运作方式，自觉规避计划经济的弊端，提高竞争力。中国传媒的生存发展离不开市场经济，只有市场经济才能给中国传媒带来希望。在竞争中求发展，在市场中求生存，减少对国家政策和政府保护的依赖。中国传媒应该独立于权力与资本之间，把"自由"和"责任"视为一对相伴相生的永恒命题，既能遵循传播规律，又能驾驭市场风浪，在传媒市场竞争中自立自强。

（二）研究文化传播规律，创新传播模式、手段和方法

文化传播是有规律的过程。文化的传播是强势文化向弱势文化区的辐射和渗透，强国文化往往被更多地关注和传播，"器"文化层往往比"道"文化层更容易传播和被接受，信仰文化有着巨大的传播力，文化的传播程度与文化本身的风格有很大的关系，文化载体对文化的传播有重大影响。由此看来，中华文化属于弱势文化，对其认同和传播面临西方强势文化的挑战。在全球化的今天，强大的文化就是强大的国际影响力，反映其国际竞争力，体现国家的软实力。在当今时代，哪个国家的传播

手段先进、传播能力强大，哪个国家的文化理念和价值观念就能更广泛地流传，哪个国家就能更有力地影响世界。因此，要建立社会主义文化强国，必须运用现代技巧增强文化的表现力，创新传播方式、手段和方法，根据文化的不同层面来选择不同的路径，因为"器"文化比"道"文化更容易被传播和接受，所以要区分文化中的"道"与"器"。中华文化中的"道"是指蕴含在中华文化中的社会主义意识形态、价值观和信仰，社会主义意识形态、价值观和信仰基础上的各种文化产业、文化商品、文化服务则是指"器"①。所以，在中华文化传播中，无论何种传媒都要避免直白、直接宣传中华文化中的"道"，要把"道"转化为"器"，发展文化产业，创造出更多优秀的文化产品、商品和服务。电影、电视节目、书籍和音乐，除了娱乐功能，还天然地蕴含了中华文化中的意识形态、价值观和信仰，受众会在观赏电影、收看电视节目、阅读书籍、欣赏音乐的同时不自觉地被潜移默化。

（三）研究受众特点，根据受众特点选择传播内容

国际传播领域中的受众因其意识形态、文化背景、接受习惯的不同而显现出更大的选择上的差异。受众不是被动接受信息，其文化背景、意识形态、接受习惯决定了受众对传播内容的选择性接受。为了改变在全球化背景下文化传播中西强我弱的局面，中国传媒首先应该研究受众，了解受众特点，掌握受众的文化背景、接受习惯、信仰和其意识形态。根据受众特点选择特定传播内容，面向不同的受众进行传播，满足不同受众多样化的文化需求，增强文化传播效果。不同的文化背景会有不同的价值观、善恶标准和信仰，会坚持不同的意识形态。研究各国受众的文化背景，精心细致研究中华文化与其他类型文化的差异与相融之处，把意识形态、价值观转向融合之处，寻找两种文化的结合点。选择契合受众的认知心理、情感心理、审美心理的内容有针对性，有目的地传播。一方面，在文化传播中传播者要关注不同文化类型的差异，避免文化传播发生的冲突，否则传播效果只会适得其反；另一方面，传播者要研究

---

① 徐稳：《全球化背景下当代中华文化传播的困境与出路》，《山东大学学报》（哲学社会科学版）2013 年第 4 期。

不同文化类型的共性，寻找不同文化类型的共通之处。文化的共性决定了人类对于真善美的追求一致，对于新鲜事物有强烈的接纳意识。因此，在宣传中应以文化共性为基础，逐渐打开通向另一文化的窗口。

（四）本着开拓务实的原则，创新传播路径

在具体的传播路径方面，经济传播渠道应备受重视。经济渠道是比文化产业途径实现文化"走出去"更为广泛的概念，是指在经济全球化的框架下，以经济或商品为依托，附加文化价值观念的推广，这已被实践证明是实施文化传播的非常有效的方法。商品物质生产和消费全球范围的流动使附加于商品之上的文化成为世界性的，往往会有无心插柳、润物无声的效果；教育交流渠道需大力拓展，教育是文化的重要载体，也是文化传播最有效的渠道。目前，许多国家已充分利用这种优势，广泛开展教育国际合作，如师生互换、合作办学、合作研究、国家间教育资源互补等跨国界、跨文化的教育交流与合作，为促进跨文化交流作出了许多贡献。另外，目前教育贸易在国际服务贸易的构成中所占的比例越来越大，已经成为服务业出口的重要组成部分；大众媒介渠道要着力加强，现代传媒在相当程度上已经成为人们观察和认识社会的重要途径，影响着人们的思想意识、价值取向和生活方式。在文化走出去的过程中，传播媒介的善用与否在很大程度上对传播效果产生巨大影响。大众媒介的平民化性格和通俗化方式使文化传播更容易"润物细无声"；人际传播渠道要积极推行，人际传播以个体对个体的形式进行交流，通过语言、表情、手势等传递信息，是最原始、最传统，也最便利通用和人性化的传播形式，因此人际传播渠道应该受到重视。人是文化传播的主体，文化传播需要具体的人员来进行调研、决策、运作。根据现代传播学的效果分析，在对人的态度的影响和改变上，人际间的影响远远大于大众媒体所施加的影响。文化传播的执行者、参与者的宗教信仰、知识结构、价值取向、思维方式，乃至兴趣偏好、心理状态，无不影响着文化传播的效果。

总之，在全球化的今天，强大的文化就是强大的国际影响力和竞争力，体现着国家的软实力。在当代中华文化软实力构建过程中，我们必须加快构建技术领先、理念新颖、手段先进、方法方式灵活、覆盖全球的文化传播体系，增强当代中国的文化影响力。

第五节 结语

当然，在文化传播过程中我们不能只静态地关注处于强势文化地位的传播方而忽略接收方的主动回应与再创造，否则会将中德人文交流视作单向的文化传播路线，摆脱不了欧洲中心主义或者中国化的桎梏，不利于全面理解中德人文交流的发展历程，更不利于未来中德人文交流的继续开展。从人类文明史的角度看，只有去中心化的过程，才意味着代表植根于欧洲的德国文化与代表亚洲的中华文化真正实现了交汇与融通。我们的文化"走出去"要以"和而不同、求同存异"的文化胸襟"走出去"，着眼于促进人类进步与文明，这既符合马克思主义的视野与境界，又是中华文化在西方强势文化下成功"走出去"的前提和归宿。文化发展的根本指向亦是所有人的自由全面发展，实现人的主体性解放和发挥，使人恢复其"类本质"的根本属性，而这也恰恰是文化价值的最高体现。所有人自由而全面的发展是文化传播所追求的最终目标。所以，在马克思主义指导下的中华文化"走出去"战略也应该着眼于全人类的进步与文明，只有这样，才能使中华文化"走出去"具有世界视野和人类胸怀，才容易为全世界理解和接受。当今世界是一个丰富多彩、复杂多元的世界，各个国家之间必然存在着种种差异，既有社会制度和意识形态的差别，又有大小、强弱、贫富的区别。因此，在中华文化"走出去"过程中，只有坚持和平共处五项原则，坚持"和而不同，求同存异"的文化胸襟，着眼于促进人类进步与文明，才能超越社会制度和意识形态的差异，塑造中国现代文明新形象，为世界文化的繁荣和人类文明贡献中华文化的智慧。

第九章

文化软实力视角下中华文化在法国的传播研究

随着中法经济贸易合作的加深，两国之间的文化亦呈现出"相互传播，彼此交流"的良好态势。推动中华文化对法国的传播，既是对外文化交流的必由之路，也是满足中法两国民众互相学习意愿的重要举措。对此，我们一方面要积极推动中华文化的国际化，适当融入欧洲文明元素，使之更适合法国民众学习和参与；另一方面，要拓宽中华文化的传播途径，开辟新的传播渠道，使中华文化能够多维度、多层次和多视角地对外传播，从而增进中法两国民众的交流热情。本章描述了21世纪以来，中华文化在法国传播的现状，并指出其重要意义所在。针对中华文化在法国传播过程中所出现的问题作出分析与归纳，提出相应的可行性策略。

第一节　中华文化在法国传播的意义

21世纪以来，中法两国不断增进政治互信，推动着两国之间的政治、经济、文化、社会等多方面合作与发展。文化是密切联系中法情感的纽带，中华文化在法国的传播对于中法关系的深化、中国国际形象的提升以及世界格局的调整都具有重要意义。

一　中华文化在法国传播的经济意义

（一）有利于中法双方增加经济合作

当今世界，国家间经济合作越来越需要文化作为纽带和支撑。文与经济相互影响、相互促进,文化生产力正在成为经济发展的新的推动力,以文化为纽带的经济合作正成为经济发展的新模式。中法的经济交往离不开彼此的文化浸润,文化交流有利于增进两国人民间的文化共识,为两国经贸合作奠定良好基础。

中法两国之间深厚的文化交流增进了两国人民之间的文化理解和认同,也增进了两国之间的经济互信,为经贸合作的长期稳定发展奠定了文化基础。纵观21世纪以来的中法贸易发展,两国之间的贸易往来由民间到官方,贸易的规模和范围不断扩大,由单一的进出口贸易转向更广泛的经济领域合作。但是,中法关系的发展并不顺利,随着改革开放以来中国经济实力的发展,欧洲乃至世界弥漫着"中国威胁论",这曾一度危及中法关系的发展。因此,要充分发挥文化的桥梁的作用,以沟通解疑虑、以合作助发展。商品作为经贸合作的载体,理应承载着更多的文化元素和内涵。要想实现中法两国之间贸易的健康稳定发展,必须重视中国商品的文化形象,推进中法贸易的更深层次发展。

(二)有利于我国文化产业发展

文化产业已经成为经济发展的新动能,当今世界各国都将文化产业的发展作为国家经济发展的新支柱。以美国为首的西方发达国家,依托于文化产业发展的优势不仅收获了巨大的经济效益,更塑造了崭新的国家形象。可以说这些发达国家在世界范围内的积极形象,离不开其文化产业的发展,离不开其文化产品所传播的价值观。文化产业的发展是国家文化战略的重要组成部分,是国家文化软实力建设的有效方法与载体。[1] 我国的文化产业的发展既有先天的资源优势,又有后天的经济全球化机遇。中华民族悠久的历史创造了博大精深的民族文化,依托于我国经济实力的不断增强,文化产业的发展正在步入新的发展机遇期。中华文化随着中法之间经济贸易合作的不断加深,为我国文化产业的发展奠定了基础,同时虚心吸收借鉴法国文化产业发展的先进经验,促进我国文化产业的不断发展。

---

[1] 范玉刚:《"文化强国"战略视野中的文化产业发展研究》,中国社会科学出版社2016年版,第15页。

二　中华文化在法国传播的政治意义

（一）有利于中法双方加强政治互信

中法两国都是具有悠久历史的文明大国，由于双方身处亚欧两洲、相距较远，故无法通过地缘优势进行有效的合作与交流。在21世纪以前，法国由于受到苏联与美国的影响，导致中法双方并未开展实质性的合作。即使双方在1964年正式建交，但由于历史问题，双方建交后在处理国际关系的态度上也并未达到高度的一致。直到21世纪，双方的政治互动才逐渐频繁。虽然双方在一些国际问题上的立场不同，但总体来看双方在外交上还是向友好方面发展的。

中华文明历史悠久，在漫长的发展历程中形成了爱好和平、合作共赢、求同存异的基本理念，这些理念是中法两国之间政治互信不断增强的内在价值基础。中法能够建立起全面战略伙伴关系，在一定程度上也说明了双方能够在一些领域达成共识，能够彼此信赖。伴随着中法两国文化交流的不断加强，法国人民对于中华文化的了解和认同不断加强，彼此的文化了解也丰富了双方的文化内容。不可否认，中法两国之间有着不同的文化背景和历史传统，在具体文化认知方面存在不同，法国民众对于中华文化可能存在误解，但是随着中华文化宣传的深入，中法两国之间的文化融合不断深化，这些误解终将慢慢消除。总之，中法两国的政治互信将随着中法文化交流不断加强，双方将在平等互利、合作共赢基础之上步入新的发展阶段。

法国作为欧洲的传统大国和强国，在欧洲舞台扮演着重要角色，中法之间的关系也反映着中国与欧洲之间的关系，对于地区稳定与发展具有重要意义。新时代背景下，习近平总书记提出构建人类命运共同体的政治构想，就是向不同地区、不同民族、不同国家展示中国的和平发展观。法国作为中国的全面战略合作伙伴，深化与中国的和合作沟通是发展趋势。中华文化应以此为契机，向法国民众展示中国的良好形象，促使中法两国长期保持友好关系。

（二）有利于我国"一带一路"倡议的实施

中法两国之间有着悠久的历史往来，具备相互信任和合作的政治基础和文化基础。新时代背景下,世界经济紧密联系在一起,习近平总书记审时度势,提出共建"一带一路"倡议,大力推进"一带一路"建设。中华文化在法国的传播,能够让法国人民更加清楚地了解中国和平发展道路,认识到中国是个负责任的大国。中华文化在法国的传播,有助于增强两国之间的互信,最大限度的减少矛盾与隔阂,与法国建立友好合作关系,促进"一带一路"倡议的实施。

2017年中法文化论坛在丝路的起点西安举行。本届论坛主题为"'一带一路':文明互鉴与创新"。马克龙总统对于中国提出的"一带一路"倡议表示赞同。与会期间,中法两国之间开展了以文化为基础的全方位的交流与合作,力图共同推进"一带一路"的部署实施。"一带一路"倡议提出以来,得到了相关国家的认可与支持,这反映出相关国家乃至世界各国对于中国合作共赢的价值理念的认同。法国作为中国的重要伙伴国家,不断加强与中国的交流与合作,推动着"一带一路"倡议的实施。这一倡议不仅实现了沿线国家之间经济贸易的合作与发展,更加强了沿线国家之间的文化交流与合作,为世界发展问题提供了中国智慧和中国方案。法国和欧洲其他国家也逐步意识到,"一带一路"有利于促进包括欧洲、非洲在内的沿线各方共同发展。欧洲和中国互为关键合作伙伴,应当根据现实利益而非惯性思维在"一带一路"框架下开展更多合作。[①]

(三) 有利于树立我国良好的国际形象

国家形象是特定国家的历史和现状、国家行为、国家的各项活动及其外部影响在国际社会和内部公众心目中产生的印象、认知和评价。[②] "大国"最重要的特征是负责任。随着改革开放的不断深入与发展,中国正在以积极的姿态展现给世人,但是部分国家和地区对于中国的快速发展也有一些不适应或担心。在一定的空间里,"中国威胁论"和"新殖民主义"等论调歪曲着中国的国家形象,严重背离了中国的发展实质。直

[①] 王义桅:《法国缘何高调支持"一带一路"》,《人民日报》(海外版),2018年1月10日。

[②] 孙英春:《跨文化传播学》,北京大学出版社2015年版,第439页。

到今天，部分国家和地区对于中国的印象仅仅停留在经济领域所取得巨大成就，容易导致对中国大国形象的片面认知或误解。如果不能从文化上来改变大家对中国的形象认知，就很难在国际上树立起全新的有担当的国际大国形象。文化层面的交往既是维护当代大国形象不可或缺的关键部分，也是中国在法国发展需要继续加强的地方。

法国对于中国的了解和认识主要依赖于西方媒体的传播和概念，加之地缘因素、文化差异以及意识形态的分歧，都造成了法国民众对于中国和中华文化的了解和认识不足，对中国在当地的发展仍然存在一定的误解和偏见。这一现状不利于中法两国之间的交流与合作，对于中国国家形象在法国乃至欧洲地区的树立都是不利的。中华文化的传播就是要让法国民众真正了解新时代的中国是如何发展的、中国人的真实形象是什么，从而消除误解、增强互信。

三　中华文化在法国传播的人文意义

（一）有利于改善中法文化差异所带来的误解

中国两国文化由于地理区位和历史传统的原因存在着一定的差异，这种差异甚至造成了法国人民对于中国的片面认识和误解。法国文化相对自由浪漫，法国人对于中国的认识更多是建立在自己的职业、兴趣和阅历的基础之上，因此造成法国民众对于中国人以及中华文化的了解程度偏低。法国《费加罗报》前驻京记者沙伯龙在华十来年，妻子也是中国人，他认为受传统文化影响的中国人相对内敛，不善于争辩和言辞，造成了难以与其相处和打交道的错误印象。今天，仍然有一些法国公众对于中国的认识还停留在过去时期的中国。中华文化在法国的传播，能有效消除因文化不同带来的陌生和隔阂，打破法国人对于中国的传统印象，纠正某些错误消极的认识，增加两国人民的亲密度。

（二）有利于中华文化走向欧洲，产生示范效应

中华文化既是中华民族几千年来发展的结晶，也是不断适应时代发展的产物。21世纪，中华文化走出国门走向世界是顺应时代发展潮流的必然趋势。在当今世界各国政治、经济、文化交流逐步频繁的国际大背景之下，文化越来越成为国际交流与国际竞争的主导因素，因此推动21

世纪中华文化在法国的传播对于中华文化在欧洲地区的传播具有积极的示范效应和带动作用。

　　法国在欧洲地区的地位至关重要，扮演着重要角色。法国作为西方文化的重要中心，对欧洲，乃至世界具有深刻影响。如今，法国不仅是欧盟的重要成员国，还是联合国的安理会常任理事国，它对整个欧洲的重要影响不言而喻。法国开展的中法文化交流活动对整个欧洲都有借鉴意义。因此加强21世纪中华文化与法国文化的交流，能够有效地帮助我们更好地了解欧洲地区的风土民情，准确寻找到欧洲人民普遍的文化需求，从而实现中华文化的有效传播，为21世纪中华文化走出国门积累宝贵的经验，为中华民族实现真正的民族崛起奠定坚实的基础。2019年3月25日，习近平在巴黎爱丽舍宫同法国总统马克龙会谈时强调，新形势下中法双方要继续探索独立自主、相互理解、高瞻远瞩、互利共赢的大国相处之道。① 这四点大国相处之道不止对中法关系未来的发展，而且对中欧关系乃至其他大国关系都有重要指导意义。

第二节　中华文化在法国传播的现状与特点

　　在中法两国文化交流中，法国文化对中国的影响远远超过中华文化对法国的影响，但中华文化仍以其独特魅力持续吸引着法国一些文化人士的关注。早在十九世纪，巴黎东方语言学院便增设"近代汉语讲席"，目的是培养在中国经商、传教、宣传欧洲文化与研究中国文学的人才。进入二十世纪，法国的汉学研究考证更加严密，同时还融入了一些社会科学的概念和方法，并增设了一些新的汉学研究机构。除汉学家外，法国的一些文学艺术家对中华文化情有独钟，一些进步的法国作家对中国人民的正义斗争表现出真诚的同情和支持。② 而现如今，中华文化以更加丰富的方式传播给广大的法国人民。

---

①　《习近平同法国总统马克龙会谈》，《人民日报》（海外版）2019年3月26日。
②　葛夫平：《中法关系史话》，社会科学文献出版社2011年版，第122页。

一 中华文化在法国传播的现状

(一) 经济贸易推动中华文化在法国传播

进入21世纪,中国和法国作为亚欧大陆上的两个强国,经贸往来日益频繁,不仅推动着两国经济的快速发展,同时促进着文化领域的相互交流与融合。中法两国的合作领域日趋广泛,文化领域的合作与交流正在成为两国共同努力的新方向。据欧盟统计局统计,2018年中法双边贸易额为590.9亿美元,增长11.4%。其中,法国对中国出口244.5亿美元,增长14.5%,占法国出口总额的4.2%,提高0.2个百分点;法国自中国进口346.4亿美元,增长9.3%,占法国进口总额的5.1%,与上年同期持平。法国与中国的贸易逆差102.0亿美元,下降1.5%。中国为法国第七大出口市场和第六大进口来源地。[①] 伴随着贸易的增加,双方的文化交流传播也得到了加强。中国不仅将特色的工艺制品带到了法国,也将中华文化带到了法国。商品作为文化传播的载体,其承载的文字、商标、图案等都可以体现中国元素,可以在潜移默化中不断加强他国人民对于中华文化的了解与认识,引发他国人民对于中华文明的兴趣,进而促进中华文化的传播。改革开放至今,中国的经济发展方式逐渐转变,进出口贸易结构不断调整与优化,"中国制造"已经走向世界,"中国创造"也越来越有影响力。

(二) 文化交流促进中华文化在法国传播

2018年5月22—30日,"源味中国——中国美食文化走进法国"系列活动在里昂和巴黎相继举办。本次活动在第八届法国中国电影节框架内举办。除了精美的菜点,还有让人眼花缭乱的面艺和刀工展示。中法两国都具有悠久的历史与文化,也是中西方饮食文化的杰出代表,中法两国人民都把饮食作为最重要的生活享受和文化元素之一。这次美食节活动不仅让法国客人大饱口福,了解到中国的饮食文化,也开阔了法国厨师们的视野,增进了中法厨师之间的交流与合作。

---

① 《2018年法国货物贸易及中法双边贸易概况》,商务部,https://countryreport.mofcom.gov.cn/record/view.asp?news_id=63015。

中国戏曲文化所反映的内容也直接体现了中华文化的博大精深。2018年4月14日19时，巴黎中国文化中心多功能厅传出抑扬顿挫的评剧戏曲声，这是第二期"评剧培训班"结业汇报演出，演出由参加第二期培训的法国学员表演和伴奏。参加学习的学员们纷纷表示在学习中更加深入地了解了中国传统戏剧的魅力，也更加喜爱中华文化。很多人还表示，将来有机会要到中国继续学艺。巴黎中国文化中心通过开设戏曲培训班加强汉语教学、弘扬中华文化的举措，对于推动中华文化精华——戏曲艺术走进法国、走向世界具有深远的意义。

同年8月，"印迹国中""一带一路"文化交流活动在巴黎欧洲时报文化中心举行。这一活动由中国美术馆主办，欧洲浙江华人联谊会、中法艺术交流协会、食韵家协办。活动中，风格各异的中国书画作品、琳琅满目的非遗手工艺品吸引了中法观众的注意，现场中国书画家泼墨挥毫，观众还有机会接受书画家的亲手指导。这样的传统文化交流活动能够充分体现中国民间艺术作品的生活气息，可以增进与法国人民的彼此理解，为双方进一步开展合作打下更坚实的基础，引起欧洲民众的共鸣。

2002年11月29日，巴黎中国文化中心正式挂牌成立。这一机构的成立标志着中法两国文化交流的进一步增强。以巴黎中国文化中心为平台，中华民族文化也将进一步不断传向欧洲。当天，时任副总理李岚清与法国签署了《中华人民共和国和法兰西共和国政府关于设立文化中心及其地位的协定》，将促进中法文化交流与传播上升到政府决策层面，推动了中国与法国、中国与欧洲之间的文化交流。2014年，中法建交50周年，法国影视演员苏菲·玛索登上中国中央电视台马年春节联欢晚会的舞台，与中国歌手刘欢共同演唱法国民谣《玫瑰人生》。2019年1月27日，中国国家主席习近平同法国总统马克龙互致贺电，庆祝两国建交55周年。法国当地时间1月31日晚，由中国国际文化传播中心联合法国华人卫视打造的2019年法国华人春节晚会在巴黎雷克斯大剧院举办。来自中法各界近3000名嘉宾莅临晚会现场，共同庆祝中法建交55周年，恭贺中国农历春节的到来。由此可以见中法两国关系友好，中法文化交流逐步增多，这为中华文化在法国的传播提供了动力。

(三) 文化产业的发展助力中华文化在法国传播

近些年，中国的文化产业发展迅速。发展文化产业作为国家战略的价值，在于它不仅仅构成了国家文化战略的重要内容，而且还为国家"软实力"的提升提供有效路径和载体，以及由此在全球化舞台上形成民族生活方式和价值观传播的竞争体系。[①]

其中最突出的为中国电影，中国影视作品的传播在法国已取得可观的成效。法国是引进中国电影最多的欧洲国家，中国是法国电影第一大海外市场。巴黎中国电影节自2004年以来到2019年7月，已经成功地举办了9届。旨在向法国观众介绍中国电影，使大家能了解中国电影、中国文化和中国人的生活，同时也能使华侨华人能在异国欣赏到家乡的电影。中国是法国电影的海外最大市场，同时中国电影对于法国人民也同样非常重视。在巴黎举办的中国电影节已成为海外最具影响力的电影节，是中国电影对外展示的重要平台。中国非常重视巴黎中国电影节的发展，每一届的电影节盛况，国内新闻媒体都会进行及时和全方位的报道。随着中法人文交流机制不断深化，两国电影合作，相互引进、合拍、发行电影也迎来了重要的机遇期。法国中国电影节为传播中国电影文化、推动中法电影合作等，提供了重要的平台。

(四) 孔子学院成为中华文化在法国传播的重要载体

孔子学院是我国在世界各地设立的以教授汉语和传播中华文化为宗旨的非营利性教育机构。[②] 它致力于适应世界各国人民对汉语学习的需要，增进世界各国人民对中国语言文化的了解，促进世界多元文化发展，构建和谐世界。孔子学院作为文化交流的重要机构，通过多种方式为许多国家培养了汉语教师，是中国出口的最成功的文化产品，成为中国向世界展示中国形象的一个良好平台，为在国际上讲述中国故事，讲好中国故事作出了巨大贡献。中国在世界上的许多国家都设立了孔子学院，它将汉语教学与文化传播结合在一起，让文化和语言相容，成为传播文化的新

---

① 范玉刚：《"文化强国"战略视野中的文化产业发展研究》，中国社会科学出版社2016年版，第16页。

② 《孔子学院章》，国家汉办，http://www.hanban.org/confuciousinstitutes/node_7537.htm。

形式，促进中国与世界上其他国家的相互了解，并建立和谐友好关系。

截至2016年，法国共有孔子学院17所，孔子课堂3所。[①] 法国孔子学院的开设不仅仅为中法两国人民加深彼此之间的了解做出了贡献，同时也受到了政府层面的大力支持与欢迎，成为两国文化交往的重要平台和媒介。各地孔子学院充分利用自身优势，开展丰富多彩的教学和文化活动，逐步形成了各具特色的办学模式，成为法国人民学习汉语言文化、了解当代中国的重要场所，受到当地社会各界的热烈欢迎。

中国和法国的文化交往有着久远的历史。目前，在法国的国内，也有着许多的华人华侨，他们渴望学习中国的语言、了解中国博大精深的文化，孔子学院作为开展中国汉语教学、传播中华文化的重要平台，为他们提供了很便利的条件，承载着中华文化在法国传播的使命，拉近了中国和法国的距离，促进了中法友好关系的发展。孔子学院在法国的设立能够加快中华文化的传播，扩大中华文化的影响力。语言和文化之间有着相互依存、密不可分的关系，语言的推广对文化传播有巨大的推进作用。孔子学院以汉语教学为渠道推动中华文化在法国传播，让法国人民更直接地接触中华文化，更有效地了解中华文化。有了汉语作载体，中国的书刊、杂志、影视、网络信息等流传于法国将不再举步维艰。

二 中华文化在法国传播的特点

（一）政府合作与民间交流是中华文化在法国传播的主要力量

就政府层面而言，两国高层领导人互访频繁，两国在政治、经济、文化等各方面交流不断增加。就文化交流来说，两国政府积极举办各种文化交流活动，如今每年都会举办的"中国文化年"活动，为中华文化在法国的传播发挥了重要的作用。此外，在法国建立的孔子学院等语言机构，为法国培养了掌握汉语的人才，提升了法国的汉语教学水平，为中华文化在法国的传播解决语言不通的问题。

就民间层面来说，民间力量也不容小觑。首先，法国的华人华侨在

[①] 《孔子学院/课堂·关于孔子学院/课堂》，国家汉办，http://www.hanban.org/confuciousinstitutes/node_10961.htm。

中华文化向法国传播的过程中扮演着重要的角色。不论是在法国的留学生还是中国游客，在法国人民的眼中，他们是最真实的中国形象的写照。在日常生活中，他们与当地人民的直接接触与交流，使中国的国家形象以及中国的文化直观地展示在法国民众的面前。在法国的华人华侨与法国当地的人民友好相处，也在一定程度上体现了中国和平共处的外交理念，对中华文化在法国有着积极的影响。其次，法国在中国的留学生们更是中华文化在法国传播的助推器。这些年来，随着中国国际地位的不断提升以及中国优秀的传统文化，吸引了一大批法国的学生到中国深造学习。他们生活在中国，从衣食住行各方面对中华文化有更深入的了解，也对中国的社会有了更加客观的评价和认识。一个国家对另一个国家的文化和价值观形成认同时，那么两者就很容易达成共识。这些在中国的法国学生，都是法国优秀的人才，他们对于中华文化的认同，会使得他们在回国后对中华文化进行客观的评价和宣传，促进中华文化在法国的传播。

（二）高层领导的密切交往为中华文化在法国传播提供帮助

习近平主席指出，领导人密切交往是中法关系的好传统。就政府层面而言，两国的高层领导人互访频繁，推动了两国在政治、经济、文化等各方面的交流。2001年4月李岚清副总理访问法国期间与法国外交部长韦德里纳签署了关于中法互设文化中心和互办文化年的《会谈纪要》。双方商定，2003年10月至2004年7月，中国在法国举办文化年；2004年秋季至2005年7月，法国在中国举办文化年。中法互设文化中心将两国文化关系提升到了一个更高的层次，使中法的文化活动保持"长流水、不断线"。两国高层的密切交往是中法特殊友好关系的重要特征。

2018年1月8日，法国总统马克龙来华进行国事访问。新年伊始，马克龙总统首次访问亚洲就来到中国，体现着法国对中法关系的高度重视。习近平强调，当今世界存在很多不确定性，中方主张构建人类命运共同体，法方也持相似的理念。两国可以超越社会制度、发展阶段、文化传统差异，增进政治互信，充分挖掘合作潜力。中方愿继续本着合作共赢的原则，密切同法方各领域合作，加强"一带一路"框架下合作。[①]

---

① 《习近平会见法国总统马克龙》，《人民日报》（海外版）2018年1月9日。

2018年3月，中国国家主席习近平应约同法国总统马克龙通电话。双方就深化经贸、投资、农业、核能、环境等领域合作，加强在应对气候变化、维护多边贸易体制、防范金融风险等全球性问题上进沟通与协调。2018年5月，法国总统会见国务委员兼外交部长王毅。同月，习近平主席在钓鱼台国宾馆会见法国前总统奥朗德。2019年是中法建交55周年，同时也是新中国成立70周年。在如此特殊的时期，中国国家主席习近平在3月对法国进行国事访问，并发表了题为《为建设更加美好的地球家园贡献智慧和力量》的重要讲话。他指出，两国已经开展了许多战略性合作，但还有很大合作空间。双方还要深化核能、航空航天、农业食品、医疗卫生、汽车制造等传统领域合作，加快推动绿色制造、数字经济、人工智能、金融服务、城市可持续发展等新兴领域合作，加强气候变化合作等，为两国人民和各国人民谋福祉。[①] 中法两国对当今发展着的世界都有着强烈责任感。两国人民需要彼此欣赏，不断交流和对话。如此密切的高层领导人交往体现出双方的相互重视。为中国文化在法国的传播创造了良好的政治条件，提高了法国民众对中国文化的兴趣。

（三）网络传媒成为中华文化在法国传播的主导方式

21世纪以前，网络传媒的发展尚未成熟，中国的国际形象大多是通过传统媒体进行宣传的。受到时间和空间的影响，中国传播出去的文化内容非常有限，而受众的普通群众大多也多是被动的接受，有的是通过民间的口耳相传，有的是经过其他一些国家转述的，以至于文化传播的效果和信度都相当有限。21世纪以来，网络传媒逐渐发展成熟，为文化传播注入了新鲜的力量，成为中华文化在法国传播的新途径，为促进中法友好关系开创了新道路。

网络传媒呈现多元化的发展趋势。在电视媒体方面，中央媒体和地方媒体相结合，相辅相成，共同打造中华文化走向世界的新平台，基本实现了全球覆盖。中央电视台的CCTV-4、CCTV-9以及多个地方的国际频道等都成为文化传播的重要平台。2014年，中国网络电视"直播中

[①] 《为建设更加美好的地球家园贡献智慧和力量——在中法全球治理论坛闭幕式上的讲话》，《人民日报》2019年3月27日。

国"正式开通,以直播的方式更直观的向世界展示中国的文化。这些平台,不仅为法国民众直接获取中国的相关动态和资讯带来极大的便利,同时也可以让法国人民以直接的方式了解中国悠久的历史文化、良好的社会风貌、壮阔的人文景观和自然景观等。在网络发展方面,中国积极加强自身网络平台建设,通过网路把极具中国特色的影视作品、书籍等进行广泛的宣传,扩大中华文化在法国的传播地域范围和受众群体,让法国官方及民众更清楚的了解中国,促进中法两国相互理解信任,为国家形象的建设和维护做出贡献。

(四)"中法文化年"为中华文化在法国传播搭建平台

2003年10月6日,第一届中国文化年活动在巴黎举行,作为活动的启动节目,中共中央民族乐团在巴黎举办首场音乐会,之后该乐团又赴法国各地巡回演出,共进行了11场中国民乐的演出,广受好评。同年10月8日,在芭蕾舞的故乡巴黎,中国中央芭蕾舞团的经典剧目《红色娘子军》隆重上演,之后又连演5场并场场爆满,在法国观众中赢得了巨大声誉。此外,孔子文化展、敦煌艺术展、20世纪中国绘画展、中国时装展、中国饮食文化节、中国世界遗产摄影展、中国图书展、中国丝绸展、中国邮票展、中国茶文化展、中国当代艺术展、21世纪中国高等教育展、中国当代科技展、中国当代科技展、中国当代雕塑展等一系列富有浓郁中国特色的展会活动纷纷亮相法国全国各地,为当地民众奉献出一道又一道中华民族传统与现代文明的丰富大餐。

多彩绚丽、高潮迭起的"中国文化年"取得了巨大成功,法国民众不仅从"中国文化年"活动中了解了中国历史文化的宝贵财富,也了解了正在走向现在的中华文化,了解了顽强奋斗、乐观自信的现代中国人民。文化年实现了两国民众的"零距离接触",在法国形成了"看中国文化展,说中国文化年"的新时尚。一股"中国热"伴随着中国文化年的深入影响在法国持续升温[1]。伴随着中国文化年活动的深入展开,法国人学习汉语的热情被激发起来,一股"汉语热"在法兰西大地迅速升起。

---

[1] 赵毅、赵剑:《世界大国(地区)文化外交:中国卷》,世界知识出版社2014年版,第225页。

汉语在法国的外语选修语种中位居前列，越来越多的中学将汉语纳入其外语课程体系，社会上学习汉语的人数也大量增加。

"中国文化年"活动是新中国建立以来在外国开展的规模最大的一次文化交流活动，是中国对外文化交流史上的一座里程碑。通过中法文化年活动的成功举办，中国已经充分意识到文化传播在当今国家外交中的重要作用。活动的举办，成功的宣传和推广了中华文化，树立起中国文化大国、文化强国的形象，让世界更好的认识到了中国。

第三节 中华文化在法国传播所面临的困境

随着中国与法国各方面合作的不断深化，中华文化在当地的传播也取得了一定进展。但同时我们也意识到，中华文化在法国的发展也存在一些问题和不足之处，如对法国民众的文化需求缺少了解、传播的内容缺少针对性、文化传播方式较为单一、传播的文化内涵深度不足、文化产业发展相对较弱等问题阻碍了中华文化在法国的传播，也制约了中法在文化方面的交流与合作。

一 对法国民众的文化需求了解不足

为了奠定中法两国的合作基础，增进两国相互间的了解，也为了我国提升国家形象和国际影响力，中国历来十分重视与法国之间的文化交流。但两国的文化交流过程中存在一个突出的问题，就是中国对法国民众的文化需求了解不足。不论是政府举措还是民间社团活动，多数情况下我们都是从自身的立场考虑问题，据此确定传播文化的内容，没有深入了解法国的政体、信仰、文化习惯等方面的因素，有些文化传播内容很难被法国政府和民众接受，难以取得良好效果。

21世纪以来，随着中国国家实力的增强以及努力提高中华文化在法国的吸引力，法国民众对中华文化的兴趣逐渐加深。但是由于历史、地域、宗教、政治等方面的差异，两国人民的思维方式有所不同，对文化需求也不尽相同。"经济生活、政治生活、历史背景、地缘环境以及人种和民族特质等诸多方面既有的差异和多样性，决定了文化之间无法消弭的差异"。① 因此，在跨文化交往中，任何一个交往主体都难以摆脱自身文化的框架，对异文化的吸收也往往取决于自身的文化与环境条件。不同文化的差异既表现在生活行为和习惯方面，也体现在更深层次的价值观方面。这些差异会阻止不同文化的顺利交流，甚至可能产生误解和冲突。中法两国虽然都是农业生产大国，但是两国代表了不同地域、不同特点的文明，也有着不一样文化需求。

除此之外，法国因其固有的西方中心的价值理念对中国的和平发展存有戒心，这种情况下如果盲目地以中国式标准开展传播活动，不注重法国文化市场的需求情况，就会使传播效果大打折扣。文化的传播和国际形象的塑造不仅仅是单方面的行为，主体间必须有互动。所以必须消除由两国文化差异带来的误解，重视法国民众的文化需求倾向，吸引其民众的注意力，否则无论是中华文化还是中国的文化企业在"走出去"时都会受到阻碍，不解决这个问题中法文化交流势必受到影响。

二 中华文化在法国传播的内容缺少针对性

文化的传播与出口不仅要精准了解受众的需要，还要考虑文化所承载的民族性、时代性和先进性，这样才能增强文化的国际竞争力。由于目前中华文化在法国传播的内容缺少针对性，影响了中华文化走向法国的效果。

长期以来中华文化对外推广偏重于中国传统文化和语言方面的传播，且为较表面的文化形式传播，对于中华文化所蕴含的文化内涵、思想哲理等涉及较少。此外，当前中华文化创新性成果的内容传播较为匮乏。中华文化的创新性成果是向世界展示中国社会状况、科学技术发展和当代中国人精神风貌的重要内容，但是目前中华文化市场在缺乏整体协调的情况下，对于传播什么样的内容缺乏了解，既造成文化企业在某些行业过于集中，又可能使得某些急需对外传播推广的文化内容发生缺失。中华文化产业在中国经济发展、人均收入提高、政府大力支持下，近几年有了明显进展。虽然相关文化公司和项目种类繁多、内容丰富，但却

---

① 孙英春：《跨文化传播学》，北京大学出版社 2015 年版，第 160 页。

缺少市场整合和监管机制，造成了业内的经营混乱，无法在国际上形成有竞争力的项目和品牌，从而导致对外传播的中华文化的内容和项目不够明确，无法积极对市场进行导向，使得国家打造优势文化产业和国际品牌的目标难以实现，阻碍了中华文化在国际中的影响力和竞争力。

三 中华文化在法国传播的方式较为单一

通过中华文化"走出去"，向法国传播中国的优秀文化，吸引法国民众了解、学习中华文化，从而增加法国民众对中华文化的兴趣，进而提升中国的文化软实力。在中华文化向法国的传播过程中，政府是主导力量。但只依靠政府的带动作用是远远不够的，中华文化现阶段需要不断丰富传播方式。只有通过丰富多样的传播载体才能全面展现中华文化的丰富内容和深刻精髓，才能更好地促进中华文化被理解、被接受，从而提高中华文化在法国的受欢迎程度，真正促进21世纪中华文化在法国的传播。

当前中华文化在法国的传播路径主要有开设孔子学院、经济往来带动文化传播、中国媒体宣传，等等，这些大都是依靠政府来进行的。固定的传播途径、单一的传播方式、特定的传播主体以及特定的受众对象，这些原因都可能造成中华文化对法国民众的吸引力下降。一些民间的群体或组织，他们灵活的传播方式和丰富多样的传播内容弥补了一些政府主导文化传播的不足，在中华文化向法国传播的过程中扮演着不可缺少的角色。但是由于民间的群体和组织发展较慢，传播力量有限，因而在文化传播过程中发挥作用也有局限性。为促使中华文化能够更好的在法国进行传播，官方和民间的深度配合势在必行。

四 中华文化在法国传播的内涵深度不足

传统文化是一个民族历史孕育积淀的文化。中国传统文化历经几千年的积淀、凝聚、提升传承下来，是数千年来中国人理解世界和把握历史的内在根据，即使在全球化的今天，仍具有超时空的意义。在法国，我国传统文化的传播内容主要以京剧、杂技、武术、中医、瓷器等为代表，选材层次较浅，更深层次的能展现中国传统文化精髓的精神、思想还缺乏深度挖掘。在挖掘传统文化价值方面，我们应该参考和借鉴世界上一些成功的案例。

从法国角度看，想了解真实全面的中国，就不能局限于中华传统文化，还要充分了解当代中华文化的思想观念和价值存在。如现代文学、影视、音乐、书籍、工艺品等。近年来，我国文化产品出口虽然实现了快速增长，对外文化贸易总量全球第一，但结构极不合理，一些核心层的文化产品和西方相比优势并不明显。结合我国文化产业发展宏观状况，目前我国文化贸易总体上呈现以下特点：文化产品贸易方面，我国强大的制造业是过千亿美元贸易额的主要支撑。低附加值的加工制造类产品仍在我国文化产品出口中占据重要地位，这主要得益于我国强大的制造业基础和劳动力成本优势；文化服务贸易方面，逆差严重、占比较低显示出我国文化服务在国际竞争力方面的显著弱势；区域发展极不平衡，东部地区几乎垄断了文化产品与服务贸易出口[①]。

在图书出版方面，我国传播到法国的书籍内容比较单调、陈旧，且内容质量不高，更新换代较慢。法国将中国外文版书籍当作"宣传品"，对中国的书籍认同度不足。我国历史上有一大批引以为豪的思想家、文化大家、文化经典对法国产生过深刻影响，如法国民众了解最多的《论语》。随着中法关系的深化，中国当代文学也逐渐进入法国民众视野，如"吴晗""刘心武""贾平凹""冯骥才"等当代文学家的名字跃然纸上。但相较于中国传统文化的影响力，当代文化的原创能力则显得较弱。文化产品质量较低、文化内容缺乏吸引力、大师级文化作品缺乏等，都是当代文化在法国缺乏吸引力、影响力和传播力的重要因素。如果没有好创意、好故事、好形象，没有原创品牌，中华文化在法国就没有竞争力。因此，必须做好培育中华优秀当代文化工作。

五 中国文化产业缺乏国际竞争力

21世纪国际竞争的加剧的背景下，文化产业已经成为国际竞争的焦

[①] 刘传军：《我国发展对外文化贸易还需大力调整结构》，中国经济网，http：//www.ce.cn/culture/gd/201803/16/t20180316_28502541.shtml。

点领域,越来越多的国家把文化产业提升为一项重要的国家发展战略。从某种程度上讲,现代文化产业的发达程度已经成为衡量一个国家在国际上的文化地位和文化影响力的标志。[①] 中国与法国是彼此重要的出口市场和进口来源地,更是彼此重要的商品服务客户,随着中法之间贸易往来的增加,新的世界环境需要中华文化以文化产业为载体,增加贸易往来的契机,提升中华文化的在法国的传播影响力。

改革开放四十多年特别是进入我国进入社会主义新时代以来,我国的文化产业进入快速发展期,培育出了许多新兴的文化业态,取得了突出的成绩,但在丰硕的成绩之下,也存在一些这样那样的问题。第一,从中华文化内容组成上看,中华文化是以中华优秀传统文化、革命文化、社会主义先进文化所构成,但法国等西方国家对于中国的革命文化和现代文化知之甚少,这种情况严重制约了世界人民对中华文化的理解。第二,从文化品牌的影响角度看,我国长期以来并不注重无形资产的价值,对于文化品牌的树立不够重视,造成了文化品牌影响力较弱的局面。近年来,我国的文化产业涉及的门类日趋完善,也出现了一批拥有一定规模和实力的文化出口企业,它们走出国门,形成了一定的影响力,但是总体来看,无论是从数量上还是从规模上看,我国的文化企业和世界跨国文化集团在综合实力上还存在很大差距,特别是海外影响力有限,直接限制了中华文化在法国文化的交流。第三,从经营方式角度看,我国文化产业吸引力不足,产业结构不合理,目前的产品局限于书籍和影视剧作等,缺少与高科技相结合的文化创意产品的开发经营。第四,从资源利用上看,文化资源利用程度不够且不合理。在几千年的历史长河中,我国积淀了丰富宝贵的文化资源,但是并没有充分挖掘这些资源,而且利用方式也不合理,多数情况只是将文化资源进行堆砌拼凑,追求经济效益,不能够精细整合发展高端文化产业,造成了文化资源的严重浪费。第五,从管理上看,文化产业的管理机制还不够完善,没有打入国际市场的长远眼光与目标,不利于我国的文化产业做大做强。

[①] 范玉刚:《"文化强国"战略视野中的文化产业发展研究》,中国社会科学出版社2016年版,第86页。

第四节　促进中华文化在法国传播的对策

中华文化在法国的传播有利于进一步加强中法之间的相互信任，深化中法间交流合作，促进中法关系的进一步发展。近年来，中华文化在法国传播过程中遇到了一些亟待解决的问题，阻碍了两国的正常文化交往。要解决目前面临的问题，需要中法双方通力合作，共同减少中法之间文化交流的障碍。

一　在传播受众上了解其文化需求，制定切合实际的传播政策

文化传播具有双向性，一种文化得到有效传播的前提，是被传播国家民众对该文化的认同及主动接受。在传播过程中，受众既是传播的对象、出发点，也是传播的目标、归宿点。当传播的信息被受众接受了，这一文化的传播才能说真正完成。[1] 毛泽东曾指出："共产党员如果真想做宣传就要看对象，就要想一想自己的文章、演说、谈话，是给什么人看，给什么人听的……做宣传工作的人，对于自己的宣传对象没有调查，没有研究，没有分析，乱讲一顿，是万万不行的。"[2] 在中华文化向法国传播的过程中，传播什么样的内容，用什么方法传播，制定什么样的文化传播政策，首先要清楚的了解和认识法国的基本国情、社会制度、文化背景以及法国民众的思维方式、行为习惯、心理特征等，预先考虑受众的接受和反应，做到具体问题具体分析、不能一刀切。

在世界文化多样化背景下，要提高中华文化在法国传播的效果，就必须在保持中华文化特色与品质的前提下，针对法国文化的性质特点和法国民众的文化需求，实行差异化、有针对性的文化传播策略。因为，任何民族的文化都保持着浓郁的民族特色，体现着该民族特定的生产生活方式和价值观念，塑造了迥异于其他民族的文化认知模式。"文化对心理组织方式的深刻影响，深刻地影响着人们观察事物的方针、政治行为

---

[1] 张国良：《传播学原理》，复旦大学出版社2009年版，第201页。
[2] 《毛泽东选集》第3卷，人民出版社1991版，第836页。

的方式、决策的方式、排列轻重缓急的方式、组织生活的方式、思维方式"。① 对外文化交流，要针对不同的地域、不同的文化、不同的历史特点，针对外国受众的疑惑和思维盲区，以明白的语言和逻辑思路，用外国受众听得懂、易于接受的方式，将要表达的内容和信息融入真实情感之中，阐明我们的思想理念，以便于国外受众理解、接受并形成良性认知互动②。所以，要使中华文化以多样化的话语思维和表达习惯与法国民众无缝连接、全面贴近，使之更好地理解和充分接受中国文化。

二 在传播理念上坚持中华文化包容性，寻找两国文化交流"最大公约数"

在中华文化的法国传播过程中"传播什么"是主要的考虑议题，中华文化对法传播需要有效发挥中华文化的包容性。我国一直倡导的"和"文化，有和睦相处、和平共处、和谐美好、和衷共济等内涵。因此，中国在世界上一直努力构建和谐友好、负责人的大国形象。在传播和推广中华文化的过程中，"和"文化一直是重要的核心理念，对内它代表着中国人民自古以来以和为贵的处事方式，对外它倡导世界各国之间友好合作、和平共处。

（一）两国文化交流需坚持"百花齐放，兼收并蓄"的原则

在文化上要坚持"百花齐放，兼收并蓄"的态度，对内和对外都要本着包容的态度接受不同的类型和特点的文化，坚持文化的多元化方针。中华文化源远流长，博大精深，是世界四大文明古国中唯一没有中断的文化传承。对周边很多国家的文化发展都有着重要影响。从历史来看，张骞出使西域、鉴真东渡、玄奘西天取经、郑和七下西洋，同时也有许多国家派使者远渡重洋来学习中国文化。从地理上看，周边许多国家都处于中华文化的辐射圈，还有一些曾作为附属国存在。因此中华文化对域外文化的发展影响深远。在中法两国文化交流过程中，也需坚持"百

---

① E·T. 霍尔:《超越文化》，韩海深译，重庆出版社1990年版，第265页。
② 张泗考、张骥:《我国对外文化交流战略能力提升研究》，《河北大学学报（哲学社会科学版）》2016年第2期。

花齐放，兼收并蓄"的原则。

（二）寻找两国文化交流"最大公约数"

中法两国文化交流，应在多元化"兼收并蓄"的基础上寻找"最大公约数"，将其作为文化外交的突破口和着力点。中华文化是文明演化而汇集成的一种反映民族特质和风貌的民族文化，要深入挖掘中华文化思想精髓，寻找中法两国传统文化中共通之处，辅之文学艺术、传统节日、传统民俗、中国古代自然科学等内容形式，以便让法国人民从更深层次、更多角度、更立体地了解中华文化。因此这个"最大公约数"既包括文化本身所具有的共同价值，也包括在这一过程中共同的运作规律，容易为法国的文化背景所接受。因此，孔子学院就可以借鉴此类运作模式上的"公约数"，让法国公众感受到一种熟悉甚至习惯的方式方法，更加充分的发挥文化外交的作用和效果。

三 在传播方法上借助"一带一路"倡议，扩大文化交流平台

自中国国家主席习近平于2013年提出共建"丝绸之路经济带"和"21世纪海上丝绸之路"的合作倡议以来，"一带一路"文化建设成为中华文化"走出去"的新思路。"一带一路"作为中国和沿线国家交流合作的新平台，在文化交流方面能够充分展现文化的多样性、包容性、丰富性及深厚的内涵。

法国在欧盟内部有着很大的话语权和影响力，与法国建立良好的关系，可以为我国与欧盟其他成员建立良好关系树立榜样和提供通道。2017年对于中法来说是特别的一年，马克龙就任法国总统，"一带一路"倡议进入实施阶段，为中法交流合作提供了新的良好的契机。两国在经济上可以进行互联互通，政治上可以进行平等对话，最重要的是在文化上可以拓宽文化传播渠道。由此看来，"一带一路"的实施为中华文化的对外传播提供了更多机会。此外，民间组织和社会团体在文化传播过程中也起着重要的作用，他们并不具有政治性质，在传播内容和传播途径上有较大的灵活性，在文化交流内容上可以进行更贴近生活的宣传，因此更容易被民众所接受。如，民间组织和社会团体有时会举办慈善捐助、扶贫帮弱、环境保护等公益性的活动，通过将中华文化融入到这些活动

进行潜移默化的传播。

四 在传播内容上创新中华文化内涵，增强文化产业竞争力

（一）在继承中华传统文化基础上多加创新

随着中国文化的对外影响力的不断扩大，许多外国人来中国学习、旅游乃至定居生活。由此看来，我国传统文化自身具有强大的魅力和吸引力。同时，我们应该发现在对传统文化传承过程中，我们还有很多不完善的地方，在文化发展的过程中，对于传统文化的态度，要不断创新。我们要在传承的基础上，结合当今国际形势调整文化战略，既尊重传统也不断推陈出新。在法国传播传统文化的过程中，要更加重视创新的作用，在保有中国传统文化特色的同时，创造出让法国人民更易接受的文化形式。从而加快中华文化在法国的有效传播。

（二）增强中华文化产业竞争力

中法两国因为历史、地理、国情以及文化等多方面不同，文化观念和发展方式也不尽相同。在对法国文化传播过程中，应发挥政府在文化产业发展中的积极作用。首先，我们应深度发掘传统文化的魅力，并完善文化保护机制，调动一切积极因素来建设和发展文化产业，加强国家文化底蕴，增强国际竞争力，提升自身文化的知名度，成为国际上响亮的品牌。这无疑有益于法国民众更普遍的接触和了解中华文化。其次，在大力发展文化产业的基础上扶持文化事业，促进两者对于文化传播的基础性贡献作用。在世界文化多元化发展的今天，为保护文化多样性，倡导民族的就是世界的。但面对国际大环境，各国之间的文化竞争也愈演愈烈，因此在推广中华文化的同时，不仅要考虑民族性，还要考虑文化本身所蕴含的先进性和时代性。以更有利于法国民众接受中国文化。

五 在传播媒介上发挥新媒体优势，加强与当地媒体合作

（一）发挥互联网新媒体的传播作用

21世纪以来，互联网几乎覆盖了全球的每一个角落。互联网在传播文化的过程中有其特殊作用。首先，它具有盈利性，国际竞争力越强就越能获得利益。在信息广泛传播的今天，各国都想研发出对全球造成巨

大影响力的门户网站，拥有信息传播源意味着拥有了大额利益，因此各国对信息传播源占有方面存在着极强的竞争意识。其次，互联网还具有传播性。新时代的互联网是国家宣传的新型端口，具有引导国家舆论、促进文化传播的重要作用。各国可以利用网络来表达立场、树立形象等，从而达到维护国家利益的目的。互联网的发展使普通公众可以更全面、迅速地参与到国家政治生活中，同时这也为网络外交的广泛开展提供了动力和便捷通道。与传统媒体相比，互联网时代的新媒体具有可以跨越时空、互动性强和参与程度更高等优势，也更贴近年轻人的生活。在"互联网+"的大趋势下，扩大中华文化在法国影响力的关键在于发展新媒体，通过网络等相关新媒体形式来传播中华文化，吸引法国民众对中华文化的兴趣，进而在市场推广中发现最为合适的传播内容和方法，结合"互联网"平台的实时性、共享性，使中华文化在当地的传播达到最佳效果。

（二）加强与当地主流媒体的交流合作

主流媒体历来是文化传播的主阵地。长久以来，中华文化在法国的传播媒介主要是一些华文媒体，法国的主流媒体如法新社、《费加罗报》《世界报》《西法兰西报》《共和国报》《晚邮报》等对中国和中华文化的正面报道内容较少，大多数的法国民众不能从日常依赖的主流媒体中获取较多的关于中华文化的正面信息。媒体作为中法交流的重要桥梁和纽带，不仅肩负着政治责任，还应担负起传达准确信息、教育民众的社会责任。因此，应加强与法国主流媒体的合作，拓展常态化交流，用翔实、客观、生动的纸笔和镜头记录两国关系的发展态势，推动政策解读、信息沟通、文化传播，共同营造中法友好合作的舆论氛围。

第五节　结语

21世纪以来，不论是政府还是民间层面，中国和法国之间的交流已达到前所未有的频繁，双方在平等互利、共同发展的基础上全面展开战略合作伙伴关系。在国际经济文化交流日益频繁的今天，文化因素产生的作用越来越凸显，任何民族都置身于文化相互交往中，不断丰富和创新自身文化特色，提高本国文化的影响力。

　　法国同中国一样，在自身的发展过程中拥有悠久历史，对世界文化的发展有着积极作用。21世纪以来，中法两国间的交往越来越密切，双方经济、政治、文化等很多方面都存在合作关系。但是随着双方交往的深入，观念的碰撞，一些矛盾冲突也不可避免。求其是在文化方面，由于两国距离较远，双方在历史背景、社会制度、文化发展和价值观等各个方面都有较大差异，容易对彼此文化产生认知偏差，这给双方的合作造成了一些困难。由此可见，要促进两国关系友好和睦发展，必须要加强双方的文化交流，加大中华文化在法的传播力度。近年来，两国高层领导人积极互访，并极力促成"中法文化年"的举办，推动了文化事业在法国的发展。两国人民也通过一些民间组织进行交流互动，两国的留学生也积极推广本国文化。但与此同时，传播中也会遇到一些问题，如传播途径单一、内容泛化、对法国人民的文化需求不够了解等都制约了中华文化在法国更好的传播。

　　因此，为了实现中华文化在法国更好的传播，首先，必须要从自身抓起，提升自身文化内涵，进行文化创新；其次，在传播方式上借助各种平台，采取灵活多样的手段；最后，也要看到中法文化之间的差异，针对法国的实际情况传播适合法国人接收的中华文化。只有这样，中华文化才能更好地在法国进行传播。也只有这样，我们才能够真正的在国际舞台树立一个和平、友好、负责任的大国形象，为世界和平与发展贡献出强大力量。

第十章

文化软实力视角下中国文化在俄罗斯的传播研究

中俄互为两个最大的邻国，同为新兴大国，不仅国际战略意义、战略理念相近，而且在经济领域也具有得天独厚的互补优势，从而为两国关系的不断深化奠定了坚实基础。中俄已经建立起"新时代中俄全面战略协作伙伴关系"，两国的战略协作与务实合作全面展开。中俄关系不仅在两国全局中处于不可替代的重要地位，而且对世界和平与地区稳定具有重大的积极影响。

文化交往是中俄交往的重要内容，两国的文化交流对双边关系具有重要意义。中俄两国作为东西文明重要分支，两国间的文明交流是两种文化和两种文明接触、碰撞和融合的过程。与此同时，两国关系发展中仍不可避免存在这样那样的障碍，尤其是俄罗斯人在看待中国及中国文化时，仍存在一些偏见及误读，使中国及中国文化不能真实全面地在俄罗斯呈现，再加上国际环境中存在的不利因素，既影响了两国人民的友谊，又成为中国文化在俄罗斯传播的制约因素。而推动中国文化在俄罗斯的传播不仅能促进中俄两国文化交往，又能为中国文化"走出去"战略打下良好的基础。

第一节 中国文化在俄罗斯传播的价值界定

一 中国文化在俄罗斯传播的政治价值

（一）有利于加强中俄两国的理解与互信

中国文化作为一种体现中国爱好和平、诚信、友善等价值观的重要资源，能够增进中俄两国人民的互信与理解，能有效地处理一些价值观念上的分歧，消除误解。中俄两国在长期的文化交流当中，加深了彼此的了解，也丰富了双方的文化内容，俄罗斯民众对中国文化的了解、认识、接受和认同的程度也不断增加。由于不同的文化环境和历史背景，中俄两国民众在文化认知上和对彼此的理解上肯定会存在一些差异。中国文化传播到俄罗斯的过程中，既有当地民众对中国的误解和偏见，也有中国文化的水土不服。因此，要注重对中国文化的解读和宣传，主动让俄罗斯民众了解到中国走的是和平发展的道路，中俄两国的发展是建立在平等互利、合作共赢基础之上的，文化的交流与合作也是相互尊重和共同进步的。习近平强调："中华民族几千年来形成了兼爱非攻、亲仁善邻、以和为贵、和而不同的理念。"[①] 习总书记提倡的"人类命运共同体"理念就是向不同地区、不同民族、不同国家和全世界展现中国和平发展观的中国理念。俄罗斯作为中国"一带一路"倡议的重要伙伴，深化与中国的合作与沟通是发展趋势，中国文化应以此为契机，向俄罗斯民众展现中国的良好形象，使中俄两国长期保持友好关系。

(二) 有助于构建中国在俄罗斯的良好形象

国家形象是特定国家的历史和现状、国家行为、国家的各项活动及其外部影响在国际社会和国内公众心目中产生的印象、认知和评价。[②]"大国"最重要的特征不再是军事力量上实力的显示，而是"负责任"[③]。国家形象作为一个国文化软实力的重要部分，主要包括：国家的历史、文化以及自然和社会环境等。国家形象既展示了一国的经济、政治、军事力量，又反映出一国民众的文化认同感。

中俄两国一衣带水，交往历史悠久。目前，中俄两国处于友好交往的时期，但是，俄罗斯国内的"中国威胁论"一直没断过。随着中国综合实力的不断增强，尤其是经济实力的增加，俄罗斯部分政治势力开始散布一些不利于中俄关系发展的言论，鼓吹"中国威胁论"。尤其是俄远

[①]《习近平接受印度尼西亚和马来西亚媒体联合采访》，新华网，http://www.xinhuanet.com/world/2013-10/02/c_117587414.htm。

[②] 孙英春：《跨文化传播学》，北京大学出版社 2015 年版，第 439 页。

[③] 李智：《文化外交：一种传播学的解读》，北京大学出版社 2005 年版，第 154 页。

东地区，由于对中国及中国文化不了解，对中国仍持否定态度，增加了俄罗斯社会某些阶层对中国的不信任感。同时，近些年来，中国的整体形象在俄罗斯越来越好，双方政府为彼此的人文交流合作创造了更多机会。目前，俄罗斯国内同时存在中国快速发展的美好形象与"中国威胁论"的负面论调。一方面两国的新时代全面战略协作伙伴关系不断深化，另一方面，其对中国的快速发展、日益强大和国际影响力的提高也表现出了忧虑。一国形象的建构是全方位和多角度的，文化作为其中不可或缺的部分，对于塑造一国形象有重要意义。因此，推动中国文化在俄罗斯的传播，要将代表中国形象的文化符号推广到俄罗斯，增强俄罗斯对中国文化的了解，消除对中国的偏见，树立起良好的中国形象。

二　中国文化在俄罗斯传播的经济价值

（一）有助于加深中俄经贸合作

当今世界，国家间经济合作越来越需要文化作为纽带和支撑。中俄的经济交往也离不开彼此的文化浸润，这对于增进两国人民间的文化共识有重要作用，为两国经贸合作奠定良好基础。

经济合作是巩固和发展两国友好关系的基石，在经济合作中，文化因子也是不可或缺的一个重要部分。回顾历史，中俄贸易一路走来，从以"边贸""大贸"等民间贸易为主，到逐渐发展为国家行为，贸易规模不断扩大，行为日益规范，范围日益广泛。新型合作内容不断出现，各种科技文化交流与服务活动全面开展。中俄两国即使文化差异较大，但是两国人民对彼此文化的认同，是两国经贸合作的润滑剂。同时，两国在经济交往中如果缺乏文化因子，很容易造成经济合作滑坡。譬如，造成20世纪90年代中期中俄经贸急剧滑坡的因素有很多，而长期积累的文化隐患是重要原因之一。[①] 21世纪以来，中国经济迅猛发展，中俄两国经济实力对比非常明显，俄罗斯第一次"感到了衰弱"，再加上外部势力对中俄关系的破坏，"中国威胁论"的论调在俄罗斯一直不断。一国的商品

---

① 刘德喜：《从同盟到伙伴——中俄（苏）关系50年》，中共党史出版社2005年版，第325页。

也是一个国家文化的象征,商品中的文化内涵也必将为其带来效益。要增强中国商品在俄罗斯市场上的竞争力,必须重塑中国商品的形象,丰富其文化内涵,打造文化精品,推动中俄经贸合作向更深层次发展。

(二) 有助于促进文化产业的发展

当今社会,在国家经济发展过程中文化产业的贡献度越来越大,尤其是西方发达国家已将促进文化产业发展纳入国家战略中。以美国为首的西方国家早就在自己的国家战略中通过对外输出诸如自由、民主等文化价值观的方式来得到外部世界的认同,实现国家利益。大力发展文化产业既关乎国内经济增长和文化主权,又关乎对外经济利益和文化传播。文化产业的发展是国家文化战略的重要组成部分,是国家文化软实力建设的有效方法与载体。我国的文化产业发展的资源来源于中华民族优秀传统文化与当今社会主义先进文化,而国家综合实力的极大增强为文化产业"走出去"提供了坚强的保障。中华文化在俄罗斯的传播,为我们的文化产业发展探索出了新的道路,从而促进我国文化产业走向世界。中华文化在走向俄罗斯的过程中,通过传统文化与现代文化相融合,结合当地文化特点进行文化创新,既凸显了中华文化的独特性和吸引力,又展示了当代中国风貌,加深了俄罗斯人对中国文化的接受。"文化产业除了新闻传媒、广播影视、书刊出版等直接为社会公众提供文化产品外,还广泛涉及以创意、科技等方式,以园区、金融等服务手段,以旅游、贸易等渠道或载体进行的文化及相关产业活动。"[①]

三 中国文化在俄罗斯传播的人文价值

(一) 有助于增强中国文化软实力

文化软实力是一种经过传播被他人接受的文化力量。文化通过自己的"磁场"产生效应,吸引他人关注,产生认同。"中国精神"作为我国文化软实力的重要内容,是我国当代民族文化的精髓,代表和传承着中华文化的优秀因子。"中国精神"即民族精神,其核心是爱国主义,主要内容是团结统一,爱好和平,勤劳勇敢,自强不息。是我国人民在辛勤

[①] 郭力:《文明的对话:俄罗斯与中国》,黑龙江大学出版社2014年版,第311页。

劳作过程中形成的巨大精神力量。中国文化在俄罗斯的传播目的之一是推广"中国精神",通过其感染力,让俄罗斯人感受到中国人的"精气神",增强俄罗斯人对中国文化的认同感。中国的快速发展使国际上产生了中国文化妖魔化的论调,正是因为世界上许多人对中国和中国文化不够了解,致使国际上许多国家把中国文化价值与世界价值对立起来。因此,中国文化对俄罗斯的传播,一方面,可以从时间和空间上拉近中俄两国人民的距离,有助于俄罗斯民众熟知和接受中华文化。另一方面,可以扩大中国文化在世界的影响力,与他国达成文化共识,增强中国话语权,促进中国软力量的建设和发展。

(二) 为不同文明间合作树立典范

和平与发展是当今世界的主题,建立一个民主、平等、繁荣的国际社会是世界各国人民的共同期盼。然而,还有许多威胁世界和平与稳定的因素,如,历史遗留或内部积怨造成的地区冲突、民族纷争、宗教矛盾等问题。对此,一些学者提出"文明冲突论",将文化差异作为世界冲突产生的主要根源。在这样的背景下,中俄两国各自拥有独特的文明体系、不同的宗教信仰,但彼此间睦邻友好、和谐相处,用事实驳斥了文明冲突论的观点。随着中俄两国关系的不断深化,中国文化逐渐得到俄罗斯民众的认同,增强了两国人民的互信,为两国各个领域的合作奠定了基础。在此基础上,中俄两国确立了国家关系的新模式,这不仅是两国人民的福祉,也是对世界的贡献。中俄积极倡导多极格局,反对霸权主义,积极推进世界政治经济新秩序的建立。

四 中国文化在俄罗斯传播的生态价值

科技的飞速发展带动了经济的高速发展,而经济高速发展的负面后果是资源的大量浪费、环境的污染和生态系统的严重破坏。面对这种残酷的局面,我们不得不重新检讨自己的所作所为,重新思索该如何建立一个可持续发展的社会。我国传统文化思想中的"天人合一"可以提供一个明确的答案。"天人合一"主张人类不应单纯地征服自然,而应认识、适应自然。"天人合一"追求人与自然的和谐,而不是对抗,将人类与其他事物在自然界中的地位放在同一层面,人类在利用和改造自然时,要兼顾自然万物的共同利益，让自然界万物都能生长发展。俄罗斯经济的发展破坏了生态环境，经济发展中对自然资源的过度开采和消耗，造成自然环境退化。俄罗斯民众的生态意识和生态文化水准较低是影响俄罗斯生态环境的重要因素之一。因此，中国传统文化中的"天人合一"思想能为俄罗斯生态环境保护提供一个满意的答案。

第二节　中国文化在俄罗斯传播的推动因素及传播成效

一　实现中国文化在俄罗斯有效传播的原则

中国文化对外传播是按照一定的思想和理论确立的指导原则进行的，它规定了对外文化传播的基本方式、方法和行动规范。我国对俄罗斯传播中国文化的主要目的是在保持我国民族文化特色的同时，在与俄罗斯文化交流中取长补短，增强中俄两国的战略互信。我国在对外文化交往中，一直奉行"和而不同"的原则，主张不同文化"各美其美，美人之美，美美与共，天下大同"。同时，坚持"己所不欲，勿施于人"的价值观念，希望通过平等对话解决由文化差异引起的文化冲突，达到"和"的目的。因此，中国文化在俄罗斯传播时，除了国家给予的支持之外，也应遵循以下几个原则。

第一，贴近俄罗斯受众的原则。不同文化背景的传播受众看待同一文化信息的结果各不相同，文化对外传播的目的是使传播受众接受异文化信息。而假如文化在传播过程中不能贴近当地民众的生活习俗和认知习惯，就会产生文化难以融入的现象，即使文化的传播形式再新颖，效果也会与期望的相差甚远。因此，我国在对俄罗斯进行文化传播时，要了解俄罗斯民众的文化背景、生活习惯及认知习惯，以一种贴近俄罗斯民众生活的传播方式进行文化传播，只有这样，才会收到良好的文化传播效果。

第二，雅俗相结合的传播原则。从传播的角度来考虑文化的分层，有学者根据文化传播对象的层次将文化分为五个方面：①高雅文化；

②中上层文化；③中下层文化；④下层文化；⑤准民俗下层文化。[①] 因此，我们可以从雅和俗的层面向俄传播中国文化，"雅"文化指适合精英阶层的文化，如文学、艺术等。"俗"文化指以大众为对象的通俗文化。雅俗相结合的传播原则就是用通俗易懂的方式传递"雅"信息，并根据当地民众的认知能力传递中国文化信息。对于中国文化在俄罗斯传播而言，可以通过"雅"和"俗"两条途径传播中国文化的核心价值。"雅"文化指能让他国文化追寻、崇敬、向往的文化；"俗"文化指能被当地大众接受的文化。因此，我国对俄罗斯传播文化时，既要传播"雅"文化，将中国文化中的优秀价值理念展现出来，又要将"俗"文化传播出去，加强俄罗斯基层民众的理解。

第三，"广"与"窄"共同传播的原则。不同国家受众特点不同，采取的传播策略也不尽相同。约瑟夫·奈指出，软实力传播既要"广播"，又要"窄播"。对不同的受众传播文化要考虑其差异，实施针对性的传播策略。因此，我国对俄传播文化要考虑其当地民众的差异，有的放矢地进行传播。

二　中国文化在俄罗斯传播的推动因素

（一）中俄官方的文化互动

中国文化在俄罗斯的传播，主要依赖于中俄两国政府的推动。1992年，中俄两国政府共同签署的《中华人民共和国政府和俄罗斯联邦政府文化合作协定》，是两国在文化领域合作的纲领性文件。中俄互设文化中心将两国文化关系提升到了一个更高的层次，使中俄的文化活动保持"长流水、不断线"。正如中国领导人习近平所言，两国高层的密切交往是中俄特殊友好关系的重要特征。2014年2月6日，习近平主席出席索契冬奥会展现了大国领导人的风范，加深了俄罗斯民众对中国的印象，对中俄关系具有象征意义。2015年习近平主席在访俄期间，与俄罗斯达成了一些新的合作，涉及政治、经济、人文、军事等各个领域。2017年5月2日，在莫斯科中国文化中心举行了"2017俄罗斯—河北文化周"活

---

① 张岱年、程宜山：《中国文化与文化争论》，中国人民大学出版社1990年版，第133页。

动开幕式，此次文化周活动以河北剪纸为主，向俄罗斯民众介绍了中国的非遗文化精品，展现了河北特有的文化魅力和中国传统文化的多样性，加深了俄民众对中国文化的认识。2017年5月，中俄两国共同签署了关于"丝绸之路经济带"建设和"欧亚经济联盟"建设对接合作的联合声明，极大拓宽了中俄双方战略合作空间，为传播优秀的中华文化提供了契机。同时，"中俄国家年""中俄语言年""中俄旅游年"的开展有力促进了两国文化交流与合作。这些举动为中国文化在俄罗斯的传播创造了良好的政治条件，增强了俄民众对中国文化的认同。

（二）中俄民间的文化互动

中国文化在俄传播，也有赖于民间的文化交往。两国民间的文化互动主要通过民间组织或个人进行，中俄两国的民间交往在1992年就具有规模了。1994年2月，莫斯科华侨华人联合会（俄罗斯华人社团）正式成立，该联合会组织相应的研究、学习、座谈、表演、展览等活动，与俄罗斯有关组织进行联系与交流，将中国传统文化以不同的形式介绍到俄罗斯，既加强了中俄文化的交流，又弘扬了中国文化。中俄友好、和平与发展委员会是中俄民间交往的主渠道，为巩固中俄友好的社会关系和民意基础发挥了重要作用。俄罗斯的孔子学院也发挥着文化沟通交流的作用，为俄罗斯大众提供了一个领略中国文化的窗口，2006年12月26日，中俄两国签署了合作建设"孔子学院"的协议。同时，2016年"中俄边境文化季"的产生，为中俄民间文化互动提供了一个重要载体，对推动中国文化在俄罗斯传播有重要意义。2017年中俄商业年的开展进一步推动了两国企业的交流合作。在俄罗斯举办的"欢乐春节"系列文化活动，向俄罗斯民众展现了中国文化艺术的魅力，增进了俄民众对中国文化的了解。

（三）中俄文化中的同质性元素

我们从文化学原理中得知文化的普同性成分体现在不同的文化形态中。这些普同性主要体现在以下两个方面：一是同类型的文化由于具有相似的环境、习俗、历史和发展方向等从而具有了相似的结构；二是某些文化自身具有的丰富性和包容性的特质，使该文化的内涵在吸收客体文化优秀成分时得以提升。正是基于文化的相似性，不同的文化才有机会接触和交流；正是基于文化的包容性，不同类型的文化才能在交流中完善自己。不同文化之间通过不断的传播和交流，越来越增加文化之间的普同性成分，这就是不同文化交流之间的求同存异。中俄两国的文化属于不同的文化类型，但只要善于寻找两国文化之间的普同性成分，就会发现两国文化在传播交流方面的可能性与合作优势。

首先，从地缘人文环境来看。虽然俄罗斯的人口和经济基础主要位于欧洲，但是俄罗斯东部资源储备丰富，开发潜力大，俄罗斯政府一直支持其对外人文经贸交往，以加快该地区的发展。俄罗斯同时也是一个多民族国家，其独特的文化是由众多民族文化融合而成的。中国作为亚洲大国，也是一个多民族国家，历史上有几十个民族在中国的疆域内居住和活动，但汉族始终是中华民族的主体和核心[①]。各个民族在长期的共同生活中相互交流和相互影响，形成了一个高度一体化的社会体系，中华文化就是在此基础上形成的。中俄两国在文化多样性上能够达成共识，也能够彼此理解。

其次，从两国民族文化渊源来看。部分俄罗斯文化是源自欧洲文化的，并且俄罗斯在向东扩展的时候接受了部分亚洲文化，明清之际，中国汉文化圈曾辐射至俄远东地区。而到1860年前后，西方的工业文明才逐渐渗透到俄远东地区，从而形成了东西文化相持的一种状态。同时，这种状况也使该地区保持了游牧文化的特征，这一点与中国关东文化十分接近。而汉文化作为亚洲文化的主体，其核心是儒家文化思想，她的核心内容"仁、义、礼、智、信、恕、忠、孝、悌"仍是育人之道，治世之论。以儒家思想为基础的汉文化具有兼收并蓄使外部文化强大的能力。

最后，从两国文化发展道路上看。中华文化和俄罗斯文化都曾受到西方文化的影响，自身文化都是在曲折中前进发展。俄罗斯近代文化的发展既受到西方文化的影响，又传承基辅罗斯时期遗留的传统文化，是两种文化相交、相碰、相融的结果。俄罗斯在进入现代化进程中经历的各种坎坷也为俄罗斯民族的成长和发展注入了动力。如同中华民族曲折

---

① 朱达秋：《中俄文化比较》，安徽教育出版社2009年版，第434页。

的历史发展进程一样，俄罗斯民族在面对外部世界时所表现的民族使命感，使俄罗斯民族形成了一种坚韧不拔的民族性和独特的文化特性。

中俄两种文化的相通之处是增强中俄两国人民相互认知的垫脚石，是中俄两国文化交流与合作的纽带。因此，中国文化在对俄传播中可以考虑此方面的因素，制定相应的发展对策，建立中国文化对俄传播的新模式。

三 中国文化在俄罗斯的传播成效

（一）中俄教育交流与合作不断深化

中俄人文教育合作历史悠久。20世纪50年代，中俄教育合作就为新中国培养了大量人才。进入21世纪以后，中俄两国的教育交流、合作在深度和广度上不断深化。

在教学方面，语言教学是中俄两国教学交流的重点。中俄两国2005年签订的关于中俄互相学习对方语言的协议，拓宽了两国教育文化领域的合作。目前在俄罗斯已经有百余所高校开设了汉语，部分中小学也引入汉语教学。到2020年，俄罗斯将把汉语纳入国家统一考试体系。在人文交流方面，1992—2004年，中国向俄公派了1548名留学生和近40名汉语教师。2015—2016年中国学生在俄高校学习的人数为22529人。在此基础上，中俄两国商定到2020年使双方留学人员达到10万人。中俄两国教育各有优势，两国教育合作有利于弥补各自教育上的缺陷。在合作办学方面，基于历史的原因，中俄学者之间形成的传统友谊紧紧地把两国的教育事业联系在一起。目前，我国已经有50多所高校和机构与俄罗斯相关院校建立了合作关系，进行学术及人才交流。"一带一路"的建设和中俄长期合作的国际战略格局，为中俄双方在高等教育和人才培养方面提供了机遇。北理莫斯科大学的建立，是近年来中俄文化交流的标志性成果，为中国文化在俄罗斯的传播提供了人才、搭建了平台。

（二）中俄绘画艺术交流与合作的发展

中俄关系的加深推动了两国绘画艺术领域的合作，加深了两国人民对彼此文化的了解。同时两国政府也推动了彼此绘画艺术交流。2006年中国"俄罗斯年"期间，两国文化部就联合主办了相关绘画展出活动，集中展示了俄罗斯19世纪下半叶的绘画精品,其中许多作品首次走出俄罗斯国门,规模如此之大的展示在中俄艺术交流史上具有开拓性意义。在中俄国家年、语言年、旅游年等一系列国家层面的文化活动推动下,中俄地方间的艺术展览活动也日渐活跃。两国地方政府及艺术馆、艺术院校等文化机构以互邀、成立中俄文化艺术交流中心等形式举办画展,加深了中俄两国的绘画艺术交流。2017年2月,渭南师范学院举行了中俄绘画艺术交流活动,促进了院校之间的艺术交流合作,为拓展丝路文化和中国文化传播提供了新平台和新思路。

(三) 中俄传媒领域人文合作的加深

中俄传媒合作不论是从战略高度还是从长远角度来看都意义深远,中俄传媒合作是两国人文领域合作面最广、影响力最大的形式。

在国家政府的支持下,中俄人文合作委员会媒体合作分委会和"中俄媒体交流年"为中俄两国媒体提供了有效交流与合作平台。中俄媒体合作会议2002年首次召开。之后,在中俄媒体合作分委会机制下,两国媒体多次举办了合作活动,使中俄媒体合作有了更有利的政治环境和外部环境。两国媒体合作范围之大、层次之高,形成了一种"由积极转为主动""由自发转为自觉"的良好互动合作局面[①]。中俄两国媒体在深度和广度上也日渐呈良性扩展趋势。在中俄媒体联合采访上,2006年中俄两国10家主要新闻机构组成联合采访团,从北京天安门广场出发,赴俄罗斯进行了为期一个多月的跨国联合报道。采访团通过与俄罗斯当地官员进行座谈,接受俄罗斯媒体采访,到俄罗斯公民家中做客等形式,传扬了中国文化,传达了中国人民对俄罗斯的情谊。2007年,俄通社—塔斯社等12家俄罗斯主流媒体与4家中国媒体组成联合报道团进行了一次意义深远的"中俄友谊之旅·中国行",这次行程全方位报道了中国经济社会发展情况及中俄两国传统友谊与合作的现状。两国媒体在研讨和交流层面的活动也日渐频繁。随着中俄全面战略协作伙伴关系的持续升温及"一带一盟"的有效对接,中俄媒体交流活动进一步深化了两国人文交流和民间往来,不断优化对接合作的舆论环境和社会基础。

---

① 郭力:《文明的对话:俄罗斯与中国》,黑龙江大学出版社2014年版,第311页。

此外，在两国电视频道和相关网站上，双方媒体互相报道的广度和深度在不断加深。2008 年 2 月，俄罗斯开通了"中国"电视频道。这是俄罗斯首家全面介绍中国的电视频道。该节目将内容定位为中国普通百姓的日常生活和中国的传统文化，如，中医、风土人情、教育、体育等。俄罗斯"中国频道"的推出，为俄罗斯民众打开了一扇了解中国的新窗口[①]。

（四）中俄人文旅游合作稳步快速发展

旅游是传播文明和增进友谊的桥梁，旅游也是一种文化传播方式，有利于旅游者更加深入地了解旅游地的历史文化和风土人情。2013 年 3 月 22 日，在俄罗斯中国旅游年的开幕式上，国家主席习近平在致辞中论述了旅游的相关功能，如"关于旅游的文化功能：'旅游是传播文明、文化交流、增进友谊的桥梁'；关于旅游的社会功能：'旅游是增强人们亲近感的最好方式'；关于旅游的民生功能：'人民生活水平提高的一个重要指标'；关于旅游的国际合作功能：'把旅游合作培育成中俄战略合作的新亮点'"[②]。中俄两国互为最大邻国，旅游资源丰富，两国历史悠久的人文交往必将加深旅游领域的合作。同时，两国旅游合作的稳步发展也将有利于开展文化交流，为中华优秀文化的传播注入新的动力。

1992 年，中俄签署的《中华人民共和国政府和俄罗斯联邦政府关于互免团体旅游签证的协定》，有效地促进了中俄两国边境旅游合作的发展。2003 年建立的中俄人文合作委员会旅游分委会为中俄旅游部门保持定期沟通和交流提供了平台。同时中俄两国借助互办"旅游年"的机会，创新人文交流与合作的方式。"万里茶道"悠久的历史渊源和文化财富将中俄两国紧密地联系在一起。中俄"万里茶道"沿线地区有丰富的旅游资源和旅游产品，为中俄旅游合作交流提供了一个重要平台，中俄两国旅游部门在此基础上将合力打造一条集历史文化、民族风情、境外原生态和异国风情等于一体的"国际黄金旅游路线"，从而促进文化产业和旅游产业的融合。在中俄关系发展和"一带一路"背景下，中俄"万里茶道"显示了其具有的文化现实意义。中俄旅游的进一步合作也必将促进

---

① 郭力：《文明的对话：俄罗斯与中国》，黑龙江大学出版社 2014 年版，第 314 页。
② 王兴斌：《深化中俄旅游合作内涵》，《中国旅游报》2013 年 4 月 1 日。

文化的传播，为中华优秀文化传播提供平台。

（五）中国文化成为联结中俄青年的纽带

青年是中俄两国友谊发展的未来，中俄两国青年的交流与合作，可以为了解中国文化创造便利条件，从而推进中俄人文合作向纵深发展。习近平主席于2013年3月在莫斯科国际关系学院演讲时说："青年是国家的未来，是世界的未来，也是中俄友好事业的未来。这次访俄期间，我和普京总统共同宣布，两国将于2014年和2015年互办中俄青年友好交流年……我期待越来越多的中俄青年接过中俄友谊的接力棒，积极投身两国人民友好事业。"[①] 中俄青年之间的交往历史源远流长，早在中苏时期，两国政府就派青年代表团互访，进行青年交流活动。到20世纪90年代，两国间的人文交往出现了新局面，为青年间的交往带来了新的景象。继两国共同举办"国家年""语言年"之后，出现了中俄青少年夏令营、中俄青少年文化节等交流活动。2016年6月，在俄罗斯举办了第三届中俄青年论坛，加强了两国青年交流与合作，促进了两国人文交往。2017年7月25日，金砖国家青年论坛在北京开幕，以"构建伙伴关系，促进青年发展"为主题，就"金砖国家青年在全球治理中的责任"等议题进行深入探讨。此次论坛为中俄青年的交流提供了一个交流分享平台，拓宽了中国文化在俄罗斯的传播渠道，有助于提升中国文化影响力。中俄全面战略协作伙伴关系的加深拓宽了中俄青年交流的广度，为传播优秀的中华文化搭建了桥梁。

第三节　影响中国文化在俄罗斯传播的障碍性因素

一　我国国内存在的文化传播障碍

（一）中国文化传播主体功能不足

在传播学理论中，主体是文化传播的核心主导，民族国家是文化传播主体最清晰的一个概念，新科技革命的到来增加了传播主体的多样性，

[①] 苏梦夏、张雄飞：《习近平主席莫斯科演讲意义深远》，《国际人才交流》2013年第5期。

民间团体的自发组织、电子媒介等都以各种方式传递着文化信息。我国对俄传播中国文化需要多种传播主体的共同努力，充分利用主体自身特色传递中国文化信息。因此，在加强中华文化对俄传播时，要坚持政府主导、企业主体、市场运作、社会参与的实施架构，充分发掘和创新各种传播方式、手段、渠道。但总体来看，中国文化在俄罗斯的影响力较小，其主要原因是我国文化传播主体没有充分发挥其功能。

第一，政府层面存在的问题。中国文化对俄罗斯传播的主要实施者是我国政府，政府是对俄罗斯的文化政策和投入文化发展资金的主导者。但从目前来看，我国在对俄罗斯进行文化传播时仍存在一些不足。

首先，就中国文化对俄罗斯传播主体而言。中国文化外交活动的首要主体是中国外交部，文化外交是其主要职能；中国文化部是中国文化外交的另一重要执行主体，其明确的职责是文化外交的职能。除此之外，也包括地方政府的相关部门承担着相应的文化职能。可以看出，我国对外文化的机构相对分散，职能重叠，容易影响中国文化对外传播。由于我国对俄罗斯文化传播的建构还不够完善，许多方面还欠成熟，通常会出现一些不尽人意的情况，由于缺乏政府财政和政策的支持，一些文化项目很难进行下去。同时，我国文化管理部门职能分散、各行其是，容易造成文化资源在分配和布局上的不合理，导致文化管理程序复杂、效能低下，从而影响中国文化对俄传播进程。其次，政府与民间组织合作机制有待完善。在政府与民间团体一起组织的人文交流项目中，政府占主导地位，一方面政府负担较重，另一方面制约了民间团体和文化企业的自主性。比如，我国政府组织文化艺术团体出访俄罗斯演出，这种文化传播方式能达到很好的宣传效果，是文化传播的一种良好途径。但是，这种传统的文化传播方式的形式和程序比较固定，其创新不足，缺乏吸引力。同时，政府还要承担大量的经费。因而，不仅文化体制需要改革，政府工作人员也要改变思维和态度。

第二，非政府组织层面存在的问题。中国文化在俄罗斯传播的非政府组织以民间文化团体为主，这些文化团体有长期的文化交流经验，文化传播能力较强。然而，在文化传播效能和组织规模上存在一些问题。一是对政府的依赖性比较强。在对俄罗斯进行的文化交流项目中，我国非政府组织自主性比较低。并且，政府对有些非政府组织干预较多。这样很容易导致俄罗斯民众对中国文化的传播持质疑态度，甚至会排斥中国的文化观念、文化符号等。二是资金不足。大部分文化性质的非政府组织都是自负盈亏，且部分的文化类非政府组织在对俄罗斯进行文化传播的主要资金，源于与政府合作的文化项目及在俄罗斯开展的文化演出、展览等政府的少量补贴和部分社会赞助。当其文化项目或文化演出减少时，资金不足就成为制约其发展壮大的首要问题。三是有些非政府组织内部机制建构不完善，大众认可度低。由于这些组织的内部原因，容易导致其在俄罗斯进行文化传播时逐利性较强，一味地迎合市场发展，因而在文化传播的内容上流于片面性，缺乏深刻性，使中国文化在俄罗斯传播的价值内涵降低。

第三，文化企业层面存在的问题。我国的文化企业在21世纪发展迅速，呈现出一定的国际影响力。但是，整体来看，我国的文化企业基础比较薄弱，经济力量较小，在对俄文化传播时常常遭遇壁垒。一方面，我国文化品牌知名度较低。品牌是一个国家文化产品的重要的无形资产，文化产品的知名度决定了其在对象国的接受程度。某种程度上来说，文化产品的输出依赖于品牌的输出。俄罗斯的芭蕾舞和油画在世界文化艺术史上占据重要地位，其品牌在国际市场上的认可度较高。还有美国的百老汇音乐剧、英国的莎士比亚戏剧积极打造其知名品牌，使其在国际舞台上被广泛接受。因而，中国文化要在俄罗斯进行传播，被俄罗斯文化市场和民众接受和认可，必须开阔视野，树立品牌意识，打造具有代表性的文化品牌。另一方面，我国文化贸易营销能力较差、欠缺专业性。文化产品能在他国获得一定的市场占有率跟文化产品的营销能力有很大的关系。目前，我国的文化企业比较欠缺国际市场营销经验，很多表演团体在俄罗斯演出还是以传统方式进行，缺少现代化的专业操作。这成为制约我国文化产品进入俄罗斯市场的主要因素。

第四，孔子学院存在的问题。目前俄罗斯已经有17所孔子学院和5所孔子课堂，从某种程度上展现了中国在俄罗斯语言文化推广所作出的成绩。但是，从俄罗斯众多的人口和广大的国土面积来看，这并不能满足俄罗斯日益增长的汉语学习的热潮。孔子学院还存在以下几个问题。

第一，师资队伍薄弱。随着俄罗斯人学习中文需求的增加，俄罗斯大多院校面临着教师"瓶颈"，师资的缺少和课程设置不完整，中文只能被作为一个兴趣来学。开设汉语学习专业的高校更是少数。有的学校由于国家汉办没有派遣汉语教师而没有开设汉语专业，多数是由学生自学的。这样的情况多是由于汉语教师缺乏导致的。因此，填补教师缺口和培养本土化汉语教师是一个重大的任务。第二，教材需求不足。俄罗斯学习汉语的人各种各样，不同的年龄阶段、不同的文化背景、不同的目标需求。针对这样的情况，我们缺乏相应的教材。除此之外，教材编写不完善，从事教材翻译的人员数量较少，翻译质量较低，影响汉语教学水平。教材内容也比较落后，有的学校的汉语教材还停留在80年代，如果长期使用这样的教材，俄罗斯学生很难客观公正地看待中国，更难了解中国文化，影响中俄两国人民的友谊。因此，各个孔子学院要根据各学校需求适当地增加编写教材，特别是教学用具与实材。第三，硬件设施不完善。俄罗斯高校比较注重理科建设，相对于理科实验设施完善的建设，语言教学专业的多媒体等教学配置器材就很落后了。而我国资助建设的相应教学器材，大部分学生不会使用，降低了学生学习汉语的兴趣。

（二）中国文化传播载体效能较低

传播载体即传播媒介——传播内容的载体。一般文化传播载体主要包括：大众传媒、语言教育、文化交流平台、文化产业、留学生等。一个国家文化国际影响力的大小，不仅要有一定的亲和力和感召力，还需要多方位的传播载体和传播渠道。我国在对俄罗斯传播文化中，运用艺术、图书、网络、媒体等各种媒介传播中国文化。然而，对俄文化传播的效能依然较低。文化传播效能低主要表现在两个方面：一是文化传播效益较低，二是文化传播内容影响力较弱。就我国绘画艺术而言，我国与俄罗斯的绘画交往单纯地依靠举办画展、参观考察的形式进行，且俄罗斯的画家及作品在中国参展的次数及创作等交流活动较多，影响力更大，相比较来说，我国绘画艺术在俄罗斯的影响力较弱，俄罗斯民众包括其艺术界对我国的绘画艺术尤其是传统绘画艺术缺乏了解，很少有人知道徐悲鸿等大师及其作品，对中国传统的绘画技巧更是缺乏系统的认识。其他的诸如影视、戏剧、图书等在俄罗斯的出现也是较少的，造成中国文化缺少传播的载体,成为中国文化在俄罗斯传播的一种障碍。

(三) 中国对俄文化传播受众了解不深

文化传播的过程是传播主体借用各种媒介,诸如符号、语言、媒体等,将文化信息传递给客体受众的一个过程。传播受众即是信息接受者(信息传播的对象),信息只有被接收者接受才是完成传播者与接收者之间的信息共享与沟通"传通"的过程。① 因此,必须加强对受众对象的认知,深入了解其生活习惯、思维方式和价值取向。但是,我国在对俄罗斯传播中国文化中仍存在很多认知上的误区和盲点。

随着社会的发展,我国文化传播模式一直在追求创新,文化传播手段也在逐渐增多,文化传播效果逐渐凸显。然而,整体来看,我国文化传播部门在俄罗斯传播中国文化时,仍保持以往的文化宣传模式,显然这种旧的传播思维模式不符合新时代的文化发展。社会的快速发展也影响着受众对象的偏好,受众对象不再是单一的被动接受者,他们主动分辨、评价、筛选传播信息。而我国在向俄罗斯传播中国文化时,多偏向于单向宣传,不顾及俄罗斯民众的感受,缺少双向传播思维;习惯于集体叙事,缺少个体叙事,难以贴近俄罗斯民众;同时在对俄传播中国文化时,传播者意图常常过于明显,具有强烈的宣传意味,很容易引起受众对象的反感,导致文化宣传效果不佳。所以,我国在对俄罗斯传播中国文化时,首先,要符合俄罗斯民众的接受习惯,选择能让俄罗斯民众接受的表达方式;其次,要根据俄罗斯受众的具体情况,选择要传播的文化内容;最后,在对俄传播中国文化时,要摆正心态,以平等对话的方式来传播。

二 俄罗斯国内存在的文化接受障碍

(一) 俄罗斯民族性中的非理性因子阻碍着中国文化对其传播

一是俄罗斯民族中"弥赛亚意识"表现出的文化自傲与排外。弥赛亚意识是俄罗斯民族思想的一种核心观念,集宗教、哲学、社会、政治等因素于一身。作为一种文化观念,俄罗斯"弥赛亚意识"具有一种立

---

① 张国良:《传播学原理》,复旦大学出版社2005年版,第180页。

体的、三维的结构模式,由三个层面组成:在宗教层面,俄罗斯自诩为东正教的继承人和拯救者;在精神层面,认为本民族思想是拯救世界的最佳武器;在政治(世俗)层面,俄罗斯试图解放全人类①。"弥赛亚意识"一直伴随着俄罗斯历史发展,对其政治、社会、哲学、民族精神和价值有重大影响。俄罗斯历史上的每一次扩张都以救世的合理性为解释,形成了一种救世主般的骄傲自尊。俄罗斯内生的民族性影响着其民众看待中国的文化态度。从苏联时期到苏联解体后的20世纪90年代,苏联都是以自上而下的视角看待中国的,尤其是在俄罗斯经济处于危机时,中国经济迅猛发展,俄罗斯民众虽然认同中国经济发展比俄罗斯成功,但仍认为俄罗斯的文化、国际地位和国际影响力优于中国,并将中国视为中俄关系的最大受惠者。可以说这种矛盾的心态是其"弥赛亚意识"中"大国精神"在作祟。即使俄罗斯如今处于市场化经济形态,仍然带有民族狭隘思想,以及其与生俱来的傲慢、排外、封闭、自满的情绪。

二是俄罗斯文化的"二律背反"。这一特点与其地缘政治条件密切相关。俄罗斯横跨欧亚大陆,其文化在发展过程中,受到东、西两方文化的影响。这构成了俄罗斯民族独特的性格——两重性,即双头鹰精神。俄罗斯著名学者别尔嘉耶夫曾指出:"俄罗斯民族精神具有一个根本的特征,即'两极性''极化性',就是'对立面的融合'。"② 同时,俄罗斯摇摆不定的历史发展轨迹,是俄罗斯民族性格充满矛盾性,使得俄罗斯民族爱走极端,缺乏中庸。因此,俄罗斯民众在看待中国及中国文化时,容易产生既肯定又否定,既欣赏又藐视,既需要又冷漠的态度。虽然俄罗斯一直将自己视为欧洲国家,但事实上,其文化血液中的东方因子必会受到中国文化的吸引。俄罗斯传统文化里与中国文化共有的自觉的国家性、追求社会公正、对国家和社会的责任高于一切等共同内涵,都是促使中俄文化相交的因子,对中国文化在俄罗斯传播有促进作用。因此,我们要充分发掘中国文化中与俄罗斯文化相通的内涵,促进中国文化在

---

① 郭晓丽:《俄罗斯弥赛亚意识的结构及其流变》,《俄罗斯研究》2009年第2期。
② [俄]尼古拉·别尔嘉耶夫:《俄罗斯的命运》,汪剑钊译,云南人民出版社2014年版,序言。

俄罗斯本土化，提高中国文化在俄影响力和传播力。

（二）"中国威胁论"在俄罗斯仍有一定的市场

中国的快速发展为俄罗斯复兴提供了机遇，使其收益颇多。同时俄罗斯国内存在着一些不和谐的论调，部分俄罗斯人将中国的崛起视为威胁，鼓吹"中国威胁论"，影响了两国的民意基础。俄罗斯流传的"中国威胁论"，既与部分俄罗斯人缺乏对中国的了解、两国文化差异、历史原因等有关，更与企图离间中俄关系的外部势力有关。俄罗斯流行的"中国威胁论"，既表示了俄罗斯人对中国崛起的担忧，主张遏制中国，又具有某些俄罗斯特色。这成为中国文化在俄罗斯传播的制约因素。俄罗斯"中国威胁论"主要表现为以下几个方面。

"中俄力量对比失衡论"。主要指部分俄罗斯精英在看到中国快速发展和国际地位大幅提升时，一方面想借助中国发展带来的机遇复兴俄罗斯；另一方面出于大国主义心态，担心强大的中国会威胁其安全。从而产生了"中俄力量对比失衡论"。部分俄罗斯人认为，中国人多且物产丰富，即使发动战争，几万或者几百万人口的损失对中国来说微不足道。并且当今中国仍存在许多贫困人口，加之中国当今国情，所以发动战争并不会使中国失去更多的东西，因为没有什么可失去。再加上美日的挑拨，使得这种论调一直存在。但是，这种论调缺乏事实根据，中国的发展确实迅速，但是我国的发展战略是"和平发展""和平崛起"，我国的国家利益要求长期奉行对俄罗斯睦邻友好合作方针，不会成为其对手。中国的发展只会促进俄罗斯的发展，不会妨碍其复兴。

"中俄移民威胁论"。主要指俄罗斯远东地区的部分民众担心中国人口迁移会带来"人口扩张"，使远东地区演变成"中国领土"。俄罗斯国土面积的3/4在亚洲，而人口主要集中在欧洲，远东西伯利亚地区土地广袤，人烟稀少。而近邻中国却是一个人口近14亿且日益崛起的大国，因此，俄罗斯有的学者把中国比作俄罗斯上游的"人口堰塞湖"，一旦溃堤，后果"不堪设想"。加上近些年，俄罗斯远东地区的中国人口数量增多，部分对华不友好势力抛出"中国人口扩张论"。

"中国经济威胁论"。中国经济的快速发展拉大了中俄经济总量对比距离。面对中国的崛起，部分俄罗斯人出现了失落感和不适应感。一些精英阶层更加附和西方提出的"中国过于强硬"等论调,对中国提出的"和平发展"表示怀疑,甚至产生了"借助美国制衡中国"的声音。同时,由于部分俄罗斯人缺乏对中国经济发展的了解,不能正视中俄两国经济结构的现实情况,部分俄罗斯人指责中国"掠夺俄罗斯的资源"。担心成为中国的"经济附庸",甚至出现"对华贸易吃亏论"。持这种论调者大部分为经贸界人士。

"中国生态威胁论"。一些俄罗斯人夸大中国在生态环境方面存在的问题,制造"中国只顾自己发展、不顾邻里环境安全"的恶劣形象。对中国在保护环境和推行科学发展上只字不提。这种论调缺乏公正,中国在生态环境上确实存在一些问题,但是中国政府和人民已经意识到问题的存在,正在采取有效措施积极治理。某些俄罗斯人不应一味指责,将其放大成"威胁",正确的做法应该是加强合作、相互帮助和共同治理。

(三)俄罗斯媒体有关中国文化的报道量不大,认同度低

一个国家对外展示的自我认知形象和表现的文化内涵,都是通过信息传播的。大众传媒已成为传播国家形象的媒介,是一国文化传播的重要载体。而媒体报道出来的信息往往直接作用于民间,形成民间对于一个事物的普遍印象。因此,俄罗斯媒体对中国的报道,直接影响了俄罗斯民众看待中国和中国文化的态度。

现阶段,俄罗斯大部分媒体更认同西方的理念,对中国的介绍,在广度和深度上都还有很大的发展空间。主要表现为俄罗斯媒体对中国重视程度较低,总体报道量不大。俄罗斯主流媒体涉华报道在其总报道量中占比微乎其微,与中国媒体对俄罗斯的大量报道形成鲜明对比。从俄罗斯媒体对中国的报道层面和倾向来看,涉及中国政治类的报道数量最多,其次是经济类。表明了俄罗斯媒体对中国经济发展的高度关注。而对社会文化类报道数量不够大,且多持负面态度。在俄罗斯三大主流媒体中,涉及文化类的报道量一年中仅占报道总数的4.75%,远低于其他领域。中国文化在俄罗斯主要以传统文化或表层的当代文化体现的,其媒体报道的主要内容以中华传统文化、中国当代艺术活动、国际文化交流中的中国元素和索契冬奥会的内容为主。并常涉及人口、环境等负面事件。可以看出,俄罗斯主流媒体对中国社会文化的认可度较低,且惯

于挖掘中国社会生活中的阴暗面。

整体而言,与涉华报道相比,俄罗斯主流媒体对美国的关注度更高,在对中国报道量最高的一年里,涉美的报道仍然是涉华报道数量的四倍左右,即便是2008年奥运会,涉美的报道仍是涉华报道的三倍。随着中俄两国关系的不断发展,近年来,俄罗斯媒体涉华报道不论是在数量上还是关注度上,都呈现逐年增长的态势。越来越多的俄罗斯人民对中国文化和东方哲学产生了很大的兴趣。但是,俄主流媒体多年来一直严重缺失涉华文化报道,直接影响着俄民众对中国文化的认知。因此,俄罗斯媒体对中国的报道仍有很大的上升空间。

三 外部势力干扰中国文化对俄传播

在国际上,尤其是冷战以后,以美国为首的西方阵营不愿意看到一个强大的中国崛起,抛出"中国威胁论",企图遏制中国的发展。

在俄罗斯流行的"中国威胁论",很大程度上是一些西方势力恶意散布的,部分俄媒体对华的不友好言论泛滥,与美国等西方势力特别是非政府组织对俄媒体、学术界的渗透不无关系。美国最担心中俄两国走到一起,总是千方百计地离间中俄关系,在中俄军技合作问题上,美国国会曾对俄施加压力,阻止俄卖先进武器给中国。考虑到美国的全球影响力,中俄即使对美国的单边主义和霸权作风极为不满,但为了获取先进的技术和充足的资金并融入国际体系中,中俄两国不得不优先考虑同美国的关系。这种形势下美国影响了中国文化在俄罗斯的传播。日本更是害怕中国崛起和俄罗斯复兴,挑拨中俄关系不遗余力。在油气合作问题上,日本在美国支持下公开出面搅局,俄罗斯则左右逢源、多方获益,对中国造成了伤害。同时,由于历史的原因与悬而未决的领土问题,印度一直宣扬"中国威胁论",干扰中俄关系,成为阻碍中国文化在俄罗斯传播的另一个障碍。因此,我国在对俄传播文化时,要加强与俄罗斯的战略协作,淡化外部势力的干扰。

四 中俄异质文化的"非对称"易造成对中国文化的误读

经济生活、政治生活、历史背景、地缘环境以及人种和民族特质等诸多方面既有的差异和多样性,决定了文化之间无法消弭的差异。① 因此,在跨文化交往中,任何一个交往主体都难以摆脱自身文化的框架,对异文化的吸收也往往取决于自身的文化与环境条件。而文化差异往往以文化误读或文化冲突的形式表现出来。20 世纪 90 年代初,针对文化差异与文化冲突,亨廷顿辨识出国际关系中各种冲突的背后因素,提出了"文明冲突论"。

俄罗斯民族文化中存在的救世主情结和"大国精神",使俄罗斯民族性中存在文化自傲与排外心理。因此,俄罗斯文化战略一向将邻国强大视为威胁,在俄罗斯强大、中国虚弱时,俄罗斯不会有太多担忧。但是现在中国的迅速崛起,使发展相对缓慢的俄罗斯产生了紧张心理。历史上俄罗斯曾是帝国主义大国,冷战时期又是与美国同等并列的超级大国。而现在中国的实力和影响力要超过俄罗斯,俄罗斯人必然产生不平衡心理。从中国方面看,中国哲学崇尚"自然和谐""天人合一"的自然观,以儒家为核心的中国文化崇尚人际关系的和谐,具有"天下为公"等道德理念。中国文化中"和"的价值追求无疑可以作为 21 世纪人类的最高价值②。俄罗斯人运筹国家关系历来以利益与实力为基础,中国人却总讲"以诚待人",不仅这样要求自己,同时也常常这样要求别人,因而常常因诚意得不到相应回报而感到失望。中俄两国因文化差异造成的不和谐有可能长时间存在,从而阻碍中国文化在俄的有效传播。

第四节　促进中国文化在俄罗斯传播的应对举措

一　丰富中国对俄文化传播内涵,展现中国文化精髓

（一）既要有传统文化又要有当代文化

在对俄罗斯传播中国文化时,我们要充分挖掘传统文化的内涵,不断对我国传统文化进行梳理创新,提升传统文化的品质。在保持中国传统文化精髓的前提下不断创新传统文化内涵,探索传统文化的时代价值

---

① 孙英春:《跨文化传播学》,北京大学出版社 2015 年版,第 160 页。
② 张骥、刘中民:《文化与当代国际政治》,人民出版社 2003 年版,第 439 页。

和现实意义，避免对俄文化传播的"古董化""僵硬化""原生态化"。同时要加大对物质文化遗产的保护力度，精确适当地将优秀的传统文化内涵转化为俄罗斯民众接受的文化产品。另一方面，我国在社会主义改革和实践中，逐渐培育出了具有中国特色的当代文化。因此，我们还应将中国优秀的当代文化传播到俄罗斯，使俄罗斯民众能了解全面真实的中国。传播中国当代文化既要传递文化内核，又不能缺失文化外壳。文化内核主要指文化的精神层面，是一国的文化灵魂。文化的外壳，主要指文化的物质形态，是文化的表层结构。我们要打造坚硬的文化外壳，为文化内核的传递打好基础。因而，我们要将具有思想价值和中国精神的优秀文化、具有中国特色与风格的优秀文化和改革开放以来形成的当代新文化，以符合俄罗斯民众心理、风俗、习惯的方式传播，构建既具有中国特色，又迎合俄罗斯民族的当代文化，从中国文化的深层结构赢得俄罗斯人民的认同，减少"中国威胁论"的影响。因而，对于当代文学来说，要提高文学作品的质量和水平，中国外文图书内容应与时俱进，紧贴中国文化，融入"中国精神"，体现深厚的文化底蕴。我们不仅仅要将汉语名词翻译出去，更要将文化符号传播出去，尤其是汉语语言不能简单的翻译，更要注重语言传递的语境。

英国著名的文化学者斯图亚特·霍尔有一段精辟的阐述："文化身份既是'变成'，也是'是'，既属于未来也属于过去。文化身份……经历着不断的变化，远非永远固定于某个本质化了的过去。"[①] 中国在继承弘扬传统文化时，更应该关注其与时代传承的新成果，及其与时俱进的文化新内涵。所以，中华文化在俄罗斯传播的内涵既要有优秀的传统文化，又要包含近现代以来中国人民在探索社会发展进程中逐渐培育的新文化形态。因此，要将优秀的传统文化和当代文化共同传播到俄罗斯，使俄罗斯民众更好地理解中国文化，进而更真实充分地全面了解中国。

（二）既要有精英文化又要有大众文化

根据文化传播的对象和内容不同，可以把文化分为精英文化和大众

---

① ［英］乔治·拉伦：《意识形态与文化身份：现代性和第三世界的在场》，戴从容译，上海教育出版社2005年版，第220页。

文化。精英文化侧重于精神文化，注重对历史的思考和现实的批判；大众文化侧重于消费性文化，具有经济效益。

精英文化是人文科技知识分子创造、传播和分享的文化，其蕴含的精神与中国传统文化一脉相承，具有价值规范导向性。我国精英文化中包含知识分子创造的优秀的哲学思想和文学艺术成果，具有独立的中国文化价值和中国文化精神。因而，在向俄罗斯传播中国文化中，应该包括精英文化，以增强俄民众对中国文化的了解和认同。然而，传统文化自身所带的德化和教化属性，导致中国在向俄传播文化时以政府主导的精英文化为主，具有明显的宣传意图，需要俄罗斯人有高度的文化自觉性接纳中国文化，而精英文化只能让部分俄罗斯人了解中国文化。因此，精英文化在面向俄罗斯时，应注重两个核心点：一是在传承和发扬传统文化基础上重构中国文化的价值系统，熔铸"中国精神"，使中国文化在对俄罗斯传播中真正呈现其价值和魅力；二是在我国社会建设过程中，加强现代人文精神与科学理性的融合，提高精英文化的境界，使精英文化具有时代性和创新性，促进中国文化在俄的传播。

大众文化则通俗世俗，注重现实需要，关注普通大众的生活姿态、消费观念和生活方式，是现代社会发展进程中与市场经济和商品社会相适应的一种文化景观。大众文化主要以文化产品的形式存在，更具大众基础影响力，在对外传播中更有持续性。大众文化的发展加速了文化的世俗化进程，并发展出其独有的个性——面向百姓，讲述"中国故事"[①]。但是，大众文化在向俄传播中，容易陷入过于商品化、淡化文化责任的倾向，致使中国文化在对俄传播中缺乏内涵，降低了其影响力。因此，我们要注重大众文化市场和企业为主体的文化传播途径。面向俄罗斯大众，通过讲好中国故事，扩大中国文化影响，在制作和传递文化信息时要面向俄罗斯大众，充分利用优秀的文化资源创造出适合俄民众口味的文化产品。提高对俄销售的文化产品的亲和力，塑造文化产品的品牌，改善中国在俄的形象，促进中国文化的传播。精英文化和大众文化有相

---

① 邹广文：《当代中国的主流文化、精英文化与大众文化》，《杭州师范学院学报》2002年第6期。

同的文化担当，在大众传媒的发展中不断融合、渗透，在俄罗斯传播中国文化时，要兼顾这两种类别的文化，以不同的文化范式和不同的文化载体进行传播。

二 提升中国对俄文化传播主体效能，增强传播力度

（一）政府支持是中国文化在俄传播的保障

政府的重视和支持是中国文化对俄传播的重要保障。因此，在理念层面，各政府部门要认识到加强对文化及文化产业的重要性，加大对文化产业的扶持力度，使文化产业成为中国文化对俄传播的主要动力。在制度层面，政府要采取积极有效的支持措施，鼓励和引导文化企业拓展海外市场，给予文化企业发展的良好政策环境。在行为层面，政府要减少对文化企业发展的干预，辅助其发展，引导文化企业创新发展模式，激活文化产业的创新活力。在文化发展中，政府主要为文化产品提供服务平台和政策支持，为文化对外传播营造良好生态环境。所以，要提升中国文化对俄传播的效能，需要政府努力培育适合文化对俄传播的市场机制，积极适应市场经济发展的要求，与市场力量形成合力，使中国文化在俄传播取得事半功倍的效果。

（二）让企业成为对俄文化传播主力

文化企业是文化产业发展的中坚力量，是引导文化产品对外传播的重要形式。从文化企业层面加强对俄文化传播，有利于丰富对俄文化传播内涵，拓宽对俄文化传播途径。因此，一方面文化企业要提高文化产品的质和量，增强文化营销能力。文化产品如图书、影视作品、音像制品、电视节目、工艺品等各种文化艺术品，承载着中国文化信息和文化价值理念，借助文化商品的销售，提高中国文化在俄的影响力。所以文化企业在制作、生产文化产品时，增加中国文化内涵，打造文化精品，树立文化品牌。同时，要关注和重视对优秀文化内容品牌项目的开发。在产品内容上，可以借助俄罗斯民众熟悉的文化概念作为内容选择的载体，以产业链的形态塑造中国文化品牌。可以结合我国已在俄罗斯境内有知名度的产品，如电影、图书、演艺节目等，策划一系列具有中国品牌的项目。同时，增强对俄文化传播从策划到推广的科学性，使我国文

化产品更有力地打入俄罗斯市场，更有效地将中国文化内在价值理念传递给俄罗斯民众。另一方面，提高对俄文化服务能力。文化服务是指政府、非政府组织、文化企业和机构、文化工作者或个人取得文化利益或满足文化需求的活动。与以实物为基础的文化产品出口相比，文化服务贸易对文化传播也很重要。所以，文化企业要加大在俄的直接投资比重，与俄罗斯文化企业加强合作，提高对俄文化服务，促进中国文化在俄罗斯的传播。

（三）充分发挥孔子学院文化传播作用

孔子学院作为中外语言文化交流的平台，是俄民众了解和认识中国文化的平台。因此，要注重俄罗斯的孔子学院在传播中国优秀文化方面的作用。我国向俄罗斯孔子学院派遣的汉语教师，应该经过中国传统文化的培训，扎实掌握本国语言、历史和文化经典。如果对中国文化不够了解就会直接影响传播效果。教师是孔子学院中国文化信息传递的主体，我们要注重其质量。在师资培训上，针对不同专业背景有针对地进行文化培训，增强师资队伍的文化内涵；在课程方面，在教授汉语课程的同时，可以添加涉及中国文化的相关辅助课程。此外，俄罗斯孔子学院的学员来源各不相同，有学生、律师、企业家等社会各界人士，他们学习汉语动机也不尽相同。因此，在教学和传播中国文化时，应有所区分。就传播媒介而言，教师自身的非语言符号也承载着中国文化信息，这属于人际传播的一种形式；孔子学院以文化组织的身份有目的、有秩序地向俄罗斯输出中国文化，是组织传播形式的一种。其在与俄罗斯民众的互动交流中，将中华文化内涵传递出去，增强俄民众对中国文化的认同感。大众传播主要以民众为对象进行文化信息传递。孔子学院可以借助互联网、报刊、图书等媒介对俄传播中国文化信息。重视大众传媒的公关作用，与俄罗斯当地报纸、电视形成良好互动合作关系。从传播形式上看，在俄孔子学院在传播中国文化时，应注重中国文化的本土化，从俄罗斯民族的历史和心理角度出发，利用现代科学技术全方位多角度地展现中国文化，以更加亲和的姿态传播中国文化。同时，在俄孔子学院在传播文化中，应该将中国传统文化和中国当代文化结合起来，并以俄罗斯民众容易接受的方式进行传播，增强俄民众对中国文化和中国的全面了解。

三　创新中国对俄文化传播载体，扩大传播渠道

（一）充分发挥大众传媒的作用

俄罗斯民众对中国的了解，很大程度上取决于俄罗斯媒体对中国的报道情况。有调查结果表明，俄罗斯民众了解中国的主要渠道是俄罗斯本国传媒，其次是中国商品、中餐、中国人和其他国家的传媒。鉴于此，我们可以在中俄人文合作委员会媒体分委会的直接推动下，加大中俄媒体合作，拓宽俄罗斯民众全面、深入地了解中国文化的渠道。从宏观层面来说，在中俄政治、经济和文化关系中，官方占主导作用。然而媒体的官方合作较少，俄罗斯民众不能获得有关中国报道真实有效的消息，许多小道消息会误导俄罗斯民众对中国的认知。因此，可以借助2016年和2017年举办的"中俄媒体交流年"的机会，以及在"丝绸之路经济带"和"欧亚经济联盟"对接的背景下，加大中俄媒体合作力度，通过官方媒体客观真实的报道，增进两国人民的相互理解。从微观层面来说，可以加大中俄记者的合作，加强两国记者的联系，使以记者为核心的俄罗斯媒体更直观地了解中国社会文化生活，从而为俄罗斯媒体涉华报道更客观、更积极奠定了基础，以俄罗斯媒体作为中介，逐渐消除俄罗斯民众对中国的误解和偏见，使中国文化更有效地传播到俄罗斯。要更有效地发挥大众传媒的作用。传播中国文化，除了要加大中俄媒体合作力度，拓宽中国文化传播渠道，还应该根据俄罗斯民众的需求和关切，有的放矢地传播中国文化。同时，追求文化传播数量时，更要注重文化传播的质量。俄罗斯民众及其媒体对中国文化认识比较粗浅，因此，我们的媒体应该把中国文化的精髓和我国社会生活中的正能量传递给俄民众，把中国文化中的"和谐""和而不同""己所不欲勿施于人"等崇尚和平、和谐的中国传统文化理念传递给俄罗斯民众。此外，在传播文化时，要注重文化内容的深入浅出、活泼性、趣味性和可读性。只有做到有的放矢，才能加深俄罗斯民众对中国社会和文化的了解认同，缓解其戒备心理，从而增加俄民众的好感和包容。

(二) 搭建"互联网+文化"的传播平台

互联网的快速发展带动了社会传媒格局的变化。以互联网为主的新媒体对社会阶层的影响力越来越大。党的十八大提出了"建设优秀传统文化传承体系"的伟大任务，快速发展的新媒体为中国文化的传播提供了新思路和新平台。因此，我们应该抓住互联网这一阵地，将中华文化在俄罗斯的传播推向一个新高度。当前网络直播是一种比较新颖的信息传播方式，网络直播既拥有广播电视的特点，又能提供传统媒体所不具有的交互性。许多重要的信息或重要事件可以通过手机、电脑等方式传递给受众者，使受众人群更直观、更有效、更真实地获取相关信息。因此，在这个信息技术高速发展的时代，我们要充分利用好网络直播平台，可以建立网络电视台，定期直播与中国文化相关又容易被俄罗斯网友所接受的内容，在与其互动中增强中国文化的吸引力和感染力。还可以通过俄罗斯在中国的留学生进行相关的中国文化体验活动、旅游和高科技产品使用等进行网络直播，扩大俄民众认识和了解中国文化的渠道。通过网络直播形式传播中国文化，既可以直观有效地传播中国文化，消除俄民众对中国传统文化的刻板印象，提高他们对中国文化的兴趣。同时，可以开发设计与文化相关的 APP 产品，打造中国传统优秀文化的品牌，增强中国文化线上和线下的影响力。随着"一带一路"倡议的实施，我们可以通过"互联网+"的形式助力中国文化在俄传播。

(三) 创新文化产业，打造文化品牌

促进中国文化产业走进国际市场，是提升国家文化软实力和扩大国际影响力的重要途径。中国的快速发展使中国文化正逐渐走向世界，世界对中国文化产品的需求与服务也不断增加，我国的文化产业快速发展，竞争力不断增强。但是，作为刚刚起步的新兴领域，我国文化产业缺乏"走出去"的经验，文化产业规模较小，在国际上影响力较弱，与我国大国形象不符。在这一背景下，如何促进具有文化意识的文化产品"走出去"成为需要思考的问题。

一方面，政府应坚持对文化产业的政策引导，减少对文化发展的行政干预，加大政策支持力度，为文化产业发展和对外贸易营造良好的政策环境。坚持市场在文化资源配置中的积极作用，打造文化产品出口竞

争新优势。培育外向型文化企业，支持和引导文化企业开展技术创新，鼓励文化企业开拓俄罗斯市场。同时，鼓励和支持民间资本融注文化产业中，盘活文化产业发展链。由于我国文化产业发展落后于国际文化产业发展，民营文化企业规模较小，各个发展环节比较薄弱，竞争力低，并且我国文化产业很大一部分由国有企业主导。因此，要逐步完善相关政策体系，营造各类企业经营平等竞争的环境，加大对民间企业的支持，尤其是中国传统文化产业。与此同时，鼓励一部分民间资本注入国家文化产业中，为文化产业的创新和发展提供新动力。

另一方面，树立中国文化品牌，提升文化产品在俄罗斯的知名度。文化产业作为一种内容产业，通过其文化产品表现思想价值观念。文化产品集中体现了一个民族和国家的情感价值和思想价值。因此，在文化产业创新发展中须将文化产品内容作为核心。当前中国文化中的汉学、中医、京剧、武术等传统元素让俄罗斯民众印象深刻，而其他领域的文化因子影响力较浅。对此，在俄罗斯传播中国文化时，首先，我们可以运用大数据和物联网技术等手段，及时捕捉俄罗斯人民和在华俄罗斯民众的消费心理和偏好等，在多个领域打造有特色的文化精品，增加文化产品的多样性，提高其附加值和竞争力。其次，在新形势下，树立互联网思维，充分利用网络等新媒体传播手段，搭建文化项目平台，通过中国的书画艺术、影视、图书、音乐、动漫等文化产品将"中国精神""中国声音""中国故事"传递到俄罗斯，让俄罗斯民众更全面、更深入地了解中国文化。同时，借助科技的力量创新文化产业，使文化产品内容更具创意和吸引力。我们可以依据各地特色文化资源，将文化产业创新与科学技术相结合，并构建文化产业间的共享机制，形成集聚效应，促使文化产品能够真正进入俄罗斯市场。

四 深化中国对俄文化传播手段

（一）借助"一带一盟"推动中国文化在俄罗斯传播

"一带一盟"指"丝绸之路经济带"和"欧亚经济联盟"，是2015年5月习近平主席访俄期间与普京总统签署的《中华人民共和国与俄罗斯联邦关于丝绸之路经济带建设和欧亚经济联盟建设对接合作的联合声明》。"一带一盟"的建设推动中俄双方互联互通和一体化项目合作，为中俄开展深入务实的合作提供了更广阔的平台。丝绸之路经济带的文化依托是古丝绸之路，无论是中国人还是俄罗斯人，一般很难把古丝绸之路与俄罗斯联系到一起。反而让俄罗斯人更多地联想到13世纪的蒙古西征，为其增添了些许负面色彩。但是，在古罗斯时期，东欧平原曾经就有一条著名的"伏尔加商路"。9—10世纪时，古罗斯的商人就曾沿着这条商路南下，在今伊拉克首都巴格达找到与中国古丝绸之路的联结点。同时，俄罗斯的一些历史学家发现了一条经过俄罗斯南部的"丝绸之路"①。12—13世纪欧洲所称的"罗斯丝绸"，主要是由于部分中国丝绸通过俄罗斯进入欧洲市场，因而，丝绸被误认为是古罗斯人的产品。这些情况表明，中国和俄罗斯在文化上有明显的联系，以古喻今，从文化视角解读丝绸之路经济带，赋予丝绸之路经济带更多的文化内涵，使俄罗斯认识到自己在其中发挥的作用，成为丝绸之路经济带建设的参与者和受益者。

因此，借助丝绸之路经济带向俄罗斯传播中国文化时，一方面要尊重俄罗斯的文化影响力；另一方面我国在丝绸之路经济带建设时，尤其是在文化交流过程中，要尽量使俄罗斯参与其中。通过更深刻地挖掘古丝绸之路的文化内涵，使俄罗斯认识到自己是其中的参与者和受益者，增强中俄两国人民互信，促进中国文化在俄罗斯的传播。

中俄是世界上有影响力的大国，在中俄签署的《中华人民共和国与俄罗斯联邦关于丝绸之路经济带与欧亚经济联盟对接合作的联合声明》指导下，加强中俄两国的文化互动与交流，将中俄构建起来的政治关系、地缘毗邻和经济互补等优势结合起来，转化为互利互惠的文化务实合作优势，使"一带一盟"成为欧亚两大文明和中俄文化交流的桥梁。

（二）以中俄边境地区为切入点，连接中俄文化交流与合作

充分利用地缘优势，加强中俄边境地区的文化交流与合作。中俄成为邻国是在一种不对等的实力下，通过签订各种不平等的条约产生的，

---

① 内蒙古自治区发展研究中心、内蒙古自治区经济信息中心：《中蒙俄经济走廊建设重点问题研究》，人民出版社2016年版，第318页。

这是中俄历史上的一个"结"。在后来的历史发展中，有些别有用心的人又将这一段历史进行不切实际的炒作，把意识形态的差别强加在历史关系中，离间两国现有的关系，使其成为中俄人文经贸交往的"隐性障碍"①。因此，在对俄进行文化传播中，一定要做好顶层设计，加强文化外交、民间外交在中俄外交中的"草根作用"和软实力作用。中俄跨境沿边省区分别属于两国的边疆地区，同时，又都是少数民族聚集地区，以及社会经济欠发达地区，在中俄合作中已经积累了一定的"先行先试"的基础和经验。目前，中俄边境省区都已经成为两国跨省经济合作的"前沿中心地区"，积淀了两国地方交流与合作的良好人文基础和合作经验。内蒙古、黑龙江、吉林的多个城市与其毗邻的俄罗斯城市结为友好城市，建立了地方合作机制。两国边境地区的跨境民族已经成为两国开展人文交流合作不可或缺的"人脉"因素。

同时，要在整合边境文化合作资源基础上，拓展中俄文化交流与合作的渠道和领域，推动兼有经济与文化功能的"边境文化特区"的建立。

五 增强中俄战略互信，破除"中国威胁论"的影响

近年来，中俄战略互信不断加强，两国关系进入最好的历史发展时期，这为中国文化在俄罗斯的传播奠定了基础。与此同时，俄罗斯对我国的疑虑犹存，对两国合作发展持怀疑态度。因而，为了更好地促进中国文化在俄罗斯的传播，消除俄罗斯战略疑虑，双方必须坚持"世代友好，永不为敌"的精神，夯实战略基础。为此，必须加强中俄两国各领域的务实合作，增进彼此互信，为中国文化在俄罗斯的传播夯实民意基础。

俄罗斯流传的"中国威胁论"对俄民众的认知影响很大，并广泛存在于俄罗斯媒体上，严重影响两国的关系和中国文化在俄罗斯的传播。对此，俄罗斯政府和精英阶层应负起责任，我国政府和学术界也应大力开展有针对性的解释工作。对于"中国经济威胁论"和"中国移民威胁论"，必须要对俄讲清楚，我国政府绝没有推动向俄移民的政策，我们中

---

① 内蒙古自治区发展研究中心、内蒙古自治区经济信息中心：《中蒙俄经济走廊建设重点问题研究》，人民出版社2016年版，第310页。

国文化讲求落叶归根。绝大部分的中国商人到俄罗斯是为了经商赚钱，有移民倾向的寥寥无几。同时，中国商品解决了俄罗斯供给不足问题，中国商人为俄罗斯渡过艰难时期作出了贡献。中俄经贸往来是两国经济发展的积极因素，绝不是"经济威胁"。针对"中俄力量对比失衡论"，我国应坦率表明，我国在迅速发展的同时，坚定地奉行和平外交路线和防御性军事战略方针。中国哲学一直强调"和""合"，我国的发展理念是"和平发展"，不可能有在强大之后欺负邻国的倾向。中国的快速发展只会有利于俄罗斯的发展，绝不会损害俄罗斯的利益，俄罗斯的强大对中国发展也有促进作用。

六　坦率沟通，努力减少中俄异质文化间的摩擦

中俄两国不同的社会文化背景、知识结构、不同语言及文化习俗，都有可能导致俄罗斯对中国文化的误读。中俄文化差异使误读难以避免，但误读在某种程度上也有创造性意义，文化误读是对异文化的一种丰富和扩展，常常能补充新的解读。文化误读中的积极误读也能使主体文化站在客体文化的立场反观自身的文化，虚心接受新意。中国文化作为一种客体文化，在对俄罗斯传播中，对俄罗斯文化有新的补充意义，为俄罗斯文化增添新的诠释、风貌。而互信不足是阻碍两国文化交往的一个障碍，是两国间文化摩擦的重要原因，互信不足的主要根源是相互了解不够、相互沟通不及时。因此，要加强中俄两国的沟通，增信释疑。共同举办"国家年"对于增强两国政治互信作用效果显著，在此基础上要继续办好类似活动。同时，两国在进行重大国际行动时，必须充分考虑对方的关切与利益，努力减少彼此的疑虑。俄罗斯国内某些势力，甚至个别高层精英不断宣扬"中国威胁论"，这对两国互信合作危害极大，也是导致中国文化在俄罗斯传播力较低的原因，两国政府部门和学术机构有必要就此进行专门对俄坦诚交流，夯实战略协作的民意基础。为了促进中国文化更有效的传播，我国对此要率先行动、主动作为。大力开展对俄文化外交，深入做好俄罗斯精英阶层和利益集团的工作，推动俄罗斯对华友好人士发表友好言论，增进俄民众对中国文化的了解。

七　排除中国文化在俄罗斯传播的外部干扰

中俄两国作为世界新兴大国，发展潜力巨大，在战略理念和意识形态上与西方国家有重大差异，对此，某些仍具冷战思维的西方大国害怕中俄走到一起，不断在中俄之间挑拨离间、制造分歧。俄罗斯流传的"中国威胁论"，很大一部分是由他们散布的，前些年中俄能源合作的些许波折便是他们搅动的。对此，中俄两国必须有清醒的认识，努力排斥外部的干扰。尤其是要处理好中俄美三角关系，减少中俄和平发展的阻力，避免对美关系成为中俄关系的制约因素。中俄双方应对两国坚持走和平发展道路充满信心，不要被别有用心者的虚词所迷惑，警惕别有用心者的挑拨离间。相信美国一直对中俄合作施加压力，日本对此也大肆搅局。鉴此，我们要保持清醒的头脑，不受外部势力的干扰。正如普京总统所说，"不要用'中国威胁论'来吓唬俄罗斯。"[①]

第五节　结语

文化代表着一个国家和民族的文明开放程度，事关立国之本、治国之道和兴国之路。尤其是在国际经济文化交流日益频繁的今天，文化因素产生的影响越来越凸显，任何民族都置身于文化相互交往中，在文化交流中，不断丰富和创新自身文化特色，提高本国文化的影响力。俄罗斯作为中国友好邻邦，一衣带水，在一定意义上是中国北部安全的"半边天"。俄罗斯与中国同为新兴大国，文化底蕴深厚，国际战略利益、战略理念非常相近，两国关系的不断深化对世界和平与稳定具有重大积极影响。但是，两国关系发展中仍不可避免存在这样那样的障碍，尤其在两国文化的交往中，文化的异质性容易造成主体文化对客体文化的误读，甚至出现文化冲突。因而，中国文化在对俄罗斯传播中必然会遇到各种障碍，需要下大力度予以消除。

当前，我国在推动中国文化对俄传播上做了不少努力。两国政府的

[①] 王海运：《新世纪的中俄关系》，上海大学出版社2015年版，第256页。

频繁互动、民间人文交流的蓬勃发展、文化企业对文化的积极传播等，这些都为中国文化传播提供了平台，增强了文化传播效力。"中俄两国民间文化交流近年来日渐活跃，双方民众对彼此国家的文化都怀有浓厚的兴趣。友城之间、专业协会之间、博物馆之间、专业乐团之间、美术界的交流互动越来越频繁，极大地繁荣了两国文化交流的形式和内涵，并为其注入强劲动力和新鲜活力。特别值得指出的是，持续推进的'一带一路'倡议为中俄民间交流提供了更加广阔的舞台。而繁荣发展的民间交流活动对推动'一带一路'建设，实现民心相通具有重要意义。"[①] 但是，中国文化在向俄罗斯传播中，受到各种因素的制约。从国内层面看，在传播内涵、传播主体、传播载体、传播手段上存在一些不足，对俄民众需求缺乏了解，造成中国文化在俄传播效果较差；从俄罗斯国内看，其民族性中的保守力量、国内流传的"中国威胁论"、媒体有关中国文化报道较少等，都影响着中国文化在俄罗斯的传播；从国际环境来看，西方等外部势力的干扰是阻碍中国文化在俄传播的壁垒。因此，我国在对俄传播中国文化时，要采取有针对性的策略，尽力消除"中国威胁论"的影响，排除外部势力的干扰，从而增强中国文化在俄罗斯的影响力和传播力，夯实中国文化走进俄罗斯的战略基础。

---

① 《中俄文化交流在"一带一路"建设中升温》，《光明日报》2017年4月26日。

第十一章

文化软实力视角下中华文化在印度尼西亚的传播研究

一直以来，印度尼西亚都是古代"海上丝绸之路"的重要国家。数百年间，满载着商品和旅客的船队往来于中国和印度尼西亚之间，带来了经贸与文明的交流。悠久的交往历史让印度尼西亚成为东盟国家中与中国经贸、文化交往最为紧密的国家之一。通过文化交流，中、印度尼西亚两国人民的理解和交往不断加深。而今"一带一路"倡议成为新时期两国共同繁荣发展、民心相通的新机遇，它续写着中国与印度尼西亚之间历史悠久的"海上丝绸之路"情缘，还将传递友谊，造福人民。

第一节 中华文化在印度尼西亚的发展传播历程

一 中国和印度尼西亚邦交关系的发展

（一）印度尼西亚的基本情况

印度尼西亚是世界上最大的群岛国家，位于大洋洲大陆和亚洲大陆之间，地跨赤道。领土面积1904569平方公里，由大小不等的13667个岛屿组成，是世界上著名的"千岛之国"。印度尼西亚有重要的战略位置，它不仅位于太平洋和印度洋的汇合处，而且是亚洲通向大洋洲大陆的"跳板"。巽他海峡、马六甲海峡、龙目海峡等是沟通太平洋与印度洋的重要通道。印度尼西亚人口近2.64亿，是世界第四大人口国家，也是世界上穆斯林人口最多的国家。印度尼西亚语为国语，英语为第二语言。印度尼西亚宪法规定的建国五项基本原则，印度尼西亚语称为潘查西拉（PANCASILA），是印度尼西亚的立国之本，即信仰神道、人道主义、民族主义、民主和社会公正，在信仰神道的基础上建立独立的印度尼西亚。所以，印度尼西亚国民人人信仰宗教。其中，伊斯兰教占90%，基督教新教占6.5%，天主教占3.1%，其余人信奉印度教、佛教、孔教等。

（二）古代中印尼邦交的紧密联系

中国和印度尼西亚交往的历史最早可以追溯到东汉时期，"朝贡"和"宗藩关系"是两国之间邦交活动的主要表现形式。据中国史籍记载，公元5世纪在爪哇岛建立的阇婆国，于宋太宗淳化三年（992），派遣使者进贡象牙、珍珠等物品。此外，位于阇婆东北部大海中的渤妮（今印度尼西亚加里曼丹岛），曾于宋太宗太平兴国二年（977）、宋神宗元丰五年（1082）两次派遣使者到中国进贡。自13世纪中期，蒙古人入主中原及元朝的建立，统治者急于确立"朝贡制度"，不惜采取大规模出兵征讨以获取对周边国家的统治，中国与东南亚国家的关系发生深刻变化。1239年，忽必烈遣使爪哇，要求当时统治着印度尼西亚的新柯沙里王国称臣纳贡。忽必烈的要求遭到了拒绝，使者也被驱赶回国，于是忽必烈决定远征爪哇。在元军到达前，爪哇局势突变，新柯沙里王朝被原谏义里王族所取代。1293年2月，元朝军队2万多人在爪哇登陆，原新柯沙里王的女婿迎降，在元军的帮助下，击败了原谏义里王族查耶卡旺，新柯沙里王国复辟。1294年，查耶卡旺再次反攻，元军被击退，撤回中国。元军攻打爪哇时，带去了铁火炮、火铳、火镞、毒火罐等在当时非常先进的武器。查耶卡旺击退元军后，夺取了部分武器，并很快掌握了制造火药和火器的技术，使其军事实力迅速增强。他后来正是利用这些先进武器，很快就在群岛地区的众多岛屿上建立起统一的麻若巴歇王国，对海岛地区的历史发展产生了重要的影响。

到了明朝，明太祖朱元璋为求东南沿海安全，对东南亚诸国采取怀柔的政策，并派遣大量使臣出访游说。明太祖洪武二年（1369）派出使者赴占城（今越南中南部）、爪哇（今印度尼西亚爪哇岛）等国，"颁赐玺书"、馈赠"大统历、织金绮缎、沙罗等物"。[1] 他下诏令将苏门答腊（今印度尼西亚苏门答腊岛一带）、爪哇（今印度尼西亚爪哇岛一带）、渤妮（今印度尼西亚加里曼丹岛一带）等国列为"不征诸夷"[2]。明成祖朱棣即位后，通过派遣远洋船队来宣扬皇帝声威及其恩德，以彰显其统治的合法性。1405—1433 年，朱棣下令由郑和率领明朝船队七下西洋，经过东南亚、印度洋、红海到达非洲东海岸，行程长达 15000 海里。郑和船队每到一个国家，首先进行和平外交访问，会见当地国王与官员。然后开展以"朝贡贸易"为主的多形式贸易活动，贯穿于船队活动中心的是和平友好和经济文化交流。15 世纪初的印度尼西亚与中国相比，还处于较为落后的社会发展阶段，社会文明程度较为低下。如爪哇国（今印度尼西亚爪哇岛一带），"国人男子蓬头，女子椎髻，上不著衣，下围手巾"，"国人坐卧无床凳，饮食无匙箸。饭用盘盛，沃以酥汁，手撮而食"，[3] 其落后程度可想而知。在这种情况下，印度尼西亚人民对发达的中国封建经济文化载体之一——中国制造品极为渴求和仰慕。郑和船队通过赏赐、贸易传入印度尼西亚的物品，据《瀛涯胜览》《星槎胜览》《东西洋考》《西洋番国志》等书的记载，有青花瓷器、青瓷盘碗、麝香、烧珠、樟脑、橘子、茶叶、漆器、雨伞、金、银、铁鼎、铜钱、湖丝、绸缎、丝棉、铁质农具、金属制品等。其中以丝绸、瓷器最多。

郑和船队通过丝绸贸易，使中世纪印度尼西亚人民享受到先进的中国丝绸文明，并使之在衣着服饰等方面受中国文化的影响。亚齐人喜欢穿从中国进口的黑色农民服，加里曼丹新当国妇女"衣服、饮食稍学中国"，"所穿沙郎水幔（即纱笼 sarung），贫者以布，富者则用中国丝绸，织为文彩，以精细单薄为贵。"[4]

郑和船队输往印度尼西亚的中国精美瓷器，成为印度尼西亚人民普遍喜爱的理想食具。中国陶瓷改进了印度尼西亚的饮食习俗，提高了他们的饮食文化水平，丰富了他们的物质生活，至今，他们仍乐用中国的

---

[1] 梁志明等：《东南亚古代史》，北京大学出版社 2013 年版，第 553 页。
[2] 同上。
[3] 巩珍：《西洋番国志》，华文出版社 2017 年版，第 9 页。
[4] 谢清高口述、冯承均注释：《海录注》，中华书局 1955 年版，第 51—54 页。

陶瓷器具。在今天印度尼西亚雅加达国家博物馆里还珍藏着大量郑和时期精美的青花瓷器具。

郑和船队通过赏赐、贸易等方式输出的中国铜钱，大量传播到东南亚，使原来使用贝币的印度尼西亚等国过渡到使用中国铜钱。在爪哇，"国人多富，买卖俱用中国铜钱"[1]，在泗水，"买卖交易行使中国历代铜钱"。[2] 使用中国铜钱，大大有利于当地商品的流通，从而促进印度尼西亚各岛农业、手工业和商业的发展。中国的金融制度在印度尼西亚通行了几个世纪，一直到第二次世界大战前，印度尼西亚巴厘岛及小巽他群岛还在使用清代铜钱。

郑和下西洋，把当时中国发达的工业制品及其生产技术带到印度尼西亚，这对促进印度尼西亚经济文化的发展做出了贡献。远航的结果又促进了海内外货物的交流，大大刺激了国内手工业的生产，并使国内大批民众得以顺利向南洋寻求发展。到了明代万历年间，由于荷兰殖民者侵略印度尼西亚，中国和印度尼西亚传统的友好关系和贸易关系被迫中断。

（三）近现代中印尼关系的曲折发展

16世纪末，荷兰殖民者开始侵略印度尼西亚。1598年（明万历二十六年），荷兰殖民者在盛产香料的马鲁古群岛上设立办事处。1602年（明万历三十年）荷兰联合东印度公司成立。1619年（明万历四十七年），荷兰人占领雅加达，从此它成为荷兰在印度尼西亚殖民统治的中心。之后，荷兰人即以此为中心，向四面八方扩张。到20世纪初，荷兰殖民政府把权力扩展到印度尼西亚各个岛屿。荷兰殖民者统治印度尼西亚长达三百多年之久。印度尼西亚人民经过艰苦卓绝的长期斗争，终于摆脱了枷锁。1949年12月27日，印度尼西亚接收荷兰移交的政权，正式独立自主。1950年4月13日新中国与印度尼西亚建交。1965年印度尼西亚发生"9·30事件"后，两国于1967年10月30日中断外交关系。20世纪80年代，两国关系开始复苏。1990年8月，李鹏总理访问印度尼西亚，两国签署了《关于恢复外交关系的谅解备忘录》，两国外交关系正式恢

---

[1] 巩珍：《西洋番国志》，华文出版社2017年版，第11页。
[2] 马欢：《瀛涯胜览》，福建人民出版社2016年版，"爪哇国条"。

复。"近年来,中、印度尼西亚关系快速发展。1999年底,两国就建立和发展长期稳定的睦邻互信全面合作关系达成共识。2000年5月,两国签署《关于未来双边合作方向的联合声明》,成立由双方外长牵头的政府间双边合作联委会。2005年4月,两国元首签署《中印尼战略伙伴关系联合宣言》。2006年,两国启动副总理级对话机制。2010年,两国签署《中印尼战略伙伴关系联合宣言行动计划》。"①2013年10月,中国国家主席习近平访问印度尼西亚,提出与东盟共同建设21世纪海上丝绸之路和中国—东盟命运共同体的倡议,同时两国领导人宣布两国关系由战略伙伴关系升级为全面战略伙伴关系。2015年、2017年印度尼西亚总统佐科曾两次访问中国,深化了中方"一带一路"倡议同印度尼西亚"全球海洋支点"构想的对接,从而更好实现互利共赢。2018年5月,李克强总理访问印度尼西亚,强调推动中印尼全面战略伙伴关系再上新台阶。首脑间多次成功会晤,多层次宽领域的深入交流,推动中、印度尼西亚两国政治互信和务实合作达到新高度。

二 中国和印度尼西亚思想文化交流特点

(一) 贸易交往的历史源远流长

三国时,孙权曾派遣朱应、康泰两人访问东南亚各国,向他们宣扬中国的政治和文化。朱应、康泰曾出使扶南国(今柬埔寨),还搭乘扶南国的海船游历东南亚各国。他们回国之后,把亲身经历和听来的各国情况记录下来,写成《扶南异物志》(朱应撰述)和《吴时外国传》(康泰撰述)。"《吴时外国传》提到了不少印度尼西亚古地名。比如,它提到'诸薄国女子织作白叠花布'(即棉布)。据许多专家考证,这'诸薄国'即指爪哇岛。"② 如前所述,南朝时期中国同印度尼西亚群岛的不少国家建立了十分友好的外交关系。在当时,除了以朝贡为形式的官方贸易,还存在大量的民间贸易。"爪哇中部扎巴拉发现我国六朝时代的陶朗(藏

---

① 《中国与印度尼西亚的关系》,中华人民共和国驻印度尼西亚大使馆,http://id.china-embassy.org/chn/zgyyn/sbgxgk/。

② 李学民、黄昆章:《印尼华侨史(古代至1949年)》,广东高等教育出版社2005年版,第11页。

于荷印殖民政府时期的巴达维亚博物院内），或许可以作为从三国至两晋南北朝时期我国与印度尼西亚存在着民间商人海上贸易关系的佐证。"①到了唐朝，中国国内基本统一，政权相对稳定，农业、手工业、商业都有了显著发展，同印度尼西亚的陆上和海上贸易十分频繁，这个时期的贸易仍然以朝贡形式的官方贸易为主。

宋代继承了唐代对外开放的贸易政策，此时印度尼西亚的苏门答腊和爪哇两岛虽然经历了多次政治动荡和战争，但是它们仍然和中国保持着不同程度的贸易往来。"据南宋人赵汝适《诸番志》记载：爪哇中部，位于'杜板之西，冀他之东'的一个地区（可能就是扎巴拉），土著商人常常搭乘商舶前往中国从事民间海上贸易，以象牙、犀角、真珠、檀香、丁香、豆蔻、胡椒等特产，同中国的绫绢、漆器、铁器、瓷器相交易，并且冒犯宋朝政府的禁令，潜载中国铜钱。"②元朝建国初期，在消灭南宋的同时，就十分注意对外的海上贸易，沿袭宋代的海外贸易制度，并采取了更加灵活的官办海上贸易形式。由官方自备船舶和本钱，借给私营商人出海贸易，所获利润由官方与私营商人按七三开的比例来分配。元朝中国商人在印度尼西亚贸易活动的范围，比唐宋时期有了较大的扩展，从苏门答腊、爪哇、婆罗洲三大岛屿延伸至印度尼西亚东部的摩鹿加（今马鲁古）、帝汉、西里伯士（今苏拉威西）。14世纪下半叶至17世纪上半叶，明成祖为了扩大明王朝在海外的政治影响，争取和平稳定的国际环境，以强大的封建经济为后盾，以先进的造船业和航海技术为基础，把中国与印度尼西亚之间的友好往来及经济文化交流推向了一个繁荣发达的新阶段。郑和七下西洋的活动，就是在这样的历史背景下进行的。郑和七下西洋，前后历时28年，访问过30多个国家和地区。印度尼西亚是郑和每次下西洋时的必经之地，其中爪哇和苏门答腊几乎更是每次下西洋时必访之地。由此可知，郑和七下西洋同印度尼西亚发生了非常密切的关系。每次郑和的船队都是满载货物往返，主要以中国的手

---

① 李学民、黄昆章：《印尼华侨史（古代至1949年）》，广东高等教育出版社2005年版，第16页。

② 同上书，第30页。

工业品换取各国的土特产品。他们带出的手工业品有丝绸、瓷器、铁器、铜钱等。带回的土特产品则是应有尽有，其中不少是奇珍异宝乃至珍禽异兽，如珍珠、珊瑚、宝石、香料、狮子之类。

（二）文化交流领域非常广泛

在物质文化方面，中国的陶瓷制作技术很早就流传至印度尼西亚。在爪哇、苏门答腊、加里曼丹、苏拉威西等各岛国均有大量的中国瓷器被发现。中国的丝绸和纺织工艺也在印度尼西亚广泛传播。爱德华·陶威斯·德克尔（Eduard Douwes Dekker）在《印度尼西亚历史纲要》一书中写道："我们的祖先是向中国学习蚕丝纺绢的，不久，我们自己也会纺绸了。"[1] 火药是中国古代四大发明之一。中国的火药和火药武器是在元军侵略爪哇时传入印度尼西亚的。拉登·韦查耶（Raden wijaya）击败元军后，夺取了他们的火器，很快学会了制造火药和火器，建立了麻喏巴歇王朝，国势迅速强大，统一了整个印度尼西亚。在医药方面，中国和印度尼西亚交流也有着悠久的历史。明朝的李时珍在其《本草纲目》中列举了许多来自印度尼西亚的药物，如苏木、沉香、丁香、犀角、龙脑香、玳瑁、檀香、胡椒等。"上述药物数世纪以来源源不断地输入中国，丰富了中国的医药宝库。"中国的中草药和医术也广泛地在印度尼西亚得到传播。比如，针灸的疗法很早就传入印度尼西亚，中药配制的各种丸、片、剂深受印度尼西亚当地人欢迎。中国的犁耕和种植也在印度尼西亚得到了广泛应用。蔗糖制造工艺也是在17世纪后由华人华侨引入印度尼西亚雅加达地区的。

在日常生活中，中国和印度尼西亚文化交流的印记无处不在。印度尼西亚人民非常喜欢的豆腐制品就是由中国华侨传到印度尼西亚的。中国的烹饪技术和许多有益健康的食品饮料如茶、豆腐、豆芽、酱油、面条、粉丝、咸鸭蛋等现在已经成为印度尼西亚老百姓日常生活必不可少的食品。"中国人还把布帛、针、梳子、伞、拖鞋、扇等货物运往印度尼西亚，再从那里购买胡椒、蓝靛、檀木、丁香、肉豆蔻、玳瑁和象牙，

---

[1] 周一良主编：《中外文化交流史》，河南人民出版社1987年版，第220页。

交易时使用中国历代铜钱。"① 铜钱是中国和印度尼西亚文化交流的重要证物。它最早在汉武帝时随着海上丝绸之路的拓展进入印度尼西亚。到了宋代，随着两国之间的交往日益密切，"大量的中国铜钱通过使节、贸易、商人私运等途径流入印度尼西亚。"② 宋庆龄在1956年《访问印度尼西亚的报告》中这样描述"在巴厘岛上我们发现比别处较多的中国、印度尼西亚历史上文化交流事实。我们国内已不易看到的铜钱，在巴厘岛上家家都能找到，这种铜钱被停止流通还是不久的事情。现在人们把铜钱结成一串一串的吊起来，当做宗教仪式上不可缺少的神器。在一家银器店里我们发现一串串的铜钱中有开元年号的、有万历年号的，也有清朝各种年号的，可见中国、印度尼西亚历史上文化关系的密切。"③

（三）宗教是思想交流的重要内容

公元414年，高僧法显在斯里兰卡取经回国途中遭遇飓风，漂流至耶婆提（今爪哇或苏门答腊），停留了五个月。到了唐代，佛教在中国和印度尼西亚等国兴盛，佛教僧侣在促进中国和印度尼西亚的文化交流方面起了重要的作用。其中，以中国高僧义净的贡献最为突出。义净在赴印度求法途中，曾先后在末罗瑜、室利佛逝（苏门答腊岛）居留十余年之久，当时的室利佛逝是东南亚研究佛学的中心。他在那里学习梵文，研究佛经，翻译《杂经论》十卷，并撰写《南海寄归内法传》四卷和《大唐西域求法高僧传》卷，详细记述求法经过和各国见闻。义净把中国"墨纸"引进印度尼西亚，同印度尼西亚僧侣共同研究佛经，促进了中国和印度尼西亚之间的文化交流。除了佛教，中国和印度尼西亚在伊斯兰教方面的交流也十分活跃。15世纪初，郑和下西洋对伊斯兰教在印度尼西亚的传播起了巨大的推动作用。郑和具有穆斯林和佛教徒的双重身份。"著名史学家吴晗指出，明朝政府选派郑和出使西洋，是因为当时的许多

---

① 黄国安：《历史上的中国和印尼的友好交往和经济文化交流》，《东南亚纵横》1990第1期。
② 周一良主编：《中外文化交流史》，河南人民出版社1987年版，第207页。
③ 全国人民代表大会常务委员会办公厅编：《中国人民政治协商会议第一届全体会议，中央人民政府委员会全国人大及其常委会制定或者批准的法律及部分文件》（1949—1956年卷），中国法制出版社2004年版，第495页。

国家信仰回教，而郑和也是回教徒（但也同时信仰佛教），选派这样的回教徒到信仰回教的地方去，就可以减少隔阂，办好事。"① 郑和在爪哇等地停留期间都主动地从事传播伊斯兰教的活动。1405年郑和访问爪哇后，1407年旧港便产生了华人伊斯兰教区。在雅加达的安卓尔、井里汶、杜班、锦石、惹班及爪哇其他地方，也都纷纷建立起清真寺。1413年，当郑和船队停泊在三宝垄时，郑和与他的随从马欢、费信曾经一起去当地的清真寺祈祷。

第二节 中华文化在印度尼西亚的发展传播途径

一 华人华侨是中华文化的积极传承者和弘扬者

印度尼西亚是世界上华人最多的国家，华人总数有近1000万人，约占印度尼西亚总人口的5%。② 印度尼西亚华侨华人对中华民族的语言、文化、历史、习俗等具有深厚的情怀，对于在中国出生成长或接受华文教育的早期移民而言，中华文化已经深深地内化和积淀在他们的身上，并随着移居异国他乡，对于故土和亲人的思念转化为一种浓厚的文化情结。这一文化情结使他们无法忘记自己的文化根源，成为中华文化在海外的自觉传承者。"印度尼西亚华人除了自身坚持重华文化外，主要通过家庭教育、日常生活经验以及成立社会组织等方式将中华文化传递给子孙后代。"③

中国人大规模移民印度尼西亚最早可以追溯于唐朝末年。由于战乱的影响，许多中国人移居到南洋地区谋求生存，同时也有一些唐代僧侣等长居印度尼西亚而不归。又据爪哇史籍记载，公元924年有中国大沙船一艘，在爪哇三宝附近沉没，船客飘流至岸，献宝物于直葛王，获准定居该地，据说是为中国人定居爪哇之始。宋代赵汝适撰《诸蕃志》，虽然没有关于印度尼西亚华侨的直接记载，但"三佛齐国条"提到那里有中

---

① 王介南：《中外文化交流史》，书海出版社2004年版，第282页。
② 《印度尼西亚华侨华人概况》，中国侨网，http://www.chinaqw.com/hqhr/2014/04-21/1142.shtml。
③ 《海外侨情观察》编委会编：《海外侨情观察2014—2015》，暨南大学出版社2015年版，第46页。

国文字，则说明当地已有中国移民定居无疑。最重要的是，在爪哇、苏门答腊等地发现了大量宋代铜钱，这除了说明当时中国和印度尼西亚之间的贸易往来极为频繁之外，也表明当时中国商人已遍及这些地方。元军远征爪哇后，有一些元军士兵留在爪哇和加里曼丹等地。在爪哇岛北部、苏门答腊南部、加里曼丹西部等沿海地区，有不少中国移民的聚落，甚至在某种程度上开始同化于当地社会。中国人移居印度尼西亚主要是伴随着中印尼两国的通商贸易的发展而逐步增多的。他们在移居之初都带来中华文化和先进的生产技术。他们既从事商业活动又从事农业、手工业等活动，而且能够将所带来的中华文化和先进的生产技术与当地文化和生产需要相结合。荷兰殖民者统治时期，华侨在巴达维亚修港口、建道路、造房屋；到邦加勿里洞开锡矿；到苏门答腊种植园种植胡椒、烟草、橡胶和甘蔗，后来，还发展到做零售商和中介商。他们或走村串乡，赊销国外进口日用百货，待农民作物收获时以烟叶、椰干、胡椒等土特产偿还；或替荷兰东印度公司代为收购经济作物，推销工业品。19世纪末到20世纪初，印度尼西亚出现了一批华侨企业和华侨企业家，经营行业几乎涵盖印度尼西亚的各个领域。华侨和印度尼西亚人民共同努力，披荆斩棘，开发资源，对印度尼西亚群岛的开发和建设做出了贡献。

在印度尼西亚生活的华人，虽然穿的是当地服饰，说的是印度尼西亚语。但是其生活中处处饱含中华文化的要素和精神——"过春节，贴春联，发红包，闹元宵，舞龙狮，包粽子，吃月饼，挂灯笼，拜祖先，信天地，崇孔孟，讲宗氏，论辈分，行孝悌等，从而，显示出不同于当地民族文化的'区别性特征'——保留并沿袭一整套中华文化才有的传统节日，风俗礼仪，宗族谱系，亲属称谓等。在印尼，每逢春节，无论是华人聚居的唐人街、香火鼎盛的佛教寺庙，还是大小商场和各类有华人读书的学校，都已张灯结彩，红彤彤一片。商家推出节日礼品，饭店宾馆设计出优惠套餐、各个华社团体和学校组织的文娱演出一场接一场……"[①] 中国中央电视台的春节晚会也是印度尼西亚华人除夕观看的节

[①] 黄丽嫦：《中国与印尼关系发展中软实力的提升及华侨华人的推动作用》，硕士学位论文，暨南大学，2010年，第33页。

目之一。印度尼西亚政府已经把春节这天规定为法定假日，不仅是印度尼西亚华人，印度尼西亚各地区各民族的人民都可以在这一天享受休闲的快乐。

虽然印度尼西亚华人没有主流华人文化圈（主要指中国大陆和台港澳）拥有的良好条件，加上印度尼西亚政府政策导向，在中华文化的传承方面自有先天不足之处，但是我们仍然看到印度尼西亚华人华侨在传播中华文化方面付出的巨大努力。自20世纪以后，孙中山、梁启超等人在南洋的革命活动，以及抗战期间中国政府在南洋的宣传活动，都极大地调动了印度尼西亚华侨华人的爱国情绪。中华民族主义的增强对东南亚华侨华人认同中华文化产生了很大的影响，特别是1949年新中国的成立极大地激发了印度尼西亚华人对中华文化认同的热情，他们在各地组织了许多华人社团（简称华社），组织出版中文读物，创办新式华校，大力提倡学习普通话，传授子女汉语方言，尽力保留中华礼俗和习惯。1965年的"9·30"事件，印度尼西亚华人社团受到极大的摧残与压制。苏哈托政权运用国家权力实行全面强制同化华人的政策，而且把消除中华文化作为同化政策的重点，把消除华人民族特性作为明确的目标。他发布政令关闭了所有的华文学校，禁止汉语、汉字的使用，要求华人改名换姓并禁止售卖华文书报刊物，解散所有的华人社团，而且还把孔教列为非法宗教，[①] 华人不能公开庆祝华人的传统节日。中华文化在印度尼西亚的传播转入地下。许多华裔后代暗地里补习中文，有的则通过佛教的幌子（佛教是印度尼西亚的官方宗教之一），以大乘佛教包装中华文化，逃避政府监控，达到传承中华文化的目的。"苏哈托下台后，随着国家政策的调整，中华文化得以重获生机，仅在2000年之后，印度尼西亚就成立了一千多个华人社团，印度尼西亚三语（印度尼西亚语、华语和英语）学校的学生人数也呈不断上升趋势，以三语小学为例，20世纪末至21世纪初小

---

① 注：印度尼西亚立国的基础为印度尼西亚的建国五项原则（又称"建国五基"），即潘查希拉。其中有一项为"信仰神道"，即每个印度尼西亚人民应该信仰各自的神道。以孔子学说（儒学）为宗教信仰的印度尼西亚孔教，目前是与伊斯兰教、基督教、天主教、佛教和印度教并列的印度尼西亚六大合法宗教之一。

学建校初期只有995人,而到2013年已达到了8033人。"①

改革开放四十年来,中国国力的强大和国际地位的提升使华侨华人对中华文化的自信增强,老一代华侨华人对中华文化更感自豪,新生代华人华侨接受中华文化的意愿增强。老一代华侨曾经饱尝近代中国衰弱的悲哀,新中国的强大激起了他们对中华文化的自豪感,对中华文化在海外怎样更好地得以继承和延续报以更大的关注,更加希望自己的子孙后代继续保存中华文化的特质;新生代华人华侨生长在海外,对中华文化或多或少存在疏离感,而中国的成功特别是中华文化的独特魅力被世界广泛关注之后,他们变得关注和在意自身的"中华"元素,主动接受中华文化的意愿和需求变得更为直接。特别是近年来新媒体和网络技术的迅猛发展,使中华文化在印度尼西亚传播的范围更加广泛。

在后苏哈托时代,印度尼西亚华人社团的繁荣发展和影响力的不断增强,为印度尼西亚社会树立了良好的形象,也为印度尼西亚华人社团参与构建和发展中国软实力奠定了很好的基础。笔者在印度尼西亚工作期间曾经多次参加华社组织的活动。这些华社充分利用自身的社会条件,在社会福利、文化教育和经济交流等领域积极参与印度尼西亚的多元社会建设,一方面成为当前印度尼西亚华人落地生根、融入当地社会的重要推动力量,另一方面也在文化、经济、社会乃至政治等各个领域直接或间接参与中印尼关系,加深中印尼之间的了解。如印度尼西亚百家姓协会(Paguyuban Sosial Marga Tionghoa Indonesia)和印度尼西亚华裔总会(Perhimpunan Indonesia Tionghoa)经常举行印度尼西亚与中国的关系讲座,主要邀请印度尼西亚国内的有关中国问题研究专家,以及来自中国国内的经贸代表团成员或经济专家,在其会所或公共场所内进行。为鼓励华人青年积极学习华文,他们还经常发动华人捐资助学,举办如客家乡亲歌唱比赛、全国象棋大赛、话剧表演、中秋游园会、开设中医药课程等多姿多彩的活动促进中华文化薪火相传。在华人社团的影响下,不少原属于华人的传统习俗已逐渐成为印度尼西亚多元文化的重要组成部

---

① 《海外侨情观察》编委会编:《海外侨情观察2014—2015》,暨南大学出版社2015年版,第50页。

分：在印度尼西亚出现了用印度尼西亚语演唱的京剧，春节被定为法定公众假日，中国传统的太极拳运动、针灸疗法以及华语电影，受到不少印度尼西亚原住民的欢迎。

二　华文媒体是传承中华文化的重要纽带

印度尼西亚是个多民族、多宗教的国家，从15世纪开始曾经历过300多年的荷兰殖民者的侵略，1941年12月太平洋战争爆发之后至1945年8月被日本占领，后经"八月革命"获得民族独立，成立印度尼西亚共和国。印度尼西亚华人占印度尼西亚总人口的3%—4%，在荷兰殖民时期，华人在印度尼西亚社会总体来说并没有被排斥。第二次世界大战之后，情况发生了变化，印度尼西亚社会开始排斥华人这个族群，印度尼西亚政府也因此出台了很多歧视华人的法案。一时间，华人在印度尼西亚的生活举步维艰，财产被人洗劫一空，无数人被遣返回国，甚至还发生了印度尼西亚右派屠杀华人的血腥事件。后苏哈托时代，尽管印度尼西亚政府在对待华人的政策上有了改善，但是社会中排华现象还是若隐若现，华人还没有在真正意义上与当地主体民族等同。华人依旧在夹缝中求生存，即便经济实力很强，社会地位仍较低。在这样一个社会政治背景之下，印度尼西亚的华文媒体也经历了一个非常曲折艰难的发展历程。

"1823年英国传教士在爪哇创办的《特选撮要每月统记传》，是印度尼西亚第一份华文报刊。"[1] 印度尼西亚"华人办报最早始于1880年，当时有一个在泗水的华商叫蔡全禄，他收购了荷兰殖民者最大的荷兰文报《东青报》，在此后的几十年里，他以荷兰文出版此报，用来报道、宣传华人新闻，并与荷兰的殖民主义者对抗。他在重要的节日，如春节、端午节、中秋节等，全版刊登皇室庆祝的消息"。[2] "1908年在爪哇泗水发行《泗滨日报》，该报由田桐主编，支持孙中山领导的革命运动。次年，

---

[1] 谭天星等：《中华文化通志·中外文化交流典（10—100）海外华侨华人文化志》，上海人民出版社1998年版，第180页。

[2] 刘新鑫、李婧、[印尼]梁孙逸：《印度尼西亚大众传媒研究》，中国传媒大学出版社，2015年版，第149页。

巴达维亚华侨书报社创办了《华铎报》，旨在培养华侨'独立、合群、尚武'的品德和国家观念。"① 辛亥革命前后的华文报纸，多集中宣传民主革命，揭露清廷的腐败与暴政，在唤醒华侨的民族意识和爱国思想方面发挥了积极作用。两次世界大战之间的稳定环境为印度尼西亚华商的经营发展提供了良好氛围。20世纪20年代，随着世界对橡胶等原材料的需求日益增多，一些有实力的华商逐步发展壮大，他们开始把产业延伸到华文报业。另一方面，此时经济稳步发展，老百姓收入不断提高，吸引了更多的华人到印度尼西亚谋生，这些移民成为商业性华文报纸的主要受众，这当中也包括一些落难的文人，他们中的一些成了这一时期商业性华文报纸的主笔或编辑。这些商业性报纸新闻快速、信息丰富、副刊生动活泼，真正成为印度尼西亚华人华侨中流行的"新闻纸"。具有代表性的是《新报》。该报原是1910年由刘玉兰、游新义于雅加达创办的马来文（后印度尼西亚文）报，1921年发行华文版。印度尼西亚文《新报》初为周刊，1912年改为日报。该报除报道华人社会的情况外，致力于宣传中国民族主义和中国文化，提倡华文教育，反对荷兰国籍法，主张土生华人保留中国国籍，主张与新客华人合作参与中国政治以及支援中国抗日等。《新报》第二次世界大战前的发行量为8000至1万份，成为当时印度尼西亚发行量最大、影响范围最广的华文报纸，也是华人办报历史的一个里程碑。1941年，日本占领印度尼西亚后，华文媒体纷纷停刊。1949年印度尼西亚独立后，华文报刊又获得新生。1958年印度尼西亚共有18家华文报纸。华文报刊一派倾向于新中国政府，如《生活报》和《新报》；另一派倾向于台湾当局，如《天声日报》。1959年受排华浪潮影响，华文报刊一度全部被停止发行。1963年禁令解除，到"9·30"事件前，印度尼西亚有华文报刊13家。"9·30"事件后，印度尼西亚当局为消灭华文，下令关闭所有华文报刊。只有官方出版的《印度尼西亚日报》在8个版面中保留4版华文。② 1999年11月，瓦希德被选为第四

---

① 谭天星等：《中华文化通志·中外文化交流典（10—100）海外华侨华人文化志》，上海人民出版社1998年版，第180页。
② 卢海云、王垠主编：《华人华侨概述》，九州出版社2005年版，第37页。

任总统。他宣布开放华文文化,华人可以开办华文学校、华文报纸,也可以用回华文名字,可以庆祝春节等。所以 2000 年开始有华文报出现。最早出现的两份报纸是《千岛日报》和《印尼商报》。其他华人媒体如雨后春笋,纷纷创办,报纸、杂志、广播及华语电视栏目曾一度高达二十几家。"经过近几年的市场整合与重新洗牌,现在印度尼西亚有 7 家华文报纸,3 家电台。报纸的影响力以《国际日报》为首,其余依次为《印度尼西亚日报》《世界日报》《印度尼西亚商报》《千岛日报》等。雅加达加科哇拉第一华语广播电台在广播中独占鳌头。目前,印度尼西亚社会还没有专门的华语电视台,只有一个华语电视栏目,即雅加达美都新闻台从早晨 7:00 到 7:30 的《华语新闻》栏目。"[1] 电台有 Cakrawala(雅加达)等两家华语电台,万隆也有私人华语电台,等等。在印度尼西亚,很多华人都订两种语言的报纸,一种是印度尼西亚文,一种是华文。随着中国和印度尼西亚双边贸易不断发展,越来越多的印度尼西亚人特别是印度尼西亚华侨在华投资或进行贸易,他们迫切地想要了解来自中国的声音和真实状况。"印尼华文媒体除了报道中国的动态新闻以外,都开设了副刊。为了丰富版面内容,扩大读者视野,一些报纸在周末还特别开设周日特刊。从内容上来看,副刊文艺侧面:揭示当代人的生活、介绍中国古代文化和当代文学,以及传统习俗等。从形式上看,既有语言精美的散文,也有富有哲理性的小品文;既有意义深远的诗歌,也有充满韵味的书法作品;还有长篇小说连载。很多印尼华人读者认为,通过阅读华文媒体,不仅能够提高和促进自己的汉语水平。从更深的层次上来说,还有一种文化补偿心理,特别希望通过华文媒体寻找思想和文化上的根。"[2] 印度尼西亚的华文媒体在唤醒华人华侨民族意识、增强其民族凝聚力、加深新生代华人和其他族裔对中华文化的了解和认同方面,有着不可替代的作用。

---

[1] 罗红、高红樱:《印尼华文媒体的历史、现状及前景》,《新闻记者》2005 年第 8 期。
[2] 罗红、高红樱:《印尼华文媒体的历史、现状及前景》,《新闻记者》2005 年第 8 期。

三　印度尼西亚孔教是中华文化传播的重要途径

印度尼西亚的孔教发展有其独特的历史背景。印度尼西亚是个人人信教的国家。在印度尼西亚的宪法中，规定了建国五项基本原则，其中第一条便是"信仰神道"，因此从理论上讲，居民都有信仰宗教的义务，无神论者被视为异端。苏加诺时代，印度尼西亚承认有六大宗教，基督教的新教和天主教、伊斯兰教、印度教、佛教，还有孔教。

印度尼西亚孔教根源于中国儒家文化，其信仰主体是华人、华族。印度尼西亚华人把孔教作为中华文化认同的标志。"中国儒学（儒教）在印尼的传播由来已久，是伴随着华人移居印尼开始的。最初主要是通过华人的家庭教育和庙堂宗祠的祭祀以及私塾、书院的文化教育。19世纪中晚期，随着印尼华人民族意识的觉醒，印尼华人开始有目的地维护华人文化传统。当时华人团体为了阻止华人被同化，开始建立公共宗祠和丧葬组织，在祭祖、婚丧仪式、妇女着装等方面着力恢复华人传统习俗。"[1]"印尼孔教源于中国儒学；缘起于由印度尼西亚华人所承载的中国儒学（儒教）在印尼的传播；形成于19世纪中晚期，印尼华人民族意识觉醒，开始有目的地维护华人文化传统之时。"[2] 印度尼西亚孔教的教义就是孔子思想，以人道为主，上达天道，天人合一，强调孔子是孔教的"圣人"和"先知"，圣人孔子负有天所赋予的使命来到人间宣扬"天道"。孔教的目标就是遵照孔圣的指引在人间实现天道。因为每个人都有天赋的善良禀性，遵从"天命"正是人的本性，按照本性去做事就是履行"天道"。人的德行的完善也就是对"天道"的依从，履行并倡导天道就是施行教化。父母、祖先就是天的代表，信奉孔教就是要发扬孝道，祭祀祖先。孔教徒每周做礼拜时都要携带孔教的圣经《四书》。"印尼孔教与其他宗教不同的是具有很强的和而不同，兼容并包的特征。印尼有许多华人庙宇与内地一样，大都是三教合一型的，甚至包括民间信仰的各种神灵一应俱全。印尼孔教就是在这样的多元宗教文化土壤中形成制

---

[1] 王爱平：《印度尼西亚华人社会孔教的兴起》，《南开学报》2007年第6期。
[2] 王爱平：《印度尼西亚华人社会孔教的兴起》，《南开学报》2007年第6期。

度化的宗教的，所以呈现出明显的以孔教为主，兼容其他多元宗教信仰的特征。在后来的进一步本土化过程中，印尼孔教还吸纳了印尼本土的伊斯兰教、民间信仰的诸多成分，不断地印尼化。一般的其他宗教有很强的排异性，信了某一教，往往不可能再信别的教，但是孔教没有这方面的限制。印尼孔教虽然以华人为主体，但也有别的种族、民族的人来信仰孔教。印尼孔教的这种特征使其能够在印尼国家政治的压力下与其他宗教保持相对良好的关系。"①

在苏哈托军事专制统治垮台前的长达32年的岁月里，苏哈托政府将华人视为外来民族，实行强迫同化政策，禁止华人保留民族宗教信仰及风俗习惯，严令取缔孔教，"试图以此彻底抹杀华人的文化特质，孔子儒家思想的传播和发展受到很大的挫折，只允许和华人有关的佛教和道教继续存在。在全面同化的困境中，华人的宗教包括大乘佛教、孔教、道教、传统民间信仰和祖先崇拜等就成为印尼华人维持民族特性、弘扬传统文化的主要形式。这样，儒家思想在学术理论层面上没有得到足够的重视和发展，而在宗教信仰和大众文化层面上，如在礼仪习俗、道德规范、饮食习惯、文化生活等方面，却得以继续保持和弘扬。"② 印度尼西亚孔教成为在印度尼西亚特殊的、恶劣的政治环境下印度尼西亚华人的精神支柱。

四　华文学校是中华文化传承的重要机构

文化是一个民族的灵魂，华文教育是中华文化在海外得以薪火相传的重要途径。印度尼西亚是世界第四人口大国，据印度尼西亚中央统计局（BPS）发布的2010年人口普查关于"印尼居民的国籍、族群、宗教和日常使用语言"（Kewarganegaraan, SukuBangsa, Agama, dan Bahasa Sehari‐hari Penduduk Indonesia）的资料显示，印度尼西亚华人数量为283万人，列世界之首。华文学校的发展也经历了一个曲折的过程。

---

① 韩星：《儒教的现代传承与复兴》，福建教育出版社1998年版，第318页。
② 韩星：《儒教的现代传承与复兴》，福建教育出版社1998年版，第292页。

1949年印度尼西亚获得民族独立后，印度尼西亚政府对华文教育采取相对政策，文教部给华校教师颁发证书，允许在华人子女占多数的学校讲授华文，华文教育在第二次世界大战后的10年里得到迅速发展。到了50年代中期，苏加诺政府实行国民教育政策，开始限制华文教育的发展，加强对华文教育的管制。其主要政策和措施表现在：对华文学校采取严格管制政策，颁布《外侨学校监督条例》，规定所有的外侨学校，必须依法办理登记，受文教部外侨教育司的监督；1955年1月，文教部又颁布《外侨私立学校监督条例》，旨在限制华文学校中的政治活动，还规定华文学校必须将印度尼西亚语设为必修；1957年2月和8月，文教部分别颁布决定书，规定华文学校校长必须通晓印度尼西亚语，华校老师要参加印度尼西亚语考试，取得考试合格证书才能任教；1957年11月，政府颁布《监督外侨教育的执行条例》，严格限制华文学校的发展，不准新办华文学校；限制办学范围和取缔部分华文学校，1958年4月政府颁布决定书，只准在州和县一级158个地区开办华文学校。造成这种情况的原因是，当时的印度尼西亚华人还有多数没有加入印度尼西亚籍，其华文教育还是地道的华侨教育，从教学内容，教材到教学语言都沿用中国大陆、台湾的，华文教育创建时的主要目的是发扬光大中华文化，在课程设置上都是跟当时中国学校的课程设置一样。开设如修身、国文、国语、算术、体操、唱歌、图画、手工和缝纫等课程，有些地方确实有不合印度尼西亚国情之处。这一阶段印度尼西亚政府采取的政策还不能说是强迫同化。

1965年"9·30"事件之后，印度尼西亚推行反华、排华政策，华文教育被禁锢，全印度尼西亚上千家华校被查封，华语被禁止在公共场合使用，华人子女丧失学习自己民族语言和文化的权利。几十年的同化运动，使许多原本会说华语的人，因长期没有机会使用华语，其华语水平退化，或者成为巴汉语者。而华人的后代，因为被禁止学习华语和使用华语交流，华语水平低下，甚至有许多华人后代从小到大接受国民教育，已经不懂中文。

中国改革开放和经济建设的成功，促进了东南亚国家与中国大陆、香港、台湾的经贸关系迅速发展，受这种趋势的影响，中印尼经贸、旅游、文化、体育等领域的交往愈加密切,华文的经济价值和实用价值越来越得到印度尼西亚政府的重视。1994年,政府决定允许旅游部门和华裔开办汉语补习班,增设大学汉语系(当时只有两所大学:印度尼西亚大学和雅加达达尔马佩沙达大学)。1995年,雅加达华人开了汉语辅导中心,1996年有学生220人,为印度尼西亚籍学生,教师有15个。1998年后,随着印度尼西亚民主改革的深入展开和国家领导人的更替,印度尼西亚华人也逐步受到主流社会的认同,被当局禁锢了32年的汉语和中华文化得到了解禁,华文教育开始复苏。2001年3月,印度尼西亚教育部与广东省签署合作举办华文教师培训班协议书,广东省将有计划地派遣华文专家培训华文教师,提高其华文水平。同年5月,印度尼西亚教育部与中国教育部在雅加达签署在印度尼西亚举办汉语水平考试的协议书。2001年6月,印度尼西亚教育部决定把华文列入国民教育体系,华文将作为国民学校高中和初中选修的课程。在一些地区,华文被列为中小学的主要选修课程。教育部对华文教师资格作出三项规定:教师必须具有大学中文系大专以上学历或同等学历最少必须通过汉语水平考试六级,持有国内外华文教师专业培训证书。2004年12月,时任国家主席胡锦涛和苏希洛总统签订中国与印度尼西亚关于建立战略伙伴关系的联合宣言,表示要加强教育合作,积极开展培训交流,鼓励相互教学对方语言,进一步推动华文教育向更高层次发展。

语言是文化的载体,是负载民族文化、传承民族精神和维系民族血脉的纽带。华校的课程设置不是单纯地讲授中文语言,而是以浓厚的民族文化意识和热爱中华文化的感情,给学生们讲授华文和传播中华文化。以印度尼西亚具有百年历史的八华学校为例,为拓宽华文学习途径,小学除了汉语课,还有数学课、科学课、音乐课、道德课、手工课均是用汉语进行教学。同时加强了以儒家思想为基础的道德教育,以教育学生成为有文化、有道德和高素质的良好公民为己任。

五 孔子学院是展示中华文化魅力的平台

中国在印度尼西亚已建立了六所孔子学院。2010年11月10日由福建师范大学和雅加达地区的阿拉扎大学合办的阿拉扎大学孔子学院正式成立。其他几所分别是：2011年1月揭牌的西爪哇万隆玛拉拿达基督教大学孔子学院，中方合作院校为河北师范大学；2011年2月东印度尼西亚唯一的孔子学院哈山努丁大学孔子学院在南苏拉威西省首府锡江正式成立，中方合作院校为南昌大学；随后，东爪哇的两所孔子学院玛琅国立大学孔子学院、泗水国立大学孔子学院也分别于3月和5月顺利揭牌，各自的中方合作院校为广西师范大学、华中师范大学；而六所当中的最后一所是位于西加里曼丹省首府坤甸的丹戎布拉大学孔子学院，在经历了合作方变更为广西民族大学之后，该学院于2011年11月正式挂牌成立。这六所高等院校均为印度尼西亚教育部从全盘考虑，旨在推动全印度尼西亚汉语教学发展的角度，精心挑选推荐的优秀高等教育机构代表。笔者所工作的河北师范大学更是早在2007年便开始向印度尼西亚派遣汉语志愿者，也是在印度尼西亚最早设立孔子学院的国内高校之一。我们以河北师范大学印度尼西亚玛拉拿达基督教大学孔子学院为例，介绍孔子学院传播的中华文化软实力在该地区的影响力。

（一）汉语推广的阵地

孔子学院面向玛拉拿达基督教大学在校生开设了汉语口语课、写作课、中华武术、中国音乐课、中国民族舞蹈课、中国古诗合唱课等各类汉语及文化课程；随后又将汉语传播拓展到校外更为广阔的领域桑加布阿那大学、万隆旅游学院、万隆国立伊斯兰大学等10个教学点，并定期开展文化巡展、巡讲活动；同时面向印度尼西亚社会积极开设各类语言培训班、文学班，积极举办各种文化活动。自建院至今，参加培训班的学员人数已达3400人，参加文化活动的人数达到26000人，有力地弘扬了中国语言文化。政府机关是该孔子学院开辟的第二课堂，他们为西爪哇省人事厅、西爪哇省教育厅举办的公务员汉语培训班，成为服务社会的语言培训特色项目。

（二）文化传播的使者

传播中华文化、促进文化交流是孔子学院的另一个主要任务。玛拉拿达基督教大学孔子学院在印度尼西亚六所孔院中率先建成中国文化体验中心，使之成为玛大师生、万隆社会各界了解中华文化的一个窗口。此外，举办中国文学讲座、组织庆中秋诗歌与太极晚会、中国年俗文化系列活动、中国电影周、青少年象棋友谊赛、中印尼诗歌朗诵会、中医文化交流活动、中印尼绘画展、中国语言文化系列讲座等活动,承办数次汉语桥西爪哇选拔赛,2016 年派遣志愿者教师指导印度尼西亚西爪哇省武术队勇夺四枚金牌、两枚银牌、六枚铜牌,实现了该队在此项目中金牌"零"的突破,创造了西爪哇省武术队在印度尼西亚全运会历史上的最好成绩,所作贡献得到印度尼西亚各界的交口称赞。孔子学院依托建在万隆市的地缘优势,2013 年创立"万隆精神论坛",每两年举办一次,目前已成功举办三届,共吸引了中印尼两国专家、学者及社会各界人士 2000 余人参与,为促进中印尼教育合作和文化交流、增进两国人民之间的相互了解、增进中印尼两国友好关系作出了贡献。印度尼西亚国际日报、中新社等多家新闻媒体对论坛进行了采访和报道。

(三) 授之以渔的平台

早在 2002 年河北师范大学已接受 8 名印度尼西亚留学生前来学习。四年后,这 8 名留学生中有 4 名继续在河北师范大学攻读硕士研究生,有 4 名回到印度尼西亚从事汉语教学工作。这些本科生、硕士生毕业后成为印度尼西亚玛拉拿达基督教大学中文系的创系骨干。玛大中文系的建立,弥补了西爪哇地区汉语教学空白。目前孔子学院每年通过冬令营、夏令营活动,组织印度尼西亚青少年来到河北亲身体验中国悠久的历史文化和充满朝气的现代气息,充分了解了河北的历史及民俗文化。每年组织印度尼西亚中学校长及教育工作者访华团来冀参观调研,与政府部门进行座谈,了解河北基础教育发展情况,探讨海外汉语课程教育的现状与前景,交流两国在教育制度和学校制度之间的异同。

六 公共外交是提升中华文化软实力的重要选择

中国与印度尼西亚关系发展正处在历史最好时期,两国政治互信加强、商贸投资扩大、人文交流活跃。特别是 2015 年 5 月建立副总理级人文交流机制以来,两国在文化教育等领域的合作明显加强。两国教育主管部门互访频繁,高校之间的交流与合作全面扩展。越来越多的留学生到彼此国家学习,极大增进了双方的相互了解与信任。

在旅游方面,2017 年赴印度尼西亚旅游的中国内地游客人数为 205.9

万人次，占印度尼西亚国际游客总数的14.95%。中国已成为印度尼西亚最大贸易伙伴和第三大投资来源地，也是印度尼西亚第一大外国游客来源地。

在教育领域，中方在印度尼西亚开设6所孔子学院，现有约1.4万名印度尼西亚留学生在中国学习，在有赴华留学生的200个国家和地区中排名第六。目前，两国已签署《中国印度尼西亚高等教育学历互认协议》，这为两国互派留学生创造了更好的条件，也为留学生学成后就业开辟了光明的前景。

文化交流是人文交流的核心，也是人文交流的动力与源泉。中国与印度尼西亚在音乐、舞蹈、美术、戏曲、广播、电影、电视、新闻、出版、图书馆、博物馆乃至广义文化的很多方面如服饰文化、建筑文化、饮食文化、养生文化等，都开展了交流。近年来，不少中国文艺团体相继访问印度尼西亚，尤其在印度尼西亚的中国春节假期期间。比如中国对外演出公司、广西杂技团、广西歌舞剧院、武汉杂技团、上海杂技团、山东杂技团、北京歌舞团、新疆丝绸之路艺术团和北京剧团等。此外，一些民间文艺团体也组织一些中国流行歌星、电影明星访问印度尼西亚。印度尼西亚的演出团体积极参加了一些中国的重要艺术活动，如在上海举办的亚洲艺术节和在广西南宁举办的国际民歌节。2010年，为了庆祝两国建交60周年和中国印度尼西亚友好年，中国印度尼西亚双方开展了一系列丰富多彩的文化交流活动：庆祝中国印度尼西亚建交60周年联欢晚会、墨韵和风——中国国画展、全球百城世博旅游推广活动、中国·印度尼西亚2010伊斯兰文化展演、六乐坊女子民乐团音乐会。中央电视台中文国际频道和英语新闻频道也已通过无线、卫星和有线方式进入印度尼西亚。中央电视台中文国际频道开设《今日亚洲》栏目，已与印度尼西亚签订了《新闻交换协议》，成为两国互通信息的窗口。2011年中国新闻出版总署与印度尼西亚雅加达联通书局联办了全球百家华文书店中国图书联展印度尼西亚站活动，中国提供了1000多种、4000多册较新的华文图书。与中国国家汉办和海外交流协会合作，联通出版社出版了《华语》《汉语》以及《千岛娃娃学华语》的教材。出版社成立了翻译部，将《三国演义》《西游记》等翻成印度尼西亚文出版，在印度尼西亚

150多家书店销售。

第三节　中华文化在印度尼西亚传播中存在的问题与完善措施

中国与印度尼西亚不仅在古代史上交往密切，近现代以来伴随着大量华侨华人在这里定居，中华文化对印度尼西亚的影响，无论是强度还是广度，都是其他地区所难以超越的。然而，中华文化在印度尼西亚的传播无论在内部的传承机制与载体上还是在外部的环境与氛围上，均面临着一系列的问题与挑战。

一　中华文化在印度尼西亚传播中存在的问题

（一）华人社会"文化断层"导致中华文化传统在土生华人社会的衰退乃至消失

华文是中华文化传承的主要载体，透过当前印度尼西亚华文教育的状况以及华人子弟华语水平低下的情况，中华文化的失落与衰微由此可管窥一斑。由于苏哈托在执政的32年间（1967—1998）采取排斥华文、华校及中华文化的同化政策，致使如今40岁以下的绝大多数华人不会华语，华人的族群认同感和凝聚力急剧削弱。目前在印度尼西亚从事华文教育的大多数是1966年华文学校被封闭前毕业的华侨华人，50岁以下的华人看不懂中文报，不会写中文。在全球化的浪潮下，中国经济的快速发展对东南亚地区造成了一股强大的辐射效应，表现之一是华文教育热的兴起。然而，在经济全球化背景下兴起的华文教育，其背后的功利化目的却是显而易见的。懂华语的大学毕业生不仅较容易找到好工作，而且工资一般可高出两三千盾。在这种情况下，华文教育的重心更多地转向华语教学，这使华文教育的文化内涵遭到了极大的削弱与剥离，导致华语在很大程度上变成了一种语言工具。来华留学的印度尼西亚华裔学生虽然数量较多，但是回国后大多从事经济贸易类的工作，真正从事华文教育的人少之又少，华文教育面临着师资匮乏的问题。

(二)中华文化在印度尼西亚传播运作与传承机制有待完善

目前华人社团、华文学校、华文媒体由于自身体制建设的不完善，均出现了乏力、不稳定的局面。在华人社团，一方面随着代际更替，多数土生华人不热衷于参与社团事务，使社团出现后继乏人、名存实亡的状态，华人社团在文化功能方面表现出乏力和疲软的状态。在华文媒体方面，尽管印度尼西亚的部分华文媒体在当地社会存在一定影响力，但就总体而言，华文媒体仍然力量薄弱，传播能力受到很大局限，读者多局限于老年移民和新移民，鲜少触及土生华人群体；在传播渠道和形式上也缺乏创新，多以传统报刊为主，较少涉及网络传媒等。在华文教育方面，除了匮乏的师资，华文教材水平良莠不齐、没有统一的标准教材体系，也严重影响了中华文化的传播效果。印度尼西亚很多学校从幼儿园起就开设了中文课，部分学校还将汉语课设置为必修课，但是由于汉语教学中断时间过久，华文教育复苏后还没有形成全国统一的课程体系，各学校、补习班都自行选用教材，来源不一，素质参差不齐。编写一套统一的、系统的、符合印度尼西亚国情或面向印度尼西亚的华文教材是目前华文教育面临的紧迫任务。

(三)西方文化和日本文化软实力的冲击与挤压

在曹云华教授主编的《远亲与近邻——中美日印在东南亚的软实力》书中提到的一点非常值得注意："中华传统文化缺乏创新。"曹教授等作者认为，"说到中华传统文化，人人都会联想到中餐馆、传统节日、唐人街、中医、京剧、武术等；然而，在当今全球化、都市化时代，人们更喜欢、更迷恋的可能是各种流行文化，各种与现代生活密切相关的都市文化，美国人有好莱坞，日本人有动漫，韩国人有韩剧，而中国除了传统文化以外，有什么值得称道？一种文化的生命力，其历史渊源当然很重要，但是，一旦离开了创新，在古老、在源远流长的文化也会出现危机甚至被淘汰。"[①] 缺乏承载中华文化核心价值观念的文化载体，缺乏创新是影响中华文化在印度尼西亚传播效益的根本原因。一些地方的中华

[①] 参见曹云华《远亲与近邻——中美日印在东南亚的软实力》，人民出版社2015年版，第2—3页。

民族传统文化，如方言、节日庆典等正在逐步被西方文化和日本文化取代。即使得以保留，也基本演变成一种获取商业利益的手段或一种象征性的符号，文化传统本身所蕴含的一些道德观念和本土价值正在逐步丧失。如在印度尼西亚，华人每年都隆重庆祝农历春节，但多数人不懂得新年活动背后的文化内涵；年青一代华裔懂得方言的比例目前已经低于47%，也有低于40%的华裔青年不了解自己的籍贯。一些华人的宗教仪式已经变成供外国人旅游参观的景点与活动。

（四）"中国威胁论"在印度尼西亚精英阶层仍有市场

在印度尼西亚各界对中国崛起的反响与争议中，不乏警惕与质疑的声音，这些声音多来自大学学者、智库专家与战略研究者，这些言论反映了一部分印度尼西亚社会精英对中国日益强大的负面认知与对抗。首先，他们受西方"中国威胁论"和冷战思维影响，始终将中国视为"竹幕国家"，用偏见的眼光看待中国。他们在感叹改革开放后中国经济建设取得的伟大成就的同时也产生了极大的恐惧，惊呼中国经济的强大给印度尼西亚国内外市场造成巨大威胁，指责中国的商品在印度尼西亚泛滥成灾，造成一些印度尼西亚本土工厂停业、倒闭。其次，苏哈托时代对共产主义的憎恨和长达32年的反华排华运动使印度尼西亚一些人对印度尼西亚华人仍然持有戒心，对华政策也因一直存在矛盾心理而处于摇摆不定的状态。另外，印度尼西亚一些官员和媒体对华人还持有偏见。以印度尼西亚主流媒体《罗盘报》对中国"一带一路"和印度尼西亚海洋战略支点的对接相关报道来看，"部分报道将'一带一路'这一经济倡议与南海问题、'软实力'输出相联系，将'一带一路'误读为中国意图扩大势力范围、解决南海问题的战略。"[①] 印度尼西亚研究中国的知名学者、媒体人 Rene Pattirajawane 曾在《罗盘报》上发表数篇关于"一带一路"倡议的评论，分别题为《中国的影响："一带一路"霸权》（Pengaruh Tiongkok：Hegemoni Satu Jalan Satu Sabuk，2014年11月30日）、《现代殖民主义确保自身命运》（Legitiminasi Dinasti：Penentuan Nasib Sendiri Kolo-

---

① 潘玥、常小竹：《印尼对"一带一路"的认知、反应及中国的应对建议》，《现代国际关系》2017年第5期。

nialisme Modern，2015年4月30日)、《"一带一路"和亚投行的地区利益》(Kepentingan Regional OBOR dan AIIB，2016年1月20日)，夸大了消极影响，更多从地缘政治与冷战思维的角度来看待中国的"一带一路"倡议，并将其归结为中国"扩张"的"野心"与"霸权"。

二 扩大中华文化在印度尼西亚传播的影响力的建议

(一) 在传播理念上以和而不同为基本原则，尊重差异性

深入了解印度尼西亚不同受众群体的思维习惯和文化。要因势利导，有的放矢地增强中华文化信息的传播力度，充分考虑到受众人群的不同需要来制定和传播对外政策，必须要考虑到民众的预期反应。尽管中印尼之间人文交流历史源远流长，但是两个民族在文化结构和社会结构方面有着许多的差别。印度尼西亚是多元文化的伊斯兰国家，"温和、纯朴、有耐性、有幽默感、重礼仪、尊重传统习俗法及习俗长老、有互助及协商精神、有艺术天才等"[①]是其鲜明的民族特性。笔者曾与一位印度尼西亚政府高级官员探讨中印尼人文交流的经验，他指出，"印尼希望与中国交流过程中能够以适合于它的社会文化、社会习惯、社会方式来发展它的社会现代化，即使发展速度缓慢一些，也是无关紧要的。"文化交流的根本主旨在于共同发展，而不是趋同。中华文化在印度尼西亚的传播过程中必须要以和而不同为交流的基本准则，尊重差异、理解个性、和睦相处，不要让文化差异成为传播和交流的障碍。

(二) 在传播内容上要深入挖掘两国传统文化的相通之处，增加亲和力

在中华文化的印度尼西亚传播过程中，"传播什么"是其主要议题。中华文化是文明演化而汇集成的一种反映民族特质和风貌的民族文化，要深入挖掘中华文化儒家思想精髓，寻找两国传统文化中的共通之处，辅之文学艺术、传统节日、传统民俗、中国古代自然科学等内容形式，以便让印度尼西亚人民从更深层次、更多方面、更立体地了解中华文化。

[①] 武文侠、陆春林:《印度尼西亚——外国习俗丛书》，世界知识出版社2001年版，第17页。

例如，备受印度尼西亚人喜爱的印度史诗《罗摩衍那》一直以来是各大宗教模仿和改写的典范，是印度尼西亚传统舞蹈、皮影表演的经典剧目。《罗摩衍那》主要以阿逾陀国王子罗摩（Rama）和他妻子悉多（Sita）的悲欢离合为故事主线，表现了印度古代宫廷内部和列国之间的斗争。就像孔子和《论语》对于中国人的意义一样，罗摩和《罗摩衍那》也被印度尼西亚人视为伦理道德的楷模和"圣经"。罗摩和孔子在治国方面的思想也有许多共同之处。他们都强调民为邦本：把百姓视为巩固政权、国泰民安的基础；他们都重视德治，一方面强调统治者自身的修养，另一方面主张以德治民。通过对《罗摩衍那》和《论语》思想的对比研究不难发现，"民为邦本""仁爱"的思想一直是这两部巨著的道德主线。由此可见，中、印度尼西亚两个民族虽然有着不同的道德标准和道德规范，但其共同性和一致性远远大于差异性和特殊性，这正是两国之间友好和交流的基础，同时也是文化传播的主旨所在。

（三）在传播媒介上加强与本土主流媒体合作，增强融入性

主流媒体历来是传统文化传播的主阵地。中国和印度尼西亚都是亚洲大国，两国友好交往历史悠久。长久以来，中华文化在印度尼西亚的传播媒介主要依靠华文媒体，印度尼西亚的主流媒体安塔拉通讯社、《罗盘报》、《雅加达邮报》、《雅加达环球报》、《共和国报》、METRO TV（美都电视台）、点滴网等对中华民族和中华文化的正面报道内容较少。大多数的印度尼西亚裔民众不能从日常生活使用的媒体中感知中华文化的信息。媒体是中印尼交流的重要桥梁和纽带，肩负政治责任、道德责任等社会责任，媒体应担负传达准确信息、教育民众、社会监督及娱乐受众的责任。双方媒体应加强合作，拓展常态化交流，用翔实、客观、生动的纸笔和镜头记录下两国关系的发展态势，推动政策解读、信息沟通、文化传播，共同营造中印尼友好合作的舆论氛围。

（四）在传播方式上发挥互联网和新媒体技术优势，扩大青年受众范围

据内容分享网站 Slideshare 发布的《印尼移动互联网趋势》报告显示，印度尼西亚目前互联网用户为 8300 万，其中社交媒体活跃用户达 7200 万，每四个印度尼西亚网民中就有三个人使用 Facebook，他们喜欢

在社交媒体上分享自己的观点。很多人一天更新几次 Twitter、Instagram，很多时候所谓的"团结运动"①也是通过社交媒体组织的。与过去传统媒体时代相比，新媒体具有可以跨越时空，参与性和互动性比较强等优势，更接近年轻人。在"互联网+"的大趋势下，扩大中华文化在印度尼西亚影响力的关键在于发展新媒体，不是灌输而是让别人主动了解，找准适合市场的真正的渠道和方式，尤应注重在文化传播中吸引印度尼西亚第四代、第五代华裔（这两代华裔是受印度尼西亚同化运动影响最深的），让印度尼西亚民众利用时间碎片，眷恋"朋友圈"或因共同爱好发起"群聊"，整合传播的资源、改善传播的手段、提高传播的质量，实现有效高质的传播。

（五）在传播战略上密切民间人文交流，培植友好情谊

在中—印度尼西亚副总理级人文交流机制框架下，加强与印度尼西亚学界、智库对接，重点培养国内面向印度尼西亚的专门人才。破除"中国威胁论"，用"嘴"说服、用行动证明中国是印度尼西亚发展的建设性力量。通过积极资助印度尼西亚学生来华留学，帮助他们学好知识和本领，培养他们对华情谊，使他们成为中华文化在印度尼西亚传播的骨干力量。在交流过程中，要加强战略规划和引导，着重培育普通民众情感，加强印度尼西亚民间对中国的正面认同。对印度尼西亚的交流与合作应该深入民间，不仅要走进印度尼西亚华人社区，更要走进印度尼西亚土著民众社区。让印度尼西亚普通民众觉得受到中国官方或社会精英的重视，更要让印度尼西亚普通民众受惠，情感上亲近和物质上受惠并重是提升印度尼西亚普通民众阶层对中华文化理解和认同非常重要的途径。

（六）在传播模式上创新文化精品的海外宣传，形成中华文化传播的持续力

文化的交流是情感的沟通，作为一种"软实力"，具有其他交流不能替代的作用。文化传播的独特作用，已经渗透到政治、经济、外交等现

---

① 注：印度尼西亚民众喜欢用不同规模的示威游行表达自己的利益愿望，如在雅加达 Grand Indonesia 附近经常会聚集各种的示威游行活动。

代社会生活的各个领域，有影响力的文化品牌的建立对提升文化传播力，塑造良好国家形象都有极其重要的意义，同时也是一个民族精神、文化、情怀、气节的象征。文化的传播除了借助报纸、网络等媒体传播模式，还有一个很重要的模式就是通过各种国际文化活动，如学术交流、艺术交流、海外文化展等。近年来，随着两国关系的发展，中印尼文化交流活动逐渐增多，特别是随着副总理级人文交流机制的建立，两国文化往来在音乐、舞蹈、美术、影视、教育、广播、卫生、科技等方面的交流琳琅满目、丰富多彩。但是同西方大国的文化交流相比，无论是文化传播的数量和质量还有很大差距，特别是没有形成具有品牌效应的精品文化传播项目，与中华民族传播文化大国的形象极不相称。笔者认为，除了官方宣传性的城市巡演之外，还应该在国家文化部的统一规划下，采取商业运作的模式，打造一个在东南亚有影响力的、适合主流社会受众观看的大型精品品牌文化项目，这个项目一定要找准适合市场的渠道和方式，一定要适合普通百姓的需求。让印度尼西亚社会能够更精准地理解和了解中华文化。

第四节　结语

习近平总书记在全国宣传思想工作会议上指出"要推进国际传播能力建设，讲好中国故事、传播好中国声音，向世界展现真实、立体、全面的中国，提高国家文化软实力和中华文化影响力"。中、印尼两国人文交流历史悠久，两国文化各有优势，中国要积极学习印度尼西亚文化的包容创新和改造能力，印度尼西亚同样要从中国丰富而厚重的历史传统中汲取营养。尽管印度尼西亚与我们有着类似的价值理念，但因地域及发展模式不同，故存在一定差异。所以，要承认文化的普遍性和特殊性，取人之长，补己之短，在不同文化中寻找交汇点，加强双方的共同或者相似历史，突出共感并进一步推动双方文化实现多元发展。

第十二章

文化软实力视角下中华文化在土耳其的传播研究

土耳其和中国有着悠久的友好交往历史，中土两国人民之间有着源远流长的历史交往和深厚的传统友谊。中国和土耳其恰好是位于举世闻名的丝绸之路的东西两端，而正是这条丝绸之路，为两国的交往搭建了沟通的桥梁。双方在文化、经济、医疗、科技等领域的交流不断加深，双方相互了解的需求越来越强烈。在"一带一路"背景下，中国和土耳其达成了新型战略合作伙伴关系，全面推动中国和土耳其关系的发展。但同时中国和土耳其之间文化交往水平相较于中土经贸关系水平仍有较大差距，不均衡的发展结构阻碍了中土关系的进一步提升，这就要求中国和土耳其文化方面的密切交流合作，推动中华文化在土耳其的传播是促进中土文化交往的重要途径之一。中华文化在土耳其的传播为中国和土耳其提供文化交流的渠道，促进中国和土耳其的政治、经济等多方面发展，增进中土民众间的互信。同时对提升中华民族的文化自信、加强中国在土耳其的国际影响力以及中华文化走向世界战略的实施都具有重要意义。当前，国际上仍然存在的一些歪曲中国的言论阻碍了中土关系的发展，推进中华文化在土耳其的传播能为我国国家利益的实现提供更为有利的国际舆论环境。

第一节 土耳其文化发展现状分析

土耳其是一个横跨欧亚两大洲的国家，虽然有一部分国土同中国一样,都属于亚洲大陆,但是由于两国相距较远,分别位于亚洲大陆的两侧,因而两国文化有着较大的差异。如果说中华文化是东方文化,那么,土耳其文化则更多地代表着西方文明。为了能够更好地在土耳其传播中华文化,我们需要对土耳其本土的文化做一个深入全面的了解。主要可以从以下几个方面进行分析。

第一,多民族文化的交融。土耳其是一个跨越欧洲和亚洲的国家,同时又处于地中海和黑海中间,是连接欧亚两大洲的桥梁,也被称为欧亚的"十字路口",地理位置极为重要。土耳其由多个民族融合而成。首先,土耳其最早的祖先之一突厥人就来自中国的少数民族。中国古代的突厥人主要生活在各大广阔的草原上,其中最主要的是在蒙古大草原,因而突厥人的性格都相对粗犷、豪放。作为突厥人的子孙,现在的土耳其人骨子里透露着一种奔放自由的豪情,在土耳其百姓的日常生活中,随时随地都能听到人们爽朗的笑声。其次,土耳其现有的民族中有一部分是外来民族,土耳其的土著民族与外来民族长期生活在一起,相互碰撞、融合,就有了越来越多的混血人种,而土耳其还有库尔德人和亚美尼亚人、希腊人等少数民族人。土耳其目前的民族是由多个民族融合而成,每个民族也都有各自的文化,当各个民族的人长期生活在一起时,文化也会产生碰撞,长时间下来,就形成了独具特色的土耳其文化。

第二,独特的伊斯兰教文化。土耳其是一个民主、世俗、统一的宪政共和国,拥有多元的文化传统,其人口绝大多数是穆斯林。[①] 因而,绝大多数的土耳其人信奉伊斯兰教,也在生活中形成了伊斯兰文化。伊斯兰教文化主要体现在与伊斯兰教有关的艺术和建筑形式当中。土耳其当前的建筑以蓝色和白色为常用颜色如蓝色清真寺,同时"尖""细"以及精致的雕刻也是其建筑最主要的特点。

第三,东西方文化本源的会通。首先,现代土耳其语具有东西方文化彼此交错的特征。土耳其语原本属于阿尔泰语系,阿尔泰语系包括蒙古语族、突厥语族、通古斯语族3个语族。奥斯曼土耳其时期,作为当

[①] 郭长刚、杨晨、李鑫均等:《列国志:土耳其》,社会科学文献出版社2015年版,第6页。

时的官方语言,古突厥语族的阿拉伯字母文,读音和拼写都非常晦涩难懂。土耳其共和国建立之初,为了更好地学习西方,在国父凯末尔的倡导之下,于1928年进行了拉丁字母文革命,将奥斯曼时期的阿拉伯字母进行了改革。从某种角度而言,改革后的现代土耳其语兼具了东方阿尔泰语系和西方印欧语系的特征。其次,土耳其文化兼具高语境文化和低语境文化的特征。一方面,土耳其文化根源于东方文化,代表东方文化的高语境文化具有"语言表达含蓄、较多的非言语编码、反应不外露、有人际关系概念、圈内圈外有别、高承诺、时间处理灵活"等特征,如土耳其人有强烈的"面子"意识。另一方面,土耳其长期受西方文化的熏陶,而代表西方文化的低语境文化则具有"信息的意义通过语言可以表达得很清楚,大量的信息置于清晰的编码中,不需要依赖环境去揣摩推测"等特征,如大多数土耳其商人习惯以书面条款及签订的合同和协议为遵照,能遵守契约精神,项目实施过程中,凡以口头而不以书面承诺的增项或减项往往难以兑现。最后,土耳其姓氏兼具东西方文化交错的特征。任何正式活动中,如何称呼一个人的姓名都很重要,这就需要熟知土耳其人取名的规则。按照传统,土耳其人的第一个孩子通常随父姓,而且同东方文化包括中国的姓氏规则一样,姓在前,名在后。[1]

第四,丰富的饮食文化。一个社会的饮食文化与其社会生活方式是紧密相连的。安那托利亚几千年的灿烂历史和文化以及其独特的地理位置造就了土耳其菜系[2]。因为土耳其人中绝大多数人信奉的是伊斯兰教,所以猪肉绝对不会出现在土耳其的菜品中。土耳其的菜品集合了各种菜系的精华,汇集了世界各地的饮食特点[3]。酸奶是土耳其菜品中最常见的佐餐,可以作为底料,与肉和各种豆类相结合,也可以与面包、蔬菜、烤肉等一起食用。除此之外,土耳其人也同中国人一样,喜欢喝茶。在土耳其,茶不仅仅是一种饮品,更是一种不可缺少的社交媒介。热情豪

---

[1] 吴长青:《土耳其文化中的西方特征与东方本源》,《中国社会科学报》2018年8月6日。

[2] 郭长刚、杨晨、李鑫均等:《列国志:土耳其》,社会科学文献出版社2015年版,第10页。

[3] 同上。

放的土耳其人，通常会用茶香四溢的茶品来招待到访的朋友，以此表达他们的欢迎之情。

第二节 21世纪中华文化在土耳其传播的成就、特点及意义

中国政府所提出的"一带一路"倡议与土耳其政府所主张的"中间走廊"计划再次产生交集。在全球视角下加强中土两国文化的互通，已成为促进两国协同发展的重要根基。伴随着"一带一路"建设，中国和土耳其两国在经贸、能源等方面互惠共赢，由此直接带动了土耳其人学习汉语、了解中国的热情，两国之间的文化交流不断提速。对中国而言，土耳其作为"一带一路"沿线重要的节点国家，已成为中国不可回避的、需要透彻了解并加强合作的国家；对土耳其而言，中国迅速崛起为土耳其未来发展提供了参照范本，中国"一带一路"倡议的提出及全面推进也为土耳其未来经济的发展提供了重大机遇。

一 21世纪中华文化在土耳其传播取得的成就

（一）孔子学院在土耳其开花结果

语言是社会群体约定俗成的，由语言、词语、语法构成的符号系统，代表了某一社会之内的经验，也反映了一个文化的精神和全部历史。罗伯特·墨菲还指出，在同一语言共同体内部，语言符号是最主要的中介，帮助共同体成员交换信息、请求、知识和价值，并将之传给下一代，可以说，"语言是社会生活的主要运载工具，也是所有文化和社会进化的关键"①。语言深深扎根于文化和人民的习俗之中，体现了一个民族全部的历史和文化精神。语言是一个民族的文化得以发展延续的直接载体，是文化传播的必要条件，是文化旅行的载体。纵观现在社会的发展，很多国家对语言教育都非常重视。进入21世纪，由于我国的综合国力不断提

---

① 戴晓东：《跨文化传播学概念与理论流派的系统阐释——评〈跨文化传播学关键术语解读〉》，《中国社会科学报》2012年4月6日。

升,中华文化在国际社会上的吸引力也逐渐提高。孔子学院承载着传承弘扬中华文明、推动提升国家文化软实力的重要使命,通过"走出去,请进来"等方法,为中华文化"走出去"作出了卓越贡献,成为增进友谊、构建和谐、连通中国梦与世界各国人民美好梦想的桥梁纽带,受到许多国家的认可和欢迎,同时也是中华文化走向土耳其的一种重要形式。

土耳其目前正式成立了4家孔子学院。分别是成立于2007年、位于安卡拉的中东科技大学孔子学院;中东科技大学孔院下设佳蕾孔子课堂,成立于2008年、位于伊斯坦布尔欧洲区的海峡大学孔子学院;成立于2013年、位于伊斯坦布尔亚洲区的奥坎大学孔子学院;以及成立于2017年9月27日,位于伊斯坦布尔的晔迪特派大学孔子学院。孔子学院作为文化交流的重要平台,通过多种方式为许多国家培养了汉语教师,成为中国向世界展示中国形象的一个良好平台,为在国际上讲述中国故事,讲好中国故事作出了巨大贡献。土耳其的孔子学院的开设不仅为中土两国人民加深彼此之间的了解作出了贡献,同时也受到了政府层面的大力支持与欢迎,成为两国文化交往的重要平台和媒介。目前中国在世界上的许多国家都设立了孔子学院,它将汉语教学与文化传播结合在一起,让文化和语言相容,成为传播文化的新形式,促进中国与世界上其他国家的相互了解,并建立和谐友好关系。中国和土耳其的文化交往可以追溯到古丝绸之路时期,有着久远的历史。目前,在土耳其的国内也有许多华人华侨,他们渴望学习中国的语言、了解中国博大精深的文化,孔子学院作为开展中国汉语教学、传播中华文化的重要平台,为他们提供了很便利的条件,承载着中华文化在土耳其传播的使命,拉近了中国和土耳其的距离,促进了中土友好关系的发展。

(二)两国文化产业的发展更加深入全面

古代中国与爱琴海、地中海疆域间的贸易往来要比土耳其的历史久远得多。据史料记载,西汉帝国(公元前119年前后)时期,汉武帝为一劳永逸地解决西域边疆匈奴人的纠缠,经过十多年的征战,打通了河西走廊以西帕米尔高原连接古中国和古欧洲的通道,后来逐渐发展为一条重要的商路。现代土耳其所在的区域内在那一时期尚未形成统一的王国,只有一些小的城邦。中国与这块疆域发生真正国家意义上的往来是在东汉时期的班超派使节出使西域。实际上，中国很早就与这块土地有着非常频繁的商贸往来，来自中国最受当地欢迎的商品莫过于薄而轻且便于保存和运输的丝绸。很长一段时期内，由于铸币技术的限制以及粮食的不易储藏，丝绸便成为"古丝绸之路"沿线国家包括地中海地区城邦国家重要的"一般等价物"。

近些年，中国的文化产业发展迅速。发展文化产业作为国家战略的价值，在于它不仅仅构成了国家文化战略的重要内容，而且还为国家"软实力"的提升提供了有效路径和载体，以及由此在全球化舞台上形成民族生活方式和价值观传播的竞争体系[①]。随着中国和土耳其两国文化交往的深入，中国文化产业也开始进入土耳其，为中土两国人民的交流打开新窗口，有益于中华文化在土耳其的传播。

中国一些优秀的作品，如中国的文学作品和介绍中国风貌、社会发展的书籍进入土耳其。近年来，国家新闻出版总署积极联合多家出版社，整合优秀的出版资源，将其在土耳其发行。据不完全统计，具体情况如表12—1。

表12—1　　　　　　　　近年来中国向土耳其传播的图书

书目名称	主要内容
《中国绘画珍藏（土耳其文版）》	主要介绍了中国古代三位绘画大师顾恺之、吴道子、阎立本的绘画艺术以及几类重要绘画艺术：敦煌莫高窟、山水画、文人画和现代"中国画"。全书图文互动，史料丰富、翔实
《中国新疆——历史与现状（土耳其文版）》《我从新疆来》《新疆古今》《天上人间——丝绸之路的秘密》《唐代九姓胡与突厥文化》等新疆题材书籍	这些书形象地描写了新疆的地理、历史和文化，展现了一个真实的新疆。

---

① 范玉刚：《"文化强国"战略视野中的文化产业发展研究》，中国社会科学出版社2016年版，第16页。

第十二章　文化软实力视角下中华文化在土耳其的传播研究 / 471

续表

书目名称	主要内容
《中国著名神话故事绘本系列（土耳其文版）》	该绘本收录了中华民族几千年来广为流传、家喻户晓的经典神话故事。这些神话故事对中华民族的宗教信仰、传统文化、文学艺术以及民族精神的形成和发展，起到了非常重要的作用。
《黄河传（英文版）》	饱含激情地描绘了黄河两岸雄伟的自然风光和人文景观，表现了中华民族从青年再到壮年的成长、壮大。写出了中华民族自强不息、不折不挠的精神，以及黄河地区的灿烂文化对中华文明乃至世界文明的伟大贡献。
《永远有多远》	这是一部关于作者出生地北京的小说，小说里有作者对这座千年古城的爱、伤感、惆怅、痛，还有永不泯灭、无须理由的依恋和期待。
《中国红——中华民族伟大复兴的中国梦》	主要描写了中国人民为实现现代化奋斗的历程。

各类优秀的中国作品走进土耳其，不仅让中华文化超越了语言和地域的障碍，同时也为中国的出版行业寻得新的商机，帮助中华文化和中国的出版业实现"走出去"。

中国的影视作品也是传播中华文化的重要方式，由于中国与土耳其的社会差异较大，且长期以来缺少对中国影视剧在土耳其传播的重视和宣传，题材较为集中，缺乏创新，当前中国影视作品在土耳其的发展还有所欠缺。21世纪以来，中国文化产业也逐渐开始起步，中国的影视作品等也渐渐开始重视在亚洲地区之外的宣传，中国影视作品在土耳其也有很大的潜在市场。在土耳其举办的"中国电影周"活动中，《走在路上》《唐山大地震》《孔子》《赵氏孤儿》《将爱情进行到底》等7部影片的展映从多个题材反映了中国的历史文化、绚丽的自然风光和思想传承以及中国当代人文风貌，也让中国的电影和导演走入土耳其人民的视野中。通过中国和土耳其在影视作品方面的积极交流与合作，根据土耳其人民的文化需求，将中国优秀的文化作品积极引入土耳其，既为中国文化产业发展拓宽了在土耳其的发展道路，同时也为中华文化在土耳其传播增加了渠道。

(三) 促进了两国旅游产业的发展

21世纪，随着中国和土耳其合作的不断深入、交通运输业的发展以及中国的经济增长和中产阶级增多，作为重要经济增长点和文化交流方式的旅游业在中土的积极促进下迅速发展。两国政府通过加大对旅游产业的推广力度以及制定多种政策，促使两国旅游方面的深入合作。

土耳其同中国一样都拥有悠久的历史和灿烂的文明，旅游资源丰富，自然风光和人文景观相互结合，吸引了大量的游客。土耳其依靠其自身丰富的文化遗产和优美的自然环境，旅游业得以快速发展，成为土耳其经济发展的第二大产业。当前土耳其虽然因为地理位置、语言和当地治安环境不稳定等问题并不是中国游客的首选目的地，但中国游客赴土耳其的人数在逐年上升。近些年来，随着中国和土耳其两国文化的进一步发展，土耳其政府加大了对本国旅游的宣传，土耳其的以弗所（目前世界上保存得最好并且最大的希腊罗马古迹）、蓝色清真寺（伊斯坦布尔最重要的标志性建筑，环绕其四周的六座宣礼塔，堪称伊斯兰世界独一无二的设计）、索菲亚大教堂（著名的拜占庭建筑，有近1500年的历史）等名胜古迹都吸引了很多的中国游客。除此之外，土耳其也在进一步开发迪夫里伊大清真寺和考古"圣城"帕姆卡莱等世界文化遗产。

据数据显示，2011—2013年，中国前往土耳其旅游的人数快速增长，年平均增长率超过了20%。尤其是在2012年和2013年中土两国互相举办文化年之后，中国赴土耳其旅游的人数得到了更大一步的提高。在2015年，土耳其政府对中国游客出台了新的政策，中国游客可直接在线申请电子签证。除两国互办文化年之外，近几年中国的很多真人秀节目也在土耳其进行拍摄，吸引了很多中国游客。

近些年，中土政府高层的积极交往，使更多中国游客也开始选择土耳其作为旅游目的地。土耳其也看到中国巨大的旅游市场，纷纷寻求同中国旅游公司的合作。两国政府部门从多方面制订计划，如降低签证条件、简化签证程序、对中国游客实行免签政策，提高签证效率，方便了中国游客赴土耳其旅游。一些土耳其的旅游公司和酒店开始让员工学习中文或雇用一些中国员工积极在语言方面做准备，还有一些酒店为中国游客准备中餐和提供热水,继续加强完善配套的软硬件服务,增加中文标识、中文导游和商店的中文服务,增加中国游客自由行的人数。在与中国游客的互动中加强了中土人民的人文交往,积极促进了中华文化在土耳其的传播,特别是语言方面的传播,同时中国的文化观念和生活饮食习惯等文化内容也在土耳其传播开来。

(四)宗教和民间艺术交往频繁

2011年2月17日,中国伊斯兰教协会会长陈广元在土耳其首都安卡拉与土耳其宗教事务局局长居尔迈茨博士进行了会晤,双方均表示,两国今后将增加伊斯兰教文化交流,促进两国宗教事业的发展。此次访问对土耳其了解中国穆斯林事业的近况有一定的帮助。也促进了中土两国在宗教文化方面的进一步合作与发展。2013年9月13日,"2013中国·土耳其伊斯兰文化展演"在宁夏回族自治区博物馆拉开帷幕,展演活动的主题为"传承历史,共创未来"。一千多年来,伊斯兰教传入中国,与中国的文化、风土人情相适应,深深扎根在中国,慢慢地发展成为既拥有伊斯兰教真谛,又蕴含丰富中华文化的具有中国特点的伊斯兰教。伊斯兰文化节的举办,加深了两国人民之间的进一步了解,实现了两国关系的长足发展。古丝绸之路使中土两国结下了深厚缘分,今天,文化展演的举办,更加巩固加强了两国人民之间的友谊。

在2012年和2013年举办的文化年中,中国和土耳其两国的艺术团自行举办了几十场艺术活动。2014年2月25日,由中国文化部主办的2014"欢乐春节"民俗传统文化展演在土耳其拉开帷幕。在文化展演上,各位来自民间的艺人,为观众带来了很多中国的传统艺术,比如剪纸、年画、糖人等。在文化年的基础上举办的这次"欢乐春节"活动,将两国之间的文化延续下去,进一步加深两国人民之间的相互了解和传统友谊。2017年5月3日,"丝路异彩——画与茶"中国艺术交流展在土耳其伊斯坦布尔阿依登大学拉开帷幕。中国的画与茶,都是极具中国特色的,在这次交流展中不仅向土耳其展示了中国历史悠久的茶文化和意趣高雅的绘画作品,也给两国艺术家提供了一次难得的学习和交流的机会,充分体现了和平合作、开放包容、互学互鉴、互利共赢的丝路精神。2017年7月1日,由中国驻土耳其大使馆、土耳其教育部以及土耳其"学术与文化与研究基金会"共同举办的第二届"我想象的中国"土耳其高中生绘画比赛颁奖典礼在首都安卡拉举行。这次绘画比赛,让土耳其的高中生了解了中国文化,也加深了两国之间的友谊。

二 21世纪中华文化在土耳其传播的特点

(一) 经济贸易是文化传播的重要途径

中国和土耳其是古代丝绸之路的起点和终点,在古丝绸之路时期,中国和土耳其就进行了大量的经济往来,在商品流通传播的过程中,商品作为文化的载体,也带来了文化的交流传播。比如中国的茶叶、丝绸和瓷器等,不仅将中国的工艺制品送到了土耳其,也将中华文化带到了土耳其。到了21世纪,中国和土耳其作为经济快速发展的国家,经济领域一直是两国合作的重要领域,这也会带来文化的传播。

中国和土耳其分别有"中国梦"和"土耳其梦",在"一带一路"倡议框架下,中土两国进一步加强了商品贸易方面的合作。中土两国之间不仅贸易总额不断增长,而且合作范围也不断扩大。在1990年,两国签订了《投资保护协定》。从1990年开始,中土两国的贸易不断扩大,而目前主要是在交通、冶金和电信等方面。据商务部统计,2013—2017年,中土贸易总额超1080亿美元。2018年中土双边贸易额为215.5亿美元,同比微降1.6%。其中,我国对土出口177.9亿美元,同比下降1.8%;自土进口37.6亿美元,同比下降0.6%。目前,我国已成为土全球第二大贸易伙伴和第一大进口来源地。[①]

近年来,土耳其加强了基础设施建设,并制定了一系列方针政策。中土经济合作不断加强,中国也成为土耳其的主要投资国。目前,中国已成为土耳其的第三大贸易伙伴。2014年,中国积极参与安卡拉至伊斯坦布尔高铁二期的建设,取得了很大的成功,成为海外投资的典型,是中国在土耳其承接的最大的项目,对中土两国有重大的意义。除此之外,在通信基础设施建设方面,中国电信企业华为进入土耳其,并在土耳其

---

① 《中国与土耳其2018年双边经贸概况》,中华人民共和国商务部,http://tr.mofcom.gov.cn/article/zxhz/。

发展迅速。近十几年来，土耳其的电信产业发展迅速，彻底完成了数字化建设，但是仍然满足不了土耳其人民的需要，因而中国电信企业在土耳其大有可为。与此同时，中国在能源领域也与土耳其达成伙伴关系，全方位地促进中土之间的合作。在经济全面深入发展的同时，这些公共基础设施和各类中国的企业，成为传播中华文化的使者，相对于其他传播方式而言，这种方法更有效、影响力更大，它能在潜移默化中，把中国的文化渗透到当地人民生活的方方面面。由此可见，经济对文化传播的作用是不容小觑的。中国在土耳其的这些企业，扩大了中华文化的影响力，极大促进了中华文化在土耳其的传播。

（二）发挥政府主导和民间协同的合力作用

进入21世纪，中土两国关系得到深入全面的发展。就政府层面而言，两国的高层领导人互访频繁，两国在政治、经济、文化等各方面交流不断增加。就文化交流来说，两国政府积极举办各种文化交流活动，如2012年土耳其举办的"中国文化年"活动，为中国文化在土耳其的传播发挥了重要作用。如土耳其政府制定的中国人免签的旅游政策，促进了两国旅游产业的快速发展。此外，在土耳其建立的孔子学院和下设的孔子学堂等，为土耳其培养了掌握汉语的人才，提升了土耳其的汉语教学水平，为中国文化在土耳其的传播打下一定的语言基础。

对中国文化在土耳其传播取得的成就，民间力量也不容小觑。

（三）"一带一路"建设成为文化传播的主推手

自习近平主席于2013年提出共建"丝绸之路经济带"和"21世纪海上丝绸之路"构想后，"一带一路"文化建设成为对外文化交流的新抓手[1]。土耳其是一个具有地缘政治地位的地区大国，在"一带一路"中扮演着重要角色。2015年11月，中国国家主席习近平出席了在土耳其安塔利亚举行的G20峰会。习近平主席强调中国将坚持深度融入全球经济，积极开展"一带一路"建设。在峰会前习近平会见了埃尔多安，习近平强调两国应该加强战略沟通和建立发展战略。双方应积极使用平台，如

---

[1] 张西平：《中华文化"走出去"年度研究报告（2015）》，北京大学出版社2016年版，第7页。

丝绸之路基金和亚洲基础设施投资银行。积极探索创新合作渠道和模式，来实现共同发展、共同繁荣。埃尔多安表示土耳其高度重视对华关系，愿与中方共同努力深化各领域合作。土耳其方面高度重视建立亚洲基础设施投资银行和丝路基金，土耳其还是亚投行的创始成员国。

古丝绸之路文化交流为我们留下了丰富的历史文化遗产。而中国和土耳其又分别是丝绸之路的起点和终点，都是拥有丰富历史文化的文明古国，中国和土耳其的合作离不开文化的交流合作。土耳其需要加入"一带一路"来发展经济，便需要深入和中国的文化交流，而中国也需要将中国的文化"走出去"。所以，中土在"一带一路"的合作，必将带来文化的交流和传播。

（四）"中土文化年"为文化传播搭建平台

文化交流一直是中土关系中一个重要的组成部分。中土文化都具有极强的包容性和创新性，这为两国的人文交流提供了发展的方向和动力。在2012年和2013年中，中国和土耳其举办了两次文化年活动，这两次文化年活动内容涉及杂技、影视、教育、舞蹈、音乐、手工艺、美术、戏剧、展览、青少年、美食、图书、媒体、宗教、智库和动漫等，其交流内涵与方式、参与人数与项目以及承办城市数量等均数空前[①]。"文化年"将中国和土耳其的关系拉近了一大步，通过"文化年"，土耳其民众可以了解中华文化的方方面面，而中国公民也可以了解土耳其的文化特点。在中土互办"文化年"活动的带动下，中土政治、经济、人文、安全等领域的交流与合作也得到进一步推进与深化，标志着中土关系进入了"蜜月期"[②]。

三 中华文化在土耳其传播的意义

（一）土耳其特殊的地理位置决定了其重要的地缘价值

土耳其是巴尔干、中东和高加索地区的交集点，处于欧亚的中心，

[①] 郭长刚、刘义：《土耳其发展报告（2014）》，社会科学文献出版社2014年版，第289页。

[②] 同上书，第292页。

位于从地中海到太平洋的边缘地带的中间①。著名战略家布热津斯基将土耳其称为撬动欧亚大陆地缘战略的支轴国家。土耳其处于欧亚大陆连接点，与巴尔干、中东、北非、高加索等重要地区紧密相连的同时，也连通了黑海与地中海，有独特的地缘政治和地缘经济地位。正因为如此，土耳其成为"一带一路"建设中地理上的关键桥梁，素有"欧亚桥梁"之称的土耳其拥有无可取代的全球地缘战略地位。土耳其是一个拥有多种身份和影响力的关键性地区大国，处于地缘政治和经济交会中心，既是中东地区与伊斯兰世界的重要国家，又是西方式的世俗化主义民主国家。向西则拥有明显的西方与欧洲特点，向东则主要面对中东国家和伊斯兰国家，对内则具有突厥国家的身份，是一个多元文化交汇的地方②。就空运而言，土耳其是世界众多重要航线的交会处，有从伊斯坦布尔直飞中东、欧洲以及非洲等地的航线。可以说，土耳其重要的贸易地位和区域作用，正是缘于其独特的空间地理区位和卓越的物流能力。土耳其作为欧亚大陆能源轴心上的一个重要中转国，集中力量将里海的石油和天然气输送到西方市场，打造出一条东西方能源走廊。因而土耳其显著的地理优势是周边国家在中国"一带一路"倡议实施上无法比拟的，更是不可忽视的。

就地理政治格局而言，土耳其与欧洲、亚洲和非洲的部分地区相连。它位于俄罗斯南部高加索山脉以西，中亚、伊朗和欧洲东部。阿拉伯北非地区位于其南部和东南部。土耳其还控制着连接黑海和地中海的海峡。土耳其横跨欧亚大陆，被称为欧亚的"十字路口"，它具有强大的地理优势，其战略地位非常重要，这种独特的地理优势，使土耳其成为东西方经济和文化交流的桥梁。

(二) 有利于推动两国友好关系的发展

"国之交在于民相亲，民相亲在于心相通。"延续近两千年的丝绸之路，其真谛不仅在于经济意义的"商贸物流之路"，更是文化意义的"民

---

① Aras, B., H. Fidan, "Turkey and Eurasia: Frontiers of a New Geographic Imagination", *New Perspectives on Turkey*, Vol. 40, No. 2009, pp. 198-199.

② 邹志强：《丝绸之路经济带与中土经贸关系》，《回族研究》2014 年第 5 期。

心相通之路"。古丝绸之路文化交流为我们留下了丰富的历史文化遗产。总体上,传承弘扬了"和平合作、开放包容、互学互鉴、互利共赢"的丝绸之路精神,在交流交往中形成了包容开放、你中有我、我中有你的"和合共生文化"。中国和土耳其位于亚洲的东西两端,两国在21世纪都有意愿重新将古代的丝绸之路建立起来。中国和土耳其分别有自己的"中国梦"和"土耳其梦",实现中华民族的伟大复兴以及实现土耳其国家繁荣与人民幸福都需要中土的携手奋斗。概括而言,中国与土耳其的关系发展经历了友好、对峙、接触与合作等阶段,中土关系的发展必将因为两国国际地位的提高而具有战略意义。

(三)发展中土关系有助于我国"一带一路"倡议的实施

土耳其历史文化源远流长,对中亚国家有着很强的文化影响力。另外,土耳其历史文化在古代便与丝绸之路密切相关。古代丝绸之路带来的经济上的繁荣与昌盛促使土耳其日渐发展成为亚洲东、西部贸易最重要的中转站,同时也为丝绸之路进一步发展创造了必要的条件,更重要的是留下了丝绸之路的文化烙印。土耳其凭借其在中亚地区密切的历史和文化联系,在欧亚大陆心脏地区架起了不同文化之间对话和互动的重要桥梁。由于两国文化交流越来越深入,交流的内容和形式也越来越多样化,尤其是在文化教育旅游等方面取得了很大的成就,为中国"一带一路"倡议的实施打下坚实的文化基础,树立我国良好的国际形象。

(四)有利于拓宽中国对外文化交流的发展空间

当前,中国在文化上的国际影响力、传播力、号召力与作为世界第二大经济体的经济大国地位还不相称,文化走不出去、传播不开,国际文化格局中依然是西强我弱。首先,国际舆论议题设置权掌握在西方手里。美联社、路透社、法新社和合纵国际社西方四大通讯社占据世界新闻发稿量的80%。其次,国际主流信息的发布权掌握在西方手里。"美国控制着全球互联网唯一一台主根服务器和十二台辅根服务器中的九台。"再次,国际文化市场的主导权掌握在西方手里。"美国的文化产业在世界文化市场中占43%,欧盟占34%,日本占10%,中国占比不到4%。"中国文化贸易长期处于逆差境地。最后,中国文化自身的实力还比较弱。

"一带一路"沿线国家大部分属于发展中国家,既是经济上的"洼地",也是文化上的"洼地",欧美国家的价值观和文化产品还没有完全占领。中国与这些国家因丝绸之路而有着明显的文化互补性、价值相通性,如中国的新疆、宁夏等省区与中亚、中东的伊斯兰国家在宗教信仰上有相通性,如中国的佛教文化与"一带一路"沿线的佛教国家如泰国等有相通性,如中国西域的少数民族月氏后来西迁到今天的哈萨克斯坦、塔吉克斯坦和阿富汗一带,如云南、广西等省份的少数民族与许多东南亚国家民族同根同源,等等。"一带一路"文化战略的实施,有利于绕开与欧美强势文化的直接对抗,为中国对外文化交流交往开辟一片广阔的发展空间,弥补中国对外文化的短板。

第三节 中华文化在土耳其传播的困境及原因

随着中国与土耳其各方面合作的不断深化,中华文化在土耳其的传播也已经取得了一定进展,但同时我们也意识到,中华文化在土耳其的发展也存在一些问题和不足之处。对土耳其国家的文化需求缺少了解、文化产业发展较弱、传播方式较为单一等问题阻碍了中华文化在土耳其的传播,也制约了中土在文化方面的交流与合作。

一 中华文化在土耳其传播的困境

(一)汉语教学在土耳其的推广不足

近几年,中土两国达成新型合作伙伴关系。各方面交往不断深入,中国博大精深的文化吸引了很多的土耳其人,他们希望可以学习中国的语言,进而了解中国的文化。在文化传播过程中,语言扮演着非常重要的角色,如果一个国家的语言都没有传播出去,就更别提文化的传播了。土耳其伟大的诗人和哲学家梅乌拉那·杰拉莱丁·鲁米曾说:"提高你的语言,而非你的声调。雨水使鲜花盛开,绝不是雷声",这句话恰恰强调了语言在沟通中的作用和魅力。同样,中国文化在向土耳其传播的过程中,汉语也处于很重要的地位。虽然从政府层面来看,为了推动土耳其人学习汉语,中国也在土耳其开办了孔子学院、开设汉语专业以及派遣留学生等,但是在学习的过程中,由于缺少专业的教学人才、学习方式较为单一、考核机制不完善等多方面的原因，造成汉语教育的推广水平以及中国文化的传播水平比较有限。中国政府为推动汉语教育的发展，不论是设立孔子学院、开设汉语教学课程还是派遣留学生等，都是由政府主导的，因而存在教育方式单一、教育内容单一、人员流动性大等缺陷，导致汉语教学水平较低，仅处于读写的初级阶段，不同地方汉语教学水平也存在着较大的差异，致使汉语失去了原本中华文化在土耳其传播的重要作用，降低了中华文化对土耳其人民的吸引力。

（二）土耳其部分民众和某些机构对中华文化存在认知偏差

中、土民间直接交流不足，导致土耳其部分民众和某些机构对中华文化存在认知偏差。"耶鲁全球"在线网站发文指出，丝绸之路的核心是"民心相通"，两国民间的交流意愿很重要。但就实际情况而言，中土双方的民间直接交流不足成为最大的障碍。据了解，中土双方的民众中掌握两国语言的人数不多，而土耳其获取中国方面的新闻和动向往往都是通过西方某些媒体或者是在土耳其活动的维吾尔人民。而西方媒体对于中国的行为都带有偏见的眼光，尤其在政治方面，这种意向更加严重，这使得土耳其民众没有清楚地了解到中国文化向土耳其乃至世界传播的主要目的，如果一味地听从西方有些国家的"中国威胁论"的言论，势必会对中国文化向土耳其传播产生负面的影响。反观中国，获取土耳其的信息也不是直接从土耳其本土获得，这样会使双方在交流上产生很多不必要的误会。如果两国之间的民间交流不能畅通有序地发展，对于"民心相通"这一个目标的实现是不利的，当然更不要说其他目标的达成。

二　影响中华文化在土耳其传播的原因

（一）政治因素

首先，政府主导的传播方式导致文化传播效果有限。政府主导的传播方式，由于其文化传播目的比较强烈和传播方式比较单一以至没有达到很好的传播效果，主要有以下原因。

1. 单一的传播方式没有考虑到受众对象是否能够接受。中华文化在土耳其传播的过程中，政府处于领导地位，主导着文化传播的内容和大致方向，淡化了民间团体和个人在文化传播过程中的作用。而由政府主导的文化传播活动，文化传播的方式较为单一、固定。例如，利用新闻媒体进行宣传，或者组织文化交流活动等。这些方式，由政府主导，则在文化传播的过程中势必会有较强的目的性，这样就容易导致忽略受众对象是否能够接受的情况。因为受众对象长期生活在自己的国家，有着自己的传统文化、价值观念和意识形态等，对外来的文化本身就容易产生排斥心理，以政府为主导的单一的、目的性较强的传播方式，没有深入考虑土耳其当地人民的需求，降低了中华文化对他们的吸引力，因此降低了文化传播的效果。

2. 受众群体的差异性要求文化传播内容的多样化。当前，中国政府在土耳其推广的各种文化活动，大多集中在文艺表演上，尤其以歌曲、杂技等项目居多，中国自己的文化品牌项目较少。中华文化在向土耳其传播的过程中，由于受众对象人数较多，且来自不同地区，有着不同的文化背景，因此对文化传播内容的需求也不一样。而政府在进行文化传播的时候，大多都是从自身形象的构建和推广的角度出发，没有对当地人民的年龄、文化程度等进行深入了解和分析，导致文化传播的效果大打折扣。

其次，两国政府的方针政策会对文化传播产生不可小觑的影响。一个国家政府层面的态度会对本国民众的态度产生极大的影响。就经济方面来说，两国可能要面临贸易逆差进一步扩大的问题。贸易逆差问题一直是困扰中土贸易关系的主要问题之一，虽然中国政府一再强调不刻意追求贸易顺差，但是由于贸易结构等问题的困扰，贸易逆差问题短时间内很难解决①。此外，"新疆问题"一直是困扰两国关系的主要问题。土耳其学者乌姆特·安古吉（Umut Ergunsu）认为中国的"东突问题"和土耳其的"库尔德工人党（PKK）问题"类似，都涉及两国核心利益，土耳其政府在"新疆问题"上应该持谨慎态度，但是由于正义与发展党近年来宗教色彩越来越重，不断干涉别国穆斯林问题，这就会给两国关

---

① Altay Atli, "A View from Ankara: Turkey's Relations with China in Changing Middle East," *Mediterranean Quarterly*, Vol. 26, No. 1, March 2015, p. 118.

系带来负面影响①。类似这样的问题,都会影响中土两国的友好情感,给中华文化在土耳其的传播带来不好的影响。

(二) 社会因素

为了加深中国和土耳其的相互了解,促进中土两国在各方面更好地进行合作,提升中华文化在土耳其的影响力,中国政府积极推动中华文化在土耳其的传播。但是,在目前的传播过程中仍存在些许问题,有一部分是社会层面的原因。

首先,文化体制改革相对滞后。文化体制改革是一项重大的工程,属于影响文化传播的社会因素的一部分,它与一国的政治体制、经济体制相适应。虽然目前中国的文化体制改革已经取得了初步发展,但是由于中国文化体制起步比较晚,发展相对落后,有关改革的思想理论也不是很充分,所以在运行过程中,显示出了种种弊端:第一,在文化的宏观调控和监督管理方面力度不够;第二,政府对于文化建设方面的资金投入不充分,覆盖的范围相对较小,投入的方式也相对单一,以至没有达到最佳的使用效果。文化体制改革的相对落后,影响了中华文化走向世界的进度。因此,政府要加快对文化体制的改革,多方式、多角度地进行,同时也要时刻关注文化发展的需要,随时调整文化的内容和改革的方向。为中华文化在土耳其乃至世界范围内传播打下坚实的基础。

(三) 文化因素

从党的十六大提出关于文化建设的战略思路开始,到党的十八大进一步强调扎实推进社会主义文化强国建设,文化发展成为国家战略。当前,中国正在积极推动中华文化"走出去",提升中国的文化软实力,构建自己的话语体系,让中国在世界范围内有自己的话语权。但是,在文化传播的过程中,我们也发现了一些不足之处,如传播内容不明确、文化差异了解不够等。

---

① Barcin Yinanc, "China Sees Potential in Turkey But Lack of Turst Still a Problem," *Hurriyet Daily News*, July 27, 2015.

第四节　推动中华文化在土耳其传播的策略分析

一　增强民族文化自信

中华文化是人类历史上最古老的文明之一，是唯一流传至今，仍生机勃勃的文明。认识中国传统文化的价值，确立文化自信，这是每一个文化传播者必须具备的，这是一个民族对自身文化传统和内在价值的认定和信念，这是一个民族屹立于世界民族之林的根基。作为一种民族心态，高度的文化自信是民族精神与民族文化走向自觉与成熟的表征，也是建设文化强国不可或缺的心理准备和思想条件[1]。如果没有这种文化自信，如同没有了灵魂，在文化传播过程中就会出现许多的问题。中国的传统文化是在中国社会长期发展的过程中形成的，是我们国家和民族的灵魂，"中国优秀传统思想文化体现着中华民族世世代代在生产生活中形成和传承的世界观、人生观、价值观、审美观等，其中最核心的内容已经成为中华民族最基本的文化基因，是中华民族和中国人民在修齐治平、尊时守位、知常达变、开物成务、建功立业过程中逐渐形成的有别于其他民族的独特标识。"[2] 近些年来，随着我国综合国力的不断提升，中国的传统文化越来越受到其他国家的喜爱和认可，中国传统文化是中华文化中的重要部分，因此弘扬中国传统文化，建立起文化认同和文化自信，对于提高中国文化软实力有着巨大的帮助。

要想提升中华民族的文化自信，使中国优秀传统文化深入人心，进一步提高中国文化软实力，首先，我们要注重传统文化的教育与传承问题。我们要把中国的传统节日、传统习俗和具有文化内涵的名言警句、寓言故事等，进行收集、整理、归类，通过影视作品、文学作品等进行教育和宣传。同时，也要将中国传统文化纳入小学生的课堂教育中，让中国人从小就系统地学习中国的传统文化，这样更有利于培养文化自信，做到自觉弘

---

[1] 张西平:《中华文化"走出去"年度研究报告（2015）》，北京大学出版社2016年版，第7页。

[2] 习近平:《从延续民族文化血脉中开拓前进，推进各种文明交流相融互学互鉴》，《人民日报》2014年9月25日。

扬中国传统文化，进而也抵制了西方文化的入侵，为中国传统文化的传承打下良好的基础。其次，也要利用21世纪的互联网新媒体，利用经济合作、文化活动、旅游观光等，推动中国传统文化走出国门，走向世界。最后，我们要在传承传统文化的基础之上，树立文化创新意识。在全球化的历史进程中，对于认识一个国家来说，想要不迷失自我，那就必须在坚持文化传承的基础上，不断地创新。尤其是在21世纪，要想中国传统文化走向世界，必须树立创新意识，从内容形式、体制机制、传播手段等各方面进行创新。

二　明确文化传播内容

（一）传播具有共同价值的中国和谐文化

中国的传统文化是以孔孟为代表的儒家思想、以老庄为代表的道家学说、以墨子为代表的墨家学派和佛家学说相辅相成、相互渗透而形成的。中国传统文化是一个体量巨大的复合体，它包含了中国历史上不同时期的不同民族、不同流派的各种文化要素，虽然其主体结构是受儒家思想制约的，但在形势和内容上又不断地吸收、融合其他很多要素，以适应不同时代的不同需要[①]。儒家学派提倡"仁义"，墨家学派提倡"兼爱"，道家学派提倡"无为"，都体现了"和"的思想。"和"是中国传统文化的显著特征，也是中国文化的精髓。"和谐"是中国文化的最高追求。中国传统文化中有很多关于"和谐"的思想和观念，内容非常丰富，主要有以下几点。

第一，天人合一的宇宙观。《易经·文言》中说道："夫大人者，与天地合其德，与日月合其明，与四时合其序，与鬼神合其吉凶。先天而天弗违，后天而奉天时。"强调的就是顺应天意、天人合一。在《庄子·天道》中，有"与人和者，谓之人乐；与天和者，谓之天乐。"意思也是说要顺应自然，不要破坏。总之，中国的和谐文化强调人与自然的"天人合一"。

第二，和而不同，求同存异的价值观。中国儒家思想的代表人孔子，

[①] 赵剑：《外交的文化阐释·中国卷》，知识产权出版社2012年版，第61页。

在两千年前就提出了"君子和而不同"的思想。和而不同,求同存异是事情发展的基本规律,也有利于国家间的合作,既能相互达成协议,又保证了各自的利益,达到合作共赢。费孝通先生也曾经说过:"各美其美,美人之美,美美与共,天下大同",这也是中国传统文化中"和而不同"思想的体现。

中国的"和"文化,"包括了和谐、和睦、和平、和善、祥和、中和等含义,蕴含着和以处众、和衷共济、政通人和、内和外顺等深刻的处世哲学和人生理念"[1]。当今社会发生了巨大的变化,国家间相处中总会出现许多的误解和矛盾,这些问题归根到底就是一种文化危机,是文化观念导致的人、自然、社会这几种关系的失调。中国的和谐文化以追求和谐共存为最高价值追求,在中华文化走向土耳其乃至世界的过程中,应该将中国的和谐文化传播出去,它不仅是中华民族的精神家园,更是我们的向心力和凝聚力所在,而且对维护世界和平,创造共同繁荣的世界文明秩序也有着极为重要的借鉴意义。

(二)传播独具中国特色的社会主义文化

从保存和保护文化多样性角度看,"越是民族的就越是世界的"。但从文化的国际竞争来说,除了考虑民族性外,更应考虑文化承载的价值观的普适性、先进性和时代性,毕竟,文化的输出不等于一般的商品出口[2]。在文化中,价值观是其核心,因为它体现了文化的精神与灵魂。同样的,社会主义核心价值观是中国特色社会主义文化的核心。早在党的十七届六中全会的时候,就提出了社会主义核心价值体系是中国特色社会主义先进文化的精髓。中国特色社会主义文化源于中国几千年的文明历史,凝聚了全国各族人民的力量,贯穿于中国特色社会主义的革命和建设中,其中包含的文化理念和价值观念,都极具现实意义。

一是和平共处的外交思想。受我国传统文化中"和"文化的影响,中国一直主张的都是和平共处的思想。早在1953年的《万隆会议》上,

---

[1] 李瑞环:《学哲学用哲学(下)》,中国人民大学出版社2015年版,第574—575页。
[2] 张泗考:《跨文化传播视域下中华文化走向世界战略研究》,博士学位论文,河北师范大学,2016年,第44页。

周恩来总理就提出了外交方面的和平共处五项原则，采取不干预其他国家内政的原则，与世界各国和平共处。而在当今社会，国家间大大小小的冲突不断上演，干涉别国内政的事情也时有发生，中国坚持的和平共处的外交原则，正好可以为其他国家解决国际事务作出良好的榜样。21世纪，和平与发展是国际社会的两大主题。世界需要和平，武力解决不了一切，唯有国家间彼此的合作与谅解，才能减少或消除各种冲突矛盾，在这种国际大背景下，中国和平共处的外交思想具有极大的现实意义。

二是改革开放的思想理论。自1978年中国实行改革开放以来，40多年的生动实践表明，我们不仅创造了人类发展史上的奇迹，而且为当今世界解决经济社会发展难题提供了丰富的宝贵思想。我国改革开放是"民本"思想的生动实践，改革开放的目的是最大限度地提高人民的生活水平，这一点我们做到了；改革开放的依靠力量是人民，正是亿万人民积极性、创造性的发挥，才铸就了我国四十年的辉煌，我国的国运从未如今日之昌盛。我国改革开放是渐进性的，用改革开放总设计师邓小平的话来说是"摸着石头过河"，允许试，允许闯，出经验了就推广，错了就改回来，这正是辩证唯物主义认识论"实践出真知"的生动诠释。这种渐进性还体现在目标取向、操作层次上的稳步推进性，先从农村再到城市，先从经济领域再到社会、政治、文化领域，由表及里、由浅入深稳步推进，大大降低了改革的风险，避免了苏联和东欧国家"休克式"疗法的灾难。

三 扩大文化传播主体

目前在中华文化向土耳其传播的过程中，政府处于主导地位。为了实现更好的传播，就需要在坚持政府引领作用的基础上，利用好民间组织与社会团体，并积极发挥其他传播主体的作用。

（一）对外合作企业

中国在土耳其的企业，因其深入土耳其人们的日常生活中，随时随地、无时不刻地在影响着土耳其人，是中华文化在土耳其传播的中坚力量。例如，2019年，华为将帮助土耳其最大的运营商Turkcell构建一个面向5G的全云化核心网络。Turkcell宣布将与华为联手开发一个项目，以在全球推出最大的云化 EPC 网络①。企业间在交往合作过程中，必定会带动中华文化的传播，这是一种很隐含但却很有效的传播方式。因此，在推动中华文化向土耳其传播的过程中，中国政府应该注重对外企业的传播作用，提高支持力度，给予全方位的支持，帮助中国企业在土耳其做大做强，将其培养成中华文化在土耳其传播的重要力量。

（二）文化界的知识分子

在一个国家的文化传播过程中，文化界的知识分子扮演着特殊而又重要的角色。同样的，在中华文化向土耳其传播的过程中，中国文化界的知识分子也有着不一样的意义。当前，虽然中国和土耳其在政治、经济等方面交往频繁，但是就文学方面来说，彼此都不太熟悉。中国著名作家余华说："土耳其对中国的文学相对来说是比较陌生的，反过来中国对土耳其的文学也不熟悉。土耳其知道的中国作家大概只有莫言，中国了解的土耳其作家大概也只有帕慕克了。"② 因此，在以后的文化传播过程中，要加大两国文学界知识分子的交流，中国的诗人、作家等可以通过各种交流活动，各种文学作品，向土耳其的读者介绍独具中国韵味的文化，成功搭建两国在文学间交流沟通的桥梁，争取让中华文化得到土耳其人民的理解和认同，为中华文化在土耳其的发展铺平道路。

（三）一般民众

从文化传播的角度来说，两国的公民面对面的交流是最直接有效的方式。在当今社会，全球化是国际社会最明显的特征，公民参与国际事务的机会大大增加，且影响力也越来越大。例如，土耳其公民到中国旅游，观看中国的建筑、品尝中国的饮食、欣赏中国的自然风光，在无意识中体会了博大精深的中华文化。同时，中国公民到土耳其去旅游，中国的服装、语言、行为方式等也会在土耳其产生直观的影响。另外，两国的留学生也是文化传播很好的助手。21 世纪，互联网逐渐发展成熟，公民个人还可以通过网络发布文化信息、互通文化有无，实现不同文化

---

① 《华为在土耳其拿下 5G 大单与第一大运营商共建全云化核心网项目》，千家网，http://www.qianjia.com/html/2019-02/20_325363.html。

② 郭长刚、刘义：《土耳其发展报告（2014）》，社会科学文献出版社 2014 年版，第 344 页。

间的交流。在全球经济文化一体化的今天,越来越多的各层次的普通民众参与国家对外交流的潮流中,在民间的文化、艺术和体育交流中,随处都可以见到他们活跃的身影。普通民众已发展成为日益重要的国际文化传播交流的文化力量[①]。

四 丰富文化传播手段

(一) 借助"一带一路"倡议推动中华文化在土耳其更好地传播

首先,加强"一带一路"文化议题的智库研究。《孙子兵法》云:"知己知彼,百战不殆。"学术研究、理论创新是实践发展的前提,当前中国现有大学、科研机构的中亚研究、中东研究、东南亚研究领域往往处于边缘类学科,而且往往集中在政治、经济、历史等领域,针对这些地区的文化研究成果甚少。要加强对沿线国家的历史文化发展脉络、丝绸之路文化遗存、当代国民文化心态的研究,了解这些国家当前的文化发展状态、文化合作和文化需求。要整合人文社科类智库力量,加强"一带一路"文化交流、文化传播、文化产业合作、文化贸易、文化旅游合作、文化外交、文化安全等领域的研究,为文化交流合作提供参考借鉴的研究成果。只有通过研究这些国家和地区的文化形态以及与他们进行文化交流合作的有效途径,才能找到"一带一路"倡议的切入口,找到文化交流与合作的突破口。

其次,加强对丝绸之路文化资源的保护、传承与创新。丝绸之路距今历史久远,我们也发掘和整理了很多的文物。但是我们当前发掘和整理的文物也大多停留在考古、展览的层面,如何在坚持保护的基础上,让丝绸之路文化有效地传承和弘扬? 这需要坚持保护、传承与创新的协调统一。

在保护上,巩固和扩大丝绸之路联合跨国申遗成果,加大对丝绸之路上的世界文化遗产的保护力度,加强在文化遗产保护与管理领域的交流互动。在传承上,要挖掘整理、提炼丝绸之路文化的人物故事、价值

---

① 张泗考:《跨文化传播视域下中华文化走向世界战略研究》,博士学位论文,河北师范大学,2016年,第51页。

内涵和精神追求。在创新上，一是推动文化科技创新。依托新媒体等多种现代科技手段。打造数字化展览展示、虚拟现实空间等多种形式，实现对丝绸之路文化遗存的创造性转化和创新性发展。二是文化内容创新。用影视、音乐、舞蹈、绘画等艺术形式实现对丝绸之路的现代艺术表达，讲好丝绸之路的故事。整理古丝绸之路留下的故事资源，组织现代艺术家对古丝绸之路进行采风、写生，创作一批既传承丝绸之路文化，又具有时代精神的现代艺术作品。比如，喜多郎、马友友的丝绸之路音乐创作，"丝路花雨"等丝路舞蹈创作，这些都是很好的尝试。

再次，构建文化交流、文化传播与文化贸易等"三位一体"的对外文化格局。文化交流是不同国家之间的文化互动过程，文化传播是依托媒体对文化主张和价值观念的对外表达，文化贸易是依托文化产品从而实现文化消费的行为。在多元化、多层次的对外文化格局中，三者之间既相互统一，又相互影响，甚至相互渗透。在文化交流过程中要倚重传播媒介实现传播效益最大化，发挥好市场和民间力量的作用，在文化传播过程中要注意话语体系表达的平等、尊重和国际化，在文化贸易过程中要尊重各国对文化安全和文化主体性的关切，实现文化产品的你来我往。

在文化交流上，改变传统的政府"送文化"的思路，改变传统的以输出为主的文化"走出去"模式，而应进入交流、互动与合作的新阶段，建立多元文化互相接触、交流的"文化共同体"。一是促进文化交流主体多元。在做好政府间文化交流对话的同时，也要加强民间往来和学界、智库的交流与合作。二是不断拓展文化交流内涵和形式。在现有的语言、基地、活动等文化交流形式基础上，积极探索文化"走出去"的新方法、新形式，努力向世界展现本国优秀文化创新成果。三是积极开展国际多边文化合作。在文化传播上，加强对外文化传播能力建设，实施好"丝绸之路影视桥"工程和"丝路书香"工程。在文化贸易上，在尊重各国文化差异和对外安全的合作关切的前提下，减少乃至消除各国之间的文化贸易壁垒，扩大文化产品、文化要素跨国界区域自由流动。一是借船出海。将文化内容植入现代科技产品、互联网产品，在输出硬件产品的同时输出文化软性产品。

最后，搭建"一带一路"文化传播的平台。"一带一路"沿线国家文明形态多样，价值信仰多元，如果没有国家来主导构建平等互鉴、包容开放的文化交流合作平台，不同文化之间的冲突、隔阂无法避免，各类文化的杂音也无法根除。中国作为"一带一路"倡议的提出国，要在促进文明互鉴和文化交流中主动作为，在文明互鉴与文化交流中承担应有使命，主动加强与"一带一路"沿线发展中国家的文化对话和交流，达成文化合作共识。在文明对话中相互尊重、取长补短、增进了解、消除分歧。无论大国小国、强国弱国，只有坚持和而不同、求同存异，"己所不欲，勿施于人"，才能促进文化的平等交流和文明的共存共荣。以丝绸之路精神为价值引领，以"推动文化交流，共谋和平发展"为宗旨，打造丝绸之路国际文化交流合作的重要平台。

（二）入境旅游是推进中华文化在土耳其传播的重要突破口

我国是一个地域辽阔、历史悠久、文化资源丰富的国家，一直以来都是重要的旅游目的地。近些年来，随着中土两国旅游产业的发展，土耳其到中国旅游的人数不断增多，我们可以借助大量的入境旅游者的体验传播，为中华文化在土耳其的传播打开重要的突破口，使中华文化更加深入完整地走向土耳其。

首先，入境旅游在一定程度上加大了文化的对外宣传力度。从某种程度上说，旅游是一种特殊的文化传播方式。入境旅游者能近距离、面对面地接触与欣赏旅游目的地不同风格的建筑、文物古迹、宗教文化、民族风情、神话传说，更能充分、全面、客观而又深刻地领略当地的风土人情和历史文化，更好地满足他们的文化心理需求[1]。此外，由于中土两国普通民众不懂对方国家的语言，也会给文化传播带来许多不便，入境旅游正好可以降低对语言的要求，可以让旅游者在旅游的过程中，真真正正体验到中华文化的博大精深，切切实实感受到中国人民的热情友好，在亲眼所见和亲身体验之后，对中国就会有了更加客观的认识，也能打破西方一些对中国不太友善的言论，消除误会和偏见。

其次，入境旅游也带动了文化产品的消费和出口。旅游是文化传承

---

[1] 张西平：《中国文化产业"走出去"研究》，北京大学出版社2016年版，第248页。

的重要载体和文化繁荣的重要支撑，同时也是扩大文化产品消费和出口的重要渠道。对我们来说，入境旅游可将国外客人的部分消费需求转移到国内来满足。来到中国旅游的土耳其游客，他们对中国的工艺品、艺术品、陶瓷、山水画等都非常感兴趣，对中国的文化产品都有很高的消费意愿，也具有一定的消费能力，在很大程度上促进了中国文化产品的消费和出口。

五 深入了解土耳其受众情况

文化传播是一种双向性的活动，一种文化能否进行真正有效的传播，其先决条件是传播的对象国是否接受此种文化的进入。但是，由于中国和土耳其两国的基本国情、社会制度、文化背景等都不相同，因此，对于文化的认同也会有一定的差异。文化差异对信任形成了阻碍，但这并不是无法克服的[1]。因此，中国在制定有关向土耳其传播文化的方针政策以及用怎样的手段传播什么样的内容时，都要具体问题具体分析，不能一刀切。目前，中国和土耳其在政治、经济、文化、旅游各方面合作不断加深，中华文化也吸引了很多土耳其民众。所以，为了实现中华文化在土耳其的有效传播，进一步促进两国的友好关系，就必须要深入透彻地了解土耳其人民对文化的需求。

此外，为了能够在真正意义上实现中华文化在土耳其的传播，还必须切实掌握土耳其人民对中华文化的真正需求。应该从土耳其国家的历史文化、宗教文化信仰、当前社会的发展情况、人民目前的生活状况等多方面来了解土耳其及土耳其人民。政府通过制定更贴切的相关政策，选择更适当的传播内容，使中华文化在土耳其的传播更符合土耳其人民的需求。例如，土耳其希望通过与中国的经济合作，来带动土耳其经济更快的发展，因此，我国可以通过在土耳其的基础设施建设，宣传中国先进的技术，既贴近土耳其民众的生活，也能满足他们的需求，为中华文化更好地在土耳其传播打下良好的群众基础。

---

[1] Bird, A. & Osland, J. S., "Making Sense of Intercultural Collaboration", *International Studies of Management & Organization*, 2005, pp. 115–132.

第五节　结语

21世纪以来，中国和土耳其开始了频繁且密切的往来，双方在平等互利、共同发展的合作基础之上积极发展中国和土耳其全面合作伙伴关系。文化近年来已经成了国际交往中的重要因素，中国在国际上的文化影响力与中国的经济发展差距很大，制约了我国综合国力的提升。在中国和土耳其的交往中也存在同样的问题，中国与土耳其经济交往迅速发展，但在文化交流方面却有所欠缺，由于中国和土耳其地理位置相距较远，且在文化传统、社会构成、价值观等方面都和中国存在很大差异，为了营造健康、持久、稳定的中土关系，推动地区和国家间的和平稳定发展，提高中国的文化软实力。推进中华文化向土耳其的传播，增进中土人民之间的理解互信，是当前中土关系发展中的重要内容。

中国和土耳其同属于发展中国家，中土双方在经济上有很强的互补性，通过中土文化交流加强共识，积极应对国际上的各种挑战，有助于建立更加公平合理的国际秩序。目前中国积极推动中华文化向土耳其传播，加强中土之间的交流，政府高层的频繁互访、孔子学院等汉语机构的蓬勃发展，华人华侨和企业的积极传播等，加强了两国文化交流，推进中华文化向土耳其的传播。同时中国和土耳其在文化交往中也有不足之处，中国文化产业欠发达导致了中华文化传播的动力不足，传播手段和传播内容不够丰富造成了传播层面窄，对土耳其人民文化需求不够了解造成传播效果差等问题，制约了中华文化在土耳其的传播和中土合作水平的提升。加强与土耳其的交往力度，调整发展结构，丰富中华文化的传播手段和内容，推动、扩大并加强中国和土耳其各领域的合作，积极发展我国的文化产业，增强中国在土耳其的影响力，有助于中国综合国力的提升。

第十三章

文化软实力视角下中华文化在泰国的传播研究

泰国地处东南亚地区的中心，是东盟地区的重要国家。历史上，中泰两国有着悠久的交往史，早在西汉时期就有关于两国交往的历史记载。中华民族博大精深的传统文化，对泰王国政治文化的形成发展产生了深刻的影响。冷战结束后，世界政治格局由美苏两极争霸开始向多极化发展，和平与发展成为时代的主题，国家间的文化往来在推动两国关系发展中发挥着不可替代的作用。为了抓住这一来之不易的时代机遇，营造和平稳定的发展环境，中泰双方在这一时期开展了多层次、多领域的文化交往，为推动两国友好合作关系持续发展奠定了坚实基础。

近年来，随着中泰两国在各领域的交流往来不断深化，两国逐渐构建起合作伙伴关系。双方高层领导间往来互动频繁，推动两国政府在宗教艺术、语言教育、科学技术、旅游产业等方面建立了多层次的交流合作机制。同时由于历史上两国人民间的友好关系，文化领域的进一步交流合作有助于增进两国人民间的友好感情，为推动双方关系深化发展作出了巨大贡献。尤其是自双方政府在2012年签订《中华人民共和国和泰王国关于建立全面战略合作伙伴关系的联合声明》后，两国关系有了全方位的健康发展。泰国作为东南亚地区的重要国家，发展中泰关系对中国的发展有重要的战略意义，尤其是在我国政府提出构建"21世纪海上丝绸之路"重大倡议以后，推动中泰发展对促进中国同东盟地区国家共同发展繁荣、推动南海地区和平稳定，有着十分重要的意义。

目前，国内学者对中泰关系的研究主要是经济和历史等方面，关于冷战结束后，中泰两国在文化交往方面的研究还比较欠缺，本章正是在这一背景下，对两国的文化交往方面进行力所能及的研究。

第一节 发展中泰文化交往对我国的重要意义

一 泰国特殊的地理位置决定了其重要的地缘价值

泰国地处中南半岛中南部，东北与老挝交界，东南接壤柬埔寨，西面同缅甸毗邻，南边狭长的半岛与马来西亚和泰国湾相连，同时也是中南半岛国家同海岛国家的连接点。正是凭借特殊的地理位置，泰国对周边国家及所在地区有着重要的影响力。泰国不仅是东盟的成员国和创始国之一，也是东南亚地区重要的政治、经济中心。也正因为如此，泰国成为美国、日本、印度等大国的争取对象。

地缘政治对一个国家来说具有重要意义和影响，它与国家、地区安全密切相关。而中南半岛作为连接中国西南地区通向印度洋与南太平洋出海口的必要关隘，具有重要的战略地理位置。泰国的地理位置为我国出海口的多元化提供了可能，是当前中国应对美国、日本等国家岛链封锁的重要出海口，同中国西南地区的边境安全密切相连。与此同时，泰国是我国西南部地区连接南太平洋和东南亚重要的交通中枢。随着中泰两国交往的密切，泰国更是成为中国与欧洲等国家的一条重要的海上交易连接点，有利于保护我国的能源安全[1]。另外，印度作为南亚地区最大的国家，与泰国仅隔海相望，我国加强与泰国的友好关系，对印度"东进政策"的实行能够进行有效的遏制，降低对我国西南地区的安全威胁。

特殊的地理位置决定了泰国重要的地缘价值，泰国作为东南亚地区的重要大国，加深同泰国的友好交往，有助于加强中国同东盟国家和地区间的友好关系，这种友好关系不仅对我国在经济领域上有着重要作用，更重要的是为我国的能源安全，军事安全提供了一个重要的战略保障，

---

[1] 李晓伟：《中国与东南亚合作的地缘战略思考》，《云南民族大学学报》（哲学社会科学版）2008年第3期。

打破美日等国对我国的围堵策略。构建新形势下中泰全面战略合作伙伴关系也成为我国周边外交工作的一项重要内容。

二 泰国在东盟中举足轻重的地位有利于地区问题的和平解决

自第二次世界大战结束以来,泰国作为东南亚地区的主要大国,同美国、日本等国建立了盟友关系,随着世界局势的不断变化发展,欧盟、印度等地区也开始与泰国建交,意图以泰国为踏板,干涉东南亚地区事务并从中获利。伴随美国重返亚太战略的推进,日本拉拢菲、越等国扩大与中国的领土争端,东盟内部也发出了"中国威胁论"的不和谐声音。同时美、日等国还希望通过在东南亚地区增加地区不安定因素,营造复杂的地缘政治环境,开展围堵中国的外交活动。

泰国作为东南亚地区我国重要的邻国和合作伙伴,既是东盟国家中的核心成员,又处于南海石油通道的重要沿线。特殊的地理区位决定了泰国在这一地区具有十分重要的影响力。泰国是中南半岛国家和海岛国家的连接点,是沟通东南亚与中南半岛国家、海岛国家之间的重要桥梁,这使得身为东盟成员国的泰国在东南亚地区同盟中享有重要话语权[①]。对于中国而言,加强中泰两国关系更是具有重要意义。泰国作为东南亚的重要大国,在中南半岛也享有重要地位,有着充分的实力制约越南、老挝等国,使中南半岛地区一直保持相互制衡和稳定的局面,对中国西南地区的稳定起着重要作用。中国同泰国长久以来的友好关系,有利于中国参与东南亚事务,缓解中国与东南亚地区的矛盾和冲突,加强中国同东盟的友好关系。

三 发展中泰关系有助于我国"海上丝绸之路"规划的实施

建设"21世纪海上丝绸之路"的倡议构想,是2013年习近平主席访问印度尼西亚时提出来的。这一战略构想是习近平总书记基于历史,着眼中国与东盟建立战略伙伴关系十周年这一新的历史起点上,为进一步深化中国与东盟的合作,构建更加紧密的命运共同体,为双方乃至本地

[①] 徐孝明:《古代中国和泰国历史上的友好关系》,《湖南教育学院学报》1999年第1期。

区人民的福祉而提出的战略构想①。

海上丝绸之路自秦汉时期开通以来,一直是沟通中国同各国经济文化交流的重要桥梁,东南亚地区作为其中的重要组成部分自古便是海上丝绸之路重要的交通枢纽。古代海上丝绸之路以中国东南沿海地区为起点,途经中南半岛和南海等国,穿过印度洋,直至东非和欧洲国家,是各国间港口、道路的重要互联互通要道,推动着沿线诸国的共同发展。建设21世纪海上丝绸之路,不单是为了加强与东盟地区国家的合作伙伴关系,而是通过连通东盟、欧洲、南亚、北非等国经济板块这一重要桥梁,以平等合作、互利共赢为基本原则,加深同沿线国家和地区的交往,把亚欧非经济贸易一体化作为长期发展目标②。由于东盟位于海上丝绸之路的必经之地,是建设"21世纪海上丝绸之路"的重要节点,而中国和东盟间也有着较为坚实的政治、经济基础,21世纪海上丝绸之路符合双方的共同利益。能否在新形势下与东盟地区构建合作共赢关系,将是新世纪海上丝绸之路倡议的首要目标,也是"海上丝绸之路"倡议实施的重中之重。

泰国是实行自由经济政策的外向型经济国家,依托政府的优惠政策、良好的经济环境和廉价劳动力资源等条件吸引着美国、欧盟、日本等国在泰国投资企业、建立生产基地等。而泰国较为依赖外部市场的特点也使新海上丝绸之路对泰国经济的发展有着重大影响。同时,泰国作为东南亚地区同盟的成员国,在东南亚有着强大经济辐射能力,建立良好的中泰关系可以让中国以泰国为纽带,建立同东南亚其他国家间的贸易往来,促进双边的经济共同发展。

因此,结合泰国重要的地缘价值,以及泰国作为东南亚地区大国的区域影响力,随着中泰两国全面战略合作伙伴关系的确立,通过在经济文化,能源安全等领域不断加深合作交往,必然会对我国"一带一路"倡议的实施产生积极的影响。

---

① 颜星:《历史上的中泰友好关系》,《文山师范高等专科学校学报》2008年第1期。
② [泰]黄瑞真:《20世纪50年代中期泰中关系从紧张走向缓和的原因》,《东南亚研究》2008年第6期。

四　有助于树立我国良好的国际形象

中国在与泰国的交往中始终坚持和平共赢的外交原则，将泰国视为我国在东盟的重要合作伙伴，泰国作为东盟的重要成员国，在东南亚地区有着重要的政治、经济影响力。中国与泰国的友好历史延续至今，也成为中国同东盟建立友好关系的重要基石。加深中国同东盟国家的友好往来，让众多东南亚国家了解中国的和平发展外交政策，减少与东盟地区的摩擦与矛盾，不仅有助于中国同东南亚国家在经济上互惠互利双向发展，更能在外交中获得各国对中国更多的认可和支持，树立中国友好和平的国际形象，稳固中国国际大国的地位，为自身的发展营造和平稳定的国际环境。

我国政府关于推进"一带一路"倡议的实施，其出发点既有开展广泛经济文化往来，促进沿线国家经济共同繁荣发展之意，又希望通过经济上密切合作来加强政治互信[1]。泰国重要的地理位置以及在东南亚同盟中的政治经济影响力，决定了发展好中泰友好关系，对中国处理同中南半岛、东盟其他国家的关系，对稳定中国西南地区的安定和谐也具有重要意义。和平发展的外交方针是中国一贯坚持的战略抉择，坚持发展中泰友好关系，积极推动中国与东南亚地区间的关系发展，不仅扩大了中国对东盟和中南半岛地区事务的影响力，更是树立中国良好国际形象的有效途径。在中泰两国发展进程中，切实地解决好中泰两国间在经济贸易方面的问题，深化中泰两国的友谊，有利于化解国际上因中国崛起而产生的"中国威胁论"等不安因素，向世界各国展现中国始终坚持的和平发展外交方针，树立中国积极负责的大国形象。

第二节　冷战后中泰两国文化交往的成就与特点

冷战结束后，世界政治格局由美苏两极争霸开始向多极化发展，和平与发展成为时代的主题。为了抓住这一来之不易的时代机遇，我国政

---

[1] 陈乔之：《中泰关系新世纪展望》，《当代亚太》2000年第12期。

府积极发展同周边国家的友好关系，坚定不移地推行和平外交政策。与此同时，泰国政府没有选择跟随西方国家采取对中国的敌对态度，而是理智地选择加深同中国的交流往来，推动中泰友好合作关系继续发展。双方在这一时期开展了多层次、多领域的文化交往，巩固和加强了中泰两国人民的友好感情，促进了两国开展全方位的交流合作。

一　冷战后两国文化交往取得的成就

（一）孔子学院在泰国开花结果

语言是文化传播和传递的重要载体，历史上许多国家都十分重视开设语言学校和课堂，是各国开展文化外交的重要措施。冷战后，随着我国综合国力的逐渐增强，中国文化在世界上的吸引力不断提升。孔子学院以传播中华文化、传授汉语言文化为己任，作为语言文化推广机构，在海外受到广泛认可和欢迎，也成为中泰文化交流的一种新的重要形式。

泰国第一所孔子学院——孔敬大学孔子学院于2006年8月在泰国成立，开启了中国孔子学院在泰国的新篇章。孔子学院作为文化交流的重要平台，通过开展形式多样的汉语教学活动，加深了中泰两国人民的互相了解，受到了泰国上至王室、政府官员下至平民百姓各阶层的广泛欢迎，为两国文化交往的进一步发展做出了重要贡献。在中泰双方的共同努力下，截至2018年12月31日，共成立了16所孔子学院和20家孔子课堂，这些孔院遍布泰北、泰东北、泰东、泰南和曼谷等区域，有力地辐射和带动了所在府及周边地区汉语教学的发展。[①]

中国在海外的孔子学院主要包括孔子学院和孔子课堂。将汉语言教学作为文化交往的平台，加强了中国同世界各国教育文化交流合作，促进了中国同外国的友好关系。中泰两国文化交往有着悠久的历史，在泰国有着数目众多的华人侨胞，他们对于学习中国文化、中国语言有着深切的渴望，孔子学院作为一所提供中国教育、文化资源，开展中外语言文化交流活动的语言学习学校，承载着中国文化在泰国的传播和发展任

---

① 《孔子学院/课堂·关于孔子学院/课堂》，国家汉办，http：//www.hanban.org/confuciousinstitutes/node_10961.htm。

务。拉近了中泰两国的距离，促进了中泰两国的友好关系。

（二）促进两国旅游产业的发展

冷战结束后，随着中泰双方各领域交往合作的逐渐加深，两国政府发挥文化交往对旅游产业的促进作用，通过加大旅游推介力度，拓宽宣传渠道，制定政策扶持等一系列手段，推动了双方旅游产业的共同发展。

泰国的旅游业起步较早，优美迷人的热带风情以及多民族、多元素交融的特色文化成为吸引众多外国游客的重要因素。近年来，随着中泰两国间文化交往的广泛深入，泰国政府加大对本国旅游资源和人文景观的宣传推介，曼谷、清迈的佛教文化、人文景观，芭提雅、普吉岛等地的大象文化、人妖文化，以及泰国迷人的自然景观，都使中国游客产生了极大的兴趣。同时随着《泰囧》《唐人街探案》以及《初恋那件小事》等一系列介绍泰国风土人情的影视作品上映，越来越多的中国游客开始将泰国作为出境旅游的首选目的地。据泰国旅游局的数据显示，截止到2015年年底，赴泰旅行的中国游客已经多达790多万人次，中国正逐渐成为泰国旅游产业最重要的客源市场[①]。文化交往的不断发展推动旅游业成为泰国最主要的经济收入来源，每年为泰国创造上亿泰铢的经济利润。

中国近年来同样加大了对旅游业的开发，作为历史上对泰国文化影响最为深远的国家，中国以其悠久的传统文化，秀美的自然景色，壮观的人文景观，吸引着全世界的游客前来旅游观光。伴随着诗琳通公主等王室及精英阶层在文化往来中作出的巨大示范作用，中国的传统文化和风土人情依靠文学交往、影视作品、华人社会等方式，对泰国民众产生了很大的吸引力。随着双方政府协商通过放开两国居民旅游的签证要求，不但中国赴泰旅游人数大增，泰国人民也纷纷走出国门，选择中国作为出国旅游的主要目的地。同时，伴随中泰两国在语言推广方面取得的巨大成绩，两国间日益频繁的人文往来推动了双方旅游业的共同发展。

（三）开展多种形式的科技教育合作

冷战后，随着中国综合国力的快速提升，中国在信息技术、装备制造、航空航天等科技领域取得的重大成就吸引了泰国人民的广泛关注。

---

① 陈乔之：《中泰关系新世纪展望》，《当代亚太》2000年第12期。

为更好地推动两国在科技教育方面的交流合作,双方在科教文卫等领域先后签署了涉及科技合作、文化合作协定、引渡、民商事司法协助和仲裁合作、高等教育合作等领域的一系列协议。[①] 推动两国在农业、水产养殖业、装备制造业等方面开展广泛的合作,我国主导的泰国高铁项目建设以及泰国正大集团在我国众多农业科研项目,都是两国在科技合作方面所取得的重要成就。

教育方面,除了在双方教育部门主导下开展的学者往来互动外,两国一些民间科研机构、文化协会也通过开展访问研究,推动两国在语言教育等方面的交流合作。随着泰国孔子学院的发展,泰国成为国家汉办外派志愿者人数最多的国家,自2003年至今已累计派遣志愿者一万多人,汉语教师志愿者们一方面满足了泰国不同阶层、不同教育水平的人群对汉语及中国文化的学习了解;另一方面,通过系统规范的汉语言教育体系,展现了中国科学高效的教育水平,吸引了越来越多的学生赴中国接受高等教育。同时,大量的汉语教师志愿者的到来,同泰国各阶层进行积极友好的人文往来,成为推动两国文化交流的友好使者,得到了泰国各界的高度赞扬,对增进两国人民的友谊产生了积极作用和深远影响。

(四) 影视传媒产业的快速发展

近年来,随着中泰两国文化往来的迅速发展,双方通过成立合资影视公司,引进优秀剧目等方式,推动影视传媒产业的交流与合作。由于历史上中国文化对泰国的深远影响,同时加上泰国王室和华人社会对中国文化的追捧,中国的一些优秀的文学作品如《三国演义》《水浒传》等,在翻拍成影视作品后被引入泰国,并于黄金时段播出。中国还通过在泰国举办影视艺术节、电影周等活动,播放了《还珠格格》《武则天》《甄嬛传》《孔子》《少林寺》《非诚勿扰》《建国大业》等众多优秀电影电视作品,从多种角度展示了中国的悠久历史和人文风貌,在泰国民众间掀起了一股"中国影视热"。此外,随着中泰两国在影视传媒产业合作的加深,两国在人才培养,影视制作等方面开展多种合作,中国的优秀影片《泰囧》和《华人街探案》等作品正是选择将泰国作为取景拍摄地,

---

[①] 朱振明:《中泰建交以来中泰关系的回顾与展望》,《东南亚》2000年第2期。

上映后在中泰两国都受到了热烈欢迎。

与此同时，随着中泰两国交往的不断深入，中国民众对泰国的人文生活、民俗风情也产生了重大兴趣，泰国的优秀影视作品开始被翻译引进中国。如中央电视台第八套电视剧频道"海外剧场"节目，在黄金时段先后播出了《漫天繁星》《伤痕我心》《凤凰血》《卧底警花》《甜心巧克力》《明天继续爱你》《天使之争》等众多优秀的泰国电视剧，吸引了大量中国观众的追捧。此外，随着泰国电影产业的繁荣发展，一些泰国优秀影视作品如《初恋这件小事》《暹罗之恋》，《初三大四我爱你》上映后，在中国观众中引起了轰动影响。泰国的当红明星马里奥·毛瑞尔、杰西达邦、提拉德·翁坡帕等人，也伴随着泰国影视作品的传播，得到了广大中国观众的喜爱。中泰两国间影视传媒作品的互通，促进了两国新传媒产业的发展，也推动两国的友好关系迈上新的台阶。

（五）宗教艺术交往频繁

在宗教方面，由于历史上中泰两国文化都深受佛教思想的影响，至今佛教在两国都有着非常重要的地位。尤其是在泰国，从王室到普通民众，几乎全民信教。中泰两国在以佛教交流为主的宗教文化领域交往频繁。冷战结束后，随着两国关系的快速发展，佛教领域的人文交往也更加密切。20世纪90年代，以中国佛教协会会长赵朴初先生及泰国僧王智护尊者为首的两国宗教领袖，多次率领本国佛教界人士开展人文往来。同时，我国还通过举办世界佛教论坛大会，佛教文化研讨会，讲经交流会等多种方式，推动两国佛教文化的交流往来。泰国也积极发挥国际佛教文化学术交流会，朱拉隆功佛教大学佛学院等科研机构的作用，推动两国宗教领域的专家学者交流往来。

在艺术方面，自20世纪90年代以来，两国政府大力推动文化艺术领域的交流往来。通过发挥两国政府及王室高层的引领示范作用，鼓励两国艺术团体开展积极的交流往来，其中颇具盛名的"中泰一家亲"由中国文化部与泰方共同举办，是两国政府确定的中泰文化交流的重要品牌项目。2017年11月23日至26日，"一带一路"经贸文化融合发展国际峰会系列活动暨中泰建交42周年庆典在泰国曼谷国家行政会议中心举行①。同时,两国政府充分发挥民间艺术团体在推动文化交往中的作用,通过积极开展文学书画展、艺术品拍卖会、音乐节、戏曲晚会,推动双方在文学艺术领域的民间往来。

二 冷战后两国文化交往的特点

(一) 高层领导人成为文化交往的友好使者

冷战结束后,双方高层交往频繁,成为中泰文化交流的友好使者。时任国家主席杨尚昆在对泰国进行国事访问时曾说过:"亲戚越走越亲,中泰两国关系是很好的。希望两国关系在平等互利的基础上继续前进。"②这为双方领导人在推动两国关系发展中所扮演的角色奠定了基础。随后,我国国家领导人李鹏、乔石、李瑞环、江泽民、朱镕基、胡锦涛、习近平、李克强等先后对泰国进行了国事访问,泰国的差猜·春哈旺总理、他信总理、英拉总理等历任国家总理及泰国诗琳通公主等王室成员也都对我国进行过多次访问。其中,尤其是泰国王室的诗琳通公主更是先后十几次访华,先后踏访了古代丝绸之路、东北三省、长江三峡、华南地区等地,足迹几乎遍布我国大江南北,撰写了《平沙万里行》《彩云之南》《踏访龙的国土》等作品③,向泰国人民展示我国的悠久文化。由于泰国王室在民众心目中崇高的感召力,诗琳通公主为推动中泰两国文化交往所作的努力,在泰国普通民众中引起了强烈反响,为推动两国开展全方位的交流往来作出了巨大贡献。

(二) 积极运用网络传媒开展文化宣传

冷战后,随着人类社会进入信息时代,互联网信息技术逐渐在外交领域开始发挥作用。网络拓展了人们的视野,改变着人们旧有的思维方式、价值观念、行为方式,给人类文明社会带来了广泛而深刻的革命性影响。互联网催生了一个超越空间、地域的网络虚拟社会,凭借畅通无阻的传播和表达渠道,为不同文化形态间的交流与对话提供了一个广阔

---

① 《2017 中泰建交四十二周年国际颁奖盛典》,搜狐网,http://www.sohu.com/a/207128904_99935945。

② 余定邦、陈树森:《中泰关系史》,中华书局2009年版,第76页。

③ [美] 斯皮克曼:《和平地理学》,刘愈之译,商务印书馆1965年版,第143页。

的舞台。中国与泰国之间的文化交流得以不断延伸和发展，正是积极运用网络交流渠道的结果。

第一，利用网络技术催生多种新媒体形态，实现中泰两国间文化传播方式的多样性。传统媒介时代，不同文化间的交流主要是通过报纸、广播、杂志来实现。现代网络技术的发展不断催生出先进的新型媒介，诸如移动电视、网络电视、微博、社交网站等。近年来，随着信息技术的快速发展，中泰两国间的交流往来出现了许多新媒体形态，如网络电视、官方网站、数字图书馆、微博微信等网络平台。泰国的部分官方机构先后在中国开设官方微博，泰国驻华大使馆的微博甚至吸引了十多万粉丝关注。借助这些新媒体，中泰两国人民可以第一时间掌握对方国家的各种新闻动态，在社交网络上实现无障碍的、跨国界的交流互动，分享两国的电影、电视、音乐等文化产品。譬如中国此前在泰国制作完成的电影《泰囧》，展示了泰国当地的本土风情，在中国上映后引起强烈反响，更是在一定程度上促进了中国民众赴泰国旅游的狂热之潮，极大地促进了两国间的文化共享程度，丰富了人们的精神文化生活。

第二，利用网络信息技术推动民族文化产业发展。面对信息技术的快速发展，中泰两国积极利用网络信息技术在文化传播的重要作用，推动本国特色的民族文化产业发展壮大。中国和泰国都有着悠久的历史和丰富的民族文化特色。随着中泰两国的交往密切，两国间迥异的民族特色不断展现在两国民众的眼前。以民族文化为引导的民族产业借助网络渠道开始逐渐发展起来。中泰两国利用自身民族特色，积极开展自主创新，通过对本国特色的文化资源、人文资源、旅游资源进行挖掘开发，依靠数字图书馆、在线影院、网站博客等网络交流平台，向两国人民展示本民族的特色文化，提升本民族文化的吸引力，形成具有民众特色的文化品牌，促进中泰两国间文化的沟通与了解，推动文化产业的发展繁荣。

（三）政府和民间文化交流的合力作用

第一，中泰两国政府对推动双方文化交流发挥了重要的引导作用。自中泰建交以来，两国政府高度重视发展两国友好关系。通过由政府主导开展人文往来活动，为促进两国关系的进一步发展发挥了重要的引导作用。除了政府及领导人密切的人文往来外，随着双方政府一系列促进文化合作、语言教育、旅游发展合作协议的签订，推动了两国语言教学、人才培养、旅游产业的快速发展。我国教育部下属的国家汉办，通过在泰国建立孔子学院，派遣优秀汉语教学志愿者，有力地提升了泰国国内汉语教学水平。同时两国教育主管部门还签订了高等教育的合作协议，通过互相开设语言专业，相互承认高等教育学历，设立专项奖学金，科研经费等，鼓励两国青少年及专家学者开展学习交流。此外，通过取消公民出国的户籍限制，放宽旅游签证政策，有力地促进了两国旅游产业发展和人文往来，为推动两国关系进一步发展作出重要贡献。

第二，中泰两国侨胞是促进两国文化交流合作的"主力军"。首先，泰国华人华侨在中泰公共外交中扮演着重要角色。泰国国内的华人华侨人数众多，他们在与当地民众的交流往来中推动两国文化的适应融合，在泰国民众眼里，这些华人侨胞正是中国国民形象的真实写照，他们的行为举止影响着泰国民众对中国民众乃至中国国家形象的印象。泰国的华人侨胞们用积极、友好的精神姿态，向泰国民众传递着中国倡导的和谐发展外交理念。同时，华人侨胞们与当地泰国民众的和平共处，是中泰两国友好交往的使者，在很大程度上为促进中泰两国文化交融打下坚实的基础。其次，泰国在华留学生们是中泰两国文化交流合作的助推器。随着中国国际地位的提升和中国传统文化的广泛传播，大量的泰国留学生选择来到中国进行学习深造。他们通过在中国深入的学习和体验，对中华文化有了更深入的了解，对中国社会也有更加客观和深入的认识。这些在华留学生作为泰国优秀的人才输出队伍，他们对中国文化、政治和社会的认同感使他们在回国后会客观地传播中国积极、友好的文化外交理念，成为促进中泰两国文化交流传播的积极力量。

（四）文化交往促进两国构建更加紧密的合作关系

中泰两国有着悠久的文化交往史，两国间的文化交往自汉朝以来一直未间断，中国文化在教育、艺术、宗教等多个领域都对泰国产生了很大影响。冷战后，随着两国文化交往水平的不断加深，中泰两国陆续签订了一系列促进全面合作的友好协定，从官方层面推动两国的友好往来。1993年，两国签订"中泰旅游合作协定"，推动了两国旅游产业的快速发展，中国赴泰旅游人数从 1993 年的 27 万人次到 2015 年的 793 万多人次，增长了将近 30 倍。1996 年中泰两国教育部门签署了第一个关于双方文化交往的官方文件《中泰文化合作谅解备忘录》，明确双方每年互派留学生到对方国家学习，加强在文化教育方面的交流合作。1997 年两国卫生部签署了《泰王国卫生部和中华人民共和国卫生部卫生医学科学和药品领域合作谅解备忘录》，进一步加强在医疗卫生方面双方的交流与合作①。1999 年，中泰双方在 21 世纪到来之前，签署了《中华人民共和国和泰王国关于二十一世纪合作计划的联合声明》，明确表明了双方希望在新世纪继续加强交流合作的态度。2001 年，双方政府正式签订《文化合作协定》，从国家层面保证了双方在文化交往方面的广度和深度。2007 年，在泰国总理素拉育访华期间，双方政府正式签署《中泰战略性合作共同行动计划》，为双方在政治、经济、文化等多个领域开展双边合作明确了具体目标。2012 年，在泰国英拉总理正式对华访问期间，中泰双方签署了《中华人民共和国和泰王国关于建立全面战略合作伙伴关系的联合声明》，推动双方建立更加紧密的合作关系。正是通过两国在文化领域的合作交往，一方面促进了双方在政治、经济、科技等领域的合作共赢，另一方面推动了双方政府和人民加深理解，增进互信，推动了新形势下全面战略合作伙伴关系的确立。

三 冷战后中泰文化交往的经验对我国文化外交的借鉴作用

（一）中泰两国文化的友好往来根源于对民族文化的自我认同

世界文化长林中出现过许许多多优秀的文化意识和文化形态，但是能长期延续发展下来的却寥寥无几。泰国的主要民族泰族与中国的傣族从历史渊源上讲同属一个民族，因此他们在语言、文化、习俗上有很多共性。泰国文化的发展也是中国民族文化的一种延伸和发展，是两国得以友好建交的根基。中华民族文化经过历史岁月的洗礼和发展，在经历了各种磨难和考验后依然能保持它生机勃勃的发展态势，其中一个重要

---

① ［美］兹比格纽·布热津斯基：《大棋局：美国的首要地位及其地缘战略》，中国国际问题研究所译，上海世纪出版集团 2007 年版，第 165 页。

原因便是中国文化有着深深的民族认同感，具有强大的向心力和凝聚力。这种向心力和凝聚力表现为文化的自我认同感、民族认同感，同时也是超越民族、超越国界的文化群体归属感。中泰两国交往的历史实践证明，中国文化对中国的外交战略的影响是积极而深远的。无论岁月如何变迁，中华大地上的炎黄子孙们都始终对一种文化保持着认同感，这种文化就是中国文化。中国文化可以被中华民族的各民族人民所接受的原因在于中国文化的多样性，它是涵盖了汉族、回族、满族等56个民族文化为一体的多元文化[①]。也正因为如此，涵盖了中国文化元素在内的中国外交政策都将得到来自中华民族儿女的拥护，这是中国文化的民族认同感所带来的外交认同。

当代中国外交战略是中国文化与外交哲学融合的产物，同时也是对国际关系的一种积极回应。在影响国际关系的众多因素中，除去政治、经济等国家力量的要素，民族文化认同感也是重要因素。在错综复杂的国际关系中，有着相同历史渊源或者历史积淀的文化，被称为同质文化。有着同质文化的民族和国家因此有了共同的向心力和凝聚力，这种共同的文化特质的认同性更加容易促成国际合作或者是加强合作的纽带。中国和泰国有着深远的文化历史渊源，在现今的交往中更容易沟通和了解。放眼经济全球化的今天，随着世界和平发展趋势的加快，中国对外政策的目光应该聚集在非政治经济军事等非国力因素上，寻求民族认同感和国家认同感所带来的外交纽带作用。在保证国家主权和国家利益完整的同时，在民族认同下建立合理的共赢关系，是中国在制定外交政策时应该考虑的一个重要方面。

（二）中泰两国始终坚持和谐发展之路

泰国在世界上一贯享有"佛教大国""微笑大国"等美誉。佛教作为泰国的国教，为民众塑造了崇尚安宁、爱好和平的道德标准和精神风范。泰国素来是一个注重礼仪、爱好和平的礼仪大国，泰国民众热爱自己的国家，他们也致力于维护一个安宁和谐的生活环境。泰国建立君主立宪制政体以来历史上发生过多次军事政变，然而，泰国的政变极少影响社

---

① 陆俊元：《地缘政治的本质与规律》，时事出版社2005年版，第69页。

会秩序，无论政治舞台如何风起云涌，社会始终稳定如常，民众生活也并未受到重大影响。同泰国崇尚和平安宁的精神风范一样，中华民族是一个崇尚和平的民族，中华民族传统文化的精神和价值取向是追求世界的和平与稳定。近代历史上中国人民长期遭受列强的侵略，深知战争和遭受欺凌的痛苦，维护和平、反对侵略已经深入每一个中国人的心中，爱好和平的中国人民绝不会把这种悲惨的境况加于别国人民。在中泰两国的交往中，两国始终坚持和平、民主的和谐之路，实现共赢的目标。

冷战结束后，随着中国综合国力的不断增强，以美日为首的西方国家担心中国的迅速崛起会对现有的国际秩序产生冲击，在国际上不断散出"中国威胁论"这样不实的言论，企图通过扰乱中国的周边发展环境打压我国的和平崛起。从世界范围来看，一个国家的崛起方式主要有两种，一种是和平的方式，一种是非和平的方式。从世界近代史可以看出，相继成为世界强国的国家在崛起的过程中大多采用后一种方式，即通过对外扩张、转嫁危机、弱肉强食等途径来达到克服本国危机和发展经济的目的。因此这些国家在对待中国的快速发展上，认定国强必霸的"中国威胁论"是必然趋势。

历史如鉴，一个国家是否对他国构成威胁，不完全在于实力强弱。从中泰两国现今和谐共处的交往来看，中国始终以和平原则作为外交主要原则，根本没有所谓的"中国威胁"。一个国家在国际中处于什么样的地位，关键取决于该国所选择的外交战略。在和谐共处的文化传统影响下的中国，必定是要走一条平等互利、民主共赢的和平发展道路。自新中国成立以来，历代领导人都始终坚持"与邻为善""求同存异"的和平发展理念，积极促进与周边国家地区的合作互惠，坚持在和平共处五项原则的基础上同各国友好相处[1]。中国的发展不可阻挡，在中国日后的持续稳定与发展中，依然会坚持和平的外交原则同各国交往，通过营造互惠合作、和平稳定的发展环境，为促进地区发展与稳定发挥积极作用。

---

[1] 周方冶：《王权、威权、金权：泰国政治现代化进程》，社会科学文献出版社 2001 年版，第 144 页。

（三）灵活务实的外交政策在解决地区间问题时发挥重要作用

中泰两国近年来友好关系不断深入发展，这正是两国政府通过开展灵活务实的外交政策取得的宝贵成果。冷战结束后，面对着错综复杂的国际环境，我国领导人提出了韬光养晦、专心搞好经济建设的灵活务实外交政策，努力营造良好的国际发展环境。近年来，伴随我国综合国力的不断提升，以美日为首的西方国家在国际社会上大肆渲染"中国威胁论"，鼓吹中国崛起后国强必霸，会对地区和国际社会的和平发展带来不安定因素。美国还通过制定重返亚太战略，利用其在东南亚地区的影响力，鼓动越南、菲律宾等国，在中国南海制造领土争端。面对复杂多变的地区国际形势，我国政府始终坚持灵活务实的外交政策，一方面通过积极加强同南海问题有关国家开展交流对话，倡导搁置争议，共同开发。同时积极发挥区域内大国如泰国、印度尼西亚等国的地区影响力，努力化解南海地区的领土争端问题。另一方面，我们通过推动亚投行建设，海上丝绸之路经济带建设，中国—东盟自由贸易区的升级发展，推动中国和东南亚各国的互惠互利，进一步加深同东盟地区各国的经济文化往来。

在美国高调宣布"重返亚太"战略后，中泰两国关系的不断发展也体现了泰国外交政策中灵活务实的特点。一方面，由于历史原因，美日等国的政治经济文化对泰国有着很深的影响，美泰同盟的关系决定了泰国在面对一些国际和地区问题中，不得不考虑美日等国的国际政策。另一方面，由于中国传统文化和华人社会在泰国国内的重要地位，以及近年来中泰两国间日益密切的政治经济文化往来，决定了中泰关系已经逐渐成为泰国对外最重要的国际关系。面对这种情况，泰国正是通过灵活务实的外交政策，在处理东南亚地区问题时，从更符合本国利益的角度出发，积极同中国开展经济和文化往来，通过加强同中国的交往合作，推动本国经济社会的快速发展，同时也提升了本国在地区的影响力。中泰两国灵活务实的外交政策对东南亚地区各国都有着宝贵的借鉴意义，为推动地区问题的解决发挥了重要作用。

（四）中泰两国坚持共同发展，致力于构建国际新秩序

中国传统文化中的人文精神和价值取向是追求世界的和谐和稳定，

泰国的民族信仰是追求和平和稳定，文化是民族的，也是世界的。在世界政治、经济形势不断变化发展的新时代，建立适应时代发展、符合人类发展需求的国际新秩序符合各国人民的愿望。中国文化追求和平稳定的价值取向是具有世界价值的，它对解决当代国际政治和经济领域的一系列问题具有借鉴意义。

在和平主义文化影响下的中泰两国政府积极推动建立公正合理的国际政治经济新秩序，而中国文化重视和谐的文化品格和泰国文化佛教的和平本质正是构建国际新秩序的首要基础。从古至今，人们都向往生活在一个富裕文明、和平共处、没有战乱的社会环境中。中华民族的历史长河里对和谐的追求从未停止。早在春秋战国时期，各诸侯雄霸一方、战争纷争不断、诸侯之间的关系错综复杂，与当今国际社会关系类似，诸子百家有意识地提出了"以和为贵""四海之内皆兄弟"的大义[1]。各诸侯国使者也极力促进诸侯国之间的和平共处，这是当时的时代潮流，沿用至今却也再合适不过了。当今国际关系复杂，国家之间有利益冲突，但求和谐，就可能达到利益一致的双赢局面，人与人之间、国与国之间化解问题矛盾的最佳方式便是以和为贵，方能和睦相处。国际政治研究领域著名学者塞缪尔·亨廷顿，在《文明的冲突》中阐述了文明将是今后国际社会矛盾冲突的重要因素。这引起了世界学者的广泛关注，文化因素在国际政治中的地位正在逐步上升，中国文化和平为先的价值取向是顺应国际社会和平共处的发展趋势的[2]。

历史上，中国和泰国都曾多次受到西方殖民主义的入侵，两国人民在反对侵略的斗争中，展现了维护国家主权领土完整的坚强决心。也正是这种经历，使得中泰两国人民追求和平、稳定的社会环境的意识从未断过。中国传统文化中以人为本、和谐平等的道德准则，为规范国际行为、建立国际新秩序提供了保证。中国传统文化素来重视"礼"的作用。所谓"礼"是社会的规范、秩序和法度，通过建立规范合理的秩序，维

---

[1] [新]尼古拉斯·塔林主编：《剑桥东南亚史》，王士录、孔建勋等译，云南人民出版社2003年版，第185页。

[2] [美]施坚雅：《泰国华人社会：历史的分析》，许华等译，厦门大学出版社2010年版，第63页。

护社会的安定和平。礼作为一种规则秩序,对于维护世界的和平与稳定也发挥着重要的作用,这就要求各国在制定外交政策和处理国际事务时,必须要履行相应的责任和义务。同时一个国家要想在国际社会中树立权威,还需要"以德服人",实施"德治"。"德治"是天下大治的根本,是建立国际新秩序的根基①。"德治"思想要求在国际社会中,各个国家不以强欺弱、反对霸权、坚持正义。只有各国都遵守国际道德,国际关系才能和睦友好,国际社会才能长治久安。只有各国都推行"仁政",国际社会才得以和谐安定。中泰两国在交往过程中,始终坚持互惠互利、和谐共处,用实际行动为维护地区和平与稳定,为构建国际社会新秩序作出了应有的贡献。

第三节 冷战后中泰两国文化交往存在的问题及原因分析

中泰两国在文化领域的交流合作水平不断加深,在取得显著成就的同时,我们也发现两国在文化的传播方式、人文往来、语言教育、文化产业等方面还存在着一些问题。政府主导的文化交流方式传播途径单一,跨文化交流带来的文化冲击,语言教育缺乏科学系统化导致传播效果有限以及文化产业竞争力不足,是目前制约两国文化交往的主要问题。

一 两国文化交往中存在的问题

(一)文化交往的传播方式还需要进一步拓展

文化外交的目的主要是通过向对象国传播本国文化,对他国民众产生影响,通过提高他国民众对本国文化的认同感,来提升本国文化的吸引力,树立本国良好的国家形象、提升国际地位。同时文化传播作为一种外交手段的客观要求,决定了其实施主体主要是由国家层面的政府来担任。当前中泰两国在开展文化交往活动中,由政府主导开展文化交往

---

① 任一雄:《东亚模式中的威权政治:泰国个案研究》,北京大学出版社2002年版,第213页。

的传播方式仍旧占据主体地位。而以政府为主体的文化传播，由于其较强的目的性和方式的单一性决定了其传播效果比较有限。

从中国对泰方面来看，目前两国文化往来的主要途径还是由双方政府主导，通过一些官方和半官方的组织，依靠语言学习、人文往来、媒体宣传等方式开展文化往来。简单的、模式化的传播或者交流方式，由于其传播的单向性、目的性以及受众群体的多样性等因素的影响，容易使受众国的民众感到"审美疲劳"，降低我国文化对泰国民众的吸引力。尽管非政府组织及民间团体由于交流方式和交流内容的灵活性，决定了其在推动两国文化交往中能发挥更加重要的作用，但由于我国非政府组织起步较晚，无法与西方发达国家非政府组织的地区影响力相提并论，同时目前以加强中泰文化交流为目的的民间团体发展也比较缓慢，导致现阶段我国与泰国文化交往仍旧由政府来主导，传播方式和传播途径较为单一，对促进两国间的文化交往影响有限。

从泰国对中方面来看，同样存在传播方式以政府主导为主，传播途径较为单一的情况。文化传播方式上依赖于传统媒体和旅游业推广，同时由于两国间意识形态，政治制度的差异，导致泰国政府和民众将某些中国非政府组织的活动当作有政府背景的行为，忽视了中国非政府组织及半官方组织所发挥的交流作用。此外，泰国在对华文化交往中，传播途径单一，依靠互派留学生、文艺演出等人文往来方式传播，缺乏类似孔子学院的泰国文化传播平台。

(二) 跨文化交流不充分带来的文化冲击

中国经济在不断强大，综合国力也在不断提升，然而走出国门的中国人在公共场合的形象缺失现象频繁发生。随着两国政府在文化交往方面合作的加深，泰国凭借其优美的自然人文景观吸引了越来越多的中国游客前往泰国旅游观光。截止到2015年年底，中国赴泰国旅游人数已经高达793万多人次，而其中首次出国旅游的人数占了一半以上。旅游产业的快速发展有力地推动了两国的人文往来，然而不同意识形态、国家制度和生活习惯下的两国人民在交往过程中，势必容易产生因跨文化交流不充分所带来的文化冲击。大量的中国游客在为泰国带来巨额经济收益的同时，也给当地民众正常的生活秩序带来了巨大的文化冲击。

部分中国游客的不文明行为遭到了泰国人民的厌恶，如在寺庙内晾晒内衣、在公共场合大小便、大声喧哗、随地吐痰、脚踢古寺内的钟、在公共卫生间的洗手池内洗脚等，这些只是泰国人罗列的一大串中国游客不文明行为当中的几项。民众的愤怒迫使泰国政府印发成千上万份中文礼仪手册，以确保观光者举止得当。根据一项清迈大学社会学研究所进行的调查显示：在两千多名受访者中，有将近八成的受访者对中国游客来到清迈表达了不满。受访者认为，中国游客在旅游景区内时常不遵守游客秩序，给景区的其他游客带来不好的影响。其次中国游客在公共场所不注意公共卫生、随意丢弃垃圾等行为对社会环境造成了消极影响。清迈作为一座历史悠久的文化古城，当地居民很注意在公共场所的秩序和礼仪举止，中国游客的一些不文明现象给旅游所在地的居民也带来了困扰。然而我们在看待这些不文明现象的同时也应该意识到问题的另一个方面，即由于两国风俗文化的差异，会在一定程度上有社会规范的不同定义，也会带来两国人民对一些行为的看法差异。一些"不文明"现象其实并非故意为之，一些老年游客团由于身体原因在公共场所大声说话，随意蹲坐等行为是习惯使然，但到了国外却成了引人反感的"不文明"现象之一。

伴随两国交往的加深，泰国文化也给中国带来了冲击。国人在享受泰国优美的景色、贴心的服务同时，也对泰国社会中巨大的贫富差距、自由散漫的工作状态、男尊女卑的社会现象以及"人妖文化"、开放的"性文化"等泰国文化所感到震惊，不同意识形态、国家制度下文化的差异，使泰国国内正常的社会现象，却给赴泰旅游的中国人带来了文化冲击。正如清迈大学副校长罗姆·克莱科姆所说："清迈居民必须明白，6成来这里的中国游客是首次出国。我们第一次走出国门时，也会经历文化冲击。"[①] 同时他认为，这种文化冲击也让国民意识到，出国旅游时应该注意自己的言行举止。不文明现象的出现一方面确实是部分游客在境外旅游时不注意自身言行，损害了我国的公民形象。同时，另一方面由于不同国家间的文化差异，不同文化间的交流沟通不充分容易造成误解

---

① 易露露、陈池澍：《泰国企业在华投资探析》，《商场现代化》2007年第5期。

和矛盾的产生。而中泰两国在文化交往过程中，旅游陋习等不文明现象的出现，为两国人民都带来了文化冲击，作为主人，泰国需要适应；作为客人，我们更需要适应。

（三）两国的语言教育推广效果有限

冷战结束后，随着中泰两国日益频繁的政治经济文化往来，越来越多的泰国人受到中国文化的吸引，希望学习汉语了解中国。同时，由于语言交流作为文化交往的一种重要传播途径，通过推动汉语言教学在泰国的广泛兴起，从而推动中国文化在泰国的传播成为我国对泰文化交往的一项重要工作。尽管两国政府通过互派留学生、互设语言专业、开办孔子学院等方式推动了双方的语言交流。但由于双方在交往过程中存在教学人才缺乏、交流途径单一、传统意识影响等多方面问题，导致两国间语言教育的交流水平和文化推广效果有限。

从中国方面来看，中国政府为推动双方语言教育发展，通过成立汉语国际推广领导小组办公室、设立孔子学院、互派留学生、培训泰国汉语言教学师资力量等多种方式，促进两国教育事业的交流往来。但由于官方主导的交流方式存在交流渠道单一，教材内容缺乏系统性、针对性，教育人才流动性大，成效考评机制不健全等问题，导致汉语言教学工作在不同地区和不同人群间的成效差异明显，教学水平也仅仅局限于初级的认读书写等阶段，丧失了汉语言教育对传统文化传播的推广作用，降低了汉语言文化对泰国民众的吸引力。

从泰国方面来看，在两国的语言教育交往过程中主要存在以下几点问题。

第一，文化教育的交流途径单一，地域性明显。泰国对华文化交往的途径同样也是以官方为主导，并且其交流的地域性非常明显。在同我国开展教育交流过程中，由政府主导留学生及教师学者的选派工作，交往对象为同泰国有同样文化习俗的云南、广西等省份高校，地域性明显，缺乏对我国语言、文化和教育水平的整体了解。

第二，留学生素质有待提高。一方面是中国赴泰留学生水平有待提高，这是由于泰国本国教育水平有限，留学时可选择高校有限，导致对中国优秀留学生吸引力不足。另一方面是泰国赴中留学生水平不高。由于泰国国内以西式教育为主,强调培养学生的动手能力,导致教学质量不高。同时由于政府主导的留学生选拔工作存在政策缺陷,导致泰国赴中留学生水平有限。

第三,交往内容比较局限。泰国在对华开展教育交往过程中,主要局限于语言交流、人文领域、中医传统等方面,而在高新科学技术、电子信息等科技领域的教育往来,还是青睐于向西方国家学习。

第四,宗主国文化影响。由于长期受西方国家的殖民统治,泰国在教育领域受宗主国的影响还依然存在。一方面政府在教育制度制定及教学开展中受西方教育理念影响。另一方面,美国、日本的文化还是对中泰文化交往带来了一定的冲击。

(四)泰国旅游产业的发展折射出我国文化产业竞争力的不足

文化外交的形式多种多样,其中以文化产业最具有代表性。文化产业作为一个国家的民族文化和经济产业相结合的产物具有强大的生命力,也是一个国家在文化外交中的有力方式。文化产业的传播和发展可以使别国民众了解我国本土文化,继而认同和喜爱本国文化,这不仅能加快本国文化产业的发展,同时也能达到文化外交的政治目的。从20世纪80年代开始,随着泰国政府对旅游产业的大力扶持,旅游业已经逐渐超过农业成为泰国国民经济的支柱产业。近年来,随着中泰两国在文化领域交流合作的加深,泰国丰富多样的文化旅游资源以及中国政府放宽对公民出境旅游的限制,使泰国成为中国游客出境游最钟情的目的地之一,赴泰旅游人数从90年代初的30万人左右,增加到现在的近800万人次,大量中国游客的涌入促进了泰国旅游产业的快速发展。

从泰国方面来看,为了能够吸引更多的外国游客来泰国旅游观光,泰国政府通过对其文化资源的开发创新,依靠独特的传统文化资源,优美的自然人文景观,完善的配套服务设施,趣味多样的旅游产品,便捷畅达的交通设施以及整体国民的友好态度,促进泰国极具特色的旅游产业的形成发展。此外,当漫步在泰国的街头,让人留意的还有应接不暇的旅游广告,它们都是非常漂亮和富有创意的,已经成为泰国的一大特色。旅游广告正是通过利用丰富的创意达到对旅游文化产业的宣传和推广,给旅游产业带来更多的收益。此外,泰国的影视传媒、创意产业等文化产业也迅速发展,与旅游产业互相推动,成为泰国对外交流重要的文化品牌。

与此形成鲜明对比的是,随着出境游的迅猛发展,我国旅游产业缺乏文化品牌,竞争力低下的问题暴露无遗。主要表现在:一是旅游配套设施不健全。我国旅游市场较为庞大,国家对旅游产业的投资相对较少,很多旅游景点的配套基础设施较为薄弱,没有以旅游消费者的需求为设计导向,一些重要的旅游接待设施如停车场、酒店、娱乐设施、购物设施、医疗救助设施等不够健全,使很多旅游消费者的需求得不到满足。二是旅游形式单一化。目前我国一些旅游市场的开发还处于初级阶段,以一般性的观赏为主,观光产品开发不够,旅游服务内容较为单一化,对很多旅游消费者的吸引度不够,很难达到预期的市场效应,使一些旅游景区呈现游客稀少、门庭冷清的经营状况。三是对旅游市场的监管不到位。旅游市场的竞争十分激烈,各种不正当竞争现象也时常发生,如果政府部门对旅游市场的监管不到位会引起市场的秩序混乱,使旅游市场处于无序竞争状态,滞后旅游产业的发展。四是旅游产业缺乏开发创新意识,缺乏品牌竞争力。我国旅游产业忽视对旅游品牌的培养,忽视了传统文化等文化资源的开发利用,造成旅游的同质化现象严重。同时由于宣传及品牌推广工作的差距,导致我国的旅游产业缺乏具有鲜明特点的文化品牌,文化产业的国际竞争力不足。

二　两国交往中存在的问题原因分析

(一)单一化的传播方式决定了文化交往的效果有限

以政府为主体的传播方式,由于其较强的目的性和方式的单一性决定了其传播效果比较有限,主要有以下几个原因。

第一,传播方式的单向性忽视了受众群体的接受度。中泰两国在开展文化交往过程中,由于外交体制上的限制,政府在外交活动中占据着绝对的领导地位,导致政府所发挥的主体作用过于突出,非政府组织及民间团体的作用过于淡化[1]。而以政府为主导的交流活动,传播方式主要

---

[1] [泰]邢晓姿:《论中国传统文化对泰国社会之影响》,《中国石油大学学报》(社会科学版)2011年第3期。

为由双方政府主导，利用新闻媒体、影视传播等媒介，组织两国的机构、团体和民众开展文化往来。由于政府主导的文化行为具有推广本国文化的外交属性，其活动具有较强的目的性。而受众国间由于文化传统，意识形态和国家制度的差异，单向性的文化传播容易忽视受众群体的内在需求，对外来文化产生抵制作用，从而降低了文化交往的效果。

第二，需求的多样性要求文化外交内容的差异化。文化交往过程中，由于受众群体的对象来自不同的国家和地区，受众群体众多，且群体中的每一个个体都具有独特性，这使得两国在文化交往中存在很大的差异性。而政府在进行文化外交活动中，则时常要作为一个行动整体诠释以一对多的角色。制定的宣传政策及传播行为更多的是注重整体形象的推广，在文化活动的设计安排中，缺乏对受众国家不同年龄阶段、受教育水平、接受程度的差异化对待。而个人或是非政府组织的数量众多，在各个层面的分布也较为广泛，能更有针对性地为受众国群体开展交流推广工作。所以政府主导的文化外交活动的效率必然低于非政府组织。

第三，国家形象决定了开展文化外交的作用。我国外交活动的领导主体由外交部、中宣部、文化部等核心政府部分组成，由新华社、中央电视台等新闻媒体单位进行文化宣传和推广。由于开展文化交往的受众主体为他国的民众群体，这就需要我国政府在他国有着良好的国际形象和社会信任度。我国的这些外交部门在政府领导下，在外交方针和对外理念上都具有社会权威性。但由于一些西方国家在国际社会上鼓吹"中国威胁论"，以及我国民众在国外旅游时不文明现象的频发，都对我国的国际形象产生了不良影响，加上中国媒体的官方色彩和中外文化的差异性，还是会引起他国民众的不信任感。由此可见，国家形象决定了开展文化外交的作用成效，积极、良好的国家形象会更加利于一国政府文化外交活动的开展。

（二）缺乏文化尊重是不文明现象频发的主要原因

近年来，伴随中泰两国文化交往的深入以及跨境游的兴起，越来越多的中国民众选择泰国作为出国旅游的首选目的地。与此同时，由于境外旅游时不文明现象的频发，损害了我国在国际旅游市场上的形象，遭到当地人排斥，对两国民众都带来了文化冲击。

表面上来看，出现这些问题的原因主要有以下几点。一是因为"旅游饥饿"。伴随我国经济社会的快速发展，人民日益增长的旅游需求同国内落后的文化产业形成较大矛盾，与此同时，泰国以其优美的自然人文景观，发达的文化服务产业，便捷的交通设施，吸引了大量的中国游客前往。同时由于许多赴泰旅游的中国游客都是第一次走出国门，并且赴泰旅游前缺乏对当地文化和文明出行的学习教育，忽视了自身所代表的国家形象，导致中国游客素质良莠不齐，出现不文明现象频发的问题。二是确实有一部分国内游客存在不良习惯，损害了我国游客的整体形象。尽管近年来倡导的文明旅游出行收到了一定的成效，但由于我国旅游参与者众多，部分游客存在一些不文明的生活习惯，如吸烟、随地吐痰、乱扔杂物等。同时，部分游客认为国外远离自己的生活群体，可以放松对自己的要求，自然就会出现"不文明行为"的发生。三是不同文化间的差异引发的行为误解。由于不同文化背景，意识形态和国家制度的差异，导致两国民众在文化交往中容易产生文化冲击[①]。如泰国历史上曾受英法驾驶习惯的影响，道路上的交通与我国正好相反。由于驾驶习惯和交通法规不同的影响，造成我国游客在泰国旅行时经常会出现逆向行驶的情况，一方面给我们的游客带来了很大的安全隐患，另一方面也给泰国当地民众正常的交通秩序带来了混乱，造成了对我国游客的不满。

不文明现象表面上看是由于旅游行为产生的，究其根源还是两国在文化交往过程中缺乏对对方文化的尊重。正如泰国的佛教文化、小费文化等文化传统，在两国的文化交流中已经广泛传播，国人在赴泰旅游前也会收到旅行社或者当地景点提供的建议手册。但正是由于缺乏对对方国家文化的尊重，仍有在佛教圣地拍照、攀爬等众多不文明现象。而由于我国没有泰国服务业的小费文化，加上服务生也不会主动索要，造成一些人认为服务已经包含在所付费用内，是理所应当的，也就无视当地的小费文化，损害了中国游客在泰国的整体形象，导致一些旅游城市的服务人员看到是中国游客，态度就差很多，这也是造成中国人在国外旅

---

① 沈力生：《中国和泰国间双边贸易分析与展望》，《华侨大学学报》（哲学社会科学版）2013年第3期。

行时受到差别待遇的重要原因。

（三）文化创新意识的差距导致两国文化产业发展程度的不同

通过对中泰两国文化产业的发展情况进行对比，可以发现我国在文化产业的发展过程中，由于缺乏创新意识，忽视对传统文化的开发保护，造成对文化资源的浪费，没有形成代表性的文化品牌，造成文化产业缺乏竞争力，阻碍了文化产业的发展。

以泰国的文化产业为例，泰国由于东西文化多元交汇的影响，形成了独具特色的泰国文化。泰国是庙宇林立的千佛之国，通过充分挖掘其文化中独具特色的佛教文化、象文化，甚至是人妖文化，并对这些文化资源开发利用，通过影视作品、人文交流、宗教传播等方式，将这个信仰为上的微笑之国展现在了世界人民的眼前，同时也将泰国悠久的历史文化、风土民情传播到世界各地。泰国得天独厚的地理位置使之成为天生的旅游之国，泰国利用自身独特的海岛风情和丰富的自然旅游资源，大力发展旅游产业，现今已开发了多达500多个景点，吸引了大批来自世界各地的游客前去观光度假。

相比泰国，在中国更为辽阔的疆土上也分布着众多独特的自然景观、人文景观和风格迥异的民族风情文化带。但是却远低于泰国的旅游开发程度，无论是政府部门对旅游产业的投入还是旅游产业带来的经济效益都有很大差距。同比西方国家，我国GDP总量中文化产业总值所占比重相对低很多，我国文化产业整体发展水平还是相对薄弱和滞后。每年入泰国参观旅游的中国游客占了泰国旅游人群将近一半的比重，但是中国对泰国文化市场的进入程度还处于初级阶段。由于泰国曾受美国、日本等资本大国对其进行的文化侵蚀，泰国本土民众对中国文化产品的接受有着一定阻力，再加上中国在泰国本土缺少民族文化品牌和代表性的文化产品，使得我国文化产品在泰国市场占有份额较小，文化产业的发展也相对缓慢。

这一局面的形成，根本原因还在于中国在发展文化产业方面缺乏创新和保护意识。首先，中国对历史留存的宝贵文化财富没有好好地加以利用。中华民族是一个有着悠久历史和文化底蕴的民族，在中国地大物博的土地上有着太多灿烂的文化遗产，但是能被我们认真加以探知和培养的却很少。中国近代遭受西方列强入侵时更是被掠夺和损坏了大量珍贵的历史文物。近年来，随着中西文化交流的密切，中国民众对一些西方国家洋节日的喜爱大过对中国传统节日的重视程度。而中国传统的端午节竟被韩国媒体宣称为韩国的传统节日。不仅如此，日本也曾在媒体中宣称中国的汉字书法源于日本文化，这样的报道经常见诸国外媒体，这些都体现了中国民众对本国历史文化的忽视，没有保护好自己的民族文化。其次，中国时常受到来自他国的竞争和排挤，在文化产业的对外竞争中压力很大。中国作为一个快速崛起的大国，不但受西方大国的打压和排挤，也处于同周边国家和地区间的激烈竞争中。这些国家在与中国的文化交往中，会加大对本国文化产业的保护力度，同时抑制我国的文化产品和文化产业在该国的过快发展。这些因素都不利于我国文化产业在国际竞争中形成代表性品牌。最后，中国文化产品缺乏创新意识，难以培养出优秀的文化品牌。此外，中国的知识产权维护意识不足，文化产品一旦受到产权侵犯，其市场价值也将大打折扣。由此可见，建立健全产权保护体系，切实维护好本国产业品牌，对发展好本国文化产业具有重要意义。

第四节　提升中国文化软实力增进中泰关系的对策分析

近年来，伴随我国政治经济实力的大幅提升，一些别有用心的西方国家在国际社会上鼓吹"中国威胁论"，同时，由于文化上的差异以及我国民众在国外旅游时一些不文明的行为举止，都对我国的国际形象产生了不良影响。面对中泰两国在文化交往中暴露出的这些问题，我们必须要通过大力弘扬中国的传统文化，改革制约文化产业发展的体制机制，积极发挥宗教艺术在文化外交中的作用，推动我国文化软实力的提升，在国际社会上树立正面、友好的大国形象。

一　大力弘扬传统文化提升我国文化软实力水平

（一）增强对传统文化的民族自信

中国作为世界四大文明古国之一，在历史上有着灿烂悠久的传统文化。面对丰富多样的文化遗产，我们一方面自豪于丰富的文化资源，一方面却在与其他国家的软实力竞争中处于下风。除了开发保护等科学技术方面上的欠缺，其根本原因则在于对传统文化资源的开发利用做的不够，甚至存在对传统文化资源的忽视和放弃。

中华民族的传统文化博大精深，汉文化的传播对世界上众多国家的文化发展发挥了重要的作用。例如，周边的日韩等国，历史上曾作为我国的附属国存在，其思想文化都受到了中国文化的熏陶和影响，直到今天还有许多风俗习惯与我国相同。但随着近代西方列强对我国一次次的殖民侵略，许多有识之士开始推崇学习西方的先进文化，加之新中国成立以后对传统文化资源的开发保护不够，导致了"言必称西方"现象的出现，缺乏对传统文化资源的自信[①]。

然而就在我们放弃对传统文化的坚守，追求学习西方文化的时候，我国灿烂悠久的传统文化却引起了世界许多其他国家的重视。如西方国家兴起的汉语热，美国西点军校和战略司令部在越南战争期间就开始学习运用《孙子兵法》指挥战斗。甚至有个别国家，妄图利用我国对传统文化的开发保护上的不足，将我国传统的中医文化中的针灸等文化资源据为己有，申请世界非物质文化遗产保护，还通过拍摄成电视剧的方式开展文化宣传。尽管最终申遗工作不了了之，但这些事件，一方面从侧面体现了我国传统文化资源的优秀和宝贵。另一方面也反映出我国对传统文化资源的开发和保护还有欠缺。因此我们要弘扬自己的文化特色，尊重和热爱我们的传统文化，对中华民族的传统文化充满信心。

（二）丰富文化载体弘扬传统文化。

传统文化作为一个国家和民族的灵魂，对丰富人的精神生活，提高

[①] [泰] 素提潘·集拉提瓦、梭提东·玛立甲玛：《泰国的自由贸易协定战略：当前发展情况和未来变化趋势》，《南洋资料译丛》，向来译，2005年第1期。

人的综合素质，促进人的全面发展，形成良好的社会风尚，具有不可替代的作用。如果说因为近代中国的积贫积弱导致一部分国人丧失了民族自信心，那么，随着改革开放以来我国综合国力的提升，以及国际社会对我国传统文化的认可，恢复传统文化作为文化软实力的主体地位有助于从根本上重新建立起国民的民族认同感和民族自信。

第一，重构中国传统文化的价值体系。要想推动中国传统文化深入民心，促进我国文化产业的发展繁荣，需要重视对传统文化的价值体系建设。通过对弘扬传统文化的文学作品、影视艺术等文化载体进行收集整理，作为传统文化的教育内容，纳入国民教育体系的各个环节当中，使国人从小就开始接受系统的传统文化教育，帮助年轻人更好地了解我国传统文化的精神内涵，自觉地做到弘扬传统文化。与此同时，国家要重视发展传统文化产业对构建传统文化价值体系的重要作用，通过对传统节日、传统习俗所包含的精神内容进行包装开发，增强国人对传统文化的认同感和自豪感，从而抵制西方文化的入侵，推动我国传统文化的发展传承。

第二，利用现代传播媒介推动文化传承。在对中国传统文化进行开发保护的同时，我们应该积极利用现代化的传播媒介，通过互联网信息技术、网络媒体、影视传媒等多种方式，将我国传统文化进行包装展示，渗透到社会生活、旅游观光、经济合作等人文往来活动中，增强人们学习了解传统文化的兴趣，推动我国传统文化走近大众，走出国门。此外，由于网络信息等新兴传播媒介中信息的良莠不齐，我国在利用现代传播媒介推动传统文化传承的同时，还应该通过加强管理，推动传播媒体自觉抵制低劣落后的网络信息，共同营造积极良好的文化氛围，推动传统文化的发展传承。

第三，立足传统文化，树立创新意识。文化体制改革可以为文化产业的发展提供最强大的推动力。在新时代背景下，我们要树立创新意识，找寻适应当前市场经济体制的文化体制，在时代的高起点上，推动文化内容形式、体制机制、传播手段创新，从民族传统文化中提取具有中国特色的文化产业发扬光大①。此外,文化产业的创新与发展必须面向全体民众,让全民参与其中。通过推动国学热、龙舟热、成语热、传统习俗热等文化活动的开展,使传统文化有更多更丰富的文化载体,体现一个传统文明大国对民族文化的传承和发展,真正通过对传统文化的弘扬传承,推动我国文化软实力的根本提升。

二 依靠文化产业的发展繁荣提升我国的文化软实力

文化软实力的提升,需要通过大力发掘自身优秀的文化资源,依靠制度创新、意识创新、传播手段创新,来推动文化产业的发展繁荣,从根本上推动文化软实力的整体提升。

(一)依靠制度创新是推动文化产业繁荣发展的基本保障

当前我国在对文化产业的发展管理过程中,主要存在以下三点问题。一是存在管办不分的问题。文化产业的主要参与者还是以国有的出版单位、文化团体和科学研究院所为主,许多文化活动存在着既当裁判员,又是运动员的情况,打击了民间团体和社会资本参与文化产业的积极性。二是存在"九龙治水"多头管理的情况。根据当前我国在文化产业的管理体制要求,不同文化事业的管理分属宣传部门、文化部门、新闻出版部门、广电部门等多家管理单位。不同管理单位的职能存在交叉混合和越位缺位等问题,造成了多头管理、管理混乱的现象,制约了文化产业的发展。三是缺乏市场经济对资源的有效配给。传统的计划经济体制的制约,以及文化事业党政主导的管理模式,从根本上制约了文化产业的生产力发展,表现为我国日益提升的综合国力以及不断提高的人民生活水平同落后的文化产业之间的矛盾,缺乏市场对文化产业的主导作用。

近年来,随着中央政府对提升文化软实力重视程度的不断提升,一些制约文化产业发展的体制机制逐渐开始改革创新。但由于我国文化产业的发展存在起步晚、起点低的问题,管理体制在从计划经济体制转向市场经济体制转变的过程中,还存在着党政不分、管办不分、交叉管理

---

① 陈锴:《试析中国与中南半岛国家地缘文化关系面临的挑战及应对之策》,《国际政治研究(季刊)》2012年第1期。

等问题，对文化产业的发展繁荣存在着体制机制上的制约。对此，在文化产业管理体制改革的过程中，必须坚持引入市场机制，放开"有形的手"的管理，实现"无形的手"对资源配置的基础性作用①。通过推行文化体制改革，建立管办分离、政企分开的现代企业管理制度，促进文化领域准入门槛的降低，依靠制度创新从根本上推动文化产业的繁荣发展。

（二）发掘文化内涵是推动文化产业发展繁荣的客观要求

当前我国在推动文化产业的发展过程中，除了体制机制的制约因素以外，在文化内容、产业规划以及表现形式等方面同样缺乏创新精神，其中一个重要的表现就在于传承优秀民族文化时内容和形式上的僵化落后。结合本章对泰国文化的研究，我们可以了解由于其特殊的地理位置，泰国作为历史上文化传播的主要受众国，曾受到佛教文化、汉文化、印度文化、日本文化及西方文化的共同影响②。多重文化的传播交汇使得泰国的文化呈现复杂性和多样性的特点。然而泰国通过对本国传统文化进行挖掘、保护，对传统的佛教文化、象文化甚至人妖文化进行了内容创新，为他们赋予友善乐观、积极向上的文化内涵，并通过对文化旅游产业的扶持发展，促进了泰国文化在全世界范围内的广泛传播。

在我国文化产业的发展过程中，真正在世界范围内引起人们关注的文化产品，主要还是宣扬了中华民族悠久历史、积极向上的文化产品。如《三国演义》、《孙子兵法》等文学产品；中秋节、春节等传统民俗习惯以及中国传统的饮食文化。这些所宣扬的中国式的责任意识、团结意识以及家文化，都是对西方文化的一种积极有益的补充③。同时通过对西方"普世价值"的批判吸收，对我国传统文化中强调和谐中庸发展的文化思想进行创新性的挖掘开发，突出我国传统文化同西方文化在民主自由与和谐发展方面的共通性，有利于消除不同政治制度、文化背景下的

---

① 颜洁：《略述中国与东南亚文化交流史中的几个重要方面》，《东南亚纵横》2010 年第 1 期。

② 陈锴：《中国——东盟地缘经济关系研究》，博士学位论文，上海社会科学院，2009 年，第 63 页。

③ 张克成：《东盟对中国的地缘战略意义分析》，《改革与开放》2010 年第 7 期。

人民对我国的误解，增强我国传统文化对世界人民的吸引力，营造良好和谐的发展环境。

（三）创新传播手段是推动文化产业发展繁荣的必由之路

通过对国际文化传播方式的研究发现，在当今世界文化交往过程中，各国的文化传播方式主要有以下三种。一是以宗教传播为主。通过宗教文化的传播带动其他文化的传播；二是以政府主导为主。通过开展官方形式的文化交往，推动不同意识形态国家间的文化交往，增加政治互信和文化交流；三是以经济利益为主。通过文化产业的扩张发展，推动文化产品和文化载体的商业输出。

历史上早期的文化交往方式主要以宗教传播为主，利用宗教信仰神圣的外衣掩护，对传播目标国开展文化入侵。目前，国际上的文化传播模式主要以经济交往为主，通过影视作品、创意产业、文化旅游等多种形式，推动国家间的文化传播。而目前我国的文化输出过程仍旧以政府主导为主，依靠官方或有官方背景的交流活动，开展带有政治色彩的文化展示。希望通过对我国悠久的传统文化开展"走出去"活动，加深西方国家对我国文化的了解和认识。然而，在经济发展全球一体化的背景下，由于传播手段和宣传方式的局限性，这种单纯的带有政治色彩的文化推广效果极其有限。不但达不到文化传播活动应有的作用，甚至还会引起受众国人民的误解和反感。

通过研究泰国的文化特点我们了解到，作为曾经文化传播的主要受众国，其在新时期对自身文化的弘扬传承，就是依靠创新传播方式，将文化传播与商业发展、人文交往紧密结合，推动了本国文化产业的繁荣发展。以泰国的"象文化"的传播手段为例，众所周知，大象在泰国人民的生活中有着举足轻重的地位，是泰国的象征。但"象文化"之所以能够为全世界人民所了解，正是通过文化传播与经济活动相结合的创新方法，形成与象文化相关的创意文化产业。如泰国的"象"牌啤酒，通过赞助世界足坛知名的巴塞罗那俱乐部，一方面提升了自身品牌在国际上的知名度，另一方面在商业推广的过程中潜移默化地推动了"象文化"的广泛传播，此外，泰国还运用神话传说、影视创作、主题公园等多种形式，创新宣传载体，丰富文化内容，推动"象文化"的广泛传播，促进相关文化产业的繁荣发展。

针对目前在我国文化传播和文化产业发展中存在的问题，一方面我们需要破除制约文化产业发展的体制机制；另一方面还需要对文化传播手段进行改革创新。通过充分发挥市场经济对资源的配置作用，以企业作为文化交往的主题，根据市场需求，生产出符合人民意愿、具有传播效果的文化产品。同时还应该高度重视民众在文化产业中的创新作用，充分利用网络媒体、影视作品、商业往来等形式的传播手段，大力扶持创意文化产业的快速发展，实现传播手段的专业化与多样化，推动文化产业真正实现"走出去"，从根本上促进我国文化软实力的提升。

三 通过发展宗教艺术文化来推进两国关系

宗教艺术交往对于历史上中泰两国关系有着深远影响，一直受到两国政府和民众的高度重视。自汉朝以来近 2000 年的漫长岁月里，中国与泰国宗教艺术领域往来频繁，在弘扬佛法、寺庙建筑、绘画艺术等方面有着广泛交流，结下了深厚的友谊，两国之间的宗教艺术交流成为两国文化交流活动中不可或缺的部分。因此，我国应高度重视宗教艺术传播在推动两国关系发展中所发挥的重要作用。通过加强高层往来、丰富活动内容、促进人才往来等方式，提升我国宗教艺术对外传播的吸引力，促进文化软实力的整体提升。

（一）发挥政府及专业团体在宗教艺术交往中的引领作用

在推动两国宗教艺术领域的交往过程中，一方面需要继续发挥双方政府部门在推动两国宗教艺术交往中的主导作用。充分发挥我国教育部、文化部、国家宗教事务局等政府主管单位在开展对外宗教艺术交往活动中的主导作用，通过完善顶层设计，研究制定对外传播宗教艺术文化的具体规划，把推广宗教艺术文化作为提升我国文化软实力的重要手段。继续加大对传播宗教艺术文化的各类出版社、新闻媒体、协会网站、科研院所、艺术团体等文化机构的帮助扶持力度。同时加强调查研究，对宗教艺术等领域出现的新动态、新成果做好总结推广工作，引领全国宗教艺术领域加强文化建设，发挥好宗教艺术文化在弘扬传承中华优秀传统文化中的引领示范作用。

另一方面发挥佛教协会、文学艺术界联合会、作家协会、艺术剧院等专业团体的促进作用，通过加强双方专家学者、宗教领袖间的往来互信，推动两国在宗教艺术领域交流合作水平的加深。积极促进两国在宗教艺术领域的人才教育往来，发挥专业院校、宗教寺庙、科研机构对宗教艺术文化的研究推广工作，开展多方位、多层次的人员往来。特别是要重视发挥宗教协会的重要作用，利用佛教在泰国王室和民众中的特殊地位，深入挖掘我国宗教文化中文明向善，促进社会和谐发展的积极作用，提升我国宗教文化的内涵和吸引力，加强两国民众的宗教文化认同感，进一步推动中泰两国在宗教领域的交流合作，促进两国关系的健康发展。

（二）创新完善宗教艺术文化的交流展示

在推动我国宗教艺术文化的传播过程中，一方面需要加大对宗教艺术等传统文化的传承创新，处理好继承和发展的问题。通过充分发掘我国宗教艺术等传统文化中积极优秀的文化内涵，结合现阶段经济社会发展中人们不同的精神需求，吸收借鉴现代科学技术和人类社会发展中的文明成果，深入研究宗教艺术与现代科技的互动关系，发掘宗教艺术等传统文化对社会问题解决的指导修正作用，做好对传统文化创新性的发展转化，更好体现宗教艺术文化的当代价值。同时发掘宗教寺庙和文学艺术中所包含的建筑艺术、人文景观等物质文化资源，如敦煌莫高窟、少林寺、佛教舍利等，通过开发与宗教艺术相关的旅游产业，运用现代化的媒体手段，如网络信息、微博微信、影视传媒、动漫文化等现代人喜闻乐见、易于接受的传播方式，对现有的文化载体和表现形式进行改造创新，赋予其新的时代内涵和精神品质，增强传统艺术的生命力。

另一方面需要进一步搭建完善交流展示平台。通过积极参与或主办大型的国际性艺术博览会、书画展览、艺术品交易会、旅游产品推介会等活动，积极向国际文化市场展示中国文化产品和服务。同时充分利用中泰两国在文化交往领域搭建的孔子学院、曼谷中国文化中心、世界佛教论坛、国际佛教大会等文化交流平台，通过佛教团体、宗教学院、书法协会、文艺团体等政府和民间组织，开展全方位多层次的宗教艺术交流。此外，通过引入社会资本，扩大两国在文化展演、艺术展示、影视传媒、宗教往来等领域的影响范围，进一步办好"中泰一家亲"音乐歌舞晚会和"欢乐春节"文艺晚会这两个中泰文化交流的品牌项目，办好以传播中泰宗教艺术为主题的学术研讨会、交流论坛、中泰文化节等活动，建设具有长远意义的高水平大型文化交往项目，推动两国宗教艺术领域的合作向广度和深度发展。

（三）推动宗教艺术领域的人文往来

在发展中泰两国宗教艺术交流交融过程中，需要通过加强相关领域的人文往来，发挥精英阶层在宗教和艺术交流上的引领示范作用，同时加强双方高等院校、科研院所及专家学者的交流往来，通过人文往来促进宗教艺术领域的交流。

在推动两国宗教艺术交往过程中，一方面要继续发挥高层领导和精英阶层在文化传播中的引领示范作用。泰国作为全民信教的国家，佛教在泰国有着非常重要的地位。佛教领袖及王室成员的一举一动对普通民众有着很大的引领示范作用。佛教思想在历史上对中泰两国文化都产生了深远的影响，至今两国依然有大量的佛教信徒，共同的宗教信仰成为两国宗教文化交往的重要基础。中国佛教协会领袖、泰国僧王等众多佛教领袖人士频繁的交流往来，为促进两国宗教文化交往发挥了重要作用。同时由于泰国采用君主立宪制的政治制度，泰国王室中的普密蓬国王、诗丽吉王后以及诗琳通公主和朱拉蓬公主，都对中国宗教和艺术文化有着极为浓厚的兴趣，尤其是诗琳通公主，先后多次访问我国，通过撰写中国游记、翻译文学作品、举办摄影展览等多种方式，为推广我国的文学艺术文化作出了巨大贡献。此外，由于历史上中泰两国广泛的文化交往，泰国的精英阶层也对中国的宗教艺术文化十分向往。而精英阶层中很大一部分为华裔子孙，甚至一些政府领导如他信、英拉等都具有华裔血统，强烈的民族认同感更加利于推动两国宗教艺术领域的交流合作。

另一方面，需要加强专家学者等科研人才的交流往来。在两国宗教和艺术交往过程中，应该积极推动宗教寺庙、科研院所、文学协会、艺术团体间建立交流合作的平台，通过人才间的交流往来，促进两国宗教艺术文化的交流融合。加大对宗教艺术领域对外传播交往的扶持力度，整合宗教艺术领域的研究资源，通过推动佛教领袖和专家学者的交流往来，积极推动宗教艺术文化的研究推广工作。同时，需要加快培养宗教艺术领域的外语人才，努力提高从业人员的综合素质，通过设立研究基金，互派宗教留学生等多种形式，鼓励吸纳泰国宗教院校和艺术团体的学生来华进行游学访问。促进两国宗教艺术领域人文往来合作向着更深层次发展，推动文化软实力的提升。

第五节　结语

通过对中泰两国交往史的研究可以发现，文化因素对中泰关系的影响正在不断加大。尤其是在冷战结束后，国际形势发生了深刻的变化，和平与发展已经成为当今世界的主题。但同时，由于发展水平和意识形态等方面的差异，地区性的领土争端问题仍时有发生，为和平稳定的国际环境带来了不安定因素。文章对中泰两国在文化交往过程中取得的成就和暴露的问题进行了分析研究，并提出了相应的解决对策。为推动我国文化软实力的提升，加强同东南亚其他国家的文化外交，营造和谐稳定的地区发展环境，有着重要的现实意义。

由于历史上中泰两国的紧密关系，文化因素成为两国开展多层次全方位交流合作的重要基础。双方政府、国家领导人、宗教人士、专家学者、两国侨胞及民间团体为推动两国文化的交流往来作出了巨大贡献，也推动两国在宗教领域、文学艺术、影视传媒、语言教育、科学研究等方面交往不断加深。"汉语热"的不断升温，佛教文化的广泛传播，孔子学院的开花结果，旅游产业的迅速发展，影视艺术节等众多交流品牌的形成成为两国文化交往中的重要成就。与此同时，在交往的过程中也暴露出传播方式、交往效果、文化产业竞争力等方面的问题。为了更好地推动两国间文化交往的开展，一方面需要两国政府继续鼓励开展文化领域的交流合作，另一方面需要我们通过大力发掘弘扬我国的传统文化，改革制约文化产业发展的体制机制，创新文化交往传播方式，从根本上推动我国文化软实力建设，提升我国传统文化在国际上的影响力。

近年来，随着我国综合实力的不断提升，一些西方国家开始在国际社会上鼓吹"中国威胁论"，企图阻碍我国的良好发展势头。同时伴随着美国高调宣布"重返亚太"战略，日本、越南、菲律宾等国频频在我国东海、南海挑起领土争端问题。面对日趋复杂的地区环境，我国政府坚持采取灵活务实的外交政策，坚持通过协商对话的方式解决领土争端。同时，通过提出建设亚洲基础设施投资银行，推动海上丝绸之路经济带建设，深化中国—东盟自由贸易区发展等多种方式，加强同东南亚地区国家的交流合作。泰国是东南亚地区性大国，发展中泰关系有利于发挥泰国在东盟国家中的影响力，推动南海问题的和平解决。中泰两国通过积极开展文化交流活动，推动两国全方位战略合作伙伴关系的进一步发展，弱化了美日等区外大国的地区影响力，也为中国同东南亚地区其他国家开展友好往来提供了积极的借鉴意义。

第十四章

文化软实力视角下中华文化在中亚国家的传播研究

广义的"中亚",根据联合国教科文组织的界定,包括今位于阿富汗、中国西部、印度北部、东北伊朗、蒙古国、巴基斯坦以及今中亚五国的地理范围。狭义的"中亚",主要指在苏联解体后中亚哈萨克斯坦、吉尔吉斯斯坦、塔吉克斯坦、乌兹别克斯坦和土库曼斯坦五国的范围。本章中的"中亚"即狭义概念所指的上述中亚五国的地理范围。

中国与中亚地区友好交流的历史源远流长,绵延不断。在不同的历史时期,彼此的交流有着不同的内涵,呈现不同的特点。通过对中国与中亚友好交流历史发展脉络的梳理,可以看到:丝绸之路是历史上中国与中亚地区友好交流的纽带和桥梁;中国与中亚地区在数千年交往中形成的政治、经济、文化方面的密切联系,各族人民之间的传统友谊和民族亲缘关系是当今中国与中亚国家友好关系进一步发展的深厚基础和背景。中国与中亚地区的文化交流在历史上曾为人类文明的发展作出了独特的贡献。冷战结束后中国与中亚国家在文化领域的交流合作还有着巨大的潜力。冷战结束后,中国作为最早承认中亚国家独立并与中亚五国正式建交的国家之一,与中亚国家在相互尊重、平等互利的基础上,各领域的友好交流合作得到了全面、深入的发展,取得了令世人瞩目的成绩。尤其是2013年习近平主席在哈萨克斯坦首次提出"丝绸之路经济带",中国与独立后的中亚国家的友好交流步入了新的阶段。题目中的"中国"和"中亚"所指的地域范围分别以今天的中国疆域和今天中亚五国所处的地域范围为基础。本章研究的是，冷战结束以来，也就是中亚国家走上独立发展道路以来，这两个相对确定的空间在历史上和现实中发生的文化传播问题。中华文化向中亚地区的传播旨在增进友好关系，有利于彼此发展的官方或民间的活动和往来，以及各领域有积极意义的相互影响。

第一节　中华文化在中亚国家传播的总体状况

一　冷战结束后中亚国家的发展状况

哈萨克斯坦、乌兹别克斯坦、吉尔吉斯斯坦、塔吉克斯坦和土库曼斯坦这五个共和国所处的地方，是一片神奇的土地，人文底蕴深厚：这是丝绸之路的枢纽，东西文明在这里碰撞；这是民族迁徙的走廊，多元民族在这里融合；这是宗教传承的胜境，多种宗教在这里争奇斗艳，交相辉映。

（一）鸟瞰中亚：地理、历史和文化

本章中所说的"中亚"，东与我国新疆维吾尔自治区相邻，南与伊朗、阿富汗接壤，北与俄罗斯联邦相接，西与俄罗斯联邦、阿塞拜疆隔里海相望，总面积近400万平方公里，主要是指哈萨克斯坦、乌兹别克斯坦、吉尔吉斯斯坦、塔吉克斯坦和土库曼斯坦这五个国家。其中，哈萨克斯坦领土辽阔，是其他四个共和国总面积的两倍，而乌兹别克斯坦领土虽然仅为哈萨克斯坦的1/6，但人口却比它多出六成多。

1. 自然地理

中亚的东部以西天山的南脉为界，南部以科毕达山脉和阿姆河的中游及其上源喷赤河为界，与中亚的自然地理界线并不吻合，是20世纪沙俄征服中亚和蚕食我国西部领土的结果。它的北部已越过哈萨克草原，深入西西伯利亚南缘的额尔齐斯河流域，也是不与那里的自然地理界线吻合。唯有它的西界是天然界线，那里是里海的东岸，海岸线蜿蜒，形成一些半岛、岛屿和冲积的沙嘴。在自然地理风貌上它大致为南部的荒漠、绿洲和山区与北部的草原、平原和丘陵，其界线大体在伊犁河、锡尔河的北岸到里海一线。在地形和地貌上，总体上呈东南高、西北低。

崇山环抱的山谷盆地和撒在广袤荒漠中的绿洲是中亚最富有生命力的地方，它滋养着这一方农人，辽阔的北部草原和山坡草地驰骋着一个个骑马的民族。塔吉克斯坦境内的帕米尔高原号称"世界屋脊"，无疑是中亚的制高点。作为自然地理的中亚来说它所有的河流都没有通向大洋的出口，河水除了被引走用于灌溉外，或者"消失"于荒漠，或者没于内陆湖泊中。荒漠、半荒漠和草原占据从里海到天山山地之间的巨大土地。气候方面，由于处于欧亚大陆腹地，尤其是东南因高山阻隔印度洋、太平洋的暖湿气流，该地区气候为典型的大陆性气候，其突出特征是：第一，雨水稀少、极其干燥；第二，日光充沛、蒸发量大；第三，温度变化急剧。中亚地区的各种矿藏丰富，特别是哈萨克斯坦品种比较齐全，煤探明储量为1624亿吨（1972年），集中分布在卡拉干达、埃基巴斯图兹、图尔盖、日兰奇克、楚河、伊犁河等大型煤田。此外，还有铁矿、锰矿、铜矿、钾盐等矿藏，其中铬铁矿探明储量有2亿吨，仅次于南非、津巴布韦居世界第三。土库曼斯坦和哈萨克斯坦的石油储量最丰富。

2. 人文地理

这一地区的地形、地貌和经济发展等因素决定了它的人口分布及构成的突出特点：第一，人口密度很小；第二，人口分布极不均匀；第三，出生率和自然增长率高，这一情况与世界最不发达国家的情况相似，与其经济发展是不适应的；第四，特别是近二三十年来，绝对人口增加迅速；第五，城市化有了长足发展。民族构成方面，中亚各共和国都是多民族的共和国。据原苏联1989年人口统计资料，在哈萨克斯坦生活着有130多个民族和部族成分的居民。构成中亚的居民民族成分的主要是：土著民族即各共和国的主体民族和俄罗斯人。通过了解中亚的民族我们可以得知中亚是以信仰伊斯兰教为主的多宗教地区。中亚各国政府实行比较宽松的宗教政策。中亚各民族都有自己的语言，但俄语是通用的交流语言。

（二）冷战结束后中亚国家走上了独立道路

中亚五国是中国的近邻，特别是其中的哈萨克斯坦、吉尔吉斯斯坦、塔吉克斯坦三国与中国的新疆有着漫长的边界线。中亚五国是典型的内陆国家，并且一直处于若干政治、经济板块的边缘或其间的衔接地带。

中国不仅与中亚国家地缘相接，在反对民族分裂主义、宗教极端主义和国际恐怖主义这"三个主义"上也有着共同的利益和立场。自冷战结束以来，中亚五国便建立了自己的独立主权，中亚社会进入了摆脱俄罗斯控制、探索独立自主建设国家的轨道。从总体形势来看，除了塔吉克斯坦受邻国阿富汗动乱局势的影响而出现内政的波动外，中亚社会基本保持了比较平稳的政治过渡态势和良好的对外关系发展。在政治制度方面，中亚五国都宣布建立民主法制国家，实行三权分立的国家政治体制，它们正在从国家政治建设的幼稚期向成熟期过渡。

1. 政治形势

冷战结束后，中亚各国政治形势总体稳定，特别是2013年，虽然个别国家发生了政治动荡，但并没有对国家整体政治稳定造成有害冲击，表明各国执政当局能够有效控制国内局势，避免了"阿拉伯之春"和"颜色革命"的冲击。近年来，为了维护国家政治稳定，中亚各国均制定了国家发展战略。哈萨克斯坦是中亚的"稳定器"，哈国积极落实《哈萨克斯坦之路——2050：共同的目标、共同的利益、共同的未来》的国情咨文，进一步确定了到2050年前哈萨克斯坦的国家发展规划和战略目标，即跻身世界30个最发达国家行列，致力于将哈萨克斯坦建设成为世界上人类居住最安全、最舒适的国家之一。2012年12月，吉尔吉斯斯坦总统阿坦巴耶夫提出了《吉尔吉斯斯坦2013—2017年稳定发展战略》，涵盖了未来五年国家发展的每个领域，为吉尔吉斯斯坦经济与社会发展描绘了宏伟蓝图。这是吉尔吉斯斯坦独立以来提出的首个国家发展战略，2013年是落实该战略的第一年，取得了预期成果，为维护国家政治稳定发挥了积极作用。当前，吉尔吉斯斯坦人民正在建设和平、幸福、繁荣国家的道路上。2014年，乌兹别克斯坦政府经济研究中心发表《2030展望》，主要内容是将乌兹别克斯坦建成跨大陆和区域性物流路线图的重要会合点，激励本国经济增长。2014年5月，乌兹别克斯坦前总统卡里莫夫访华期间明确表示"乌方愿积极参与建设丝绸之路经济带，促进经贸往来和互联互通，把乌兹别克斯坦的发展同中国的繁荣更紧密联系在一起"。[①] 2016 年，塔吉克斯坦政府也出台了《2030 年塔吉克斯坦国家发展战略》。该战略明确了政府工作重点为确保国家经济多样化，实现国家能源独立是保障国民经济各领域发展的核心。此外，吉尔吉斯斯坦目前正在制定《2013—2017 年可持续发展战略》，该战略的主要目标是建立一个政治体系可持续、经济迅速发展、居民收入稳定增长的、民主的吉尔吉斯斯坦。[②]

总体来看，中亚国家的发展战略与我国的发展倡议一致性较大，共同利益较多，合作共赢前景巨大。

2. 经济形势

随着世界经济缓慢复苏和一体化进程的加快，尤其是借助地区间经贸合作以及国际市场能源和原材料价格不断攀升等有利形势，中亚国家积极推行一些经济改革措施，扩大内需，加强基础建设。中亚国家近些年，特别是 2013 年制定经济发展规划时，充分考虑国际经济形势的总体趋势和本国的优势产业及经济条件，制定了通过鼓励扩大内需、创造条件吸引投资，以确保本国经济稳定增长的经济发展战略。与此同时，中亚国家积极创造条件吸引外资。联合国贸易和发展会议发布的《2013 年世界投资报告》称，中亚地区拥有丰富的石油、天然气及水力等资源，采矿业、加工业吸引了大量外资，同时近年来服务业和公路、铁路项目也成为吸引外资的热门领域。该报告中有数据表明，2009—2012 年，中亚五国吸引的直接外资相较于 2000—2005 年增长了 5 倍多。

3. 外交形势

中亚各国充分利用地缘和资源优势，推行具有本国特色的多元务实外交战略，较好地维护了国家利益，对外合作呈现新的良好势头。中亚各国继续积极推进与世界主要大国之间的外交关系，谋求一种战略上的平衡。美国在中亚的外交重点是围绕从阿富汗撤军和美国在中亚的军事基地命运展开的。俄罗斯通过关税同盟、"集体安全条约组织"等独联体

---

① 李朝飞:《中国在中亚的软实力外交研究》，博士学位论文，上海外国语大学，2018 年，第 68 页。

② 同上。

框架内的区域一体化组织,积极发展与中亚国家的关系,进一步深化在政治、军事安全、经贸等领域与中亚国家的合作,逐步恢复并提升其在中亚地区的影响力。独立以后,中国政府就表示希望中亚新独立的国家领导人能与北京的领导人建立直接的联系,并向他们发出了邀请。中国政府在中亚各国有规划好的长期经济利益存在,特别是在能源领域。中亚的所有领导人都知道,中国不断繁荣的经济是一个逐渐增长的力量,双边贸易额已经是中亚国家主要的商业收入。2013年中国与中亚国家的关系取得突破性进展。中国国家主席习近平访问哈萨克斯坦期间,阐述了中国的中亚政策,提出了共同建立"丝绸之路经济带"的倡议,得到了中亚国家的普遍支持。与此同时,中亚国家积极发展与次大国的关系,并且加强了中亚国家间的合作。

4. 安全形势

从历史发展、地缘政治状况和社会经济文化等因素看,中亚地区所处安全环境非常脆弱且极易受到恐怖主义的威胁。中亚各国独立以来,在面对国际恐怖主义、宗教极端主义和民族分裂主义运动合流的情况下,纷纷制定了相关的国内反恐政策,同时也加入地区和全球性反恐机制,取得了较好的效果。从目前情况看,中亚国家形势仍很复杂,非传统安全威胁依然存在,阿富汗局势前景不明,国际金融危机的影响还没有完全被克服,世界经济危机还有反复的可能性,中亚各国仍有大量民生问题需要解决。特别是个别中亚国家权力交接的不确定性加剧了中亚国家的政治风险。

二 中华文化在中亚国家传播的现状

(一)中华文化在中亚国家传播的基础

中国与中亚国家在地理位置上邻近,边界线长达3300多公里。双方人文联系比较密切,彼此有亲近感。中国的少数民族与中亚国家的民族在语言、宗教、习俗、心理文化等方面有很多共性,并有一定的历史渊源和联系。就中国与中亚国家之间的合作而言,双方经过20多年的努力已经取得了显著的成绩,这为中华文化在中亚国家的传播奠定了坚实的基础。

1. 与中国的历史关系

中亚地区与中国的联系源远流长。古代中亚处于中国文明、印度文明、两河埃及文明和希腊罗马文明的中间地带，由此受到欧亚大陆上许多文明的影响和作用。一方面它是周围诸多势力的缓冲地带，另一方面相互远隔的各大强国又通过此处连接起来，不仅表现在政治上，也明显地表现在经济和文化上，通过中亚的丝绸之路正是这种经济、文化交流的载体。中国的先秦古籍《穆天子传》《山海经》《周书》《庄子》《国语》《楚辞》《管子》《尚书》《吕氏春秋》《战国策》等都提到过西域的情况。公元前2世纪，张骞奉旨出使西域，经历大宛、康居、大月氏、大夏、乌孙等地，是中国与中亚首次建立直接官方联系。公元前1世纪，汉朝贰师将军李广利奉命征伐大宛，"西域震惧，多遣使来贡献"，最终推动西域都护的建立，中西交通畅通，丝绸之路沿线贸易发展，中亚同中国的经济文化交流更加密切。东西文明的交流除了丝绸、大黄、茶叶、瓷器等商品贸易活动外，更重要的是精神文化交流。

2. 有良好的合作基础

中亚国家独立以来，中国与中亚国家的政治关系不断提升，政治互信不断深化。目前中国与中亚五国的关系均提升至战略伙伴关系的高度。中国与中亚国家领导人之间建立了良好的私人关系，彼此互访频繁，经常就双边贸易问题进行磋商，这有力地推动了两国经贸合作关系的发展。中亚国家独立20多年来，与中国双边贸易额增长了100倍。目前中国与中亚已经形成涵盖口岸、公路、铁路、管道、电缆的立体交通和通信网络。此外，中国与哈、乌、吉、塔四国在上海合作组织框架内为开展多边经济合作也作出了不懈努力。除了经济合作，中国与中亚国家之间的安全合作和人文合作也取得了不俗的成绩。在安全领域，中国与中亚国家通过双边框架和上海合作组织多边框架，在执法安全和防务领域的合作成绩显著；在人文领域，中国在中亚建立了八所孔子学院，双方留学人数增长迅速，艺术、媒体、旅游等领域的合作与交流不断，有力地促进了双方民众之间的相互了解。中亚国家均确立了本国的发展战略，希望通过扩大对外合作实现发展目标。

3. "丝绸之路经济带"符合多数国家的利益

2013年9月7日，中国国家主席习近平在哈萨克斯坦纳扎尔巴耶夫大学发表题为《弘扬人民友谊共创美好未来》的重要演讲。他指出，"为了使我们欧亚各国经济联系更加紧密、相互合作更加深入、发展空间更加广阔，我们可以用创新的合作模式，共同建设'丝绸之路经济带'。……以点带面，从线到片，逐步形成区域大合作"。① 这是中国最高领导人首次公开提出"丝绸之路经济带"的概念。"丝绸之路经济带"是有前景的长期发展战略，能够使参加各方实现互利共赢。对于古丝绸之路共同、美好的历史记忆以及对于"丝路精神"（团结互信、平等互利、包容互鉴、合作共赢）的认同为今日各国复兴丝路的梦想提供了强大的精神动力和理念支撑。习近平主席指出，"两千多年的交往历史证明，只要坚持团结互信、平等互利、包容互鉴、合作共赢，不同种族、不同信仰、不同文化背景的国家完全可以共享和平，共同发展。这是古丝绸之路留给我们的宝贵启示"。② 自现代国家出现以来，无论强国，还是弱国，都把争取建立对本国有利的国际秩序看作外交的重要目标之一。如果说，符合多数国家和多数民众利益的国际秩序是相对公正和合理的，那么，追求这种国际秩序的进程必定是艰辛而漫长的。原因是，国际秩序往往与国际力量格局密切联系。强国在建立和改造国际秩序的过程中往往占有优势地位，弱国则往往处于弱势地位，尽管它们的数量很多。过去几个世纪，为了追求符合本国利益的国际秩序，西方强国往往选择使用武力和胁迫的方式。近年来，有的强国除了频频使用武力外，还搞双重标准，干涉别国内政，支持极端势力，在一些地区和国家制造或者助推混乱局面。遗憾的是，一些国家选择"搭车"、跟从强权，漠视其对于国际法和他国主权及人权的践踏。在这种情况下，弘扬平等、互利、包容、合作的"丝路精神"显得尤其重要。对于大多数国家来说，"丝路精神"不仅是促进国际秩序趋向公正合理的必要途径，而且是维护本国利益所要遵循

---

① 习近平：《弘扬人民友谊共创美好未来——在纳扎尔巴耶夫大学的演讲》，《人民日报》，2013年9月8日。

② 同上。

的基本原则。它尊重国家的意愿，不胁迫，不压制；推崇国与国之间相互平等、自愿参与、和平共处和互利共赢，因此必然得到大多数国家的广泛认可。

(二) 中华文化在中亚国家传播面临的困境

中亚地区安全领域的不确定因素很多，对于文化传播有一定影响。中亚地区的宗教极端思想很难在短期内被彻底铲除。随着美国和北约部队从阿富汗撤军，阿富汗的局势可能进一步恶化。中亚国家是否会因此受到更多的负面影响，所面临的非传统安全威胁是否会更加严重？另外，中亚国家的政权交接是否平稳，是否会再次发生所谓的"革命"，以及国家之间是否会因为边界、水、能源等问题产生更大规模的冲突，这些问题的答案都不得而知。而中国在中亚地区的投资项目主要依靠当地政府提供安全保障。一旦当地政府失职，中国在当地的投资项目很有可能遭到破坏，中方在当地的人员和财产安全将受到威胁，还可能对中国境内的经济社会发展产生不利影响。

第二节　中华文化在中亚国家传播的影响和效果

冷战后，文化和信息的全球性流动逐渐形成开放多元的国际传播格局。文化的传播力与影响力开始作为外交手段，便于世界各国融入国际社会。"一带一路"带动了中华文化在中亚国家的传播，"古代丝绸之路"曾经发挥过中国与中亚地区友好交流的纽带和桥梁作用，中国与中亚国家，尤其是中国的新疆地区与中亚国家之间联系密切，宗教同源便于各民族形成长久的友谊，民族亲缘更加奠定了中华文化在中亚国家传播的深厚基础和现实背景。

一　有利于"一带一路"倡议的实施

2014年11月11日，在APEC第二十二次领导人非正式会议上，习近平主席强调，开展互联互通合作是中方"一带一路"倡议的核心，中方欢迎各方共同将"一带一路"建设成为大家的合作之路、友好之路、共赢之路。从战略角度看，中华文化在中亚国家的传播，有利于推动趋于稳定、扩大中国与中亚国家经济合作、贸易联系等方面的很多共识的形成，中国与中亚地区的稳定，从小的方面来讲，有利于中国新疆与哈萨克斯坦之间的经贸合作；从大的方面来讲，中国与中亚合作的成功，有利于亚太地区，甚至是世界的和平与发展。中华文化在中亚国家的传播，有利于推动我国和中亚国家之间的宗教和思想文化交流，推动中亚人民对中华民族的认同，便于中国与中亚各国实现科技资源共享和智力支持。文化软实力更容易深入民心，减少民族隔阂和误会，更有利于加强中亚国家的交流与合作，促进"中国精神"的传播。文化外交也为两国的政治、经济关系所服务，它们之间相辅相成。2014年1月9日，哈萨克斯坦明确表示，"丝绸之路经济带与哈萨克斯坦打造欧亚大陆桥的国家战略高度契合，哈方愿意积极支持、参与经济带建设"，成为首个明确支持"一带一路"建设的地区重要大国。2014年11月4日，中央财经领导小组第八次会议，习近平主席明确表示，亚投行的宗旨即在于为"一带一路"有关沿线国家的基础设施建设提供资金支持，而设立丝路基金则是要利用我国强大的资金实力直接支持"一带一路"建设。上海合作组织持续性地向成员国尤其是中亚国家提供信贷支持，支持项目所在国完善工业体系和基础设施，优化投资环境，改善民生。2016年中国已成为吉尔吉斯斯坦和土库曼斯坦第一大贸易伙伴，哈萨克斯坦、乌兹别克斯坦和塔吉克斯坦第二大贸易伙伴，密切的经济联系为中亚参与实施"一带一路"提供了现实支撑。[1]

二 有利于创造同中亚国家交流与合作的良好国际环境

文化外交可以促进人们心灵的交流，情感的沟通，最终可以达到"润物细无声"的作用。通过文化外交的方式，"使我们搞形象宣传易于为外国人所接受，也使我们的政策易于为外国人所理解"[2]。文化全球化在全球范围内开辟了新的现实和可能的经验领域。一种趋势是：不同文

---

[1] 《"一带一路"为中国与中亚合作提供新动力》，新华网，http://www.xinhuanet.com//world/2017-05/13/c_129603843.htm。

[2] 李忠杰：《我国需要更高层次的国际战略——"怎样认识和把握当今的国际战略形势"之八》，《瞭望新闻周刊》2002年第32期。

化中的人们正在造就新一种混杂的、拼接的、多面的文化，区别于许多传统的文化形式，"既不是西方的，也不是东方的或其他任何的既定形式，它正在日益显示出独特的特点，即它既具有国际性，又显示出地区的或狭隘的民族特点"①。这就意味着，这种被重新创造、整合和采纳的文化认同，或者说是一种"混合"文化意识形态的新的表现形式——它是一种"全球性的文化认同"，正在成为不同文化、族群中的人们彼此识别的显著标志，融入了不同文化的观念、思维和行为。文化主要是以特定的民族和国家为单位，国家构成了不同文化的主要界限。

三 促进"中国精神"的传播与发展

中国是世界文明发源地之一，有能力并有责任维护世界文明多样性，主张世界各种文明的共存和相互融合，避免多种文明之间的冲突。传播"中国精神"，是中国政府为增进中华民族与中亚各国不同文化实体之间认知的世界责任，通过文化外交，促进国际文化关系的健康发展。中华文化在中亚国家的传播是在尊重彼此文化多样性的基础上，寻找彼此之间的共同点，实现共同发展，这样中亚国家才易于接受"中国精神"，承认中华文化。多样性的文化是中华民族与中亚各国的共同财产，也是中国与中亚各国应付各种复杂情况的文化资源，文化多样性所要求的是不同文化之间的多元关系，成为各种文化之间的张力结构赖以保持的可靠保障，为双方文化的发展提供了不竭动力。正如欧文·拉兹洛所说："不同文化的人所信奉的许多不同的观点和观念只要互不对抗，就能使当代世界增添丰富性和活力。"② 保护彼此之间文化多样性是不同文化和国家维护自身利益、捍卫和承继自身成就和价值、维护本文化的吸引力和影响力，乃至保持世界相对稳定的必要前提。若不承认中亚国家文化的多样性，"中国精神"也将极大地丧失发展的机制和动力。不同文化的价值趋同和同一，永远无法取代不同文化之间固有的诸多差异。同理，社会

---

① Don Ihde, *Technology and the Life World*, Bloomington：IN：India University Press, 1990, p. 128.

② [美] 欧文·拉兹洛：《决定命运的选择》，李吟波等译，生活·读书·新知三联书店1997年版，第121页。

和谐和国际理解要求尊重文化多样性，因为承认"他者"文化的合理性，不仅为反思自身文化的价值，亦为自身文化的发展提供了必要的可能性。多样性观念也昭示人们：中华民族与中亚国家和地区之间是相互依存的，每一个人、每一种文化都依赖于整体的福祉；每一种文化都是平等的，并以其他文化作为相对于自身的多样性。只有不同的文化和谐共存、取长补短，才能使文化不断更新而保持活力。

第三节　冷战结束以来中华文化在中亚国家传播中存在的问题

"（文化外交）也许能被、也可能不被目标国及其公众所察觉，这完全取决于从事时的机敏程度和节制程度。"①

一　传播内容有脱离对象国的实情

在传播学理论中，"传播态度"解释了传播内容脱离对象国实情的原因。传播态度中的两个重要类型：定式和偏见。定式和偏见都是人们基于社会和文化经验对特定对象的认知、情感和行为倾向。在中华文化与中亚文化交往中，定式和偏见的影响是多方面的，常导致歪曲和防范性的行为，不可避免地影响传播的效果，甚至可以阻止传播的发生。在跨文化传播研究的视域中，定式主要被看作人们对其他文化群体特征的期望、信念或过度概括，这种态度建立在群体同质性的基础之上，具有夸大群体差异而忽略个体差异的特点。偏见产生的基础和定式类似，偏见和定式都具有执着的情感内涵，较强的定式往往容易发展为偏见。偏见并不是主观意见或个人癖好，而是从其所属的文化中发展而来，是被社会、历史和文化决定的态度。定式中有符合事实的部分，也有不符合事实的部分，不符合事实的定式就是偏见。偏见还有一个令人迷惑之处，除少数人坚持公然表达偏见外，大部分人承认偏见是错误的、有害的。

---

① J. M. Mitchell, *International Cultural Relations*, London: Allen & Unwin Ltd., 1986, pp. 4–5.

1922年，沃尔特·李普曼在《公共舆论》一书中把定式引入了社会科学的研究领域。他认为定式好比是"我们头脑中的画面"，代表的是一种过分简化的意见、具有影响力的态度和不加鉴别的判断。定式可以帮助人们加速信息加工过程，进而概括地认识社会现象。定式可以分为社会定式和文化定式。定式持续地对跨文化实践产生影响，也不断受到实践的影响。面对社会和文化多样复杂的事实，任何想消除定式的想法都是不切实际的。定式并不是僵化不变的，往往会因新的信息和发展而改变，当个人的需要、动机、利益发生改变时，定式也会发生一定程度的改变。偏见是态度和行为倾向的组合。一旦人们对特定群体抱有偏见，就会形成选择性记忆，去寻找支持自己偏见的证据，使偏见得到巩固，进一步地，就可能导致不公平的、负面的或伤害性的歧视行为。偏见常常表现为：根据自身群体的标准评价其他群体，认为其他群体是低下的；对不同群体持有反感，但通常自己不承认有偏见；某一群体在某些情况下对其他群体的行为持有积极态度，但与其保持一定距离；对不同群体的个人有反感，因为他所做的事情是自己所不喜欢的；当某一群体的成员与不同群体的人相处时产生"不自在"的感觉，因此不愿与之接触。"偏见之可怕，不在偏见本身，而是在于偏见所隐含的社会文化心理机制。"[①]一个人持有对他文化群体的人的偏见，有时是为了掩盖自我，有时为了强化某种信念或价值，人也会对他文化持有偏见。

二 传播方式的形式化

冷战结束以来，中国与中亚国家之间提供很多平台来传播自己国家的文化如中国—亚欧博览会、中国—阿拉伯国家博览会、中国—东盟博览会等，但是这不是一种常态化的文化传播，对各国文化的理解还是很受限制的。学习一个国家的文化，要学习这个国家的民族精神。

通过历史经验，我们应该明白在文化的传播方式上，应该灵活多变。[①]近几年我们应以双边合作为主，以多边合作为辅，以双边合作带动多

[①] 单波：《跨文化传播的基本理论命题》，《华中师范大学学报》（人文社会科学版）2011年第1期。

边合作。做学术交流、讲学，举办专业性很强的培训班，为对方培训科研人员。建立文化间的公共信息库，在国家官方网站上加以公布，及时更换有关信息。②应以民心相通为主，国家间文化节为辅。文化间的交流应有进有出。相比文化冲突、文化同化，文化涵化是一种温和的、渐进的文化传播过程，通常不会引起剧烈的冲突和对抗，涵化的结果多是形成一种新的文化，或促进双方文化共同发展。中国与中亚地区的人文交流与合作将是一项长期的活动，它的范围不应该仅仅局限于各国政府或各部门之间，而应该逐渐发展广泛的民间文化交流，吸引社会各阶层广泛地参与，才能发挥出更大的潜力。③国家要为民间的交流提供相应的政策支持。文化传播在实践上，一般都要涉及很多部门和多个领域，在组织和管理方面需要部门、单位之间的协调与配合。要在运用政策上创新，大胆创新、灵活运用政策"同等优先，适当放宽"。同时也要创造良好的法制氛围，在文化交流过程中，遇到的问题应该用法律的手段来解决，而不是上升到民族、宗教问题，保证文化传播的正义性。最近几年，中国在中亚一些国家设有中国文化中心，哈萨克斯坦的中国文化中心位于阿拉木图市的哈国家图书馆内，由中国驻哈使馆和哈国家图书馆共同创办，于2004年6月正式开放。④加强对文化传播的技术支持。技术是人类文化发展和社会变迁的基本和关键的推动力。冷战结束以后，国际局势以全球化为主要特征，技术发展日新月异，任一民族、文化都不可能在封闭的环境中生存与发展。毕竟技术发展提供了自身发展和接触其他民族、文化的可能性，这无疑是必须把握的机会，否则就会有从许多"潜在利益"中被排除的风险。技术在形式和结构上给跨文化传播的深入提供了支持，在推动知识和观念辐射的同时，也取代现实成为社会和自然本身。

三 对不同文化差异研究不够

众所周知，长期以来地理、人口、宗教、文化和经济发展水平上的差异导致了不同国家之间的不理解、不接受。古代丝绸之路发展过程中，贸易往来和政治扩张成了伊斯兰教传播的主要动力，使伊斯兰教深刻地改变了沿线既有的多元宗教生态，形成了自西向东的"伊斯兰走廊"。中国与中亚国家的发展存在很大的差距，冷战结束以来，虽然中国和中亚国家都走上了独立发展的道路，但是中国经过改革开放四十多年的发展，取得了世界瞩目的成绩，经济总量位居世界第二，为开展对外文化交流合作创造了较好的条件。在中亚一些地区仍有新疆分裂主义势力"东突"组织的活动，还有一些利用报刊、书籍、音像制品等进行歪曲和丑化中国的宣传，"中国威胁论"从未间断，这些都会导致中亚居民对中国的政策产生误解，不愿接受中国强大的事实。

第四节　如何推进中华文化在中亚国家的传播

冷战结束以来，国际政治交往中，文化因素的作用日渐突出。文明的冲突、文化背景、地理环境等因素改变了过去以武力征服作为主要手段，文化因素成为各国实现战略目标的重要手段。"在冷战后的世界，文化既是分裂的力量，又是统一的力量。"[1] 冷战之后，军事因素在国际政治交往中的地位相对下降，世界上包括宗教在内的文化交流加强了。中国对外国家战略更加明显突出，中国是一个走和平发展道路的国家，不仅要加强与经济发达地区的经济合作，也要加强与世界上经济落后地区的政治互信，增强国际援助，对于中国的睦邻友邦——中亚地区国家，我们更要互帮互助，总体战略是参与和伙伴战略，走合作共赢的道路。目前我们国家奉行的是"一带一路"倡议，在这种合作发展理念的旗帜下，中华文化与中亚国家共同打造文化包容的利益共同体。

一　充分搭乘"一带一路"倡议的便车

"一带一路"倡议包含了中国一直倡导的和平发展、合作共赢、相互支持的外交理念。"一带一路"倡议既体现为中国对一些现实重大问题的思考和应对，同时也包含了新一届政府对未来国内区域发展和对外开放格局、国际政治经济新秩序的战略谋划。"一带一路"作为新一届政府提

---

[1] ［美］塞缪尔·亨廷顿：《文明的冲突与世界秩序的重建》，周琪、刘菲等译，新华出版社2002年版，第7页。

出的重大国家战略,既立足于国内区域协调发展,也着眼于海陆对外开放,是集内外发展为一体的综合性战略。从远期的愿景来看,"一带一路"有可能成为促进中国国内市场和亚欧大市场协同联动的重要平台。首先,建立东西部之间要素流动和协调发展的市场机制,形成全国统一大市场。事实上,这也是推动"一带一路"东西和海陆联动最重要的基础和前提。在东部地区面临转型升级压力的背景下,以"一带一路"、新一轮西部大开发、国家新型城镇化和长江经济带等重大战略为契机,促进东部产业向中西部的有序转移,逐步培养中西部地区的"自我造血"能力,将是新时期区域协调发展的重要方向。其次,推进海陆全面开放,塑造国内区域发展与对外开放深度结合的"内外一体"格局。"一带一路"既是中国与沿线国家之间的贸易路线,同时也是从海路和陆路分别将东西部地区与沿线国家相联系起来的新图景。"21世纪海上丝绸之路"倡议的提出则意味着,东部沿海地区将不仅是全球的商品生产基地和外贸出口基地,也将成为中国与太平洋和印度洋沿线国家构建海洋合作伙伴关系的基本依托。最后,统筹区域发展和海陆开放,形成"一带"与"一路"之间非竞争性的相互替代关系,两者的同时提出正体现了新时期中国统筹经略东部和西部、海洋和陆地的战略意志。"一带一路"并非试图以陆权对冲海权、以"西进"对冲美国"战略东移"的权宜之计。从长远来看,"一带一路"倡议旨在扭转长期以来经济重心沿海化、东西部发展和海陆开放严重失衡的现状,实现中国的区域协调发展和海陆全面开放,构筑东西互济、海陆统筹的全方位对外开放格局,形成中国国内市场和亚欧大市场的协同联动。简言之,这个战略目标是全方位的,涉及政治、经济、文化、外交等方面。在地理位置上,中亚国家也在中国的"一带一路"范围之内,在宗教方面,中华民族中的维吾尔族与中亚国家是同一种宗教信仰,民族风俗习惯很接近,相互之间认同感高,语言上,属于同一种语系,便于沟通理解,所以在"一带一路"倡议目标下,还是便于实现"中国精神""走出去"。

(一)当代中国文化的内核——"中国精神""走出去"

"中国精神"是一个历史概念,是一个生生不息的概念,不论在哪个时代,都会赋予它新的时代内涵。"中国精神"是当代中华民族的"民族精神",立足于中国几千年的历史与现实发展,目标明确,当代"中国精神"的目标是中国梦的实现。

1. "中国精神"是中国文化软实力的集中体现

文化软实力是相对于经济力、军事力、政治力而言的,是一种通过广泛传播并被他人接受的文化力量。文化就像是一个"磁场",能够把来自不同族群的成员像"铁屑"般紧密地联系在一起,使之意识到彼此之间的文化关联、休戚与共。虽然关于文化软实力的认识,东西方之间是有差距的,但是根本内容还是大同小异。约瑟夫·奈认为一个国家的软实力主要存在于三种资源中:第一,它的文化,即对其他国家和人民具有吸引力的文化;第二,它的政治价值观,特别是当这个国家在国内外努力实践这些价值观时;第三,它的外交政策,但这些外交政策需被认为合法且具有道德权威。文化软实力是我国综合国力的一部分,而"中国精神"又是文化软实力的一部分。"中国精神"具有明确的民族指向和奋斗目标,包括社会主义核心价值观在内的民族精神,人文精神和科学精神。在"一带一路"倡议背景下,有助于中华民族向中亚地区的传播。"中国精神"对内可以增强文化的凝聚力,对外可以增强文化的吸引力。"中国精神"具有很明显的特征:民族性和时代性。"中国精神"由在文化体系中处于核心地位的基本要素构成,是民族文化的主导思想,是中华民族表现于传统文化中的卓越的伟大精神。也就是说,"中国精神"是民族文化的优秀传统,弘扬中国精神,就是弘扬民族文化的优秀传统。作为中华民族文化传统的基本精神,它必须为本民族大多数成员所认同、所具有,是民族的共同心理和思想,是一种具有广泛性和普遍性的精神;它是指导和推进民族前进的精神,是民族延续发展的内在动力和精神源泉,是具有进步性的思想;它是在民族延续发展过程中不断丰富、日趋成熟的精神,不仅在民族兴旺发达的时候起着积极作用,而且在民族衰败危难时也是支撑人民英勇奋斗的精神支柱,是贯穿民族历史全过程的具有持久性和长期性的精神;它是在民族延续发展过程中居于主导地位的思想原则,影响社会生活的各方面,对民族生活具有支配性和引导性的作用;它是维系民族生存、繁荣和民族之间和睦、团结的精神,是符合民族生存和发展规律的思想,有着巨大凝聚力的意识。总之,一种精神、思想、观念只有具备以上条件，才能称为"民族精神"，或称为"民族魂""民族灵魂""民族优良传统"。"中国精神"也有一个逐步演进、发展的过程，其内容不可能是纯粹的，而是包含了历史决定的种种局限、缺陷和不足，这都需要在分析批判中加以克服。同时，弘扬中华民族优秀文化传统，还必须结合当前的情况和需要，也有一个进一步发展、提高的问题。[1]

2. 传播"中国精神"有助于塑造良好的中国国家形象

国家形象是特定国家的历史和现状、国家行为、国家的各项活动及其外部影响在国际社会和内部公众心目中产生的印象、认知和评价。对于中国来说，国家形象已成为国家利益的重要内容，建构与大国地位相适应的国家形象，既是现代化进程的题中应有之义，也是决定和平发展道路的根本性问题，"把这个问题解决好了，那么许多困惑和难题都可以迎刃而解"[2]。"中国精神"是中华民族政治、经济、文化、外交、国民素质和形象的集中体现，体现了中华民族的价值追求，也是中华民族信仰体系的具体化。"中国精神"赋予整个国家形象以鲜活的内在生命力，塑造国家形象是一个"持久战"，像金字塔一样，是一个不断积累的过程，并且源于中华民族五千年的历史文化传统，具有相对的历史稳定性，所以良好的国家形象有历史根基，但随着社会的发展，时代的更替，人们有能力改善和提高精神形象。冷战结束以来，我们始终认清和平与发展是当今时代的主题，建立新型的大国关系，促进世界朝着多极化方向发展是我们不懈的追求。始终以负责任的大国形象，与世界其他国家和平共处，建立外交关系，抛开意识形态的差异，以国家的根本利益为原则发展对外关系。"一带一路"倡议的提出体现了合作共赢的外交理念。随着中国在联合国发挥了良好的作用，中国加入世贸组织，建立上海合作组织，建立亚洲基础设施投资银行和丝路基金，中国在世界人民中的形象不断改善，他们了解到中国是热爱和平的。"一带一路"的建立带动

---

[1] 胡维革：《中国文化论纲》，吉林人民出版社2010年版。
[2] ［美］乔舒亚·雷默等：《中国形象》，沈晓雷译，社会科学文献出版社2006年版，第10页。

了中亚国家与中国的交往，丝绸成了联结不同民族的纽带，以点带面，从线到片，减少了民族隔阂和意识形态的差距，有助于双方国家形象的提高。"一带一路"清醒自觉地面向全球社会，聚合社会各层次的力量，加强对外传播体系建设，以中国文化的世界化为目标，谋求长期的、可持续的结构性影响。参照美国等西方国家的实践，面对"传统中国""现代中国"与"未来中国"三个层次的整体形象传播目标，需要政府和社会各个方面共同努力，建立多层次的国家形象传播体系，传播真实的、丰富的、可信的中国形象。正如詹姆斯·亨特的观点：文化战争和军事战争一样，要在战略、组织、资源的实际问题上决一胜负，"战略最好、组织最有成效、能够得到资源的派系自然占有上风，也很可能得到最后的胜利"[①]。

（二）在"一带一路"倡议下发展文化产业

"一带一路"倡议不仅是政治、经济和文化的孤立形式，而且可以在这种大思路的引领下，以稳定的政治环境为背景，以更好地推进"一带一路"为目标，将文化的内核与经济高度融合，大力发展文化产业，展现出新的局面。文化有着对内的凝聚力，对外的影响力，还能体现竞争力。经济文化的一体化推动了文化经济的兴起。在互相认同的文化环境基础之上，共同发展经济，营造和平稳定的地区环境。将文化融入经济，经济为文化发展提供物质基础。文化与经济互动，打造文化经济，大力发展文化事业，壮大文化产业，在经济活动中更多地注入文化内涵，注重物质消费产品的文化内涵，追求精神文化需要的满足，是经济社会合力发展和竞争力提高的合理选择。文化作为经济社会发展的内源动力，在 21 世纪对于推动经济社会发展的作用越来越重要。文化产业作为精神生产的当代形态，将成为未来产业结构发展中的主导力量，相对于发达国家的文化产业，我国文化产业的国际竞争力还十分有限，这种状况不利于中华文化的传播和发展。

---

① ［美］詹姆斯·亨特：《文化战争》，安荻等译，中国社会科学出版社 2000 年版，第 69 页。

1. 转变文化产业发展的观念

在全球经济时代，要把我国发展成为一个文化产业强国，我们必须注重开发我国的民族文化，对民族文化资源进行全面的盘点和梳理，把文化资源转变为文化资本，推向世界。在"一带一路"倡议下，我们要重视国际政治、经济对文化的支撑作用；要树立社会效益与经济效益相统一的观念，坚持事业与产业并重，以事业带产业，以产业促事业，实现两者的共同繁荣。按照发展先进文化的要求发展文化产业，应当把弘扬主旋律和提倡多样化结合起来。弘扬主旋律不仅是文化事业的要求，也是发展文化产业的要求。文化产业的生产经营面向市场，它要以市场上消费者的文化消费需要为转移，消费者在市场上对于文化产品和服务具有极大的选择的自由性，不同类型、不同层次、不同爱好的消费者，形成了文化消费需求的多样性。这就使文化产业的生产经营单位往往较多地关注如何适合消费者的口味，适应消费者的需求，力求产品和服务的多样化。但是，文化产业作为精神文化产品生产者，在适应消费者文化需求的同时，还有引导消费者具有文化需要的责任，既要适合消费者的口味，又要把最好的精神食粮供给消费者。这就需要在文化产品项目的选择和内容的要求中注意弘扬主旋律，使弘扬时代精神、民族精神的优秀文化产品占领市场。

2. 构建文化产业繁荣发展的体制机制

文化引领时代风气之先，必须牢牢把握正确的方向，加快推进文化体制改革，建立富有活力的发展机制，创新文化"走出去"模式，为文化产业发展提供强大动力。（1）积极培育"一带一路"文化市场主体。以建立现代企业制度为重点，加快推进经营性文化单位改革，培育合格市场主体。科学地实施区别对待、分类指导，循序渐进、逐步推开原则，加快公司制股份制改造，完善法人治理结构，形成符合现代企业制度要求的资产组织形式和经营管理模式。创新投融资体制，支持国有文化企业面向资本市场融资，支持其吸引社会资本进行股份制改造。着眼于突出强化服务功能、增强发展活力。创新公共文化服务设施运行机制，进一步完善管理和运行机制，增强面向市场提供服务的能力。（2）建立现代文化产业体系。促进文化产品和要素在全国范围内合理流动，必须构建统一开放竞争有序的现代文化市场体系。（3）创新管理体制和完善保障机制。深化文化行政管理体制改革，加快政府职能转变，强化政策调节、市场监管、社会管理、公共服务职能，推动政企分开、政事分开，理顺政府和文化企事业单位关系。保证公共财产对文化建设投入的增长幅度高于财政经常性收入增长幅度，提高文化支出占财政支出的比例。（4）推动社会主义文化大发展大繁荣，队伍是基础，人才是关键。培养服务于"一带一路"建设的专业文化团队，对于这些人，要坚持尊重劳动、尊重知识、尊重人才、尊重创造，深入实施人才强国战略，牢固树立人才是第一资源思想，加快培养造就德才兼备、锐意创新、结构合理、规模宏大的文化人才队伍。

二 创新文化传播的方式，丰富文化传播的内容

传播深度决定影响广度，提高中国文化传播能力，不断扩大中国文化的影响力和竞争力，文化的传播能力已经成为一个国家软实力的决定性因素。国家文化传播能力越强，越能将本国的文化传播到世界各国，越能让世界各国人民接触、了解、接纳本国文化，越能使本国文化融入世界各国当地的文化。一个国家文化的影响力，不仅取决于其内容是否具有独特的魅力，而且取决于是否具有先进的传播手段和强大的传播能力。

（一）创新文化传播的方式

文化资源无论多么丰富，都不会自动转化为有利的国家形象，传播力缺失、战略布局失当都会对国家形象的构建产生直接负面影响。所以创新文化传播方式显得尤其重要。

1. 对话式传播

对话式传播是一种比较有效的传播方式，这种传播方式意味着，传播者之间要协力合作，在不丧失自我的前提下与对方积极互动，但又不偏向其中任何一方，积极的交流能够帮助传播者提高交流能力。具体到实践中，需要遵循"平等相处的意识"，也就是要强调对话的各方都享有平等的地位，否认片面的权威或对真理的独占。对话的一个重要价值在于，参与对话的传播者能从差异中找到潜在的合作可能，这就要求人们

能尊重和欣赏差异的不同价值，允许差异存在，并通过保存差异建立起相互间的依赖感。对话也是一个异中求同、同中求异的双向运动过程。在对话过程中，要尊重双方的尊严和权利，尊重对方存在的价值，充分重视双方在不同领域的贡献和创造。为做到对话式传播，传播者还应具备"无限传播"的意识。这里的"无限传播"是指，传播的目标旨在取得相互理解和真知灼见，旨在发掘世界与人生的深层含义，旨在重构人格和完善人性。在"无限传播"意识的观照下，对话不仅是一种传播手段，也包括了人类生存方式的相互参照——对话建立了人与人之间相互开放、彼此依存的关系，是自我与他人共同"在场"的相互审视和相互认证。

2. 拓宽文化传播的技术空间

人类跨文化传播活动提供的跨越时空、国界和文化差异的冲动，始终受到技术的限制和影响，跨文化传播的客观需要，也在不断推动技术的更新与发展。文化是技术的源泉，也是技术活动的过程和结果；技术参与到自然、现实和对世界的构造中，并不断更新着人与社会的关系。针对文化与技术的关系，唐·伊德还强调："生活的技术形式是文化不可分割的重要组成，正如文化在人类的意义上不可避免地隐含技术一样。"[1] 特别是近代以来，技术发展一直为不同文化的交往扫除"物理障碍"，文化传播技术"特别是其中的大众传媒技术，通过教育、科技、体育、艺术等国际交流，以达到近期特别是长远的战略目标而进行宣传、广播、新闻报道、文化传播等活动"[2]。全球社会日益处于技术同步的影响之下，技术把握的理性逻辑和物质秩序也在持续影响各个社会的运行和变迁，改变着人类文化的传播环境以及不同文化之间的依存程度。人类文化的发生、发展与变迁都与技术不可分离，甚至可以说，每一文明都是以某种占主导地位的技术为开端的。哈罗德·伊尼斯指出：传播媒介对知识在时间和空间中的传播产生了重要的影响，而不

---

[1] Don Ihde, *Technology and the Life World*, Bloomington：IN：Indiana University Press，1990，p. 20.

[2] 俞正梁：《当代国际关系学导论》，复旦大学出版社1996年版，第102页。

同传播媒介对它所在的文化是有这样或那样的"偏向"的，传播的"偏向"重构了事物的时空关系，"一种新媒介的长处，将导致一种新文明的产生"①。为维持公共的、共同的社会生活，传播媒介在形成社会现实、维持常态方面的作用日益显著，通过各种媒介技术实现的当代文化形态，更成为社会形象。文化传播不能忽视文化交往与文化变迁过程中媒介的角色与功能。不同社会的思维方式、生活方式、宗教乃至对技术的态度等，都在极大程度上制约着本文化的技术反战与扩散。

3. 缩小因技术进步带来的"数字鸿沟"

技术在塑造人类社会文化的同时，始终是人类社会文化的重要内容。随着社会和技术条件的变迁，"数字鸿沟"的内涵愈加丰富：从网络技术方面来讲，"数字鸿沟"是地域、教育水平和种族不同的群体在接入和使用网络技术上存在的差距；从经济方面来讲，是由于经济水平的差异而导致的对信息接触和应用的差距；从知识方面来讲，是不同群体在获取和利用知识的能力上存在的差距；从社会制度方面来讲，是传统社会分化现象在新时代的延续，即信息分化现象。近年来，"数字鸿沟"已逐渐超越技术范畴，渗透到社会、经济、文化、外交等各个领域，成为冷战后的新"隔离"现象，不论是从人类和平的立场，还是从利益共存的角度来讲，这种"隔离"都是难以被接受的现实和大趋势。"数字鸿沟"体现在跨文化传播领域的一个鲜明征象就是"数字文化鸿沟"，即由于"数字鸿沟"导致国家、国家内部和不同人群之间的观念和认知差异。信息传播数量的大幅度增加，事实上加深了文化差异与社会不平等，也加剧了潜在的文化冲突，并对文化传承乃至世界文化格局造成势不可当的冲击。传播技术是文化模式的决定性因素，影响到全球社会、文化的变迁与人类的集体命运，人类必须关注传播技术引发的社会与文化变迁，预测和控制各种变化，夺回对人类命运的控制权。

(二) 丰富文化传播的内容

被应用于外交的文化内容决定了实施文化外交的途径和方式，文化

---

① [加] 哈罗德·伊尼斯：《传播的偏向》，何道宽译，中国人民大学出版社 2003 年版，第 27—28 页。

第十四章　文化软实力视角下中华文化在中亚国家的传播研究　/　553

外交的内容是随着文化的发展而不断变化的。政府为许可、促进或限制文化交流而与其他国家的政府协商签订多边或双边文化协定，并围绕实施这些文化协定而展开的文化活动，成为文化外交的主要内容。① 提高中华文化传播能力，扩大中华文化的影响力和竞争力，我们需要加强中华文化与世界其他各民族优秀文化传统的融合。要发挥文化凝聚力、增强民族凝聚力的巨大作用，而且要扩大对外文化交流，提高中华文化的国际影响力。截至2002年年底，中国与其他国家签订的文化合作协定共191项。② 合作范围涵盖教育、图书、体育等几乎所有文化领域，合作的方式也有人员相互交流等多种形式，包括召开国际文化会议，参加国际文化组织，进行文化对话和文化合作，签订双边或多边文化协定等外交活动。在教育交流活动方面，要大力发展汉语语言文化，通过兴办和发展孔子学院、举办对外汉语水平考试等方式，加强对外汉语教学，提高中亚各国人民运用汉语进行文化沟通的能力，通过信息交流活动，使中国的优秀传统文化随着诗歌、戏剧、曲艺、武术、书法、绘画、工艺、服饰、礼仪、中医、饮食、民俗文化等发展走向世界，承载和传播优秀的中华民族精神，提高中华文化的国际魅力。

三　扬长避短，凝聚共识

中华文化向中亚国家的传播，虽然是不可逆转的历史潮流，但是也需要中亚各国人民的智慧和力量，由各国自愿、平等参与共同学习。中华文化不仅是属于中华民族的，同样是属于中亚各国人民的，并造福于中亚。中方需要加强与中亚国家的沟通，了解中亚各国的想法，找到彼此文化交汇点以及对方能够接受的实现文化传播的途径。在此基础上，中方有必要尽快制定有关中华文化传播的具体实施方案，协调好文化传播过程中短期目标与长期目标的配合，使中亚国家了解到中华文化的魅力与智慧，了解到中华文化蕴含的正能量，了解到中华文化对对方国家建设的积极作用，从而增信释疑，吸引他们积极学习中华文化。中华文

---

① J. M. Mitchell, *International Cultural Relations*, London: Allen & Unwin Ltd., 1986, pp. 3–4.
② 孙家正主编：《中国文化年鉴（2002－2003）》，新华出版社2004年版，第121页。

化具有包容、开放、求大同存小异的文化品格，欢迎其他国家积极学习。要充分利用好上海合作组织、亚投行、丝路基金等国际平台，进一步加强与中亚国家的合作，丰富合作项目的有效机制，为文化传播奠定良好的基础。

第五节　结语

对于发展中国与中亚地区持久、稳定的睦邻关系来说，文化传播承载着比其他领域合作更重大的使命。中国与中亚国家都重视"文化软实力"的作用，不断推进文化领域合作。尤其是近年来，中国加强了与中亚国家的文化教育合作，与中亚国家在人文领域实施了一系列重要项目的合作，其中包括孔子学院的建立、大型文化交流项目"文化节""文化口""科技口""艺术节"活动等。这些活动的实施为增进中亚地区民众对中国的正确认识起到了积极的作用，中国成功举办 2008 年北京奥运会、2010 年上海世博会也大大增强了中国在中亚地区的影响力。孔子学院和中国文化中心的设立顺应了中亚地区兴起的"汉语热""中国热"的潮流，同时也成了中国与各国文化交流的平台。虽然在近几年中国与中亚文化交流有了较为迅速的发展，但中国与中亚人文合作在今后还应该不断加强。中国与中亚地区人文交流与合作是一项长期的、细致入微、细水长流的工作。选取适当的、适合具体国情的项目非常关键。同时，制定专门针对与中亚地区的人文交流合作长远规划是非常必要的。人文交流与合作所追求的不是立竿见影的效果，而是持之以恒、润物无声的影响力。

第十五章

文化软实力视角下中华文化在拉美地区的传播研究

中国和拉美的交往可谓源远流长。早在16世纪初，中国和拉美就有了贸易往来，此后有大量华工来到拉丁美洲。长期以来，由于地缘和政治等诸多因素，中国和拉美的交往尤其是文化交流存在一定的局限性。进入21世纪，中国经济的高速发展使其在世界的影响力不断增强，目前已经成为世界第二大经济体，是最大的发展中国家。中国和拉美的合作日益加强，拉美地区很多国家已经与中国建立了"战略合作关系"和"全面战略合作伙伴关系"。中国硬实力的增强让更多的同属于发展中国家的拉美人民想要了解中国、了解中国文化。因此在经济贸易科技等硬实力不断发展的同时，如何加快发展中国文化软实力，让中华文化更好更快地"走进拉美"便成为迫切而不可忽视的重要任务。

长期以来，对中国和拉美地区的研究大多集中于经贸方面，对中华文化在拉美地区传播的研究相对较少，并且较为分散，缺乏系统性。本书通过文化传播的角度，对中华文化在拉美地区的传播意义、传播方式和特点、存在的问题和解决方案等进行研究，丰富了中国与拉美的文化交往、中国文化软实力以及中华文化走向世界等相关问题的研究内容，对解决当前中华文化在海外发展遇到的相关现实问题也具有重要参考价值。

第一节 中华文化在拉美地区传播的意义

21世纪以来，文化要素在国际交往中的重要性日益明显，国家或地区之间的关系已经不只是由经济、政治和军事主导，文化也成了国际关系中的重要内容之一。近年来，拉美地区因在国际社会中各方面都具有较大发展空间而重要性日益凸显，中国同拉美地区国家同为发展中国家，在诸多国际事务中有相同的利益诉求，多方面合作日益密切。文化是密切中拉之间感情的纽带，中华文化在拉美的传播对中拉关系的进一步深化、中国在拉美地区的发展、中国国际形象的提升以及世界格局的调整等都具有重要意义。

一 中华文化在拉美地区传播的经济意义

（一）奠定中国和拉美地区之间经贸合作的良好基础

中国与拉美的合作始于双方的贸易往来。明朝时期"海上丝绸之路"的开辟，使中国的丝绸、瓷器等货物通过菲律宾进入拉美地区，此后中国与拉美的经贸活动便一直持续下来。但从地理位置上来说中国与拉美距离较远，长期以来交通运输行业的发展虽然在一定程度上缩短了中拉双方时间和空间上的距离，但是中拉之间经济贸易合作相较于其他地区仍处于较低水平。

到了21世纪，在中国经济的快速发展、拉美地区积极探索适合自身的发展道路、拉美地区的政治相较于其他时间段较为稳定以及互联网相关技术发展等诸多因素的共同影响下，中拉经济交往进入了高速发展阶段，中国和拉美的贸易额以及中国对拉美地区的投资等均有大幅度增长，当前中国已发展成为拉美地区的第二大贸易伙伴，拉美是中国的第七大贸易伙伴，同时拉美地区也是中国企业和产品"走出去"增长最快速的地区。就市场条件而言，拉美市场容量较大，多数国家能够为中国产品提供更广阔的市场空间，从而能够成为中国优势产品出口的目的地，也具备吸纳中国产业转移的能力[①]。

1. 为中拉经贸构建理解的桥梁

中国经济的快速发展对于同样寻求发展的拉美地区具有很大的吸引

---

① 吴白乙等：《转型中的机遇：中拉合作前景的多视角分析》，经济管理出版社2013年版，第35页。

力，工业制成品是中国向拉美地区的主要出口产品，拉美地区则是以农贸产品和矿产等初级产品和资源型产品出口为主。由于中国物美价廉的工业制成品大量涌入拉美地区，挤占了拉美本地工业的发展空间，且中拉之间存在较大的贸易逆差等问题，部分拉美国家市场对中国产品进口和贸易投资已经趋于"饱和"，结构的失衡造成一些拉美国家开始出现贸易保护主义甚至出现了"中国威胁论""新殖民主义"等歪曲中国的论调，严重阻碍了中拉经济进一步向前发展。

拉美一些国家和民众担心本国经济利益受到来自中国经济的"威胁"，对中国产生了"恐惧"心理，再加上有的拉美国家媒体迎合部分受众心理或是在缺乏对中国充分了解的情况下进行失实报道，增强了部分拉美民众对中国的抵触心理。地缘距离较远、文化差距较大、不同的政治体制、风俗差异等都是此问题的形成因素，溯其源头则在于对中华文化的陌生。恐惧来源于未知，中华文化在拉美地区的传播能够让拉美人民正确地了解中华文化，了解中国的思维方式、中国的政治制度和中国的文化传统，理解中华文化的内涵。中华文化中核心思想之一的"和"意为相互包容、理解，既是人与人交往之道，更是国与国相处之道，中国和拉美在相互尊重的基础上进行交往，拉美通过对中华文化深入正确的了解，消除双方之间误解，促使中拉经贸发展健康积极地向前迈进。

2. 用文化纽带为中拉经贸提供保障

文化是一种较为稳定的关系纽带。当前中国与拉美国家间关系的快速发展，是基于中拉之间利益的相互需求。由于地理位置等因素限制，中拉在历史上交往较少，从文化的传承上来看拉美多元的文化与中华文化在发展过程并未发生过大融合，均保持相对的独立性，如此一来，中拉之间的文化差异比日本等深受中华文化影响的周边国家更大。中国依靠自身的经济对拉美国家形成吸引力，双方因利益相互吸引而产生的合作只能是初始状态，当前在全球经济形势与自身发展的影响下中国的经济发展进入"新常态"，拉美经济经过一段时间的增长后有所衰退，虽然可能出现反弹增长但是仍受不确定因素影响，因此当这种吸引力减弱或拉美国家与中国在经济方面的发展需求无法相互满足时，除了双方合作本身的优化转型外，更需要强有力的纽带来维系这种关系并且能为长期的经济发展提供保障。

回顾国际关系历史，意识形态上的结盟、军事同盟这些看起来强有力的关系在利益的变化和国内外形势的发展中也无法得到保障。而文化则是一种受到世界局势变化和利益影响较少的稳固联系方式，利用文化建立关系纽带虽过程缓慢，也不如其他因素能得到快速的成果，但却最为牢固和稳定。21世纪以来，文化已经不再只是传统实力的附属品，文化以其柔性特征来缓和双方的冲突并建立新的联系。拉美拥有印加文化、玛雅文化和阿斯特克文化等灿烂文化，同时又因其过去属于西方国家的殖民地而产生了多元的社会文化氛围，对于外来文化的接受度相对较高。当中华文化进入拉美社会尤其是能够和本土文化相结合，以拉美人民可接受的方式存续、发展成为当地社会一部分时，纽带已经产生，文化纽带使中拉经济合作的社会基础更加稳固。文化虽然不能排除瓦解的可能性，但是相较于其他因素，文化受到的外部破坏较少，且自身能够不断调整、适应和发展，为中拉经济稳定发展提供保障。

3. 为中国产品和企业提供在拉美发展的优良环境

拉美国家目前在经贸方面发展状况各不相同，市场条件和投资条件更是复杂多样，中国在过去一段时期无论对外投资还是产品出口都较为集中和单一，一些拉美国家的贸易保护主义开始出现，在这种情况下，中拉经贸结构亟须进行调整才能够满足拉美市场的多样化需求。中华文化在拉美的传播能为中国企业提供更加良好的社会发展环境。第一，丰富拉美国家对中国产品和企业的认识是中华文化在促进经济发展上的一项重要功能，进而能够增加中国产品和企业的多样化，扩大商贸的范围以及增加贸易产品种类。人们更愿意从熟悉的公司手中买产品，拉美市场长期处于西方的影响之下。例如，巴西的汽车行业长期以来由菲亚特和大众等欧美汽车品牌占据，中国汽车进入拉美市场较晚，如果想在当地汽车市场占据一席之地，就要既有自身的特点和优势，同时又要适应当地的情况，但首先需要产生一定的知名度。中华文化的传播有利于加深拉美人民对中国品牌的认知，对中国的产品打破行业垄断，顺利进入拉美市场提供助力。第二，对中国人或中华文化的认同能使中国企业和产品能够顺利进入当地市场，因为中华文化在当地社会已经存在基础，如果中资企业在当地展现一定的责任感，提供优质的产品和服务，当地人一般会秉持欢迎的态度，至少不会产生过激的排斥行为。在此情况之下，当地对于中国企业的容忍度会提高，中国企业也会拥有相对宽松的发展环境。

（二）有助于促进中国文化产业的发展

近些年来，文化产业已经成为拉动国家经济发展的一个重要增长点，文化产业在很多发达国家已经成了支柱性产业。"特别是一些西方国家早已把向发展中国家输出文化价值观视作实现其外部利益的一种国家战略，把发展文化产业作为国家战略形态，在经济利益的背后其实关乎国家的文化安全和文化主权。发展文化产业作为国家战略的价值，在于它不仅构成了文化战略的重要内容，而且还为国家软实力的提升提供有效路径和载体，以及由此在全球化舞台上形成民族生活方式和价值观传播的竞争体系。"[1] 我国的文化产业是在中华文化的基础上发展起来的，目前我国的文化产业仍处于起步阶段，利用中华文化在拉美的传播为中国的文化产业探索出一条走向海外的发展道路，以便提高我国文化产业在海外的竞争力。文化产业本身所具备的促进经济贸易发展的能力同样不容忽视，"文化产业除了新闻传媒、广播影视、书刊出版等直接为社会公众提供文化产品外，还广泛涉及以创意、科技等方式，以园区、金融等服务手段，以旅游、贸易等渠道或载体进行的文化及相关产业活动"[2]。中华文化以上述方式为文化产业的发展形式，利用独特的文化魅力吸引热爱中华文化的人，除了书籍、旅游等直接相关的文化产业产品，人们也愿意为中华文化的相关文化副产品买单，如有关熊猫的中国商品、中国传统的折扇、传统服装相关玩具等，在促进文化产业发展的同时，也进一步对中拉贸易和中国制造业的发展提供新的增长方式，同时提升了中国产品的文化附加值。

---

[1] 范玉刚：《"文化强国"战略视野中的文化产业发展研究》，中国社会科学出版社2016年版，第15—16页。

[2] 同上书，第35、86、106页。

二　中华文化在拉美地区传播的政治意义

（一）加强中拉之间的理解与互信

中国和拉美地区国家处于地球的两端，对彼此来说都是世界上相距最遥远的地区，中拉交往多以贸易为依托。21世纪以前，美国将拉美地区视为自己的"后花园"，将其长期置于美国的影响之下。1960年中国与古巴建交使古巴成为最早与中国建交的拉美国家，但由于当时仍处于冷战时期，其他拉美国家同中国建交的速度较为缓慢。中国和拉美国家地理位置较远，且都是发展中国家，两者在国际上的发展和影响力远不及西方大国，并且拉美政治环境长期处于较为不稳定的状态，如长期以来左翼政党与右翼政党的斗争，且拉美地区还有大量反政府武装力量的存在，这些都加剧了当地的政治不确定性，以致中拉双方对彼此都缺乏一定重视。直到21世纪，双方在政治上的互动才逐渐频繁，当前拉美地区的政党虽然为了扩大支持者的范围，政策也日趋走向中立和平和，但目前政党轮替和政府更迭造成的政策变化仍是中拉政治经济交往上的不稳定因素，由此增加了双方之间在政治和经济上的摩擦以及信任的缺乏，政府间和民众间的不信任使中拉关系面临着巨大考验。

本国文化是一个国家制定对外发展政策的基础，中华文化是中国对外政策的基础，积极增进拉美国家对中华文化的了解是妥善解决双方之间互信问题的积极有效路径之一。中华文化与拉美文化从宗教和文明传承上并不存在严重的冲突，并且中华文化的内涵具有世界性。中华文化在拉美的传播，为拉美国家了解中国的意识形态和相关政策制定的思维方式提供渠道，避免用某些西方国家所制定的标准和歪曲的中国印象来看待和理解中国。中国与拉美关系的发展是在平等互利、共同发展的基础之上进行的，中国在几千年来的历史进程中，形成了以儒家文化为基础，以"和谐""仁爱"等内容为核心的对外交往观念，中国国家主席习近平曾就中国的和平发展道路作出过阐释："中华民族几千年来形成了兼爱非攻、亲仁善邻、以和为贵、和而不同的理念。"① 而近年来中国政府所提倡的"命运共同体"的主张更能看出中国所追求的发展模式是合作共赢，在本国获取利益的同时，兼顾他国的利益，做到"己所不欲、勿施于人"。中华文化在拉美的传播对于中国价值观念和对外政策的基本思想能够准确地传递给拉美国家和人民，对于相互理解，增加双方互信是极其有利的。

中拉民众之间缺乏互信的原因主要是双方缺少了解，对于拉美文化中国人也不过是从桑巴、足球和热带雨林等简单的印象出发，较为深入的了解也是从一些影响较大的如《百年孤独》等拉美文学中对拉美的社会和文化进行窥探。反观中国在拉美的影响，当前中国因其经济的快速发展在大到国家建设、小到生活用品等多个方面影响着拉美国家和人民的生活，但对中国或中国人的思想世界，拉美人民则知之甚少。只能说在此基础之上拉美人民对中国产生的是复杂的情感，既期许中国能给拉美地区带来发展的契机并能够使其摆脱多年来美国笼罩在拉丁美洲的阴影，但是却又恐惧中国像过去的西方殖民者一样以工业制成品来换取拉美的资源，像以前的西方国家一样使拉美成为中国的依附品。中华文化在拉美的传播，一是能够让拉美民众对中国和中国人有一个清晰明确的认识，而非媒体或长期以来西方所宣传的"妖魔化"的中国。二是文化上的相互贴近，从思想上能增进双方的理解，了解中华文化更是了解中国人行为、思维方式和观念，从而能增加双方之间的互信，解除对中国的疑虑。三是从 21 世纪的交通运输和科技发展来看，由地理位置所产生的距离感已经大大缩减，中国与拉美民众所产生的距离感，主要是由精神方面产生，中华文化所包含的正是五千年来中国人民物质、智慧和精神的结晶，其中的音乐、文学影视等艺术是贴近人民生活的文化传递载体，让拉美人民了解并喜欢中国和中华文化，通过文化所产生的吸引力，展示中国真正的形象，增加中拉人民之间的理解互信。

---

① 《习近平主席接受印度尼西亚和马来西亚媒体联合采访》，人民网，http：//politics.people.com.cn/n/2013/1002/c1024-23098221.html。

(二) 有助于树立中国良好国际形象

随着中国在世界舞台上的表现日益突出以及中国在坚持对外开放的基本国策下所提出的"走出去"战略，并对一些来自西方的"中国威胁论"和"新殖民主义"论调的回击，中国亟须在国际上树立起一个"负责任大国"的国家形象。

国家形象是特定国家的历史和现状、国家行为、国家的各项活动及其外部影响在国际社会和内部公众心目中产生的印象、认知和评价[1]。"大国"最重要的特征不再是军事力量上的实力显示，而是"负责任"[2]。21世纪以来，中国突飞猛进的经济发展使拉美国家对中国的印象多是关于经济方面的，而对于一个国家的形象构建来说更应该从多层次和多角度出发，任何一方面的欠缺对于中国在国际上树立一个全新的有担当的大国角色而言都可能成为制约其发展的因素。文化层面既是树立当代大国形象不可或缺的部分，也是中国在拉美地区发展较为欠缺的部分。

拉美地区长期受到西方国家的影响，对中国和中国形象的了解也更多地来自西方的观念。就目前来看，中国在拉美地区的形象有较为明显的两面性，以哥伦比亚媒体的报道为代表，哥伦比亚较为关心的是中国人权和环境问题，对制度和文化并不关心，他们更关心的是中国是否能成为"负责任的利益相关者"，他们批评中国的山寨产品并对中国经济制度和发展模式充满怀疑，但同时他们也对中国庞大的经济市场充满兴趣，并且羡慕中国快速的经济发展，总体来说负面报道要多于正面报道。阿根廷科尔多瓦国立大学历史系古斯塔沃·桑迪兰（Gustavo Santillán）教授总结出拉美人对中国的五大成见：帝国主义倾向；中国的"侵略"；"威权主义"体制；资本主义的"复辟"、新自由主义的掠夺。文化不了解，异国情调，认知冷漠[3]。由此可见，拉美民众对中国在当地的发展依然存在误会和偏见，对于中国形象的认知受到了多方面的制约，长期以来对中国的形象想象、地缘位置、文化差异以及意识形态的分歧等因素，

---

[1] 孙春英：《跨文化传播学》，北京大学出版社2015年版，第439、444页。
[2] 李智：《文化外交：一种传播学的解读》，北京大学出版社2005年版，第154、183页。
[3] 王义桅：《拉美对中国误解的十大根源》，联合早报网，http://www.zaobao.com/special/zbo/commentary? bj=3k90e&page=10，0。

都造成了拉美人民对中国形象的负面认知。21世纪以来，中国从世界的边缘走到了世界舞台的中心，美国的中国问题专家乔舒亚·雷默说："世界知道中国有多古老，无需再去强调。真正需要的只是以简单的方式去了解今天的中国正在发生什么。"① 中华文化的传播就是让拉美国家和民众看到新时期的中国到底如何发展，中国人以怎么样的思考来构建当代的中国，而非凭空架构于其想象之上。

对于中国而言，国家形象已经成为关乎国家利益的重要内容。在拉美传播中华文化的重要目的，就是要改变长期以来拉美人民对于中国和中国人形象的偏见和误解。利用文化来对话语权进行构建，以文化话语为重心进行国家形象构建，通过创造共同话语空间来调节各种争论，减少经济、政治和意识形态领域分歧的消极影响。②

构建中国的良好形象尤其是"负责任大国"形象要从多方面来建设。

第一，通过多种媒介来展现中国当代形象和当代中国人的精神风貌，让拉美民众打破长期以来对中国和中国人的偏见，而不再以想象和具有偏见的媒体报道来认知中国人。

第二，中华文化扩大了拉美人对中国形象的认识，不再将中国局限于中餐、功夫和大熊猫等简单而刻板的符号形象中，更加全面丰富地诠释当代中国的形象。

第三，当前中国与拉美国家接触最广泛的依然是经贸，利用企业在拉美当地的影响力，积极传播中华文化，对当地作出一定贡献并展现负责任的形象，对长期以来中国人的负面形象进行有力的回击。通过对中华文化的宣传，中国良好形象的树立，对中国能够顺利实现和平崛起产生重大帮助。

第四，目前中国积极开展建立亚洲基础设施投资银行和"一带一路"等项目，为亚洲经济一体化建设和世界经济发展提供新的发展契机，承担起大国引领世界发展的责任，其中作为拉美国家的巴西积极投入亚投

---

① ［美］乔舒亚·雷默等：《中国形象：外国学者眼里的中国》，沈晓雷译，社会科学文献出版社2006年版，第41页。

② 孙春英：《跨文化传播学》，北京大学出版社2015年版，第439、444页。

行建设，成为亚投行创始成员国之一，有助于推动在拉美地区中国负责任大国形象的树立。

(三) 有助于中国和拉美国家在国际事务中开展合作

冷战结束后，随着苏联的解体，世界秩序开始出现巨大变化，美国作为世界上唯一的超级大国和西方国家形成了"一超多强"的世界局势。到了 21 世纪，随着中国的崛起以及拉美国家在多国经济出现发展较为饱和时仍表现出强大的发展潜力和空间，世界发展的重心开始向发展中国家偏移，世界局势处于整合多变时期，各方势力不断变化寻求建造更合理的国际秩序。双方都面临应对全球化、促进可持续发展、维护世界和平、推动建立公正合理的国际新秩序的共同使命①。在此时期中国和拉美国家在多方面促进双边关系发展，从政治上的互信、经济上的务实合作到人文交流以及国际事务等多方面密切协作。近些年，中国和拉美地区的高层互访频繁，中国国家主席习近平分别于 2013 年、2014 年以及 2016 年对拉美多国进行了访问。其中包括对哥斯达黎加、墨西哥、阿根廷、委内瑞拉、厄瓜多尔、秘鲁等十国进行了国事访问，访问区域涵盖广泛，从墨西哥和中美洲到加勒比地区再到南美洲。秘鲁、乌拉圭、巴西、阿根廷、墨西哥、厄瓜多尔等多个国家领导人也来华访问或出席活动，2015 年 1 月，在北京召开的中国—拉共体论坛部长级会议上拉美多国领导人及外长出席会议，通过相互之间的访问进一步加强政治互信，夯实互利合作基础。

中国与拉美国家在国际事务中的合作是 21 世纪发展中国家增强在世界范围内的影响力和话语权的重要方法，同时也是中国和拉美实现国家发展的重要途径。对拉美来说，与中国在国际事务中的合作能够加大拉美地区的影响力，减弱美国长期以来的影响，逐渐提高拉美地区在国际上发展的独立性。对中国来说，一方面中国和拉美在国际事务中进行合作有助于在发展过程中团结发展中国家力量，减少国际阻力，共同应对国际问题的挑战以及来自西方大国的压力。如，世界环境问题、全球经济发展动力不足等问题以及来自美国等大国制约发展中国家发展的压力。

---

① 赵积旭：《中国对拉美外交战略再思考》，《政治研究》2012 年第 14 期。

另一方面，中国在拉丁美洲的重点关切之一仍是中国在"台湾问题"上的核心利益。实现国家统一是中华民族的核心利益，也是实现中华民族伟大复兴的必然需求。当前拉美地区仍是与台湾"建交"国家数量最多的地区，与中国建交的拉美国家是中国在拉丁美洲地区寻求国家统一的重要国际支持力量，也是尽快让台湾的"邦交国"回到支持一个中国的立场上，维护中华民族根本利益的重要保障。另外，中国寻求在一些关乎中国利益的问题上能够得到拉美国家的支持，如西藏问题和南海问题。从以上方面来看，中国和拉美国家在国际事务中进行合作是符合双方利益与诉求的。

作为发展中国家和地区的重要组成力量和组成部分，中拉双方能够达成相关的共识并相互支持，这种需要虽基于利益上的相互需要，但也需要双方之间的相互理解。对于双方需求的理解又建立在文化的相互理解之上，文化充分包含了中国和拉美社会发展的历程，包括在社会发展中所形成的独特性以及目前国际纷争的由来。拉美国家殖民时期的历史以及长期以来美国在拉丁美洲产生的影响很好地解释了当前拉美对于独立发展的渴望。中华文化在拉美的传播，绝不是将中国的意识形态强加于拉美国家，而是将中华文化传播作为理解当前中国在一些国际事务和国际争端中持有的态度和理念的一种途径和方法。拉美国家和民众从中国发展的历史和中国在五千年来中华文化所沉淀出的理念中将更好地理解当前中国在国际问题上所持有的态度，如了解"台湾问题"产生的历史原因以及中国文化中亲缘关系纽带；更好地理解中国所持有的一个中国立场和两岸人民对于和平统一的渴望，从而能够在此问题上支持一个中国的立场。中国南海问题同样也有其发生的历史缘由。中华文化在拉美地区的传播为拉美人民提供更多真实的信息，让拉美国家和民众作出正确的选择，而不因一些不符合事实的报道和舆论来作出相关问题的评判，这也有利于中国争取更多拉美国家的支持。

三 中华文化在拉美地区传播的人文意义

（一）有利于增强中华民族的文化自信

21世纪中国经济实现了大幅的飞跃，中华民族在实现伟大复兴的道路上加快了前进速度，也让中国重新回到了世界舞台的中央。但是一个国家的兴盛和民族复兴的实现，不能脱离其文化的支撑。中华文化是中国和中华民族的灵魂和内核，中国或是世界上任何一个国家都不能只凭借其经济上带来的对外吸引力在激烈的国际竞争中长时间立足。中国国家主席习近平多次指出："我们要坚定中国特色社会主义道路自信、理论自信、制度自信，说到底是要坚持文化自信。"[①] 一个国家和民族如果对自己的文化没有自信，这个国家和民族就缺少实现民族复兴的信念，同样也无法得到其他民族的尊重。

中华文化源远流长，五千多年的发展让中华文化成为世界上古老神秘却又同时充满活力的文化。中华民族曾经为中华文化而感到骄傲和自豪，西方世界也曾经对中国灿烂的文明充满了想象和向往，不论是在意大利商人马可·波罗所描绘的在中国的见闻中，还是在法国诗人保罗·克洛岱尔对他在中国当外交官时期的见闻所写的散文诗集《东方的认识》中，都充满了对中国形象的美化。启蒙时代的西方也出现过泛中国崇拜的"中国潮"，中国几乎成了西方文化向往的乌托邦，无论是中国的物质财富、茶丝陶漆、还是哲学思想、文学艺术等，都成为他们谈论的话题、模仿的对象与创作的灵感[②]。中国的丝绸和瓷器在拉美地区备受推崇。17世纪初，中国的瓷器在巴西上层殖民者家中使用，到了18世纪中国瓷器大量销往拉丁美洲，不再只局限于巴西，也销往中美洲和南美洲，甚至出现了仿制中国瓷器的工厂。18世纪中期，工业革命的展开使西方文明开始兴盛，随着清朝的衰落，中华文化从世界文明的中心走向边缘，在此后的时期西方文明成了世界的主流文明。东方从一百多年前开始向西方学习，无论是西方的政治制度、还是科技水平或穿衣审美等，在向西方不断学习的过程中，整个国际社会形成了以西方为先进标准的固定思维模式，认为中国的文化是落后而腐朽的，以至于对中华文化产生了不自信。

中华文化在拉美的传播有利于增强中国人对中华文化的自信。促进

---

① 岳亮：《以文化自信引领大国复兴》，《学习时报》2017年2月15日。
② 孙宜学：《中华文化国际传播：途径与方法创新》，同济大学出版社2016年版，第142页。

中华文化在拉美的传播，让中华文化在西方价值观的世界中占有一席之地，拉美人民对中华文化产生欣赏并进行学习，尤其是对中华文化中包含的语言、哲学思想和文化精神等的喜爱，能够重新激发中华民族对中华文化的自信，证明中华文化并未被时代淘汰，也并非腐朽的文化。借此机会让国人重新发现中华文化中的优秀部分，积极弘扬中华文化，树立文化自信，展现以中华文化为基础形成的当代中国的精神风貌，发挥文化的创造力，实现中华民族的伟大复兴。

（二）有助于中国精神在拉美的传播

"中国精神"就是以爱国主义为核心的民族精神。中国精神的主要内容是：团结统一、爱好和平、勤劳勇敢、自强不息，这种精神将我们团结在一起。实现中华民族伟大复兴的"中国梦"必须要树立"中国精神"。习近平主席在对拉美地区的访问中多次提到了中国梦，国家富强、民族振兴、人民幸福是中国梦的具体表现，并表示拉美地区的国家也有类似的梦想，中国和拉美应该携手共进，积极实现自己的梦想。

当前拉美人民也在积极努力实现团结协作、发展振兴的"拉美梦"。这与实现"中国梦"所必需的"中国精神"不谋而合，将中国优秀的精神品质积极在拉美地区传播出去，既能对发展中的拉美国家实现"拉美梦"起到帮助作用，更是为拉美国家了解当代中国人在积极投身国家发展中所体现的精神提供渠道。

"中国精神"既来源于近几十年我国经济快速发展中的实践，又来源于中华传统文化的优秀品质，两个来源既统一也有进一步发展。中华文化在拉美地区传播的目的之一就是要将"中国精神"推广出去，精神的力量是强大的，且具有感染性的，"中国精神"的推广不仅有利于丰富我国的软实力，让拉美人了解中国人的"精气神"，同时也传播了中国人积极正面的形象，还可以通过精神的传播增强在拉美地区的话语权，改善舆论环境，树立中国积极向上的舆论形象。

（三）改善长期以来东西方文化传输的差距

由于地缘和殖民等因素在拉美地区的存在，拉美地区的国家长期处于西方大国特别是美国和西班牙等国的文化影响范围内，从空间上来说，也与东亚国家危机较远的距离，这也就导致拉美地区在接受东方文化的影响上产生了较大的差距。

东亚国家中的日本和韩国对于本国文化以及文化产业的发展较为重视，在拉美地区，相较于以美国为代表的西方文化仍具有很大差距，但是还有一些人喜欢日韩的文化。相比之下，中华文化在海外的传播起步较晚，但近些年也越来越重视中华文化海外影响力的发展。

在竞争日益激烈的文化地位的争夺战中，中华文化的加入，对于在拉美地区现存的其他文化产生了一定的挤压效果，尤其是对西方文化的挤压，在有限的市场、传播范围和人群中，不仅是增加东方文化在拉美地区所占的比重，同时也对长期以来在拉美地区占据统治地位的西方文化形成了一定的冲击。东西方文化传输差距的缩小有利于东方国家的文化尤其是中华文化扩大影响范围，增强了在拉美地区的话语权和影响力，并且能够通过改善对拉美地区东西文化传输的不均衡，使中华文化重新回到长期由西方文化占据统治地位的世界文化的舞台，也有利于世界格局向更加合理的方向发展。

第二节　中华文化在拉美地区传播的方式和特点

21世纪以来，中国和拉美国家之间紧密而频繁的交往，为中拉之间建立互信互利、合作共赢的中拉"命运共同体"提供了基础。与此同时，通过中华文化在拉美的传播，拓宽了中拉双方的合作领域，也增强了双方民众之间的感情。当前中华文化在拉美地区传播的形式和内容也在不断创新和发展，将传统的传播方式与新型的互联网传播方式紧密结合，让中华文化以从未有过的深度和广度影响拉美民众生活的各方面，促进中国和拉美的文化交流更丰富和更全面。

一　21世纪中华文化在拉美地区的传播方式

（一）中华文化通过经济贸易进行传播

中国与拉美最早的广泛交往形式就是商业贸易，商贸产品成为中华文化的载体，如丝绸和陶瓷通过贸易在拉美传播开来，除了欣赏和使用，也为拉美带去了先进的制瓷工艺，可以说中华文化最初就是通过商业贸易的形式抵达了拉美。到了21世纪，中国经济的快速发展，中国与拉美地区的贸易进入了黄金发展期，经贸的发展必然带来文化的传播。

21世纪开始，随着我国制造业的飞速发展，中国制造的商品大量走向世界，同时也走入拉美人民的生活中。从拉美国家的经济结构来看，大量的工业制品需要依靠进口，拉美是丝、陶瓷器、针织或钩编服装、自动数据处理设备、箱包、照明设备及配件和鞋类等9类产品的全球最大市场；是普通棉织物、音像接收与录制设备和金属制家用器具3类产品的全球第二大市场；在纺织物制服饰用品、普通人造纤维、童车和玩具、蒸汽锅炉、刀具、建筑材料等17类产品上，拉美还是仅次于美欧发达国家的第三大市场①。可见当前拉美国家对于轻工业制品的巨大依赖性，而中国是目前世界第一的制造业大国，从拉美与中国的贸易结构来看，中国是拉美进口工业产品的主要来源国家。中国的工业制品已经深入很多拉美人民的家庭生活中，这些"中国制造"家喻户晓，也在无形之中传播着中华文化，一些产品上的汉字、图画、商标等都是对中华文化的传播，使用者对产品或是在产品上所附加的文化内容进行深入的了解，通过这些商品引起对中华文化的兴趣，达到实现商品带来中华文化传播的效果。

中国对拉美地区进行了大量的投资，主要集中于矿业和基础设施建设等方面。拉美国家也逐渐意识到，基础设施建设的不完善是阻碍当地发展的重要原因。2016年10月14日至15日，在唐山举办的中国—拉美企业家高峰会上，阿根廷、巴西、乌拉圭、智利等30多个拉美国家都在积极地推销本国的基础设施项目，希望有实力的企业前去投资。目前中国的资金、技术等都具有性价比高等独特的优势，充足的资金、较为成熟完善的基础设施建设的经验吸引了拉美多国。早在2014年，中国中车的前身之一中国南车就对外发布将为阿根廷贝尔格拉诺铁路改造项目提供机车和货车产品，总金额约17亿元人民币。此外，在委内瑞拉、厄瓜多尔和巴西等国，中工国际、华为和中国电网等多家中国企业承建了铁

---

① 吴白乙等：《转型中的机遇：中拉合作前景的多视角分析》，经济管理出版社2013年版，第35、19页。

路、通信、电力、医院、剧场等基础设施建设项目。通过投资建设公共基础设施有效地扩大了中国在当地的影响力，企业成为文化传播的使者，深入当地人的生活传播中华文化。

经济贸易对于中华文化的推动无疑是巨大的，但对于传播来说，当产品和企业一遍遍地重复有关中国内容的时候，就加深了当地民众对中国的印象，而且通过这些内容的传播，有关中国的信息渗透到生活的各方面中，并且信息的受众并不受其受教育程度的限制，扩大了接受的人群，增加了中华文化的影响范围，对于中华文化的传播，能够起到积极促进作用。

（二）中华文化通过华人华侨传播

在拉丁美洲有大量华人华侨的存在，但是各个国家的情况也不尽相同。主要可以分为两类，早期的移民和新移民。华人华侨对中华文化在拉美传播的作用无疑是巨大的，他们通过生活习惯、文化继承、族群影响等多种方式在当地进行中华文化的传播。

1. 华人华侨的主要来源

早期移民除了贸易和手工业者之外，最主要的来源是当年到达的拉美地区的华工，主要集中于19世纪初到19世纪中叶，他们被贩卖或者是被骗至拉丁美洲做苦力，到后来华工的生存状况好转，才开始进入其他行业进行发展。巴西、智利、秘鲁等国家的早期华人华侨就是通过这种方式过来的，同时由于华人较多，这些国家中华文化传播的基础也较好。其他国家的华人华侨有些是从拉美其他国家迁移过去的，如阿根廷的华人华侨多来自上述三国，但也有一些无迹可寻，例如玻利维亚的华人华侨。第二种是新移民，大量的新移民进入拉美地区主要开始于20世纪中期，他们到达拉美多是从事商品贸易或者是在当地从事经济活动。

2. 华人华侨通过经济活动传播中华文化

华人华侨最初作为"猪仔"被贩卖至拉美做苦力，后来开始从事一些经济活动，如开商店和餐馆，目前部分新移民也有此特点，他们在贩卖商品和销售中餐的过程中，对中国的饮食文化进行了传播。很多拉美人民对中餐十分喜爱，中国移民的到来，在一定程度上改变了他们的饮食习惯，比如，将水稻种植带到了拉美地区，传播了中华的饮食文化，为中国和拉美地区人民的交往搭建起了一座桥梁。中餐的种类繁多，总能找到适合拉美不同国家人的口味。中餐在秘鲁就有很大的影响力。中餐馆在秘鲁可以说是遍布大街小巷，甚至超过了秘鲁本地餐馆的数量。在秘鲁中餐馆被称为"Chifa"，来源于广东话中的"吃饭"的发音。很多秘鲁人对炸馄饨、炒米饭等中餐十分喜爱，中餐已经深入秘鲁人的生活，甚至有的秘鲁人在家里也会做上两道中餐。巴西人也喜欢吃中餐，但与秘鲁人相比较他们更喜欢吃面食如炸饺子等，中国的饮食文化拉近了中国人民和拉美人民的距离，有助于增强中国在拉美的亲和力，如果说开中餐馆的大多是广东人，那么，很多非广东籍的华侨华人则多从事商品贩卖活动，很多人将中国的一些制造品带到拉美，比如说需求量比较大的运动鞋、服装等较为廉价的产品。也有一些华侨华人事业经营较好，提高了华人的社会影响力，如巴西的林训明经营的愉港植物油公司就十分有名，其公司的豆油出口量为巴西第一，他本人也被誉为巴西的"豆油大王"，获得巴西总统颁发的勋章。另一名华人毕务国创立东方企业集团，经营涉及多方面，他是巴西最具有影响力的人物之一，多次获得政府颁发的十字勋章。秘鲁最大的超市集团 E. Wong 由华人黄业生先生的父亲创办，超市名字就是"Wong"也是当地最大的华人连锁超市。通过这些商店或者企业的帮助，中华文化进入了拉美人民的日常生活，潜移默化地改变着拉美人的生活，也在当地形成了一定的影响力，将中华文化以及中国人积极正面的形象展现给拉美的民众，对于提高我国在拉美地区的声誉和形象起到了积极作用。

3. 华人华侨社团对中华文化传播的推动

华人华侨社团在拉美地区也十分活跃，如秘鲁的中华通惠总局、巴西华人协会等。社团是将海外的华侨华人团结在一起的纽带，这些社团除了为华侨华人建立联系之外，还帮他们解决困难，如解决年迈的华人华侨的养老问题，提供法律援助及创办华文学校等，这些内容既为华人华侨解决了困难，也为他们继承发扬中华文化提供了路径。此外华人华侨还积极在拉美当地开展一些公益活动，在当地人心中树立了良好的华人形象，提高了华人在当地的声誉。随着华人群体的不断壮大，这些在拉美的华人华侨社团在多个领域发挥出了重要作用。

华人华侨的社团在中华传统文化的传播上起到了极大的助推作用，由于华人华侨对当地状况更加熟悉，在中华文化的本土推动上显示出了极大的优势。在中国传统节日春节，很多华人华侨会在当地举行舞龙舞狮、庙会等活动庆祝中国农历新年，活动从多方面展开，如中国传统乐器的表演、中国武术的表演，很多当地人会来看节目，并参与剪窗花、吃饺子、写春联等中国春节传统活动。在与拉美当地民众展开积极互动中，将有关中国和中华文化的信息传递给拉美人民，增进了拉美人民对中国的了解。随着中国文化影响力的增强，很多拉美地区国家如阿根廷、秘鲁等都会在中国春节展开盛大的庆祝活动，其中不能缺少当地华人社团的助力，或与政府积极合作抑或单独承办。庆祝活动对一些拉美人来说，已经不单单是"凑热闹"，中国文化中的一些意涵也开始传播，拉美很多地方的人都知道十二生肖，部分地区还在春节的基础之上发展出了新的内容，在秘鲁，民众纷纷购买一种像"富贵竹"的绿色植物，作为春节期间秘鲁人的祈福象征，几乎是人手一束，随处可见。这些内容就是在中华文化传播的基础之上，结合当地情况发展起来的一种重要意涵。由此可见，春节已经不仅是华人华侨自己的节日，对于拉美民众来说，这也同样是一个重要而热闹的节日。以上说明，经过几代华人华侨在拉美地区进行的中华文化传播在当地已经初见成效，极大地推动了中华文化的知名度，中华文化已经和拉美民众的生活结合在了一起。

（三）中华文化通过大众媒体进行传播

面向国际公众的大众传播是构成文化外交的一项重要内容，一个国家的政策、形象和地位都要通过媒体来加以肯定，以国际大众传播为表现形式的大众对外文化交流活动是国家实施国际战略和对外政策的重要手段。21世纪，信息技术的发展使信息的输出和观念渗透成为一个国家扩大对外吸引力和国际影响力的重要方式。拥有先进的文化传播手段能够占据强势文化传播位置，高强度地传播其文化价值观，从而扩大其国家权利；相反，如果传播手段落后对外影响力就会减弱，国家形象和利益将会受到挑战和威胁，遭到损害[①]。

[①] 李智：《文化外交：一种传播学的解读》，北京大学出版社2005年版，第39、40、166页。

1. 中华文化通过书籍报纸进行传播

2016年中国和拉美举办了"文化交流年"活动，其中很重要的一个内容就是进行图书的交流活动。图书是出现较早的传播载体，且是存在时间较长而未被淘汰的载体。图书的内容丰富，拉丁美洲有很多著名的作家和书籍，如哥伦比亚作家加夫列尔·加西亚·马尔克斯的《百年孤独》、巴西著名作家保罗·柯艾略的经典寓言式小说《牧羊少年奇幻之旅》等都是中国人耳熟能详的优秀文学作品。但是对于中国的优秀作品拉美民众却很陌生。

中拉文化交流年活动中的图书展示活动为中拉文学和出版领域提供了深入交流的机会，中华文化在拉美地区逐渐升温，拉美人民对中国的文学以及深入介绍中国社会和中国传统文化的图书都很感兴趣。2016年4月，在阿根廷举办的第42届布宜诺斯艾利斯国际书展上中国展台分为文学和人物传记展区、人文社科展区等共6个展区进行展示，主要为翻译的英语和西班牙语版本，全面介绍中国的历史、文化、人文、小说、诗歌等内容，主题区还有《习近平谈治国理政》《中国道路与中国梦》等作品。以书籍为载体、书展为平台，既展示了优秀的中华传统文化，又反映了当代中国的发展，将中华文化所凝结的精华介绍给拉美人民，为中拉交流合作奠定良好基础。此外还有一些汉学家，如秘鲁的汉学家吉叶墨翻译了9本唐诗，还出版了介绍中国历史、文化、当代生活以及诗歌和谚语等方面的书籍，如《来自中国的报道》《文心雕龙·中国古代诗歌选》等，推动了中华文化在拉美地区的发展。

报纸是传统媒体的重要组成部分，也是一国政府重要的宣传工具，在电视和网络尚未兴起的时代，报纸是传递新闻讯息的重要方式，目前报纸虽不如网络和电视传播讯息快捷，但其覆盖范围广泛，并且作为人们检验新闻权威性的重要途径，在国家形象宣传方面依旧有巨大价值。墨西哥、巴西和阿根廷等国家的报业发达，墨西哥有《至上报》、巴西有《圣保罗页报》等具有较大影响力的报纸。中国国家主席习近平在2013年到拉美进行访问前就曾接受墨西哥《至上报》、特立尼达和多巴哥《快报》、哥斯达黎加《共和国报》的联合访问。通过拉美报纸的报道，传递中拉经济政治文化等多方面合作的愿景，并且阐述了中国目前的发展状况以及中国对未来发展的规划。通过权威性报纸正确地将中国的状况以及对拉美的相关外交政策、相互尊重的双边合作基础等传递给拉美人民，大型报纸所具有的权威性更能使人信服，有力地破除一些媒体歪曲丑化中国的谣言。

2. 中华文化通过广播电视媒体进行传播

目前来看，在报纸等纸质媒体日渐衰落，网络新兴媒体发展尚未完善的时期，电视传媒作为一种发展较为成熟、普及度较广并同样具有较高权威性的媒体，是较为理想的文化传播工具，但同时其传播也存在弊端，主持人、节目制作者和电视台所表现出的主观意识较为强烈，受众易受其影响。

因拉美国家社会历史发展等原因所致，电视广播等媒体也深受一些西方国家影响，长期以西方国家的角度来进行报道。近些年，随着中国和拉美国家关系的密切发展，中国相关的报道也逐渐增加，拉美国家在逐渐摆脱西方大国阴影的同时媒体也开始以独立的目光看待中国和拉美国家之间的关系。委内瑞拉的南方电视台就曾制作过一期深度报道的节目，来介绍中国和委内瑞拉以及古巴、阿根廷等拉美国家的合作是在平等互利的基础之上开展的。积极抓住当前处于拉美国家寻求独立发展的机遇，打破西方媒体对中国在拉美的围堵，传播中国的正面形象和中国发展的相关政策提高中国在拉美的知名度和形象，增强中国在拉美的话语权。中国也应积极和当地具有较大覆盖范围和影响力的媒体进行合作，化被动为主动，通过当地媒体来进行中国的形象宣传，比利用中国电视台的宣传更能被接受。对于如何在拉美通过电视广播传播中华文化，其形式和内容同样重要，中国和拉美由于距离遥远，社会、文化以及所形成的价值观也不相同，通过电视广播传播的中华文化既要能体现新世纪的中国形象，要能让拉美人民接受。如果只是单纯的意识形态或者强硬的文化输出，反而会引起拉美民众的反感。中华文化内容丰富，形式多样，应该选择具有普适性的中华文化内容作为对外宣传的重点，比如一些贴近生活又反映中国社会发展的电视剧，也可以将反映中国传统文化的古代剧集和一些优秀的综艺节目等进行推广。这些电视节目既可以将中华文化传播给拉美民众，同时也反映了中国现在的发展风貌，又不会

第十五章　文化软实力视角下中华文化在拉美地区的传播研究　/　575

引起拉美民众和社会强烈的排斥。积极利用拉美国家的广播电视媒介，从新闻报道和电视等多方面传播中华文化，积极主动占据有利的文化传播地位。

(四) 文化产业为中华文化在拉美地区传播提供路径

文化产业在中国属于蓬勃发展的朝阳产业。不仅是充实国家"文化软实力"的重要内容，而且是提升国家文化国际竞争力的坚实落脚点[①]。随着中国和拉美地区国家的文化往来的发展，中国文化产业也开始进入拉美地区，为中拉两国人民的交流打开新窗口，有益于中华文化在拉美的传播。

中国一些优秀的作品如中国的文学作品和介绍中国风貌、社会发展的书籍，经过英语和西班牙语的翻译进入拉美地区。近年来，国家新闻出版总署积极联合多家出版社，整合优秀的出版资源，如中国作家麦家的《解密》西班牙语版本，在包括阿根廷和墨西哥在内的拉美国家畅销。向拉美地区人民推介我国的优秀的作品，其中包括文学作品、中文教材等，让中华文化跨过语言和地域的障碍进入拉美，同时也为中国的出版行业寻得新的商机，帮助中华文化和中国的出版业实现"走出去"。

中国的影视作品也是传播中华文化的重要方式，由于中国与拉美社会差异较大，且长期以来缺少对中国影视剧在拉美传播的重视和宣传，题材较为集中缺乏创新，当前中国影视作品在拉美的发展还有所欠缺。21世纪以来，中国文化产业也逐渐开始起步，中国的影视作品等也渐渐开始重视在亚洲地区之外的宣传，中国影视作品在拉美也有很大的潜在市场。在阿根廷举办的"中国电影周"活动中《山楂树之恋》《唐山大地震》《孔子》《赵氏孤儿》《将爱情进行到底》等7部影片的展映从多个题材反映了中国的历史、文化和思想传承以及中国当代人文风貌，也让中国的电影和导演走入拉美人民的视野中。2014年，中国国家主席习近平在访问阿根廷的时候将配有中、英、西、葡四国字幕的《失恋三十三天》《老有所依》《北京青年》等多部影视作品，赠送给阿根廷的友人，意在增加两国之间的文化交流，并通过这些作品增添拉美人民对中

---

① 张骥等：《中国文化安全与意识形态战略》，人民出版社2010年版，第401页。

华文化的认识以及了解中国年轻人的生活面貌。拉美国家影视行业十分发达，有很多像《上帝之城》和《丑女贝蒂》等我们耳熟能详的作品，其中哥伦比亚的《丑女贝蒂》还被翻拍为中国版的《丑女无敌》。通过中国和拉美国家在影视作品方面的积极交流与合作，根据拉美人民的文化需求，将中国优秀的文化作品积极引入，既为中国文化产业的发展扩宽了道路，同时也为中华文化在拉美传播增加了渠道。

在中国和拉美国家合作的不断深入、交通运输业的发展以及中国的经济增长和中产阶级增多等多种条件的影响下，作为重要经济增长点和文化交流方式的旅游业在中拉的共同促进下迅速发展。拉美国家同中国一样都拥有悠久的历史和灿烂的文明，旅游资源丰富，自然风光和人文景观相互结合，吸引了大量的游客，墨西哥最著名的国际海滩度假胜地"挂在彩虹一端的瓦罐"坎昆、亚马逊热带雨林、牙买加珊瑚岛以及世界文化遗产印加帝国失落的城市马丘比丘和基多老城等都让拉美充满了吸引力。当前虽然拉美国家因地理位置、语言和当地治安环境不稳定等问题并非中国游客的首选目的地，但中国游客赴拉美的人数在逐年上升。近些年随着中拉政府高层的积极交往，更多中国游客开始选择遥远且神秘的拉丁美洲作为旅游目的地，"中国游客赴拉美旅游的增幅达到10%—20%。目前中国游客赴秘鲁、智利、厄瓜多尔三国的增长速度至少超过50%"[1]。拉美国家也看到中国巨大的旅游市场，纷纷寻求同中国旅游公司的合作。多国政府部门从多方面制定计划，如降低签证条件、简化签证程序，部分拉美国家如厄瓜多尔、牙买加和巴哈马等对中国游客实行免签政策，提高签证效率，方便中国游客赴拉美国家旅游。一些拉美的旅游公司和酒店开始让员工学习中文或雇用一些中国员工，积极在语言方面做准备，还有一些酒店为中国游客准备中餐和提供热水，继续加强完善配套的软硬件服务，增加中文标识、中文导游和商店的中文服务，增加中国游客自由行的人数。在与中国游客的互动中加强了中拉人民的人文交往，积极促进了中华文化在拉美地区的传播，特别是语言方面的传播，同时中国的文化观念和生活饮食习惯等文化内容也在拉美传播开

---

[1] 赵珊、李雪梅：《国家外交带热拉美旅游》，《人民日报》（海外版）2016年11月21日。

（五）汉语学习机构成为中华文化在拉美地区传播的重要渠道

语言是文化传播和交往的重要载体，也是一个国家扩大其影响力加强话语权的重要内容。随着中国综合国力的提升，在世界范围内掀起了学习中文的热潮，中华文化的吸引力不断增强。目前在中国和拉美地区密切的经贸往来和政治、文化互动频繁的背景下，拉美人民对中华文化的兴趣尤其是对汉语的兴趣大大增加，与此同时，海外的孔子学院、孔子课堂和华文学校的设立也成为中华文化传播的重要渠道。

孔子学院是我国在世界各地设立的以教授汉语和传播中华文化为宗旨的非营利性教育机构。在中拉政府部门等多方共同促进下，截至2018年12月31日，拉美地区已建成孔子学院43所，在建2所和孔子课堂17间，覆盖了22个拉美国家[①]，扩大了中华文化在拉美的影响范围，提高了当地民众的学习热情。孔子学院依托当地大学积极开展形式多样的中华文化的学习活动和课程，秘鲁的里卡多·帕尔马大学与河北师范大学合作成为南美首家将中西文翻译列入大学正式专业课程的高等学府，还有的孔子学院与当地中学积极合作加强青少年群体对中国和中华文化的认识。孔子课堂也因灵活的课程时间和学习形式吸引了各行各业的拉美民众来学习中文，扩大了群体的覆盖范围。孔子学院和孔子课堂是汉语教学机构，也把中国的历史文化和文学艺术作为学习的内容。

拉美的很多华文学校也有悠久的历史，很多国家拥有大量的华人基础，如秘鲁、巴西、巴拿马等国。大量的华人至今仍保持着中华文化的根基，华文学校也起到十分重要的作用。秘鲁拥有众多华人，秘鲁著名的中华学校有中华三民联校和秘鲁若望23世秘中学校。中华三民联校被誉为"拉美第一侨校"，久负盛名，至今已有90多年历史。若望23世秘中学校成立于1962年，是当地乃至拉丁美洲都极有影响力的一所华文学校，在当地除了招收华人华侨学生外，还招收秘鲁本地的学生。这些华文学校将汉语课程列为必修科目，同时教授中国传统文化。

---

① 《孔子学院/课堂关于孔子学院/课堂》，国家汉办，http://www.hanban.org/confucious-institutes/node_10961.htm。

通过这些中华文化的学习机构,中华文化在拉丁美洲的影响力大大增强,以文化传播的形式拉近了中拉人民之间的距离,为中国和拉美地区培养了大量优秀人才,也为中华文化在华人华侨中的传承和中华文化"走出去"战略发展起到助力作用,有益于我国形象建设和宣传,促进中拉友好关系的发展。

(六) 互联网成为中华文化在拉美地区传播的新方式

21世纪前,互联网技术尚未发展成熟,普通民众在传统的传播环境中只能通过人际间的互动来完成民间的公共外交,其范围、规模和时间等都受到一定的制约。随着网络技术的发展,普通民众也能够成为文化和舆论的传播者。"自媒体"时代的到来,不但提高了普通公众参与国家政治生活的热情,也为网络外交的广泛开展提供了动力和便捷通道[1]。对于政府而言,通过网络的对外传播相较于传统媒体受到的限制较小,效果反馈及时,对于国家调整对外政策做到迅速反应。当前社交网站等互动性强的媒体,也已成为国家对外宣传面向年轻人的重要阵地。各国纷纷利用网络来表达立场、传播国家形象、设置国际政治议程,从而达到维护国家利益的目的[2]。

长期以来,中国利用传统媒体在国际社会中的宣传经常受到来自西方一些强势媒体的打压,在拉美地区也不例外,拉美国家的媒体也深受西方国家的影响,又缺少对中国的了解,使中国的国际形象受到了损害。网络的发展为中华文化在拉美的传播开辟了一条新的路径,也为拉近双方之间的距离提供了新的方式。官方网站、网络视频网站、社交网络等都是实现文化交流的重要平台。通过这些交往平台,既可以让拉美人民直接掌握中国的各种动态,获取与中国的相关资讯,又可以把历史文化、当代风貌、人文和自然景观以及社会发展状况等直接传达给拉美民众。利用视频网站或是社交网路的宣传将中国的影视作品、书籍等优秀文化作品和旅游产品进行积极推介,展现中华民族和中华文化的特色,扩大中华文化在拉美传播的地域范围和目标群体,提升中华文化在拉美的影

---

[1] 赵启正主编:《公共外交战略》,学习出版社2014年版,第30、32页。

[2] 同上。

响力和吸引力，促进两国之间的理解互信，为国家形象的建设和维护作出贡献。

二 21世纪中华文化在拉美地区的传播特点

（一）经贸仍是中华文化传播的最主要方式

经贸仍是中华文化在拉美传播的最主要方式，这个特点主要是由当前中国和拉美国家之间主要交往形式所决定的。中拉经济交往与中拉文化交往的差距，使文化交往仍作为经贸交往中的附加内容而存在，拉美国家与中国的文化交往很大程度上仍依附于经贸关系。如果将文化作为中拉关系中的独立因素来看，目前发展状况与中拉的经济交往相差过于悬殊。从当前中国和拉美地区的媒体报道中可以看出，中国和拉美国家的媒体仍将双边的经济发展作为最主要的报道内容，文化交流成为经贸发展中的附庸，对于中拉之间的文化交往尤其是民间文化交流的单独报道都相对较少。虽然当前中国和拉美等国家通过政府、民间组织、企业等多方面积极推进文化交往，但面对当前中拉关系中经贸所占比重来看，短时期内经贸仍会是推动中拉交流和中华文化在拉美传播的重要方式。

（二）政府对中华文化在拉美地区传播提供大力支持

21世纪中国的经济、军事等实力都显著增强，但是硬实力已经不再是衡量一国实力如何的唯一标准，文化因素渐渐走向国际舞台，并在形象塑造和对外交往等方面显示出独特的能力，中国政府也意识到文化在交往过程中的重要性。

21世纪国际秩序正在调整，世界格局处于变动时期，中国和拉美抓住发展机遇，高度重视彼此之间的关系，积极开展中拉间的相关活动并推动中华文化在拉美地区的传播。近些年，政府积极引导并推动中拉之间的文化交流，中国和拉美国家领导人的频繁互访，在文化交流、旅游业、教育合作、文化产业发展等方面制定的相关政策，为中国和拉美之间的文化交往提供引导和助力。中国和拉美国家政府共同合作推进"文明互鉴"和"中拉文化交流年"等活动，利用中拉人文交流研讨会、图书展销会、艺术展、文艺表演、"电影周"等方式，促进了两国的人文往来，积极将中华文化传播到拉美地区，同时也为中国的出版业、影视文化等文化产业打开了拉美地区的发展局面。中国和拉美国家政府在教育方面积极开展合作，中拉之间互派留学生的名额逐年增加，中国还向拉美国家的留学生提供了超过 5000 个政府奖学金名额，以鼓励拉美国家学生到中国学习。此外，由中国汉办通过同拉美国家政府学校等相关部门合作成立的孔子学院和孔子课堂也成为向拉美国家和民众推广汉语、传播中华文化、增进中拉民众相互了解的重要渠道。旅游为中拉之间深入了解和增进友谊提供助力，近年来，中国旅游业尤其是境外游取得了突飞猛进的发展，拉美国家重视中国的市场，纷纷推进如降低签证条件和免签等相关政策来吸引中国游客，政府积极推进中国和拉美之间航线的建立，减少中拉旅游业发展的阻碍。此外政府驻当地大使馆还积极同民间团体合作，组织相关活动，推广中华文化。如拉美最大规模的春节庙会就是由中国驻阿根廷大使馆主办，当地华人社团以及布宜诺斯艾利斯市的共同组织协助下举办的，广泛地传播了中华文化，增强了中华文化在阿根廷和拉美的影响力。

（三）企业在中华文化传播中日益发挥积极作用

中国与拉美经贸上的合作不断深入，并伴随着中国企业"走出去"的要求，大量中国企业积极开拓拉美市场，对拉美地区的矿业、基础设施、电力、服务业等方面进行投资，为中拉两国的经济实现共赢作出贡献的同时也凭借其深入当地的优势承担起传播中华文化的责任。跨国企业要在当地开展相关经济活动就会涉及政府、民众等相关利益者，"为了营造良好的投资环境和氛围，取得所在国政府、企业、民众的认可和好感，企业需要通过各种手段建立信息共享、利益互惠、价值互通的共同体，因而引起公共外交的效果"。[①]

中国企业通过为拉美国家建设基础设施等大型项目，在当地形成了较强的影响力，中国企业成了中华文化传播的主体。第一，中国企业进入拉美地区带来大量的中国员工，中国员工在与当地居民进行互动的同时，将中华文化传递出去，实现人际间面对面互动，因其生动的形式效

---

① 赵启正、雷蔚真主编：《中国公共外交发展报告（2015）》，社会科学文献出版社 2015 年版，第 129 页。

果明显。第二，中国公司雇用拉美当地民众，为当地创造了就业机会，真正地实现互惠互利，积极宣传中国相关政策，愿与拉美在相互尊重、平等互利基础上展开合作，有力回击歪曲中国的"新殖民主义"等说法。同时拉美员工在与中国员工交流和了解公司文化时中华文化也得到了传播。第三，中国企业在当地显示出"负责任"态度，积极履行社会责任，投身公益事业，在改善当地公共设施和医疗卫生条件以及教育培训等多个领域都作出积极贡献。2016年4月，在厄瓜多尔地震发生后，中国企业积极参与救援行动。这些行为都为中国企业在拉美赢得良好声誉，为中国、中国企业和中国人在当地树立了良好的形象，传播了中国精神，传播了中华文化。第四，中国企业还在当地积极组织与中国有关的活动，中国节日的时候中拉员工也会一同庆祝，加深了中拉双方民众之间的友谊，促进中华文化在拉美进一步的传播。

第三节 21世纪中华文化在拉美地区传播存在的问题与原因

随着中国与拉美国家各方面合作的不断深化，中华文化在拉美的传播已经取得了一定进展，但同时我们也意识到，中华文化在拉美的发展也存在一些问题和不足之处。对拉美国家的文化需求缺少了解、文化产业发展较弱、传播方式较为单一等问题阻碍了中华文化在拉美地区的进一步传播，也制约了中拉在文化方面的交流与合作。

一 对拉美民众的文化需求了解不够

中国向拉美国家积极传播中华文化，并加强中国同拉美国家的文化交流，主要任务就是希望通过加强同拉美国家之间的相互理解，更好地与拉美国家展开合作，塑造和维护我国的国家形象，提高中国在拉美地区的影响力。但目前来看无论是政府推进或是民间组织的中华文化传播交流等都缺少对拉美民众文化需求的了解，更多的是从自身立场出发，来决定将哪些文化内容传递给拉美国家，同样对于拉美国家来说，从他们自身的立场来看，这些文化是否是当前所需要的，以及对本国的制度、文化和宗教信仰等方面是否会造成冲击也是需要考虑的问题。如果忽视拉美国家的意愿，仅从自身出发，进行这种单方面且强势的文化输出，必然会受到拉美国家的强烈抵抗，传播效果差不说，甚至会产生矛盾损害中国和拉美国家的感情，最终损害国家利益。

中国的国家实力增长成为中华文化对外吸引力增强的直接动因，拉美人民对中国和中华文化了解的渴望也逐渐加强，中国积极向拉美地区提供汉语教学、中国传统文化等内容，但对拉美人民想要了解的内容知之甚少。由于拉美国家在文化、宗教、政治制度、生活习惯和文化传承等诸多方面和中国存在巨大差异，因此拉美民众在思维方式和审美预期等方面与中国民众也不尽相同。此外西方的价值观念极大影响着拉美地区，一些中国文化企业在拉美进行推广时，选择较为盲目，用中国"标准"在拉美国家进行传播，从影视方面来说，很多中国电影和电视剧是基于我国历史和社会发展衍生而来，如果缺少中华文化的相关知识，则无法理解电影中表达的意涵和潜在的文化内容，甚至造成对内容的误解。由于文化差异和文化认知程度的不同，受众在接受不熟悉的文化产品时，其兴趣、理解能力等方面都会大打折扣，这就产生了"文化折扣"[①]。忽视拉美国家需求势必对于中华文化在拉美传播的效果产生不利影响。

文化的传播以及国际形象的构建从来都不是单方面的，中华文化传播以及中国国家形象的塑造在拉美也不例外，缺少进行互动的主体，那么，以上行为就缺少实施的意义，忽视拉美人民的文化需要，无法形成对拉美人民的吸引力，中华文化以及中国文化产业和相关企业在拉美的"走出去"就会受到阻碍，影响中拉之间的文化交流，削弱中国在拉美地区的国家形象塑造和增强国际影响力等方面的效果。

二 中华文化在拉美地区的传播方式有待改进

无论从文化外交或是公共外交的角度来看，都是以政府为实施主体，以文化为内容，通过公关、传播、人文交流等形式，实现澄清信息、文

[①] 阮北平：《国产影视文化产品出口面临的"文化折扣"与应对策略》，《对外经贸实务》2013 年第 6 期。

化沟通并提升本国文化对外吸引力的目的，以此加强国家和地区之间的理解互信、树立良好的国家形象、提升本国在国际上的影响力，更好地服务于国家利益的实现。从两方面来看，中华文化在拉美地区的传播方式有待改进。首先，中华文化在拉美的文化传播手段和内容缺少多样性；其次，中国与拉美间的文化交流活动主要以政府为主导，民间自发性互动交流匮乏。

中华文化在拉美地区的传播，目前主要是通过经贸往来、教授语言、图书展销、电影展映等形式进行，传播方式仍然以传统传播方式如人际间传播和传统大众传播为主，导致受众辐射面狭窄，文化传播的深度较差，并且无法发挥长效影响力等问题。语言传播和图书展销等都是吸引中国感兴趣的目标群体，但对中国和中华文化没有利益或者兴趣诉求的人群形成的吸引力有限。当前中国在拉美地区开展的语言活动，大部分仍是单纯的语言培训，文化内容只是附着于语言学习之上，以简单的书法歌舞等形式展开，无法形成对中华文化，尤其是思想和社会文化的深度了解。图书展销和电影展映一般是通过电影周活动和当地书展等形式，有固定的时间期效，在短期内可以进行文化的传播，但无法形成长效机制。目前在拉美地区传播手段已经成为限制中华文化传播最主要的因素，随着互联网的发展，拉美民众了解信息的方式也产生了改变，新闻网站、免费的视频网站、网络宣传片、社交媒体等方式都是目前拉美民众喜爱的直接接收讯息的渠道，互联网对传播的限制较少，传播对象更倾向于主动接受，传播效果更好，但目前中国在向拉美国家进行的中华文化传播活动中，利用网络传播的交流还很欠缺，没有充分挖掘网络新媒体的价值，不利于实现中华文化在普通拉美民众间的广泛传播，扩大中华文化在拉美民众中的影响力，进而影响中拉之间的交流与互信。

中国与拉美国家之间的文化交流活动长期以来由于文化差异较大、地理位置较远等原因导致民间的交流受到限制，形成以政府组织或政府组织民间协办的文化交往形式，如建立孔子学院、互派留学生、"中拉文化交流年"及中国节日时举办的大型活动。由政府参与和主导的文化交流活动，在整合相关资源、联合机构、拓宽推广途径等方面有很强优势，但由于其代表政府进行文化传播活动，意识形态问题、较强的目的性、交往方式的局限以及当地文化壁垒很容易削弱中华文化的传播效果。而民间自发性的中华文化交流活动，如电影公司策划的海外宣传等，在意识形态方面所受影响较小，形式也更加多样。但当前中国的民间力量因为尚对拉美国家市场和文化缺乏了解，自发向拉美地区传播中华文化的仍然较少，中国与拉美双方民间组织的相互联系也较弱，在中华文化向拉美传播和积极促进中拉文化交流方面所产生的效果有限。

三　文化产业尚不够发达制约中华文化在拉美地区的传播

文化产业已经成为国际竞争的焦点，许多国家都意识到文化产业发展的重要性，并将其提升至国家战略高度。一定意义上，文化产业发展的现代化程度成为衡量大国文化地位和国际文化影响力的重要标志[1]。

当前中国文化产业发展主要有以下几个问题，第一，从文化内容来看，中华文化在外形成的吸引力主要以民族文化和传统文化为主，而现代中华文化在国际上了解较少，文化传播的内容受到极大的制约。第二，文化品牌影响力小。中国的文化品牌意识较差，近些年文化产业产品发展丰富，数量巨大，却没有形成有影响力的文化品牌，无法在国际上产生品牌效应。第三，文化产业经营方式粗放，且结构不合理。文化产业发展目前仍以书籍，影视剧等为主要产品，产品仍处于产业的低端，文化创意等高端产品的经营开发欠缺，发展结构不合理。第四，文化资源利用不合理。中国有着悠久的历史，文化资源丰富多样，但是在文化资源的利用上并不合理，只追求快速发展和经济利益，经常将一些文化资源进行粗放简单的拼凑，既不利文化产业向高端发展，也造成了我国优质文化资源的浪费。第五，文化产业管理机制的落后，忽视市场的作用，阻碍了文化产业的发展。

我国文化产业的发展相较于西方发达国家起步较晚，21世纪之后中国才逐渐开始重视文化产业的发展，经过十多年的发展，我国的文化产业已经取得了一些进展，也成为我国经济新的增长点。但目前我国文化

---

[1] 范玉刚：《"文化强国"战略视野中的文化产业发展研究》，中国社会科学出版社2016年版，第35、86、106页。

产业的发展仍然较弱，中华文化在国际上的竞争力相较于中国的经济、军事等实力相当的悬殊，造成了当前我国在发展结构中经济和文化的发展不均衡。中国文化产业发展的滞后使中国对外影响力方面显得动力不足，尤其是在拉美地区，由于中国和拉美国家文化差异较大，文化传承、价值观念等方面也不相同，在缺少具有国际影响力的文化品牌和优质的文化产品的情况下，中华文化在拉美的传播受到制约。

四 中国相关部门和企业对中华文化在拉美的推广重视不够

中国自20世纪60年代与古巴建交以来，中拉主要处于"政热经冷"的局面。20世纪90年代约瑟夫·奈提出了"文化软实力"的概念，文化在国际舞台中发挥的作用逐渐被认知，但当时中国的主要关注重点仍在经济方面，对文化传播推广的重要性了解较少，中国企业对于拉美地区国家的文化市场也不够重视。

随着21世纪中国经济的飞速增长，中国和拉美国家间开展了密切的经贸往来。中国文化意识的觉醒，将中华文化发展提升至战略高度，在增强民族凝聚力、塑造国际形象、提高国际影响力以及维护中国文化安全等方面都具有重要意义。但中国与拉美地区的文化交流活动和中国在此地区进行的经济活动是极其不相称的。根据发达国家的经验，当人均GDP达到3000美元的时候，人们的消费结构开始出现明显变化：精神文化需求越来越迫切，文化消费支付能力越来越强劲①。拉美国家拥有6亿多人口，很多拉美国家如乌拉圭、智利、阿根廷等国家的人均GDP均已超过3000美元，而中国文化企业却忽视了拉美市场。

从地理位置上来说，中国处于东北亚地区，在历史发展中，中国与拉美地区交流匮乏，且中国缺乏对拉美地区文化传播推广的重视。从中国和拉美文化交往的形式和内容来看，在很长一段时期内，中国与拉美国家的文化互动有较为明显的意识形态色彩且形式单一，对拉美国家传播中国文化内涵及多样的文化内容缺乏重视。中国的文化战略意识形成

---

① 孙俊新：《各国文化产业对外开放政策比较及启示》，《人民论坛：中旬刊》2013年第9期。

较晚，对于向拉美地区有意识传播中华文化则更晚，当前在拉美既无法与美国等具有地理位置优势和历史渊源且长期进行文化经营的西方国家相比，也无法与日本、韩国等文化产业发达成熟的东方国家抗衡。中国与拉美国家频繁热络的经济往来催动了中华文化向拉美传播的进程，然而相较于在国际上占据文化强势地位的西方国家进行的文化传播，对于面向拉美国家的中华文化传播从文化交流的内容、范围、形式多样性等多方面都有相当大的差距。

五　中华文化在拉美推广传播的内容还不够明确

当前，中国正在积极实践中华文化和中国文化产业的"走出去"战略，让中华文化成为中国在国际上新的战略资源。但由于推广中华文化的具体内容还不够明确，影响了中华文化向海外传播的效果，不利于我国"文化强国"目标的实现和我国整体国家形象在国际上的塑造。

中华文化对外推广内容的模糊，造成文化推广针对性的降低。长期以来中华文化对外推广偏重于中国传统文化和语言方面的传播，且为较表面的文化形式传播，对于中华文化所蕴含的文化内涵、思想哲理等涉及较少。此外对中国当前文化创新性成果的内容传播十分匮乏，中国文化的创新性成果是向世界展示中国社会发展、科学技术发展和当代中国人风貌的重要内容，但是目前中国文化市场在缺乏整体协调的情况下，对于传播什么样的内容缺乏了解，既造成了文化企业在某些行业过于集中，又使得某些急需往外传播推广的文化内容发生缺失，甚至造成对外文化推广全面性的缺失。中国文化产业在中国经济发展、人均收入提高、政府大力支持下，近几年有了明显进步，虽然相关文化公司和项目种类繁多，内容丰富，但却缺少市场整合和监管机制，造成了业内的经营混乱，无法形成在国际上有竞争力的项目和品牌，从而导致对外传播的中华文化的内容和项目不够明确。缺乏中华文化向海外推广传播内容的明确性，无法积极对市场进行导向，使得国家优势文化产业和品牌效应难以实现，阻碍了中华文化在国际中影响力和竞争力的提升，同时也不利于在世界范围内树立当代中国新形象和增强中国综合国力目标的实现。总的来说，不明确推广的中华文化的内容，就无法形成有竞争力的文化内容，不利于中华文化在拉美地区的传播。

六　美欧国家在拉美的传统影响力对中华文化在拉美地区的传播形成挑战

拉美地区与美国地缘相邻，作为发展中国家，拉美国家长期以来在经济、政治、军事、文化等各方面都受到以美国为首的西方大国的影响，以至于形成了依附型的经济发展模式，导致拉美国家发展的内生力不足。21世纪以来，拉美国家同中国积极开展合作，希望能够摆脱美欧国家的控制，寻求独立的发展道路。虽然近些年取得了一定的进展，拉美开始独立走上世界舞台，美欧大国对拉美国家的控制力有所减弱，但美欧发达国家对拉美地区的影响力，无论是从历史发展、社会制度和文化方面来看都是深远的。拉美国家曾是西方国家的殖民地，西班牙和葡萄牙的殖民范围最广，时至今日，从意识形态、语言、文学艺术、宗教、生活习惯等各方面仍受其影响。从政治制度和法律规范上来看，拉美国家大多受到美国影响，建立起与美国相似的政治制度，如阿根廷和墨西哥都是联邦制国家。拉美国家是拥有多元文化的国家，既有对其自身印加文化和玛雅文化等的传承，同时又深受欧洲殖民文化和美国文化的影响，当前美国因其在文化上的强势地位，对拉美地区的影响仍将长期存在；并且目前美国等西方国家开始重新重视拉美地区，积极改善与古巴等国的关系，因此美欧发达国家仍会对拉美形成强大的影响力。中华文化进入拉美时间尚短，又迥异于拉美文化，难以在短时期内超越在拉美存在长达数百年的美欧文化的影响，因此目前美欧国家文化与中华文化相比，对拉美影响力更大，对中华文化在拉美传播形成一定的挑战。

第四节　中华文化在拉美地区传播的对策和建议

21世纪，国际社会竞争日益激烈，文化作为一种软实力已经成为增强国家间互信、扩大国家影响力以及争夺国际市场的重要内容和有力武器，中国积极开展中华文化在拉美地区的传播活动，深化中拉间交流合作，促进中拉关系的进一步发展。目前，在中华文化向拉美地区传播的过程中出现了一些亟须解决、不利于中拉两国的文化交往的问题。对于这些问题，中拉双方应进一步加强交流合作，扩大双方文化交往渠道，完善我国文化产业发展机制以及保障我国海外文化推广。减少制约中华文化在拉美地区传播的因素，推动中拉友好合作往来，提高中国在拉美的影响力，构建一个友好、负责任的大国形象。

一 加强中拉交往力度并注重中拉关系全面发展

"中拉关系全面快速发展，得益于双方对世界发展潮流认知更加一致，对中拉关系发展前景信心更加坚定，对互为发展机遇共识更加清晰，对构建中拉命运共同体愿望更加强烈。"[①] 当前中国和拉美正处于发展的新阶段，中拉人民对彼此在历史上的遭遇有深刻的理解和感知，且双方同属于发展中国家，也同是国际上的新兴市场，当今世界正处于国际秩序与国际体系发生剧烈变动的时期，中国与拉美国家的紧密合作符合双方利益和发展，也有利于增强发展中国家在国际上的影响力和话语权，促进世界格局向更合理的方向发展。文化能够产生作用在于传播的实现，中华文化向拉美地区传播则需要建立在中拉双方的密切合作与交往之上，扩大双方交流层面，深化双方务实合作，从物质层面的交流向精神层面的交流深入。

当前中拉关系发展尚处于经济和文化交往结构不平衡阶段，经济文化发展差距悬殊，多项领域的合作尚未展开，合作领域狭窄，从交往层面的广度和深度上都限制了中国和拉美地区的文化交往，从而也限制了中华文化向拉美传播。针对以上问题，一方面我们需要从中拉双方发展的方向和领域来看，深化中拉之间的合作，发展全面的合作关系，在互利合作、共同发展的基础上，针对拉美国家的特点，细化交往的方向和内容，将笼统地以政治经济等方面的分类，进一步详细划分，从而具有

[①] 习近平：《共同谱写中拉全面合作伙伴关系新篇章》，新华网，https://www.baidu.com/link?url=AZkzcgbPCYRTnMZwzwAkHiL–1t14aTpknfJnx5XkuynWOHg9tbnb–SsubfDVARpY3qtufIVFDrQM9f8KYr6nHHIRtHfbkcqtI2eARpWshFS&wd=&eqid=d32a4df6000051180000000035ca5946d。

针对性，加强中国与拉美国家间更广泛的往来。另一方面积极调整当前中国和拉美地区关系的发展结构，提升文化发展的重要性，充分意识到当前中拉在交往中经济文化发展不平衡的危害性，积极调整相关政策，重视经贸和政治活动对中华文化传播的效果，同时更要加强中国同拉美国家的文化交流，促进发展结构优化，在保障中拉关系积极健康发展的同时，促进中华文化在拉美的进一步发展。

近些年来，中拉关系的日益紧密与频繁的高层交往和政治对话也密不可分。现代外交最明显的特点是国家或政府首脑个人外交的作用日益增强[1]。首脑之间的互访既是加强中拉双方联系和了解的重要渠道，同时也是双方关系的体现，加强领导人之间的互访互动有助于推进两国关系的发展，同时也能够将中华文化积极推广出去。习近平主席到访拉美时，在多次讲话中都用到了中国传统文化中的名言名句，并通过向拉美人民讲述中国和拉美间的"故事"，在拉近了中拉双方的距离的同时，也推动了中华文化在拉美的传播。中国在2008年发布首份《中国对拉美和加勒比政策文件》中就强调了中方愿同拉美国家积极开展双方间的高层互动，此后中拉实现了频繁的互访，中拉关系也出现了跨越式发展。2016年11月，习近平主席成功结束拉美访问之际，以当前世界发展状况为背景，站在中拉发展的新起点上发布了第二份《中国对拉美和加勒比政策文件》为中拉双方未来发展指明方向、提出规划，也为中华文化在拉美的传播提供了政策上的保障，进一步推动中拉平等互利、共同发展的全面合作伙伴关系的发展。中国重视同拉美之间的关系，将拉美视为中国的重要合作伙伴，在此基础之上，为了将中华文化更好地在拉美地区传播，中拉双方应相互配合，真正实现双方深入交流，增强互信互利，进行深度合作，在互信互利的基础上，积极打造中拉命运共同体，促进中国和拉美关系向前迈进。

---

[1] ［英］R. P. 巴斯顿：《现代外交》，赵怀普、周启朋、刘超译，世界知识出版社2002年版，第5页。

二 加强中国文化产业建设，提高对拉美的文化影响力

提升中华文化对拉美的影响力，就要积极建设我国的文化软实力，当前文化建设已经提升到了战略高度，通过对我国优秀文化的进一步挖掘，增强民族的凝聚力和创造力，积极推动我国文化产业的建设，进而提升我国的文化软实力，增强对拉美国家的影响力。

21世纪以来，文化产业建设开始走入更多人的视野，而近些年，基于文化在国际关系中发挥的作用越来越显著，同时伴随着中国经济的快速增长，中国人民对精神文化的需求增加，我国文化产业正处于快速发展的上升期，但当前其发展仍处于初期阶段，发展的内容和理念、管理体制以及提高产业竞争力等方面仍不够完善，解决好目前存在的问题，既是提升我国文化产业发展水平的必然要求，也是增强我国文化软实力、提高对外影响力的关键内容。

当前我国文化产业建设，第一，要明确政府管理在文化产业发展建设中的作用。近些年来，我国的文化产业在政府的积极支持下有了突飞猛进的发展，但一些企业在发展过程中过于依赖政府的补贴，缺少市场意识，无法形成长期有效的竞争力。明确政府在发展中的作用，政府应更多地在整体发展规划和政策制定以及市场引导方面发挥作用，让企业在政府的引导下，形成市场竞争意识，让市场提高文化产业的发展能力，从根本上解决当前我国文化产品多却精品少的问题，让市场发挥作用，促进文化产业发展，增强中国文化产业在国际上的竞争力。同时政府也应整合相关部门的作用，打破各部门间的间隙，加强部门间的协调，既可解决政策的相互冲突，同时也减少了管理上越位缺位的问题。

第二，从中国文化企业的结构上来说，中国文化产业很大部分仍掌握在国有企业的手中，一些国有文化企业思维僵化，仍然没有实现转型发展，阻碍了文化产业的前进步伐，也无法与民营企业形成竞争，造成整体文化产业发展的落后。积极促进国有文化企业的转型发展，依托企业发展底蕴和实力，将事业与企业分开，并改善经营发展的渠道，如紧跟时代发展、重视使用互联网技术、建立互联网经营渠道等，积极与民营企业展开合作，加入市场竞争行列，摆脱旧模式，进行文化经营的转

型，为国有文化企业注入新的活力，促进中国文化产业的整体提升。

第三，从文化产业发展内容方面来看，目前一些文化企业过分追求利益，导致了文化产品粗糙且内容雷同，缺少文化意涵，是对我国文化资源的浪费。一些影视剧忽略历史文化基础，造成历史内容错误频出，有的影视作品宣扬不正确的价值观念，如拜金主义等，这些作品不仅误导观众，影响社会价值观的形成，同时也阻碍了我国整体文化行业的发展。文化产业要具有国际市场竞争力，就要让中华文化的相关产品能够在世界上得到普遍认同，不能只体现在文化产品数量上，更要突出在质量上，必须以提升中国文化产品的质量为前提来发展，积极统筹国内市场，避免产品内容相似，增加产品新意，精细产品内容。文化产品创新要从形式和内容多方面进行，当前中国主要以其传统和民族文化增强文化吸引力，在已有优秀的内容基础上，扩大内容创意范围，将当代中国的风貌融入文化产品，拓宽文化创意范围。发展具有文化意涵的文化产品，形式化又缺乏思想的产品既无法支撑本国文化产业持续发展也无法使中国的文化产品和产业在世界激烈的文化竞争中立足，要以中华文化所代表的思想文化为依托，打造既具有中国特色同时又具有普适性内容的文化产品，实现中华文化和中国文化产业的"走出去"。

第四，从文化资源的经营利用来看，中国历史悠久，中华文化源远流长，拥有优秀的文化资源，但经营方式却为粗放式经营，造成文化资源浪费，也无法形成具有影响力的文化品牌。文化品牌作为先进科技水平、超高制作技术、精湛管理能力和出色营销策略有机统一的重要载体，对发展文化产业有集聚资本、引导消费、延伸链条、倍增利润等多重功能，以文化品牌带动文化产业发展已成为国内外文化产业发展的一个基本规律[1]。世界文化强国都拥有在世界范围内具有影响力的文化品牌，如美国的迪士尼、英国的哈利·波特等。

中国应尽快树立文化品牌意识，积极整合文化资源，将文化资源高效利用，创建属于中国的民族文化品牌，让中国真正成为文化强国，使

---

[1] 范玉刚：《"文化强国"战略视野中的文化产业发展研究》，中国社会科学出版社2016年版，第35、86、106页。

中华文化重新回到世界舞台的中央，进一步提升我国的综合国力，实现中华民族的伟大复兴。

三　完善相关政策，保障文化产业的海内外发展

20世纪90年代，文化逐渐在中国受到重视，进入21世纪，中国开始大力建设文化产业，与其他发达国家相比中国文化产业建设起步较晚，并且从目前发展来看中国文化事业发展与我国经济发展程度相差甚远，文化发展的落后，制约着我国综合国力的提升，不利于我国在国际上树立良好形象，这就要求我国积极发展文化事业，优化发展结构并向海外推广中华文化及其相关产业。因此需要政府制定相关政策对我国文化产业进行大力扶持和培育。

一方面从国内来说，第一，应对文化产业制定财政和税收相关政策，设立相关基金，对一些符合条件的企业或文化产业项目减免税收，降低一些风险性较大的文化企业和项目贷款门槛，以此促进文化产业的发展。第二，制定相关产业的人才方面的政策，鼓励文化人才的培养和引进，尤其加强高等学府对高素质人才的培养，加强文化创意的发展，为我国文化产业增添活力。第三，加强对知识产权的保护，很长一段时间，我国缺少对知识产权的保护意识，阻碍了文化创新的积极性。保护文化产权也是我国规范文化市场的重要举措，相关政策和法律法规的制定也是推进文化产业长期健康发展必不可少的措施，日本和美国等文化强国，都极其重视对文化版权的保护，制定了《跨世纪数字版权法》和《著作权法》等法律来保障知识产权，促进本国的文化创意发展。另一方面，从文化向外发展来看，推动本国文化向海外发展就要积极鼓励文化企业和文化项目走出去，在当前我国文化和相关产业在国际上发展仍处于落后的情况下，制定相关法律和政策，从资金以及消除文化壁垒等方面为中华文化和中国文化企业提供支持，并对文化出口项目提供风险咨询等相关服务，促进中华文化的向外传播，扩大中华文化的辐射力，提高中国在世界上的文化影响力，进一步提升本国的文化软实力和综合国力。

四 创新文化传播方式，促进中华文化在拉美传播

在传媒全球化的时代，国际传播不仅仅满足于传递信息、报道新闻，它已经积极地介入国家和国际事务的处理中，有意无意地规定了国际议题的重心和国际事务解决的节奏，从而影响到国际关系发展的进程，乃至改变其走向①。互联网时代催生了新的文化传播方式，也逐渐将政府间进行的文化外交向民间文化外交倾斜，积极扩大了外交活动的参与面。

（一）加强新媒体的应用

随着互联网技术的发展，新媒体也逐渐在外交领域中发挥出重要作用。新媒体是相对于传统媒体而言的，是报刊、广播、电视等传统媒体以后发展起来的新的媒体形态，是利用数字技术、网络技术，通过互联网、无线通信网、卫星等渠道，以及电脑、手机、数字电视机等终端，向用户提供信息和娱乐服务的传播形态②。新媒体的出现拓宽了中华文化向拉美地区的传播渠道，同时也打破了西方媒体长期在国际上对中国的封锁，是当前中国在拉美地区扩大影响力、增强话语权以及树立中国正面、友好形象的重要方式。借助新媒体能够积极解决中国与拉美国家在地理位置上距离遥远造成的信息交流不及时等问题，增强了双方信息的时效性，能够及时了解双方的发展情况。新媒体是多元的传播渠道，传播手段等也更灵活，覆盖面也更加广阔。

积极利用新媒体展开媒体外交，扩大中华文化在拉美地区的影响力，首先从政府方面来看，政府可以利用网站、网络社区、视频网站等多渠道传播中国的相关讯息，且能和拉美民众实现双向互动，及时了解拉美人民的想法，既有助于传播当代中国发展风貌，也有利于政府制定相关政策，进一步提升和拉美国家间的关系。同时政府也能通过新媒体，积极推动相关议程，吸引拉美民众的注意力，进而扩大中国和中华文化在拉美的影响，再进一步引导拉美社会舆论，消除"中国威胁论"等歪曲中国的言论。从企业方面来看，企业通过新媒体的积极宣传，进行广告

---

① 李智：《文化外交：一种传播学的解读》，北京大学出版社2005年版，第154、183页。
② 黄传武等：《新媒体概论》，中国传媒大学出版社2013年版，第1—2页。

的投放等方法对相关文化产品的传播都具有良好效果。当前拉美民众了解中国文化产品如影视剧等最大来源是通过朋友介绍,而第二大重要来源就是通过网络宣传。① 可见互联网的新媒体宣传已经成为中国目前在拉美推广文化产品的重要路径,也是中国文化产业打入市场的重要渠道。相关企业要重视在新媒体平台上对品牌和产品的宣传,尤其要重视中华文化在青年群体中的传播和宣传,加大广告和相关宣传片的投放力度,设立相关网站和公关账号,可针对不同群体的受众,通过不同宣传内容进行更有效且更具针对性的传播,让中华文化进入拉美群众的生活中,能更深入地了解中国人的思想和价值观,加强中拉双方的理解和互信。从民众方面来说,新媒体的发展为中拉民众之间提供了直接交流的平台,不再受时间空间限制和传统媒体的限制而直接进行对话,消除了经过媒介传播时附带的意识。建立中国和拉美民众直接对话交流的相关平台,如社交网络和交流论坛等,通过互联网和线下的宣传,扩大平台等影响力,将中华文化传播出去,向拉美民众展示一个真实的中国,消除拉美民众对中国的误解,促进中拉关系的良性发展。

(二) 利用自媒体推动中华文化在拉美的传播

当前自媒体已经成为信息传播的一个重要方式。所谓自媒体是指传播者通过互联网这一信息技术平台,以点对点或点对面的形式,将自主采集或把关过滤的内容传递给他人的个性化传播渠道,又称个人媒体或私媒体②。随着移动终端和网络技术的发展,人们不能满足于大众传媒带来的信息,普通公民正在从信息受众的角色积极转变为传播信息的主体。自媒体的产生也积极推动了公民直接参与政治活动,通过社交媒体如推特(twitter)等积极参与政治讨论并获取相关信息。同时自媒体也成为文化传播的重要渠道,当前自媒体形式多样,如个人电台、直播平台和社交网络等,普通民众通过这些平台来进行文化传播不再受限于大众传播媒介和自我身份,不论是传播者或是受众都可以通过直接的方式来获取信息。

---

① 栾昀:《中国影视走进拉美市场调研与分析》,《新闻传播》2016 年第 8 期。
② 申金霞:《自媒体的信息传播特点探析》,《今传媒》2012 年第 9 期。

通过自媒体向拉美国家传播中华文化，首先要搭建相关的平台，如，鼓励民众开通针对拉美国家的英语和西班牙语的个人电台，向拉美的听众介绍中华文化，因自媒体拥有个性化等特征，通过普通中国民众的认识和感受，了解中国人眼中真正的中国和中华文化，也拉近中国和拉美普通民众间的距离。个人直播是当前随着信息技术发展出现的网络上较为新颖的传播方式，利用多样化的终端产品，如手机、电脑等都可以进行直播，重要的事件或是相关活动的报道，任何有条件的参与者都可能成为直播者，不再只是新闻记者的专利，直播也让相关内容未通过修饰更加真实地反映出来。利用直播来向拉美民众介绍中华文化，既可以体现真实性、时效性也增加了参与度，如通过拉美国家在中国的留学生进行有关在中国体验文化活动、高科技产品使用或是旅游等内容的直播，向拉美国家人民介绍中华文化和相关体验感受，增强中国和中华文化的吸引力。社交媒体近年来发展迅速，极大地改变了人们获取信息的方式，尤其是社交媒体既是新媒体也是自媒体，即时互动性和实效性是其最大的特点，大量的社会个体都可以成为参与者进行互动和反馈，扩大了信息传播的窗口，迅速形成社会舆论。社交媒体巨大的信息量也增加了受众对信息的选择性，当前很多传统媒体也积极转型进驻社交媒体，重新焕发活力。通过社交媒体向拉美地区传播文化，让中华文化的传播内容和渠道都得到了丰富，同时让中国公众能够实现在国际问题上的表达。加强中华文化在社交媒体上的关注度是中华文化传播的重要措施，可以通过在社交媒体上举办中华文化相关活动或在社交网络上推介中华文化产品，加强与拉美人民之间的互动性，增加中华文化的热度。社交媒体还可以实现民众间的交流，可以创建相关交往话题，增加中拉人民之间的交流。但同样自媒体也存在缺陷，自媒体不同于传统媒体，自媒体的及时性造成了先传播后审查的情况，很多信息未经核实就进行了传播，造成了消息失实等问题，在向拉美地区传播中华文化时，也要注意相关信息和内容的审查。但整体来说加强自媒体的建设，让普通民众也可以成为向拉美传播中华文化的使者，从时间和空间上都让中拉民众间的直接对话成为可能，增加了双方交流内容和渠道，扩大了媒体外交的主体，加强了彼此间联系，增加中国在拉美的话语权。

（三）加大民众间的互动交流

中国和拉美民间互动多是政府组织，或是政府组织民间配合的模式，而中国和拉美之间自主性的民间互动依然较少，促进民间的交流活动是扩大中华文化传播的重要方式，进行面对面的交流，传播效果更好。增加民间互动也是目前中国和拉美国家交往中需要改善的问题。增加中国民间和拉美民间的交流主要可从以下几个方面进行，第一，政府在中拉民间交往中的作用要从"包办"积极向引导进行转变，政府在其中起到构建桥梁、创造平台的作用，形成相关机制，提高民间的自主交往能力，而不只依赖于政府组织的相关活动。第二，丰富并深入交往内容。当前交往虽从多领域展开，但仍以语言和传统文化为主，虽然语言是一个国家扩大影响力的重要基础，也是中国和拉美国家进行互动的必要条件，但是内容方面仍较为单一。同样，中华传统文化也因其独特魅力，得到了很多拉美人民的喜爱，但目前中国在中华文化传播方面也要注重当代文化在拉美国家的传播，以社会主义核心价值观为核心的当代中华文化是体现当代中国发展成果和当代中国人精神风貌的重要内容，在中拉双方交流互动中，要积极把中国的思想内涵赋予在互动当中，进行更深层次的思想上的交流，不应只限于形式之上。此外把科技含量较高的中国产品带到拉美，如拉美民众来中国进行交流时可以让其在中国乘坐高铁，使用互联网支付等体验先进的中国技术，切实让拉美人民感受到中国日新月异的发展。第三，扩大民间交往人群。目前中拉民间互动主要是华人社团、学校、留学生以及相关企业，人员较为集中，仍有大部分拉美民众缺乏对中国和中华文化的认识。通过积极宣传中国和拉美的旅游业，扩大双方民众间的相互往来。加强在医疗、科研和文学等方面的交流合作，如在拉美开设中医馆，中国的文学作家到拉美进行宣传互动等，扩大互动群体范围。通过加强中拉的民间互动，推动中华文化在拉美民众中的有效传播，扩展中华文化传播范围。

五　以文化品牌助推中国文化在拉美的传播

中华文化灿烂悠久，内容丰富多样，当前我国文化相关产业发展迅速且种类繁多，却缺少明确的对外推广的文化种类，造成了目前向外推广的文化很多，却没有形成具有国际影响力的品牌和种类的现状。世界各地文化各异，社会发展状况也不相同，通过明确我国对拉美推广的文化种类，结合拉美各国当地情况，将中华文化进行整合，集中优势力量，具有针对性的向拉美国家进行中华文化宣传。

一方面，要以我国目前发展较好、具有优势的文化内容和产品为主要内容。通过明确当前中华文化发展中具有优势的内容，整合相关文化资源，深入挖掘其中的文化内涵，提升文化产品品质，向拉美地区展示相关文化内容，提升中华文化的吸引力。另一方面，要结合拉美当地各国的社会发展情况，提供具有针对性且符合当地情况的文化内容。文化是否能够被接受并认同，很大程度上取决于是否能适应当地社会，是否与其现有的社会制度、宗教和价值观等能够兼容，拉美国家与我国的文化传统、价值观等方面差距较大，在进行中华文化传播时，就要选择具有世界性的文化内容，并对其表现形式进行创新，增强其适应能力，更好地实现其传播效果。如中国影视作品，向拉美地区推广的作品内容和种类符合拉美人民的价值观念且拉美民众能理解其思想内涵的作品，增加中华文化精神的认可度，既促进了中华文化向拉美地区传播，也有助于中国和平友好的形象在拉美树立。明确对外推广文化种类，集中优势力量，发展出具有代表性的中华文化品牌，推广符合拉美国家价值观的作品，推动中华文化走入拉美地区。

六 适应拉美民众文化需求，推动中拉文化交流

文化的传播无法从单一方面进行，传播的对象国是否接受此种文化进入，是传播效果得以实现的先决条件。传播的对象国会根据其社会发展以及是否符合其国家文化传统，来决定是否接受此种文化，因此向拉美地区传播中华文化就要深入了解当前拉美国家的文化需求，才能够实现有效的文化传播，推动双方交流发展。当前中国和拉美国家基于双方的共同利益，在互利共赢的合作基础之上关系迅速发展，拉美国家也希望更多了解中华文化。

从当前中拉发展状况来看，拉美国家和中国在经贸方面合作的升温，直接促进了拉美对汉语人才的需求，因此拉美国家对于学习汉语有很大

的积极性，形成了学习汉语的热潮。中国对外进行的文化传播具有一定的固定模式，即语言带动文化的模式，并且偏重于传统文化，虽能展现中国的传统文化魅力，但是却无法展示中国现代的发展风貌，拉美民众很希望通过"中国模式"来实现拉美经济的腾飞，希望能看到中国当代发展风貌，因此进行中华传统文化传播的同时，也要注重现代中华文化的传播，如先进的技术等，贴近拉美民众的生活和需要。拉美民众想更多地通过影视和艺术方面了解中国，却缺少了解的渠道，中国影视在拉美电视上出现较少，也很少参加拉美地区的电影节等活动。因此向拉美国家传播中华文化应切实抓住拉美地区民众对于中华文化的需求，才能真正实现中华文化和中拉民众之间的交流互动。从拉美国家的文化根源、价值取向和社会发展等多方面对拉美国家进行了解，根据拉美民众的需要积极调整中华文化对拉美地区的传播内容和政策，完善中拉双方交流机制，进行符合拉美地区特点和需求的中华文化传播，促进中拉双方进行有效的文化交流互动，同时也推动中拉合作向更深层次发展。

七　在拉美地区讲好中国故事

在拉美地区讲好中国故事是推动中华文化走进拉美的重要方式，也是拉美国家和人民了解中国的重要途径之一，更是适应当代中国发展，积极营造有利舆论环境的必然要求。自党的十八大召开以来，习近平主席多次强调要讲好中国故事，坚持文化自信，推动中华文化走向世界，增强中国在国际上的话语权。如何通过讲好中国故事来推动中华文化在拉美的传播是当前加强中拉交流，扩大中国在拉美影响力的重要议题之一。从内容来说，深入挖掘中国丰富的文化资源，充实中国故事的内容，中国故事不仅要包含具有中华民族特色的传统文化，更要把中国当代发展故事和理念介绍给拉美国家。讲述中国故事要对拉美人民说明中国选择的发展道路是基于本国国情和中国人民的意愿，同时我们应该将中国当前发展取得的成就和遇到的问题以及未来的发展方向进行说明，给拉美人民传递一个客观的、全面的中国形象，消除对中国的误解。从国际传播角度来看，应加强国际传播能力的建设，注重公共外交，积极主动掌握话语权，并且讲述中国故事要具有中国特色的同时也应该基于拉美社会状况，适应当地情况，实现更有效的传播。国际传播能力的提升要创新传播手段、提升我国媒体在国际上的权威性和影响力，集中优势力量打造我国在国际上具有知名度的传播媒介。从讲好中国故事的主体来看，讲好中国故事不应只是政府和媒介的责任，留学生、华人华侨以及在海外的企业和中国员工都应成为中国故事的讲述者，成为中华文化的传播者，为中国在国际上创造有利的发展环境。

第五节 结语

21世纪以来，中国和拉美地区的国家开始了频繁且密切的往来，双方在平等互利，共同发展的合作基础之上积极发展中拉全面合作伙伴关系。文化近年来已经成为国际交往中的重要因素，中国在国际上的文化影响力与中国的经济发展差距很大，造成了发展结构的失衡，制约了我国综合国力的提升。在中国和拉美国家的交往中也存在同样的问题，中国与拉美国家经济交往迅速发展，但在文化交流方面却有所欠缺，由于中国和拉美国家地理位置相距较远且在文化传统、社会构成、价值观等方面都和中国存在很大差异，为了营造健康持久稳定的中拉关系，推动地区和国家间的和平稳定发展，提高中国的文化软实力，推进中华文化向拉美地区传播，增进中拉人民之间的理解互信是当前中拉关系发展中的重要内容。

中国和拉美国家同属于发展中国家，中拉双方在经济上有很强的互补性，通过中拉文化交流加强共识，积极应对国际上的各种挑战，有助于建立更加公平合理的国际秩序。当前中国积极推动中华文化向拉美地区传播，加强中拉之间的交流，政府高层的频繁互访、孔子学院等汉语机构的蓬勃发展、华人华侨和企业的积极传播等，加强了两国文化交流，推进中华文化向拉美地区的传播。但同时在中拉文化交往中也看到了不足之处，中国文化产业欠发达导致了中华文化传播的动力不足，传播手段和传播内容不够丰富造成了传播层面窄，对拉美人民文化需求不够了解造成传播效果差等问题，制约了中华文化在拉美地区的传播和中拉合作水平的提升。加强与拉美国家的交往力度，调整发展结构，丰富中华文化的传播手段和内容，推动、扩大并加强中国和拉美国家各领域的合作，积极发展我国的文化产业，增强中国在拉美地区的影响力，有助于中国的综合国力的提升。

当前中国和拉美正站在合作的新起点，中国已经成为拉美的第二大贸易合作伙伴，积极推动中华文化在拉美地区的传播，既有助于消除当前一些西方国家和媒体在拉美地区制造的"中国威胁论"等歪曲中国的言论，也有助于提高中国在拉美地区的话语权。当前拉美地区仍是和台湾"建交"国家最多的地区，加强中国在拉美地区的影响力，对于实现我国的和平统一和中华民族的伟大复兴具有重要意义。通过中华文化在拉美地区的传播，加强双方之间的互信，推动中拉全面合作伙伴关系的提升，在国际重大问题上彼此密切合作、相互支持，应对国际问题的挑战，符合中拉双方的利益，也将为世界和平稳定发展作出重要贡献。

结　　论

　　文化软实力建设视角下中华文化走向世界，就是通过文化交流活动以及文化产品和文化服务的出口，向其他国家传播、交流本国的文化理念与文化形态，这是一个既具有深刻理论性，又具有显著实践性的问题。研究这个问题必须坚持以马克思主义文化理论和新时代中国特色社会主义文化理论为指导。本书以分析文化软实力和中华文化走向世界的相关理论为切入点，深入阐述了文化软实力建设对于中华文化走向世界战略的推动作用，联系当前我国文化软实力及其建设对于中华文化走向世界战略实施的优势，重点分析中华文化走向世界战略实施过程中文化软实力建设的自身制约和外部挑战。在此基础上，系统论证了加强我国文化软实力建设以促进中华文化走向世界的战略与策略。

　　本书认为，中国化马克思主义的文化理论和文化战略思想是中华文化走向世界战略的理论基础；文化软实力建设通过传播中华优秀传统文化，提升中华文化的认同，推动中国文化产业的对外发展，塑造中国积极文化外交形象等途径，有利于推动中华文化走向世界战略的实施；中华优秀传统文化具有丰富的人类共同价值内涵，中华灿烂文化独具传播魅力，中国的国际形象日益优化，中国引领世界文明的能力不断增强是我国文化软实力建设对中华文化走向世界战略实施的优势；创新中华文化的价值形态，积极探索提炼能够为国际社会所普遍接受的价值观和价值理念，加强中华民族凝聚力建设，坚持文化自主，抵制文化霸权等，是中华文化走向世界的战略选择；树立文化自信，构建人文交流机制，推进话语权转换和对外话语技巧创新，加强国际传播能力建设，推进文化内容形式和传播手段创新等，是中华文化走向世界的策略基础。这些都是较有深度和新意的理论观点。

马克思主义文化理论既是文化发展的基本理论和原理，也是推动中华文化走向世界战略的重要思想渊源。马克思主义的世界文化理论和世界交往理论已经蕴含了文化对外交流和文化传播的思想，中国共产党领导人也有对文化软实力、文化传播的相关论述。这些都是新的理论归纳和理论概述。

本书首先厘清了我国文化软实力建设的自身制约因素和外部挑战因素，这些基本概况的总结都很全面、很有新意。本书提出，推动中华文化走向世界，是我国文化战略的一个重要内容。我们应当在全面分析主客观有利条件和制约因素的基础上，以提升中华文化软实力为抓手，从全球化的宏观视野和从国家发展的全局出发，谋划中华文化走向世界的整体战略。主要包括：在对外文化传播中坚定文化自信战略，在发展中传承中华优秀传统文化战略，凝练和传播中华文化价值理念战略，融会和提升中华民族文化凝聚力战略，积极推进和适时引领国际文化新秩序建设战略，在共建"一带一路"中联通中外文化战略，提升文化产业国际竞争力战略，塑造中国的良好国家形象战略。这些都是富有时代性、现实性的新观点和新战略论述。

推动中华文化走向世界，不仅需要我们具备国际视野、全局站位、夯实的理论、宽广的胸怀、大胆而审慎的宏观战略，还需要有指向明确、精准发力、周全完备的策略和战术。主要包括：提升人文社会科学的思想引领能力，加强国际传播能力建设，注重中华文化对外传播的系统性和层次性，以多渠道高质量的人文交流促进"文化摆渡"，创新性推进汉语的国际化传播，充分发挥华人华侨和华文媒体的重要作用，完善中华文化走向世界的法律体系和管理体制，打造中华文化走向世界的专业化人才队伍。这些探索推动中华文化走向世界的具体策略、途径与方法，是本书研究的突出特色。

当前学术界对文化走向世界战略的目标大多还是着眼于维护文化安全，增强中华文化在世界上的感召力和影响力。本书立足于中华文化走向世界战略，着眼于促进世界文化繁荣和人类文明进步，构建人类命运共同体，超越美国霸权式文化输出，使中华文化走向世界战略在境界上更符合马克思主义的立场和观点。同时，也符合党的十九大提出的新时代中国特色社会主义要广泛参与世界文明对话，促进对外文化交流，提升文化对外传播能力，推动中华文化走向世界的战略部署。在研究站位上，具有较高的目标立意。

进入新时代，中国文化软实力日益提升，学者们对中华文化走向世界的研究也越来越深入，我们在习近平新时代中国特色社会主义思想的指引下，继续以问题意识为导向，继续深化中国文化软实力研究，把中华文化走向世界战略的研究引向深入。

参考文献

中文著作

1. 专著

《马克思恩格斯选集》（1—4卷），人民出版社1995年版。
《马克思恩格斯文集》（1—10卷），人民出版社2009年版。
《马克思恩格斯全集》（第1卷），人民出版社1995年版。
《马克思恩格斯全集》（第2卷），人民出版社1995年版。
《马克思恩格斯全集》（第3卷），人民出版社1995年版。
《马克思恩格斯全集》（第8卷），人民出版社1979年版。
《马克思恩格斯全集》（第39卷），人民出版社1995年版。
《列宁选集》（1—4卷），人民出版社1995年版。
《列宁专题文集·论社会主义》，人民出版社2009年版。
《列宁专题文集·论无产阶级政党》，人民出版社2009年版。
《列宁全集》（第33卷），人民出版社1957年版。
《列宁全集》（第36卷），人民出版社1985年版。
《列宁全集》（第43卷），人民出版社1987年版。
《毛泽东选集》（第2卷），人民出版社1991年版。
《毛泽东选集》（第4卷），人民出版社1991年版。
《毛泽东著作选读》（上卷），人民出版社1986年版。
《毛泽东著作选读》（下卷），人民出版社1986年版。
《邓小平文选》（第2卷），人民出版社1994年版。
《江泽民文选》（第1卷），人民出版社2006年版。

《江泽民文选》（第 2 卷），人民出版社 2006 年版。

《胡锦涛文选》（1—3 卷），人民出版社 2016 年版。

《习近平谈治国理政》（第 1 卷），外文出版社 2018 年版。

《习近平谈治国理政》（第 2 卷），外文出版社 2017 年版。

《习近平关于实现中华民族伟大复兴中国梦的论述》，中央文献出版社 2013 年版。

《习近平总书记系列重要讲话读本》，学习出版社、人民出版社 2014 年版。

习近平：《在文艺工作座谈会上的讲话》，人民出版社 2015 年版。

《习近平关于社会主义文化建设论述摘编》，中央文献出版社 2017 年版。

习近平：《决胜全面建成小康社会夺取新时代中国特色社会主义伟大胜利》，人民出版社 2017 年版。

《十二大以来重要文献选编》（上中下 3 册），人民出版社 1986、1988 年版。

《十七大以来重要文献选编》（上中下 3 册），中央文献出版社 2013 年版。

《十八大以来重要文献选编》（上中下 3 册），中央文献出版社 2016 年版。

《党的十九大文件汇编》，党建读物出版社 2017 年版。

《党的十九大报告辅导读本》，人民出版社 2017 年版。

《共建"一带一路"：理念、实践与中国的贡献》，外文出版社 2017 年版。

北京印刷学院文化产业安全研究院主编：《中国文化产业安全报告（2015）》，社会科学文献出版社 2015 年版。

程颐、程灏：《二程集》，中华书局 1981 年版。

单波：《跨文化传播新论》，武汉大学出版社 2005 年版。

段鹏：《国家形象构建中的传播策略》，中国传媒大学出版社 2007 年版。

范玉刚：《"文化强国"视野中的文化产业发展研究》，中国社会科学出版 2016 年版。

方东兴、胡怀亮：《网络强国：中美网络空间大博奔》，电子工业出版社 2014 年版。

冯天瑜等：《中华文化史》，上海人民出版社 1990 年版。

高海涛：《中国文化产业安全研究》，中国政法大学出版社 2015 年版。

宫玉选主编：《中国文化产业"走出去"研究》，北京大学出版社 2016

年版。

谷棣、谢戎彬主编：《我们误判了中国——西方政要智囊重构对华认知》，华文出版社2015年版。

关世杰：《世界文化的东亚视角》，北京大学出版社2007年版。

管文虎：《国家形象论》，电子科技大学出版社1999年版。

郭洁敏：《软权力新探：理论与实践》，上海社会科学院出版社2013年版。

郭庆光：《传播学教程》，中国人民大学出版社2011年版。

韩勃、江庆勇：《软实力：中国视角》，人民出版社2009年版。

洪晓楠：《提高国家文化文化软实力的哲学研究》，人民出版社2013年版。

胡键、强国策：《中国和平崛起进程中的软实力建设方略》，新华出版社2013年版。

花建：《文化软实力：全球化背景下的强国之道》，上海人民出版社2013年版。

黄寿祺、张善文：《周易译注》，上海古籍出版社2007年版。

贾海涛、韩勃、江庆勇：《文化软实力：中国视角》，人民出版社2009年版。

江畅、孙伟平、戴茂堂主编：《中国文化发展报告（2015—2016）》，社会科学文献出版社2016年版。

江畅、孙伟平、戴茂堂主编：《中国文化发展报告（2017）》，社会科学文献出版社2017年版。

姜义华：《中华文化读本》，上海人民出版社2009年版。

李少军主编：《国际战略学》，中国社会科学出版社2009年版。

李媛媛：《深化文化体制改革问题研究》，人民出版社2017年版。

刘德定：《当代中国文化软实力研究》，人民出版社2013年版。

刘澜：《中国文化软实力有多大》，机械工业出版社2015年版。

鲁毅等：《外交学概论》，世界知识出版社1997年版。

罗国杰：《中国传统道德普及本》，中国经济出版社1997年版。

马福运、徐贵相：《制度自信：风景这边独好》，北京联合出版公司2014

年版。

明安香:《传媒全球化与中国崛起》,社会科学文献出版社 2008 年版。

彭伟步:《海外华文报纸的本土化与传播全球化》,中山大学出版社 2015 年版。

祁述裕:《文化建设九讲》,国家行政学院出版社 2014 年版。

沈壮海、佟裴:《吸引力、影响力、文化软实力》,武汉大学出版社 2014 年版。

孙春英:《跨文化传播学》,北京大学出版社 2015 年版。

孙宜学主编:《中外文化国际传播经典案例》,同济大学出版社 2016 年版。

唐代兴:《文化软实力战略研究》,人民出版社 2008 年版。

童世骏:《文化软实力》,重庆出版社 2008 年版。

王东莉:《德育人文关怀论》,中国社会科学出年版 2005 年版。

王辉耀、苗绿:《海外华侨华人专业人士报告(2014)》,社会科学文献出版社 2014 年版。

王义桅:《"一带一路":机遇与挑战》,人民出版社 2015 年版。

谢晶仁、余洋:《中国文化产业发展问题研究》,中国出版集团 2013 年版。

杨成武:《忆长征》,解放军文艺社 1982 年版。

杨立青:《上下联动与制度变迁——中国文化管理体制创新研究》,广西师范大学出版社 2015 年版。

叶朗:《中国文化产业发展报告 2017》,北京大学出版社 2017 年版。

云德:《全球化语境中的文化选择》,人民文学出版社 2008 年版。

张国祚:《中国文化软实力发展报告 2015》,北京大学出版社 2017 年版。

张国祚:《中国文化软实力发展报告 2016》,北京大学出版社 2018 年版。

张骥、刘中民:《文化与当代国际政治》,人民出版社 2003 年版。

张骥等:《中国文化安全与意识形态战略》,人民出版社 2009 年版。

张潜:《文化供应链及区域发展》,科学出版社 2014 年版。

张西平、管永前主编:《中国文化"走出去"研究总论》,北京大学出版社 2016 年版。

张西平主编:《中国文化"走出去"年度研究报告(2015 卷)》,北京大学出版社 2016 年版。

张晓明、王家新、章建刚主编：《中国文化产业发展报告（2015—2016）》，社会科学文献出版社 2016 年版。

郑必坚：《世界热议中国：寻求共同繁荣之路》，中信出版社 2013 年版。

郑金州：《教育文化学》，人民教育出版社 2000 年版。

周黎安：《转型中的地方政府：官员激励与治理》，格致出版社 2008 年版。

周正刚：《文化国力引论》，湖南人民出版社 2002 年版。

庄晓东：《传播与文化概论》，人民出版社 2008 年版。

2. 译著

[美] 阿尔温·托夫勒：《权力的转移》，吴迎春等译，中信出版社 2006 年版。

[英] 伯特兰·罗素：《中国人的性格·中西文明比较》，王正平译，中国工人出版社 1993 年版。

[英] 伯特兰·罗素：《中国问题》，秦悦译，学林出版社 1996 年版。

[美] 陈国明：《跨文化交际学》，华东师范大学出版社 2009 年版。

[英] 戴维·赫尔德：《全球大变革》，杨雪东译，社会科学文献出版社 2001 年版。

[美] 道格拉斯·C. 诺斯：《制度、制度变迁与经济绩效》，刘守英译，上海三联书店 1994 年版。

[美] 哈罗德·D. 拉斯韦尔：《世界大战中的宣传技巧》，张洁、田青译，中国人民大学出版社 2003 年版。

[美] 汉斯·摩根索：《国际纵横策论：争强权，求和平》，卢明华等译，上海译文出版社 1995 年版。

[德] 黑格尔：《哲学史讲演录》（第 1 卷），贺麟、王太庆译，商务印书馆 1995 年版。

[荷] 吉尔特·霍夫斯泰德、格特·扬·霍夫斯泰德：《文化与组织：心理软件的力量》，李原等译，中国人民大学出版社 2010 年版。

[德] 克劳塞维茨：《战争论》（第 1 卷），中国人民解放军军事科学院译，商务印书馆 1997 年版。

［美］拉里·A. 萨默瓦、理查德·E. 波特：《跨文化传播》，闵惠泉、王纬、徐培喜等译，中国人民大学出版社 2004 年版。

［意］利玛窦等：《中国札记》，何高济等译，中华书局 1983 年版。

［美］罗伯森：《全球化：社会理论和全球文化》，梁光严译，上海人民出版社 2000 年版。

［英］罗素：《权威与个人》，储智勇译，中国社会科学出版社 1990 年版。

［德］马克斯·霍克海默、西奥多·阿道尔诺：《启蒙辩证法》，渠敬东、曹卫东译，上海人民出版社 2006 年版。

［美］塞缪尔·亨廷顿：《失衡的承诺》，东方出版社 2005 年版。

［美］塞缪尔·亨廷顿：《文明的冲突与世界秩序的重建》，周琪等译，新华出版社 2010 年版。

［日］星野昭吉：《全球政治学》，刘小林等译，新华出版社 2000 年版。

［美］约瑟夫·奈：《美国定能领导世界吗》，何小东、盖玉云等译，军事译文出版社 1992 年版。

［美］约瑟夫·奈：《软力量——世界政坛成功之道》，吴晓辉、钱程译，东方出版社 2005 年版。

［美］约瑟夫·奈：《硬权力与软权力》，门洪华译，北京大学出版社 2005 年版。

［美］约瑟夫·奈：《注定领导世界：美国权力性质的变迁》，刘华译，中国人民大学出版社 2012 年版。

中文期刊、报纸

《"一带一路"：如何塑造中国企业海外形象》，《中国经济时报》2015 年 10 月 12 日。

《中国方略世界共赢（习近平治国理政关键词（36）·命运共同体）》，《人民日报》（海外版）2016 年 7 月 8 日。

白朝阳：《美国"八大金刚"渗透中国大起底》，《中国经济周刊》2013 年第 24 期。

常宴会、宋健林：《论人民的文化自信来源于文化建设》，《学校党建与思想教育》2016 年第 13 期。

陈凤英：《中国在世界经济中的引领作用日益凸显》，《国际问题研究》2016年第4期。

陈华：《共同理想信念的培育与国家文化软实力的提升》，《社会主义研究》2012年第3期。

陈力丹：《马克思和恩格斯的"世界交往"观念》，《东南传播》2013年第4期。

陈曙光、杨洁：《论文化自信》，《文化软实力研究》2016年第3期。

陈先达：《文化自信的本质与当代意义》，《光明日报》2018年1月8日。

戴木才：《全人类"共同价值"与社会主义核心价值观》，《光明日报》2015年10月28日。

刁生虎、陈志霞：《中国传统文化的"软实力"价值》，《理论探索》2011年第1期。

冯霞：《增强中华文化的创造力凝聚力影响力》，《人民日报》2010年11月24日。

龚政文：《提升文化软实力建设魅力新湖南》，《新湘评论》2008年第3期。

古伟霞：《广西民族地区农村中小学辍学率的调查》，《教育教学论坛》2016年第41期。

郭现军：《论文化软实力的四个要素》，《许昌学院学报》2013年第6期。

韩瑞芳、武振玉：《中华文化"走出去"的重要载体与纽带——"一带一路"沿线国家留学生汉语流畅度分析及提升策略研究》，《人民论坛·学术前沿》2018年第6期。

贺圣达：《东南亚南传上座部佛教文化圈的形成、发展及其基本特点》，《东南亚研究》2015年第4期。

胡智锋、杨宾：《传播力：中国影视文化软实力提升的重要保障》，《清华大学学报》（哲学社会科学版）2018年第3期。

贾海涛：《"文化软实力"理论的演进与新突破》，《社会科学》2011年第5期。

金正昆、唐妮娜：《当代中国外交的新路径："人文外交"初探》，《教学与研究》2009年第8期。

乐黛云:《21 世纪的新人文精神》,《学术月刊》2008 年第 1 期。

李栋材:《交往的普遍性蔓延:世界历史的发端——马克思交往理论剖析》,《中共四川省委省级机关党校学报》2013 年第 2 期。

李开盛、戴长征:《孔子学院在美国的舆论环境评估》,《世界经济与政治》2011 年第 7 期。

李韬、林经纬:《中国软实力提升:问题与出路》,《红旗文稿》2013 年第 13 期。

李智:《软实力的实现与中国对外传播战略——兼与阎学通先生商榷》,《现代国际关系》2008 年第 7 期。

李智环:《云南"一带一路"建设的边疆文化软实力——以文化安全为视角》,《烟台大学学报》(哲学社会科学版)2016 年第 4 期。

刘建荣:《以传统优秀伦理文化夯实国家文化软实力根基》,《伦理学研究》2018 年第 3 期。

刘永梅:《坚定文化自信提升文化软实力》,《人民论坛》2018 年第 14 期。

骆郁廷:《提升国家文化话语权》,《人民日报》2012 年 2 月 23 日。

彭慧、潘国政:《文化软实力与国家形象》,《江苏省社会主义学院学报》2013 年第 2 期。

普丽春:《桥头堡建设中云南跨境民族的文化交往与安全》,《云南民族大学学报》2013 年第 2 期。

祁述裕:《建立文化法律体系是实现文化强国目标的保障》,《中国行政管理》2015 年第 2 期。

秦宣:《国际视野中的中国模式》,《中国人民大学学报》2008 年第 4 期。

秦宣:《文化自信实质是中国特色社会主义自信》,《求是》2017 年第 8 期。

秦宣:《中国特色社会主义制度是具有明显制度优势的先进制度》,《求是》2016 年第 21 期。

曲星:《人类命运共同体的价值观基础》,《求实》2013 年第 4 期。

人民论坛课题组:《2017 中国公众文化自信指数调查》,《人民论坛》2017 年第 17 期。

沈贺：《文化软实力视域下社会主义核心价值观的国际传播》，《社会主义核心价值观研究》2018年第2期。

司久岳：《传播者的形象与传播效力》，《国际新闻界》2000年第1期。

孙德伟、韦进深：《中国在国际组织中的规范塑造评析》，《国际展望》2016年第4期。

屠海波：《"一带一路"文化传播人才培养研究》，《边疆经济与文化》2017年第9期。

汪田霖、吴忠：《全球化与文化价值观》，《学术研究》2002年第6期。

王沪宁：《作为国家实力的文化：软权力》，《复旦学报》（社会科学版）1993年第3期。

王辉：《以语言文化交流推动构建人类命运共同体》，《光明日报》2017年12月17日。

王克修：《中华文化是最深厚的国家文化软实力》，《学习时报》2014年9月15日。

王岩：《文化软实力的中国特性》，《文化软实力研究》2018年第2期。

魏恩政、张锦：《关于文化软实力的几点认识和思考》，《理论学刊》2009年第3期。

温波、凌靓：《人类命运共同体：走向世界引领世界的当代中国马克思主义文化形态》，《苏州大学学报》（哲学社会科学版）2018年第1期。

吴力勤：《中国社会主义现代化中政治文化的作用及其现代化》，《广州大学学报》（综合版）2000年第6期。

项久雨：《论国家文化软实力建设的时代价值意蕴》，《学习与实践》2008年第12期。

徐崇温：《"自由、平等、人权是人类共同的普世价值"辨析》，《学习论坛》，2010年第7期。

徐光春：《马克思主义中国化与中华传统文化时代化》，《贵州师范大学学报》2017年第1期。

杨洁篪：《深入学习贯彻习近平总书记外交思想不断谱写中国特色大国外交新篇章》，《求是》2017年第14期。

杨琳：《丝绸之路——跨文化融汇与传播的标本》，《光明日报》2017年5

月 18 日。

于波:《"一带一路"背景下高校国际传播人才文化传播能力培养》,《东南传播》2016 年第 10 期。

袁婷:《以文明交流互鉴为动力树立文化强国形象——学习习近平访欧期间系列讲话演讲》,《理论学习》2014 年第 9 期。

袁新涛:《"一带一路"建设的国家战略分析》,《理论月刊》2014 年第 11 期。

张殿军:《硬实力、软实力与中国话语权的建构》,《中共福建省委党校学报》2011 年第 7 期。

张帆、王红梅:《文化的力量:德国歌德学院的历史和启示》,《比较教育研究》2006 年第 11 期。

张小明:《约瑟夫·奈的"软权力"思想分析》,《美国研究》2005 年第 1 期。

赵磊:《当前提升我国文化软实力面临的机遇和挑战》,《新远见》2008 年第 5 期。

周济:《大力弘扬和培育民族精神》,《高校理论战线》2004 年第 2 期。

周正刚:《论文化是综合国力的重要标志》,《求索》1999 年第 2 期。

祝东颖:《充满潜力的中国文化外宣》,《对外传播》2009 年第 7 期。

庄礼伟,《中国式"人文交流"能否有效实现"民心相通"?》,《东南亚研究》2017 年第 6 期。

外文文献

Kroeber, A. L. & C., Kluckhohn, *Culture. A Critical Review of Concepts and Definitions*, Papers Peabody Museum of Archaeology & Ethnology Harvard University, 1952.

Wharf, L. B., Language, Mind and Reality, in John Carroll, ed., *Language, Thought and Reality*, New York, NY: Wiley, 1956.

Galtung, J., *Peace Problem: Some Case Studies*, Essays in Peace Research, Vol. V Copenhagen: Christian Ejlers, 1980.

Mitchell, J. M., *International Cultural Relations*, London: Allen&Unwin, 1986.

Kim, Y. Yand W. Gudykunst, eda., *Theories Intercultural Commution*, Beverly Hills, CA: Sage, 1988.

Nye, J. S., *Bound to Lead: The Changing Nature of American Power*, New York: Basic Books, 1990.

Payne, R. J., *The Clash With Distant Cultures: Values, Interests, and Force in American Foreign Policy*, State University of New York Press, 1995.

The New Oxford Dictionary of English, Oxford University Press, 1998.

Stella Ting – Toomey, *Communicating across Culture*, New York, NY: The Guilford Press, 1998.

Nye, J. S., *The Challenge of SoftPower*, Time, February 22, 1999, 21.

Mittenman, J. H., *The Globalization Syndrome*, Princeton University Press, 2000.

Gudykunst, W. ed., *Cross – cultural and Intercultural Communication*, Thousand Oaks, CA: Sage, 2003.

Molloy, T., *English Language Training as a Projection of Soft Power*, The DISAM Journal, 2003.

Nye, J. S., *Soft Power: The Means to Success in World Politics*, New York: Public Affairs, 2004.

Gallois, C. et. al., *Communication Accommodation Theory*, in William Gudykunst, ed., Theorizing about Intercultural Communication, Thousand Oaks, CA: Sage, 2005.

后　　记

党的十八大以来，我国经济社会发展取得显著成就，主要经济社会总量指标占世界的比重持续提高，国际地位显著提升，国际竞争力明显增强。自2010年我国超越日本成为世界第二大经济体以来，国内生产总值稳居世界第二位，占世界经济总量的比重逐年上升。

随着中国经济的快速发展，近些年来，中国越来越重视国家外交，注重提升在各个领域的话语权。2016年9月，中国成功召开了二十国集团领导人杭州峰会，2017年9月，中国成功举办金砖国家领导人厦门峰会，2018年6月，上海合作组织成员国元首理事会第十八次会议在青岛成功举行，2019年4月，第二届"一带一路"国际合作高峰论坛在北京成功举行，这些会议取得不少实质性成果。中国在全球政治、经济、安全等各个方面推出一系列具有广泛和深远影响的中国倡议、中国方案，已成为国际关系演变不可或缺的重要推动者，为维护世界和平、促进全球发展发挥着建设性作用。

随着中国越来越走近世界舞台中央，中国文化走向世界也越益成为一个迫切问题。当前，从整体上来看，中华文化的对外影响力还不够强，中华文化在国际竞争中还处于相对弱势地位，中华文化走出去的文化内容还较缺少吸引力，文化贸易、文化交流等多渠道推动中华文化走向世界的力量还比较弱，这些都制约了中华文化走向世界的步伐。由此，推动中华文化走向世界是当前及今后相当长一段时期内，我国所面临的一项重大战略任务。为此，党的十九大报告明确提出，"加强中外人文交流，以我为主、兼收并蓄。推进国际传播能力建设，讲好中国故事，展现真实、立体、全面的中国，提高国家文化软实力。"

本书是我主持完成的第五个国家社科基金项目的成果，也是我们团队经过近五年的不懈努力和辛勤耕耘在文化软实力和中国文化对外传播方面取得的硕果。五年来，我们坚持在课题立项时确定的目标宗旨，即高起点、高站位、宽视角、重创新，大家不辞辛苦，广泛收集资料，认真撰写书稿，精益求精，数次修改书稿，课题结项时，得到评审专家的好评。

本书由绪论、上篇、下篇和结语组成。上篇七章为理论篇，主要阐述了马克思主义文化建设相关理论、文化软实力基本理论和中华文化走向世界的基础理论；分析了文化软实力建设对于推动中华文化走向世界战略的价值、对中华文化走向世界战略实施的优势，文化软实力建设的自身制约对中华文化走向世界战略实施的影响，文化软实力建设面临的外部挑战及对中华文化走向世界战略实施的影响，论证了加强文化软实力建设推动中华文化走向世界的战略与策略。下篇八章为实例篇，分别论述了文化软实力建设视角下中华文化在德国、法国、俄罗斯、印度尼西亚、土耳其、泰国、中亚以及拉美国家的传播现状、传播障碍和传播策略。

中国在走向全球化的过程中缩小了与发达国家的经济差距，在"一带一路"建设过程中加强了与沿线国的合作，却也扩大了某种程度上的文化冲突。在参与全球化的过程中，中国如何与他者交流，如何理解他者又如何被他者所理解，如何与他者进行价值观对话，如何与他者建立信任关系，如何增强跨文化传播能力，如何解决"中华文化走向世界"效果之惑，本书作者力求从理论阐释和实例分析的视角进行探索并寻求答案。

在本书出版过程中，得到了中国社会科学出版社有关领导与郭枭编辑的大力支持，在此谨表感谢。本书是河北新型智库长城文化安全研究中心重点课题。本书得到河北师范大学马克思主义学院出版基金的支持。本书作者为张骥（河北师范大学马克思主义学院二级教授博士生导师）、张泗考（邢台学院马克思主义学院博士副教授）、方晓强（邯郸学院马克思主义学院博士副教授）、姚玉斐（河北地质大学马克思主义学院博士副教授)、杜成斌(河北师范大学马克思主义学院博士生)、路晓峰(河北师范大学马克思主义学院博士副教授)、朱晨静(河北科技大学马克思主义学院博士副教授)、张爱丽(河北师范大学马克思主义学院副教授)、张烨(石家庄铁路职业技术学院基础部讲师)、梁昱潇(河北青年管理干部学院教师)、张天煜(河北师范大学美术学院教师)、宋俊敏(河北师范大学马克思主义学院博士生)、许倩(河北师范大学印度尼西亚研究中心博士助理研究员)、张鑫(天津市住房公积金管理中心经济师)、刘倩(河北保定泽龙实验中学教师)、薛晶晶(华图教育集团教师)、韩槊埔(河北邢台南和第二中学教师)。

文化软实力建设与中华文化走向世界是一个具有重要理论意义和现实价值的研究领域,而且随着中国综合国力的提升及参与全球化程度的加深,该领域必定还有许多新的问题需要跟进研究,我们定将踏踏实实继续在这个领域的研究探索。

张骥

2019年10月